KB206654

365성경공부

-심화과정-

영성교육

영성교육은 2017년에 설립한 기독교 교육 기관입니다.
성도 스스로 성경을 공부할 수 있도록 기독교 교재 제작 및 출판 업무를 하고 있으며
초등학생의 영성 개발을 위해 온라인 학습지도 운영하고 있습니다.

ysedu1009@naver.com

365성경공부

초판 1쇄 인쇄 | 2021년 1월 15일
초판 1쇄 발행 | 2021년 1월 21일

지은이 | 영성교육
교정/편집 | 이수영 / 김보영 / 서정운
표지 디자인 | 김보영

펴낸이 | 서지만
펴낸곳 | 하이비전
신고번호 | 제 305-2013-000028호
신고일 | 2013년 9월 4일(최초 신고일 : 2002년 11월 7일)
주소 | 서울시 동대문구 신설동 97-18 정아빌딩 203호
전화 | 02)929-9313
홈페이지 | hvs21.com
E-mail | hivi9313@naver.com

ISBN | 979-11-89169-57-2 (03230)

값 25,000원

■ 저자와 협의하여 인지첨부를 생략합니다.
■ 잘못된 책은 바꾸어 드립니다.

365성경공부
-심화과정-

영성교육

샬롬!

365성경공부를 시작하신 분들에게 하나님께서 주시는 기쁨과 평안이 항상 가득하기를 기원합니다. 하나님께서는 인간들이 하나님에 관해 잘 알 수 있도록 특별계시인 성경을 주셨습니다. 하지만 우리는 성경을 읽어도, 설교를 들어도, 하나님께서 우리에게 전하시고자 하는 말씀을 온전히 이해하기가 힘든 게 현실입니다. 그래서 영성교육은 성경을 잘 이해하고 하나님이 어떤 분이신지 잘 알 수 있도록 365성경공부를 출간하였습니다.

365성경공부는 다음과 같은 특징이 있습니다.
1. 그리스도인이 알아야 할 기독교 기본 교리를 쉽게 설명하였습니다.
2. 성경에 나오는 사건을 시간 순서대로 정리하였습니다.
3. 지도와 도표를 많이 활용하여 쉽게 이해하도록 하였습니다.
4. 성경의 사건들과 관련된 역사적 배경을 설명하여 성경을 잘 이해하도록 하였습니다.
5. 예수님께서 말씀하신 비유를 풀이하여 설명하였습니다.
6. 말세와 관련된 예언을 논리적으로 풀이하여 이단에 빠지지 않도록 하였습니다.

아직 구원 받지 못한 분은 365성경공부를 통해 예수 그리스도를 구주로 영접하고 구원 받으시기를 바랍니다. 이미 구원 받은 그리스도인은 성화의 삶을 살아가기 바랍니다. 365성경공부가 출판되도록 인도해 주신 하나님께 감사드립니다.

－영성교육－

차례

차례

차례

차례

삼위일체란 세 위격으로 계신 세 분 하나님 즉 성부 하나님, 성자 하나님, 성령 하나님은 본질이 하나라는 뜻이다. 인격이 사람을 구별하듯이 위격은 신적 존재를 구별하는 것이다. 하나님의 신격에는 '성부, 성자, 성령' 삼위(三位)가 계신다. 이 세 분 하나님이 하나라는 것은 각 위(位)는 서로 구별될 수 있지만 그 본질과 권능과 영원성은 동일하다는 뜻이다.

성자 하나님과 성령 하나님은 피조물이 아니며 성부 하나님처럼 스스로 존재하시는 영원하신 분이다. 즉 세 분 하나님은 영원성이 동일하시다. 또한 세 분은 속성(거룩하심, 의로우심, 공의로우심, 선하심, 진실하심, 사랑하심 등)과 권능이 동일하시다. 예수님께서도 자신과 성부 하나님은 하나라고 말씀하셨다(요10:30). 따라서 예수님을 사랑하면 곧 하나님을 사랑하는 것이다(요일5:1).

하나님이 세 분이시라는 것은 성경 구절을 통해 알 수 있다. 하나님께서는 창세기 1장 26절에서 우리의 형상대로 우리의 모습을 따라 사람을 만들자고 말씀하셨다. 창세기 3장 22절에서도 그 사람(아담)이 우리 중 하나와 같이 되어 선악을 알게 되었다고 말씀하셨다. 창세기 11장 7절에서 바벨탑 사건 때 하나님께서는 우리가 내려가서 거기에서 그들의 언어를 혼란시키자고 하셨다. 예수님이 세례를 받으실 때 세 분 하나님이 모두 나타나셨다는 점도 하나님은 세 분이라는 것을 알려주고 있다(마3:16-17).

하나님이란 말은 '엘로힘'이라는 단어로 쓰였는데 이 말은 복수형 명사다. 그러나 엘로힘이 주어일 때 동사는 복수형이 아니라 항상 단수형 동사가 쓰였다. 이는 세 분 하나님이 본질적으로 하나라는 의미이다. 삼위 하나님은 본질적으로 하나이시기 때문에 서로 배타적이거나 대립적이지 않고 동일한 생각과 의지로 완전히 일치되어 행동하신다. 삼위 하나님은 서로 협력하셔서 인간의 구원을 이루신다. 성부 하나님께서 인간의 구원을 계획하셨다면 성자 하나님은 친히 사람이 되어 십자가 위에서 죽으심으로 구원을 이루셨다. 성령 하나님은 성자 하나님이 이루신 구원을 믿도록 도와주시고 구원 받은 자를 끝까지 책임지고 지켜 주신다.

인간이 인간을 구원할 수는 없다. 그래서 성자 하나님이 직접 성육신하시어 이 땅에 오셔서 모든 사람을 위해 대신 죽으신 것이다. 성자 하나님을 하나님으로 믿지 않고 선지자 중에 한 명이라고 주장하거나 예수님을 피조물이라고 믿는 종교는 이단이다. 양태론은 하나님은 한 분이시며 어떤 때는 성부 하나님으로, 어떤 때는 성자 하나님으로, 어떤 때는 성령 하나님으로 나타난다고 주장하는 이론이다. 양태론 역시 삼위일체를 잘못 믿고 있는 이단이다. 하나님은 세 위격을 가지셨으나 본질과 권능과 영원성이 동일하신 한 하나님이시라는 것이 기독교의 기본 교리이다.

1. 하나님은 영이시다: 하나님은 영이시므로 어떤 사람도 접근할 수 없는 빛 가운데 거하시며 어떤 사람도 보지 못하였고 볼 수도 없다(딤전6:16). 하나님은 영원하신 왕이시고 썩지 아니하시고 보이지도 아니하시고 지혜로우신 분이시다(딤전1:17). 세상과 그 안에 있는 만물을 지으신 하나님은 천지의 주재이시니 그분은 사람의 손으로 만든 성전들에는 계시지 않는다(행17:24). 따라서 하나님께 예배를 드리는 장소를 이제 더 이상 성전이라고 부르면 안 된다. 하나님은 한 영이시니 그분께 경배드리는 자들은 영과 진리로 경배드려야 한다(요4:24). 예수님은 하나님께서 성령을 주실 것이며 성령이 우리와 영원히 거할 것이라고 말씀하셨다. 진리의 영인 성령은 우리와 함께 거하시며 또 우리 안에 거하실 것이라고 말씀하셨다(요14:16-17). 이제 누구든지 그리스도의 영인 성령이 없으면 그리스도의 사람이 아니다(롬8:9). 그리스도의 영인 성령이 우리에게 내주하지 않으면 우리는 영과 진리로 예배할 수 없다.

2. 하나님은 무한하시다: 하나님께서는 권능, 지혜, 선함, 진실, 공의, 공간 등 모든 것에 한계가 없으시다. 하나님은 특히 모든 공간을 초월해 계시며 공간의 모든 지점에 존재하시는 무소부재하신 분이시다. 하늘은 하나님의 보좌이고 땅은 하나님의 발판이다(사66:1). 따라서 사람은 주의 영으로부터 벗어나 갈 곳이 없으며 주의 면전에서 벗어나 피할 곳이 없다(시139:7).

3. 하나님은 영원하시다: 하나님은 시간에 얽매이지 않으시며 시간을 초월하시고 시간을 지배하신다. 하나님께는 하루가 천년 같고 천년이 하루 같다(벧후 3:8). 그렇기 때문에 하나님은 천년이나 만년을 하루 같이 자유롭게 다루실 수 있다. 하나님은 알파와 오메가요 시작과 끝이다. 지금도 계시고 전에도 계셨고 앞으로 오실 전능하신 분이다(계1:8). 하나님은 영원 자체이시며 모든 것을 생성시킨 분이시지 생성된 분이 아니시다. 시작도 없고 끝도 없고 순간도 연속도 없는 존재이시기 때문에 하나님은 모세에게 나는 스스로 있는 자라고 말씀하셨다(출3:14).

4. 하나님은 불변하시다: 하나님은 존재, 본질, 성품, 의지 등 모든 것이 변하지 않으신다(약1:17). 왜냐하면 하나님은 영원하고 완전하신 존재이시기 때문이다. 하나님은 사람이 아니시니 거짓말을 하지 않으시고 인생이 아니시니 후회가 없으시며 말씀하신 것은 실행하신다(민23:19). 하나님의 성품은 변함이 없으시기 때문에 한 번 하신 말씀은 어기지 아니하시고 한 번 하신 약속은 반드시 지키시는 분이시다. 그러나 창세기 6장 6절에 하나님께서 땅 위에 사람을 지으셨음을 후회하셨다는 내용이 나온다. 이것은 변함없으신 하나님의 마음이 사람의 언어로 표현된 것이다. 즉 하나님의 말씀을 피조물의 수준에 맞추어 표현한 것이다. 하나님께서 니느웨 성을 멸하려고 하셨지만 요나의 회개 촉구로 니느웨 사람들이 회개하자 그들에게 내리려던 재앙을 거두셨다. 이것은 죄인이 죄에서 돌이켜 회개했을 때 그들을 용서해 주시는 하나님의 불변하는 공의와 사랑을 보여주는 것이지 하나님의 변동성을 보여주는 것이 아니다.

5. **하나님은 전지하시다**: 하나님은 모든 것을 다 아시며 완전한 지혜로 늘 최선의 일을 행하신다. 하나님은 인간의 마음을 아시고(요21:17), 인간의 과거도 아시며(요4:17-18), 인간의 미래도 아신다(마26:34). 반면에 인간은 전지하지 않기 때문에 교만해서도 안 되고 남을 판단해서도 안 된다. 바리새인들은 예수님까지 판단하였다(마9:11). 우리는 남을 판단하려고 하지 말고 공의로 판단하시는 전지하신 하나님께 모든 것을 맡겨야 한다(벧전2:23).

6. **하나님은 전능하시다**: 하나님의 권능이란 하나님께서 어떤 행위를 하시는 힘 또는 능력을 말한다. 하나님은 힘이 강하시고(욥9:4), 권능이 지극히 크시다(욥37:23). 하나님께는 불가능한 일이 전혀 없다(눅1:37). 하나님께서는 절대 권능을 가지고 계시지만 권능을 행하실 때는 자신의 작정하신 뜻에 따라 때로는 사람과 함께 질서 있게 행하신다. 무리들이 예수님을 잡으러 겟세마네 동산에 왔을 때 예수님께서는 내 아버지께 구하여 지금 열두 군단 더 되는 천사를 보내시게 할 수 있다고 말씀하셨다(마26:53). 이것이 하나님의 절대권능이다. 그러나 하나님께서 열두 군단 더 되는 천사를 보낼 수 있음에도 보내지 않으신 까닭은 만일 그렇게 하면 예수님이 잡히시고 십자가에 못 박히실 것이라는 성경 말씀을 이룰 수 없기 때문이다(마26:54). 하나님은 믿는 아내를 위해 믿지 않는 남편을 무조건 믿게 만드는 절대 권능이 있으시다. 하지만 하나님은 그렇게 하지 않으시고 아내들에게 자기 남편에게 순종하여서 말씀을 순종하지 않는 남편이 그 아내의 행실로 말미암아 구원받기를 원하신다(벧전3:1).

7. **하나님은 주권자시다**: 하나님께서는 모든 것을 하나님이 의도하신 대로 행하신다(엡1:11, 시115:3). 하나님께서는 지혜롭고 거룩하고 의롭고 능력 있게 만물을 보존하시고 주관하시어 만물이 하나님께 영광돌리도록 하신다. 이것이 하나님의 섭리이다. 하나님은 주권자이시지만 예측할 수 없도록 행하지 않으시기 때문에 우리에게는 하나님께서 작정하고 계획하신 것 외에 어떤 일도 일어나지 않는다. 따라서 우리는 불안해하거나 의심하지 말고 하나님이 주권자이심을 믿고 모든 일이 합력해서 선을 이룬다는(롬8:28) 사실을 잊지 말아야 한다.

8. **하나님은 사랑이시다**: 하나님은 사랑이시다. 따라서 사랑하지 않는 자는 하나님을 알지 못한다(요일4:8). 하나님은 만물에 보편적인 사랑을 베푸신다(시145:9). 하나님은 모든 인간을 사랑하신다. 예수님은 우리에게 너희 원수를 사랑하고 너희를 저주하는 자들을 축복하며 너희를 미워하는 자들에게 잘해주고 너희를 천대하고 박해하는 자들을 위하여 기도하라고 하셨다. 그래야 너희가 하늘에 계신 너희 아버지의 자녀들이 된다고 말씀하셨다(마5:44-45). 하지만 하나님께서는 자기 자녀들을 특별히 사랑하신다. 하나님은 우리가 선택받은 세대이고 왕 같은 제사장이며 거룩한 민족이요 하나님의 소유된 백성이라고 말씀하셨다(벧전2:9). 이제 예수 그리스도를 영접한 사람들은 하나의 민족이며 형제이므로 서로 사랑해야 한다.

9. 하나님은 거룩하시다: 거룩함은 하나님의 본성인 절대적 정결함을 말한다. 또한 거룩함은 죄악과 부정으로부터 철저히 분리되는 것, 하나님의 소유가 되는 것, 하나님께 접붙이는 것, 자신을 구별하여 하나님께 온전히 드리는 것, 세속과 구별되고 변화되어 정결해지는 것을 의미한다. 하나님께서는 우리에게 내가 거룩하니 너희도 거룩하라고 말씀하셨다(레11:45). 예수님은 하나님의 형상이시므로 거룩하신 분이다. 우리가 예수님 안에 있다면 예수님이 행하신 대로 행해야 한다(요일2:6). 예수님은 우리에게 자기 영을 주심으로써 우리 안에 자기 형상을 이루신다. 우리는 성화의 과정을 통해 거룩하게 됨으로써 하나님의 형상을 회복해야 한다.

10. 하나님은 자비로우시다: 자비는 깊이 사랑하고 가엾게 여기는 마음이다. 하나님께서 인간에게 베풀어주시는 자비는 가엾게 여기는 것뿐만 아니라 모든 환난 가운데서 우리를 위로하시는 것까지 포함한다(고후1:3-4). 예수님이 지상에서 사역하실 때 가장 자주 드러났던 속성이 자비이다. 예수님은 병에 걸렸거나 마귀 들린 사람들, 죄인들을 불쌍히 여기셨다. 자신에게 다가오는 큰 무리를 보시고 목자 없는 양 같아서 불쌍히 여기시기도 하셨다(막6:34). 그리스도를 닮은 우리도 다른 사람에게 자비를 보여 그들의 물질적이고 영적인 고통을 덜어 주어야 한다. 나에게 죄를 지은 사람에게 자비를 보여 그를 용서해 주고 물질이 필요한 사람에게 자비를 보여 내가 가진 것을 나눌 수 있어야 한다.

11. 하나님은 지혜로우시다: 하나님은 지혜로서 만물을 완벽하게 지으시고 완벽하게 통솔하시며 완벽하게 질서를 유지하신다. 우리는 하나님의 지혜가 무한함을 인정하고 하나님께서 일하실 때 그분 앞에서 우리를 겸손히 낮추어야 한다. 우리에게는 하나님께서 하시는 일을 완전히 납득할 만한 지혜가 없으므로 하나님을 신뢰하며 모든 것을 하나님께 맡겨야 한다. 또한 솔로몬처럼 하나님께 지혜를 구해야 한다. 우리에게 지혜가 부족하면 모든 사람에게 아낌없이 주시고 꾸짖지 아니하시는 하나님께 구해야 한다. 그러면 하나님께서 주실 것이다(약1:5). 우리가 그리스도를 마음으로 영접하면 성령님이 우리 안에 내주하신다. 우리가 그리스도의 마음을 가지면 성령께서 우리를 인도하시어 하나님의 지혜를 이해할 수 있게 해 주실 것이다.

12. 하나님은 공의로우시다: 하나님은 공의로우신 분이시며 불공평과 불의가 없으시고 사람을 외모로 보지 않으시며 모든 사람에게 그의 행위에 따라 갚으신다. 하나님은 공의로우시기 때문에 죄를 미워하시며 죄를 징벌하셔야만 한다. 왜냐하면 죄로 인해 하나님의 거룩한 본질이 손상되어서는 안 되기 때문이다. 하나님께서는 죄의 문제를 해결하시기 위해 속죄를 요구하신다. 그리스도께서 모든 인간을 위해 십자가에서 이루신 속죄는 하나님이 공의롭고 자비하신 분이심을 보여준다. 하나님은 공의로우시기 때문에 죄가 없으신 그리스도를 부활시키셨고 앞으로 그리스도를 통해 의로 세상을 심판하실 것이다.

천사는 하나님의 말씀으로 창조되었다(시148:5). 천사는 인간보다 먼저 창조되었으나 그 시기는 정확히 알 수 없다. 천사의 수는 셀 수 없으며 변동이 없다. 왜냐하면 천사는 자녀를 낳지도 않고 죽지도 않기 때문이다. 천사는 영적 존재이며 인격체이다. 하지만 하나님처럼 무소부재 하지 못하며 전능하거나 전지하지 못하다. 천사 중 삼분의 일은 루시퍼를 따라 하나님께 반역하였다. 이들은 타락한 천사이다. 하지만 하나님께 반역하지 않은 나머지 삼분의 이는 거룩하고 신실한 천사이다.

하나님을 따르는 천사장에는 미가엘과 가브리엘 등이 있다. 미가엘은 이스라엘의 수호천사이며 사탄과의 싸움을 지휘한다. 가브리엘은 하나님의 계시를 사람들에게 알려주는 역할을 한다. 천사는 성경에서 남성의 모습으로 나타나며 날개는 없다. 천사들은 영적인 존재들이기 때문에 "신들"로 부른 적이 있으며(시82:1,6), "하나님의 아들들"로 부르기도 했다(욥1:6; 2:1; 38:7).

천사는 하나님을 경배하며 하나님의 백성들이 일을 할 수 있도록 도와준다. 천사는 하나님의 뜻을 수행하며 인간들에게 하나님의 뜻과 말씀을 알려주고 해석해 준다. 성도를 위로하기도 하고 성도의 혼과 영을 하나님께 데려가기도 한다. 구원 받지 못한 자들을 모으고 지옥에서 사탄을 결박하기도 한다.

천사와 같은 영적 존재로 그룹(케루빔)과 스랍(세라핌)이 있다. 이들은 날개를 가지고 있다. 그룹은 하나님의 보좌 주위에서 하나님과 함께 하는 존재들로서 하나님의 영광과 신성을 드러내는 일을 하고 있다. 구약의 성막에서 그룹의 위치는 지성소 안에 있는 언약궤 위다(출25:20). 이로 보아 그룹들의 역할이 하나님을 호위하는 것임을 알 수 있다. 그룹은 네 얼굴과 네 날개를 가졌고(겔1:5-6) 그 얼굴의 모습은 사람, 사자, 황소, 독수리의 모습이다(겔1:10). 그룹이 네 개의 날개를 갖고 있는 반면에 스랍은 여섯 개의 날개를 가지고 있다(사6:2). 스랍은 그룹처럼 하나님의 보좌 주변에서 그분의 영광을 호위하면서(사 6:1,2) 하나님의 거룩하심을 찬양하는 일을 하고 있다(사6:3).

천사는 후에 성도들과 새 예루살렘에서 영원히 살게 된다. 그곳에서는 천사가 성도들을 지배하는 것이 아니라 성도가 천사를 지배한다(히2:5). 성도가 천사를 심판하기도 한다(고전6:3).

이와 같이 성경에는 우리의 눈에는 보이지 않으나 하나님께 속한 천사, 사탄에게 속한 천사가 있고, 그룹이나 스랍과 같은 영적 존재가 있다. 사탄은 빛의 천사로 가장하여 오기도 한다(고후11:14). 우리는 영적 존재에 대하여 잘 알아서 빛의 천사로 가장하여 나타나는 사탄의 정체를 잘 간파해야 한다. 그래야 영적싸움에서 승리할 수 있다.

1. **사탄의 창조:** 사탄은 하나님에 의해 창조되었다(겔28:15). 하나님께서는 사탄을 지혜가 충만하고 아름다움이 완벽한 존재로 창조하셨으나(겔28:12,15) 사탄은 하나님께 복종하지 않고 하나님과 같이 되려고 반역하였다(사14:13-14). 결국 그는 땅으로 쫓겨났는데 사탄을 추종하는 천사들도 함께 쫓겨났다(계12:9).

2. **사탄의 이름:** 사탄은 한 명이다. 그의 이름은 루시퍼인데 루시퍼는 라틴어로서 '빛을 나르는 자' 또는 '비추는 자'라는 뜻이다(사14:12). 사탄을 계명성으로 번역한 경우가 있는데 계명성은 샛별(금성)을 말하는 것이므로 사탄과 계명성은 무관하다. 사탄은 하와를 유혹하던 옛 뱀이며(창3:1) 마귀라고도 불린다(계12:9). 성경에 공중의 권세 잡은 자로 표현되기도 하며(엡2:2), 사람들은 그를 마귀들의 통치자(왕)인 바알세불로 부르기도 한다(마12:24). 정리하면 사탄의 이름은 루시퍼이며 마귀, 옛 뱀, 바알세불, 공중의 권세 잡은 자로도 불린다. 사탄을 따르는 타락한 천사들은 사탄을 따르는 무리이기 때문에 그들을 마귀나 사탄 혹은 마귀들이나 사탄들로 부른다. 그러나 마귀 혹은 사탄은 한 명이며 그의 이름은 루시퍼이다.

3. **사탄의 처소:** 하늘에는 세 종류가 있는데 첫째 하늘은 구름이 있는 대기권이다. 둘째 하늘은 우주 공간을 말한다. 셋째 하늘은 우리 눈에 보이지 않는 하나님께서 계시는 곳이다. 사탄은 하나님께 반역함으로 셋째 하늘에서 쫓겨났다(겔28:16). 예수님이 십자가에 못 박히시고 부활하시면서 둘째 하늘에서도 쫓겨났다(눅10:18). 그들은 지금 첫째 하늘에 있으면서(엡2:2) 울부짖는 사자처럼 삼킬 자를 찾아 두루 다니고 있다(벧전5:8). 사탄은 믿지 않는 자에게 들어가 그 사람의 생각을 조종하기도 한다(요13:2). 그러나 믿는 자에게는 들어갈 수 없는데 그 사람 안에 성령님이 내주하시기 때문이다.

4. **사탄이 하는 일:** 사탄은 스스로를 광명의 천사로 가장한다(고후11:14). 사탄은 하나님과 사람 사이를 가로막으며(슥3:1) 온 세상을 미혹하고(계12:9) 하나님 앞에서 욥을 고소했듯이(욥1:9-11) 그리스도인들을 밤낮 고소한다(계12:10). 또한 믿지 않는 자들의 마음을 어둡게 하여 하나님의 형상이신 그리스도의 영광스러운 복음의 광채가 그들에게 비치지 못하게 한다(고후4:4).

5. **사탄과의 싸움에서 이기는 법:** 사탄과의 싸움에서 승리하려면 먼저 영이 거듭나야 한다. 거듭난 사람은 자신을 지킬 수 있으므로 사탄이 건드리지 못한다(요일5:18). 또 우리가 하나님께 복종하고 사탄을 대적하면 사탄이 우리를 피해간다(약4:7).

6. **사탄의 운명:** 사탄은 지금 첫째 하늘에서 공중의 권세 잡은 자로 군림하고 있으나 예수님께서 재림하시면 첫째 하늘에서도 쫓겨날 것이다(계20:1-3). 그리고 마지막에는 영원한 불 못 속에 던져진다(계20:10).

하나님의 창조 사역이란 하나님께서 무에서 모든 것을 만드신 것을 말한다. 하나님은 자신의 권능의 말씀으로 엿새 동안에 모든 것을 매우 심히 좋게 만드셨다(소요리문답 9문).

하나님은 아무것도 없는 상태에서 모든 것을 만드셨다. 인간은 무에서 어떤 것도 만들 수 없다. 단지 하나님이 만드신 것으로 무언가를 변형해서 만들 뿐이다. 하나님은 모든 만물을 권능의 말씀만으로 창조하셨다. 하나님께서 빛이 있으라고 말씀하시자 빛이 생겼다. 무언가를 가지고 빛을 만드신 것이 아니라 오직 말씀만으로 창조하신 것이다. 하나님은 엿새 동안 천지와 만물을 창조하셨다. 엿새는 실제 6일을 말한다. 하나님께서는 하루 안에 모든 것을 창조하실 수 있으시지만 계획하신 뜻이 있어서 엿새 동안 창조하신 것이다. 하나님께서는 창조된 것을 보시고 그것이 좋았다고 말씀하셨다. 하나님께서 만드신 것은 모든 것이 완벽해서 인간은 누구나 창조물을 보고 그분의 영원한 능력과 신격까지 알 수 있기 때문에 하나님이 계시지 않는다고 변명할 수 없다(롬1:20).

첫째 날에 하나님께서는 빛을 만드시고 빛을 어두움에서 나누시며 빛을 낮이라 부르시고 어두움을 밤이라 부르셨다(창1:3-5). 이 빛은 광명체에서 나오는 빛이 아니며 낮과 밤도 하루 24시간 안에서 구분되는 그런 낮과 밤이 아니다. 빛(낮)은 하나님이 계시는 영역이며 하나님의 영광이 드러나는 곳이다. 어둠(밤)은 그 반대이다. 하나님은 빛이시니 그분 안에는 어두움이 전혀 없다(요일1:5). 하나님이 빛이시기 때문에 그리스도인들은 빛의 자녀들이며 낮의 자녀들이다(살전5:5). 어둠은 하나님이 계시지 않는 곳이며 사탄의 자식들이 가는 곳이다(마25:30).

둘째 날에 하나님께서는 궁창(창공)을 만드시고 궁창(창공) 위에 물과 궁창(창공) 아래 있는 물로 나누셨다(창1:6-7). 이날 만드신 궁창(창공)은 대기권 안에 있는 하늘이 아니라 대기권 밖에 있는 하늘을 말한다. 넷째 날에 이 궁창(창공)에 광명체(해, 달, 별)를 만드셨다.

셋째 날에는 하늘 아래의 물들이 한 곳으로 함께 모이게 하시고 마른 곳이 드러나도록 하셨다. 마른 곳을 땅이라 부르시고 물들이 함께 모인 곳을 바다라고 부르셨다. 하나님께서는 땅에게 풀과 채소와 과실수를 내도록 명령하셨다.

넷째 날에는 하늘의 창공에 광명체를 만드시고 그것들에게 하늘의 창공에 빛이 되어 땅 위에 빛을 주라고 명령하셨다. 큰 광명체를 만들어 낮을 주관하게 하시고 작은 광명체를 만들어 밤을 주관하게 하셨으며 별들도 만드셨다. 시간 개념의 낮과 밤은 넷째 날에 창조된 것이다.

다섯째 날에는 물들에게 생명이 있는 동물들(물에 사는 동물)과 하늘의 궁창(창공)에 나는 새를 풍성이 내라고 하셨다. 여기서 궁창은 둘째 날에 만들어진 궁창이 아니라 대기권을 말한다.

여섯째 날에 땅에게 가축과 기어 다니는 것과 땅의 짐승을 그 종류대로 내라고 명령하셨다. 그리고 하나님의 형상대로 사람을 만들어 모든 것을 다스리게 하셨다.

하나님께서는 사람을 남자와 여자로 창조하셨는데 지식과 의와 거룩함에 있어 하나님의 형상을 따라 창조하시고 피조물들을 지배하도록 하셨다(소요리문답 10문).

하나님께서는 물고기와 새와 가축과 모든 기어 다니는 동물을 다스리도록 하나님의 형상대로 사람을 창조하셨다(창1:26-27). 하나님께서 땅의 흙으로 아담을 지으시고 그의 콧구멍에다 생명의 호흡을 불어넣으시자 그 사람이 살아 있는 혼이 되었다(창2:7). 하나님이 모든 생물을 아담에게 데려오시니 아담이 모든 생물에게 이름을 주었으나 자기를 위해 돕는 자는 찾지 못했다. 하나님께서는 남자가 혼자 있는 것을 좋지 않게 여기시고 그를 위해 돕는 자를 짓기로 하셨다. 아담을 깊은 잠에 빠지게 하시고 그의 갈비뼈 중에서 하나를 취하셔서 살로 거기를 채우시고 여자를 지으신 후 아담에게 데려오셨다(창2:18-22). 하나님은 그들에게 복을 주시고 다산하고 번성하며 땅을 다시 채우고 그것을 정복하며 바다의 고기와 공중의 새와 땅 위에서 움직이는 모든 생물을 다스리라고 말씀하셨다(창1:28). 하나님께서는 아담에게 통치권을 위임하셨다. 그러나 아담은 하나님께 불순종하면서 통치권을 잃어버리고 말았다.

사람은 하나님의 형상대로 창조되었다(창1:26). 그러나 아담이 타락한 후 사람은 아담의 형상을 갖고 태어나게 되었다(창5:3). 하지만 본래 사람은 하나님의 형상대로 창조되었기 때문에 다른 사람의 피를 흘리게 하면 그 사람의 피도 흘릴 것이라고 하나님께서 말씀하셨다(창9:6). 이로 보아 하나님의 형상이 인간에게 아직 남아 있다고 볼 수 있다. 그러나 처음 창조되었을 때와 비교하면 하나님의 형상이 많이 상실되고 훼손되었다. 예수 그리스도는 하나님의 영광의 광채시며 인격의 정확한 형상이시다(창1:3). 따라서 우리가 하나님의 형상을 회복하려면 예수 그리스도를 닮아가야 한다. 하나님은 그 아들의 형상을 본받게 하도록 미리 아신 자들을 정하셨다(롬8:29). 우리가 아담의 형상을 입었지만 이제 하늘에 속한 예수 그리스도의 형상을 입어야 한다(고전15:49).

예수 그리스도가 하나님의 형상이시므로 하나님의 형상이 무엇인지 알려면 예수님의 속성과 성품을 알면 된다. 예수님은 하나님을 아는 지식이 충만하신 분이시다. 그분이 곧 말씀이시기 때문이다(요1:1). 예수님은 병을 고치고 죄를 용서해 주는 권능이 있으시다(마9:6). 가브리엘은 마리아에게 장차 태어날 예수님이 거룩한 분이라고 하였다(눅1:35). 예수님은 공의롭고 겸손한 분이시다(슥9:9). 예수님은 선하신 분이시다(요10:11). 예수님은 은혜와 진리가 충만하시다(요1:14). 예수님은 지혜로운 분이시다(눅2:52). 예수님은 하나님과 이웃을 사랑하라고 말씀하셨고 원수까지도 사랑하라고 하셨다(마5:44). 예수님은 세상에 있는 자기 사람들을 사랑하시되 그들을 끝까지 사랑하신다(요13:1). 예수님은 자비로우신 분이시다(눅6:36). 그리스도인은 예수 그리스도를 닮아 지식, 권능, 거룩함, 공의, 겸손, 선함, 진리, 지혜, 사랑, 자비를 배우고 실천하는 성화의 과정을 통해 하나님의 형상을 회복하는 것이 인생의 목표가 되어야 한다.

성경에서 말하는 계시란 하나님께서 인간에게 친히 자신을 드러내시는 것을 말한다. 하나님께서는 자신의 본질, 속성, 능력을 여러 방법으로 나타내시지만 일부 겸손하고 경건한 사람들 외에 대부분은 계시를 받아도 그것을 깨닫지 못하고 깨달아도 받아들이지 않는다. 하나님께서 우리에게 계시를 주시는 까닭은 자신과 그의 나라를 사람들에게 알리고 죄악으로 타락하여 심판 받아야 할 운명에 처한 인간이 예수님을 믿고 구원 받아 영생을 얻기를 원하시기 때문이다.

1. **일반계시**: 일반계시는 하나님께서 신자나 불신자 모두에게 자신을 알리시는 방법이다. 일반계시는 모든 사람, 모든 장소, 모든 시대에 주어진다. 특히 하나님께서는 자연을 통하여 자신을 알리신다. 태양, 지구, 달, 바다, 육지, 동물, 식물 등 자연의 정교한 설계와 움직임을 볼 때 누구나 그것을 창조하신 분이 계심을 알 수 있다. 로마서 1장 20절을 보면 하나님의 보이지 않는 영원한 능력과 신격까지도 하나님께서 창조하신 것들에 의해 창조 때부터 알려졌다고 기록되어 있다. 그러므로 하나님께서 계시지 않는다고 누구도 변명하지 못한다. 자연은 자연 그 자체로 생명을 창출해 낼 수 없다. 생명을 만들어 내는 능력은 오직 하나님께만 있다. 따라서 자연은 숭배의 대상이 아니다.

   일반계시는 역사를 통해서 주어지기도 한다. 앗수르, 바벨론, 페르시아, 헬라, 로마의 흥망성쇠를 통해 이 세계를 다스리시고 섭리하시는 분이 하나님이심을 알 수 있다.

   일반계시는 양심을 통해서도 알 수 있다. 선한 일을 하면 기쁘고 악한 일을 하면 죄책감이 든다. 사람들은 양심을 통해 하나님께서 심판자이심을 느낄 수 있다.

2. **특별계시**: 하나님께서는 일반계시로 자신의 존재를 나타내시지만 일반계시로는 구원에 이르는 방법을 알 수 없다. 그래서 하나님께서는 인간을 구원하시기 위해 특별계시를 주셨다. 일반계시는 누구나 받을 수 있지만 특별계시는 하나님을 믿지 않으면 절대 알 수 없다.

   하나님께서는 꿈과 환상으로 특별계시를 하셨다. 에스겔과 베드로에게 보여주신 환상, 요셉에게 보여주신 꿈 등이 그것인데 꿈과 환상을 통해 앞으로 일어날 일을 알려주셨다. 기적도 특별계시의 한 방법이다. 예수님이 행하신 많은 기적은 예수님이 하나님의 아들이심을 계시해 준다. 하나님께서 직접 나타나심도 특별계시의 방법이다. 하나님께서는 아브라함에게 나타나셨고 시내산에서 모세를 만나주셨다. 기드온이나 다니엘 등에게 천사를 보내 말씀을 전해주시기도 하셨다. 예수님께서 성육신하셔서 이 땅에 오신 것도 특별계시다.

   하나님께서는 특별계시가 망각이나 변형이 되지 않도록 문자로 기록하게 하셨는데 이것이 바로 성경이다. 성경은 세상의 구원이라는 특별한 목적으로 기록된 책이며 유일한 구원자이신 예수님에 대해 집중적으로 계시한다.

1. **YHWH:** 모세가 하나님의 이름을 묻자 하나님께서는 "나는 곧 나니라(나는 스스로 있는 자니라)" 라고 말씀하셨다(출3:14). 창세기에서 하나님은 아브라함과 이삭과 야곱의 하나님으로 표현되셨 지만 모세에게는 자신의 이름을 직접 말씀하셨다(출6:3). 그러나 B.C.300년경부터 유대인들은 하나님의 이름을 말하지 않았고 성경에 기록하지도 않았다. 왜냐하면 거룩한 지존자의 칭호이므 로 함부로 말할 수 없도록 금지했기 때문이다. 그래서 하나님의 이름을 자음(YHWH, 로마자)으 로만 표기했기 때문에 정확한 이름은 현재로선 알 수 없다.

2. **아도나이:** '주님', '나의 주'라는 뜻으로 하나님을 가리키는 영광스럽고 존귀한 호칭이다. 유대인 들은 바벨론 포로기 이후부터 하나님의 이름을 '아도나이(Adonai)'라고 기록하였는데 하나님의 거룩한 이름을 함부로 불러서는 안 된다는 십계명의 제3계명을 지키기 위해서이다.

3. **여호와:** 하나님의 정확한 이름을 알 수 없기에 YHWH의 자음과 Adonai의 모음을 결합하여 하 나님을 여호와(Yehowah, 히브리어)로 부르게 되었다. 그 이름은 모세에게 말씀하신 대로 '나는 나(스스로 계신 분)'라는 뜻이다. '여호와'라는 말과 결합하여 하나님을 부를 때 여러 가지 표현 을 사용했다. 이러한 표현으로는 여호와 이레(여호와께서 준비하심, 창22:13-14), 여호와 닛시 (여호와는 나의 깃발, 출17:15), 여호와 삼마(여호와께서 거기 계심, 겔48:35), 여호와 샬롬(여 호와는 평강, 삿6:24), 여호와 로이(여호와는 나의 목자, 시23:1), 여호와 라파(여호와는 치료하 심, 출15:26) 등이 있다.

4. **야훼:** '여호와'처럼 하나님의 이름을 YHWH의 자음과 Adonai의 모음을 결합하여 '야훼(Yahewh)' 라고 부르는데 최근에는 '야훼'가 원래 발음에 더 가깝다는 학설이 있다.

5. **엘(El):** 하나님의 이름은 "여호와"나 "야훼"이지만 구약 시대에는 하나님을 '엘'이라고 자주 불렀 다. 엘은 '강한 자'라는 뜻으로 셈족 최고의 신(神) 이름이다. '엘'의 복수형은 '엘로힘'이다. 삼위 일체 하나님을 말할 때 '엘로힘'으로 표현했다(창1:26). 역시 '엘'이라는 말과 결합하여 하나님 에 대해 여러 가지 표현들이 나타났다. 이러한 표현으로는 엘 엘리온(지극히 높으신 하나님, 창 14:19), 엘 로이(살피시는 하나님, 창16:13), 엘 샤다이(전능하신 하나님, 창17:1), 엘 올람(영 원하신 하나님, 사40:28) 등이 있다.

6. **데오스(Theos):** 신약성경에 '전지하시고 전능하신 하나님'이라는 의미로 쓰였으며(막5:7) 구약성 경의 엘이나 엘로힘과 유사한 의미이다.

7. **큐리오스(Kurios):** 신약성경에 '주' 또는 '주님'이라는 의미로 쓰였으며(계1:8) 구역성경의 아도나 이와 유사한 의미이다.

8. **파테르(Pater):** 신약성경에 '아버지'라는 뜻으로 쓰였으며 예수님께서 성부 하나님을 지칭하실 때 주로 사용하셨다(마6:9).

우리는 하나님의 뜻을 알고 싶어 한다. 하지만 하나님의 뜻을 알 수 있는 방법은 잘 모른다.

하나님의 뜻은 성경을 통해서 알 수 있다. 성경은 개인에 대한 구체적인 뜻을 말하고 있지 않고 모든 사람에 대한 보편적인 하나님의 뜻을 말하고 있다(살전 4:3).

먼저 우리가 거룩한 삶을 사는 것이 하나님의 뜻이다. 거룩함이란 하나님을 위해 따로 구별되었다는 의미이다.

또한 하나님은 우리가 하나님을 사랑하고 이웃을 사랑하기를 바라신다. 이것이 모든 신자를 향한 하나님의 뜻이다(마 22:37-40). 하나님의 뜻은 어떤 일을 당하든지 하나님께 감사하는 것이다(살전 5:18). 어떤 일을 당하든지 하나님께 감사하려면 하나님의 시각으로 우리 환경을 봐야 한다. 하나님을 신뢰해야 하며 하나님께서 모든 환경으로부터 선한 것을 이끌어 내신다는 것을 믿어야 한다.

하나님의 뜻은 우리 스스로 결정하는 것도 포함된다. 하나님은 우리에게 자유의지를 주셨기 때문에 우리 의견을 존중해 주신다. 그러나 우리가 어떤 것을 스스로 결정할 때 몇 가지 원칙을 알아야 한다.

첫째 성경을 알아야 한다. 성경은 살인하지 말라, 거짓말하지 말라 등 분명히 지시하기도 한다. 그러나 성경은 우리가 삶에서 직면하는 수많은 문제에 대해 어떻게 해야 할지 모두 기록하지는 않았다. 단, 우리가 살아가면서 어떤 결정을 할 때 우리에게 지침을 준다. 우리가 내린 결정이 성경의 원칙에 어긋나면 그것은 하나님의 뜻이 아니다.

둘째 기도해야 한다. 주님의 지침을 구할 때는 순종하려는 자세가 무엇보다 중요하다. 성경은 결정을 내릴 때 지혜가 부족하면 하나님께 구하라고 했다(약 1:5).

셋째 다른 사람에게 조언을 구하는 것도 좋은 방법이다. 내가 미처 깨닫지 못한 것을 다른 사람이 깨달을 수 있기 때문이다.

넷째 지혜를 키워야 한다. 하나님께서 우리에게 지혜를 주신 까닭은 그것을 개발하여 사용하기를 바라시기 때문이다. 지혜는 우리가 잘못된 결정을 내리지 않도록 도와준다.

중요한 결정을 할 때는 위의 몇 가지 원칙을 기억하고 신중해야 하지만 보편적인 하나님의 뜻에 어긋나지 않는다면 우리는 자유롭게 결정하고 행동할 수 있다. 사도바울은 고린도전서 10장 27절에서 "불신자 중 누가 너희를 청할 때에 너희가 가고자 하거든 너희 앞에 차려 놓은 것은 무엇이든지 양심을 위하여 묻지 말고 먹으라"고 했다. 하나님은 우리에게 자유의지를 주셨다. 우리가 자유의지를 가지고 스스로 결정하는 것도 하나님의 뜻이다.

구약성경은 약 1,000년, 신약성경은 약 50년간에 걸쳐 기록되었다. 성경을 기록한 사람은 구약성경 약 28명, 신약성경 약 8명이다. 그들의 직업은 농부, 목자, 음악가, 세리, 어부, 의사, 왕, 사도. 선지자 등 다양하다. 구약성경은 히브리어로 기록되었으나 일부는 아람어로 기록되었다. 신약성경은 헬라어로 기록되었다. 구약성경은 39권 929장이며 신약성경은 27권 260장으로 구성되어 있다. 모두 합쳐 총 66권 1,189장이다.

성경은 어떻게 하면 하나님을 영화롭게 하고 기쁘게 해 드릴 수 있는지 우리에게 알려주는 유일한 지침서이다. 성경을 통해 우리는 성부 하나님과 그의 아들이신 예수 그리스도와 함께 할 수 있다. 그래서 기쁨이 충만해진다(요일1:3-4). 성경은 그리스도 예수 안에 있는 믿음으로 인하여 구원에 이르도록 지혜를 준다(딤후3:15).

사람은 일반계시만으로는 하나님을 잘 알 수 없기 때문에 하나님을 영화롭게 하고 기쁘게 해 드리기엔 불충분하다. 그래서 하나님께서는 특별계시를 주셨다. 하나님께서 특별계시를 인간에게 말로만 주셨다면 인간은 그것을 쉽게 망각하거나 왜곡하기 때문에 하나님의 뜻이 후세에 잘 전달되지 못한다. 그래서 하나님께서는 자신의 특별계시를 정확히 전달하시기 위해 문자로 기록하게 하셨는데 그것이 바로 성경이다.

모든 성경은 하나님의 영감으로 주어진 것으로 교리와 책망과 바로잡음과 의로 훈육하기에 유익하다(딤후3:16). 영감이란 성령께서 그분의 말씀을 어떤 사람의 입에 불어넣으시고 그렇게 불어넣은 말씀들이 기록되는 과정을 말한다. 따라서 성경의 어떤 예언도 사사로운 해석이나 사람의 뜻에서 나온 것이 아니라 오직 하나님의 거룩한 사람들이 성령으로 감동을 받아 기록한 것이다(벧후1:20-21).

성경이 주로 가르치는 것은 사람이 하나님에 대하여 무엇을 믿어야 하는 것인지, 하나님이 사람에게 요구하시는 의무가 무엇인지에 관한 것이다(소요리문답 3문). 우리는 성경을 통해 하나님은 반석이시며 하나님의 역사는 완벽하시고 하나님은 공의로우시며 진실하시고 악이 없으시며 의로우시고 정직하신 분이라는 것을 알 수 있다(신32:4). 성경은 예수님이 그리스도이시며 하나님의 아들이심을 우리가 믿도록 하고 믿음으로 생명을 얻게 한다(요20:31).

하나님께서는 성경 기록자를 존중하셔서 성경을 기록할 때 그 사람만의 독특한 문체와 방식을 사용할 수 있도록 허락하셨지만 기록자가 자의적으로 기록하는 것은 허락하지 않으시고 오류 없이 완전한 진리를 담아내도록 정확한 단어를 영감으로 주신 것이다. 따라서 성경을 번역할 때 하나님이 처음에 주신 단어와 가장 일치하는 단어를 찾아 기록해야 한다. 번역자가 의역을 하면서 자의로 단어를 바꾼다면 하나님의 말씀을 마음대로 바꾸는 것과 같다.

구약성경 분류(총 39권)

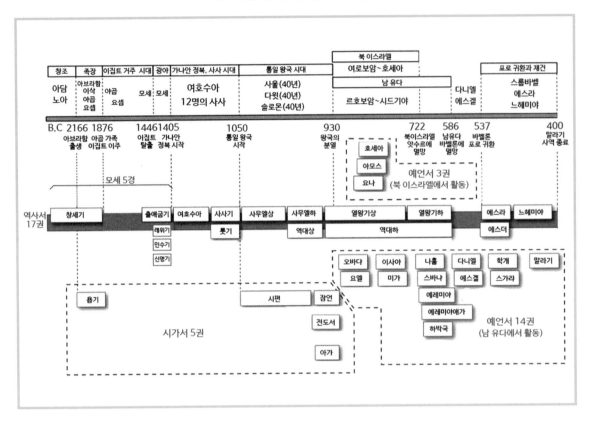

1. **역사서 17권**: 창세기, 출애굽기, 레위기, 민수기, 신명기, 여호수아, 사사기, 룻기, 사무엘상, 사무엘하, 열왕기상, 열왕기하, 역대상, 역대하, 에스라, 느헤미야, 에스더가 해당된다. 모세 5 경(창세기, 출애굽기, 레위기, 민수기, 신명기)을 따로 율법서로 분류하기도 한다.

2. **예언서 17권**: 이사야, 예레미야, 예레미야애가, 에스겔, 다니엘, 호세아, 요엘, 아모스, 오바댜, 요나, 미가, 나훔, 하박국, 스바냐, 학개, 스가랴, 말라기가 해당된다. 예언서는 '대언서'나 '선지 서'라고도 한다. 예언이란 하나님께로부터 직접 계시된 진리를 사람들에게 전한다는 뜻이며 장차 일어날 일들을 미리 알려주거나 경고한다는 뜻이다. 책의 분량에 따라 이사야, 예레미야, 예레미 야애가, 에스겔, 다니엘을 大예언서로, 나머지를 小예언서로 분류한다.

3. **시가서 5권**: 욥기, 시편, 잠언, 전도서, 아가서가 해당된다. 시가(詩歌)라는 말은 시와 노래라는 뜻으로 이스라엘 백성들이 역사의 주관자이신 하나님의 크신 권능과 신실하신 사랑과 공의를 노 래하며 찬송한 것이다.

1. **창세기:** 창세기는 기원을 의미한다. 창조의 기원, 인간의 기원, 죄의 기원, 구속사역의 기원 등을 보여준다. 창세기는 인간의 역사가 불완전함 속에서 시작된 것이 아니라 하나님의 섭리 가운데 시작되었음을 알려준다.

2. **출애굽기:** 출애굽기의 본래 명칭은 탈출(exodus)이다. 출애굽기의 주제는 구속이다. 이스라엘을 선민으로 삼으셨으며 모세를 통하여 노예 상태로부터 구속하시고 약속의 땅으로 인도하시는 하나님의 구원 활동을 보여준다.

3. **레위기:** 레위기의 주제는 '거룩함'이다. 거룩하신 하나님과 거룩하지 못한 이스라엘 백성이 친교를 나누며 화해할 수 있는 방법을 피 제사와 성결법의 원리를 통해 제시한다. 특히 성막에서 이루어지는 여러 제사들을 기록하고 있는데 이 제사는 그리스도의 희생 제사를 예표하고 있다.

4. **민수기:** '민수기'라는 이름은 시내산과 모압 평지에서 있었던 두 번의 인구조사에서 유래했다. 이스라엘의 광야 생활, 군대 소집, 제사 등을 기록했다.

5. **신명기:** 모압 평지에서 가나안 땅으로 들어가기 전 모세가 이스라엘 백성들에게 하나님을 믿고 순종하라고 말한다. 시내산에서 하나님의 율법을 받았던 구세대가 죄악으로 모두 죽자 가나안 정복을 수행해야 할 신세대에게 다시 한 번 율법을 전달할 목적으로 기록했다.

6. **여호수아:** 구원의 뜻을 가진 여호수아는 예수님의 이름과 같은 뜻이다. 여호수아가 지도자로서 가나안을 정복하고 각 지파에게 가나안을 분배하는 내용을 다룬다. 하나님께서는 이스라엘을 약속의 땅에 정착시킴으로 과거에 맺으신 언약을 신실하게 지키셨다.

7. **사사기:** 이스라엘이 가나안에 정착한 시대부터 이스라엘에 최초의 왕(사울)이 탄생한 시대까지 약 300년 동안의 사건을 다룬다. 이스라엘의 범죄, 이방인들의 압제, 이스라엘의 탄원, 사사의 구원을 통해 하나님의 사랑을 보여준다. 시간의 순서에 따라 기록된 것은 아니다.

8. **룻기:** 사사시대를 배경으로 한다. 룻이라는 한 이방여인의 삶을 통해 헌신과 사랑과 구속의 역사를 다룬다. 이 책은 다윗과 메시아의 계보를 이어 주고 있다.

9. **사무엘상:** 신정정치에서 왕정정치로 넘어가는 과정의 이야기이다. 사무엘의 등장과 이스라엘 초대 왕인 사울의 탄생, 다윗의 등장과 사울의 몰락을 다루고 있다.

10. **사무엘하:** 처음부터 마지막까지 주로 다윗을 다루고 있다. 그리스도의 예표 중 한 명인 다윗이 주변 나라를 정복하고 내부적으로는 튼튼한 다윗 왕조를 건설하는 과정을 보여준다.

11. **열왕기상:** 솔로몬이 왕위에 오르는 과정, 솔로몬의 성전 건축과 이후의 타락, 나라가 둘로 갈라지는 과정, 분열 이후의 왕들과 선지자 엘리야의 사역을 기록하였다.

12. **열왕기하:** 엘리야의 승천과 엘리사의 등장으로 시작한다. 하나님께 불순종하고 회개하지도 않았기 때문에 북이스라엘은 앗수르에, 남유다는 바벨론에 멸망당해 포로로 끌려갔다. 이스라엘의 흥망성쇠가 외부적인 요인이 아니라 하나님께 불순종한 내부적인 요인임을 알려 준다.

13. **역대상:** 아담에서 야곱의 자손까지의 족보와 다윗의 통치 시대를 주로 기록하였다. 포로 생활에서 귀환한 후에 신정정치를 재건하도록 촉구할 목적으로 기록하였다.

14. **역대하:** 솔로몬의 치리와 성전 건축, 왕국의 분열, 주로 남유다 왕들의 영적 회복과 타락, 남유다의 멸망과 회복에 대해 기록하였다. 주로 선한 왕들을 강조함으로 유다 왕국의 영적, 물질적 축복은 하나님과의 바른 관계에 좌우된다는 것을 보여 준다.

15. **에스라:** 바벨론에 포로로 끌려갔던 이스라엘이 70년 후에 고국에 돌아와 성전을 재건한 일을 기록하였다. 하나님께서 예레미야를 통해 약속하신 포로 귀환이 어떻게 성취되는가를 보여준다.

16. **느헤미야:** 페르시아에서 고위직에 있었던 느헤미야가 예루살렘으로 돌아와 성벽을 건축하고 유다의 옛 신앙을 다시 일으켜 세우는 과정을 보여준다. 이는 이스라엘의 완전한 회복이 아닌 일시적인 회복인데 완전한 회복은 그리스도를 통해 이루어질 것임을 알려준다.

17. **에스더:** 이스라엘 민족이 멸족의 위기를 모면한 이야기를 다룬다. 에스더서에는 '하나님'이라는 말은 한 번도 나오지 않지만 성경 속에서 하나님의 섭리를 잘 보여준다.

18. **욥기:** 족장시대를 배경으로 한 욥기는 의로운 부자 욥에게 닥친 고난과 욥을 위로하기 위해 찾아온 세 친구와 욥의 변론, 엘리후의 중재, 하나님의 등장으로 인한 문제 해결의 순으로 구성된다. 하나님의 섭리는 오묘하며 절대적으로 선하다는 사실과 하나님은 절대 주권자이시기 때문에 인간은 그분 앞에 감사와 찬양을 돌려야 한다는 사실을 알려준다.

19. **시편:** 시편은 하나님을 향한 찬양과 경배이다. 시편은 5권으로 분류되며 하나님에 대한 경외, 감사, 찬송, 참회, 기도 등으로 구성된다. 기록자는 다윗(73편), 아삽(12편), 고라 자손(11편), 솔로몬(2편), 모세(1편), 에단(1편)이며 나머지는 무명(50편)이다.

20. **잠언:** 하나님과의 관계와 사람들과의 관계는 어떠해야 하는지 알려준다. 참된 지혜는 하나님을 경외하는 것이라는 사실을 가르쳐 준다.

21. **전도서:** 인생의 영광이나 부는 허무하다. 허무한 인생을 슬기롭게 사는 길은 하나님을 경외하는 것이며 그분의 말씀을 따라 살아가는 것임을 알려준다.

22. **아가서:** 신랑과 신부의 열정과 애정의 노래이다. 그리스도(신랑)와 교회(신부)와의 관계를 노래한 것으로도 볼 수 있다.

23. 이사야: 이사야서는 성경의 축소판으로 불린다. 1-39장은 심판을 선포한다. 유다를 비롯하여 유다 주변 여러 나라들, 궁극적으로는 온 세계에 이르기까지 부도덕하고 우상숭배에 빠진 모든 민족들을 하나님이 반드시 심판하리라는 경고이다. 40-66장은 하나님의 영광과 긍휼, 그리고 은혜를 그린다. 장차 오실 메시아가 십자가를 질 것이나 마침내 주권자로 면류관을 쓰게 될 것임을 말한다.

24. 예레미야: 예레미야는 유다가 계속해서 범죄하고 회개하지 않았기 때문에 바벨론에 포로로 끌려갈 것을 예언하였다. 하지만 70년 후 고국에 돌아올 것도 예언하였다.

25. 예레미야애가: 이스라엘의 죄 때문에 바벨론의 느부갓네살에 의해 예루살렘 성이 파괴되었다. 예레미야는 예루살렘의 멸망과 이스라엘 민족의 참상을 다섯 편의 시가로 노래했다.

26. 에스겔: 에스겔은 바벨론 포로지에서 태어난 세대에게 이스라엘이 멸망한 까닭을 각성시켜 주었다. 또한 이방나라에 닥쳐올 심판과 이스라엘의 회복에 대한 하나님의 계획을 기록하였다.

27. 다니엘: 본 서는 바벨론에 포로로 끌려간 다니엘이 기록하였다. 1-6장은 다니엘과 연관된 사건들을 기술하였고 7-12장은 다니엘이 받은 꿈과 환상을 기록하였다. 하나님께서는 하나님의 백성들이 앞으로 닥칠 여러 신앙적 시련을 믿음으로 극복하기를 원하셨다.

28. 호세아: 고멜의 간음 행위는 이스라엘의 죄악을, 고멜의 타락은 이스라엘의 심판을 나타낸다. 호세아가 고멜을 구한 것은 이스라엘의 회복을 나타낸다.

29. 요엘: 유다의 죄로 말미암아 메뚜기와 한재(旱災)가 임했으며 이것은 하나님이 내리실 심판의 전조이기도 하다. 그러므로 백성은 옷을 찢지 말고 마음을 찢어 회개해야 하며 회개하면 하나님의 영이 임하여 영광스럽게 될 것임을 보여준다.

30. 아모스: 하나님께서는 아모스에게 백성들을 시험하시고 심판하실 다림줄을 환상으로 보여주셨다. 그러나 자기 백성과 그 땅을 다시 회복시켜 주시겠다고 약속하셨다. 하나님께서는 징계를 하시더라도 한번 택하신 백성은 징계 후 다시 회복시켜 주신다.

31. 오바댜: 이스라엘 백성들과 늘 적대 관계에 있던 에돔 사람들이 예루살렘이 함락되는 것을 보고 기뻐했지만 곧 그들도 멸망을 맞게 되리라는 것을 예언했다.

32. 요나: 니느웨의 구원을 기록하였다. 니느웨에 대한 하나님의 심판 예고와 니느웨 백성들이 회개하여 구원 받은 사실을 기록하였다. 요나서를 통해 하나님께서는 이스라엘의 배타적인 선민의식을 책망하고 세계 만민을 향한 무한한 사랑을 보여주신다.

33. **미가서:** 미가서는 크게 네 부분으로 나눈다. 이스라엘과 유대에 대한 심판을 예언(1-3장), 종말적 영광의 예언과 회복의 약속(4-5장). 민족의 타락에 대한 예언자의 탄식과 회개의 권유(6:1-7:7), 기도와 구원의 예고이다(7:8-20).

34. **나훔:** 요나의 외침으로 회개하고 믿음을 회복했던 니느웨 사람들은 다시 불법과 우상숭배에 빠져들었다. 이에 나훔은 니느웨의 멸망을 예언하였다.

35. **하박국:** 바벨론 제국의 횡포를 보며 하박국은 하나님의 정의를 의심하지만 바벨론은 심판의 도구이지 심판자가 아니며 결국 바벨론도 심판을 받게 될 것임을 알게 된다. 하나님은 작정하신 모든 계획 속에 정의를 온전히 실현시키시는 분임을 확신하게 된다.

36. **스바냐:** 하나님의 심판이 유다 백성과 주변 국가(블레셋, 모압, 암몬, 구스, 앗수르)에도 임할 것임을 예언하였다. 하지만 여호와의 날이 크고 두려운 날에서 그치는 것이 아니라 구원을 선포하는 소망의 날로 나타난다.

37. **학개:** 바벨론 포로생활에서 돌아온 유다 백성이 성전 재건을 중단하자 학개 선지자가 책망하였다. 학개는 이스라엘 백성들이 자신들의 마음을 먼저 세우도록 권면하였다. 학개서는 오늘날 현실의 풍요한 물질생활에서 나태한 성도들에게 참 신앙을 회복할 것을 촉구한다.

38. **스가랴:** 하나님의 임재를 상징하는 성전을 건축하도록 독려하면서, 초림으로 하나님의 나라를 시작하고 재림으로 하나님 나라를 완성하실 메시아의 구속사역과 공의로운 통치사역을 예언한다.

39. **말라기:** 이스라엘 백성들은 성전을 건축한 뒤 메시아가 바로 오실 것으로 기대했지만 오시지 않음으로 다시 죄악에 빠지게 되었다. 이에 말라기는 심판의 날이 멀지 않았으므로 마음을 새롭게 하여 하나님과 맺은 계약을 충실히 지키라고 했다. 빈민 구제와 제사장들의 생활보장을 위한 십일조도 준수하라고 했다.

18. 아담

1. **이름의 뜻**: 아담은 '사람', '붉다'는 뜻이다.

2. **아담의 창조**: 하나님께서 천지창조 6일째 땅의 흙으로 아담을 창조하셨다.(창2:7). 하나님께서 아담의 코에 생기(생명의 호흡)를 불어 넣으시니 생령이 되었다. 생령이 되었다는 것은 살아 있는 혼과 영을 가지게 되어 하나님과 교제할 수 있는 존재가 되었다는 의미이다. 아담은 하나님의 형상대로 창조되었다(창1:26). 여기서 하나님은 삼위일체 하나님(성부 하나님, 성자 하나님, 성령 하나님)을 말한다. 하나님의 형상이란 거룩하신 하나님의 성품이며 인격적이고 이성적으로 판단하는 능력으로 의와 진리를 분별하는 것이다. 하나님의 형상을 지닌 인간만이 하나님과 교제할 수 있다.

3. **아담의 역할**: 하나님은 에덴동산을 만드셨다. 에덴동산은 지구상에 실제 있었던 곳으로 현재 티그리스 강과 유프라테스 강의 유역으로 추정하고 있다. 하나님은 아담에게 생육하고 번성하여 땅과 그 위에 모든 것을 다스리라고 말씀하셨다(창1:28). 아담은 하나님이 만드신 창조 세계를 다스리도록 권한을 위임받은 것이다. 하지만 동산의 모든 나무에서 나는 것을 마음대로 먹을 수 있으나 선악을 알게 하는 나무의 열매를 먹지 말라고 하셨다. 이것은 하나님께서 인간과 맺으신 첫 번째 언약이었다.

4. **아담의 범죄**: 아담은 아내 하와가 건네준 선악을 알게 하는 나무의 열매를 먹음으로써 하나님의 명령을 어기고 범죄하였다(창3:6). 그 결과 하나님과의 바른 관계가 깨졌고 에덴동산에서 쫓겨났다. 아담은 불순종의 대가로 이 땅에서 땀 흘려 수고해야 하며 결국 흙으로 되돌아가게 되었다(창3:17-19). 아담으로 인해 온 세상에 죄와 사망이 들어오게 되었다(롬 5:12,19). 그래서 아담의 죄를 원죄라고 한다. 하나님은 뱀에게 너의 씨(사탄)와 여자의 씨(그리스도) 사이에 격렬한 증오가 있을 것이라고 하셨는데 이는 그리스도께서 사탄의 머리를 부술 것이라는 사실을 미리 말해주신 것이다. 하나님은 아담에게 가죽옷(그리스도의 죽음과 대속을 상징)을 입힘으로써(창3:21) 그리스도의 구속으로 다시 회복시킬 것임을 보여주었다.

5. **아담과 예수 그리스도**: 아담을 통해 들어온 죄와 사망의 권세를 죽음으로써 깨뜨리고 구원해 주신 분은 예수 그리스도이시다(고전15:45). 아담은 땅에서 났지만 예수 그리스도는 전에도 계셨고 지금도 하늘에 계신 주님이시다. 아담은 하나님의 호흡으로 생령이 되었지만 예수 그리스도는 생명을 주시는 영이시다. 아담 안에서 모든 사람이 죽으나 예수 그리스도 안에서 모든 자들이 살아난다. 아담은 불순종하여 인류를 죄와 사망 아래 놓이게 했으나 그리스도는 순종함으로써 많은 사람을 의롭게 하셨다(롬 5:15). 아담은 죄를 더하게 했으나 그리스도는 은혜를 넘치게 하신다(롬 5:20).

1. **에덴에서 쫓겨난 아담과 하와**: 하나님께서는 아담과 하와를 창조하시고 다산하고 번성하며 땅을 채우고 정복하라고 말씀하셨다(창1:28). 아담과 하와가 하나님께 불순종하여 선악과를 먹자 하나님은 하와에게 네가 고통 가운데서 자식들을 낳을 것이라고 말씀하셨다(창3:16). 하나님께서는 아담과 하와를 에덴의 동산에서 쫓아내시고 에덴의 동산 동편에 그룹들과 두루 도는 불타는 칼을 놓아 생명나무의 길을 지키게 하셨다(창3:24).

2. **가인과 아벨이 태어나다**: 아담과 하와는 에덴동산에서 쫓겨날 때까지 자녀가 없었다. 그들은 첫 번째 소생으로 가인을 낳았으며(창4:1) 두 번째 소생으로 아벨을 낳았다(창4:2). 가인은 땅을 경작하는 자였고 아벨은 양을 치는 자였다.

3. **가인과 아벨의 제사**: 가인은 땅에서 나는 열매를 가져와서 하나님께 제물로 드렸고 아벨은 자기 양떼 가운데서 첫배 새끼들과 살진 것을 가져와서 제물로 드렸다. 하나님께서는 아벨과 그의 제물은 받으셨으나 가인과 그의 제물은 받지 않으셨다. 하나님께서 아벨과 그의 제물만 받으신 까닭은 아벨이 피 흘리는 제사를 드렸기 때문이다. 하나님께서는 아담과 하와를 에덴에서 쫓아내실 때 구속받기 위해서는 흠도 없고 점도 없는 어린양의 피를 제물로 바쳐야 한다고 말씀해 주셨을 것이다(벧전1:18-19). 아벨은 부모의 말에 순종하여 하나님께서 원하시는 제물을 바친 것이고 가인은 자신이 옳다고 생각한 대로 제물을 바친 것이다. 우리가 지금 하나님께 예배를 드릴 때도 하나님께서 원하시는 방식대로 드려야지 사람이 보기에 좋은 방식대로 예배를 드리면 안 된다.

4. **아벨을 살해한 가인**: 가인은 하나님께서 자신과 자신의 제물을 받지 않자 격노하였다. 그는 들에 있을 때 아벨에게 달려들어 그를 죽였다. 하나님께서 가인에게 아벨이 어디 있느냐고 묻자 가인은 모르겠다고 하면서 자기는 아우를 지키는 자가 아니라고 대답했다. 하나님은 가인이 땅으로부터 저주를 받아 땅을 경작하여도 효력을 얻지 못할 것이며, 땅에서 도피자와 유랑자가 될 것이라고 말씀하셨다. 가인이 하나님께 나를 만나는 자마다 나를 죽일 것이라고 말하자 하나님께서는 가인에게 표를 하여 어떤 사람도 그를 죽이지 못하게 하셨다.

5. **아벨 대신 주신 셋**: 아벨이 죽은 후 아담과 하와는 '셋'을 낳았으며 셋은 그리스도의 계보에 올랐다(눅3:38). 셋은 에노스를 낳았는데 그때부터 사람들이 주의 이름을 부르기 시작했다.

6. **가인과 아벨의 평가**: 가인의 행위는 악하고 아벨의 행위는 의로운 것이었다(요일3:12). 예수님은 아벨을 의인이라고 언급하셨다(마23:35). 아벨이 믿음으로 피의 희생 제사를 드렸기 때문이다. 아벨은 예수님의 모형이다. 아벨이 그의 형제인 가인에게 죽임을 당했듯이 예수님도 그분의 형제들인 유대인들에게 죽임을 당했다. 아벨을 죽인 가인이 유랑자가 되었듯이 예수님을 죽인 유대인들도 유랑자가 되었다.

1. 이름의 뜻: '안식', '위로'라는 의미이다.

2. 노아의 가족: 노아는 아담의 10대손으로 셋의 후손이며 라멕의 아들이다. 세 아들(셈, 함, 야벳) 과 세 며느리 그리고 아내가 있었다.

3. 노아는 어떤 사람이었나? 노아는 의인이고 당대의 완전한 사람이며 하나님과 동행했던 사람이다 (창6:9). 홍수 이전에는 에녹과 노아만이 의로웠으며 그들은 하나님과 동행했다.

4. 대홍수: 하나님은 땅이 폭력으로 가득 찼기 때문에 모든 사람을 땅과 함께 멸망시키겠다고 말씀 하셨다. 하나님은 노아에게 방주를 만들라고 명하셨다. 노아는 하나님의 지시에 순종하여 120년 간 방주를 만들었다(창6:14-7:5). 노아는 하나님의 심판을 경고하고 회개를 촉구하였으나 회개 하는 자들은 아무도 없었다(벧전3:20). 결국 노아를 비롯한 가족 8명(노아, 아내, 세 아들과 세 며느리)과 정한 짐승 각 7쌍, 부정한 짐승 각 2쌍이 홍수를 피해 방주로 들어갔다(창7:2-3). 홍 수가 시작될 때 노아의 나이는 육백 세였다. 홍수는 40일 동안 계속되었으며 물이 150일 동안 땅 위에 차고 넘쳤다. 노아의 방주가 아라랏산에 도착했을 때 노아는 방주에서 나와 단을 쌓고 하나 님께 감사 제사를 드렸다(창8:20).

5. 노아의 방주: 방주는 길이 300규빗(약 135m), 너비 50규빗(약 22.5m), 높이 30규빗(약 13.5m) 이었다. 방주의 골격은 고펠나무였으며 역청으로 안팎을 칠하였다. 방주는 오늘날의 배 모양이 아니라 상자 혹은 궤 모양이다. 따라서 노를 저을 수 없었고 파도에 밀려다니기만 했다. 방주는 총 3층 구조로 되어 있었으며 한 개의 창문과 한 개의 출입문 그리고 덮개가 있었다. 물론 내부에 는 여러 개의 방이 있었다. 방주는 그리스도의 완전한 모형이다. 방주가 노아와 그의 가족을 구했 듯이 그리스도께서 죄로부터 우리를 구원해 주신다.

6. 하나님과 맺은 언약: 하나님께서는 육류를 먹도록 허락하셨다(창9:3). 하지만 피를 먹는 것은 금 지되었다(창9:4). 생피를 먹는 것은 예수님의 십자가 대속 이후에도 금지하고 있다(행15:20). 하 나님께서는 다시는 모든 생물을 홍수로 멸하지 아니할 것이라고 하셨다(창9:11). 땅을 저주하지 않을 것이라고도 하셨다(창8:21).

7. 함과 그 자손에 대한 저주: 홍수 후에 노아는 포도원을 경작하며 땅을 재건하기 시작했다. 어느 날 그가 포도주를 마시고 취해 장막 안에서 벌거벗고 있었다. 함이 아버지의 하체를 보고 셈과 야 벳을 끌어들여 아버지의 권위에 도전하려 했다. 함이 아버지인 노아를 상대로 동성애의 죄를 저 질렀을 수도 있다. 술에서 깬 노아는 함을 저주하였다.

8. 신약 시대에 노아에 대한 평가: 예수님은 노아 시대가 재림의 시대와 비슷할 것이라고 말씀하셨 다(마24:37-39). 노아는 믿음으로 구원 받아 의의 상속자가 되었다(히 11:7). 베드로는 노아를 의의 전파자라고 하였다(벧후2:5).

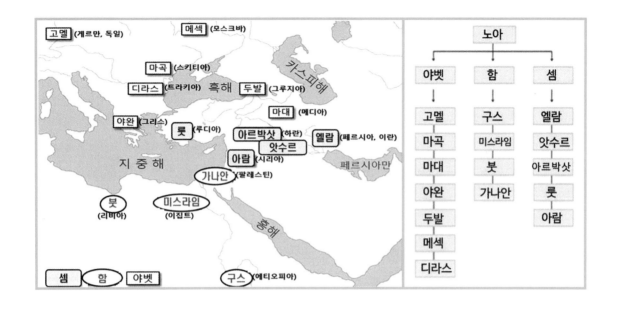

1. 셈

셈은 '명성', '유명한'이란 뜻이다. 노아는 셈, 함, 야벳을 모두 500세가 넘어서 낳았다(창5:32). 셈은 대홍수 때 98세였다(창11:10). 그는 아내와 함께 방주에 들어가 구원을 받았다. 홍수 이후에 노아가 포도주에 취해 자기 장막 안에서 벌거벗었을 때 아버지의 하체를 덮어드려 축복을 받았다(창9:23). 그는 엘람, 앗수르, 아르박삿, 룻, 아람을 낳았다. 셈은 페르시아, 앗수르, 갈대아, 아르미니아, 시리아 등의 조상이 되었다. 또한 셈은 아브라함의 조상이다. 예수님도 육신으로 셈족을 통해 오셨다. 특히 셈족은 종교적으로 많은 영향을 끼쳤는데 유대교, 기독교, 이슬람교가 모두 셈의 자손들을 통해 나왔다.

2. 함

함은 '검다', '뜨겁다'는 뜻이다. 함은 대홍수 때 아내와 같이 방주에 들어가 구원을 받았으나 홍수 이후에 노아가 포도주에 취해 벌거벗은 채로 누워 있을 때 행한 무례한 행동으로 저주를 받았다(창9:20-25). 그는 구스와 미스라임, 붓과 가나안을 낳았다. 함은 이집트, 에티오피아, 리비아, 바벨론, 페니키아, 가나안 등의 조상이 되었다.

3. 야벳

야벳은 '확장'이라는 뜻이다. 홍수 때 아내와 함께 구원 받았다. 노아의 포도주 사건 때 셈과 같이 행동하여 축복을 받았다. 일곱 아들(고멜, 마곡, 마대, 야완, 두발, 메섹, 디라스)을 두었다. 게르만인, 러시아인, 메데인, 이베리아인, 헬라인, 로마인, 트라키아인 등의 조상이 되었다.

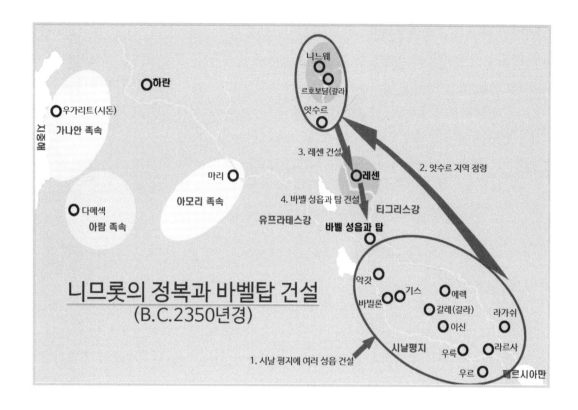

니므롯의 정복과 바벨탑 건설
(B.C.2350년경)

함의 아들 구스는 니므롯을 낳았다. 니므롯이 세상에 첫 용사이며 하나님 앞에서 힘센 사냥꾼이었다. 그는 시날 땅의 바빌론과 에렉과 악갓과 갈레에서 시작하여 앗수르로 나아가 니느웨와 르호보딜을 점령하고 니느웨와 갈라 사이에 레센을 건설하였다(창10:8-12).

노아의 홍수는 B.C.2450년경에 일어났고 벨렉은 B.C.2350년경에 태어났다. 벨렉이 태어날 때 세상이 나뉘었다(창10:25). 세상이 나뉘었다는 것은 민족이 흩어졌다는 것을 뜻하는데 이는 바벨탑 사건을 말하는 것으로 볼 수 있다. 따라서 바벨탑 사건은 대홍수 후 100년이 지난 B.C.2350년경에 일어났다는 사실을 알 수 있다.

니므롯은 메소포타미아(티그리스 강과 유프라테스 강 사이에 있는 지역) 남부를 차지하고 바빌론, 에렉, 악갓, 갈레 등 여러 성읍을 건설했다. 이 지역은 시날('수메르'라고도 함) 땅으로도 불린다. 그는 셈의 자손이 세운 앗수르를 정복하기 위해 북쪽으로 진군했다. 앗수르는 당시에 르호보딜이라는 성소도시를 만들고 하나님을 섬기던 성읍이었다. 결국 니므롯은 앗수르를 굴복시키고 만다. 그렇게 앗수르를 장악한 니므롯은 하나님의 성읍인 르호보딜을 갈라로 바꾸었고 남쪽의 갈레도 갈라로 바꾸어 자신의 점령지임을 나타냈다. 그는 남쪽 갈라(갈레)와 니느웨 사이에 레센을 건설하였으며 레센과 기스 중간에 바벨 성읍과 탑을 건설하기 시작하였다.

니므롯이 바벨에 성읍과 탑을 건설하기 전에는 온 땅의 언어가 하나였다. 니므롯과 그의 백성들은 돌 대신 벽돌을 만들어 굽고 역청으로 진흙을 대신하여 성읍과 탑을 건설하기 시작하였다. 그들은 탑 꼭대기를 하늘에 닿게 하여 자기들의 이름을 내고 온 지면에 흩어짐을 면하고자 하였다. 지금도 인류가 높은 건물을 만들려는 습성도 여기서 비롯되었다고 볼 수 있다. 하나님께서는 그들이 건설하려는 성읍과 탑을 보시고 백성이 하나이고 그들 모두 한 언어를 가졌기에 이런 일을 시작한 것이라고 하셨다. 하나님께서는 그들의 언어를 혼란시켜 서로의 말을 알아듣지 못하게 하셨다. 하나님께서 그들을 그곳에서 온 지면에 멀리 흩으시니 비로소 성읍과 탑 짓는 것을 그쳤다(창11:1-9). 이 사건으로 인해 같은 언어끼리 민족을 이루어 온 땅에 흩어지게 되었다.

니므롯이 바벨에 거대한 성읍과 탑을 건설하려고 했던 목적은 홍수가 다시 일어나더라도 안전한 거대 도시를 만들 속셈이었다. 하나님께서는 다시는 홍수로 모든 생물을 멸하지 않겠다고 약속하셨으나 니므롯은 사람들이 하나님의 약속을 믿지 못하게 하도록 거짓말을 한 후 자기를 따르게 했다. 니므롯이 이런 일을 한 까닭은 하나님께서 받으셔야 할 영광을 자기가 차지하기 위해서였다. 또한 니므롯은 사람들이 자신을 신처럼 숭배하게 했다. 니므롯이 죽은 후에 니므롯의 아내 세미라미스는 자신의 아들의 이름을 '담무스'로 짓고 니므롯이 환생하여 담무스가 되었다고 믿게 하였다. 그리고 자신의 아들 담무스를 태양신으로 받들게 하였으며 자신을 신의 어머니로 숭배하게 하였다. 이렇게 니므롯과 세미라미스, 담무스를 통해 환생 설, 태양신, 여신숭배, 모자숭배 등 온갖 우상숭배가 생겨나 널리 퍼지게 되었다. 마리아를 성모로 추앙하는 것은 여신숭배 사상의 영향을 받은 것이며, 예수 그리스도를 마리아의 보호 아래 있는 연약한 아기로 묘사하는 것은 모자숭배 사상에 영향을 받은 것이다.

니므롯으로 인해 메소포타미아 지역에 우상숭배와 죄가 만연해졌기 때문에 하나님께서는 아브라함을 택하여 한 민족을 이루어 하나님의 말씀을 보존하고 구원 계획을 이루고자 하셨다. 하나님께서는 아브라함에게 고향과 친척과 아버지의 집을 떠나 내가 네게 보여 줄 땅(가나안)으로 가라고 말씀하셨다(창12:1).

예수님이 승천하신 후 오순절에 제자들과 예수님을 따르던 무리들에게 성령이 임했다. 그들이 성령 충만함을 받아 다른 언어들로 말할 때 여러 나라에서 온 유대인들이 자기 방언으로 알아들을 수 있었다. 이는 하나님께서 유대인들로 하여금 예수님을 믿도록 기적을 베푸신 것이다. 그리고 다른 한편으로 그리스도 안에서는 모두가 하나라는 것을 알려주시기 위한 것이다. 니므롯은 자신의 영광을 위하여 인류가 하나가 되기를 바랐으나 하나님께서는 우리가 그리스도 안에서 하나가 되기를 바라신다.

욥기의 시대적 배경은 아브라함, 이삭, 야곱이 활동했던 족장 시대로 추정된다(B.C.2000-1800). 욥기의 무대는 욥의 고향인 우스 땅인데 이 지역은 팔레스타인 남동쪽으로 추정된다. 욥기의 저자는 정확히 알 수 없으나 욥, 모세, 솔로몬, 엘리후 등이 거론된다.

1장(사탄의 첫 번째 시험): 사탄은 온전하고 정직하며 하나님을 경외하는 욥을 시기하여 하나님께 욥을 시험할 것을 요청한다. 하나님께서는 욥의 생명만은 건드리지 말라고 하시며 시험을 허락하신다. 사탄은 하나님께 권한을 받아 욥의 소유를 빼앗는다. 사탄은 욥이 풍족하기 때문에 의로울 수 있다고 믿었고 그가 모든 것을 잃으면 하나님을 배신할 것이라고 여겼다. 하나님께서 사탄에게 시험하도록 허락하신 까닭은 고난이든 행복이든 결국 모든 과정은 하나님의 주권에 있다는 것을 욥이 깨닫기를 원하셨기 때문이다.

2장(사탄의 두 번째 시험): 사탄은 욥을 해할 권한을 하나님께 받아 욥의 온몸에 종기가 나게 한다. 욥은 아내로부터 하나님을 욕하고 죽으라는 비방을 들었으나 하나님께 복을 받았은즉 재앙도 받지 않겠느냐고 말하며 범죄하지 않는다. 욥의 세 친구 엘리바스와 빌닷과 소발이 욥을 위로하기 위해 찾아왔으나 욥의 모습이 너무도 처참하여 7일 동안 아무도 말하지 않는다.

3장(욥의 탄식): 욥은 고통 때문에 자신의 생을 저주하며 탄식한다.

4-5장(엘리바스의 첫 번째 발언): 엘리바스는 죄가 없는 자는 결코 고난을 당하지 않으며 오직 악인만이 고난을 당한다고 말한다. 죄 때문에 하나님의 징계로 고난을 받는 것이니 욥에게 하나님께 회개하라고 충고한다. 그러나 의인도 고난을 받을 수 있다. 더군다나 욥은 죄 때문에 고난을 받는 것이 아니므로 엘리바스의 말은 잘못된 것이다.

6-7장(욥의 대답): 욥은 친구들의 충고가 더욱 자신을 힘들게 한다고 말한다. 욥은 무죄를 주장하며 고통에서 벗어나기를 하나님께 호소한다.

8장(빌닷의 첫 번째 발언): 빌닷 역시 욥이 죄 때문에 벌을 받은 것이므로 회개해야 복을 받는다고 말한다. 엘리바스와 빌닷은 하나님께서 사람의 행동을 보시고 복이나 고난을 주신다고 잘못 생각했다. 하나님은 행위를 기뻐하시는 것이 아니라 존재 자체만으로 기뻐하시는 분이시다.

9-10장(욥의 대답): 욥은 고난의 원인을 알기를 원한다. 하나님이 정죄하고 있다고 생각한다.

11장(소발의 첫 번째 발언): 소발도 욥의 고난이 욥 자신도 모르는 죄 때문이라고 주장하며 전능하신 하나님께 회개하고 복을 받으라고 말한다. 보통 사람들은 사실과 다른 말을 거짓말이라고 하지만 하나님께서는 그 말과 말하는 사람의 정체성이 일치하지 않는 것을 거짓말이라고 말씀하신다. 예수님이 겉과 속이 다른 바리새인들을 책망하신 이유도 그 때문이다. 소발 자신이 욥에게 그런 말을 할 자격이 있는지 먼저 살펴야 했다.

12-14장(욥의 대답): 욥은 자신이 이 고난을 받을 만큼 큰 죄를 짓지 않았다고 생각했기 때문에 친구들의 충고에 동의하지 않는다. 욥은 고통의 원인도 모를 뿐더러 고통에서 벗어날 수도 없는 이 상황을 하나님께 하소연한다.

15장(엘리바스의 두 번째 발언): 엘리바스는 욥의 오만을 책망하고 예부터 전해 내려오는 이야기를 통해 악인의 멸망을 말한다.

16-17장(욥의 대답): 하나님은 사람을 행동만 보고 판단하시지 않는다는 사실을 알고 있는 욥에게 친구들의 충고는 단지 조롱일 뿐이다. 유대인들도 하나님을 잘 안다고 생각했으나 실상은 하나님을 아는 지혜가 부족하여 결국 예수님을 십자가에 못 박고 말았다. 친구들의 충고에 아무런 위로를 얻지 못한 욥은 자신의 결백을 주장하며 아무 소망 없이 죽음을 기다린다.

18장(빌닷의 두 번째 발언): 빌닷은 자신을 비난하는 욥을 꾸짖고 악인들에게 닥치는 재앙을 열거하며 욥도 악인이 받는 재앙을 받고 있다고 주장한다. 빌닷도 욥을 위로하기는커녕 정죄한다.

19장(욥의 대답): 욥은 주위 사람들이 자신을 버린 것을 한탄한다. 특히 자신을 향한 친구들의 정죄(욥이 악인이라 고난을 받는다는 것)를 한탄하며 그들에게 동정과 자제를 호소한다.

20장(소발의 두 번째 발언): 소발은 악인의 형통은 잠시이며 그들의 분깃은 곧 사라질 것이라고 말한다. 소발도 욥을 악인으로 간주하였는데 욥은 악인이라서 고난을 받고 있는 것이 아니다.

21장(욥의 대답): 욥은 악인이 때로는 번영하는 삶을 누리고 고통 없이 죽는 경우가 있다며 소발의 주장을 반박한다. 그러나 죽은 후에 악인의 형벌이 준비되어 있다고 말한다.

22장(엘리바스의 세 번째 발언): 엘리바스는 욥이 하나님을 모독하고 악을 행하는 자라고 비난 수위를 높인다. 엘리바스는 욥이 가난한 자를 외면한 것과 같은 악한 행위를 했기 때문에 고난 받는 것이 당연하다고 말한다. 그래서 기도로 하나님께 회개하고 화목을 도모하라고 충고한다.

23-24장(욥의 대답): 욥은 악인들이 득세하는 현실을 열거하면서 자신의 고난이 죄에 대한 심판이 아니라고 주장한다. 욥은 하나님이 악한 자를 내버려 두시는 것에 불만을 나타내며 하나님과 대면하기를 갈망한다.

25장(빌닷의 세 번째 발언): 빌닷은 인간은 모두 죄인이므로 권능과 위엄을 가지신 하나님 앞에 의로운 사람은 없다고 말한다. 따라서 욥이 하나님께 항변하려고 하는 것은 잘못이라고 지적한다.

26장(욥의 대답): 욥은 측량할 수 없는 하나님의 무한하신 능력을 열거하면서 자신도 하나님에 대해 많은 것을 알고 있다고 주장한다.

27-28장(욥의 독백): 욥은 자신의 의를 주장하면서 악인들은 최후에 비참한 운명을 맞을 것이라고 말한다. 그리고 자신의 친구들이 인간이 겪는 고난에 대해서 정확히 인식을 못하고 있음을 안타까워하며 참다운 지혜는 하나님께만 있음을 고백한다.

29-31장(욥의 회상, 독백, 진술): 29장에서 욥은 이전에 하나님께 부귀와 영광과 자식의 축복까지 받았던 행복했던 시절을 회상한다. 30장에서 욥은 자기가 인간들의 조롱을 받고 있으며 몸도 고통받는 현실을 통탄한다. 31장에서 욥은 개인 생활이나 이웃에 대하여 그리고 하나님을 향하여서 절대 결백하다고 주장한다.

32-33장(엘리후의 첫 번째 변론): 32장에서 엘리후는 스스로 의롭다고 말하면서 자신의 곤고함을 벗기 위하여 오히려 죽는 것이 좋겠다고 말한 욥을 책망한다. 욥은 의인이기 때문에 세상에서 정말 존귀함 속에서 살아갈 것이라고 생각했지만 현실은 그렇지 못함을 불평한 것이다. 엘리후는 세 친구들에게도 욥의 질문에 대답은 못하면서 정죄만 한다고 책망한다.

34장(엘리후의 두 번째 변론): 엘리후는 욥에게 하나님은 공의로우신 분이시기 때문에 불평했던 것을 회개하라고 권면한다. 사람은 하나님의 피조물이기 때문에 창조주 하나님께 순종하고 영광을 돌려야 하는 존재이지 자기 입장을 변론하고 주장하는 존재가 아니다.

35장(엘리후의 세 번째 변론): 엘리후는 하나님께서 압제당하는 자들의 절규를 듣지 않으신다고 말한 욥의 잘못을 지적한다. 인간이 생각하는 선악의 기준으로 하나님을 판단해서는 안 된다. 엘리후는 욥이 자신의 선악의 기준으로 무죄를 주장하며 의롭다고 한 점을 책망하고 하나님께서는 교만한 자의 간구를 듣지 않는다고 말한다.

36-37장(엘리후의 네 번째 변론): 엘리후는 구원의 하나님을 잊고 죽기를 원했던 욥을 책망한다. 그리고 사람이 고난을 받는 데는 하나님의 숨은 섭리가 있을 것이라고 하면서 욥에게 인내하고 순종하도록 권면한다.

38-41장(하나님의 첫 번째 말씀): 하나님께서는 고난의 원인을 설명하지 않으시고 이 세상과 이 세상에 일어나는 모든 일의 주관자가 누구냐고 욥에게 물으신다. 하나님께서는 자신이 세상을 만들고 통제한다는 사실을 욥에게 알려 주시며 욥의 교만을 꺾으셨다. 욥은 자신의 무지함을 깨닫고 침묵한다. 욥은 하나님을 창조주로 진정으로 믿는다면 고난도 고난으로 여기지 않아야 한다는 점을 깨닫는다.

42장(욥의 회개와 축복): 욥이 자신의 신앙이 부족했음을 깨닫고 하나님께 회개했다.

욥기는 고난의 원인보다 고난을 대하는 자세에 초점을 둔다. 죄를 지었다고 해서 모두 고난을 받는 것은 아니다. 하나님이 사람을 연단시킬 목적으로 고난을 주신다고 단정할 수도 없다. 죄를 지어 고난을 받든지 아무 이유 없이 고난을 받든지 인간은 하나님께 원망하거나 불평해서는 안 된다. 인간은 피조물로서 자신의 한계를 깨닫고 하나님의 절대 주권과 섭리를 인정해야 한다. 인간은 늘 하나님만 바라보며 어떤 상황에서도 하나님을 찬양해야 한다.

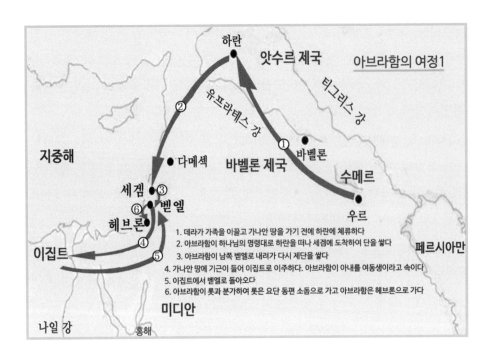

아브라함의 여정1

1. 데라가 가족을 이끌고 가나안 땅을 가기 전에 하란에 체류하다
2. 아브라함이 하나님의 명령대로 하란을 떠나 세겜에 도착하여 단을 쌓다
3. 아브라함이 남쪽 벧엘로 내려가 다시 제단을 쌓다
4. 가나안 땅에 기근이 들어 이집트로 이주하다. 아브라함이 아내를 여동생이라고 속이다
5. 이집트에서 벧엘로 돌아오다
6. 아브라함이 롯과 분가하여 롯은 요단 동편 소돔으로 가고 아브라함은 헤브론으로 가다

1. **이름의 뜻**: '큰 아버지', '많은 국민의 아버지'라는 뜻이다.

2. **가족 배경**: 아브라함은 셈의 후손으로 데라의 아들이며 사래의 남편이었다.

3. **우르**: 우르는 이라크 남부 유프라테스 강 가까운 곳에 있던 수메르의 대표적 도시국가로서 무역이 번성하던 곳이다. 아브라함은 우르에서 출생하여 50대 중반까지 그곳에서 살았다.

4. **하란**: 아브라함의 아버지 데라는 아브라함과 나홀과 하란을 낳았는데 하란은 롯을 낳고 우르에서 죽었다. 데라는 아브라함과 사래와 롯을 데리고 사막을 피해 하란을 경유하여 가나안 땅에 가려고 했다. 어떤 이유인지 모르나 하란에서 10년 이상 살게 되었고 결국 데라는 하란에서 죽었다(창11:25-32). 하나님께서는 아브라함에게 나타나셔서 하란을 떠나라고 명령하셨다. 그리고 아브라함에게 큰 민족을 이루게 하시고 복을 주며 아브라함의 이름을 창대케 하고 모든 족속이 아브라함으로 인해 복을 받을 것이라고 말씀하셨다(창12:1-4).

5. **세겜**: 아브라함은 사래와 조카 롯을 데리고 하란을 떠나 가나안 땅 세겜에 도착했다. 하나님께서 아브라함에게 나타나셔서 이 땅을 네 자손에게 주겠다고 약속하셨다(창12:5-7).

6. **벧엘**: 아브라함은 벧엘 동쪽 산으로 이동하여 제단을 쌓고 여호와의 이름을 불렀다(창12:8-9).

7. **이집트**: 가나안 땅에 기근이 들자 아브라함은 이집트로 이주했다. 그곳에서 아내를 여동생이라고 속이는 잘못을 저질러 바로에게 아내를 빼앗길 뻔했으나 하나님께서 구해주셨다(창12:10-20).

8. **벧엘로 돌아와 헤브론으로 이주함**: 이집트에서 돌아와 벧엘에 제단을 쌓았다. 롯은 아브라함을 떠나 요단 동편 소돔으로 갔고 아브라함은 헤브론으로 이주하였다(창13:1-18).

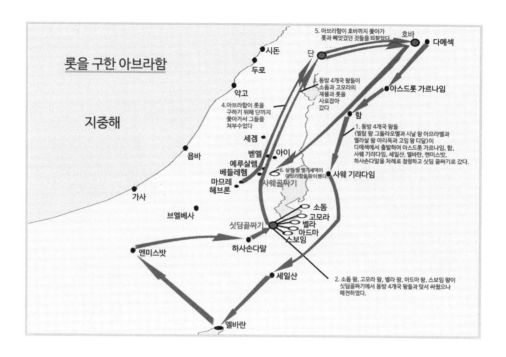

9. 롯이 사로잡혀가다: 소돔 왕, 고모라 왕, 벨라 왕, 아드마 왕, 스보임 왕이 12년 동안 엘람 왕 그돌라오멜을 섬기다가 배반하였다. 그돌라오멜과 그와 함께 한 왕들이 군사를 일으켜 아스드롯 가르나임에서 르바 족속을, 함에서 수스 족속을, 사웨 기랴다임에서 엠 족속, 세일산에 호리 족속을 쳐서 광야 근방 엘바란까지 이르렀다. 다시 엔미스밧에 이르러 아말렉 족속의 온 땅과 하사손다말에 사는 아모리 족속을 쳤다. 소돔 왕, 고모라 왕, 아드마 왕, 스보임 왕, 벨라 왕이 싯딤 골짜기에서 그들과 전쟁을 하기 위하여 진을 쳤으나 패하여 도망하였다. 승리한 동방의 네 왕이 소돔과 고모라의 모든 재물과 양식을 빼앗았는데 소돔에 거주하던 아브라함의 조카 롯도 사로잡고 그 재물까지 노략하여 갔다(창14:1-12).

10. 롯을 구한 아브라함: 아브라함이 조카 롯이 사로잡혀 갔다는 소식을 듣고 훈련된 사람 318명을 데리고 단까지 쫓아가서 그들을 쳐부쉈다. 도망가는 그들을 호바까지 쫓아가 빼앗겼던 재물과 자기의 조카 롯과 그의 재물과 또 부녀와 친척을 다 찾아왔다(창14:13-16).

11. 아브라함을 맞이한 멜기세덱: 아브라함이 승리하고 돌아올 때에 살렘 왕 멜기세덱이 떡과 포도주를 가지고 나왔는데 그는 지극히 높으신 하나님의 제사장이었다. 그가 하나님께 아브라함을 축복해 줄 것을 구했고, 아브라함은 그에게 얻은 것의 십분의 일을 주었다(창14:17-20). 멜기세덱이 누구인지 정확히 알 수 없지만 노아의 아들 셈일 가능성이 크다.

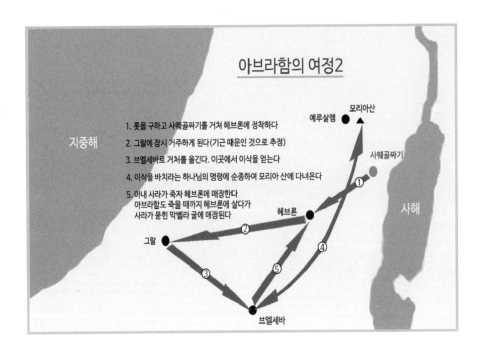

아브라함의 여정2

지중해

1. 롯을 구하고 사웨골짜기를 거쳐 헤브론에 정착하다

2. 그랄에 잠시 거주하게 된다(기근 때문인 것으로 추정)

3. 브엘세바로 거처를 옮긴다. 이곳에서 이삭을 얻는다

4. 이삭을 바치라는 하나님의 명령에 순종하여 모리아 산에 다녀온다

5. 아내 사라가 죽자 헤브론에 매장한다
   아브라함도 죽을 때까지 헤브론에 살다가
   사라가 묻힌 막벨라 굴에 매장된다

예루살렘 모리아산 사웨골짜기 사해

헤브론 그랄 브엘세바

12. **헤브론에 정착함:** 헤브론에서 아브라함은 여종 하갈을 통해 아들 이스마엘을 얻는다. 하갈이 임신함으로 사라를 멸시하자 사라는 하갈을 학대했다. 하갈이 사라의 학대를 피해 도망가자 하나님께서 사자를 보내 다시 돌아가서 사라에게 순종하라고 명령하셨다. 하나님께서는 아브라함과 그 후손에게 가나안 온 땅을 주어 영원한 기업이 되게 할 것이라고 약속하셨다. 하나님이 이스라엘의 하나님이 되시고 이스라엘은 하나님의 소유된 백성으로 특별히 선택되어 오직 하나님만 섬겨야 한다는 언약의 징표로 아브라함 집안의 남자는 모두 할례를 받게 되었다. 하나님은 사라가 아들을 얻게 될 것이라고 다시 말씀하셨다. 하나님께서는 직접 사람의 모습으로 아브라함에게 나타나셔서 아브라함은 강대한 민족이 될 것이며 모든 민족들이 그로 인해 복을 받게 될 것이라고 말씀하셨다. 하나님이 아브라함을 떠난 뒤 롯과 두 딸을 제외하고 소돔과 고모라는 멸망하였다(창15-19장).

13. **이삭을 바치다:** 아브라함은 그랄에 잠시 거주한 후 브엘세바로 이주하여 이삭을 낳는다(창20-21장). 하나님은 아브라함에게 이삭을 모리아산에서 번제로 바치라고 명령하셨다. 아브라함은 이 명령에 순종하였다. 그러나 하나님은 이삭을 제물로 받지 않으시고 대신 숫양을 바치라고 하셨다. 하나님은 절대 인신제사를 받으시는 분이 아니다. 하나님은 아브라함의 믿음을 의롭게 여기시며 아브라함과의 언약을 다시 상기시키셨다(창22:1-18)

14. **아브라함에 대한 신약의 평가:** 아브라함은 하나님의 약속을 의심하지 않고 믿음으로 견고해졌다(롬4:20). 하나님은 아브라함의 믿음을 의로 여기셨고 아브라함을 친구라고 부르셨다(약2:23). 하나님께서는 아브라함에게 네 씨로 천하 만민이 복을 받을 것이라고 하셨는데(창22:18) 그 씨는 이삭이 아니라 예수 그리스도를 말한다(갈3:16).

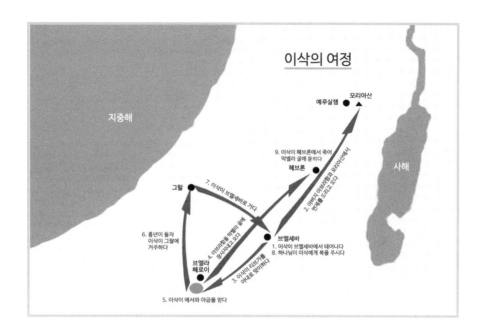

1. **이삭의 탄생:** 아브라함이 100세 때 이삭은 브엘세바에서 태어났다.

2. **이삭의 번제:** 하나님께서는 아브라함을 시험하여 이삭을 모리아 땅에서 번제로 바치라고 하셨다. 하나님은 아브라함이 순종하는 것을 보시고 이삭 대신 숫양을 번제로 드리게 하셨다.

3. **아내 리브가를 맞이함:** 이삭의 어머니 사라가 죽자 아브라함은 종 엘리에셀을 시켜 아브라함의 고향 나홀 성에 가서 이삭의 아내를 구해오도록 했다. 엘리에셀은 아브라함의 동생 나홀의 손녀인 리브가를 만나 데려왔으며 이삭은 브엘라해로이 근처에서 그녀를 맞아 아내로 삼았다. 아브라함이 죽자 이삭은 어머니 사라가 묻힌 헤브론의 막벨라 굴에 장사지냈다.

4. **야곱과 에서를 얻음:** 이삭은 브엘라해로이 근처에서 살면서 쌍둥이 야곱과 에서를 얻었다.

5. **그랄에 거주:** 흉년이 들자 이삭은 그랄로 갔다. 하나님께서는 이삭이 농사지을 때 많은 소출을 얻게 하셨고 우물을 팔 때마다 물이 나오게 하셨다.

6. **하나님과 언약의 확정:** 이삭이 브엘세바로 올라갔을 때 그곳에서 하나님께서는 이삭에게 복을 주고 자손을 번성하게 하겠다고 말씀하셨다.

7. **야곱을 축복함:** 이삭은 에서를 축복하려고 했으나 야곱이 이삭을 속이고 에서의 축복을 가로챘다. 이삭은 야곱에게 밧단아람으로 가서 외삼촌 라반의 딸 중에서 아내를 맞이하라고 했다.

8. **이삭의 죽음:** 이삭이 헤브론에서 180세에 죽자 에서와 야곱이 막벨라 굴에 장사지냈다.

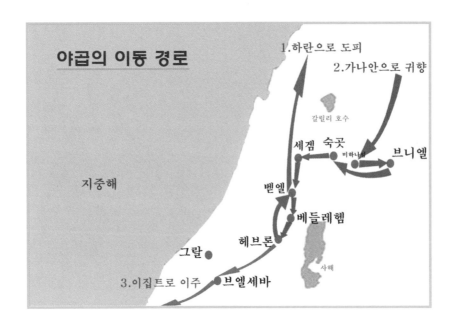

1. **이름의 뜻:** '발꿈치를 잡다', '다른 사람의 장소를 차지하다'

2. **가족 배경:** 이삭과 리브가 사이에서 에서의 쌍둥이 동생으로 태어났다. 에서는 활동적이었지만 야곱은 조용하고 차분했다. 특히 어머니 리브가의 편애를 받아 형 에서의 장자권과 아버지의 축복을 가로챘다.

3. **도피 생활:** 장자권과 축복을 가로챈 후 에서를 피해 하란으로 도피했다. 하란으로 가는 중에 벧엘(뜻: 하나님의 집)에서 하나님은 아브라함에게 맺은 언약을 야곱에게 확인시켜 주셨다. 야곱은 하란에 있는 외삼촌 라반의 집에 살게 되었다. 그곳에서 14년간 봉사하고 두 아내(레아, 라헬)를 얻었다. 하란에서 20년을 보낸 후 야곱은 고향으로 돌아가라는 하나님의 명령을 받고 가나안으로 떠났다. 가나안으로 가던 중에 얍복 강가에서 하나님(예수님)과 씨름하였다. 하나님(예수님)은 야곱이라는 이름 대신 이스라엘(하나님과 겨루어 이김)이라는 이름을 주시고 야곱을 축복하셨다. 야곱은 그곳을 브니엘(하나님의 얼굴)이라고 불렀다.

4. **가나안 생활:** 가나안으로 귀향하던 중 야곱의 딸 디나가 세겜에서 히위 족속 하몰의 아들 세겜에게 강간당했다. 이로 인해 야곱의 두 아들 시므온과 레위는 세겜 족속의 남자들을 죽이고 그곳을 노략하였다. 야곱은 벧엘로 가라는 하나님의 명령을 받고 벧엘로 향했다. 다시 벧엘에서 베들레헴으로 가는 길에 라헬은 베냐민을 낳다가 죽는다. 야곱은 아브라함과 이삭이 거주하던 헤브론으로 가서 아버지 이삭을 만난다.

5. **이집트로 이주:** 요셉은 형들의 시기로 이집트로 팔려 간다. 그 후 야곱은 극심한 기근을 경험하게 되는데 이집트의 총리가 된 요셉의 도움으로 이집트로 이주하였다. 이집트 고센 땅에서 평안히 지내다가 하나님의 부름을 받고 가나안 땅 막벨라 굴에 묻히게 된다.

1. **르우벤:** '보라, 아들이다'라는 뜻. 야곱의 열두 아들 중 장남이다. 형제들이 요셉을 미디안 상인에 팔려고 할 때 구해주려고 했다. 하지만 야곱의 첩 빌하와 통간하여 장자권을 잃었다.

2. **시므온:** '응답하심'이라는 뜻. 세겜이 누이 디나를 강간하자 세겜 부족 사람들을 살육하고 약탈하였다. 이 때문에 야곱은 시므온을 저주하였으며 이스라엘에서 흩어질 것이라고 했다.

3. **레위:** '더불어 연합함'이라는 뜻. 시므온과 함께 세겜 부족 사람들을 살육하여 야곱에게 시므온과 같은 저주를 받았다. 후손들은 율법을 가르치고 제사를 주관하는 업무를 하였다.

4. **유다:** '여호와를 찬양하라'는 뜻. 저주를 받은 르우벤, 시므온, 레위를 대신하여 영적 장자가 되었다. 야곱으로부터 왕권을 위임받을 것이라는 축복을 얻었다.

5. **단:** '하나님이 심판하신다'라는 뜻. 야곱으로부터 재판권을 위임받는 축복을 얻었다.

6. **납달리:** '겨룸'이란 뜻. 레아와의 출산 경쟁에서 이겼다는 뜻에서 라헬이 지은 이름이다.

7. **갓:** '복됨'이라는 뜻. 야곱으로부터 군대를 추격할 것(용맹함)이라는 축복을 받았다.

8. **아셀:** '기쁨'이라는 뜻. 야곱으로부터 비옥한 토지를 소유할 것이라는 축복을 받았다.

9. **잇사갈:** '보상'이라는 뜻. 야곱으로부터 노동력이 강성할 것이라는 축복을 받았다.

10. **스불론:** '후한 선물'이라는 뜻. 야곱으로부터 해변에 거할 것이라는 예언을 받았다.

11. **요셉:** '여호와께서 더하실 것이다'라는 뜻. 형들의 시기로 이집트에 팔려갔으나 바로의 꿈을 해석하여 총리가 되었다. 야곱으로부터 가장 탁월할 것이라는 축복을 받았으며 두 아들(에브라임, 므낫세)은 각 이스라엘의 지파가 되었다.

12. **베냐민:** '오른손의 아들'이라는 뜻. 라헬은 베냐민을 출산하다가 사망했다. 아버지와 형 요셉의 사랑을 받았으며, 야곱으로부터 호전적인 가문을 형성할 것이라는 축복을 받았다.

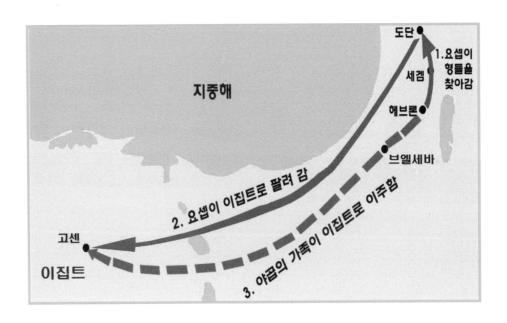

1. **이름의 뜻:** '여호와께서 더하실 것이다'라는 뜻이다.

2. **가족 배경:** 요셉은 아버지 야곱과 어머니 라헬 사이에서 태어났다. 그는 야곱이 하란에 있을 때에 그곳에서 태어났다. 요셉은 야곱의 열한 번째 아들이고 동생은 베냐민이다. 야곱은 요셉을 특히 사랑했는데 라헬의 소생이면서 늙었을 때 얻었기 때문이다.

3. **이집트로 팔려 간 요셉:** 아버지 야곱의 편애 때문에 형들은 요셉을 시기한다. 야곱이 양을 치러 간 아들들을 살피러 요셉을 보냈을 때 형들은 요셉을 미디안 상인들에게 팔아버린다.

4. **총리가 된 요셉:** 요셉은 이집트에서 보디발 가정의 종이었지만 신실함으로 주인에게 신뢰를 받는다. 하지만 보디발의 아내에게 무고하게 고소를 당해 감옥에 갇히게 된다. 바로의 꿈을 해석한 요셉은 단숨에 총리가 된다.

5. **가족과 재회한 요셉:** 큰 흉년이 들자 요셉의 형들은 곡식을 얻기 위해 이집트로 갔다. 요셉은 형들의 죄를 용서하고 야곱의 가족 70명을 이집트로 불러와 고센 땅에 살게 한다.

6. **그리스도의 예표인 요셉:** 요셉의 형들이 요셉을 죽이려고 공모했듯이 유대인들이 예수님을 죽이려고 공모했다. 유다가 은 20에 요셉을 팔았듯이 가룟유다도 은 30에 예수님을 팔았다. 요셉이 유혹을 받았으나 범죄하지 않았듯이 예수님도 시험을 이기셨다. 요셉이 두 죄인과 이집트 감옥에 갇혔듯이 예수님도 두 강도와 십자가에 달리셨다. 요셉이 이집트에서 모든 권세를 얻었듯이 예수님도 하늘과 땅의 모든 권세를 얻으셨다.

1. **이름의 뜻**: '끌어내다', '물에서 건져내다'란 뜻이다.

2. **가족 배경**: 그의 부친은 레위 지파 출신 아므람, 모친은 요게벳, 형은 아론, 누나는 미리암이다. 모세가 태어났을 당시에는 이스라엘 출신의 남자아이는 모두 강물에 던져져 죽임을 당했다. 요게 벳은 모세가 태어난 지 세 달 만에 모세를 갈대 상자에 넣어 나일 강에 띄웠다. 바로의 딸이 모세 를 발견하고 아들로 삼았다.

3. **바로 궁궐에서 40년 생활**: 모세는 왕궁에서 자랐으며 이집트의 학문과 지혜를 배우게 된다. 이 모든 것은 하나님의 계획이셨다. 모세는 왕궁에서 살았지만 자신이 히브리 민족이라는 사실을 잊 지 않았다. 그는 동족을 괴롭히던 이집트인을 살해한 뒤 모래에 숨겼고 살인한 사실이 탄로 날까 두려워 결국 미디안 땅으로 도망갔다.

4. **미디안 광야에서 40년 생활**: 모세는 미디안 광야에서 목자로 생활한다. 그곳 제사장(이드로)의 딸 십보라와 결혼하였고 두 아들(게르솜, 엘리에셀)을 얻었다. 어느 날 하나님께서는 떨기나무 불 꽃 가운데서 모세에게 나타나셨다. 하나님께서는 모세에게 이스라엘의 지도자가 되어 이스라엘 백성을 가나안 땅으로 인도하라고 명하셨다. 하나님께서는 모세를 대신해서 말할 수 있도록 모세 의 형 아론을 주셨다.

5. **이스라엘 지도자로서 40년 생활**: 모세는 바로에게 나아가 이스라엘 백성을 보내주도록 요구했지 만 바로는 거절했다. 하나님은 모세를 통해 이집트에 열 가지 재앙을 내리신다. 이 재앙의 목적은 하나님의 능력과 거룩함을 나타내기 위함이다. 즉 이집트의 신들을 심판하시며, 이스라엘과 이집 트를 구분하여 재앙을 내리심으로 영광을 받으시고, 이스라엘 자손들에게 증거를 주기 위함이다. 모세는 이스라엘 백성을 이끌고 이집트를 탈출해 홍해를 건너 시내산에 이르렀다. 시내산에서 하 나님께 율법을 받았고 성막을 지으라는 지시를 받았다. 이스라엘은 가데스 바네아에서 보낸 정탐 꾼 사건으로 범죄하여 총 40년 동안 광야에서 생활한다. 모세도 반석에 명령하여 물을 내라는 하 나님의 명령을 어기고 반석을 쳐서 물을 내는 불순종을 범했는데, 이 사건으로 가나안 땅에 들어 가지 못하고 모압 땅에서 죽게 된다.

6. **모세와 예수 그리스도**: 모세와 예수님은 몇 가지 공통점이 있다. 모세도 선지자이며 예수님도 최 후의 선지자이시다. 모세는 태어나면서 죽음의 위기를 맞았는데 예수님도 헤롯에 의해 죽음의 위 기를 겪으셨다. 모세는 시내산에서 40일간 금식한 적이 있었는데 예수님도 광야에서 40일간 금 식하셨다. 서로 바다를 제어한 적이 있으며, 얼굴에 광채가 난 적이 있고, 사람들을 배불리 먹이 기도 하였다. 하지만 모세와 율법은 사람들을 구원에 이르게 할 수 없다. 모세(율법)는 죄인을 참 구원자이신 그리스도께로 인도하는 역할을 할 뿐이다

재앙	기간	재앙의 내용	바로의 반응
강물이 피로 변함	12.12– 1.2	아론이 막대기를 들어 올려 강에 있는 물을 치니 강물이 피로 변하였다.	요술사들이 똑같이 흉내 내자 바로는 이 이적을 별로 대수롭지 않게 여겼다. 그리고 물을 얻기 위해 강가를 파도록 했다.
개구리	1.3–1.4	아론이 막대기 잡은 손을 이집트의 물들 위에 뻗치자 개구리들이 올라와서 온 이집트를 덮었다.	바로는 개구리를 없애주면 백성들을 보내겠다고 했다. 그러나 개구리들이 죽은 후 바로의 마음이 바뀌었다.
이	1.4	아론이 막대기 잡은 손을 뻗쳐서 땅의 흙을 치니 그것이 이집트 전역에 걸쳐 이가 되었다.	요술사들은 흉내 내지 못했다. 요술사들이 이것은 하나님의 권능이라고 말했으나 바로는 요술사들의 말을 듣지 않았다.
파리	1.5–1.7	하나님께서 파리 떼를 보내니 이집트 땅에 가득하였다. 하지만 고센 땅에는 파리 떼를 보내지 않으셨다.	바로가 이스라엘 백성들을 보내주겠다고 약속했으나 파리 떼가 사라진 뒤 약속을 지키지 않았다.
전염병	1.7–1.8	하나님이 전염병으로 이집트의 모든 가축을 죽이셨으나 이스라엘 자손들의 가축은 죽이지 않으셨다.	바로의 마음이 완악하여 보내겠다는 약속도 하지 않았고 보내지도 않았다.
악성 종기	1.8	모세가 화덕의 재를 하늘을 향해 뿌리니 사람과 짐승에 물집이 생기는 종기가 발생했다.	요술사들도 종기 때문에 바로 앞에 서지 못했다. 하나님이 바로의 마음을 완악하게 하여 바로가 이스라엘 백성을 보내지 않았다.
우박	1.9–1.10	모세가 하늘을 향해 막대기를 뻗치니 이집트 전역에 우박이 내렸다. 하지만 고센 땅에는 내리지 않았다.	바로가 이스라엘 백성들을 보내주겠다고 약속했으나 우박이 그치자 약속을 지키지 않았다.
메뚜기	1.10– 1.12	하나님께서 동풍을 일으키서서 메뚜기들을 몰고 오게 하셨다. 메뚜기들이 모든 것을 먹어 치웠다.	바로가 하나님께 용서를 구하고 메뚜기가 떠나길 간구했다. 메뚜기 떼가 떠나자 하나님이 바로의 마음을 완악하게 하셔서 이스라엘 백성을 보내지 않았다.
흑암	1.12– 1.14	모세가 하늘을 향해 손을 뻗치니 짙은 어두움이 3일 동안 이집트 전역을 덮었다.	바로가 가축을 남겨 두고 사람만 떠나라고 했으나 모세는 거절하였다. 이에 바로는 모세에게 다시는 나타나지 말라고 했다.
첫 태생 죽음	1.15	어린양의 피를 바르지 않은 집의 사람과 가축의 첫 태생은 모두 죽었다.	바로가 이스라엘 백성과 가축 모두 떠나라고 하면서 자기를 축복하라고 했다.

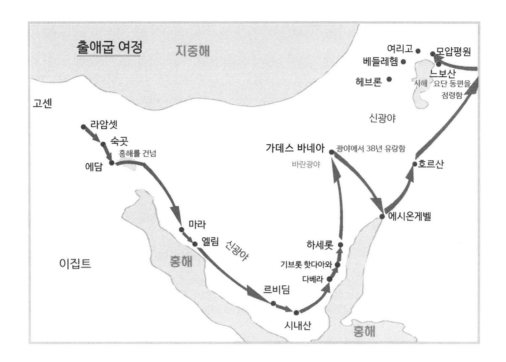

1. **라암셋 출발:** 첫 태생의 죽음 재앙 후에 바로는 모세와 아론을 불러 이집트를 떠나라고 했다. 이 스라엘 백성은 모세의 말대로 이집트 사람들에게 은금 패물과 의복을 요구했다. 이집트인들은 이 스라엘 백성이 요구하는 대로 모두 주었다. 하나님께서 이스라엘에게 은총을 베푸셨기 때문이었 다. 이집트를 탈출한 사람은 남자만 약 60만 명 이상이었다(출12:32-37).

2. **숙곳:** 하나님께서 가나안으로 가는 지름길인 블레셋 땅으로 인도하지 않으신 까닭은 블레셋이 강 하여 전쟁이 발생하면 이스라엘 백성들이 이집트로 돌아갈 것이기 때문이다(출 13:17).

3. **에담:** 이스라엘 백성은 숙곳을 떠나 광야 끝에 있는 에담에 천막을 쳤다. 이때 하나님께서는 낮에 는 구름기둥으로 밤에는 불기둥으로 인도하셨다(출13:20-22).

4. **홍해:** 하나님께서 바로의 마음을 완악하게 하여 이스라엘 백성들을 쫓게 하였다. 이는 하나님께 서 이집트 사람들로부터 영광을 받기 위해서 한 일이다. 하나님께서는 모세에게 지팡이를 들고 손을 바다 위로 내밀도록 명령하여 바다가 갈라지게 하였다. 이스라엘 자손은 바다 가운데 마른 땅으로 걸어갔지만 그들을 쫓아 홍해로 들어간 바로의 군대는 몰살당했다(출14:1-31).

5. **마라:** 홍해를 건넌 후 물 없이 3일 동안 광야를 걸어가다 마라에 이르러 물을 찾았지만 써서 마 실 수가 없었다. 모세가 하나님의 명령대로 물에 나무토막 하나를 넣었더니 쓴물이 단물이 되었 다(출15:22-26).

6. **엘림:** 엘림에는 12개의 샘과 70그루의 종려나무가 있었다. 백성들은 물가에 천막을 쳤다.

7. **신광야:** 이집트를 나온 지 한 달 후에 신광야에 도착했다. 백성들은 고기와 빵을 먹지 못해 모세와 아론을 원망했다. 여기서부터 하나님께서 만나와 메추라기를 주셨다(출16장).

8. **르비딤:** 르비딤에 천막을 쳤으나 마실 물이 없었다. 백성들이 원망하자 하나님의 명령대로 모세가 지팡이로 바위를 치니 물이 나왔다. 이스라엘이 르비딤에 있을 때 아말렉이 공격했다. 아론과 훌이 모세의 손이 내려오지 않게 했고 여호수아는 아말렉 군을 무찔렀다. 하나님께서는 비겁하게 약자를 공격했던 아말렉을 나중에 진멸하시겠다고 말씀하셨다(출17장).

9. **시내산:** 출애굽 이후 시내산까지 약 2개월이 걸렸다. 오래전에 모세는 시내산에서 불꽃 가운데 하나님의 임재를 경험했었다. 바로 그곳에서 하나님은 이스라엘 백성과도 정식으로 대면하기 원하셨다. 모세는 시내산에 네 번째로 올라가 십계명과 율법을 받고 내려와서 백성들에게 하나님의 모든 말씀을 전하고 기록했다. 모세는 시내산에 여섯 번째로 올라가 두 돌 판과 성막에 대한 계시를 받고 내려왔다. 하지만 백성들은 모세를 기다리지 못하고 금송아지를 만들었다. 모세는 분노하여 십계명이 새겨진 두 돌 판을 깨뜨렸다. 모세는 시내산에 여덟 번째로 올라가 십계명이 새겨진 두 돌 판을 하나님으로부터 다시 받아 왔다. 산을 내려왔을 때 모세의 얼굴이 빛났다. 모세는 시내산을 총 8번 등정하였다. 이스라엘 백성들은 시내산에서 약 11개월 동안 머물면서 성막을 만들었다(출18-40장).

10. **다베라:** 백성이 불평하자 하나님께서 진영의 맨 끝에 있는 자들을 살랐다(민11:1-3).

11. **기브롯 핫다아와:** 백성들이 메추라기를 탐식하자 하나님께서 재앙을 내리셨다(민11:4-35).

12. **하세롯:** 미리암이 구스 여자를 취한 모세를 비방하여 나병에 걸렸다(민11:35-12:16).

13. **가데스 바네아(바란 광야):** 이스라엘 백성은 시내산을 떠나 가데스 바네아에 도착했다. 가데스 바네아에 도착했을 때는 출애굽한 지 18개월 정도 지난 시점이었다. 모세는 이곳에서 가나안에 정탐꾼을 보냈다. 하지만 여호수아와 갈렙을 제외하고 정탐꾼들이 모두 부정적으로 보고하자 백성들은 모세와 아론을 죽이려고 하였다. 하나님께서는 정탐한 날 수 40일을 40년으로 환산하여 광야에서 방황할 것이며 여호수아와 갈렙만 제외하고 20세 이상은 가나안 땅에 들어갈 수 없다고 말씀하셨다(민13:1-14:45). 이스라엘 백성은 하나님께 벌을 받아 37년 6개월 동안 이곳에서 유랑했다. 다행히 가데스 바네아 지역은 물 샘이 있는 곳이어서 오랫동안 머물 수 있었다. 이곳에서 고라 무리가 모세에게 반역하다가 몰살당했으며 백성들이 원망하다가 염병으로 죽었다(민16장). 미리암도 이곳에서 죽었다. 이곳에서 모세와 아론이 반석에게 명령하여 물을 내라는 하나님의 말씀을 거역하고 반석을 두 번 치는 잘못을 저질렀다. 이 일로 모세와 아론은 가나안 땅에 들어가지 못하게 된다(민20:1-13).

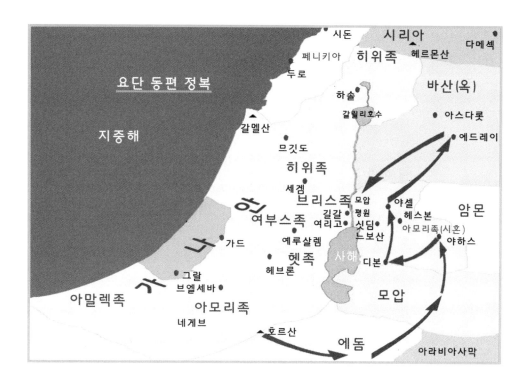

1. 에돔 땅을 우회하다: 가데스 바네아에서 모세는 에돔 왕에게 사신을 보내 지름길인 에돔 땅을 지나 북쪽으로 이동하도록 허가해 달라고 요청했다. 그러나 에돔 왕은 많은 백성을 거느리고 나와 이스라엘 백성들을 막았다. 할 수 없이 이스라엘 백성들은 에돔을 우회하는 험난한 길로 갈 수밖에 없었다.

2. 아론의 죽음: 아론은 므리바 물에서 하나님의 말씀을 거역했기 때문에 가나안 땅에 들어갈 수 없었다. 모세는 아론과 엘르아살을 데리고 호르산에 올라 아론의 옷을 벗겨 아론의 아들 엘르아살에게 입혔다. 아론은 호르산에서 죽었고 엘르아살이 대제사장 직분을 계승하였다.

3. 불뱀과 놋뱀 사건: 이스라엘 백성들은 에돔 땅을 우회하는 것에 불평하였다. 하나님께서 불뱀을 보내 그들을 물게 하셨다. 모세가 놋뱀을 만들어 장대 위에 달았고 뱀에게 물린 사람 중에 놋뱀을 쳐다 본 사람은 모두 살았다.

4. 아모리 왕 시혼과의 전투: 이스라엘이 아모리 왕 시혼에게 그들 땅을 지나가도록 요청했지만 오히려 시혼은 야하스에서 이스라엘을 공격했다. 이스라엘은 그들을 물리치고 헤스본, 디본, 야셀 지역을 점령하였다.

5. 바산 왕 옥과의 전투: 이스라엘은 바산으로 올라갔고 에드레이에서 바산 왕 옥과 전쟁하여 승리하였다. 이로써 이스라엘은 요단 동편 땅을 모두 차지했고 요단 서편을 점령하기 위해 여리고 맞은편 모압 평지에 진을 쳤다.

1. 제사 방법에 따른 분류

1) **화제:** 제물을 불로 태우는 제사이다. 제물은 흠 없는 수소, 암소, 숫양, 암양, 숫염소, 암염소, 산 비둘기, 집비둘기, 고운 곡식 가루, 기름, 유향 등이다. 번제, 소제, 화목제, 속죄제, 속건제 때 사용한 제사 방법이다.

2) **요제:** 제물을 흔들어서 드리는 제사이다. 제물은 화목 제물의 가슴이나 첫 곡식 단 등이다.

3) **거제:** 제물을 높이 들어 올린 후 아래로 내리는 제사이다. 제물은 처음 익은 곡식 가루 떡, 타작 마당의 곡식, 십일조, 포도주, 기름 등이다.

4) **전제:** 포도주나 독주를 다른 제물과 함께 부어드리는 제사이다.

2. 제사 목적에 따른 분류

1) **번제:** 가장 오래된 제사이다. 노아가 홍수 후에 번제를 드렸고(창8:20), 아브라함도 이삭을 번제로 드리려 했다(창22:2). 이집트에서 탈출한 후 성소 제도가 완성되었을 때 매일 드리는 제사로 정착되었다. 제사를 드리는 방법은 짐승의 머리 위에 손을 얹은 후, 성소 입구에 있는 제단의 북쪽에서 짐승을 잡아 각을 뜨고 피를 뿌리며 내장과 다리를 씻어 제물 전체를 제단 위에서 불태우는 것이다. 번제의 목적은 속죄와 헌신이라고 할 수 있다. 그리스도는 우리를 위해서 희생물이 되어 헌신의 모범을 보여주셨다.

2) **소제:** 소제는 피 없는 유일한 제사로 자원해서 드린 제사이다. 고운 곡식 가루를 기름, 유향, 소금 등과 섞어 불살라 드렸다. 하나님께 영광과 충성을 바치는 표로 드렸으며 자신이 가진 모든 것이 하나님께 속했음을 고백하였다. 그리스도는 하나님과 인류를 위해 자신의 모든 것을 내어주셨다.

3) **화목제:** 하나님과의 특별한 친교를 위해 자원해서 드린 제사이다. 제사 후 경배자도 제물을 분배받았다. 드리는 동기에 따라 감사제, 서원제, 자원제로 구분한다. 그리스도는 하나님과 인간 사이를 화목하게 할 수 있는 유일한 통로이다.

4) **속죄제:** 알지 못하고 저지른 죄나 부정함, 허물을 사함받기 위해 의무적으로 드린 제사이다. 각 사람의 신분, 지위(제사장, 이스라엘 온 회중, 족장, 평민, 극빈자)에 따라 제물이 달랐다. 속죄제를 통해 하나님과 단절되었던 관계가 회복되었다. 오직 그리스도의 죽음만이 하나님과의 교제를 회복하는 유일한 방법이다.

5) **속건제:** 하나님과 이웃을 적대관계로 만든 죄의 해결 및 보상을 위해 의무적으로 드렸다. 범죄한 대상(하나님, 사람)에 따라 제물이 다르며, 죄를 범한 물건의 1/5을 더 내었다. 그리스도의 죽음만이 죄를 제거할 수 있다.

1. **유월절**: 이집트를 탈출하기 전날 밤 죽음의 사자가 이집트 장자들을 죽일 때 어린 양의 피를 문설주에 바른 이스라엘 백성의 집은 그냥 지나갔다. 이때 구원받은 것을 기념한 것이 유월절이다. 유월절은 유대력(이스라엘이 공개적으로 하나님의 백성으로 부름을 받고, 이를 기억하기 위해 지킨 일종의 영적인 달력) 1월 14일이다. 해질 때에 양을 잡고 그 피를 좌우 문설주와 문인방에 바르고 그 밤에 고기를 불에 구워 무교병과 쓴 나물을 먹는다. 유월절 어린양의 죽음은 예수님의 고난과 죽으심을 상징한다. 유월절은 지나감이라는 뜻이 있는데 예수님을 믿으면 하나님의 심판이 지나가게 됨을 의미한다(고전5:7).

2. **무교절**: 유월절 다음 날인 1월 15일부터 7일 동안 무교병을 먹고 매일 화제를 드린다. 이것이 무교절이다. 무교병은 누룩을 넣지 않은 빵이다(레23:6-8). 무교병을 먹지 않고 유교병을 먹는 자는 이스라엘에게서 끊어지게 된다(출12:15). 여기서 누룩은 죄를 뜻한다. 누구든지 예수님의 보혈로 죄 사함을 받지 못하면 하나님의 자녀가 될 수 없다(고전5:8).

3. **초실절**: 무교절(유대력 1월 15일-21절) 기간 중에 있는 안식일 다음 날이다. 보리 수확의 첫 이삭 한 단을 하나님께 드렸다. 초실절은 예수 그리스도의 부활을 뜻한다(고전15:20). 바울은 예수 그리스도가 부활의 첫 열매라고 했다.

4. **칠칠절(오순절)**: 유대력 3월 6일에 밀의 첫 소산을 하나님께 드리는 절기이다. 초실절에 보리를 드린 날로부터 50일째 되는 날이라고 해서 오순절이라고도 한다. 예수님이 승천하신 뒤 첫 오순절에 성령님이 강림하셨기 때문에 지금은 성령강림절로 지킨다(행2:1-4). 칠칠절에는 누룩을 넣은 고운 가루를 구워서 하나님 앞에 소제로 드린다. 여기서 누룩은 죄를 상징하는 것이 아니라 성령을 상징한다.

5. **나팔절**: 유대력 7월 1일이며 나팔을 일정 간격으로 불어 성회를 소집하고 회개와 성찰의 시간을 가졌다(레23:23-25). 나팔절은 예수님의 재림과 성도들의 휴거를 뜻한다(살전4:16-17).

6. **속죄일**: 유대력 7월 10일이며 대제사장, 제사장, 족장, 백성 등 모든 사람이 죄를 회개하고 정결케 하는 속죄가 이루어지는 날이다. 속죄일은 대제사장이 일 년에 한 번 지성소에 들어가는 날이다. 속죄일은 세 번의 속죄를 내포하고 있다. 첫 번째는 이스라엘 민족의 속죄다. 두 번째는 예수님을 믿은 사람들이 죄 사함 받고 구원 받는 것이다. 세 번째는 대 환난 때 남은 사람들의 속죄이다.

7. **초막절(장막절)**: 유대력 7월 15일부터 일주일간 광야에서 장막을 치며 지냈다. 40년 광야 생활 동안 지켜주신 하나님의 은혜에 감사하기 위해서 그렇게 한 것이다. 초막절(장막절)은 한해 농사를 마치고 하나님의 은혜에 감사하는 일종의 추수감사절이다. 초막절은 예수 그리스도에 의해 예수 그리스도 안에서 완성이 되는 하나님 나라를 상징한다.

성막 평면도

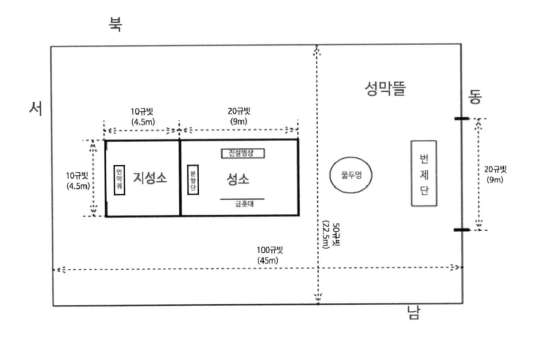

1. **성막 정의:** 성막은 하나님이 임재하신 장소로 거룩히 구별된 곳이다(출25:8). 광야 생활부터 솔로몬 성전이 완성되기까지 이스라엘 백성들은 성막에서 하나님께 제사를 드렸다. 솔로몬 성전이 완성되면서 이동식 성막은 고정식 성전으로 대체되었다.

2. **성막 설계:** 성막의 구조와 기구들의 재질과 모양 그리고 치수까지 하나님께서 직접 모세에게 보여주셨다(출25:9). 성막은 광야에서 생활했던 이스라엘 상황을 고려하여 쉽게 옮길 수 있도록 천과 나무 등으로 제작하였고 고리와 채를 만들어 어깨에 멜 수 있게 하였다. 나무는 광야에서 자생하는 싯딤나무(아카시아나무)를 사용했는데 가볍고 견고하고 잘 썩지 않는 특징이 있다. 성경에 싯딤나무를 조각목으로 기록한 까닭은 중국에 아카시아나무와 흡사한 조각자나무가 있는데 중국어 성경을 번역하면서 조각나무로 표기한 것이다.

3. **성막 역할:** 성막은 이스라엘 민족이 율법에 따라 하나님께 각종 제사와 경배와 찬양을 드리던 곳이다. 제사의 목적은 인간이 죄를 용서받고 하나님과의 관계를 회복하는 것이다. 하나님께서는 사랑과 공의의 속성을 모두 가지고 계신다. 하나님은 죄인을 용서해 주시기를 원하시지만 죄는 용납하지 않으신다. 따라서 죄인은 반드시 죗값을 치러야만 하나님께 나아갈 수 있다. 죄인은 자신의 죄를 흠 없는 짐승에게 전가해 대신 벌을 받게 하고 짐승의 피로써 자신의 죄를 용서받게 된다.

성막은 뜰을 포함하여 길이가 100규빗(약 45m), 폭이 50규빗(약 22.5m)이다. 뜰 사면은 놋으로 만든 기둥 60개를 세우고 휘장으로 가렸다. 뜰 안에는 번제를 위한 큰 제단이 있었고 제사장들이 손과 발을 씻는 물두멍이 있었다(출30:17-21). 뜰의 서쪽에 널판 48개를 세워 성소와 지성소를 만들었고 두꺼운 휘장으로 성소와 지성소를 구분하였다. 성소와 지성소를 네 겹으로 된 천막을 만들어 덮어씌웠다.

1. **울타리와 기둥:** 성막(뜰, 성소와 지성소 모두 포함) 둘레에 놋으로 만든 기둥을 세우고 세마포 휘장으로 감싸서 울타리를 만들었다. 문은 동쪽에 하나만 있다.

2. **문:** 성막 문은 외부에서 뜰로 들어가는 뜰 문과 뜰에서 성소로 들어가는 성막 문, 성소에서 지성소로 들어가는 휘장 이렇게 세 개가 있다. 성막의 모든 문은 동쪽으로 나 있다.

3. **성막 벽체:** 성소와 지성소의 벽체는 싯딤나무로 만든 널판 총 48개를 세워서 만들었다. 각 널판은 띠를 둘러 고정했다.

4. **성막 덮개:** 네 겹으로 된 천막을 만들어서 성소와 지성소를 덮어씌웠다. 첫 번째 덮개는 가늘게 꼰 베실과 청색, 자색, 홍색 실로 짠 베를 만들고 그 베에 그룹 무늬를 넣었다. 두 번째 덮개는 염소 털로 만들었고, 세 번째 덮개는 붉게 물들인 숫양의 가죽으로 만들었으며, 네 번째 덮개는 오소리의 가죽으로 만들었다(출26:14).

5. **번제단:** 뜰 문으로 들어가면 가장 먼저 번제단을 보게 된다. 번제단은 성막 뜰에 있다. 번제단은 죄인의 죄를 전가 받은 희생물을 죽이는 곳으로 성소에 들어가려면 반드시 번제단을 통과해야 한다. 제사장은 죄를 지은 사람이 가지고 온 제물에 흠이 없는지 검사한다. 죄를 지은 사람은 제물에 안수하여 자신의 죄를 제물에 전가시킨 후 자신이 직접 제물을 잡아 제사장에게 준다. 제사장은 제물의 피를 제단 위 사면에 뿌리고 제물은 제단 위에서 불사른다. 번제단의 뿔은 밧줄로 희생물을 맬 때 사용한다(시118:27). 번제단 불은 하늘로부터 내려왔으며 항상 피워서 꺼지지 않게 해야 한다(레6:12). 번제단 도구로 재를 담는 통이 있었는데 이것은 번제를 드리고 나서 남은 재를 담아서 지정된 장소에 버리는 데 사용한다. 대야는 제물의 피를 담아서 뿌릴 곳으로 가져갈 때 사용한다(출24:6). 고기 갈고리는 고기 덩어리를 꿰어 제단의 불 위에 올려놓는 데 사용한다. 불 옮기는 그릇은 번제단에서 불을 떠다가 분향단에 옮기는 데 사용한다.

6. **물두멍:** 물두멍은 성막의 번제단과 성소 사이에 있었다. 제사장들이 성소에 들어갈 때나 번제단에서 헌물을 태울 때 반드시 손발을 씻도록 물을 채워 놓는다. 만약 제사장이 손발을 씻지 않고 성소에 들어가면 죽임을 당한다(출30:18-21).

7. **금촛대(등잔대):** 금촛대는 성소 안에 남쪽 방향에 위치해 있었으며 진설병 상과 마주보고 있었다. 금촛대와 부속품은 모두 금으로 만들었다. 촛대 줄기와 여섯 개의 가지는 꽃과 열매로 장식되었고 꼭대기에는 등이 놓여 있었다. 감람으로 짠 순수한 기름으로 불을 밝혀야 하며 불이 항상 켜져 있어야 한다. 아론과 그 아들들은 성소에서 저녁부터 아침까지 하나님 앞에서 등을 보살펴야 했다(출27:20-21).

8. **진설병 상:** 진설병 상은 성소 안에 북쪽 방향에 위치해 있었으며 금촛대와 마주보고 있었다. 진설병은 항상 진설하는 떡(빵)이라는 뜻이다. 매 안식일마다 고운 가루로 새로 갈아 만들어 진열했다. 떡덩이는 모두 열두 개였는데 이는 이스라엘의 열 두 지파와 같은 수였다. 이 떡은 하나님을 위한 것인 동시에 제사장을 위한 것이었다. 제사장 이외에 다른 사람은 결코 이 진설병을 먹을 수 없었다. 제사장은 성전에서 거룩한 향내를 맡으면서 금촛대에서 흘러나오는 빛을 받는 가운데 진설병을 먹었다(레24:5-9).

9. **분향단:** 분향단은 향을 태우는 제단으로 성소 안에 있었는데 성소와 지성소를 가르는 두꺼운 휘장 바로 앞에 있었다. 아론이 매일 아침과 저녁 금촛대의 등불을 관리할 때 분향단의 향도 피웠다(출30:7-8). 분향은 아론과 그의 자손인 제사장들만 할 수 있었다. 이를 어기고 남유다의 웃시야 왕이 자신이 직접 분향하려다가 문둥병에 걸렸다(대하26:16-21). 분향단의 향은 소합향과 나감향과 풍자향을 곱게 찧은 후 유향을 같은 분량으로 섞고 그것에 성결하게 할 소금을 쳐서 만들었다. 그 향 일부는 곱게 찧어 언약궤 앞에 두었다(출30:34-38). 분향단의 불은 번제단에서 가져온 불을 사용해야 한다(레16:12). 다른 이상한 불을 가져와서 드렸기 때문에 아론의 두 아들 나답과 아비후가 죽임을 당했다(레10:1-2).

10. **언약궤(법궤, 증거궤):** 지성소 안에 있는 언약궤는 싯딤나무로 만들었으며 안과 밖은 금으로 쌌고 그 위에 돌아가며 금테를 둘렀다. 언약궤는 모세가 시내산에서 하나님께 받은 십계명이 적힌 두 개의 돌 판을 넣어 두기 위해서 만들었다. 이곳에 아론의 싹 난 지팡이와 만나를 담은 금 항아리도 같이 보관했다. 언약궤의 뚜껑인 순금 판이 곧 속죄소이다. 속죄소의 양 끝에는 금으로 만든 그룹이 서로 마주하였다. 솔로몬 성전에 있는 언약궤에는 두 개의 돌판만 보관하였다. 바벨론의 느부갓네살이 예루살렘과 솔로몬 성전을 파괴할 때 언약궤는 사라졌기 때문에 스룹바벨 성전과 헤롯 성전에는 언약궤가 없었다.

성막의 제작

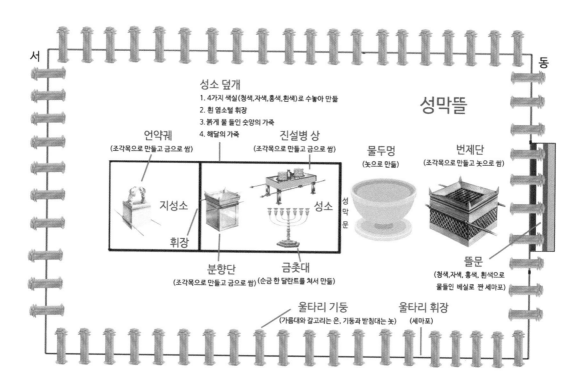

서 / 동

성소 덮개
1. 4가지 색실(청색,자색,홍색,흰색)로 수놓아 만듦
2. 흰 염소털 휘장
3. 붉게 물 들인 숫양의 가죽
4. 해달의 가죽

언약궤
(조각목으로 만들고 금으로 쌈)

진설병 상
(조각목으로 만들고 금으로 쌈)

성막뜰

물두멍
(놋으로 만듦)

번제단
(조각목으로 만들고 놋으로 쌈)

지성소

성소

성막 문

휘장

분향단
(조각목으로 만들고 금으로 쌈)

금촛대
(순금 한 달란트를 쳐서 만듦)

뜰문
(청색,자색, 홍색, 흰색으로
물들인 베실로 짠 세마포)

울타리 기둥
(가름대와 갈고리는 은, 기둥과 받침대는 놋)

울타리 휘장
(세마포)

1. **울타리와 기둥**: 성막의 울타리는 동쪽과 서쪽이 각 50규빗이고 남쪽과 북쪽이 각 100규빗이다. 동쪽 뜰 문을 제외하고 울타리는 세마포 휘장으로 감쌌다. 울타리에 기둥을 세웠는데 동쪽과 서쪽은 기둥이 각 10개씩, 남쪽과 북쪽은 각 20개씩이다. 기둥의 높이는 5규빗이며 기둥과 기둥받침은 놋으로 만들었고, 가름대(기둥과 기둥을 서로 연결해 주는 것)와 갈고리, 머리덮개는 은으로 만들었다.

2. **문**: 문은 뜰 문(외부에서 뜰로 들어가는 문), 성막 문(뜰에서 성소로 들어가는 문), 성소에서 지성소로 들어가는 휘장, 이렇게 세 개가 있다. 모두 동쪽으로만 나 있다. 뜰 문은 네 개의 기둥과 네 개의 밑받침에 휘장을 쳐서 만들었다. 휘장은 청색과 자주색과 주홍색 실과 가늘게 꼰 아마 실로 바느질을 해서 만들었으며 길이가 20규빗이다(출27:16-17). 성막 문에는 청색, 자주색, 주홍색 실과 가늘게 꼰 아마 실로 바느질을 해서 만든 휘장이 달려 있었다. 싯딤나무로 그 휘장을 걸 기둥 다섯 개를 만들어 금으로 입히고 갈고리들도 금으로 만들었다. 그 기둥의 다섯 개의 밑받침은 놋으로 부어 만들었다(출26:36-37).

성소와 지성소 사이에 있는 휘장은 청색과 자주색과 주홍색 실과 가늘게 꼰 아마 실로 그룹들을 수놓아 만들었다. 휘장을 걸 네 기둥은 싯딤나무로 만든 후 금을 입히고 네 개의 은 받침 위에 두었다. 네 기둥 위에 금으로 만든 갈고리를 걸었다(출26:31-32).

3. **성막 벽체:** 성소와 지성소의 벽체는 싯딤나무로 만든 널판 48개를 세워서 만들었다. 널판은 개당 폭이 1.5규빗, 높이 10규빗이다. 남쪽에 20개, 북쪽에 20개, 서쪽에 8개(동쪽은 출입구이기 때문에 널판을 세우지 않았음)를 연결하여 세웠다. 널판 1개당 은 받침 2개로 고정하였다. 서쪽에 세운 널판 8개 중 2개는 양쪽 모퉁이에 덧댄 것이었다. 싯딤나무로 띠(빗장, 가로대)를 만들어 널판들을 단단히 고정하였다. 띠는 남쪽, 북쪽, 서쪽 각 5개씩 3줄로 만들었으며 가운데에 있는 띠는 삼면을 한 번에 연결하도록 만들었다. 널판과 띠는 모두 금을 입혔고 띠(빗장, 가로대)는 금고리는 만들어 끼웠다(출26:15-30).

4. **성막 덮개:** 지성소와 성소의 지붕 대신에 4겹으로 된 천막을 덮어씌웠다. 첫 번째 덮개는 우선 가늘게 꼰 베실과 청색, 자색, 홍색 실로 짠 베를 만들고 그 베에 그룹 무늬를 넣은 10개의 휘장을 만들었다. 휘장 한 개당 폭이 4규빗, 길이 28규빗이다. 열 개의 휘장은 다섯 개씩 서로 연결하여 크게 두 개가 되게 하였다. 그리고 각 휘장의 끝단 가장자리에 청색 고리를 각 50개씩 만들고 금 갈고리를 50개를 만들어 두 개의 휘장을 연결하여 하나가 되게 하였다(출26:1-6). 두 번째 덮개는 염소 털로 폭 4규빗, 길이 30규빗의 휘장 11개를 만든 후 다섯 개를 하나로 연결하고 여섯 개를 하나로 연결하여 크게 두 개가 되게 하였다. 그리고 각 휘장의 가장자리에 고리를 각 50개씩 만들고 놋 갈고리 50개를 만들어 두 개의 휘장을 연결하여 하나가 되게 하였다(출26:7-11). 세 번째 덮개는 붉은 물을 들인 숫양의 가죽으로 만들었고 네 번째 덮개는 오소리의 가죽으로 만들었다(출26:14).

5. **번제단:** 번제단은 싯딤나무 널판으로 만든 후 놋을 입혔는데 속은 비게 만들었다. 길이 5규빗, 폭이 5규빗, 높이 3규빗으로 정사각형이었으며 네 모퉁이 위에 뿔을 만들었는데 그 뿔들을 제단과 분리되지 않게 연결하였다. 재를 담는 통과 부삽과 대야와 고기 갈고리와 불 옮기는 그릇 등 제단의 기구들을 다 놋으로 만들었다. 제단에 쓸 그물망도 놋으로 만들었고 그물망의 네 모퉁이에 놋고리 네 개를 만들었으며 그물망이 제단 중간까지 이르도록 밑에 달았다. 제단을 운반할 막대는 싯딤나무로 만들어 놋으로 입혔으며 그 막대를 고리에 끼워 제단을 나를 수 있게 했다(출27:1-8).

6. **물두멍**: 물두멍과 그 받침 모두 놋으로 만들었는데 성막 문에서 봉사하는 여인들의 거울로 만들었다. 당시 거울은 유리가 아닌 놋으로 제작되었다(출38:8). 그리고 물두멍의 치수는 정해지지 않았다.

7. **금촛대(등잔대)**: 금촛대는 순금으로 두들겨서 만들었다. 금촛대는 가운데 하나의 큰 줄기(촛대)가 있고 양쪽으로 세 개씩 가지가 나 있어 가지는 총 여섯 개이다. 금촛대 전체를 순금으로 두들겨서 하나가 되게 하였다. 줄기에 해당하는 촛대에는 맨 위에 등이 있고 살구꽃 모양의 대접(잔) 네 개와 꽃들과 꽃받침들이 있었다. 촛대 양쪽에 세 개씩 총 여섯 개의 가지가 있었는데 가지마다 맨 위에 등이 있었고 그 아래 꽃과 둥근 꽃받침 하나씩 있었으며 꽃받침 아래 살구꽃 모양의 대접(잔)이 세 개씩 있었다. 줄기(촛대)와 가지들이 연결되는 지점 아래에 둥근 꽃받침이 하나씩 (총 세 개)있었다. 금촛대의 부집게와 불똥 그릇도 순금으로 만들었는데 금촛대와 모든 기구들을 합쳐 순금 일 달란트로 만들었다(출25:31-40).

8. **진설병 상**: 진설병 상은 싯딤나무로 만들어 순금을 입혔다. 치수는 길이 2규빗, 폭이 1규빗, 높이 1.5규빗이다. 진설병 상 주위를 금테로 둘렀으며 손바닥 넓이만 한 턱을 만들었는데 이것도 금테로 둘렀다. 상을 운반할 막대는 싯딤나무로 만들어 금을 입혔다. 상을 나르는 막대를 넣을 수 있도록 금 고리 네 개를 만들어 네 모퉁이에 턱과 마주보게 달았다. 상의 접시와 숟가락, 덮개, 대접은 모두 순금으로 만들었다(출25:23-30).

9. **분향단**: 분향단은 싯딤나무로 만들었다. 모양은 정사각형으로 길이는 1규빗, 폭도 1규빗, 높이는 2규빗이다. 분향단 윗면 네 모퉁이에 제단과 일치형의 뿔을 만들었다. 분향단 윗면과 사방 옆면과 뿔들을 모두 순금으로 입혔으며 돌아가며 금테를 둘렀다. 금테 밑 모퉁이에 분향단을 운반할 막대를 넣을 수 있도록 금 고리 두 개를 만들었으며 반대쪽에도 만들었다. 분향단을 운반할 막대는 싯딤나무로 만들어 금을 입혔다(출30:1-5).

10. **언약궤(법궤, 증거궤)**: 언약궤도 싯딤나무로 만들었는데 길이는 2.5규빗, 폭은 1.5규빗, 높이도 1.5규빗이다. 언약궤 안과 밖을 순금으로 입혔고 주위에 금테를 둘렀다. 언약궤를 운반할 수 있도록 금 고리 네 개를 부어 만들어 궤의 네 모퉁이에 달았다. 금 고리에 꿰어 언약궤를 운반할 막대도 싯딤나무로 만들어 역시 금을 입혔다. 하나님께서 임재하실 속죄소(긍휼의 자리)는 순금으로 만들었으며 길이는 2.5규빗, 폭은 1.5규빗이다. 긍휼의 자리 양 끝에 금으로 그룹 두 개를 만들었는데 그룹의 날개를 높이 펴서 속죄소를 덮게 했고 얼굴은 속죄소를 향하여 서로 마주보게 하였다(출25:10-22).

성막과 예수 그리스도

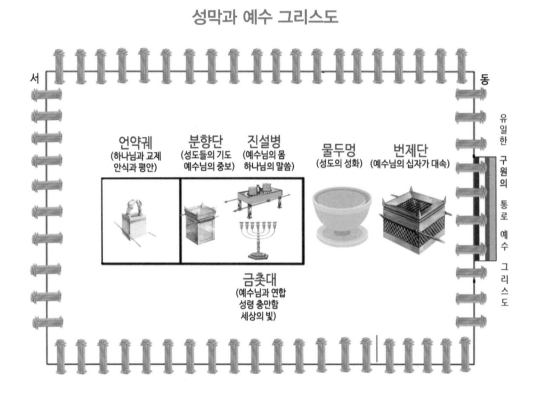

성막은 하나님이 임재하시는 곳이었으며 하나님이 인간을 만나는 장소였다. 예수 그리스도는 하나님과 인간 사이의 유일한 중보자이시다. 하나님께서는 이제 그리스도를 통해서만 우리를 만나 주신다. 성막은 그리스도의 그림자이다(딤전2:5).

1. **성막의 문**: 성막의 문은 해 뜨는 동쪽에 하나밖에 없다. 이것은 예수님만이 유일한 길과 생명이라는 것을 의미한다(행4:12). 성막 바깥뜰에만 머무는 사람은 하나님이 자기를 사랑하는 자들을 위하여 예비하신 모든 것을 눈으로 보지 못하고 귀로 듣지 못하고 사람의 마음으로 생각하지도 못한다(고전 2:9). 성소에 들어온 사람만이 하나님의 은혜를 맛볼 수 있다.

2. **번제단**: 번제단은 죄와 죄인에 대한 하나님의 심판의 장소로서 예수님이 죽으신 십자가를 상징한다. 제물인 흠 없는 어린 양은 죄가 없으신 예수님을 상징한다. 번제단에서 제사를 드렸다는 것은 예수님의 십자가 대속의 은혜로 값없이 구원을 받았다는 의미이다.

3. **물두멍**: 물두멍은 번제단에서 이미 구원 받은 성도의 성화를 상징한다. 구원 받은 성도는 죄 사함을 받고 깨끗해졌지만 남아 있는 죄의 본성으로 인해 죄의 유혹을 받고 죄를 지을 수 있다. 그래서 계속 자신의 죄를 회개하고 다시 거룩한 삶을 살아가도록 노력해야 한다. 예수님이 제자들의 발을 씻겨주신 것도 목욕한 사람(구원 받은 사람)은 날마다 자신의 발을 씻어야(성화) 한다는 것을 가르쳐주신 것이다(요13:10).

4. **진설병 상:** 진설병은 예수 그리스도를 상징한다. 예수님께서는 떡(빵)을 집어 제자들에게 먹으라고 주시면서 이것이 내 몸이라고 말씀하셨다(요6:53). 진설병에 누룩을 넣지 않은 까닭은 누룩은 비 진리이며 사람을 부패하게 만드는 악을 상징하기 때문이다. 예수님은 곧 진리이신 하나님의 말씀이시기 때문에 진설병은 영의 양식인 하나님의 말씀을 상징하기도 한다.

5. **금촛대(등잔대):** 금촛대에서 발하는 빛은 참 빛이신 예수님을 상징한다(계21:23). 예수님은 세상의 빛이시다(요8:12). 금촛대의 기름과 등불은 거듭난 성도 안에 내주하시며 진리를 알게 하시고 바른길로 인도해 주시는 성령님을 상징한다. 금촛대는 교회를 상징한다(계1:20). 거듭난 성도는 곧 교회이다. 따라서 거듭난 성도가 예수님과 항상 연합하여 성령 충만할 때 예수님처럼 세상에서 빛이 될 수 있다.

6. **분향단:** 분향단의 향은 성도들의 기도를 상징한다(계5:8). 갑향과 나감향과 풍자향 같은 여러 가지 귀한 재료를 혼합해 향을 만들었듯이 하나님께 회개, 감사, 찬양의 마음으로 기도해야 한다. 향을 순수하고 거룩하게 만들었듯이 기도 또한 하나님의 말씀을 기준으로 하나님의 뜻에 합하도록 드려야 한다. 아론의 아들 나답과 아비후는 번제단의 불을 사용하지 않고 다른 불을 분향단에 사용했다가 죽임을 당했다. 따라서 기도는 예수님의 십자가 보혈로 죄 씻음을 받은 사람이 예수님의 이름으로 기도드려야 하나님께서 받으신다.

7. **언약궤:** 속죄소는 인간의 죄를 대속하신 예수님의 보혈을 상징한다. 언약궤 안에는 아론의 싹 난 지팡이와 십계명의 두 돌 판 그리고 만나가 있었다. 아론의 싹 난 지팡이는 우리의 길이시며 부활이신 예수님, 만나는 우리에게 영생을 주신 예수님(요6:51), 두 돌 판은 새 계명을 주신 진리이신 예수님(요13:34)을 상징한다. 한편 아론의 싹 난 지팡이는 반역자들에 대한 표징이었고(민17:10), 두 돌 판도 금송아지를 섬긴 불순종에 대한 표징이었으며 만나는 하나님께 감사를 모르는 불평과 불만의 표징이었다. 반역과 불순종, 불평 등 인간의 모든 죄를 하나님께서는 예수님의 보혈을 상징하는 속죄소로 덮어 모두 용서해 주신 것이다.

성막의 문은 구원의 출발점이다. 일단 성막 뜰 안으로 들어와서 예수님을 만나야 한다. 번제단에서 자신이 죄인임을 깨닫고 회개하며 나의 죄를 대신해서 예수님께서 희생하셨음을 믿어야 한다. 구원 받은 성도는 물두멍에서 정결하게 씻어 세상과 구별되어야 한다. 진설병 상에서 생명의 떡이신 예수님의 말씀을 믿고 그 말씀에 순종해야 한다. 금촛대에서 예수님과 연합하며 성령 충만한 삶을 살아 세상을 비추는 빛이 되어야 한다. 분향단에서 하나님께 감사드리고 하나님을 찬양하며 진실한 맘으로 기도를 드려야 한다. 그러면 하나님께서 속죄소에서 나의 허물을 덮어주시고 나와 교제해 주시기 때문에 온전한 안식과 평안을 누리게 된다.

성막 중심의 진 편성과 행군 순서

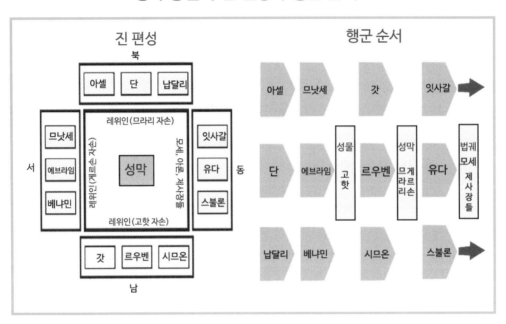

하나님께서는 이스라엘 백성들이 광야에서 어떻게 진을 편성해야 하는지 말씀해 주셨다. 이스라엘 진영은 성막을 중심으로 배치되었는데 레위인은 성막과 가장 인접한 곳에서 성막을 지키며 성막과 관련된 일을 관장하였다. 동쪽에 있는 성막 문 앞에는 모세와 아론, 아론의 아들들이 있었다. 레위인 중 고핫 자손은 법궤(언약궤), 진설병 상, 금촛대 등 성막 안의 모든 기구를 관장했으며 행군할 때 어깨에 메고 운반했다. 므라리 자손은 성막의 널판과 띠, 기둥, 받침, 그 밖에 모든 기구들을 관장했으며 행군할 때 여덟 마리의 황소가 끄는 네 대의 우차를 사용하였다. 게르손 자손은 성막과 그 덮개와 뜰의 막들과 휘장 등을 관장했으며 행군할 때 네 마리의 황소가 끄는 두 대의 우차를 사용하였다. 레위 자손의 진 바깥에는 열두 지파가 진을 쳤다. 동쪽에는 유다를 중심으로 잇사갈과 스불론, 남쪽은 르우벤을 중심으로 시므온과 갓, 서쪽에는 에브라임을 중심으로 므낫세와 베냐민, 북쪽에는 단을 중심으로 납달리, 아셀 지파가 진을 쳤다. 성막은 모든 백성들이 볼 수 있도록 한가운데 배치하였다. 그 이유는 하나님 중심으로 생활해야함을 강조한 것이다.

구름이 성막에서 떠오르면 이스라엘 백성은 행진하였고 구름이 머물면 이스라엘 백성은 진을 쳤다. 이렇듯 이스라엘 백성은 하나님의 명령을 따라 진을 쳤고 하나님의 명령을 따라 행진하였으며 모세를 통하여 말씀하신 하나님의 명령을 따라 책무를 지켰다. 이것은 하나님의 명령에 순종하면 하나님께서 안전을 지켜주신다는 사실을 믿었기 때문이다.

솔로몬 성전 평면도

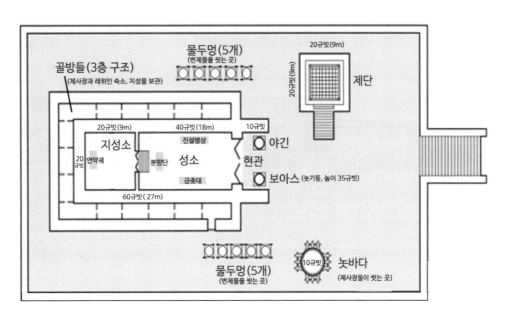

1. **성막과 성전의 공통점:** 성막과 성전은 모두 구약시대 하나님이 임재하신 곳이었으며 하나님께서 명령하신 대로 건축하였다. 성막은 모세를 통해, 성전은 다윗을 통해 보여주셨다.

2. **성막과 성전의 차이점:** 성막은 이스라엘이 가나안 땅으로 가는 과정에서 만들었기 때문에 조립식이며 이동식이었다. 성전은 가나안 땅을 정복한 후 건축했기 때문에 고정식이었다. 그래서 성막의 바닥은 사막의 모래였지만 성전 바닥은 잣나무 널판에 금을 입혔다. 성막의 나무는 사막에서 나는 싯딤나무(아카시아 나무)를 사용했지만 성전의 나무는 백향목이나 잣나무를 사용하였다.

3. **솔로몬 성전:** 하나님께서는 다윗에게 성전 건축을 허락하지 않으셨고 솔로몬이 건축할 것이라고 말씀하셨다. 다윗은 솔로몬이 성전을 짓도록 많은 준비(설계도, 백향목, 돌, 금, 은, 놋, 철, 장인 등)를 하였다. 솔로몬은 예루살렘 모리아산에 성전 건축을 시작하여 7년만(B.C.960년경)에 완성하였다. 성막은 폭 10규빗, 길이 30규빗이었으나 솔로몬 성전은 폭 20규빗, 길이 60규빗이었다. 현관 앞에 성전의 견고성과 안전성을 상징하는 두 기둥(야긴, 보아스)을 세웠고 성전 둘레에 제사장들의 숙소와 지성물을 보관할 용도로 3층 구조의 골방들을 만들었다. 성막의 언약궤에는 만나를 담은 항아리, 아론의 싹 난 지팡이, 두 돌 판이 있었으나 솔로몬 성전의 언약궤는 두 돌 판만 있었다. 솔로몬 성전은 B.C.586년 바벨론 느부갓네살의 침략으로 파괴되었고 성물은 약탈되었으며 언약궤는 사라져 버렸다.

헤롯 성전 평면도

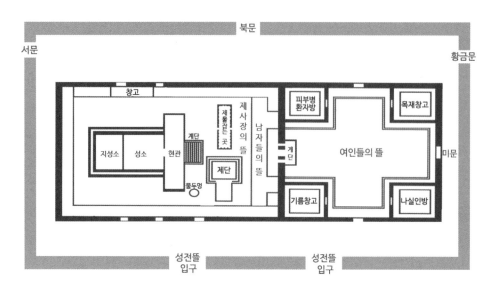

4. **스룹바벨 성전:** 페르시아 고레스 왕의 칙령에 따라 B.C.537년에 스룹바벨은 유대 총독으로서 백성들을 이끌고 귀환하여 B.C.516년에 성전을 완공하였다. 성전의 규모는 정확히 알려지지 않았으나 고레스 왕의 조서에 성전의 높이와 너비를 육십 규빗으로 하라고 기록되어 있었다(스6:3). 완성된 성전은 솔로몬 성전과 비교할 때 너무나 초라했다(슥4:9-10). 솔로몬 성전에 있었던 언약궤는 바벨론 침략 때 없어졌기 때문에 지성소 안에는 아무것도 없었으며 입구에 두 기둥(야긴, 보아스)도 없었다. B.C.170년경 셀레우코스 왕조의 에피파네스가 이집트를 침략하고 본국으로 돌아가는 길에 예루살렘에 들러 성전을 더럽혔다. B.C.63년 로마의 폼페이우스도 예루살렘에 침략하여 지성소에 들어가서 역시 성전을 더럽혔다.

5. **헤롯 성전:** 이두매(에돔) 출신인 헤롯 대왕은 유대인의 환심을 사기 위해 스룹바벨 성전을 B.C.20년경부터 보수하고 확장했다. 성전 외형은 9년 만에 완성하였으나 세부 공사까지 완료된 때는 그 후 사후인 A.D.64년경이다. 헤롯 성전의 성소는 폭 20규빗, 길이 60규빗으로 솔로몬 성전의 성소와 같은 크기였지만 헤롯 성전에는 많은 뜰(제사장의 뜰, 이스라엘의 뜰, 여인의 뜰, 이방인의 뜰)이 있었다. 서쪽 성벽의 총길이는 479m, 북쪽은 306m, 동쪽은 469m, 남쪽은 276m로 솔로몬 성전보다 면적이 훨씬 컸다. 솔로몬 성전은 입구에 기둥 두 개를 세웠지만 헤롯 성전은 네 개를 세웠다. 그러나 지성소 안에는 스룹바벨 성전처럼 아무것도 없었다. 성소와 지성소 사이에는 휘장이 드리워져 있었는데 예수님께서 십자가에 못 박혀 돌아가실 때 이 휘장이 찢어졌다(눅23:45). 헤롯 성전은 A.D.70년 로마가 유대 반란을 진압할 때 완전히 파괴되었다. 이후로 현재까지 이스라엘에는 성전이 없다.

에스겔 성전 평면도

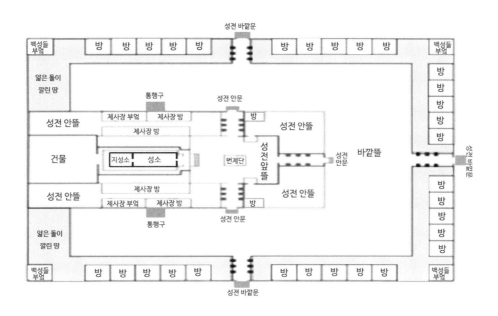

6. **예루살렘 성전의 현 상태:** 현재 예루살렘에는 성전이 없다. A.D.661년에 무아위야가 다마스쿠스 (다메섹)를 수도로 하여 '우마이야'라는 이슬람 왕조를 세웠다. 우마이야 왕조의 5대 칼리프인 아브드 알 말리크는 691년에 예루살렘 성전이 있던 자리에 이슬람교 순례자들을 위한 '바위의 돔'을 세웠다. 이후 1015년에 한 번 무너져 내렸고 1022년과 1023년 사이에 곧바로 재건되어 현재까지 예루살렘 성전 자리에 있다.

7. **교회시대 성전:** 예수님이 부활하신 후에는 성전은 건물이 아니라 성령님이 내주하시는 그리스도인의 몸이다(고전3:16). 현재 예배드리는 장소는 성전이 아니라 예배당이다.

8. **에스겔 성전:** 에스겔 선지자가 바벨론으로 잡혀온 지 25년째 되는 B.C.573년에 하나님께서는 에스겔 선지자를 이스라엘의 가장 높은 산으로 데리고 가서 성전 지을 장소와 앞으로 지어질 성전을 보여주셨다(겔40:2). 하나님께서 에스겔에게 성전을 보여주신 까닭은 거룩한 성전 제도와 모든 규례와 법도를 알게 하여 이스라엘 백성들이 지은 죄를 부끄럽게 여겨서 회개하기를 원하셨기 때문이다(에스겔 43:10-11). 하나님께서 자세하게 보여주신 이 성전은 구조면에서 솔로몬 성전, 스룹바벨 성전, 헤롯 성전과 확실히 달랐고 규모도 훨씬 컸다.

9. 에스겔 성전의 의미: 에스겔 40-43장까지는 성전에 관해서 자세히 기록되어 있고, 44-46장은 성전에서 활동하는 제사장과 통치자와 관련된 규례들, 47장은 성전에서 흘러나오는 물, 48장은 이스라엘 열두 지파의 땅 분배에 관하여 기록되어 있다. 에스겔 40-48장에서 일어나는 일들은 분명히 구약시대에 있었던 일이 아니다. 성전도 다르고 제사장이나 통치자들에 관한 법도 구약시대와 다르다. 그리고 이스라엘 각 지파들이 분배받는 땅 역시 가나안 땅을 정복할 때 분배받았던 땅과 다르다. 에스겔서에 일어나는 일들은 새 예루살렘 때 일어날 일(계 21-22장) 역시 아니다. 왜냐하면 하늘에서 내려오는 새 예루살렘에는 성전이 없기 때문이다. 에스겔서에서는 바다가 땅의 경계였지만 새 하늘과 새 땅에서는 바다가 사라지고 없다(계21:1). 에스겔서에는 제사장들이 일도 하고 결혼도 하지만 새 예루살렘에는 제사장도 없고 결혼도 하지 않는다. 생명수가 에스겔서에서는 성전에서 나왔지만 새 예루살렘에서는 하나님과 어린양의 보좌에서 흘러나온다(계 22:1). 따라서 에스겔서 40-48장에서 일어나는 일들은 새 예루살렘이 내려오기 전에 일어난다. 그 일은 천년왕국 때 일어난다.

이스라엘 백성들이 성전의 북향(北向)한 문에 우상을 세우는 악을 행했기 때문에(겔8:3) 하나님은 더 이상 성전에 머물 수 없으셨다. 처음에는 하나님의 영광이 성전 안에 가득했었으나(겔 10:4) 하나님의 영광이 성전 문지방을 떠났다(겔10:18). 성전 문지방을 떠난 하나님의 영광이 동문에 잠시 머물렀지만(겔10:19) 동쪽 산으로 가면서 성전에서 아주 떠나게 되었다(겔11:23). 이스라엘의 죄악으로 하나님의 영광이 이스라엘에게서 떠난 것이다. 그러나 이스라엘이 회개함으로 하나님의 영광이 미래에 다시 올 것임을 보여주셨다. 먼저 하나님의 영광이 동편으로 오시고(겔43:2) 동문을 통하여 성전으로 들어가심으로(겔43:4) 마침내 성전에 가득하게 된다(겔43:5). 하나님의 영광이 에스겔 성전으로 돌아오시면서 새로운 성전에서 하나님과 관계를 회복하고 새로운 예배의 역사가 다시 시작될 것을 말씀해 주신 것이다. 따라서 에스겔 40-48장에서 일어나는 일들은 앞으로 있을 이스라엘이 회복되는 과정을 미리 보여주신 것이다.

에스겔서에 기록된 성전이 실제 성전이 아니라고 주장하는 것은 잘못이다. 에스겔 성전을 무조건 영적으로 해석하는 것은 바람직하지 않다. 영적으로 해석하기에는 하나님께서 에스겔을 통해 너무나 자세히 보여주시고 설명해 주셨다. 에스겔 성전은 예수님이 지상에 재림하시어 다스리시는 천년왕국에 세워지는 성전이다. 왕은 왕궁에서 통치한다. 그러나 예수님은 왕이시기 전에 하나님이시다. 따라서 예수님은 성전에서 온 세상을 통치하신다. 그곳이 에스겔서에 나와 있는 성전이다.

1. 대제사장: 대제사장은 제사장들의 우두머리로 제사에 관한 모든 사항을 관장하였다. 또 일 년에 한 번 대속죄일에 지성소에 들어가 이스라엘 자손의 모든 죄를 위해 속죄제를 드렸다(레16:34). 대제사장은 판결 흉패 안에 우림과 둠밈을 보관하고 있다가(레8:8) 백성들의 일을 판결할 때 우림과 둠밈을 사용하여 하나님의 뜻을 물었다. 대제사장은 하나님과 이스라엘 백성들 사이를 중재하는 사람이었기 때문에 특별히 거룩해야 했다. 부모가 상을 당했을 때에도 부정하지 말아야 하며 반드시 처녀와 결혼해야 했다(레21:11,13). 그리고 하나님께서 지시하신 대로 만든 에봇을 입어야만 했다(출39:2-5). 최초 대제사장은 아론이었으며 이후 아론의 직계만 계승했고 특별한 결격 사유가 없는 한 장자가 대를 이어 종신토록 사역하였다. 그러나 유대인들이 로마의 지배를 받을 때 로마 총독이 대제사장을 임명하였는데 1년도 채우지 못하고 교체되는 경우가 많았다. 대제사장은 산헤드린 공회 의장 역할도 겸하였다. 예수님의 십자가 사건 당시 현직 대제사장은 가야바였으며 안나스는 가야바의 장인으로서 전직 대제사장이었다.

2. 제사장: 제사장은 성전에서 하나님께 예배와 희생의 제물을 드리며, 물두멍에서 수족을 닦고, 진설병 상에서 떡을 진설하며, 금촛대에서 불이 꺼지지 않게 하고, 분향단에서 향을 사르는 일을 했다. 제사장은 성전에서 봉사하지 않을 때는 각자 고향에 가서 백성들에게 율법을 가르치는 일을 했으며 질병에서 치유된 자들의 정결의식을 감독하기도 했다(레14:1-32). 제사장은 거룩해야 하며(출29:44) 아론의 자손이어야 했다(출29:9). 제사장의 복장은 흰 세마포 속옷과 속바지, 흰색 세마포로 길게 만든 가운을 입고 긴 허리띠를 차며 흰색 세마포로 만든 관을 썼다.

3. 레위인: 하나님께서는 레위인을 택하여 제사장을 돕고 성막에서 봉사하도록 하셨다. 하나님께서 이집트의 처음 난 자들을 죽이실 때 사람이든 짐승이든 이스라엘의 처음 난 모든 것을 거룩히 구별하여 하나님의 것으로 삼으셨다(출13:2). 하나님께서는 레위인을 하나님의 것이라고 말씀하셨다(민3:45). 레위인들은 제사장의 지시를 받아 성전 건물과 성물을 관리했다. 진설병과 소제물을 만드는 등 성전에서 제사장을 도와 시중드는 일을 했다. 또한 새벽과 저녁마다 하나님께 감사 찬송을 드렸다(대상23:24-32). 하나님께서는 십의 일조를 레위 자손에게 기업으로 다 주어서 그들이 성막에서 봉사하는 일을 갚아주셨다(민18:21).

4. 교회시대 제사장: 예수님은 인간들의 죄 문제를 해결하신 유일한 중보자이시며 영원한 대제사장이시다(히5:5). 그리스도인은 거룩한 제사장 직분을 위임받았기 때문에(벧전2:5) 삶 속에서 항상 예수님의 형상이 나타나야 하며 제사장의 화려하고 아름다운 예복처럼 세상에서 영화롭고 아름다운 모습으로 살아야 한다.

대제사장과 제사장 모두 고의와 속옷을 입었고 속옷 띠를 둘렀으며 관을 썼다. 대제사장은 그 위에 추가로 에봇 받침 겉옷과 에봇을 입고 판결 흉배를 붙이고 에봇 띠로 둘렀다.

1. **고의:** 제사장의 예복 중에 가장 먼저 입는 옷으로 길이는 허리에서 넓적다리까지 이르렀다. 가는 베실로 짠 세마포로 된 속바지이다(출28:42).

2. **속옷:** 오늘날의 속옷을 말하는 것이 아니라 당시에는 평상시 입는 겉옷이다. 대제사장이 에봇 받침 겉옷 안에 입은 통으로 된 옷이다. 소매는 손목까지 내려오며 길이는 발뒤꿈치까지 내려온다. 가는 베실로 만들었다(출28:39-40).

3. **속옷 띠:** 위에서 아래까지 통으로 짠 속옷은 매우 헐렁하기 때문에 불편하지 않도록 띠를 만들었다. 가는 베실과 청색, 자색, 홍색실로 수놓아 만들었으며 가슴에서 한 바퀴 돌려서 묶고 발목까지 길게 늘어지게 했다(출28:39).

4. **관:** 관은 머리에 쓰는 것으로 가는 베실로 만들었다. 일반 제사장의 관은 산처럼 불룩하게 솟아 있는 모양이지만 대제사장의 관은 터번 형태로 빙빙 돌려가며 짜서 꿰맨 두건이다. 순금으로 거룩한 패를 만들고 그 위에 '여호와께 성결'이라 새겼다. 그 패를 청색 끈으로 관 전면에 달았다(출39:30-31).

5. **에봇:** 대제사장이 가장 겉에 입는 옷으로 에봇 받침 겉옷 위에 입는다. 소매가 없이 무릎까지 내려오는 앞치마 같은 모양의 옷이다. 금실과 청색, 자색, 홍색 실 및 가늘게 꼰 베실로 정교하게 짜서 만들었다. 앞과 뒤가 견대로 연결되어 있고 어깨 견대에는 12지파의 이름을 새긴 호마노(검은 보석)가 한 개씩 붙어 있었다(출28:6-14).

6. **겉옷(에봇 받침):** 에봇 받침 겉옷은 청색 실로 전체가 하나가 되게 통으로 짠 옷이다. 겉옷의 가장자리에는 청색, 자색, 홍색 실로 석류를 수놓아 만들었고 석류 사이사이에 금방울을 일정한 간격으로 달았다(출28:31-35).

7. **에봇 띠:** 에봇 위에 매는 띠로 허리에 감아 앞에서 묶었다. 가는 베실, 금실, 청색, 자색, 홍색실로 짰다.

8. **흉패:** 에봇 위 가슴 부분에 붙이는 가로 세로가 한 뼘 길이의 네모반듯한 큰 패를 말한다. 흉패는 금실, 청색, 자색, 홍색 실, 가늘게 꼰 베실로 두 겹으로 만들었다. 한 겹에는 12지파를 상징하는 12개의 보석을 달고 다른 한 겹에는 우림과 둠밈을 넣었다. 우림과 둠밈은 하나님 앞에 갈 때 그의 가슴에 붙였다. 흉패 위쪽은 금 사슬에 매어 대제사장의 어깨에 두른 두 견대에 붙어있는 호마노 금테에 고정시켰고, 흉패 아래쪽은 청색 끈으로 대제사장의 에봇 허리띠에 매어 에봇에서 떨어지지 않게 했다(출28:15-30).

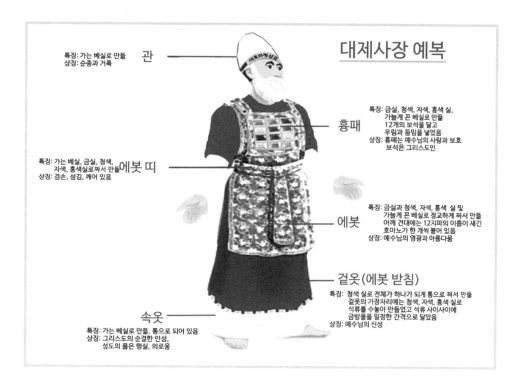

대제사장 예복

특징: 가는 베실로 만듦
상징: 순종과 거룩 — 관

특징: 금실, 청색, 자색, 홍색 실,
가늘게 꼰 베실로 만듦
12개의 보석을 달고
우림과 둠밈을 넣었음
상징: 흉패는 예수님의 사랑과 보호
보석은 그리스도인 — 흉패

특징: 가는 베실, 금실, 청색,
자색, 홍색실로 짜서 만듦
상징: 겸손, 섬김, 깨어 있음 — 에봇 띠

특징: 금실과 청색, 자색, 홍색 실 및
가늘게 꼰 베실로 정교하게 짜서 만듦
어깨 견대에는 12지파의 이름이 새긴
호마노가 한 개씩 붙어 있음
상징: 예수님의 영광과 아름다움 — 에봇

겉옷(에봇 받침)
특징: 청색 실로 전체가 하나가 되게 통으로 짜서 만듦
겉옷의 가장자리에는 청색, 자색, 홍색 실로
석류를 수놓아 만들었고 석류 사이사이에
금방울을 일정한 간격으로 달았음
상징: 예수님의 신성

속옷
특징: 가는 베실로 만듦, 통으로 되어 있음
상징: 그리스도의 순결한 인성,
성도의 옳은 행실, 의로움

1. **속옷**: 속옷은 하얀 베실로 만들었다. 이것은 대제사장이신 예수 그리스도의 죄 없는 순결한 인성을 상징하며, 제사장인 그리스도인에게는 옳은 행실과 의로움을 상징한다(계19:8).

2. **띠**: 대제사장이나 제사장이 허리에 두르는 끈이다. 예수님이 제자들의 발을 씻겨주실 때 수건을 가져다가 허리에 두르셨듯이 허리띠는 예수님의 겸손과 섬김을 상징한다(요13:4-5). 그리스도인에게는 말씀에 순종하고 성령 충만하여 항상 깨어 있으라는 의미이다(눅12:35-36).

3. **관**: 관과 순금으로 만든 패는 성부하나님의 권위에 순종하시는 예수님의 순종과 거룩함을 상징한다. 그리스도인에게는 하나님께 성결한 삶을 살라는 의미이다(레8:9).

4. **에봇**: 에봇은 금실과 청색, 자색, 홍색 실 및 가늘게 꼰 베실로 정교하게 짜서 만들었다. 금색은 예수님의 영원성, 청색은 하늘에서 오신 예수님의 신성, 홍색은 피 흘려 고난받으신 예수님의 대속, 가는 베실은 죄 없으신 예수님의 인성을 상징한다. 전체적으로 화려한 에봇은 예수님의 영광과 아름다움을 상징한다.

5. **겉옷(에봇 받침)**: 에봇 받침 겉옷은 청색 실로 전체가 하나가 되게 통으로 짠 옷이다. 하늘에서 오신 예수님의 신성을 상징한다.

6. **흉패**: 흉패에 달려 있는 보석은 생명책에 기록된 그리스도인을 상징하며(계3:5) 흉패는 그리스도인을 일일이 기억하시고 사랑으로 품어주시는 예수님의 사랑과 보호를 상징한다.

57. 율법

1. **율법의 정의:** 율법은 하나님께서 모세를 통하여 이스라엘 백성에게 주신 생활과 행위의 규범으로 모세오경(창세기, 출애굽기, 레위기, 민수기, 신명기)을 말한다. 히브리어로 '토라'라고 하며 가르침, 교훈, 지시의 의미이다. 율법을 구약성경 전체로 보기도 하고 하나님이 자기 백성의 생활과 행위에 관해 주신 모든 명령을 율법으로 보기도 한다.

2. **율법의 구분:** 율법은 도덕법, 제사법, 민법, 음식 법으로 나눌 수 있다. 도덕법은 인간이 지켜야 할 도리를 규정한 것으로 대표적인 것이 십계명이다(출20:1-17). 제사법은 번제, 소제, 화목제 등 제사에 관하여 규정한 것이다(레위기1-7장). 민법은 사회질서를 유지하기 위한 법이다(신명기19-26장). 음식 법은 음식물과 위생에 관하여 규정한 것이다(레위기11장). 율법은 모두 613개이다. 이 중에 "하라"는 긍정적인 형태로 된 계명은 248개이며, "하지 말라"는 부정적인 형태로 된 계명은 365개이다.

3. **율법을 주신 목적:** 하나님께서는 이스라엘 백성의 삶 전체를 규정하고 이스라엘 민족을 다른 민족들과 구별하기 위해서 율법을 주셨다. 물론 하나님께서 주신 율법은 지켜야 한다. 그러나 사람의 능력으로는 율법을 완전히 지킬 수 없다. 율법을 지켜서 의롭다고 칭해질 사람은 아무도 없다. 사람의 힘으로는 하나님의 온전하신 뜻을 도저히 지킬 수 없다는 것을 깨달아야 한다. 하나님께서는 율법을 통해 죄가 무엇인지 깨닫기를 원하셨다(롬3:20). 하나님께서는 우리가 죄의 문제를 해결하기 위해서 하나님의 은혜를 구하기를 원하신다.

4. **율법과 복음과의 관계:** 율법은 생활과 행위의 규범으로 죄가 무엇인지 객관적으로 알게 해 주는 것이다(롬7:7). 복음은 예수 그리스도께서 십자가에 달려 돌아가심으로 죄인이 구원을 얻게 되었다는 복된 소식이다(요3:16). 구원은 율법을 지켜서 얻는 것이 아니라 하나님의 은혜로 얻는 것이다(엡2:4-10). 율법은 장차 올 좋은 일의 그림자일 뿐이므로 참 형상이 아니다(히10:1). 장차 올 좋은 일과 참 형상은 복음이다. 율법은 복음의 그림자에 불과하다. 예수님께서는 이 땅에 오셔서 율법을 완전히 지키셨으며 율법에 기록된 자신에 대한 기록들을 다 이루시고(요19:30) 율법의 끝이 되셨다(롬10:4).

5. **복음 시대에서 율법의 역할:** 예수 그리스도를 구주로 영접하면 율법은 더 이상 정죄의 목적이 아니라 그리스도 안에서 성도의 삶을 인도하는 역할을 한다(딤전1:8). 사람은 율법을 통해 자기 죄가 깨끗해지려면 그리스도의 피가 필요하다는 것을 알게 된다. 사람은 복음을 통해 율법을 더욱 굳게 세울 수 있다(롬3:31). 복음을 통해 율법은 성령의 법이 된다(롬8:2). 성령의 법은 예수 그리스도를 구주로 영접할 때 자동적으로 일어나는 영적인 법이다.

십계명은 하나님의 명령 즉 율법이다. 십계명은 하나님께서 시내산에서 모세를 통해 이스라엘 백성에게 친히 말씀하신 후 직접 두 돌 판에 기록하여 제시하신 것이다. 십계명은 당시 이스라엘 백성뿐만 아니라 지금 그리스도인들이 지켜야 할 의무이다.

하나님께서 십계명을 주신 목적은 믿음의 백성들에게 삶의 규범을 제시하여 그들을 구별하기 위해서이다. 하나님께서는 인간을 속박하기 위해 십계명을 주신 것이 아니라, 하나님의 법 안에서 삶의 질서를 지켜 행복을 보장해 주기 위해서 십계명을 주셨다.

십계명은 크게 두 부분으로 구분된다. 제1계명에서 제4계명까지는 하나님과의 바른 관계(하나님 사랑)를, 제6계명에서 제10계명까지는 이웃과의 바른 관계(이웃 사랑)를 말하고 있다. 제5계명은 하나님 사랑과 이웃 사랑 모두를 포함하고 있다.

1. **너는 나 외에는 다른 신들을 네게 두지 말라**: 하나님만이 유일한 신이시다. 그리스도인은 다른 신을 섬겨서는 안 된다. 오직 하나님만 경외하며 예배해야 한다.

2. **너를 위하여 새긴 우상을 만들지 말고, 또 위로 하늘에 있는 것이나 아래로 땅에 있는 것이나 땅 아래 물속에 있는 것의 아무 형상도 만들지 말며, 그것들에게 절하지 말며, 그것들을 섬기지 말라**: 우상은 보잘것없는 것이며 헛된 것이므로 우상을 섬겨서는 안 된다. 하나님은 보이는 형상이 아니시다. 그리스도인은 오직 마음을 다하고 성품을 다하고 힘을 다하여 하나님을 섬기고 사랑해야 한다. 하나님보다 더 사랑하는 것이 우상이 될 수 있다. 하나님과 재물을 같이 섬길 수 없다(마6:24). 탐심도 우상이다(골3:5).

3. **너는 네 하나님 여호와의 이름을 망령되게 부르지 말라**: 우리는 하나님을 두려움과 떨리는 마음으로 섬겨야 한다. 성경에서 하나님의 이름은 하나님과 동일하게 여긴다. 그래서 하나님의 이름을 경솔하고 부주의하게 사용해서는 안 된다. 하나님께서는 거룩하신 분이시다. 그 이름조차도 거룩하신 분이심을 알아야 한다.

4. **안식일을 기억하여 거룩하게 지키라**: 안식일은 한 주간의 마지막 날(제7일)인 토요일인데 이스라엘은 금요일 해질 때부터 토요일 해질 때까지를 안식일로 지켰다. 하나님께서는 창조를 마치시고 일곱째 날에 안식하셨기 때문에 안식일을 거룩하게 하셨다. 따라서 인간도 이날을 구별하여 거룩하게 지켜야 한다. 하나님께서는 엿새 동안 힘써 일한 후 안식일에는 쉬라고 하셨다(출20:9-10). 예수님은 사람이 안식일을 위해 존재하는 것이 아니라 안식일이 사람을 위해 존재하는 날이라고 말씀하셨다(막2:27). 그렇다고 사람이 안식일의 주인이 아니다. 안식일의 주인은 하나님이시므로 철저히 하나님 중심이어야 한다(요5:9-18).

5. **네 부모를 공경하라:** 하나님께서는 부모를 공경하면 하나님이 주신 땅에서 생명이 길고 복을 누리게 될 것이라고 말씀하셨다(신5:16). 반면 부모를 경홀히 여기는 자는 저주를 받는다(신27:16). 부모를 거역하는 행위는 마음에 하나님 두기를 싫어하기 때문에 생긴다(롬1:28-32). 부모에게 순종하는 것이 곧 주님을 기쁘시게 하는 행동이다(골3:20).

6. **살인하지 말라:** 이 계명에는 다른 사람의 생명과 인격까지 보호하려는 의미가 담겨 있다. 타인의 명예와 인격을 모독하거나 손상하지 말아야 하며 실족하게 하지 말아야 한다. 원수까지도 사랑하는 마음이 있어야 한다. 살인은 고의적 살인이나 모의까지도 포함한다. 사람은 하나님의 형상대로 창조되었으므로 누구든지 사람을 죽여서는 안 된다. 하지만 하나님께서는 정당한 전쟁에 의한 살인(민31:7-9), 정당방위(출22:2) 등은 살인으로 보지 않으셨으며 단순한 실수로 인한 살인은 도피성을 두어 사형을 면하게 하셨다(민35:11).

7. **간음하지 말라:** 이 계명은 간음, 음행, 강간, 남색, 동성연애, 근친상간, 매음행위 등 모든 성범죄를 포함하고 있다. 하나님께서는 부부 간에 신뢰를 저버리지 말고 가정을 지키며 사랑으로 살아가라는 뜻으로 이 계명을 주셨다. 우상숭배와 하나님에 대한 불신은 하나님과의 관계에서 영적인 간음이다(대상5:25).

8. **도둑질하지 말라:** 이웃의 소유물과 재산권을 보호하기 위한 계명이다. 도둑질은 기본적으로 다른 사람의 물건을 훔치거나 빼앗는 것이다. 착취나 고리대금, 사기, 횡령, 장사할 때 속임수, 임금체불 등도 도둑질에 해당한다. 도둑질은 욕심과 탐심, 마귀의 유혹, 게으름에서 비롯된다. 그리스도인은 정직하고 성실하며 근면한 생활을 해야 한다.

9. **네 이웃에 대하여 거짓 증거 하지 말라:** 위증 즉 거짓 증언을 해서 남에게 피해를 주지 말아야 한다. 거짓 증언은 남의 명예를 훼손시키며 사람의 목숨도 앗아갈 수 있기 때문에 하나님께서 미워하신다(슥8:17). 거짓말의 배후에는 사탄이 있음을 알아야 한다(요8:44). 사람은 무슨 말을 하든지 심판 날에 심문을 받게 되므로(마12:36) 그리스도인은 말에 항상 주의를 기울여야 한다.

10. **네 이웃의 집을 탐내지 말라:** 이 계명은 다른 사람의 소유권을 인정하고 존중한 것이다. 탐욕과 탐심은 물질적인 것과 정신적인 것까지 포함하는데, 그리스도인은 탐심을 물리쳐야만 한다. 성경은 음행과 온갖 더러운 것과 탐욕은 이름도 부르지 말라고 했다(엡5:3). 왜냐하면 탐심은 우상숭배와 간음, 도둑질 등 죄를 일으키는 근원이 되기 때문이다.

1. 제단: 하나님께서는 제단을 흙으로 쌓으라고 하셨다. 제단을 돌로 쌓을 경우에는 다듬은 돌로는 쌓지 말라고 하셨다. 돌을 정으로 쪼아 다듬으면 부정하게 되기 때문이다. 또 제단을 계단으로 올라가면 하체가 드러나기 때문에 계단으로 올라가지 말라고 하셨다(출20:24-26). 돌로 제단을 쌓거나 돌을 다듬지 말라고 하신 까닭은 인간의 생각이나 공로를 배제하라는 뜻이다. 제단을 인위적으로 정교하게 만들려다가 우상숭배나 성물숭배로 빠질 수 있으며 하나님의 거룩함을 훼손할 수 있다. 하체를 드러내는 것은 부정한 일로 여겼다(창 9:20-23). 따라서 하나님의 제단을 오르내릴 때 하체를 드러내는 것은 거룩하신 하나님 앞에서 부정한 행위가 되므로 계단으로 오르지 말라고 하신 것이다. 하나님께서는 제단 곁에 어떤 나무로도 아세라 상을 세우지 말며 자기를 위하여 주상을 세우지 말라고 하셨다(레26:1). 주상은 신의 형상을 기둥으로 만들어 세우는 것이다. 이는 하나님이 미워하시기 때문에 하지 말아야 한다. 이스라엘의 종교는 인간이 아닌 하나님을 위한 종교이기 때문이다.

2. 제사장: 제사장은 성막(성전)에 들어갈 때 포도주나 독주를 마시면 안 된다. 제사장이 직무 중 음주를 하게 되면 술에 취해 정신이 혼미하게 되어 거룩한 것과 거룩하지 않은 것을 분별하지 못할 수 있기 때문이다(레10:8-11). 교회시대 제사장인 성도들에게 음주를 금하는 것도 이 때문이다(엡5:18). 제사장은 성막에 들어갈 때나 제단에 가까이 가서 불로 제사를 드릴 때 먼저 물로 손과 발을 씻어야 한다(출30:19-21). 물로 손과 발을 씻는 까닭은 몸과 마음을 정결하게 준비하기 위해서다. 부정한 몸으로 성소의 기구들을 다루는 것은 거룩하신 여호와 하나님을 모독하는 행동이므로 죽임을 당할 수밖에 없다. 그리스도인도 하나님께 기도하기 전에 먼저 회개하고 자신을 성결케 해야 한다. 그리고 지성소는 휘장으로 가려져 있었으며 제사장의 출입은 금지되었고 대제사장만 일 년에 한 번 대속죄일에 출입이 허용되었다(레16:2). 이 외에 출입하면 죽임을 당했다.

3. 나실인: 나실인은 일정 기간 또는 평생 자신을 세상으로부터 구별하여 하나님께 헌신하기로 서원한 이스라엘의 남자나 여자를 말한다. 하나님께서 직접 나실인으로 지명하여 부르신 경우도 있었으며(삼손) 부모에 의해 나실인이 되는 경우도 있었다(사무엘). 나실인은 포도주와 독주를 멀리해야 하며 삭도를 그 머리에 대지 말아야 하고 시체를 가까이 해서도 안 된다(민6:1-8). 포도주와 독주를 멀리해야 하는 까닭은 금욕주의자가 되라는 것이 아니다. 서원한 기간 동안에는 철저하게 세상과 분리되어 하나님을 위해 절제하는 훈련을 함으로써 하나님과의 약속을 준행하기 위해서다. 머리는 그 사람을 지배하는 절대적 권한을 상징한다. 머리에 삭도를 대지 않는다는 것은 자신의 주권자가 하나님이심을 고백하는 것이다. 시체를 접촉한다는 것은 죄악과 부패를 가까이 하는 것을 의미하기 때문에 금한 것이다.

하나님께서는 짐승이나 어류, 조류, 곤충 중에 정결한 것과 부정한 것이 있으며 먹을 수 있는 것과 먹을 수 없는 것이 있다고 말씀하셨다(레위기 11장).

1. **짐승의 정함과 부정함:** 짐승 중 굽이 갈라져서 쪽발이면서 되새김질하는 것(소, 양, 염소 등)은 정결하여 먹을 수 있다. 두 조건을 모두 충족하지 못하는 짐승(돼지는 굽이 갈라져 쪽발이지만 되새김질을 못하므로 부정하고, 낙타나 토끼는 되새김질은 하지만 굽이 갈라지지 않았으므로 부정함)은 부정하므로 먹지도 말고 사체를 만지지도 말아야 한다.

2. **어류의 정함과 부정함:** 어류 중에 지느러미와 비늘이 있는 것(붕어, 잉어 등)은 정결하며 먹을 수 있다. 지느러미나 비늘이 없는 것(미꾸라지, 뱀장어, 낙지 등)은 어떤 것이라도 부정하므로 먹지도 말고 사체를 만지지도 말아야 한다.

3. **조류의 부정함:** 수리, 솔개 종류, 까마귀 종류, 올빼미, 다호마스, 뻐꾸기, 매 종류, 작은 부엉이, 큰 부엉이, 가마우지, 백조, 펠리컨, 작은 독수리, 황새, 왜가리 종류, 물떼새, 박쥐는 부정하므로 먹지 말라고 하셨다.

4. **곤충의 정함과 부정함:** 네 발로 기어 다니는 곤충(바퀴벌레, 무당벌레 등)은 부정하다. 그러나 네 발로 기어 다니며 날아다니는 것 중에 발과 다리가 있어 땅에서 뛰는 곤충(메뚜기, 귀뚜라미 등)은 정결하므로 먹을 수 있다.

5. **기타:** 땅 위로 기어 다니는 짐승은 네 발로 다니든(족제비, 쥐, 카멜레온, 도마뱀, 악어, 두더지 등) 배로 다니든(뱀 등) 많은 발로 다니든(지네 등) 모두 부정하다.

6. **신약의 음식 규례:** 하나님께서 지으신 것은 모두 좋은 것이므로 감사함으로 받으면 아무것도 버릴 것이 없다(딤전4:4). 예수님 안에서 알고 확신하는 것은 아무것도 부정한 것이 없으니 어떤 음식이든 믿음으로 먹으면 된다. 그러나 믿음이 연약한 사람이 음식으로 실족하지 않도록 배려해야 한다(롬14:14-15).

7. **음식 규례를 주신 까닭:** 하나님께서 가증하다고 여기신 생물들은 실제로 위생상 불결하다. 그래서 먹지도 말고 만지지도 말라고 하셨고 불결한 생물의 사체를 만졌으면 옷까지 빨라고 말씀하셨다(레11:28). 하나님께서 정한 생물과 부정한 생물을 정해 주시고 부정한 것을 먹지도 말고 만지지도 말라고 하신 까닭은 이스라엘 백성이 먹는 문제를 통해서 하나님처럼 거룩하게 살기 원하셨기 때문이다(레11:43). 정한 생물과 부정한 생물을 가려 먹으면서 이스라엘 백성들은 아무것이나 먹고 마시는 이방 민족과 가까워질 수 없었다. 그리스도인도 술과 담배를 가까이 하지 않으면 자연스럽게 세상 사람과 멀어지게 된다.

1. 산모 정결규례: 여인이 아들을 낳으면 7일 동안 부정하다(딸은 14일). 7일 후에 다시 33일이 지나야(딸은 66일) 산혈이 깨끗해진다. 이때까지 여인은 거룩한 것을 만지지도 말고 성소에 들어가서도 안 된다. 여인은 정결의 날이 끝나면 자식을 위해 번제물로 어린양 한 마리(형편이 안 되면 비둘기 한 마리)와 속죄 제물로 비둘기 한 마리를 드려야 한다. 아들이 태어나면 8일째는 아이의 포피 살을 베어내는 할례를 행해야 한다(레위기 12장).

산모가 출산 시 피와 분비물이 나오기 때문에 위생상 부정하다. 산모가 출산한 후 7일 동안 부정하게 여긴 까닭은 산모의 면역력이 떨어진 상태에서 세균 감염의 위험이 있기 때문에 다른 사람의 접근을 막아 산모를 보호하기 위해서다. 다시 33일이 지나야 산혈이 깨끗해진다는 것은 산모가 출산 후에도 몸에 남아 있는 부산물이 배출되려면 그 정도의 기간이 필요하기 때문이다. 남자아이가 태어난 지 8일째 할례를 받는 까닭은 아기가 모태 내에서 보유하고 있던 면역성이 약 7일까지 유지되기 때문이다. 그렇다고 할례를 일찍 하면 혈액의 응고가 잘 안 돼 지혈에 문제가 생기기 때문에 8일째가 가장 적당하다. 번제물은 형편에 따라 어린양이나 비둘기를 드렸지만 속죄 제물은 형편에 상관없이 비둘기를 드렸다.

2. 문둥병 정결규례: 털이 희어지고 정상적인 피부보다 우묵하게 들어갔을 때 문둥병으로 판정한다. 피부에 하얀 반점만 발생했을 때는 7일간 환자를 격리한 뒤 상태를 다시 보아야 하며 문둥병의 증상이 보이지 않더라도 다시 7일을 더 격리하여 살펴본다. 이렇게 총 14일을 격리한 후에 질환이 더 이상 피부에 퍼지지 않으면 단순한 피부병으로 판정하고 질환이 피부에 더 퍼졌으면 문둥병으로 판정한다. 문둥병으로 판정되면 진 밖에 철저히 격리되었다. 그러나 한눈에 문둥병의 증상을 알아볼 수 있으면 증세를 관찰할 필요 없이 문둥병자로 판명한다(레13:1-11). 문둥병이 온몸에 퍼졌으면 제사장은 그 사람이 모두 희어졌으므로 깨끗하다고 선언해야 한다. 그러나 생살이 돋으면 문둥병으로 판정해야 한다.

온몸이 희어졌다는 것은 실제 문둥병이 아니라 백반증이기 때문이다. 그러나 생살이 돋으면 백반증이 아니라 문둥병이다(레13:12-17). 피부에 종기가 생겼다가 나은 자리나 피부를 데었다가 나은 자리에 흰점이 돋거나 희고 불그스름한 반점이 생길 때, 머리나 수염이 빠지는 증상이 생길 때는 7일을 격리하여 증상을 살펴보고 문둥병 판정을 해야 한다. 피부에 반점이 희끄무레한 것은 단순한 피부병이다. 단순히 머리가 빠져서 대머리가 되는 것도 문둥병이 아니다. 그러나 대머리나 이마 대머리에 희고 불그스름한 색점이 있으면 문둥병이다. 문둥병자로 판정된 사람은 정결한 사람이 자신에게 오염되지 않도록 큰소리로 부정하다고 외친 후 진 밖에서 살아야 한다(레13:18-46). 의복에 푸르거나 붉은 점이 생기면 제사장이 문둥병 여부를 판별하였는데 의복에 생기는 것은 사실 문둥병이 아니고 곰팡이를 말한다(레13:47-59).

1. 문둥병자 정결규례: 문둥병자가 진 밖에서 격리 수용되었다가 완쾌되면 제사장은 진 밖으로 나가 문둥병자의 완쾌 여부를 진단해야 한다. 제사장은 문둥병자에게 정결의식을 행하고 문둥병자는 자기 옷을 빨고 모든 털을 밀며 물로 몸을 씻어 깨끗하게 한다. 그 후에 진영에 들어와 자기 장막 밖에서 7일을 머문 뒤 8일째 하나님께 속건제와 속죄제, 번제, 소제를 드린다(레14:1-32). 하나님의 언약 밖에 살던 문둥병자가 다시 언약 백성 안으로 들어와서 하나님과 관계가 회복되었음을 제사를 통해 보여준다. 문둥병은 죄를 상징하고 정결의식은 그리스도의 구속 사역을 상징한다.

2. 가옥 정결규례: 가옥에 발생한 문둥병은 곰팡이에 의한 부식을 말한다. 집 벽에 푸르거나 붉은 색점이 발생하면 집을 7일 동안 폐쇄한다. 7일째 다시 살펴봐서 색점이 벽에 퍼졌으면 색점 있는 돌과 집 안 사방을 긁은 흙을 성읍 밖 불결한 곳에 버린 후 다른 돌로 메꾸고 다른 흙으로 집을 발랐다. 그런 후에 색점이 더 이상 퍼지지 않으면 제사장은 집이 깨끗하다고 선언하고 정결의식을 행했다. 그러나 색점이 재발하면 집을 헐고 자재를 성읍 밖 불결한 곳에 버렸다(레14:33-57). 집은 인간의 육체를 상징하는 것으로 집을 정결하게 한다는 것은 죄악과 부정으로부터 완전히 분리된 성결한 삶을 살아가는 것이다.

3. 유출병 정결규례: 성경에서 말하는 유출병은 사람의 생식기로부터 비정상적으로 흘러나오는 병적인 증상인 임질이나 요도염뿐만 아니라 성생활과 관련하여 나오는 사정과 월경 그리고 월경이 끝난 시점에도 계속 피가 나오는 혈루병도 모두 포함한다. 유출병이 있는 자가 만지거나 접촉한 물건은 불결하므로 누구라도 그것을 만지면 저녁까지 불결하며 자기 옷을 빨고 물로 몸을 씻어야 한다. 남자와 여자가 동침하여 사정했을 때도 저녁까지 불결하며 그들은 물로 몸을 씻어야 한다. 여자가 월경할 때는 7일 동안 부정하다. 월경기가 지나서도 계속 피가 흐르면 혈류증이며 피가 멈출 때까지 불결하다. 임질이나 요도염, 혈루증과 같은 유출에서 깨끗해지면 나은 날로부터 7일이 경과한 뒤에 옷과 몸을 깨끗이 씻고 8일째 되는 날에 속죄제와 번제를 하나님께 드려야 한다(레위기 15장).

하나님께서 정상적인 부부관계에서 발생하는 사정이나 여자에게 주기적으로 생기는 월경을 부정하다고 하신 이유는 이스라엘 백성을 정죄하려는 것이 아니라 비위생적인 상황에서 보호하려고 하신 것이다. 특히 여자들이 월경할 때 일주일 동안 쉴 수 있도록 배려해 주신 것이다. 영적으로 해석한다면 문둥병은 육체적인 정결을 상징하고 유출병은 정신적 정결을 상징한다. 문둥병의 정결규례가 간음하지 말라는 계명을 행동으로 지키는 것이라면 유출병의 정결규례는 마음속에 음욕도 품지 않는 것이다. 그러기 위해서는 부정한 것과 아예 접촉하지 말아야 하며 접촉했다면 바로 회개하고 다시 정결해져야 한다.

1. 제물을 잡는 장소: 하나님께서는 제사용으로 잡든 식용으로 잡든 모든 동물을 성막 앞에서 잡으라고 말씀하셨다. 또한 제사용이든 식용이든 피와 기름은 하나님께 화목 제물로 드려야 한다. 피와 기름은 동물의 생명을 유지하며 살게 하는 중요한 것이기 때문에 감사하는 마음으로 먼저 하나님께 드린다. 하나님께서 식용 동물까지 성막 앞에서 잡으라고 하신 까닭은 잡은 동물을 우상에게 바치는 것을 막기 위해서이다(레17:1-9). 가나안 땅에 정착한 후에는 각 성의 원하는 곳에서 동물을 잡아먹도록 허락하셨다(신12:15).

2. 동물 피 규례: 하나님께서는 동물의 피를 먹는 것을 금하셨다. 피는 곧 생명이기 때문이다. 생명은 하나님께 속한 것이므로 피를 먹는 것은 생명의 주관자이신 하나님을 모독하는 행위이다. 또한 피는 예수 그리스도의 보혈을 상징하기 때문에 하나님께서는 피를 먹는 것을 금하셨다. 동물을 잡아서 곧바로 피를 뺀 까닭은 시간이 지나면 피가 굳어져 제물로 바칠 수 없기 때문이다. 스스로 죽은 것이나 들짐승에게 찢긴 동물을 먹는 것을 금하신 까닭은 그 동물의 피를 빼주지 못해 피가 몸속에 응고되었기 때문이다. 그런 동물을 모르고 먹은 사람은 자기 옷을 빨고 몸을 씻어야 했으며 저녁까지 불결하였다(레17:10-16).

3. 제물 상태 규례: 하나님께 드리는 제물은 자신이 자원해서 드리는 제물일지라도 모두 흠 없는 것으로 드려야 한다. 서원과 자원 제물을 번제로 드릴 때도 흠이 없는 수컷으로 드려야 한다. 흠이 없는 수컷은 예수 그리스도를 상징한다. 하나님께 흠이 있는 제물(눈먼 것, 부러진 것, 절단된 것, 혹이 난 것, 괴혈병에 걸린 것, 딱지가 있는 것, 타박상을 입은 것 등)을 드리는 것은 거룩하신 하나님을 모독하는 행위이다.

4. 제물 취급 규례: 하나님께서는 수소나 양이나 염소가 태어나면 7일 동안 어미에게 있게 하고 제물로 바치더라도 8일째 이후부터 바치라고 하셨다. 그리고 어미와 새끼를 한 날에 잡지 말라고 하셨다. 하나님께 드리는 제물을 잔인하고 야만적으로 다루는 것은 긍휼과 자비로우신 하나님의 속성에 반하는 행동이다.

5. 제물을 먹는 규례: 제사장과 그의 가족, 제사장이 돈으로 산 외국인과 종의 자녀들은 제물을 먹을 수 있었다. 제사장 가족으로 인정했기 때문이다. 제사장 가족이라도 출가한 딸은 제물을 먹을 수 없었으나 과부가 되었거나 늙어서 자식이 없는 경우에는 먹을 수 있도록 하나님께서 배려해 주셨다. 제사장 가족을 제외한 모든 사람은 음식을 먹을 수 없었으며 제사장과 그 가족이더라도 문둥병자, 유출병자, 부정하게 된 것에 접촉한 자, 하나님의 계명을 욕되게 한 자들은 제물을 먹을 수 없었다. 부정한 채로 먹으면 하나님께 드린 제물이 더러워지기 때문이다. 제물을 먹어서는 안 되는 자가 고의로 먹으면 죽임을 당하게 되었고 모르고 먹으면 먹은 제물에 오분의 일을 더하여 제사장에게 주어야 한다(레위기 22장).

1. 성에 관한 금지 규례: 하나님께서는 어머니, 계모, 자매, 배다른 자매, 손녀, 외손녀, 후처의 딸, 형제의 아내 등과 근친상간을 금하셨다. 타인의 아내와 통간하는 것, 동성애, 짐승과 교접하는 것, 우상숭배 과정상의 음란한 행위 등 불결하고 타락한 성행위를 금하셨다. 성 범죄를 저지른 사람은 자기의 육신을 더럽혀서 하나님의 거룩함을 훼손시켰기 때문에 땅이 그를 토해내고 백성 중에서 끊어진다고 말씀하셨다. 땅이 토해내고 백성 중에 끊어진다는 것은 이스라엘 백성으로서 모든 권리와 자격이 박탈되는 것이며 추방당하거나 처형될 수도 있다는 뜻이다(레위기 18장).

2. 약혼한 여자 종과 간음한 경우: 약혼한 여종이 다른 남자와 동침하면 여자는 매질을 하되 죽이지 말아야 하며 동침한 남자는 속건제를 드려 속죄해야 한다. 동침한 여자를 죽이지 않는 까닭은 여자가 종의 상태에 있어 자유의지에 한계가 있었기 때문이다(레19:20-22).

3. 아내의 순결을 의심한 경우: 결혼한 지 얼마 되지 않았는데 남자가 여자의 순결을 의심하여 누명을 씌우는 경우에 여자의 부모가 처녀성의 표를 얻어 그 성읍의 장로들에게 가져다주면 장로들은 남자를 잡아 벌을 주며 은 100세겔을 장인에게 주어야 한다. 그리고 평생 아내를 버리지 못한다. 여자가 순결하지 않은 게 사실이면 여자는 아버지의 집에서 창녀 같은 행동을 했기 때문에 악을 제거하기 위해 성읍 사람들이 그녀를 돌로 쳐 죽였다.

4. 결혼한 여자와 간음한 경우: 결혼한 여자와 동침하면 둘 다 죽여 악을 제거하였다.

5. 약혼한 여자와 간음한 경우: 약혼한 여자와 동침하는 것도 결혼한 여자와 동침한 것과 동일하게 여겨서 둘 다 그 성읍 문 밖으로 끌어내서 돌로 쳐 죽여서 악을 제거하였다.

6. 약혼한 여자를 성폭행한 경우: 약혼한 여자를 들에서 만나 강제로 그녀와 동침한 경우 남자만 죽인다. 여자는 들에서 소리쳤으나 구해줄 사람이 아무도 없었으므로 죄가 없다.

7. 약혼하지 않은 처녀와 동침한 경우: 남자는 처녀의 아버지에게 은 50세겔을 주어 아내로 삼고 그녀를 평생 동안 버리지 못한다(신22:13-30).

하나님께서는 이집트인들이 행했던 근친상간과 같은 문란한 성 생활과 가나안 백성들이 행했던 음란한 우상숭배 행위를 이스라엘 백성이 본받지 않기를 원하셨다. 하나님께서 성 윤리를 강조하신 까닭은 성이 모든 타락의 출발점이기 때문이다. 하나님께서 성을 주신 까닭은 건전한 가정을 통해 부부간에 사랑을 나누고 종족을 보존하며 땅을 정복하기를 원하셨기 때문이다. 부부 외에 다른 사람과 하는 성 행위는 하나님의 창조질서와 신성한 결혼의 원리를 파괴하는 행위이다. 성적 거룩함은 삶과 예배의 거룩함에 대한 표현이므로 하나님의 자녀로서 가정과 성의 순결을 지키는 것이 그리스도인의 의무이다.

1. 금전 문제: 하나님께서는 가난한 사람에게 돈을 빌려주면 고리대금업자처럼 재촉하지 말고 이자도 받지 말라고 하셨다(출22:25). 이방인에게는 이자를 받아도 되나 형제(동족)에게는 이자를 받아서는 안 된다(신23:19-20). 품꾼의 삯은 그날로 지불해야 한다(레19:13). 이웃의 아내, 집, 들, 종, 소, 나귀 등 무엇이든지 탐내서는 안 된다(신5:21). 형제의 잃어버린 소나 양을 봤다면 못 본 체하지 말고 형제에게로 데려가야 한다(신22:1). 맷돌을 담보로 잡는 것은 사람의 생명을 담보로 잡는 것이기 때문에 해서는 안 된다(신24:6). 형제에게 무엇을 꾸어주고 저당물을 가지러 들어가지 말고 형제가 저당물을 가지고 나올 때까지 밖에서 기다려야 한다. 가난한 사람의 저당물은 해가 질 때 그가 자기 옷을 입고 잘 수 있도록 다시 돌려주어야 하며 과부의 옷은 담보로 잡지 말아야 한다(신24:10-13,17).

2. 약자 배려: 하나님께서는 타국인을 압제하거나 학대하지 말라고 하셨다. 이스라엘 백성도 이집트에 있을 때는 타국인이었기 때문이다. 특히 과부나 고아(성경에서는 아비 없는 아이를 가리킨다)를 괴롭히지 말아야 한다. 만약 과부나 고아가 괴롭힘을 당해 하나님께 부르짖으면 하나님께서는 칼로 죽이겠다고 하셨다(출22:21-24). 하나님께서는 땅에서 수확할 때 밭의 모퉁이까지 다 거두지 말고 이삭도 줍지 말며 포도원에 떨어진 포도도 남겨두라고 하셨다(레19:9-10). 또 곡식을 벨 때에 들에서 곡식 한 단을 잊어버렸을 경우 그것을 가지러 가지 말며 올리브 나무를 떤 후에 그 가지를 다시 살피러 가지 말라고 하셨다(신24:19-20). 가난한 자와 과부와 고아와 타국인이 가져가도록 배려하신 것이다. 하나님께서는 가난한 자에게는 인색하지 말고 손을 그에게 크게 벌려서 그가 원하는 만큼 그의 필요가 충족되도록 꾸어주라고 하셨다(신15:7-8). 또 형제가 가난하게 되어 종이 되었을 때 종을 심하게 부려서는 안 되며 희년까지 섬기게 하다가 희년이 되면 돌아가도록 하고 종으로 팔아서는 안 된다고 하셨다. 그리고 하나님을 두려워한다면 그 종을 가혹하게 다스려서는 안 된다고 말씀하셨다(레25:39-43). 하나님께서는 귀먹은 자를 저주하지 말고 눈 먼 자 앞에 장애물을 놓지 말라고 하셨다(레19:14).

3. 이웃 사랑: 하나님께서는 원수의 길 잃은 소나 나귀를 만나면 반드시 그에게 돌려주라고 하셨고 미워하는 자의 나귀가 짐에 깔려 누워 있는 것을 보면 도와주라고 하셨다(출23:4-5). 또 남을 험담하는 말을 해서는 안 되며 이웃의 생명을 위태롭게 해서도 안 된다고 하셨다. 하나님께서는 형제를 증오하지 말고 이웃이 잘못을 하면 죄를 짓지 않도록 견책하라고 하셨으며 이웃에게 복수하지 말며 원망을 품지 말고 자신처럼 사랑하라고 하셨다(레19:16-18). 그리고 배가 고파서 이웃의 포도원에 들어가는 경우 배불리 먹어도 되나 그릇에 담지는 말고 이웃의 곡식밭에서 손으로 이삭을 따도 되나 낫을 대지는 말라고 하셨다(신23:24-25).

1. **살인죄:** 사람을 쳐 죽인 자는 반드시 죽여야 하지만 만일 고의로 한 것이 아니라 하나님께서 사람을 그의 손에 넘긴 것이면 하나님은 그가 도망할 수 있도록 한 곳을 정해 주신다. 그러나 그가 이웃을 고의로 죽였다면 설사 하나님의 제단에 있더라도 잡아내려 죽여야 한다. 특히 자기 아버지나 어머니를 치거나 저주하는 자와 사람을 훔쳐서 팔거나 자기 수하에 둔 인신매매범은 반드시 죽여야 한다(출21:12-17). 어떤 소가 사람을 받아서 죽이면 그 소는 반드시 돌로 쳐서 죽여야 하지만 소 주인에게는 형벌을 내리지 않는다. 그러나 그 소가 뿔로 받는 버릇이 있다는 것을 알면서도 가두지 않아서 사람을 죽게 만들었다면 소뿐만 아니라 소 주인도 죽였다. 만일 주인에게 속죄 금액이 부과되면 금액이 얼마든지 내야 한다(출21:28-30).

   시체는 발견되었는데 살해한 사람을 찾지 못하는 경우에 살해된 자로부터 가장 가까운 성읍의 장로들은 멍에를 멘 적이 없는 암송아지 한 마리의 목을 베는 정결의식을 행하여야 한다. 그들은 목 베인 암송아지 위에서 손을 씻으며 자신들이 그 살인을 실제로 행하지 않았고 목격하지도 않았음을 고백해야 한다(신21:1-9). 여기서 암송아지는 예수 그리스도를 상징하며 손을 씻는 것은 죄 사함 받음을 의미한다. 하나님께서는 살인자를 나무에 매달거든 밤새도록 나무에 두지 말고 그 날에 장사하라고 하셨다(신21:22-23). 이 말씀은 그리스도의 십자가 죽음을 예언하신 것이다. 하나님의 형상으로 만든 사람을 죽인 죄는 아주 큰 죄이기 때문에 무거운 형벌을 내릴 수밖에 없다.

2. **도피성 제도:** 살인죄는 중하지만 하나님께서는 과실로 발생하는 살인을 구분하시기 원하셨다. 하나님께서는 과실로 자신도 모르게 사람을 죽이거나 누명을 쓴 사람이 자기 결백을 증명할 수 있도록 안전하게 피신할 장소인 도피성을 정해주셨다. 그래서 살인자가 피살자의 가족들로부터 즉각적인 보복을 당하지 않도록 하셨다(민35:9-15). 도피성은 요단강 동편에 3곳(베셀, 길르앗라못, 골란), 요단강 서편에 3곳(게데스, 세겜, 헤브론)이 있었다(수20:7-8). 그러나 고의로 이웃을 죽인 사람은 도피성에 있더라도 끌어내어 죽여야 하며(출21:12-14), 절대 살인자를 불쌍히 여겨서는 안 된다고 하셨다(신19:13). 살인자는 반드시 도피성으로 스스로 피해야 하며 피하는 도중에 보복을 당하거나 도피성에서 밖으로 나왔다가 피해자의 가족에게 죽임을 당하게 되어도 보호받을 수 없다. 그리고 도피성으로 피신한 자는 과실로 죄를 지었다는 판결을 받아야 한다. 살인을 한 도구가 발견되거나 계획적인 살인을 한 사실이 밝혀지면 구제받을 수 없다. 과실로 살인한 자는 도피성에서 생활할 수 있는 조건을 제공받게 된다. 도피성에 도망한 자는 대제사장이 죽어야 사면을 받을 수 있고 자기 땅으로 돌아갈 수 있다(민35:25-28). 도피성은 장차 오실 예수 그리스도의 그림자요 상징이다. 대제사장이신 예수 그리스도께서 대신 죽으셨기 때문에 죄인인 우리가 사면을 받을 수 있다.

1. **상해:** 하나님께서는 자기 아버지나 어머니를 치거나 저주한 자는 반드시 죽이라고 하셨다(출 21:15,17). 서로 싸우다가 한 사람이 다른 사람을 쳤으나 다행히 그 사람이 죽지 않았다면 친 사람은 형벌은 면하지만 손실을 변상하고 완전히 낫게 해야 한다. 어떤 사람이 자기 종을 매로 쳐서 종이 죽으면 주인은 반드시 형벌을 받게 되지만 그 종이 하루나 이틀 동안 살아 있으면 주인은 형벌을 면하게 된다. 당시 종을 재산으로 취급하던 시대였지만 하나님께서는 종도 소중한 인격체로 대우하기를 원하셨다.

　종이 며칠 살아 있었다는 것은 주인이 고의로 종을 죽일 생각이 없었다는 것을 의미하기 때문에 형벌을 면해 주었다(출21:18-21). 주인이 자기 종의 눈이나 이를 쳐서 상하게 했으면 주인은 그 종에게 자유를 주어야 한다(출21:26-27). 서로 싸우다가 아이 밴 여인을 다치게 하여 낙태하게 하였으면 다른 피해가 없어도 그는 반드시 형벌을 받아야 하는데 여인의 남편이 청구하는 대로 배상금을 지불하되 요구액이 많다고 생각되면 재판관들의 판결에 따라 지불해야 한다. 그러나 여인에게 낙태 외에 다른 피해가 있으면 눈은 눈으로, 상처는 상처로 갚아야 한다(출21:22-25). 눈에는 눈으로 갚으라는 말은 보복을 권장하는 것이 아니라 보복의 남용을 막기 위함이다. 만일 소가 종을 받으면 소 주인은 종의 주인에게 은 30세겔을 주고 소는 돌로 쳐야 한다(출21:32).

2. **절도:** 어떤 사람이 소나 양을 훔쳐서 죽이거나 팔면 소 한 마리를 소 다섯 마리로, 양 한 마리를 양 네 마리로 갚아야 한다(출22:1). 소를 키우는 것이 양을 키우는 것보다 더 많은 수고와 노력이 필요하기 때문이다. 만일 도둑질한 것이 산 채로 발견되면 소든지 양이든지 두 배로 갚아야 한다 (출22:4). 우발적 행동으로 보기 때문에 배상이 줄어든 것이다. 도둑이 장물을 이미 처분하여 배상할 것이 없으면 자신이 종이 되어서라도 배상해야 한다(출22:3). 밤에 자기 집에 들어온 도둑을 죽여도 처벌받지 않지만 낮에 들어온 도둑을 죽이면 그 사람은 처벌을 받아야 한다(출22:2-3). 낮에 들어온 도둑은 살해 의도가 없다고 보기 때문이다.

　자기 짐승이 다른 사람의 농작물을 먹었다면 자의든 타의든 반드시 피해를 입힌 양과 동일하게 배상하되 가장 좋은 것으로 배상해야 한다(출22:5). 이는 피해를 입은 이웃에게 물질적 손해뿐만 아니라 사죄의 마음을 표현하기 위해서다. 하나님께서는 이스라엘 백성에게 주어 차지하게 한 땅에서 조상이 정한 이웃의 경계표를 옮기지 말라고 하셨다(신19:14). 토지의 경계표는 각자의 땅을 구분 짓는 표식이다. 경계표는 고정된 것이 아니었기 때문에 누구든지 토지에 욕심을 내면 손쉽게 이동시킬 수 있었다. 이웃의 경계표를 옮기는 행위는 남의 소유나 재산을 탐내고 도둑질하는 것이고 하나님의 계명을 어기는 것이므로 저주의 대상이 되었다(신27:17).

1. 짐승과 관련된 배상: 어떤 사람이 구덩이를 열어 두거나 구덩이를 파고 덮지 않아 다른 사람의 짐승이 거기에 빠져 죽으면 구덩이 주인은 죽은 짐승의 주인에게 돈으로 보상하고 죽은 짐승은 자기가 가져간다. 어떤 사람의 소가 다른 사람의 소를 다치게 하여 죽게 하면 둘은 다치게 한 소(살아 있는 소)를 팔아 돈을 나누고 죽은 소도 같이 나눈다. 그러나 그 소가 받는 버릇이 있는데도 소를 가두지 않은 사실이 알려지면 죽은 소의 주인에게 살아 있는 소를 주고 죽은 소는 다치게 한 소의 주인이 가져간다(출21:33-36). 어떤 사람이 불을 놓아 다른 사람이 쌓아 둔 곡식 묶음이나 베지 않은 곡식이나 밭을 태우면 반드시 변상해야 한다(출22:6).

어떤 사람이 이웃에게 자기 짐승을 맡겨 지키게 했는데 그 짐승이 죽거나 다쳤지만 본 사람이 없는 경우에는 그 맡은 자가 이웃의 물건에 손을 대지 않았다고 하나님께 맹세한다면 주인은 그 사실을 수용해야 하며 맡은 자는 피해를 변상하지 않아도 된다. 그러나 도둑맞은 것이면 주인에게 변상해야 한다. 만일 맡은 짐승이 다른 짐승에게 찢겼다는 증거가 확실하면 변상하지 않아도 된다. 어떤 사람이 이웃에게 짐승을 세를 내고 빌려왔는데 상하거나 죽은 경우 주인이 함께 있지 않았다면 변상해야 하고 함께 있었다면 변상하지 않아도 되며 세도 돌려받을 수 있다(출22:10-15). 하나님께 맹세한 것을 신뢰하는 까닭은 아무리 악한 인간이라도 하나님께 거짓 맹세할 만큼 악하지 않다고 보기 때문이다. 만일 하나님께 거짓 맹세한다면 하나님께서 심판해 주실 것을 믿는 것이다.

2. 사람에 대한 배상: 사람들이 어떤 죄를 범하여 하나님을 거역하였다면 자기가 행한 죄를 자백하고 자신의 허물을 원금과 더불어 갚되 원금에 오분의 일을 더하여 잘못을 저지른 피해자에게 주어야 한다. 그러나 피해자도 친족도 없는 상황이라 죗값을 갚을 수 없다면 피해자를 위하여 속죄의 숫양을 제사장을 통해 하나님께 드려야 한다(민5:5-8). 사람에게 죄를 짓는 것도 하나님께 죄를 짓는 것이다. 이웃을 사랑하라는 하나님의 계명을 어겼기 때문이다. 죄를 자백한다는 것은 상대방에게 진심으로 사죄하는 행위와 동시에 하나님께 참회하는 행위 모두 포함한다. 손해 배상을 할 때에는 원금에 1/5을 더하여야 한다. 피해자가 죽고 없고 친족도 없는 상황에서도 속죄 제물을 하나님께 바치라고 한 까닭은 죄를 지으면 어떠한 경우라도 배상할 책임이 있다는 것을 알려 주기 위해서다. 속죄를 위하여 가져오는 숫양은 제사 후에 제사장의 몫이 된다. 제사장의 생계를 위해서 하나님이 배려해 주신 것이다.

1. 장자 상속: 장자는 유산을 상속받을 때 차자보다 2배를 더 받았다. 자기가 가장 사랑하는 아내의 아들일지라도 그가 장자가 아니라면 장자의 권리를 그에게 줄 수 없다(신21:15-17). 어떤 상황에서도 장자의 권리에 대한 법을 준수해야 한다. 그러나 장자라 할지라도 르우벤처럼 부도덕한 행실로 인하여 아버지를 욕보인 경우에는 장자의 권리를 박탈한다(창 49:3-4). 장자는 가정을 대표하는 가장의 권위를 계승할 뿐 아니라 하나님의 언약을 후손에게 전수하는 신앙의 계승자 역할을 한다. 그래서 다른 형제들보다 두 배의 몫을 상속받는다. 하나님께서는 여러 민족 중에 이스라엘을 장자로 삼으셨다(출4:22). 이스라엘을 통해 전 민족이 하나님께 영광 돌리길 원하셨기 때문이다. 그래서 이스라엘에 더 큰 축복을 주셨다. 예수 그리스도는 하나님의 독생자이시며 장자이시다.

2. 딸 상속: 슬로브핫 딸들이 상속문제로 모세를 찾아왔다. 그들의 아버지가 죽은 후 아들이 없었기 때문에 재산은 아버지의 형제들에게 상속된 상태였다. 그들은 아버지 재산의 상속권을 주장하였다. 모세는 하나님께 이 문제를 고했고 공의의 하나님께서는 딸들의 말이 옳으니 아버지의 소유를 딸들에게 주라고 명하셨다(민27:1-7). 그러나 딸이 아버지의 재산을 상속받으려면 같은 지파의 남자와 결혼해야만 한다. 왜냐하면 토지가 다른 지파로 넘어가는 것을 방지하여 이스라엘 공동체의 질서를 유지하기 위해서이다.

3. 상속의 순서: 하나님께서는 어떤 사람이 아들이 없이 죽으면 그의 유업을 딸에게 돌아가게 하며, 딸도 없으면 형제에게 주고, 형제도 없으면 아버지 형제들에게 주라고 하셨다. 만일 아버지의 형제들도 없으면 가장 가까운 친족에게 주라고 말씀하셨다(민27:8-11). 가장 가까운 친족에게 주라는 것은 다른 지파에게 토지를 팔지 말라는 의미이다. 토지를 팔지 말라고 하신 까닭은 토지가 하나님의 선물이기 때문이다. 또 토지 세습이 깨어지면 공동체의 불균형과 빈부격차가 커지기 때문이다.

4. 교육: 하나님께서는 명령하신 모든 말씀을 마음에 새기고 자손에게 열심히 가르치며 어디에 있든지 말씀들에 관해 말하고 손목에 매어 기호로 삼으며 미간에 붙여 표를 삼고 집 기둥과 대문에 기록하라고 말씀하셨다(신6:6-9). 하나님의 말씀을 마음에 새긴다는 것은 말씀이 삶의 원리가 되어 하나님께 순종하도록 이끄는 것이다. 자손에게 열심히 가르치라고 하신 까닭은 이스라엘의 자녀들은 하나님과 언약을 맺은 당사자가 아니며 이집트 탈출도 경험하지 못한 세대이므로 하나님에 대해 잘 모르기 때문이다. 손목에 매라는 것은 행동의 원리로 삼으라는 것이고 미간에 붙이라는 것은 사고할 때 판단의 기준으로 삼으라는 것이다. 집 기둥과 대문에 기록하라는 것은 온 가족이 항상 말씀의 권위 아래 있으라는 뜻이다. 하나님께서는 명령한 것은 무엇이나 지켜 행하고 거기에 더하지도 말고 빼지도 말라고 하셨다(신12:32).

성경에 기록된 노예제도는 제국주의 시절 원주민을 강제로 납치하여 팔았던 인신매매와는 다르다. 하나님께서는 인신매매를 한 사람을 죽이라고 명하셨다(출21:16).

1. 종이 되는 경우: 이스라엘 공동체 안에서 노예가 되는 경우는 가난하여 빚을 갚을 능력이 없는 경우와(레25:39) 남의 물건을 훔친 뒤 배상할 능력이 없는 경우이다(출22:3). 채무자가 어떤 사정으로 돈을 갚지 못하게 되면 채권자는 피해를 입게 된다. 따라서 돈을 갚는 대신 채권자의 집에서 종으로 일을 하는 것이다.

2. 종의 해방: 비록 돈을 갚지 못해 종이 되었더라도 종이 된 지 7년째에는 해방시켜 주어야 한다. 빚의 액수와 상관없이 6년 동안의 노동의 대가를 종의 몸값으로 보았기 때문이다. 또한 종이 새 생활을 시작할 수 있도록 빈손으로 보내지 말고 양과 곡식과 포도주를 후히 주어 보내야 한다(신15:12-14). 종이 7년을 채우기 전에 희년이 온다면 더 빨리 자유의 몸이 될 수 있었다(레25:40). 같은 동족을 타국인에게 종으로 팔지 못하게 하신 까닭은 타국인에게 팔려 가면 7년째 해방될 수 없기 때문이다. 종이 주인에게 왔을 때 처음부터 처자를 데리고 왔다면 종은 처자를 모두 데리고 나갈 수 있다. 그러나 종이 된 후 주인의 여종을 아내로 맞아 자식들을 낳았다면 아내와 자녀는 주인에게 속했기 때문에 데리고 나갈 수 없다. 다만 종이 주인을 평생 섬기겠다고 약속한다면 그 종은 주인에게서 얻은 아내와 자식을 데리고 살 수 있다. 이런 경우는 종으로 대하지 않고 고용인처럼 대해야 했다(출21:1-6).

3. 여종: 주인이 첩으로 삼은 여종을 싫어하여 동침하지 않을 경우에는 타국인이 아닌 히브리 동족에게 팔거나 자신의 아들에게 첩으로 주어 딸처럼 대해야 한다. 만약 아들에게도 버림을 받으면 책임지고 그녀의 생계를 보상해 주든지 자유인으로 해방시켜 주어야 한다. 왜냐하면 주인이 남편의 의무를 포기했기 때문이다(출21:7-11). 하나님께서는 비천한 신분인 여종의 인격과 권리를 최대한 보장해 주시길 원하셨다.

4. 여자 포로: 전쟁 포로 중에 아내를 삼고자 할 때는 집으로 데려와 그녀의 머리를 밀고 손톱을 깎고 포로의 옷을 벗기고 집에 머물면서 그녀의 부모를 위해 한 달 동안 애곡하는 시간을 주어야 한다. 그런 후에 부부가 될 수 있다. 그녀가 이스라엘 백성 되기를 거부하고 고국으로 돌아가고 싶어 한다면 보내주되 돈을 받고 팔아서는 안 된다. 그녀를 억지로 아내로 삼아 고통을 주었기 때문이다(신21:11-14). 여자 포로의 머리를 밀고 그녀의 손톱을 깎는 행위는 하나님의 언약 백성이 되었다는 표시이다. 포로의 옷을 벗었다는 것은 합법적인 이스라엘 백성이 되었다는 뜻이다. 자기 부모를 위해 한 달 동안 애곡하는 까닭은 그녀에게 나라와 부모를 잃은 상실감에서 안정을 찾도록 하나님께서 배려하신 것이다.

안식년과 희년은 7년(안식년)과 50년(희년) 주기로 돌아왔다. 하나님께서 안식년과 희년을 제정하신 까닭은 생업을 일체 중단시켜서 신앙과 형제 사이의 경제적 사회적 불평등 관계를 회복시키기 위해서이다. 특히 희년을 통해 예수 그리스도로 인해 죄가 사하여지고 참된 자유가 완성되며 만물이 회복될 모습을 미리 보여주신 것이다.

1. **안식년**: 안식년은 7년을 주기로 하여 그 마지막 해인 제7년째 되는 해를 말한다. 안식년에는 땅을 쉬게 해야 하므로 씨를 뿌리는 것은 물론이고 저절로 생겨난 곡물과 열매도 거두면 안 되었다. 하나님께서는 안식년의 소출을 가난한 자와 소외된 자 그리고 짐승들의 식물이 되게 함으로써 누구든지 안식의 기쁨을 누리길 원하셨다(레25:1-7).

   하나님께서 안식년을 지키라고 하신 까닭은 하나님이 온 땅의 주인이시며 인간은 소작인에 불과하다는 사실을 깨닫고 안식년 기간 동안 영적 생활에 주력하기 원하셨기 때문이다. 그리고 물질에 대한 탐욕을 억제하고 하나님만 의지하여 살아가야 함을 알려 주신 것이다. 또 일 년간 땅의 지력을 회복하고 가난하고 소외된 자들에게 긍휼을 베풀기 위함이다. 그리고 하늘나라에서 누릴 영원한 안식을 소망하기를 원하셨다.

2. **희년**: 안식년이 7회 반복되는(49년) 그 다음 해(50년) 속죄일에(7월 10일) 온 세상의 안식과 구원의 해인 희년을 선포했다. 백성들은 49년째(안식년)와 50년째(희년)에는 연달아 안식하게 된다. 희년에는 땅과 기업이 원소유자에게 돌아가고 모든 땅은 휴경한다. 종이 되었던 자들은 자유를 누리고 죄수들은 풀려나며 빚진 자들은 부채를 탕감받고 그 땅의 모든 소산은 모든 사람의 소유가 된다. 희년 전까지만 새 주인에게 소유권을 인정함으로써 토지가 투기의 대상이 되지 않도록 하였다. 토지의 주인은 하나님이시며 인간은 자신에게 맡겨진 토지를 통해 삶을 영위하는 자에 불과하기 때문이다. 토지나 가옥 가격은 희년까지의 남은 햇수에 따라 결정하였다. 희년이 많이 남았으면 오랫동안 사용할 수 있기 때문에 돈을 많이 받을 수 있었다. 하나님께서는 6년째에 다음 해 안식년에 먹을 것까지 2년 치의 수확을 주어 쓰기에 족하게 하셨다. 희년 때에는 무려 3년 동안이나 먹을 것을 거두게 해주시겠다고 약속하셨다(레25:8-22).

   하나님은 희년을 통해 기업을 회복하도록 하셔서 12지파의 균형을 맞추어 주셨으며 과도한 탐욕을 방지하고 이스라엘 공동체가 굳건해질 수 있도록 하셨다. 또한 속죄 다음에 자유가 선포되듯 희년이 예수 그리스도의 희생으로 인하여 죄와 사망으로부터 해방과 구원의 기쁨을 상징한다는 사실을 알게 해 주셨다.

1. **재판관:** 재판관은 하나님의 위임을 받은 대리자이므로 하나님의 이름으로, 하나님의 뜻에 맞게, 하나님께 영광이 되도록 판결해야 한다. 재판을 할 때 외모나 신분의 귀천을 고려하지 말아야 한다(신1:17). 재판관과 재판을 기록하는 서기는 각 성마다 두어야 하며 그들은 공정한 판단으로 백성을 재판해야 한다(신16:18).

2. **공정한 재판:** 가난한 자의 재판은 공평하게 처리해야 한다(출23:6). 그렇다고 가난한 자의 편을 들어 두둔해서는 안 된다(출23:3). 하나님께서는 가난하다고 지나치게 동정하여 편파적인 판결을 내리면 안 되며 권력에 눌려 신분이 높거나 경제력이 있는 자에게 유리한 판결을 내려서도 안 된다고 하셨다(레19:15). 외적인 형편이나 조건을 보지 말고 공의롭게 재판하라고 말씀하신 것이다. 그리고 재판할 때 타국인이나 고아(아비 없는 자)를 억울하게 하지 말라고 하셨다(신24:17). 그들은 가난하고 가진 것이 없어 남에게 억울함을 당하기 쉽기 때문에 우선적으로 법적 보호를 받도록 하신 것이다. 이스라엘도 이집트에서 힘없고 압제를 받았던 타국인이었다는 사실을 기억하라고 하셨다. 악한 사람에게 매를 때릴 때 재판관은 그를 엎드리게 하여 그의 잘못에 따라 정한 수를 때리되 40대를 초과해서 때리지는 못하게 하셨다(신25:2-3). 아무리 죄인이라도 40대 이상을 때리는 것은 동물처럼 취급당한다고 느끼기 때문에 인권 존중 차원에서 최고 40대까지만 때리도록 하신 것이다.

3. **증언:** 하나님께서는 거짓 소문을 퍼뜨리지 말아야 하며 악인들과 손잡고 불의한 증인이 되지 말아야 한다고 말씀하셨다. 악을 행하고자 하는 무리를 따르지 말고 다수를 따라 부당한 증언을 해서는 안 된다(출23:1-2). 악인의 근거 없는 소문만 믿고 그 소문에 동조하여 법정에서 거짓 증언을 하지 말라는 뜻이다. 다수를 따르지 말라는 것은 군중 심리에 휩쓸려 거짓 증거를 하지 말라는 뜻이다. 거짓 증언은 상대방의 생명까지 잃게 하는 결과를 낳는다. 증인은 반드시 사실대로 증언해야 하고 진술을 거부하거나 회피해서도 안 된다. 자신의 침묵이나 방조로 재판 결과가 왜곡될 수 있기 때문에 인정이나 위협 등으로 증언을 거부하는 것도 죄이다(레5:1). 법정에 서서 거룩하신 하나님의 이름으로 맹세를 하는 경우 그 맹세가 사실과 다르다면 이는 하나님의 이름을 망령되이 일컫는 행위가 되고 하나님의 거룩함을 훼손하는 짓이기 때문에 엄격히 금지하였으며 사형에 해당하는 중죄이다(레19:12). 증인을 두 명 이상으로 세우라고 하신 까닭은(신19:15) 불합리하거나 거짓된 증언으로 인한 재산, 인명 등의 피해를 막기 위함이다. 당시 증인은 객관적인 진술뿐만 아니라 범죄 사실을 고발하는 역할도 했다. 만약 상대방의 재물을 뺏으려고 거짓 증언을 했다면 동해보복법(피해자가 받은 피해 정도와 동일한 손해를 가해자에게 내리는 보복 법)을 적용하여 거짓 증언자의 재물을 빼앗는 벌을 내렸다(신19:18-19).

1. **서원**: 서원은 인간이 하나님께 어떤 일을 이행하겠다고 자원하여 서약하는 것이다. 서원의 대상으로는 사람뿐만 아니라 가축, 토지, 가옥 등이 있다.

2. **사람의 서원**: 사람을 드린다는 것은 제물로 드린다는 뜻이 아니라 하나님의 종으로 헌신하겠다는 뜻이다. 아무리 서원을 한다고 하더라도 성막 업무는 레위 지파가 맡도록 하나님께서 명령하셨기 때문에 다른 지파는 할 수 없다. 그 대신 몸값, 즉 속전을 정하여 하나님께 드림으로 서원을 대신하였다. 드린 속전은 성전의 관리 및 유지비로 쓰였다. 속전은 성별과 연령과 형편에 따라 다르게 책정하였다. 이십 세부터 육십 세까지 남자는 활동력이 왕성하고 안정된 기반을 가지고 있어 가장 많은 금액인 은 50세겔을 냈다. 서원자 중에 너무나 형편이 어려워 정해진 금액도 내지 못할 경우 제사장이 금액을 하향 조정해 주라고 하나님께서 말씀해 주셨다. 하나님께서는 공평하고 자비로운 분이심을 알 수 있다(레27:1-8).

3. **짐승의 서원**: 하나님께 소, 양, 염소 같은 살아 있는 짐승을 바치기로 하는 경우이다. 한번 서원한 짐승은 나쁜 것을 좋은 것으로 바꾸는 경우일지라도 허락하지 않았다. 짐승 대신 돈으로 변경할 수도 없다. 이미 하나님께 바치기로 작정한 것은 하나님의 몫으로 거룩히 구별되었기 때문이다. 서원을 남발하는 것은 하나님의 신성을 모독한 것이기 때문에 무분별하게 서원하는 것을 방지하기 위해서 예물의 변경을 금하신 것이다. 하나님께서는 신실하시기 때문에 언약을 지키길 원하신다. 서원한 예물을 대체할 수는 없지만 처음 서원한 짐승과 바꾸려고 하는 짐승 모두를 하나님께 드리는 것은 허락하셨다. 만약 신체적 결함이 있는 짐승이나 아니면 이미 부정한 짐승을 서원한 경우에 제사장은 짐승을 면밀히 살펴 합당한 가격을 책정한다. 서원한 사람은 제사장이 책정한 가격에 오분의 일을 더하여 값을 지불하고 짐승을 되돌려 받는다. 일단 서원하여 바친 것은 하나님의 소유물이었으므로 하자가 있어 그것을 다시 가져가려면 배상금 규정에 의해 추가 금액을 지불하도록 하신 것이다(레27:9-13).

4. **집과 토지의 서원**: 하나님께 집을 서원할 경우 그 집은 하나님의 소유물이 되어 제사장들이 임의로 처분할 수 있다. 가나안 땅에서 분배될 토지를 모두 바치는 것은 허락하지 않았다. 단지 토지에서 나는 소출량을 금전으로 환산하여 제사장에게 바치도록 규정하였다. 토지가 생활의 근본이므로 토지를 모두 바치면 정상적인 삶이 불가능하기 때문이다. 성전에 헌납된 토지도 희년이 되면 모두 원 주인에게 돌아갔다. 그러나 서원한 사람이 하나님께 헌납한 토지를 속전을 지불하고 되찾지 않았음에도 타인에게 매매한 경우에는 희년이 되어도 토지가 원주인에게 돌아가지 않고 영원히 성전의 재산이 된다. 하나님께 바쳐진 것을 자신의 것처럼 매매하는 행위는 도적 행위이기 때문이다(레27:14-21).

1. **족장 시대의 십일조:** 성경에 나오는 첫 번째 십일조는 아브라함이 하나님의 제사장인 멜기세덱에게 전리품의 십분의 일을 준 것이다(창14:20). 야곱은 하나님이 나와 함께 계시고 나를 지켜주시고 돌봐주시고 내가 평안히 아버지 집으로 돌아가게 해주시면 하나님이 내게 주신 모든 것의 십분의 일을 하나님께 드리겠다고 서원하였다(창28:20-22). 당시 아브라함과 야곱의 십일조는 모든 이스라엘 백성에게 해당하는 것이 아니라 개인에게만 해당되었다.

2. **소출의 십일조:** 땅의 모든 소출은 하나님의 것이다. 그러나 하나님께서는 소산물 전체를 바치라고 하시지 않으시고 그중에 단지 십분의 일만 바치라고 하셨다. 사람이 하나님께 십일조를 바치면서 모든 것이 하나님의 것임을 인정하기를 원하셨기 때문이다. 형편상 소산물을 돈으로 드리고자 할 때는 소산물 가격에 오분의 일을 더해서 드려야 한다. 그 소산물이 하나님께 바치기 전부터 하나님의 몫이었기 때문에 사람이 그것을 취하는 것은 남의 물건을 범하는 경우와 동일하게 간주하기 때문이다(레27:30-31).

3. **가축의 십일조:** 하나님께서는 동물을 가두는 우리의 문을 열 번째로 통과하는 가축마다 모두 자신의 것이라고 말씀하셨다. 하나님께서 자신의 것을 무작위로 성별하신 까닭은 좋은 것을 감추고 좋지 않은 것만 하나님께 바치는 행위를 금지하기 위해서이다. 무작위로 선택된 것이 흠이 있어도 그대로 드려야 하며 선택된 좋은 것을 흠이 있는 것으로 바꿔서도 안 된다. 그러나 흠이 있는 가축을 바치는 것이 양심상 거리낌이 되어 다른 좋은 가축으로 바치고 싶을 때는 무작위로 선택된 가축과 다시 드리고자 하는 가축 둘 다 드려야 한다. 무작위로 선택된 가축은 이미 하나님의 것이기 때문이다(레27:32-33).

4. **레위인의 십일조:** 이스라엘 백성이 드리는 십일조는 레위인 입장에서는 자신들 기업의 수확이다. 그래서 그들도 십분의 일을 하나님께 바쳐야 한다. 그것은 이스라엘 십일조의 십분의 일이기 때문에 '십일조의 십일조' 또는 레위인이 바친 것이기 때문에 '레위인의 십일조'라고 한다. 하나님께서는 레위인이 드린 십일조를 일반 백성이 드린 십일조와 똑같이 소중하게 여기셨다. 레위인을 성실한 일꾼으로 인정하신 것이다. 그러나 하나님께서는 레위인에게 백성이 낸 십일조를 착복하거나 유용하지 말 것을 경고하셨다. 만일 레위인이 이 규례를 어길 경우 하나님과 백성에게 범죄하였으므로 처벌을 받게 된다(민18:26-32).

5. **십일조 쓰임:** 십일조는 성막에서 봉사하는 레위인의 생계를 위해 사용하였다(민18:21). 레위인을 위한 십일조를 제하고 남은 것(총 수입의 90%)에서 다시 십일조를 드렸다. 이 십일조는 안식년을 기준으로 1, 2, 4, 5번째 해에 하나님께 감사예물로 드렸다. 그리고 백성들이 하나님 앞에서 같이 식사하면서 복을 주신 하나님께 감사를 드렸다. 안식년을 기준으로 3,6번째 해에 거두어들인 십일조는 가난한 사람들을 구제하는 데 사용하였다(신14:22-29).

76. 율법(결혼, 이혼, 재혼)

1. **이혼과 재혼:** 어떤 사람이 아내를 취한 후 그녀에게서 불결함을 발견하여 싫어하게 되면 이혼증서를 써서 그녀에게 주고 집에서 내보낼 수 있다. 여기서 불결함이란 간음 같은 성적 악행을 말하는 것은 아니다. 간음 같은 죄는 사형에 해당하기 때문이다. 몸의 상처가 나거나 알지 못하는 병에 걸린 것이다. 이혼증서를 받은 여자는 남편이 죽은 경우와 마찬가지로 자유롭게 되어 다른 사람의 아내가 될 수 있다. 이후에 재혼한 남편이 죽거나 재혼한 남편에게 이혼증서를 받더라도 다시 전 남편과 결혼하는 것은 금지한다(신24:1-4). 모세가 이스라엘 백성에게 이혼증서를 쓰고 이혼하도록 허락한 까닭은 당시에 말로 쉽게 이혼을 했던 완악함을 막기 위한 조치였다. 예수님께서는 부부가 되면 둘이 아니요 한 몸이므로 하나님이 짝지어 주신 것을 사람이 나누지 못한다고 하시면서 모세가 이스라엘 백성의 완악함 때문에 아내 버림을 허락했지만 본래는 그렇지 않다고 말씀하셨다(마19:6-8). 여자가 재혼했다가 또다시 이혼한 경우에는 전 남편과 결혼하는 것을 금지했다. 남자의 정욕에 따라 이혼이 쉽게 행해지는 것을 막아 여자를 남자에게서 보호하려고 한 것이다.

2. **형사취수제도:** 어떤 사람이 자식이 없이 죽는 경우 그 사람과 동거하는 형제가 형수를 아내로 삼아야 한다. 그녀도 다른 사람과 재혼하지 말고 남편 형제의 아내가 되어야 한다. 둘이 결혼하여 낳은 첫 태생은 죽은 형제의 이름을 이어받는다. 이렇게 대를 잇게 하는 결혼을 계대결혼이라고 한다. 합법적이기 때문에 근친상간의 죄에 해당하지 않는다. 계대결혼은 죽은 형제의 대를 이어 후사를 낳아줌으로써 형제의 이름과 기업을 보존해 주고, 이스라엘 여자가 이방 남자와 결혼하는 것을 방지하며, 의지할 데 없는 과부를 보살펴 줄 목적으로 시행하였다. 룻과 보아스도 계대결혼을 하였다. 만약 형제가 계대결혼의 의무를 이행하지 않으면 그녀는 그를 성읍 장로들에게 고소한다. 그러면 성읍 장로들은 먼저 죽은 자의 형제를 불러 설득한다. 그래도 거절하면 그의 신을 벗기고 그의 얼굴에 침을 뱉으며 모욕을 줌으로써 그가 형제의 기업을 이을 자격이 없음을 공식적으로 선언한다. 그를 처벌하지 않은 까닭은 계대결혼은 형벌이 없는 도덕적 의무 규정이기 때문이다(신25:5-10).

3. **신혼:** 어떤 사람이 새 아내를 얻으면 그는 전쟁에 나가거나 어떤 업무도 맡지 말고 일 년간 집에서 편히 지내면서 아내를 즐겁게 해야 한다(신24:5). 신혼부부가 서로에게 충실할 수 있는 시간을 줌으로써 결혼 제도의 신성함을 깨닫고 또 한창 애정이 깊은 시기에 자녀를 낳을 수 있도록 배려해 준 것이다. 그리고 새신랑을 군대에 보내지 않음으로 아내를 연민하여 군무를 충실하게 수행하지 못하는 것을 방지하고 다른 사람이 신부를 취하는 부정을 범하지 않도록 한 것이다. 레위인도 신혼에는 성소 봉사에서 제외되었다.

77. 율법(우상숭배)

하나님께서는 나를 비겨서 금이든 은이든 사람을 위하여 신상을 만들지 말며(출20:23) 또 다른 신들의 이름을 말하지도 말라고 하셨다(출23:13). '나를 비겨서'라는 뜻은 우상을 새겨서 하나님과 동일시하는 행위를 말한다. 하나님께서는 자신을 형상화하는 그 어떤 행위도 엄격하게 금하신다. 하나님께서는 인간이 손으로 만든 어떤 형상 속에 구속되는 제한된 존재가 아니시기 때문이다. 하나님은 가나안 땅의 주민들을 쫓아내고 언약도 맺지 말라고 하셨다(출34:15). 그들은 신들을 음란하게 숭배하며 그들의 신들에게 희생제물을 드리기 때문이다. 하나님께서는 우상들이나 새긴 형상이나 서 있는 형상이나 돌의 형상을 만들지도 세우지도 절하지도 말라고 하셨다(레26:1). 그리고 조각한 신상들을 불사르고 신상에 입힌 은이나 금을 탐내지도 취하지도 말고 그 가증한 것을 저주받지 않도록 집에 들이지도 말라고 하셨다(신7:25-26). 하나님께서는 이스라엘 백성들이 가나안 민족의 우상을 완전히 제거하고 은과 금을 취하려다가 우상까지 보관하는 잘못을 저지르지 않기를 원하셨다. 가나안 민족이 우상을 섬겼던 장소가 산이든지 푸른 나무 아래든지 완전히 파괴하라고 하셨다(신12:2). 이방인들이 신전을 산꼭대기에 세운 까닭은 그곳에 신이 임재한다고 생각했기 때문이다. 푸른 나무는 가지가 무성하고 잎이 많으며 수령이 오래된 고목을 말하는데 이런 나무들을 신성시하여 우상숭배 처소로 이용하였다. 가나안 민족은 이곳에서 우상 제의와 함께 음란한 의식들을 행했다.

하나님께서는 가나안 민족들의 우상숭배로 인해 더럽혔던 모든 처소를 정결하게 하시길 원하셨다. 이를 교훈삼아 우리도 정결한 마음으로 예배해야 한다. 하나님께서는 다른 신들을 섬기자고 유혹하는 자들에게 동의하지도 말고 경청하지도 말며 동정하지도 말고 용서하지도 말며 숨겨주지도 말고 반드시 그를 죽이라고 하셨다. 왜냐하면 그 사람이 하나님의 백성을 하나님으로부터 멀어지게 하기 때문이다(신13:6-10). 이렇게 강하게 대적하라고 하신 까닭은 그렇게 해야 듣고 두려워하여 이 같은 악을 더 이상 행하지 못할 것이기 때문이다(신13:11). 하나님과 멀어진다는 것은 곧 지옥으로 가는 것을 말한다. 누구라도 하나님에게서 멀어지게 하려는 사람한테는 단호히 대처해야 한다. 만약 우상숭배를 할 경우 그 성읍 사람을 칼로 죽이고, 거기에 거하는 모든 것과 그 속에서 빼앗아 얻은 물건을 다 거리에 모아 놓고 불 지르고 그 물건은 조금도 손대지 말아야 한다(신13:15-17). 성읍을 진멸하고 사람을 죽이는 것이 잔인하고 가슴 아픈 일일지 모르지만 그들의 가증한 행위를 용납한다면 이스라엘 모든 성읍이 삽시간에 우상숭배에 물들게 된다. 어떠한 희생을 치르더라도 우상숭배는 결단코 있어서는 안 된다는 의지를 보여주신 것이다. 율법의 엄정함은 상대적으로 우상숭배의 죄악이 얼마나 심각하고 가증스러운지를 보여주는 것이다. 이스라엘 백성들에게 어떤 형상도 세우지 말라고 강조하셨다. 이는 하나님께서 미워하시는 것이기 때문이다(신16:22).

1. **가나안 민족:** 하나님께서는 이스라엘 백성에게 가나안 땅의 아모리, 헷, 브리스, 가나안, 히위, 여부스 족속을 끊어 버리겠다고 말씀하셨다(출23:23). 그리고 이스라엘 백성에게 가나안 땅의 일곱 민족을 쫓아낼 때 그들을 쳐부수고 완전히 진멸시키며 그들과 어떤 언약도 하지 말고 자비도 보이지 말며 자식들이 다른 신을 섬기지 않도록 혼인도 하지 말라고 하셨다(신7:1-4). 하나님께서 가나안 족속을 멸절시키려고 하신 까닭은 가나안의 죄악을 끊어버려서 이스라엘 백성들이 그들의 풍습을 쫓아 행동하지 않고(레20:23) 신앙의 순수함을 보존하기 원하셨기 때문이다. 또 그들이 극심한 죄악의 상태에 있었기 때문에 이스라엘이 그들의 악한 영향을 받지 않으려면 그들을 진멸하는 방법밖에 없었다. 그러나 그들 중 라합처럼 회개하고 돌이켜 이스라엘 백성이 되겠다고 하면 죽이지 않고 받아들였다(히11:31). 정략결혼은 우상숭배에 쉽게 전염되는 통로이기 때문에 하지 말라고 하셨다(왕상11:1-2).

2. **암몬, 모압:** 하나님께서는 암몬과 모압인은 여호와의 총회에 들어가지 못한다고 하셨다. 왜냐하면 이스라엘이 이집트에서 나왔을 때 먹을 것과 마실 것을 주지 않았을 뿐만 아니라 오히려 발람에게 뇌물을 주어 이스라엘을 저주하려고 했기 때문이다(신23:3-6). 여호와의 총회란 이스라엘에서 시행하는 모든 공적인 종교 집회를 말하는데 여호와의 총회에 들어간다는 것은 하나님의 택한 백성이라는 의미이다. 하나님은 암몬과 모압이 이스라엘을 친족 국가로서 대하지 않고 오히려 저주하였기 때문에 평안함과 형통함이 없을 것이라고 하셨다.

3. **에돔, 이집트:** 하나님께서는 에돔 사람과 이집트 사람을 미워하지 말라고 하시면서 그들은 삼 대째에 여호와의 총회에 들어갈 수 있다고 말씀하셨다(신23:7-8). 에돔은 이스라엘에게 해를 끼치기는 하였지만 형제국가이다. 이집트도 이스라엘을 노예로 부리긴 했지만 요셉이 총리였을 때 기근으로 어려움을 겪고 있던 이스라엘을 받아줌으로써 생명을 구해주었다. 그러나 그들이 하나님의 백성이 되기 위해서는 최소한 삼 대의 시간이 필요했는데 그 까닭은 우상숭배의 잔재를 버려야 했기 때문이다.

4. **아말렉:** 하나님께서는 아말렉을 기억하지 못하도록 완전히 멸망시키라고 하셨다. 이스라엘이 이집트를 탈출하여 르비딤에 이르렀을 때 아말렉은 매우 야비한 행동을 하였다. 이스라엘이 강하게 맞설 때는 피하다가 힘이 없어 지쳐 있을 때만 약한 자들이 있는 후미를 기습 공격하였다. 아말렉은 하나님께서 가장 싫어하시는 야비한 행동들을 일삼았기 때문에 가나안 족속은 아니었지만 멸망 당할 족속으로 지목하셨다. 바벨론 포로 시대 아말렉 자손 하만이 이스라엘을 멸족시키려 했으나 오히려 하나님께서 에스더와 모르드개를 통해 아말렉을 진멸하심으로 아말렉은 완전히 사라지게 되었다.

1. 거룩하신 하나님: 하나님께서는 자신의 거룩한 이름을 욕되게 하지 말라고 하시면서 자신은 이스라엘 자손 가운데서 거룩하게 될 것이라고 말씀하셨다. 하나님께서 이스라엘 자손을 이집트 땅에서 데리고 나오신 까닭은 이스라엘의 하나님이 되시고 이스라엘 자손이 거룩하게 되도록 하기 위해서다(레22:31-33). 이스라엘에게 율법을 주신 목적은 그들을 속박하려는 것이 아니라 자기 백성으로 삼아 거룩하게 하여 복을 주시기 위해서다. 하나님의 자녀가 된 우리 성도들도 하나님의 거룩한 이름을 욕되게 하지 않으려면 하나님의 말씀에 순종해야 한다. 우리를 죄 가운데서 구원하여 자녀 삼아주신 것은 우리를 거룩하게 하여 우리에게 복을 주시고 그로 인해 하나님께서 영광을 받으시길 원하시기 때문이다.

2. 하나님과의 약속: 하나님께서는 서원을 하지 않는 것은 죄가 아니라고 하셨다. 제사장들이 백성에게 서원을 강요하여 백성을 착취하지 못하도록 하신 것이다. 하나님은 자발적으로 드리는 것을 원하신다. 그러나 서원을 하지 않았다면 몰라도 한 번 서원한 것은 게을리 하지 말고 지켜야 한다. 이를 어기는 것은 하나님께 대한 불신앙이기 때문이다. 하나님과의 약속을 소홀히 하는 것은 하나님을 경홀히 여기는 것이다(신23:21-23).

3. 하나님을 경외함: 하나님을 두려워해야 하며 하나님을 섬기고 하나님께 의지하며(친근해지며) 하나님의 이름으로 맹세해야 한다(신10:20). 우리는 하나님을 대할 때 가장 먼저 하나님을 경외하는 마음을 가져야 한다. 경외는 두려워하는 마음으로 존경하고 절대적으로 신뢰하는 것이다. 하나님을 경외하면 막연히 두려워하는 것이 아니라 자발적으로 하나님께 순종하며 섬기게 된다. 그러면 하나님과 친근하게 되고 서로 신뢰하게 되며 하나님의 이름으로 맹세해도 그것을 지킬 수 있는 신실한 사람이 된다. 하나님을 경외하지 않는 자가 하나님의 이름으로 맹세를 한다면 그것을 지키기 힘들 것이다. 하나님께서는 자신의 이름으로 무조건 맹세하지 말라고 하신 것이 아니라 거짓 맹세를 하지 말라고 하신다(레19:12).

4. 하나님을 사랑함: 하나님은 한 분 주시니 마음을 다하고 혼을 다하고 힘을 다하여 주 너의 하나님을 사랑해야 한다(신6:4-5). 하나님은 많은 신들 중 하나가 아니시다. 유일하신 분이시다. 마음을 다하라는 것은 억지로 하지 말고 전인격적으로 섬기라는 것이다. 혼을 다하라는 것은 혼이 생명이므로 생명을 바치듯이 섬기라는 뜻이다. 힘을 다하라는 것은 열정적으로 온 힘을 다해 섬기라는 것이다. 하나님을 사랑한다는 것은 전인격적으로 생명을 다해 열정적으로 온 힘을 다해 하나님께만 집중하는 것이다.

5. 하나님을 신뢰함: 이스라엘이 르비딤에서 했던 것처럼 하나님을 시험해서는 안 된다(신6:16). 이스라엘은 광야에서 물이 없음으로 하나님의 살아계심을 의심했다(출17:1-7). 하나님을 시험한다는 것은 삶에 문제가 닥쳤을 때 그분의 전능하심을 의심하는 것이다.

1. **뇌물:** 하나님께서는 뇌물을 받지 말라고 하셨다. 뇌물은 재판할 때나 일상생활에서도 현명한 자의 눈을 어둡게 하고 의로운 자의 말을 왜곡시킨다(출23:8). 뇌물은 사람의 눈을 흐리게 하여 억울한 자가 나오게 한다. 양심과 용기를 가진 자를 망치게 하고 공의로운 사회를 부정하며 무질서하게 만들기 때문에 성도들은 절대 뇌물을 받아서는 안 된다.

2. **정직:** 하나님께서는 재판할 때나 상거래를 할 때 측정하는 것과 관련해서 어떤 불의도 행하지 말라고 하셨다. 공정한 저울과 추와 에바와 힌을 사용하라고 하셨다(레19:35-36). 저울은 중량을 달기 위한 도구이며 추는 중량을 측정하는 도구이다. 에바는 바구니라는 뜻으로 고체의 부피를 측정하는 단위이며 힌은 항아리라는 뜻으로 액체의 부피를 측정하는 단위이다. 도량형 제도는 인간 사회의 신용과 정의를 구현하기 위해 만들었기 때문에 반드시 지켜야 한다. 성도가 조금 더 이익을 내고자 남을 속이는 행동은 하나님을 욕되게 하는 것이며 하나님이 미워하시는 것이므로 절대로 해서는 안 된다.

3. **분리:** 하나님께서는 수소와 나귀가 함께 밭을 갈지 못하도록 하셨다(신22:10). 소와 나귀는 서로 특성도 다르고 힘도 다르기 때문에 같이 밭을 갈게 하면 오히려 일이 더디기 때문이다. 하나님께서는 이스라엘 백성이 가나안 족속과 섞이는 것을 원하지 않으셨다. 교회시대 성도들도 믿지 않는 자와 섞이지 않도록 주의해야 한다(고전7:14-16).

4. **합리적 대가:** 하나님께서는 곡식을 밟아 떠는 소에게 망을 씌우지 말라고 하셨다(신25:4). 곡식을 떨기 위해 수고하는 소에게 일만 시키지 말고 충분히 곡식을 먹을 수 있도록 해야 한다. 바울은 주의 일을 하는 사도들이 대가를 받는 것은 당연하다고 말하면서 이 구절을 인용하였다(고전9:9). 일하는 사람에게 노동에 대한 삯을 정당하게 지불하는 것이 그 사람의 인격을 존중해 주는 것이다.

5. **안전:** 새집을 지을 때는 지붕에 난간을 만들어서 사람이 떨어져 다치지 않게 해야 한다(신22:8). 팔레스타인 지역의 가옥 형태는 대개 지붕이 평평하기 때문에 난간을 설치하지 않으면 지붕을 왕래할 때 떨어질 수 있다. 그래서 생명을 지키기 위해 안전장치를 해야 한다.

6. **주술 금지:** 점을 치며 술법을 행하면 안 된다(레19:26). 혼백을 불러내는 자와 점을 치는 자에게 가서 자신을 더럽히면 안 된다(레19:31). 점치는 자, 때를 살피는 자, 마법사, 무당, 마술사 같은 자들에게 묻거나 그들을 용납해서는 안 된다(신18:10-11). 하나님께서 명령하지 아니한 것을 하나님의 이름으로 말하거나 다른 신들의 이름으로 말하는 거짓 예언자는 반드시 죽여야 한다. 그 사람이 거짓 예언자인지 아닌지는 그런 일이 일어나는지 안 일어나는지를 보면 된다(신18:20-22).

1. **왕:** 이스라엘이 가나안 땅을 정복한 후에 왕을 세워야겠다는 마음이 생긴다면 반드시 하나님께서 택하신 자를 왕으로 세워야 하며 그 왕은 이스라엘 형제 중에서 세워야 한다. 타국인을 왕으로 세우면 안 된다. 왕은 병마를 많이 두지 말고 병마를 많이 얻으려고 그 백성을 이집트로 돌려보내서도 안 된다. 왕은 마음이 미혹되지 않도록 아내를 많이 두면 안 되며 은금을 많이 쌓아서도 안 된다. 왕은 율법서 사본을 자기 옆에 두고 평생 그것을 읽어 하나님을 경외해야 한다는 것을 배워야 하며 율법의 모든 말씀들과 규례들을 지켜 행해야 한다. 그렇게 하면 왕의 마음이 이스라엘 형제들보다 교만하지 아니하고 하나님의 계명에서 좌로나 우로 치우치지 아니하여 그와 그의 자손이 왕위에 있는 날이 길어질 것이다(신17:14-20). 이스라엘의 왕은 이방 풍습과 우상숭배로부터 이스라엘을 보호하기 위해서 반드시 이스라엘 백성으로서 하나님의 선택을 받은 사람이어야 한다.

왕에게 말을 많이 두지 못하게 한 것은 하나님보다 군대를 더 의지하지 못하도록 한 것이며 이집트로 가지 못하게 한 것은 이집트의 이방 풍습에 물드는 것을 막기 위해서다. 아내를 많이 두지 말라고 한 까닭은 정략결혼으로 첩들에 의해 우상숭배가 만연해지기 때문이다. 은금을 많이 두지 말라는 것은 왕의 재산 축적을 위해 백성들에게 세금을 과도하게 부과하지 말라는 뜻이다. 솔로몬은 말년에 이 모든 것을 지키지 못했다. 왕은 하나님의 통치 대리자일 뿐이다. 왕은 하나님께서 주신 율법에 따라 백성들을 통치해야 하며 철저하게 하나님만 의지하여 나라를 다스려야 한다.

2. **전쟁:** 하나님께서는 가나안 족속들은 무엇이든 살려두지 말고 완전히 멸하라고 하셨다. 그러나 가나안 족속이 아닌 가나안 땅 밖에 있는 어떤 성읍과 전쟁을 하려고 할 때는 먼저 그 성읍에 화평을 선언하라고 하셨다. 그러나 그 성읍이 화평을 거절하여 전쟁을 할 수밖에 없는 경우 하나님께서 그 성읍을 이스라엘에 넘겨주신다면 그곳의 모든 남자를 죽이되 여자와 어린 것, 가축과 모든 탈취한 것들은 가져도 좋다고 하셨다(신20:10-17).

하나님께서 가나안 족속을 진멸하라고 하신 까닭은 그들이 이스라엘에게 그들의 신들에게 행했던 가증한 것들을 행하도록 가르치지 못하게 하여 이스라엘이 하나님께 죄를 짓지 않도록 하기 위해서였다(신20:18). 가나안 족속이 아닌 다른 성읍과 전쟁을 치를 때는 반드시 화친을 제의하여 피를 흘리지 않고 항복을 받아내라고 하셨다. 항복한 성읍은 이스라엘에 매년 일정한 공물을 바쳐야 하며 이스라엘도 화친한 성읍이 침입을 당할 때 원조를 해주어야 한다. 만약 그 성읍이 화친을 거절하고 전쟁을 원할 경우에는 남자는 다 죽여야 한다. 그러나 그 외에 모든 것들은 취할 수 있고 처분할 수도 있다. 어떻게 보면 잔인할 수 있지만 하나님께서 구원의 모형을 보여주신 것이다. 복음을 받아들이면 하나님의 자녀로서 보호를 받지만 복음을 거절하면 결국 심판을 받아 지옥에 던져진다.

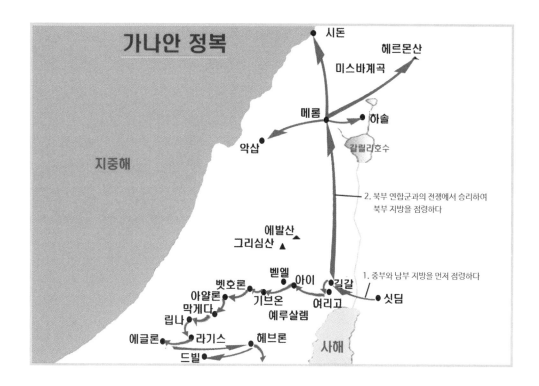

가나안 정복

시돈
헤르몬산
미스바계곡
메롬
하솔
갈릴리호수
악삽
지중해

2. 북부 연합군과의 전쟁에서 승리하여 북부 지방을 점령하다

에발산
그리심산

벧엘
벳호론   아이   길갈
아얄론   기브온   여리고   싯딤
막게다   예루살렘
립나
에글론 라기스   헤브론   사해
드빌

1. 중부와 남부 지방을 먼저 점령하다

1. **가나안 정복의 준비:** 하나님께서는 여호수아와 함께 하시겠다고 약속하시면서 강하고 담대하라고 말씀하셨다. 여호수아는 여리고에 두 명의 정탐꾼을 보낸다. 기생 라합은 정탐꾼들에게 모든 주민이 이스라엘을 두려워하고 있다는 사실을 알려주고 정탐꾼들이 무사히 도망가도록 도와준다. 지금 교회시대에 적용한다면 가나안 땅에 들어가는 것은 구원 받은 자가 성화의 삶을 살아가는 것이라고 할 수 있다. 성화의 삶은 결코 만만한 삶이 아니므로 영적 전쟁에서 이기기 위해서는 준비를 단단히 해야만 한다.

2. **요단강을 건너다:** 여호수아는 백성들에게 성결을 명했다. 언약궤를 멘 제사장들이 먼저 요단강을 건넜다. 제사장들의 발이 요단강에 닿자 흐르던 물이 멈추었다. 제사장들 뒤로 백성들이 요단강을 건넜다. 여기서 우리는 성화의 삶을 살기 위해서는 먼저 우리 자신을 성결해야 함을 알 수 있다.

3. **길갈:** 길갈에 기념비를 세웠다. 기념비를 세운 까닭은 하나님의 손은 강하시다는 사실을 알고 하나님을 항상 경외하기 위해서다. 광야에서 할례를 받지 못한 2세대들에게 할례를 행하였다. 할례에는 하나님과의 약속을 상기하면서 오직 하나님만 섬기겠다는 의지가 담겨 있다. 여리고로 가는 중에 여호와의 군대 장관(예수님으로 추정)을 만났는데 그가 여호수아에게 신을 벗으라고 했다. 신을 벗는 행위는 하나님께 절대 순종을 뜻한다. 전쟁하기 전에 신을 먼저 벗듯이 우리가 영적 전쟁에서 이기기 위해서는 하나님께 순종해야 한다.

4. 여리고성 점령: 하나님께서 명령하신 대로 여리고성을 6일 동안 매일 1번씩 돌았다. 마지막 7일째에는 7번 돈 후에 나팔을 불고 함성을 지르자 여리고성이 무너졌다. 기생 라합의 가족을 제외하고 모두 진멸하였다. 후에 라합은 보아스를 낳았고 보아스는 룻과 결혼하여 오벳을 낳았는데 오벳이 다윗의 할아버지다.

5. 아이성 패배: 하나님께서는 여리고성을 점령할 때 여리고성의 모든 물건은 저주받았기 때문에 취하지 말라고 하셨다. 하지만 아간은 여리고성에서 외투와 금과 은을 취했다. 아간의 죄 때문에 이스라엘은 아이성 전투에서 패배했다. 아간과 그의 자녀들은 아골 골짜기에서 모두 죽임을 당하였다. 우리는 여기서 성화의 삶을 살아갈 때 탐심과 불순종이 큰 걸림돌이라는 사실을 배울 수 있다. 아간처럼 한 사람의 죄가 공동체를 무너뜨릴 수 있다.

6. 아이성 점령: 하나님께서 아이성을 이스라엘에게 넘겨주셨다. 이스라엘은 복병 전술로 아이성을 점령한 후 진멸하였다.

7. 에발산 진출: 에발산에서 제단을 쌓고 번제와 화목제를 드렸다. 여호수아가 돌에 율법을 기록하고 축복과 저주의 말씀을 낭독했으며 백성이 그 말씀을 들었다.

8. 기브온의 속임수: 기브온 사람들은 아이성 근처에 살고 있음에도 먼 곳에 사는 것처럼 속여 이스라엘과 화친을 맺었다. 우리는 여기서 이스라엘처럼 그리스도인이 세상과 타협하면 성결의 삶을 살기 힘들다는 점과 기브온처럼 하나님과 대적하지 않고 화친하면 구원을 받을 수 있다는 점을 배울 수 있다. 기브온을 제외하고 모두 이스라엘에게 대적하였는데 그것은 하나님께서 그들의 마음을 완악하게 하여 모세에게 말한 대로 그들을 진멸하기 위해서다.

9. 아모리 땅 점령: 아모리 족속은 이스라엘과 화친한 기브온을 적으로 간주하였다. 아모리 족속의 다섯 왕(예루살렘, 헤브론, 야르뭇, 라기스, 에글론)은 연합군을 형성하여 기브온을 침공하였다. 기브온은 화친 조약을 근거로 이스라엘에 지원을 요청하였다. 여호수아는 군대를 파견했고 이스라엘은 기브온 전투에서 승리하였다. 하나님께서는 태양을 중천에 종일토록 머물게 하셔서 이스라엘이 적들을 무찌르게 하셨다. 아모리 족속의 다섯 왕은 막게다 굴에 숨었으나 발견되어 죽임을 당했다. 막게다를 점령한 후 이스라엘은 립나, 라기스, 에글론, 헤브론, 드빌 전투에서 승리하여 그 땅을 취했으며 네게브까지 정복하였다.

10. 북부 연합군과의 전쟁: 이스라엘이 중남부 지역을 점령했다는 소식을 들은 하솔 왕 야빈은 주변 왕들과 연합군을 형성한 후 메롬 물가에 진을 쳤다. 이스라엘은 그들을 기습 공격하고 시돈과 미스르봇 마임, 미스바 골짜기까지 추격하여 진멸하였다.

11. 여호수아가 점령한 지역: 여호수아는 요단 서안의 남부 할락산에서부터 북부 헬몬산 아래 바알갓까지 점령하였다.

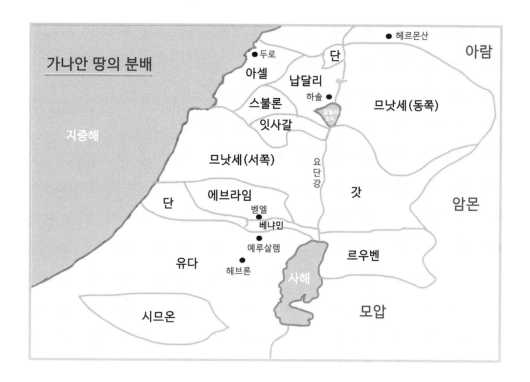

1. **요단 동편의 분배:** 요단 동편은 모세가 정복한 땅이다. 그 땅은 르우벤 지파, 갓 지파, 므낫세 반 지파에게 분배되었다. 르우벤 지파는 아르논 강에서 헤스본까지, 므낫세 반 지파는 헤르몬산에서 바산 왕 옥의 모든 영토까지, 갓 지파는 르우벤 지파와 므낫세 지파 사이에 있는 땅을 분배받았다. 세 지파는 이미 땅을 분배받았으나 이스라엘이 요단 서편을 정복하러 갈 때 같이 가서 싸웠다. 싸움이 끝난 후에 분배받은 땅으로 돌아갔다.

2. **유다 지파의 기업:** 갈렙은 유다 지파이다. 모세는 정탐꾼으로서 하나님께 충성한 대가로 갈렙에게 땅을 주기로 약속하였다. 갈렙은 헤브론을 정복하여 자기 기업으로 삼았다. 유다 지파의 땅은 예루살렘 남쪽에서 신광야까지 이르렀으나 여부스 족속을 쫓아내지 못했다. 여부스 지역은 후에 다윗이 점령하여 이스라엘의 수도(예루살렘)로 삼는다.

3. **에브라임 지파와 므낫세 지파의 기업:** 요셉 자손인 에브라임과 므낫세 지파는 받은 기업이 적다고 불평하면서 여호수아에게 더 많은 기업을 요구했다. 여호수아는 브리스와 르바임 족속의 삼림 지대를 스스로 개척하여 땅을 넓히라고 했다.

4. **나머지 일곱 지파의 분배:** 여호수아는 아직 기업을 받지 못한 일곱 지파를 질책하며 각 지파에서 3명씩 선정하여 나머지 땅을 시찰하라고 했다. 그들이 땅을 시찰한 후 일곱 부분으로 나눈 그림을 여호수아에게 가져왔다. 여호수아는 하나님 앞에서 제비를 뽑고 일곱 지파에게 그 땅을 분배하였다.

5. **레위 사람의 성읍:** 하나님께서는 친히 레위 사람의 기업이 되셨기 때문에 레위 사람에게는 땅을 분배하지 않았다. 그들에게는 48개의 성읍과 목초지를 제공하였다.

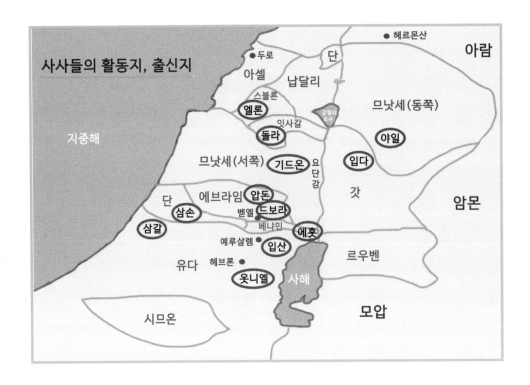

사사는 '재판하다', '다스리다'는 뜻이다. 사사는 이스라엘에 왕이 있기 전에 약 340년 동안 하나님께서 이방인들의 압제에서 이스라엘을 구원하시기 위해 세운 군사적 지도자이자 종교적 재판관들이다.

여호수아 사후에 하나님을 모르는 전후 세대는 언약을 어기고 우상숭배를 하였다. 또한 이방 족속과의 혼인으로 이방인들의 생활을 닮아 타락하였다. 이 때문에 하나님의 진노로 이스라엘은 이방 민족들의 압제를 받았다. 하나님께서 이방 민족들을 남겨 두신 것은 이스라엘 백성들이 하나님의 도를 지켜 행하는지 행하지 않는지를 시험하기 위해서였다. 이스라엘 백성들이 고통을 받아 하나님께 부르짖을 때마다 하나님께서는 사사를 보내 그들을 구원해 주셨다. 사사가 죽은 후에 백성들은 다시 타락하였다. 사사기에서는 이런 악순환이 되풀이된다. 어떤 어려움이 닥치면 우리는 하나님을 부르짖지만 그 어려움이 해결되면 다시 탐욕을 부리게 된다. 회개는 죄에서 완전히 돌이키는 것이다. 죄의 반복은 결국 우리를 파멸에 이르게 할 것이다.

사도들의 활동 영역은 이스라엘 전체가 아니고 일부분이었다. 동일한 시기에 두 명의 사사가 활동했던 경우도 있었다. 따라서 사사들의 활동 기간을 단순 합산하면 안 된다.

기드온의 아들인 아비멜렉, 드보라와 함께 야빈을 물리친 바락, 사무엘, 엘리 제사장 등을 사사에 포함하기도 하지만 보통 12명(옷니엘, 에훗, 삼갈, 드보라, 기드온, 돌라, 야일, 입다, 입산, 엘론, 압돈, 삼손)을 사사로 인정한다.

1. **옷니엘:** 갈렙의 조카이자 사위이다. 메소포타미아 왕 구산 리사다임이 8년 동안 이스라엘을 압제했는데 그에게서 이스라엘을 구원하였다. 전쟁에서 승리한 후 40년 동안 평안했다.

2. **에훗:** 모압 왕 에글론이 암몬, 아말렉과 연합하여 이스라엘을 18년 동안 지배하였다. 에훗이 에글론에게 공물을 바치러 갔는데 속임수를 써서 그를 암살한 후 도망쳤다. 에브라임 산지에서 이스라엘 백성들을 모아 모압 맞은편 요단강 나루를 장악하고 모압 사람 약 만 명을 죽였다. 전쟁에서 승리한 후 80년 동안 평안을 누렸다.

3. **삼갈:** 소를 모는 막대기로 블레셋 사람 육백 명을 죽이고 이스라엘을 구원하였다.

4. **드보라:** 가나안 왕 야빈이 이스라엘을 20년 동안 지배하였다. 여선지자 드보라와 바락은 900대의 철 병거를 거느린 야빈의 군대장관 시스라를 무찔렀다. 이후 40년 동안 평안했다.

5. **기드온:** 미디안이 아말렉과 동방 사람들과 연합하여 이스라엘을 지배하였다. 미디안과 싸우기 위해 모인 사람이 32,000명이었으나 하나님께서는 300명만 전쟁에 나가도록 허락하셨다. 기드온과 300용사는 나팔, 항아리, 횃불로 기만전술을 펼쳐 미디안 군사 12만 명을 무찔렀다. 전쟁 후 40년 동안 평안을 누렸다. 기드온은 70명의 아들을 두었는데, 아들 중에 아비멜렉이 요담을 제외하고 기드온의 모든 아들을 죽였다. 세겜 사람들이 아비멜렉을 왕으로 삼았다. 후에 세겜 사람들이 반역하자 아비멜렉은 세겜 사람들을 진압하다 죽임을 당했다.

6. **돌라:** 잇사갈 지파 출신인 돌라는 에브라임 산지 사밀에서 23년 동안 다스렸다.

7. **야일:** 길르앗 지역 출신으로 사사가 되어 22년 동안 다스렸다.

8. **입다:** 암몬과 블레셋이 이스라엘을 압제했다. 특히 길르앗 지방에 살고 있는 이스라엘 백성들을 18년 동안 지배하였다. 유다, 베냐민, 에브라임과도 전쟁하여 이스라엘을 고통스럽게 하였다. 입다는 암몬을 무찌르고 20개의 성읍을 차지했다. 에브라임 지파 사람들은 입다가 자신들을 전쟁에 부르지 않은 것에 큰 불만을 표시했다. 입다는 동족인 에브라임 사람들과 싸워 그들을 요단강 나루턱에서 42,000명이나 죽였다.

9. **입산:** 베들레헴 출신으로 7년 동안 다스렸다.

10. **엘론:** 스불론 사람으로 10년 동안 다스렸다.

11. **압돈:** 에브라임 지역 비라돈 사람으로 8년 동안 다스렸다.

12. **삼손:** 이스라엘은 하나님께 범죄하여 40년 동안 블레셋의 지배를 받았다. 삼손은 단 지파 마노아의 아들로 태어났다. 삼손은 태어나면서 나실인(스스로를 구별하여 하나님께 자신을 봉헌한 자)이었다. 삼손은 힘이 세서 블레셋 사람들을 많이 죽였다. 블레셋 사람들은 삼손의 여인 들릴라를 꾀어 삼손을 잡아 눈을 빼고 옥에 가두어 맷돌을 돌리게 하였다. 블레셋 사람들이 다곤 신에게 제사를 드릴 때 삼손은 두 기둥을 쓰러뜨려 많은 사람들을 죽였다.

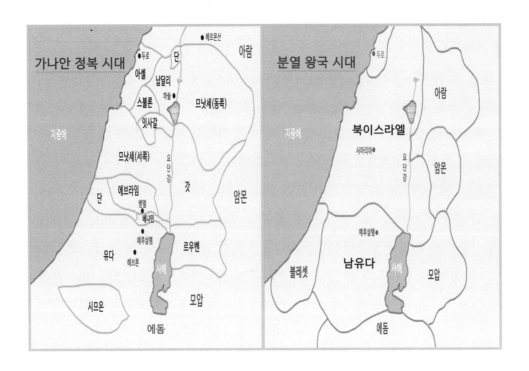

에돔은 '붉은'이란 뜻이며 이삭의 장남인 에서의 후손들이 세운 나라이다. 에돔인들은 지금의 이스라엘 남쪽 지방 사해 주변과 지금의 요르단의 산악 지방(세일 산이 근거지)에서 살았다. 이곳은 수리아와 메소포타미아, 아라비아, 이집트를 연결하는 교통의 요지이며 군사적, 정치적, 경제적으로 중요한 위치였다.

에서는 야곱과 함께 아버지 이삭을 장사한 후 가나안 땅을 떠났다. 소유가 너무 많아 야곱과 함께 있을 수 없었기 때문이다. 야곱 가족은 기근을 피해 이집트로 이주하였지만 에서의 후손은 계속 그곳에 머물렀다. 이스라엘 백성이 이집트를 탈출한 후 가나안에 들어가기 위해 에돔 땅을 통과하기를 원했지만 에돔인들은 거절했다. 하나님께서는 세일산을 에서에게 주었으므로 이스라엘에게 에돔과 싸우지 말라고 말씀하셨다.

에돔은 사울 왕과 전쟁을 한 적이 있었으나 다윗 왕에 패해 남유다에 복속되었다. 이후 종종 반란을 일으켜 남유다를 괴롭혔다. 바벨론이 유다를 공격할 때 에돔이 앞장서서 침공하였는데 이 때문에 하나님으로부터 멸망 선고를 받았다. 이후 바벨론의 침략을 받아 쇠퇴하였고 동쪽에서 이주해 온 나바테아 인들에게 밀려나 유다 남쪽 브엘세바로 이주하였다. 이곳에서 유대인들과 점차 동화되어 이두매 사람으로 불리게 되었다. 헤롯왕이 이두매(에돔) 출신이다. 에돔도 결국 A.D.70년에 예루살렘이 로마에 함락되면서 역사 속으로 사라졌다.

'아버지의 소생'이란 뜻이다. 롯의 첫째 딸이 아버지와 근친상간하여 모압을 낳았는데 이 아들이 모압 족속의 조상이다. 영토는 남쪽은 세렛 골짜기로 에돔과 경계를 이루었고 북쪽은 아르논 강으로 암몬과 경계를 이루었다. 사해 동편 고원 지대를 중심으로 거주하였다.

모압은 이스라엘과 지속적으로 갈등 관계를 맺었다. 이스라엘 백성들이 이집트를 탈출하여 가나안 땅에 들어가기 위해서는 모압 땅을 지나가야만 했다. 하지만 모압인들은 이스라엘이 자기 땅을 지나가는 것을 허락하지 않았다. 이스라엘은 모압 땅을 우회하면서 가다가 아모리 족속과 전쟁을 하였는데 전쟁에서 승리하여 그들의 땅을 정복하였다. 이에 두려움을 느낀 모압 왕 발락이 술사 발람을 초청하여 이스라엘을 저주하라고 요청했다. 발람은 하나님을 두려워하여 이스라엘을 저주하지 못했다. 하지만 발락에게 이스라엘 백성들이 모압 여자와 음행하도록 조언하는 악행을 저질렀다.

모세는 가나안 땅에 들어가지 못하고 모압 땅 느보산에서 죽음을 맞았다.

사사 시대(재판관 시대)에 모압 왕 에글론이 이스라엘을 18년간 압제한 적이 있었는데, 이스라엘 사사 에훗이 에글론을 살해하여 모압의 압제에서 벗어났다. 이후 모압은 다시는 이스라엘을 다스리지 못했으며 다른 이방 민족들과 섞여 살았다.

사사 시대에 모압 출신 여인 룻이 시어머니 나오미를 따라 베들레헴으로 돌아와서 보아스와 결혼한 일이 있었다. 룻은 다윗의 증조할머니가 된다.

모압은 이스라엘의 분열 왕국 시기에 사울과 적대 관계였으나 사울에게서 도피 중이던 다윗의 부탁을 받아 다윗의 부모를 보호해 주기도 하였다. 하지만 다윗이 왕이 된 후 이스라엘에 정복당하여 조공을 바치게 된다.

솔로몬은 모압과 결혼 동맹을 맺었다. 모압 여인들은 그들의 신 그모스를 이스라엘에 들여왔다. 그로 인해 이스라엘은 그모스를 섬기는 우상숭배의 죄를 범하였다.

이스라엘이 분열된 후 모압은 아합 왕 때까지 북이스라엘의 지배를 받았다. 아합이 죽은 후 모압 왕 메사가 독립 전쟁을 벌이기도 하였다.

모압은 앗수르와 바벨론으로부터 많은 침략과 지배를 받다가 B.C.5세기경 나바테아 인들에게 정복당하여 그들의 왕국에 편입된다. 이것은 우상숭배와 음행, 교만의 대가로 하나님이 예고하신 심판의 결과였다.

'친족의', '근친의'라는 뜻이다. 소돔과 고모라 멸망 이후 소알 근처에서 롯의 둘째 딸이 아버지와 근친상간하여 '벤암미'라는 아들을 낳았는데 그가 암몬 족속의 조상이다.

암몬은 요단 강 동편에 위치했으며 이스라엘과 요단강을 경계로 하였다. 남쪽으로는 모압과 아르논 강을 경계로 하였다. 암몬의 수도는 랍바였다.

암몬의 신은 말감인데 '그들의 왕'이란 뜻이다. 말감은 밀곰과 몰렉이라고도 불린다. 암몬인들은 말감에게 어린아이를 희생 제물로 드리는 인신 제사를 행했다. 인신 제사는 신을 달래기 위해서 하거나 전쟁에서 승리하고 잘 살기 위해 행하였다. 말감의 손을 불로 뜨겁게 한 다음에 아이를 말감의 손 위에 올려놓아 태워 죽였다. 하나님은 인신 제사를 극도로 혐오하셨다.

암몬 족속은 원수의 눈을 빼며 잉태한 여자의 배를 가를 정도로 잔인한 것으로 알려져 있다.

사사 시대에 암몬은 모압과 동맹을 맺고 이스라엘을 여러 차례 공격하였다. 암몬이 이스라엘을 공격하려고 할 때 길르앗 장로들이 입다에게 지도자가 되어 암몬과 싸울 것을 요청하였다. 입다는 전쟁에서 승리하였지만 하나님께 잘못된 서원을 하여 자신의 딸을 잃게 된다.

사울 왕 시대에 암몬의 지도자 나하스가 이스라엘의 화친을 거부하면서 이스라엘을 조롱하였다. 사울 왕은 소를 잡아 열두 지파에 보내고 군사를 모았는데 삼십만 명이 모였다. 사울 왕은 암몬 족속을 무찌른다. 이 전쟁을 계기로 사울은 이스라엘의 왕으로 인정받는다.

솔로몬의 아들 르호보암의 어머니는 암몬 족속이었다. 르호보암은 어머니의 영향을 받아 영적으로 타락했다. 남유다 여호사밧 왕 때 암몬은 모압, 에돔과 동맹을 맺고 이스라엘을 공격하였다. 그러나 하나님께서 복병을 두어 연합군들이 서로 싸우게 하여 이스라엘이 승리하도록 하셨다. 남유다의 요담 왕이 암몬을 정벌하여 조공을 바치게 한 적도 있다.

하나님께서는 이스라엘 땅을 빼앗은 암몬을 책망하셨고 암몬의 수도 랍바가 폐허가 될 것이라고 말씀하셨다. 결국 B.C.582년 암몬은 바벨론에 의해 멸망당했다.

아람은 '높이다', '높은 지방'이란 뜻이다. 아람은 셈의 다섯째 아들이다(창10:22). 아람은 특정 지역을 가리킨다기보다는 아람 사람들이 거주하는 지방을 가리키기 때문에 경계가 불분명하다. 아람 사람들은 대체로 티그리스 강과 유프라테스 강 유역에서부터 요단강의 동쪽과 팔레스타인 북동부 지역에 거주하였다. 아람을 수리아(아람의 헬라식 명칭)로 부르기도 한다. 아람인들은 처음에는 유목 민족이었지만 후에는 육로를 통한 무역 활동을 하게 된다.

히브리인은 아브라함의 자손 이스라엘 사람들을 말한다. 아브라함은 아람의 도시 하란을 자신의 고향으로 여겼는데 나중에 야곱도 자신들이 원래 아람인이었다고 말하였다(창28:2). 아브라함과 이삭과 야곱은 히브리인이지만 이삭의 아내인 리브가와 야곱의 아내인 레아, 라헬은 아람인으로 본다. 그러나 아람인들은 히브리인들이 가나안에 정착한 후에 끊임없이 이스라엘을 괴롭히며 적대 관계를 유지했다.

B.C.745년 앗수르는 디글랏 빌레셀이 왕위에 오르면서 중동 지역의 강대국으로 성장했다. 당시 아람의 왕 르신과 이스라엘의 왕 베가가 유다를 침략하였는데 유다의 왕 아하스는 앗수르에 도움을 요청하였다. 디글랏 빌레셀은 이에 응하였다. B.C.730년경 아람은 앗수르에 의해 순식간에 무너졌으며 수도인 다메섹은 앗수르 제국의 중동 거점 도시가 되어 버린다. 아람인들은 이후 바벨론, 페르시아, 그리스 등의 지배를 받았고 로마 시대에는 시리아 속주가 된다. 이 지역 사람들은 예수님을 구주로 영접하면서 처음으로 '그리스도인'으로 불리게 되었다. 기원후 7세기부터는 이슬람, 오스만 등의 영향을 받아 아람 문화권의 일원이 된다.

히브리인들은 원래 히브리어를 사용했으나 바벨론에 멸망당하고 포로로 끌려간 후에 점차 히브리어를 잃어버리고 아람어를 사용하기 시작했다. 바벨론 포로 이후에 기록된 다니엘서가 아람어로 쓰인 까닭은 이 때문이다. 유대인들은 일상생활에서도 아람어를 사용하기 시작했으며 히브리어는 종교어로 율법 등을 가르칠 경우에 사용하였다. 예수님 역시 아람어를 사용했을 것이다. 골고다, 달리다굼, 마라나타 등 신약성경 곳곳에 아람어의 흔적을 볼 수 있다.

블레셋의 조상은 함의 후손 가슬루힘이다(창10:14). 그들은 본래 북쪽 지역에 거주하던 해양 민족으로 그리스를 거쳐 지중해의 크레타 섬(갑돌)에서 살고 있었다(암9:7). 이후 블레셋 족속은 이집트로 진출하려다 저지당했고 B.C.12-13세기경 이스라엘이 이집트에서 탈출한 시기에 가나안 땅에 이주한 것으로 추정된다.

블레셋의 주요 5대 성읍은 가사, 아스돗, 아스글론, 가드, 에그론이다. 그들은 도시국가 연맹을 조직하였고 각 도시는 '세렌'이라고 불리는 왕들이 다스렸다.

블레셋 족속들은 여러 신을 숭배했는데 가장 대표적인 것이 가사와 아스돗 사람들이 숭배했던 다곤 신이다. 다곤의 상체는 사람이고 하체는 물고기 모양이다. 다곤 외에 아스다롯과 바알세붑도 섬겼다.

블레셋 사람들은 철기를 만들 수 있어서 군사력이 막강했다. 당시 이스라엘 사람들은 청동기 문화를 벗어나지 못하고 있었기 때문에 블레셋 사람들을 상대하기 힘들었다. 하나님께서 이스라엘 백성이 이집트에서 나올 때 지름길인 블레셋 지역이 아닌 광야로 우회하도록 지시하셨다. 왜냐하면 블레셋이 강력한 군사력을 가졌기 때문에 이스라엘과 전쟁을 하게 되면 이스라엘 백성들이 마음을 돌이켜 이집트로 돌아가려고 할 것이기 때문이다(출13:17).

사사 시대에도 블레셋은 끊임없이 이스라엘을 위협하였다. 사사 삼갈이 소를 모는 막대기로 블레셋 군사 600명을 죽인 적이 있었다(삿3:31). 삼손은 블레셋 사람들을 많이 죽였으나 결국에는 블레셋 인들에게 잡히고 만다. 사사 시대 말기 엘리 대제사장 때 언약궤가 블레셋에 의해 탈취되기도 했다.

이스라엘 왕정 시대에 다윗은 엘라 전투에서 블레셋 장수 골리앗을 물리쳤다. 이스라엘이 길보아 전투에서 블레셋과 싸울 때 사울과 세 아들은 전사했다. 블레셋은 다윗과 솔로몬 시대에 이스라엘에 완전히 예속되어 조공을 바치는 신세로 전락한다(삼하5:17-25). 그러나 이스라엘의 분열 왕국 시대 여호람과 아하스 왕 때 유다 왕국을 공격하여 큰 위협을 가하기도 하였다.

블레셋의 멸망은 이미 선지자들이 예언하였다. 블레셋은 앗수르와 이집트에게 끊임없이 공격을 당했고 결국 B.C.604년 바벨론 왕 느부갓네살에 의해 완전히 멸망당한다.

A.D.135년, 로마의 황제 하드리아누스는 유대인들의 반란을 진압하였다. 그는 정복한 지역을 나누면서 이스라엘을 유다로 부르는 것을 허용하지 않고 '블레셋 사람의 땅'이란 뜻의 '팔레스티아'로 바꾸어 버렸다. 1948년 이스라엘이 건국되기까지 그 땅은 '팔레스티아'에서 유래한 '팔레스티나'로 불렸다. 성경에 나오는 블레셋 사람들은 오늘의 팔레스타인과 무관하다. 블레셋 사람들은 바벨론 포로로 끌려간 후 다시는 돌아오지 않았기 때문이다.

1. **바알**: 셈족 최고의 신으로 농사, 폭풍, 풍요, 다산, 전쟁을 주관하는 신이다. 엘과 아세라 사이에 태어난 아들이며 아스다롯의 남편으로 팔레스타인 지역에서 광범위하게 숭배하였다. 다산과 풍요를 구실로 바알 신전에서 남녀 창기가 난잡한 성행위를 했으며 자신의 아들을 바알에게 바치기도 하였다(렘19:5). 특히 북이스라엘의 아합 왕과 남유다의 아달랴 때 바알 숭배가 극심하였다. 엘리야는 갈멜산에서 바알과 아세라 선지자들을 죽였다(왕상18:18-40).

2. **아스다롯**: 고대 근동의 여신으로 바알의 아내이다. 풍요와 다산을 주관하는 신으로 하늘의 여왕으로 표현하기도 했다(렘7:18). 이스라엘은 가나안에 정착한 후 바알과 아스다롯을 섬겼으나(삿2:13) 사무엘의 명령으로 그것들을 제거하였다(삼상7:3-4). 솔로몬이 이방 여인들에게 빠져 아스다롯과 그모스를 다시 섬겼으나(왕상11:4-5), 요시야가 종교개혁으로 그것들을 다시 없앴다(왕하23:13-14). 그러나 이스라엘은 바벨론 포로기까지 아스다롯을 섬겼다.

3. **다곤**: 고대 셈족의 풍요의 신이었으나 블레셋 족속이 팔레스타인 지역에 정착하면서 민족 신으로 섬겼다. 머리와 손은 사람의 모습이고 하반신은 물고기 형상이다. 삼손은 다곤 신전을 무너뜨리고 자신도 그곳에서 죽었다(삿16:23-30). 블레셋 사람들이 하나님의 궤를 빼앗아 다곤 곁에 두었으나 다곤이 엎드려지고 머리와 두 손목이 끊어졌다(삼상5:1-5).

4. **아세라**: 고대 근동 셈족의 여신으로 바알을 포함한 70여 신들의 어머니이다. 가나안 땅으로 들어온 뒤 다산과 풍요와 성의 여신으로 숭배되었다(출34:13). 그 형상은 주로 나무 기둥으로 세웠기 때문에 목상으로 불린다. 아합 왕의 아내 이세벨이 바알과 함께 섬겼던 신이다.

5. **그모스**: 모압과 암몬 족속의 민족 신이다. 모압은 그모스라 하였고(민21:29), 암몬은 몰록(왕상11:7), 몰렉(렘32:35), 말감(렘49:1), 밀곰(왕상11:5)이라고 불렀다. 우상을 뜨겁게 달군 뒤 어린아이를 우상의 손에 올려놓고 태워 죽게 하였다(레20:2-5). 솔로몬은 예루살렘 앞산에 그모스를 위해 산당을 지었으나(왕상11:7) 요시야가 그것을 철폐했다(왕하23:13-14).

6. **므로닥**: 바벨론의 주신으로 히브리어로 '벨'이라고 한다(렘50:2,사46:1). 이사야는 바벨론 멸망을 예언할 때 므로닥과 그의 아들 느보의 무기력함을 말하였다(사46:1).

7. **담무스**: 메소포타미아 지역과 지중해 연안에서 생명을 주관하는 신으로 믿었다. 하나님께서는 에스겔에게 여인들이 담무스를 위하여 애곡하는 가증한 일을 보여주셨다(겔8:14).

8. **제우스와 헤르메스**: 제우스는 그리스의 주신이고 헤르메스는 제우스의 전령이다. 루스드라에서 바울과 바나바가 앉은뱅이를 고쳐주자 사람들이 바울을 제우스로, 바나바를 헤르메스로 여기며 제사하려고 했으나 바울과 바나바가 못하게 하였다(행14:8-18).

9. **아데미**: 제우스의 딸이며 다산을 상징하고 달, 숲 등을 주관하는 여신이다. 바울이 선교여행 중 에베소 지역을 지나갔는데 이곳에서 아데미를 수호신으로 받들고 있었다(행19:23-41).

여자 이름으로 제목이 붙은 성경이 두 권 있는데 하나는 룻기이고 하나는 에스더이다. 룻기의 사건들은 사사 시대에 일어났으니 대략 B.C.1320년–1180년 사이의 일이다.

1. **가족 배경:** 그녀의 가족이나 과거에 대한 기록은 없으며 단지 그녀가 모압 출신으로 젊은 시절을 모압에서 보냈다는 사실만 알 수 있다. 룻은 말론이라는 히브리인과 결혼했다. 그러나 10년 후에 남편 말론과 남편의 형제 기룐까지 죽고 만다. 룻의 시어머니 나오미는 기근을 피해 모압까지 왔으나 남편과 두 아들이 모두 죽자 고향 베들레헴으로 돌아가려 하였다. 룻의 동서인 오르바는 모압 땅에 남았지만 룻은 시어머니를 따라 베들레헴에 갔다.

2. **룻의 섬김:** 룻은 이방인이었지만 시어머니뿐만 아니라 하나님도 섬겼다(룻1:16). 룻은 나오미의 친족인 보아스의 밭에서 이삭을 주워 생계를 유지한다. 보아스는 룻의 선행과 현숙함을 보고 젊은 남자들이 룻에게 손대지 못하게 하였고 룻이 좋은 밭에서 이삭을 많이 줍도록 배려하였다.

3. **기업을 무른 보아스:** 룻은 나오미가 시키는 대로 보아스가 타작마당에서 잠잘 때 그의 발치에 누웠다. 보아스가 놀라 누구냐고 묻자 룻은 보아스에게 당신은 가까운 친척이라고 말한다. 룻이 이렇게 말한 것은 보아스가 기업 무름의 책임이 있다는 것을 상기시켜 주기 위한 것이다. 기업 무름이란 한 남자가 자식 없이 죽었을 때 그 형제나 남자 친척이 미망인과 결혼하여 가정의 대를 잇고 가업을 지켜주는 것이다. 기업 무름 제도가 있었던 까닭은 이스라엘 백성이 가진 땅이나 재산은 자신의 것이 아니라 하나님께서 주신 것이므로 빼앗기지 않고 대를 이어 유지하기 위해서다. 동시에 어려움에 빠진 사람을 보호하는 의미도 있다. 기업 무름의 책임이 있는 사람을 '고엘'이라고 했는데 남편을 잃은 미망인은 고엘에게 기업 무름을 요청할 권리가 있다. 룻은 젊은 남자와 결혼할 수 있었지만 나오미의 지시에 순종하여 자기보다 훨씬 나이가 많은 보아스에게 기업 무름을 요청한 것이다. 보아스는 룻의 청혼에 즉시 답하지 않았다. 룻의 시아버지인 엘리멜렉과 더 가까운 친척이 있었기 때문이다. 다행히 그 친척은 기업 무름을 포기한다. 기업 무름은 강제 사항이 아니기 때문이다. 보아스는 룻을 아내로 맞이한다. 보아스와 룻은 오벳을 낳았고 오벳은 이새를 낳았고 이새는 다윗을 낳았다. 룻은 다윗의 증조할머니가 되어 메시아의 계보를 이어주었다.

4. **룻기의 성경적 의미:** 보아스는 기업을 물러 룻을 아내로 맞이했기 때문에 예수 그리스도를 상징하는 인물이다. 룻은 이방 출신 그리스도인을 상징한다.

사무엘은 '하나님께 구함', '하나님께서 들으셨다'라는 뜻이다. 사무엘은 이스라엘이 신정 정치에서 왕정 정치로 넘어가는 과도기에 이스라엘을 이끈 경건한 지도자이다.

1. **가족 배경:** 사무엘은 아버지 엘가나와 어머니 한나의 첫 소생이다. 아버지는 고핫 자손으로 레위인이며 그의 가정은 에브라임 지파 안에 거주하였다. 사무엘은 라마(헬라어로 아리마대)에서 태어났다. 한나는 기도와 서원으로 사무엘을 얻었다.

2. **어린 시절의 사무엘:** 한나는 사무엘이 젖을 떼자마자 실로로 데려가 대제사장 엘리에게 맡겨 성막에서 자라게 했다. 하나님은 어린 사무엘에게 엘리 집안의 멸망을 계시해 주셨다. 엘리의 두 아들(홉니와 비느하스)은 제물이 제단 위에서 하나님께 드려지기 전에 하나님의 것을 갈취했다. 그리고 그 기름이 하나님 앞에 태워지기 전에 그것들을 먹었다. 그들은 하나님께 드리는 제사를 우습게 여겼으며, 엘리는 하나님보다 자기의 아들을 더 소중히 여겨 제대로 교육하지 않았다. 계시는 그대로 이루어져 엘리의 두 아들은 블레셋과의 전투에서 전사하였고 그 소식을 들은 엘리는 앉아 있던 의자가 뒤로 넘어지면서 목이 부러져 죽었다.

3. **사무엘의 역할:** 사무엘은 태어날 때부터 레위인이었고 엘리 제사장의 뒤를 이어 대제사장과 선지자의 역할을 하였다. 사무엘은 이스라엘을 다스린 사사였다. 사무엘은 백성들을 미스바에 소집하고 이방신들을 버리고 오직 여호와만을 섬기라고 하였다. 블레셋 사람들이 이스라엘로 쳐들어왔을 때 사무엘은 하나님께 기도를 드렸다. 하나님께서는 기도를 들으시고 큰 우레를 퍼부어 블레셋 사람들을 쫓으셨다. 사무엘은 이를 기념하여 돌을 세우고 그곳을 에벤에셀이라고 하였다. 사무엘은 이스라엘을 위해 하나님께 기도드리는 중보자 역할도 하였다. 사무엘은 라마에 주거를 정하고 순회하며 이스라엘을 다스렸다.

4. **이스라엘의 왕을 세운 사무엘:** 사무엘은 자기 아들인 요엘과 아비야를 이스라엘의 사사로 지명한다. 그러나 그의 아들들이 뇌물을 받고 정의롭게 판결하지 않았으므로 백성들은 사무엘의 결정에 반대하며 다른 나라처럼 왕을 세워줄 것을 요청하였다. 이스라엘은 하나님께서 직접 통치하시는 신정국가이므로 사무엘은 그들의 요구를 들어주지 않았다. 하나님께서는 사무엘에게 왕을 세우라고 하셨다. 사무엘은 사울에게 기름을 부어 이스라엘의 첫 번째 왕으로 삼았다. 그러나 사울이 교만과 불순종으로 하나님께 버림받자 하나님의 명령을 받들어 다윗에게 다시 기름을 붓고 이스라엘의 두 번째 왕으로 삼았다.

5. **신약성경에서의 평가:** 베드로는 사무엘을 선지자들의 지도자로 인정하였다(행3:24). 바울은 사무엘을 선지자로 선언했다(행13:20). 히브리서에서 사무엘을 믿음의 사람들 중 하나로 언급하였다(히11:32).

사울(재위:B.C.1050~1010)은 사사 시대를 끝내고 왕정 시대를 연 이스라엘의 초대 왕이다.

1. 가족 배경: 사울은 베냐민 지파이며 기스의 아들이다. 사울의 가정에 대해서는 알려진 바가 거의 없다. 사울은 탁월하고 준수하였으며 신장은 다른 사람의 어깨 위만큼 더 컸다.

2. 왕으로 선택됨: 이스라엘 백성들은 신정 정치(하나님께서 직접 통치하시는 정치)를 거부하고 다른 이방 민족들처럼 왕을 요구하였다. 하나님께서는 이스라엘의 요구를 들어주시며 사무엘에게 왕을 세우라고 하셨다. 사울은 아버지의 잃어버린 암나귀를 찾으러 다니다가 사무엘을 만난다. 사무엘은 하나님의 명령대로 사울에게 기름을 부었다. 사울은 미스바에서 제비뽑기를 통해 공식적으로 왕이 되었으며 길르앗 야베스 전투에서 암몬 족속을 물리쳐 백성들로부터 왕으로 인정받았다.

3. 사울의 몰락: 사울은 블레셋과 전투를 하려고 길갈에서 진을 치고 있었다. 하지만 사무엘이 약속한 기한 내에 오지 않자 사무엘을 기다리지 않고 자기가 직접 번제를 드리고 만다. 번제가 끝난 후 사무엘이 도착하였고 사무엘은 사울에게 하나님의 명령을 어겼기 때문에 통치 기간이 길지 않을 것이라고 말한다. 그 후 하나님께서는 사울에게 아말렉을 쳐서 그들의 모든 소유 즉 남녀와 소아와 젖 먹는 아이와 짐승까지 남기지 말고 진멸하라고 명령하셨다. 하나님께서 그런 명령을 내리신 까닭은 이스라엘이 이집트에서 나올 때 아말렉이 길에서 이스라엘을 대적했기 때문이다. 하지만 사울은 아말렉 왕 아각과 그의 양과 소의 가장 좋은 것과 기름진 것과 어린 양 등 모든 좋은 것은 남겨두었고 쓸모없고 하찮은 것만 진멸하였다. 하나님께서는 사울을 버리시기로 결심하셨다.

4. 다윗과의 관계: 사울이 악령에 들려 괴로워할 때 다윗이 사울에게 악기를 연주하며 사울의 마음을 편안하게 해주었다. 다윗은 블레셋과의 엘라 전투에서 골리앗을 물리쳤는데 이후로 다윗은 승승장구하며 이스라엘의 영웅으로 떠오른다. 이때부터 사울은 다윗을 시기하여 악기를 연주하고 있는 다윗에게 창을 던져 죽이려고까지 하였다. 또한 사울은 병사들을 다윗의 집에 보내 다윗을 죽이려고 했으나 다윗은 아내이자 사울의 딸인 미갈의 도움으로 위기를 모면하고 사무엘이 있는 라마로 도망친다. 이후에도 사울은 다윗을 죽이기 위해 그일라, 십 광야, 마온 광야, 엔게디까지 추격하였으나 번번이 실패하였다.

5. 사울의 죽음: 사울은 블레셋과 싸우기 위해 길보아 산에 부대를 주둔시켰다. 이 전투에서 사울은 블레셋 사람이 쏜 화살에 맞아 중태에 빠진다. 그는 블레셋에게 잡혀 조롱거리가 되느니 차라리 죽는 게 낫다고 여겨 병사에게 자신을 죽이라고 하였다. 병사가 감히 사울을 죽이지 못하자 스스로 자기 칼 위에 엎드려져 자살하였다. 길보아 전투에서 사울의 세 아들도 전사하였다. 이로써 사울의 40년 통치가 막을 내렸다.

다윗의 가계도

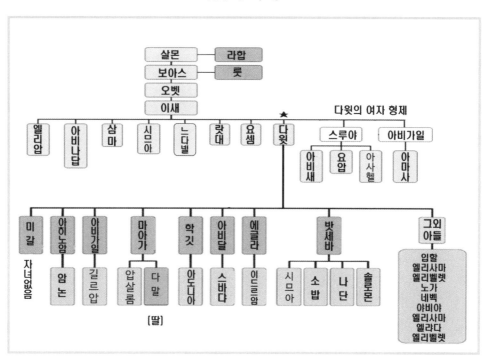

다윗은 '극진히 사랑을 받는 자'라는 뜻이다. 다윗은 사울에 이어 이스라엘의 두 번째 왕이 되었으며 40년간 통치하였다.

1. **가족 배경:** 다윗은 베들레헴 출신이다. 유다 지파인 보아스와 모압 출신인 룻의 증손이다. 보아스는 여리고를 정탐하러 온 사람들을 숨겨준 라합의 아들이다. 다윗의 아버지 이새는 여덟 명의 아들과 두 명의 딸이 있었는데 다윗은 아들 중 막내이다. 다윗은 여덟 명의 아내에게서 열 명의 아들과 한 명의 딸을 얻었다. 그 외에 다른 아내들에게서 난 아홉 명의 아들이 있었다.

2. **기름부음을 받은 다윗:** 하나님께서는 사울 왕을 버리시기로 결심하신 후 사무엘에게 이새의 아들 중 한 명에게 기름을 부으라고 명하셨다. 사무엘은 사울이 눈치채지 못하게 이새가 있는 베들레헴으로 가서 양을 지키고 있었던 다윗에게 기름을 부었다. 그날부터 주의 영이 다윗에게 임하였다. 반대로 사울에게는 주의 영이 떠나고 악령이 왔다. 다윗이 사울 앞에서 하프를 연주할 때는 사울에게 있는 악령이 떠나갔다.

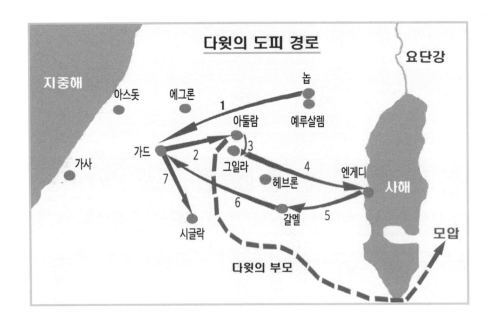

1. **다윗을 시기한 사울:** 다윗은 블레셋 장수 골리앗을 죽인 후 이스라엘 군대의 장이 된다. 다윗이 블레셋 사람들을 죽이고 돌아올 때 여인들이 "사울이 죽인 자는 천천이요, 다윗은 만만이로다"라고 노래를 불렀다. 이후부터 사울은 다윗을 죽이려고 하였다.

2. **사울을 피해 도망간 다윗:** 다윗은 요나단과 헤어진 뒤 놉에 가서 제사장 아히멜렉에게 진설병과 골리앗의 칼을 받는다. 나중에 아히멜렉은 에돔 사람 도엑의 제보로 죽임을 당한다. 다윗은 놉을 떠나 가드의 아기스 왕에게 갔는데 그곳에서 미친 척하며 위기를 모면한다. 다윗은 다시 아둘람 굴로 도망하였다. 아둘람에 그의 부모와 형제 그리고 그를 따르는 무리가 400명 정도 모여들었다. 이곳에서 다윗은 부모를 모시고 모압 미스베로 가서 모압 왕에게 부모를 의탁한다. 다윗은 블레셋 사람들이 그일라를 공격했다는 말을 듣고 그곳으로 가서 블레셋과 싸워 그일라를 구원한다. 하지만 사울이 그일라를 포위하려 하자 십 황무지와 마온 황무지를 거쳐 엔게디 광야로 피하였다. 이곳에서 사울을 죽일 기회가 있었지만 그의 옷자락만 베고 살려 준다. 다윗이 사울을 살려 준 까닭은 사울이 하나님의 기름부음을 받은 자이기 때문이다. 사무엘이 죽은 후 다윗은 바란 광야에 갔다가 갈멜로 이동한다. 갈멜에서 악행을 저지른 나발이 죽자 그의 아내 아비가일을 아내로 삼는다. 십 광야에서 다윗은 사울을 죽일 수 있는 기회가 있었으나 다시 살려 준다. 다윗은 사울을 피해 적국 블레셋으로 가기로 결심하고 블레셋 땅 가드로 간다. 가드왕은 다윗에게 시글락을 주어 머무르게 하였다. 사울은 블레셋과 전투 중에 길보아산에서 전사하였다. 사울이 죽자 다윗은 헤브론으로 가서 유다 지파의 왕이 되었다.

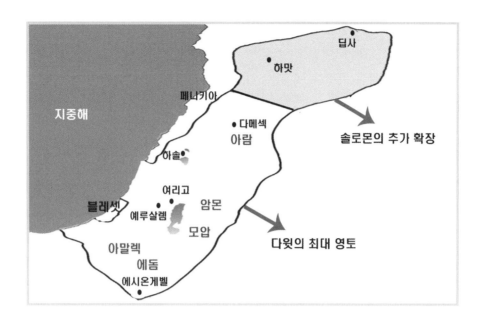

1. 왕이 된 다윗: 다윗은 헤브론에서 유다 지파의 왕이 되었다. 나머지 지파는 사울의 아들 이스보셋을 왕으로 삼았다. 하지만 이스보셋과 그의 군대 장관 아브넬이 불화하여 갈라선 후 아브넬은 다윗의 군대 장관 요압에게 죽임을 당하고 이스보셋은 암살을 당한다. 이스보셋이 죽은 후 모든 지파가 다윗을 왕으로 삼았다. 다윗은 헤브론에서 7년 6개월 동안 유다 지파를 다스렸고 예루살렘에서 33년 동안 온 이스라엘을 다스렸다.

2. 다윗의 영토 확장: 다윗은 블레셋을 쳐서 항복을 받고 가드 지역을 차지한다. 모압과 아람을 쳐서 조공을 바치게 했으며 아람과 에돔에는 수비대를 두었다. 다윗은 암몬 족속이 자기가 보낸 신하들의 수염을 깎고 의복을 자르며 모욕하자 암몬 족속을 쳐서 무찔렀다. 다윗이 어디에 가든지 하나님께서 이기게 하셨다(역대상18:6).

3. 하나님의 궤를 다시 가져오다: 하나님의 궤는 언약궤, 증거궤로도 불리는데 엘리 대제사장 때 블레셋이 탈취했다. 블레셋 사람들이 하나님의 궤를 다곤 신상 곁에 두자 다곤 신상이 엎드려져 땅에 닿았고 머리와 두 손목이 끊어져 버렸다. 블레셋이 하나님의 궤를 아스돗과 가드로 옮겼는데 이곳 사람들이 심한 독종에 걸렸다. 결국 블레셋은 하나님의 궤를 이스라엘의 벧세메스로 돌려보낸다. 하지만 벧세메스 사람들이 하나님의 궤를 함부로 본 까닭에 오만 칠십 명이 죽임을 당했다. 하나님의 궤를 기럇여아림으로 옮겨 아비나답의 집에서 이십 년을 보관하였다. 다윗은 하나님의 궤를 예루살렘 다윗 성에 가져오기를 원했다. 하지만 하나님의 궤를 어깨에 메지 않고 수레에 싣고 운반했다. 더군다나 운반 중에 웃사가 궤에 함부로 손을 대어 죽는 일까지 생겼다. 결국 하나님의 궤를 오벧에돔의 집에 석 달 동안 보관한 후 어깨에 메어 다윗 성으로 가져올 수 있었다.

1. 다윗의 범죄: 하나님께 신실했던 다윗은 간음과 살인죄를 동시에 저지르고 만다. 다윗은 군사들이 암몬과 싸울 때 예루살렘에 머물고 있었다. 저녁에 왕궁 옥상을 거닐다가 밧세바를 보았고 그녀와 동침하였다. 밧세바는 가나안 헷 족속 사람인 우리아의 아내였다. 밧세바가 임신한 사실을 알게 된 다윗은 우리아의 아기인 것처럼 속이고자 전쟁 중인 우리아를 불러 아내와 동침하도록 유도하였다. 하지만 전쟁 중에 자신만 집에서 편하게 보낼 수 없다고 생각한 우리아는 집에 가지 않고 부하들과 같이 잠을 잤다. 다윗은 요압에게 편지를 보내 우리아를 전쟁 중에 맨 앞에 세워서 죽게 한다. 우리아가 죽은 뒤 다윗은 밧세바를 아내로 삼았다. 하나님께서 나단을 보내 다윗을 책망하자 다윗은 회개하였다. 하지만 밧세바가 낳은 아들은 하나님의 징계로 죽고 만다. 다윗은 인구조사를 하는 죄도 범하였다. 다윗은 요압에게 브엘세바에서부터 단까지 인구조사를 지시하였다. 하나님께서는 이 일을 악하게 여기시고 이스라엘 백성에게 전염병을 내리셨는데 전염병으로 칠만 명이 죽었다. 다윗이 회개하고 오르난의 타작마당을 사서 하나님께 번제를 드리자 재앙이 그쳤다. 후에 오르난의 타작마당은 솔로몬이 건축한 성전 터가 된다.

2. 아들들의 범죄와 반역: 다윗의 아들 암논은 이복누이 다말을 강간하였다. 다말의 친오빠 압살롬은 복수를 결심하고 이년 후에 자신의 양 깎는 일에 암논을 초대하여 죽인 후 그술로 도망친다. 압살롬은 나중에 다윗의 허락을 받고 3년 만에 예루살렘에 돌아온다. 예루살렘에 돌아온 지 2년 만에 다윗에게 정식으로 용서를 받은 압살롬은 백성들을 재판하는 일을 하면서 추종 세력을 모은다. 그는 헤브론에 가서 자신이 왕임을 선포하였다. 압살롬의 반역에는 다윗의 책사였던 아히도벨도 가담하였다. 압살롬이 반역했다는 소식을 들은 다윗은 예루살렘을 떠났고 압살롬은 손쉽게 예루살렘을 차지한다. 아히도벨은 지체하지 말고 다윗의 군대를 추격하여 다윗 왕을 죽이자고 건의했지만, 다윗의 첩자인 후새는 다윗에게는 용사들이 있으니 바로 추격하지 말고 병력을 모은 후 공격해야 한다고 주장했다. 압살롬은 후새의 주장을 받아들였고 덕분에 다윗은 전력을 재정비할 수 있었다. 압살롬과 다윗의 군대가 에브라임 수풀에서 전투를 하는 중에 압살롬은 상수리나무에 머리가 걸리고 만다. 요압은 압살롬을 살려 주라는 다윗의 명령을 어기고 압살롬을 죽였다.

3. 솔로몬을 왕으로 삼다: 다윗의 아들 중 아도니아가 군대장관 요압, 제사장 아비아달 등과 모의하여 왕이 되고자 하였다. 이 사실을 나단 선지자와 밧세바가 다윗에게 알렸다. 다윗은 솔로몬을 왕으로 삼는다. 솔로몬은 아도니아와 요압을 죽이고 아비아달을 고향으로 추방하여 왕권을 강화하였다.

시편의 원명은 찬양의 책이다. 시편은 하나님을 향한 찬양, 감사, 회개 등의 신앙 고백을 위하여 기록하였을 뿐만 아니라 공동체 예배의식, 절기, 신앙지도를 위해서도 기록하였다.

시편은 모세 오경과 예언서를 통해 하나님이 주신 말씀에 대한 이스라엘 백성의 응답으로 하나님께 드린 찬양의 책이며 기도서이다. 또한 감사, 찬미, 탄식, 기쁨, 고통, 신뢰, 경외 등 인간의 감정을 표현한 신앙고백서다.

시편은 주로 다윗과 솔로몬의 통치 시대와 바벨론 포로 시대를 전후하여 기록되었다.

시편의 저자는 다윗(73편), 아삽(12편), 고라 자손(11편), 솔로몬(2편), 모세(1편), 에단(1편)이며 그 외 50편은 저자 미상이다. 아삽은 다윗과 솔로몬 시대에 찬송하는 직분을 맡은 악사였는데 시편에는 그와 그의 후손의 시가 같이 실려 있다. 고라가 모세에게 반역할 때 고라의 세 아들은 죽지 않았다. 그 자손 중 일부가 성전에서 찬송하는 자가 된 것이다.

시편의 분류 기준은 다양하다. 내용에 따라 감사예배 시, 찬양 시, 비탄 시, 민족애가, 참회 시, 저주 시, 메시아 시, 지혜 시 등으로 분류하기도 한다. 또 모세 오경과 관련해서 5권으로 분류하기도 하는데 제1권(1-41편, 인간의 축복과 타락 그리고 구원)은 창세기, 제2권(42-72편, 이스라엘 백성)은 출애굽기, 제3권(73-89편, 성소)은 레위기, 제4권(90-106편, 땅)은 민수기, 제5권(107-150편, 말씀)은 신명기와 관련 있다고 보기도 한다.

[제1권, 1-41편]

1편(저자 미상, 의인과 악인의 길): 의인의 생활과 결과, 악인의 종말을 대조하며 보여준다.

2편(저자 미상, 하나님이 세우신 왕): 기름부음 받은 자(그리스도)를 대적하는 자들이 결국 망할 것이기 때문에 여호와를 경외하고 의지하라고 권면한다.

3-5편(다윗, 환난 중의 기도, 고난 중 신뢰, 원수로부터의 보호 간구): 3-4편에서 다윗은 압살롬이 반역하는 곤경 가운데서도 하나님을 신뢰한다. 반역에 가담한 원수들에게 하나님을 의지하라고 말한다. 5편에서는 하나님께서 악인에게서 지켜주시고 그들을 심판해 주시기를 바란다.

6편(다윗, 참회의 기도): 자신을 향한 대적들의 모욕을 자신의 죗값으로 생각하며 하나님께 회개한다. 그리고 하나님께서 용서해 주실 것을 확신한다.

7편(다윗, 공의로운 판단을 구하는 기도): 사울에게 쫓겨 다닐 때 지은 시로 자신의 순수함과 곤고함을 고백하며 하나님의 공의에 호소한다.

8편(다윗, 하나님의 창조를 찬양): 하나님의 권능과 창조의 위대함, 하나님의 영광을 찬양한다.

9편(다윗, 구원의 하나님께 찬송): 열방이 그들의 한계를 깨닫기를 원하며 하나님께서 세계와 만민을 심판하실 것을 밝힌다.

10편(작자 미상이지만 다윗으로 추정, 악인의 심판과 의인의 구원을 확신): 하나님을 욕하고 정욕과 탐리를 추구하는 사악한 자들의 심판을 촉구한다. 악인의 심판과 의인의 구원을 확신한다.

11편(다윗, 하나님이 도와주실 것을 신뢰): 다윗이 사울의 핍박을 받을 때 악인의 횡포가 극심한 상황에서 하나님께서 어떻게 나의 피난처가 되셨는가를 증거한다.

12편(다윗, 부패한 사회의 탄식과 하나님의 신실함): 다윗은 경건한 자가 줄고 거짓말하는 자가 늘어나는 시대를 탄식하며 하나님께서 의인을 보호하신다는 것을 믿고 도움을 구한다.

13편(다윗, 고통 중에 드리는 기도): 다윗은 오랫동안 극심한 고난에 처하였으나 하나님을 의지하면서 하나님과의 관계가 회복된 것을 기뻐한다.

14편(다윗, 무신론자의 실상과 의인들의 지혜): 무신론자들의 허구성과 비윤리성을 지적하고 의인은 악인에게 고통을 당하지만 사실 지혜로운 자이며 하나님께서 그들을 인도하심을 믿는다.

15편(다윗, 주의 장막에 거할 자의 자격): 하나님의 장막에 거할 자의 자격을 말하며 윤리적인 완전성을 강조한다.

16편(다윗, 죽음을 초월한 신앙): 다윗은 하나님이 자신의 피난처, 분깃, 상담자이시라고 고백한다. 이 믿음이 부활신앙으로 발전하여 부활과 영생의 소망을 노래한다.

17편(다윗, 경건하게 살고자 하는 의인의 고뇌와 믿음): 다윗은 신앙생활 때문에 닥치는 외부의 위협과 원수들로부터 자신을 보호해 주시기를 하나님께 간구한다.

18편(다윗, 왕으로서 부르는 감사의 노래): 다윗은 자신을 구원해 주신 하나님을 찬양하고 위기의 순간마다 하나님께서 보호해 주셨음을 감사한다.

19편(다윗, 하나님의 섭리를 찬양): 자연과 율법에 나타난 하나님의 섭리를 찬양한다.

20-21편(다윗, 승리를 위한 기원과 감사): 출전을 앞두고 백성들과 제사장이 다윗의 승전을 기원하며 감사의 찬양을 한다. 이 승리는 메시아의 완전한 승리에 대한 예언적 성격도 있다.

22편(다윗, 메시아의 구속): 하나님께서 자기를 비참한 상황에서 구원해 주실 것을 간구한다. 메시아의 수난과 부활을 예언하면서 미래에 온 인류가 하나님을 경배할 것이라고 예언한다.

23편(다윗, 목자 되신 하나님): 하나님과 성도의 관계를 목자와 양의 관계로 묘사한다.

24편(다윗, 창조주 하나님 찬양): 오벧에돔의 집에 있었던 법궤를 다윗 성으로 옮기면서 부른 노래로 창조주 하나님을 찬양한다.

25편(다윗, 하나님의 보호와 인도를 위한 기도): 하나님의 긍휼과 자비를 의지하며 원수의 계교에서 자신을 건져달라고 호소한다.

26,27편(다윗, 무죄자의 탄원, 구원): 하나님께서 자기의 무죄를 변호해 주실 것과 의인과 악인을 구분해 주실 것을 간구한다. 하나님께서 승리를 주실 것을 확신한다.

28편(다윗, 응답하신 하나님께 감사): 의인이 고난당하고 악인이 번영하는 이 세대를 바라보며 하나님의 공의에 호소하였고 그 응답을 받은 기쁨으로 찬양과 감사를 드린다.

29편(다윗, 자연 속에 나타난 하나님의 영광): 자연 현상 속에 나타난 하나님을 찬양하며 세상의 권능 있는 자들에게 하나님께 영광을 돌릴 것과 영광을 돌려야 하는 까닭을 말한다.

30편(다윗, 탄식을 찬송으로 바꾸게 하신 하나님께 감사): 다윗은 번영을 누리자 자만에 빠져 죽음 직전까지 갔었으나 하나님께 기도하여 건짐 받은 것에 대해 감사한다.

31편(다윗, 곤경 중에 구원되시는 주): 하나님을 신뢰하며 원수들에게서 건져달라고 호소한다.

32편(다윗, 회개하고 용서받은 자의 행복): 죄의 문제가 인간을 얼마나 괴롭히는지를 느끼게 한다. 죄에 대한 회개와 깊은 평안을 노래한다.

33편(작자 미상, 창조주 하나님께서 역사의 주관자이심을 찬양): 세계와 만물을 지으신 하나님과 감사와 찬양으로 응답하는 인간 사이의 아름다운 관계를 노래한다.

34편(다윗, 하나님의 보호에 대한 감사): 다윗이 아비멜렉 앞에서 미친 체하다가 쫓겨날 때 지은 시로 환난 가운데서 구원하신 하나님께 감사와 찬양을 드린다.

35편(다윗, 원수들의 멸망에 대한 호소): 다윗이 사울에게 쫓기고 있을 때 지은 시로 하나님께서 원수들이 공격할 때 대신 싸워 주실 것과 공의를 보여주실 것을 호소한다.

36편(다윗, 하나님의 인자와 악인의 패역): 악인들의 어두운 면과 하나님 사랑의 밝은 면을 대조하면서 무엇이 가장 보배로운 삶인지 알려준다.

37편(다윗, 의인과 악인의 마지막): 의인의 화평과 악인의 멸망을 강조하며 악인의 순간적 번영에 불평하지 말고 하나님의 선을 실행할 것을 촉구한다.

38편(다윗, 고통 중에 하나님께 간구함): 다윗이 밧세바와 간음한 죄를 회개한 후 현재 당하는 고통이 자신의 죄 때문임을 인정하면서 하나님께서 구원해 주시도록 간구한다.

39편(다윗, 인생의 무상함): 인생의 무상함과 하나님을 바라는 소망을 말한다.

40편(다윗, 하나님께 감사와 도움을 구하는 기도): 사울의 패전 후에 큰 위험으로부터 건짐 받고 새 시대가 왔음을 감사하면서 자신을 공격하는 원수에게 하나님의 공의가 집행되길 원한다.

41편(다윗, 병상에서 드리는 기도): 병 가운데 도움을 구하는 기도이다.

[제2권, 42-72편]

42편(고라 자손, 하나님을 향한 갈망): 다윗과 함께 피난하는 중에 예루살렘 성전에서 하나님을 찬양했던 과거를 회상한다. 지금은 원수들의 핍박 아래 있음을 탄식하며 하나님을 갈망한다.

43편(작자 미상, 시온을 향한 소망): 42편의 탄식이 간구로 바뀐다.

44편(고라 자손, 고난에 직면한 이스라엘의 탄원): 하나님께서 이스라엘을 위해 행하신 일이 하나님의 능력임을 고백한다. 지금 겪는 고난을 주를 위한 고난으로 이해한다.

45편(고라 자손, 왕의 결혼을 축하하는 노래): 왕의 위엄과 신부에 대한 당부를 노래한다. 왕은 메시아로, 신부는 이스라엘이나 교회로 본다.

46편(고라 자손, 이스라엘을 보호하시는 하나님의 손길): 이스라엘이 적의 공격으로 두려워하지 말고 하나님께서 승리하신다는 믿음으로 신앙을 굳게 지킬 것을 당부한다.

47,48편(고라 자손, 하나님의 우주적인 통치와 하나님이 거하시는 시온의 영광): 우주를 통치하시는 하나님의 왕권과 하나님께서 정의와 사랑으로 다스리시는 거룩한 도성 시온을 찬양한다.

49편(고라 자손, 부와 인생의 허무함): 헛된 재물을 의지하는 자의 어리석음을 지적한다.

50편(아삽, 참된 예배를 권고): 악한 일을 행하면서 외식적인 제물로 제사를 드리는 자들을 하나님께서 심판하실 것을 경고하며 감사로 참된 제사를 드리라고 권고한다.

51편(다윗, 참회의 기도): 다윗이 간음죄를 저지른 후에 나단 선지자의 책망을 듣고 지은 참회 시다. 다윗은 철저히 회개하며 하나님께 용서를 구한다.

52편(다윗, 의인과 악인의 길): 사울에게 쫓길 때 자기를 도와준 제사장 아히멜렉이 도엑의 밀고로 죽임을 당한 사건을 통해 악인의 횡포를 통렬하게 비판하면서 의인의 승리를 선포한다.

53편(다윗, 어리석은 무신론자): 무신론자의 어리석음과 인간의 타락을 통탄한다.

54편(다윗, 하나님의 구원을 확신하는 믿음): 다윗은 자기를 죽이려는 원수로부터 구원해 주실 것과 악인들에 대한 보응을 하나님께 호소하며 하나님에 대한 신뢰를 고백한다.

55편(다윗, 배신당한 자의 간구): 다윗은 친구에게 배신을 당했던 일과 예루살렘 성내에 폭력과 분쟁이 만연한 상황을 하나님께 고하고 도움을 간구한다.

56편(다윗, 고난 중에 하나님의 긍휼을 구하는 기도): 다윗이 가드에서 블레셋 사람의 감시 하에 있을 때 고통스러운 처지를 호소하면서도 하나님께 대한 신뢰를 고백하고 구원을 확신한다.

57편(다윗, 하나님께 찬양함으로 승리하는 신앙): 사울을 피해 굴에 숨었던 위급한 상황에서도 하나님께서 구원해 주실 것을 믿었으며 그 결과 구원해 주셨음을 찬양한다.

58편(다윗, 악인을 심판하실 것을 간구): 하나님께서 악한 통치자들을 심판하실 것을 간구한다.

59편(다윗, 피난처 되시는 하나님): 다윗의 아내 미갈의 도움으로 사울을 피했을 때 자신의 결백을 밝히고 악인의 심판을 간구한 후 하나님께서 응답에 주실 것을 확신하여 찬양을 드린다.

60편(다윗, 하나님께 승전을 위한 기도): 이스라엘이 아람, 에돔과 싸울 때 승리는 하나님께 속해 있음을 고백하며 구원해 주실 것을 기도한다. 더불어 하나님을 신뢰하고 승리를 확신한다.

61편(다윗, 절박한 상황에서 하나님의 인도하심을 호소): 다윗이 압살롬의 반역으로 피난 갔을 때 하나님의 보호 아래 있기를 간구하며 하나님께서 자신의 기도에 응답해 주심을 감사한다.

62편(다윗, 하나님만 의지하라): 왕위에서 축출하려는 모반자들의 공격에도 다윗은 하나님의 절대적 신뢰를 고백한다. 다윗은 백성에게 사랑과 권능의 하나님만 의지하라고 권고한다.

63편(다윗, 광야에서 하나님을 간절히 찾다): 다윗이 대적들의 반란으로 예루살렘에서 유대 광야로 쫓겨났을 때 하나님을 간절히 바라고 찾으며 지은 시다.

64편(다윗, 악인에게서 지켜주실 것을 간구): 악인으로부터 생명을 보존해 주실 것을 간구한다.

65편(다윗, 하나님의 은혜에 감사 찬양): 백성들의 죄를 용서해 주시고 구원해 주시며 풍성한 삶을 주시는 하나님을 찬양한다. 권능과 공의로 자연과 인간을 주관하시는 하나님을 찬양한다.

66편(작자 미상, 구원의 하나님께 찬양): 개인과 민족 전체를 구원해 주신 하나님을 찬양한다.

67편(작자 미상, 모든 민족이 하나님을 찬양): 이스라엘에게 은혜를 베풀어 주시기를 기원하며 모든 민족이 하나님을 찬양할 수 있기를 기도한다.

68편(다윗, 승리케 하시는 하나님을 찬양): 승리케 하시는 하나님의 자비로운 통치를 찬양하며, 우주를 통치하시고 성소에 지상 보좌를 세우신 하나님을 모든 나라가 찬양하도록 권고한다.

69편(다윗, 역경에서 구원 받기를 탄원): 다윗은 대적들의 음모로 겪는 생명의 위협과 역경에서 구원 받기를 기도한다. 다윗의 고난은 메시아의 고난을 예표하고 있다.

70편(다윗, 구원을 간구하는 기도): 대적들의 공격에서 하나님이 속히 도와주실 것을 간구한다.

71편(작자 미상, 노년에 도움을 구함): 인생의 황혼기에 질병과 원수들의 위협을 받는 상황에서 하나님께 도움을 호소한다. 그리고 구원해 주실 것을 믿으며 하나님을 찬양할 것을 맹세한다.

72편(솔로몬, 메시아 왕국을 찬양): 솔로몬은 그의 통치로 나타나는 영광스러운 모습을 묘사한다. 그러나 결국 메시아가 통치하셔야만 의롭고 화평한 나라가 임한다고 고백한다.

[제3권, 73-89편]

73편(아삽, 악인의 형통이 주는 교훈): 의인이 고난받고 악인이 형통할지라도 결국 하나님의 공의로운 심판이 악인에게 임하는 것을 볼 것이다.

74편(아삽, 민족 구원을 위한 기도): 예루살렘과 성전이 대적들에 의해 파괴되는 것을 목격하면서 비통한 심정으로 하나님의 도우심을 호소한다.

75편(아삽, 의로운 재판장이신 하나님): 때가 이르면 하나님께서 공의롭게 심판하실 것이다.

76,77편(아삽, 주권적으로 통치하시며 구속주이신 하나님을 찬양): 이스라엘 역사를 통해 하나님께서 창조주이시며 구속주이심을 깨닫고, 예루살렘을 보호하시며 열방들을 심판하시고 주권적으로 통치하시는 하나님을 찬양한다.

78편(아삽, 하나님과의 언약에 충실하자): 아삽은 이스라엘에게 과거의 범죄를 반복하지 말 것을 경고하고, 하나님의 구원과 은혜를 기억하며 하나님과의 언약에 충실하자고 권고한다.

79,80편(아삽, 이스라엘의 회복을 위한 기도): 이스라엘이 하나님께 범죄하여 멸망당한 후에 하나님께 용서를 구하고 이스라엘을 회복해 주실 것을 간구한다.

81편(아삽, 하나님께 찬양과 순종을 촉구): 하나님께서 정하신 절기를 지키며 하나님을 찬양할 것을 권고한다. 약속된 복을 받기 위해서 하나님의 계명에 순종할 것을 촉구한다.

82편(아삽, 불의한 자에 대한 하나님의 심판): 세상 모든 통치자는 하나님의 공의와 사랑의 규범을 따라야 하며 불의한 통치자와 불공평한 재판관은 하나님의 심판을 받을 것이라고 경고한다.

83편(아삽, 대적의 파멸을 간구): 이스라엘이 대적들로부터 공격받을 위기에 처한 상태에서 하나님께서 대적들을 파멸해 주실 것을 간구한다.

84편(고라 자손, 하나님의 성전을 사모): 하나님의 성전을 사모하며 드리는 기도이다.

85편(고라 자손, 포로 귀환 후에 하나님의 은혜를 간구): 바벨론 포로 귀환 이후 귀환자들이 새로운 환난을 겪게 되면서 다시 한 번 하나님께 은혜를 간구한다.

86편(다윗, 하나님께 도움과 구원을 호소): 대적들의 공격에서 하나님께 구원을 호소한다.

87편(고라 자손, 시온을 통한 하나님 은혜의 확장): 바벨론 포로 귀환 후 건축된 성전을 보고 실망한 사람들에게 시온을 통하여 하나님의 은혜가 온 우주에 나타날 것임을 말해준다.

88편(고라 자손, 고통 중에 드리는 믿음의 기도): 이유를 알 수 없는 극심한 고통 가운데 있는 자신의 처지를 탄식하며 하나님께 응답해 주실 것을 호소한다.

89편(에단, 언약의 확신): 다윗 왕조가 몰락한 상황을 탄식하며 하나님께서 다윗과 맺으신 언약을 기억하시어 다시 한 번 다윗 왕조를 회복해 주시기를 기도한다.

[제4권, 90-106편]

90편(모세, 인간의 연약함을 고백): 인간은 죽음의 선고를 받고 허무하게 살아가는 존재임을 깨닫고 영원하신 하나님을 찬양하고 하나님께 긍휼을 구한다.

91편(작자 미상, 영원한 피난처 되시는 하나님): 하나님을 의지하는 자는 안전하다.

92편(작자 미상, 하나님의 공의로운 통치 찬양): 안식일 예배용 찬송이다. 궁극적으로 악인을 멸망시키고 의인을 번성케 하시는 하나님의 공의로운 통치를 찬양한다.

93편(작자 미상, 영원한 통치자 하나님): 하나님의 영원하고 절대적인 통치를 찬양한다.

94편(작자 미상, 악인에 대한 하나님의 공의를 호소): 악인의 권력으로 하나님을 경외하는 자들이 고통당하고 있음을 말하고 하나님께 심판해 주실 것을 호소한다.

95편(작자 미상, 온전한 예배): 불순종을 경고하며 온전한 예배를 드리자고 권고한다.

96-98편(작자 미상, 하나님의 공의로운 통치를 찬양): 언약 백성의 구원자이시며 온 세계를 공의로 통치하시는 유일하신 참 하나님을 찬양한다.

99-100편(작자 미상, 하나님의 왕권에 대한 찬양): 위대하고 거룩하신 왕으로서 시온에서 통치하시는 하나님께 감사하고 기쁨으로 찬양한다.

101편(다윗, 통치자의 자세): 다윗은 나라를 하나님의 인자와 공의에 기초하여 도덕적 종교적 규범에 따라 선하게 백성들을 통치하겠다고 맹세한다.

102(작자 미상, 고난당한 자가 근심을 하나님께 토로하는 기도): 예루살렘의 멸망과 개인적인 질병을 탄식하며 상한 심령으로 하나님의 도우심을 간구한다.

103편(다윗, 하나님의 은혜와 사랑을 찬양): 다윗은 하나님께서 자신과 이스라엘에 베푸신 은혜와 사랑을 진실한 마음으로 찬양한다.

104편(작자 미상, 창조주를 찬양): 우주와 만물을 창조하시고 주관하시는 하나님을 찬양한다.

105편(작자 미상, 신실하신 하나님): 하나님께서 아브라함, 이삭, 야곱과 맺으신 언약을 얼마나 신실하게 이행하시는지 알려주면서 하나님을 신뢰하도록 권면한다.

106편(작자 미상, 이스라엘의 거역): 그동안 하나님의 은혜를 망각한 채 하나님을 거역한 이스라엘 백성들의 죄를 고백하고 하나님께 이스라엘의 구원을 간구한다.

[제5권, 107-150편]

107편(작자 미상, 하나님의 구속과 섭리를 찬양): 바벨론 포로 귀환 후 구원 받을 만한 아무런 자격이 없는 백성들을 구원해 주셨음을 감사하며 하나님의 구속과 섭리를 찬양한다.

108편(다윗, 구원의 확신과 하나님 사랑에 대한 찬양): 다윗이 사울에게 쫓길 때나 주변 국가들이 이스라엘에 침입했을 때 하나님이 구원해 주실 것을 확신하고 하나님의 사랑을 찬양한다.

109편(다윗, 하나님의 공의를 신뢰): 다윗이 상한 심령을 토로하며 하나님의 공의를 신뢰한다.

110편(다윗, 메시아의 통치): 만왕의 왕이요 영원한 제사장이신 그리스도께서 오셔서 사탄을 정복하고 영원한 메시아 왕국을 통치하실 것을 예언한다.

111편(작자 미상, 하나님의 행위를 찬양): 바벨론 포로 귀환 후 유월절과 장막절에 즐겨 부른 詩이다. 지금까지 진실과 공의로 행하신 하나님을 찬양한다.

112편(작자 미상, 의인이 받을 축복): 하나님을 경외하며 그분의 계명을 지키는 자가 받는 축복과 악인의 멸망을 말한다.

113편(작자 미상, 도우시는 하나님을 찬양): 유월절 만찬 전에 불렀다. 시공을 초월하여 계시면서 동시에 사람의 역사 속에서 소외되고 고통받는 자를 도우시는 하나님을 찬양한다.

114편(작자 미상, 하나님의 구원 찬양): 이스라엘 민족을 이집트에서 탈출하도록 해주신 하나님을 찬양한다.

115편(작자 미상, 하나님의 인자와 진실을 찬양): 유월절 만찬 후에 부른 詩이다. 하나님께서 이스라엘에게 베푸신 인자와 진실을 찬양한다.

116편(작자 미상, 응답해 주시는 하나님께 감사): 사망의 위험과 환난에서 구원해 주신 하나님을 찬양하며 하나님께 서원한 것을 갚겠노라고 다짐한다.

117편(작자 미상, 만민에게 하나님 찬양을 권고): 이스라엘을 향하신 하나님의 사랑과 성실하심을 찬양하며 모든 민족에게 하나님을 찬양할 것을 권고한다.

118편(작자 미상, 구원해 주신 하나님 찬양): 적에게서 구원해 주신 인자하신 하나님을 찬양한다.

119편(작자 미상, 하나님의 율법이 주는 축복): 하나님의 말씀을 찬양한다.

[120-134편은 레위인들이나 순례자들이 성전에 올라가면서 불렀던 노래이다.]

120편(작자 미상, 평화를 구하는 기도): 이방인의 훼방에서 구원해 주시기를 간구한다.

121편(작자 미상, 이스라엘을 보호하시는 하나님을 찬양)

122편(다윗, 거룩한 성 예루살렘의 영광): 다윗이 법궤를 오벧에돔의 집에서 예루살렘으로 옮길 때 지은 시로 예루살렘을 향해 기쁨과 축복의 찬양을 한다.

123편(작자 미상, 긍휼을 구함): 대적들의 멸시를 받는 상황에서 하나님께 긍휼을 구한다.

124편(다윗, 하나님의 구원을 찬양): 대적들에게서 이스라엘을 구원해 주신 하나님을 찬양한다.

125편(작자 미상, 하나님을 신뢰하는 자의 안전한 삶): 하나님의 보호하심으로 이스라엘에 평화가 있을 것임을 확신한다.

126편(작자 미상, 구원의 환희와 감격): 하나님의 은혜로 이스라엘 자손이 포로 생활에서 귀환한 것을 감격하여 찬양한다.

127편(솔로몬, 인생은 하나님의 주권): 사람의 안정과 번영은 하나님의 은혜와 섭리이다.

128편(작자 미상, 하나님을 경외하는 자가 받는 복): 하나님을 경외하는 사람이 받을 복과 하나님을 경외하는 사람들이 모인 예루살렘이 받을 복을 노래한다.

129편(작자 미상, 시온을 대적하는 자들의 최후): 시온의 대적들을 물리쳐주신 하나님께 감사하고 앞으로 시온을 미워하는 대적들을 물리쳐주실 것을 간구한다.

130편(작자 미상, 회개하며 구원을 바라는 기도)

131편(작자 미상, 하나님께 대한 겸손과 신뢰를 고백)

132편(작자 미상, 하나님의 성전에 대한 축복과 언약): 법궤를 예루살렘으로 옮기면서 하나님께서 다윗과 시온에게 세우셨던 언약을 기억해 주실 것을 간구한다.

133편(다윗, 형제 사랑에 대한 찬양): 이스라엘이 한 형제가 되어 생활하는 것을 찬양한다.

134편(작자 미상, 송축 요청과 축복 기원): 성전을 떠나려는 순례객들이 성전을 지키는 레위인들에게 하나님을 송축하라고 권하자 한 레위인이 하나님께서 순례객들에게 복 주실 것을 바란다.

135편(작자 미상, 만물의 창조자, 주관자, 구원자이신 하나님을 찬양)

136편(작자 미상, 하나님의 영원한 인자와 사랑): 하나님의 사랑과 위대하신 창조 그리고 이스라엘을 이집트에서 인도하고 가나안을 정복하게 하신 은혜에 찬양하고 감사한다.

137편(작자 미상, 이스라엘의 슬픈 현실): 바벨론에서 겪었던 쓰라린 아픔을 회상하며 에돔과 바벨론에 대한 하나님의 저주를 요구한다. 연주와 노래는 오직 하나님께만 바칠 것을 다짐한다.

138편(다윗, 하나님께 감사 찬양): 다윗은 원수로부터 구원해 주신 하나님께 감사하고 이 땅의 모든 왕들이 자기와 함께 하나님을 찬양하기를 바란다.

139편(다윗, 인생을 주관하시는 하나님): 하나님은 심판자이시며 전능하신 분임을 주장한다.

140편(다윗, 악인의 위협에 대한 하나님의 보호): 다윗은 하나님께서 포악한 원수의 음모와 비방으로부터 구원해 주시고 원수들을 징벌해 주실 것을 간구하며 그렇게 될 것을 확신한다.

141편(다윗, 악으로부터 구원을 위한 기도): 다윗은 책망을 달게 받아 악한 길로 빠지지 않기를 간구하며, 악인들의 간계로부터 구원해 주시고 악인들이 자멸하도록 기도한다.

142편(다윗, 원수로부터 구원을 호소): 다윗이 사울을 피해 굴에 있을 때 지은 시로 도와줄 사람도 피할 곳도 없는 절망적인 상황에서 하나님께서 원수로부터 구해주실 것을 호소한다.

143편(다윗, 회개하는 기도): 지금의 환난이 자신의 죄 때문임을 깨닫고 하나님께 회개한다.

144편(다윗, 하나님께서 중상모략하는 대적들을 물리쳐 주시기를 간구)

145편(다윗, 왕으로서 통치하시는 하나님의 영광): 하나님의 전능하심과 은혜를 찬양한다.

146편(작자 미상, 하나님의 공의로운 통치): 소외된 자들을 향한 하나님의 공의를 찬양한다.

147편(작자 미상, 하나님의 능력과 은혜를 찬양): 포로 생활에서 해방시키시고 예루살렘을 재건하여 안전하게 하시며, 자연과 사람을 주관하시고 사랑을 베푸시는 하나님을 찬양한다.

148편(작자 미상, 모든 피조물의 찬양): 모든 사람들을 포함해서 하늘에 있거나 하늘 아래에 있는 모든 피조물들에게 하나님께 찬양해야 하는 이유를 말하고 하나님을 찬양할 것을 권면한다.

149편(작자 미상, 이스라엘을 통치하시는 하나님 찬양): 친히 이스라엘의 왕이 되셔서 보호하시고 통치하시며 원수들을 심판하시는 하나님을 찬양한다. 메시아의 승리와 통치를 암시한다.

150편(작자 미상, 시공을 초월하여 하나님을 찬양하라): 시편을 마무리하는 할렐루야 찬송으로 하나님께서 어디에서, 무엇 때문에, 어떻게, 누구로부터 찬양을 받아야 하는지 밝힌다.

'평화롭다'는 뜻이 있다. 다윗과 밧세바 사이에서 네 번째 아들로 태어나 이스라엘 통일 왕국의 세 번째 왕이 된다. 솔로몬 통치 시대에 이스라엘은 최대 영토였다. 40년간 통치(B.C. 970-930년)했으며 아가서, 잠언, 전도서, 시편 두 편을 기록하였다.

1. **지혜를 구한 솔로몬:** 솔로몬이 일천 번제를 마친 후에 하나님께서는 솔로몬에게 무엇을 원하는지 물어보셨다. 솔로몬은 송사를 듣고 분별하는 지혜를 구하였다. 하나님께서는 지혜뿐만 아니라 부귀와 영화도 주셨다.

2. **성전 건축:** 하나님께서는 다윗이 성전을 건축하도록 허락하지 않으셨다. 다윗이 전쟁을 치르면서 피를 많이 흘렸기 때문이다. 하나님께서는 다윗에게 솔로몬의 이름을 지어 주시면서 솔로몬이 성전을 건축할 것이라고 말씀하셨다. 다윗은 솔로몬이 차질 없이 성전을 건축하도록 많은 준비(설계도, 백향목, 돌, 금, 은, 놋, 철, 장인 등)를 하였다. 왕이 된 솔로몬은 성전 건축을 시작하여 7년 만에 완공하였다.

3. **솔로몬의 부유함:** 솔로몬에게 매년 들어오는 금이 666달란트 정도였다. 상인과 무역상들에게서 세금으로 금이 들어오고 조공으로도 금이 들어왔다. 솔로몬이 보유한 상선들은 금, 은, 상아, 원숭이, 공작새 등을 여러 곳에서 싣고 왔다. 그는 1400대의 전차와 1만 2천 명의 전차 부대 요원이 있었다. 은이 돌처럼 흔하였고 백향목도 무화과나무처럼 흔하였다.

4. **하나님께 범죄한 솔로몬:** 하나님께서는 이스라엘에 왕이 있기 전부터 왕이 지켜야 할 것들을 미리 말씀하셨다. 그러나 솔로몬은 하나님의 말씀에 불순종하였다(신17:14-17). 그는 자신을 위하여 많은 말들을 모았으며 그 말들을 모으기 위해 백성들을 이집트로 내려보냈다. 그리고 자신을 위하여 금과 은을 많이 모았다. 모두 하나님께서 하지 말라고 명하신 일이다. 특히 솔로몬은 많은 아내를 취했는데 대부분 이방 여인이었다. 솔로몬은 많은 아내에게 그의 마음을 빼앗겼다. 그들은 솔로몬의 마음을 돌이켜 이방신들을 섬기게 하였는데 솔로몬은 모압의 신 그모스와 암몬의 신 몰록을 위해 예루살렘 앞산에 산당을 지었다.

5. **죄의 결과:** 하나님께서는 두 번이나 솔로몬에게 나타나시어 다른 신을 따르지 말라고 하셨으나 솔로몬은 하나님의 명령을 듣지 않았다. 하나님께서는 솔로몬이 죽은 후에 이스라엘이 둘로 나뉠 것이라고 말씀하셨다. 솔로몬이 살아 있을 때 하지 않으시고 솔로몬이 죽은 후에 나라를 나누신 까닭은 오로지 다윗 때문이었다. 이 예언은 실현되어 솔로몬의 아들 르호보암 시대에 이스라엘은 두 나라로 분열되었다.

6. **예수님의 말씀 속에 언급된 솔로몬:** 예수님께서는 자신이 솔로몬보다 더 큰 자라고 하셨다. 들의 백합화를 언급하시면서 솔로몬이 모든 영광을 누릴 때 차려입은 것도 이 들꽃 하나만도 못하였다고 말씀하셨다.

잠언(箴言)은 인간이 세상을 살아갈 때 추구해야 할 삶의 지혜를 짧은 문장으로 소개한 일종의 시가서이다. 잠언을 쓴 목적은 지식의 근본이 하나님이시며 하나님을 경외하는 것이 지혜임을 깨닫게 하여 인간이 지혜롭게 행동하도록 지도하기 위해서이다.

잠언의 저자는 솔로몬이며 솔로몬은 그의 잠언 모음집에 아굴(30장)과 르무엘(31장)의 잠언을 일부 포함하였다. 잠언의 기록 연대는 B.C.950년경이다.

[머리말: 본서의 주제와 목적]

1장 [하나님을 경외하는 것이 지식의 근본이다]: 7절까지 잠언 전체의 주제를 말한다. 하나님을 경외하는 것이 지식의 근본이며 하나님의 부르심에 경청하지 않고 사탄의 유혹에 귀 기울이는 것이 얼마나 위험한지 알려준다.

[지혜에 대한 여러 가지 교훈, 2장-9장]

2장 [지혜를 구하는 자의 유익]: 지식과 명철을 간절히 구하면 얻을 것이다. 지혜는 하나님을 경외하는 것을 깨닫게 하여 죄의 길에서 우리를 지키며 세상의 부함보다 더 큰 유익을 준다.

3장 [지혜의 유익]: 하나님을 알고, 하나님을 사랑하고, 하나님의 진리와 섭리와 율법에 순종하는 것이 지혜이다. 지혜의 말씀에 순종하면 축복을 받을 것이다. 자기의 명철을 의지하지 않고 하나님을 인정하고 의뢰하면 하나님의 인도를 받게 된다. 그리고 이웃에게 선을 베푸는 것도 하나님을 경외하는 것이다.

4장 [아버지의 훈계를 듣고 지켜라]: 솔로몬 왕이 아들에게 훈계를 듣고 지키라고 가르친다. 그는 아들에게 복된 생명은 마음에서 나오니 마음을 지키라고 하면서 입과 눈과 발을 바르게 하여 생명의 길로 가라고 당부한다. 솔로몬 왕은 자녀가 부모에게 순종하면 생명을 얻게 된다고 말한 후에 생명이 없는 악인의 길로 가지 말라고 충고한다.

5장 [성결이 요구되는 결혼 생활]: 음녀에 대해 강력하게 경고한 후에 자기 아내를 기뻐하고 사랑하라고 가르친다. 음녀는 어리석은 자를 죽이고 멸망시키기 때문에 오직 아내만을 사랑하고 다른 사람과 음행하지 말라고 경고한다.

6장 [말씀으로 스스로를 구원하라]: 보증, 게으름, 멸망, 호색, 간음, 하나님께서 미워하시는 것으로부터 스스로를 구원하라고 가르친다. 보증은 신중해야 하며 일단 보증하였으면 손해를 보더라도 신실하게 지켜야 한다. 영적이나 육적으로 게으르면 빈궁해져 스스로 망하게 된다. 하나님께서는 교만한 눈, 거짓된 혀, 무죄한 자의 피를 흘리는 손, 악한 계교를 꾀하는 마음, 악으로 빨리 달려가는 발, 거짓을 말하는 망령된 증인, 형제 사이를 이간하는 자를 싫어하신다. 솔로몬은 아들에게 음행하여 몸과 생명을 사냥당하지 않도록 거듭 당부한다.

7장 [음녀에게 빠지지 마라]: 솔로몬은 음녀가 유혹하는 장면을 상세하게 말하며 음녀의 유혹이 생각보다 끈질기고 대담함을 경계하고 음녀에 빠지지 말라고 경고한다. 음녀에 빠지지 않으려면 하나님의 말씀을 듣고, 마음에 새기고, 지켜야 한다. 하나님의 계명을 지키는 사람이 하나님을 사랑하는 사람이다. 음녀는 실제 음녀뿐만 아니라 우리 마음을 사로잡고 빼앗는 것, 주님께 향하는 것을 방해하는 것, 주님께서 원하시지 않고 좋아하지 않으시는 것 모두 해당한다.

8장 [하나님의 지혜를 얻어라]: 지혜를 의인화하여 표현하였다. 지혜는 하나님께서 창조하실 때도 있었고 하나님께서 창조하시기 전에도 있었다. 이 지혜를 얻으면 하나님을 경외하게 되어 생명을 얻지만, 지혜를 잃으면 자기의 영혼을 해치게 된다. 지혜를 간절히 찾는 자가 지혜를 만난다. 그래서 지혜를 간절히 찾고 얻어야 한다.

9장 [거룩한 것을 구별해야 한다]: 지혜는 생명을 주고 음녀는 사망을 준다. 어리석은 자는 지혜의 초청을 거부하고 미련한 여인의 초청에 응한다. 결국 음녀의 길로 간 어리석은 사람들은 사망의 길로 간다. 따라서 지혜와 음녀의 초청을 구별하여 잘 선택하는 것이 명철이다. 거룩한 것을 구별하는 것이 지혜이며 하나님을 경외하는 것이다.

[선과 악의 비교, 10-15장]

10장 [의인과 악인의 재물과 말]: 의인은 손을 부지런히 움직여서 재물을 정직하고 의로운 방법으로 모은다. 이러한 의인을 하나님이 축복해 주시고 부요할 때 발생하는 근심도 제거하여 주신다. 악인은 미련하고 게을러서 가난하게 된다. 악인이 부요하고 번성하게 되더라도 하나님이 보시기에 그것은 악한 것이므로 무익하며 결국은 망하게 된다. 의인은 입을 제어할 줄 알기 때문에 해야 할 말과 하지 말아야 할 말을 구별하며 사랑으로 타인의 잘못을 덮어준다. 악인은 독을 머금으며 다른 사람의 약점을 들추어 말하기를 좋아하므로 항상 다툼을 일으킨다. 지혜롭게 말하는 의인에게는 복이 임하지만 악인에게 돌아오는 것은 채찍과 징계와 멸망이다.

11장 [의인과 악인의 삶의 태도]: 의인은 자신의 재물로 가난한 자를 구제하고 베푸는 삶을 살기 때문에 하나님께서 축복으로 더욱 풍성하게 하신다. 악인은 재물을 얻기 위해 수단과 방법을 가리지 않으며 얻어진 재물을 자신만을 위해 사용한다. 결국 악인의 소유는 허무하게 다른 사람의 손으로 돌아가고 그는 하나님의 심판을 받는다.

12장 [의인과 악인의 특징]: 의인은 하나님의 말씀을 소중히 여기지만 악인은 가볍게 여긴다. 의인은 성실하게 일한 대가로 풍성한 열매를 얻으나 악인은 남의 피를 흘린 대가로 결국 소멸한다. 의인은 진실만을 말하므로 화를 면하나 악인은 남을 해하는 말이나 거짓말로 다툼을 일으킨다.

13장 [의인과 악인이 받게 될 보응]: 의인은 부모의 훈계를 듣고 지킴으로 복을 누리지만 악인은 함부로 말하거나 거짓말을 하기 때문에 부끄러움을 당하고 패망한다. 의인은 재물을 올바른 목적을 위해 사용하여 점점 부하게 되지만 악인은 자신만을 위해 사용하다가 모든 것을 잃게 된다. 하나님은 공의로우신 분이시기 때문에 의인과 악인에게 행한 대로 보응하신다.

14장 [의인과 악인의 사회생활]: 지혜로운 자는 여호와를 경외하고 신실한 말을 하여 사람의 생명을 구하지만 어리석은 자는 하나님을 경멸하고 거짓말을 일삼아서 사람을 죽인다. 의인은 죄의 길에 가까이하지 않으나 악인은 순간의 쾌락을 위해 악한 길로 간다. 재물은 지혜로운 자에게는 축복이나 미련한 자에게는 화근이 된다. 의인은 하나님을 경외하고 그 뜻을 따라 가난한 자를 돕기 때문에 하나님의 축복을 받을 것이나 악인은 진노를 당하게 될 것이다.

15장 [의인과 악인에 대한 하나님의 보응]: 참된 지혜의 근원은 하나님을 경외하는 것이다. 지혜로운 자의 말은 화평을 이룬다. 사람의 참된 기쁨은 물질에 있지 않고 마음의 화평에 있으므로 분을 내지 않고 사랑의 마음을 지니는 자가 축복을 받는다. 반면 악인은 하나님의 말씀을 따르지 않고 하나님을 멸시하기 때문에 하나님께서는 그의 제사를 받지 않으신다. 그는 심판을 받고 지옥에 들어가게 된다.

[지혜로운 자의 생활, 16-22장]

16장 [의인은 말씀을 좇는다]: 하나님께서는 의인을 도우셔서 성공하게 하시지만 악인은 아무리 노력해도 성공할 수 없다. 따라서 통치자는 하나님의 말씀에 따라 공의와 공평으로 다스려야 한다. 지혜로운 사람은 자신의 마음을 잘 다스리고 하나님께 모든 일을 의지한다. 이런 지혜로운 자는 남에게 복을 주지만 미련한 자는 자기뿐만 아니라 타인도 멸망하게 한다.

17장 [선한 것을 분별하는 지혜를 가지라]: 눈앞의 이익을 위해 불의한 방법으로 물질을 얻는 것은 오히려 화를 자초한다. 이웃에게 사랑을 베풀며 위급할 때 도와주고 가난한 자에게 물질을 베풀어 주면 하나님께 축복을 받는다. 악한 자와 선한 자를 바르게 구별하고 인정이나 뇌물로 인해 판단을 굽게 하지 말아야 한다.

18장 [공동체 안에서 지혜자의 모습]: 공동체에서 타인을 무시하고, 개인적인 이익에 눈이 어두워 불의를 행하며, 자신의 뜻대로만 행하려는 자는 공동체를 파괴하는 어리석은 자이다. 공동체 구성원 사이에서 발생하는 문제는 공정하고 화목한 방법으로 해결해야 한다. 그러기 위해서는 교만을 버리고 사람과 하나님 앞에서 겸손히 행하며 하나님의 지혜를 얻기 위해 힘써야 한다.

19장 [하나님을 경외하는 자가 받는 축복]: 성실히 행하고 친구에게 너그럽게 베푸는 자는 참된 친구를 얻으나, 거짓말을 일삼고 분을 잘 내는 사람은 신망을 잃게 된다. 가난한 자를 돕는 자는 하나님께 보상을 받을 것이나 게으른 자와 거만한 자는 스스로 궁핍하게 되어 넘어진다.

20장 [하나님을 경외하는 자의 삶의 자세]: 지혜로운 자는 술을 조심해야 하며, 사람과 다툼을 일으키지 말고, 부지런히 일해야 하며, 불의한 방법으로 재물을 취하지 말고, 도덕적으로 순결한 삶을 살아야 한다. 그러기 위해서는 하나님의 심판을 먼저 기억하고 지혜를 얻기 위해 힘써야 하며 통치자는 인자와 진리로 다스려야 한다.

21장 [공의를 행하라]: 사람의 행위가 자기에게는 옳게 보이지만 하나님께서는 그 마음을 감찰하신다. 따라서 공의를 행해야 한다. 하나님께서는 악인의 제물과 악한 뜻으로 바치는 제물을 싫어하시며 의와 공평을 행하는 것을 더 기뻐하신다.

22장 [지혜로운 자녀 교육]: 마땅히 행할 길을 자녀에게 가르치면 그것을 떠나지 않는다.

[여러 가지 행실과 여러 부류의 사람들에 대한 잠언, 23-24장]

23장 [탐심에 대한 경계와 아이를 훈계]: 음식을 탐하지 말고, 부자가 되려고 애쓰지 말며, 죄인의 형통을 부러워하지 말고 항상 하나님을 경외해야 한다. 음녀는 조심하며, 술에 빠져 사는 자가 되지 말아야 하고, 자녀를 훈계하는 것을 주저해서는 안 된다.

24장 [승리로 이끄는 지혜]: 악인과 어울리지 말고 그들의 형통을 부러워하지 마라. 하나님을 두려워하고 반역자와 사귀지 마라. 재판할 때 사람의 얼굴을 보고 판결하지 말고 이웃에게 불리한 증언을 하지 마라.

[인간관계와 처신에 대한 잠언, 솔로몬의 잠언을 히스기야의 신하들이 편집, 25-29장]

25장 [정치와 일상적인 삶에서의 지혜]: 하나님의 뜻대로 나라를 바르게 다스리는 것이 세상 왕의 영광이 된다. 왕위를 의로 굳게 세우려면 왕 앞에 있는 악한 자를 없애야 한다. 스스로 자기를 높여 잘난 체하지 말고 주인에게 충성하고, 분노를 오래 참으며, 부드러운 혀를 가져야 한다. 원수에게 먹을 것을 주고 물을 주는 것은 원수를 부끄럽게 하는 일이다. 악인에게 굴복하지 말고 자제력을 잃지 마라.

26장 [미련한 자를 경계할 것]: 미련한 자의 어리석은 말에 일일이 대꾸할 필요가 없다. 말쟁이가 없어지면 다툼도 그치기 때문이다. 원수는 속으로는 흉계를 꾸미지만 결국 자신이 판 함정에 자신이 빠지게 된다. 남을 속이는 자는 제 꾀에 속아 넘어간다.

27장 [겸손하며 율법을 지켜라]: 스스로 자신을 칭찬하지 말고 남이 칭찬하게 하라. 자신의 양떼를 부지런히 살펴야 한다. 율법을 듣지 않는 자의 기도는 하나님께서도 역겨워하신다.

28장 [여호와를 의지하는 자의 풍족함]: 악인은 늘 도망하고 공의를 깨닫지도 못하며 사람들은 그를 피한다. 학대하는 자, 압제하는 자, 무지하게 다스리는 자, 피를 흘리는 자는 포악을 행하고 함정으로 달려간다. 자기 마음을 믿는 자는 미련하나 하나님을 찾는 자는 모든 것을 깨달으니 하나님을 경외하는 것은 복되며 하나님을 의지할 때 풍족하게 된다.

29장 [사람을 두려워하지 마라]: 정의로 다스리는 왕은 나라를 튼튼하게 하지만 악인이 다스리면 백성이 탄식하고 나라가 망한다. 통치자에게 환심을 사려는 자가 많으나 일의 작정은 하나님께 있다. 아이를 꾸짖고 때려서라도 제대로 교육을 하면 그 아이는 지혜를 얻게 되지만 제멋대로 내버려둔다면 그는 어머니를 욕되게 한다.

[부록, 아굴과 르무엘의 잠언, 30–31장]

30장 [아굴의 잠언]: 아굴은 하나님께 헛된 것과 거짓을 멀리하도록 하며, 부하게도 가난하게도 하지 말고, 오직 필요한 양식으로 자신을 먹여달라고 간구한다. 그리고 남의 종을 헐뜯거나, 부모를 저주하고, 깨끗한 척하며, 자기의 더러움을 씻지 않고, 남을 깔보며, 죄를 범하고도 회개하지 않고, 만족할 줄 모르며, 큰 욕망으로 세상의 질서를 무너뜨리는 자들에게 경고한다.

31장 [르무엘의 잠언]: 르무엘 왕(솔로몬 왕으로 추정)의 어머니가 아들에게 전한 교훈이다. 왕은 여자에게 힘을 허비하지 말고 포도주나 독주를 마시면 안 된다. 왕은 공의로 재판을 해서 그들의 권위를 세워주어야 한다. 현숙한 여인은 남편에게 선을 행하고, 부지런히 일하여 평생 남편에게 아무런 부족함이 없게 한다. 날이 새기 전에 일어나 식구들을 위하여 음식을 장만하며, 곤고한 자와 궁핍한 자에게 손을 내밀고 지혜를 베푼다. 고운 것도 아름다운 것도 헛되나 하나님을 경외하는 여자는 가족과 남편과 성읍 사람들과 하나님께 칭찬을 받는다.

전도서는 '전도자의 말씀'이라는 뜻이다. 전도자란 '집회에서 회중에게 선포하는 자'를 가리키며 '설교자'를 지칭하기도 한다.

전도서의 저자는 1장 1절에 '예루살렘의 왕, 다윗의 아들'이라는 표현을 볼 때 솔로몬으로 보는 것이 바람직하다. 따라서 전도서는 B.C.940-930년경에 우상숭배와 육신의 향락으로 하나님께 범죄한 솔로몬이 회개하면서 기록한 것으로 추정된다.

전도서에는 '헛되다'라는 표현이 37회가 나오지만 그렇다고 해서 염세주의나 무신론적 사상을 나타낸 것이 아니다. 세상이 인생의 궁극적인 목적이 된다면 모든 것이 헛될 뿐이다. 가치 있는 복된 인생은 하나님을 경외하고 그분의 절대적 주권을 인정하며 그분의 명령을 지킬 때 가능하다는 사실을 알려 준다.

1장 [모든 것이 헛됨]: 인생의 모든 것이 헛되다고 선언한다. 사람의 모든 수고와 지혜도 헛된 것이다. 여기서 지혜는 하나님이 주신 지혜가 아니라 인간의 지식이다. 인생과 만물의 허무함을 고백하면서 인생을 낭비하지 말고 하나님을 두려워하고 하나님만 의지할 것을 권면한다.

2장 [허무함의 실례들]: 인생이 허무하다는 것을 구체적인 예를 들어 가르쳐 준다. 사람은 즐거움을 얻기 위해 술을 먹거나 정욕에 사로잡힌다. 또한 큰 집과 많은 노비와 보석을 사들이며 마음껏 즐긴다. 그러나 이 모든 것은 헛되며 허무함만 준다. 아무리 지혜로운 자라도 인생의 모든 것을 알 수 없으며 어차피 죽음 앞에서는 무력한 존재일 뿐이다. 사람의 참된 행복은 하나님으로부터 나오므로 하나님의 뜻대로 사는 것만이 소망을 준다.

3장 [하나님이 주관하시는 인생]: 인생의 허무함을 일반적인 원리로 설명한다. 만물을 지으시고 주관하시는 분은 하나님이시기 때문에 이 세상 모든 것에는 하나님이 정하신 때가 있다. 따라서 태어나고 죽는 것, 심고 거두는 것, 만나고 헤어지는 모든 일들이 사람의 계획과 노력으로 되지 않는다. 모든 인생은 하나님의 심판을 받기 때문에 하나님을 경외해야 한다. 하나님의 말씀대로 사는 자만이 축복을 받을 수 있다.

4장 [부조리한 사회 구조]: 인생의 허무함이 사회 구조에서도 나타난다. 노력한 자보다 속이는 자가 큰 이익을 얻으며, 태어날 때부터 권력과 부귀를 보장받은 자가 있는 반면 피지배자로 태어나는 자도 있다. 권력을 잡은 자라도 다음 권력자에게 배척을 받기 마련이다. 많은 부를 가졌으나 후손이 없어 희망이 없는 자도 있다. 참된 우정을 나눌 친구를 발견하기도 어렵다. 인간사의 모든 것이 허무하며 참 만족을 얻을 수 없다. 사회 구조가 하나님 중심이 아니라면 인간 사회는 허무할 뿐이다.

5장 [형식적 신앙과 재물의 허무함]: 인간 내면의 어리석은 신앙생활과 과도한 탐욕은 인생을 더욱 헛되게 할 뿐이다. 하나님께 형식적인 예배를 드리지 말고, 하나님을 경멸하는 반종교적이고 거만한 태도에서 벗어나 하나님의 말씀을 진심으로 받아들여야 한다. 그리고 재물을 추구하는 것처럼 현세적이고 세속적인 삶을 추구하는 인간은 결코 행복과 만족을 얻을 수 없다. 인간이 수고하여 능력대로 받는 몫은 하나님의 선물이니 이 선물을 감사히 여기고 받을 때만이 진정한 행복과 보람을 느낄 수 있다.

6장 [세상적인 풍요와 허무]: 하나님께서는 인간에게 모든 부요와 존귀를 주시고도 그것을 즐길 수 있는 능력을 허락하시지 않은 경우도 있다. 그래서 인간은 재물과 부요를 누릴 수 없으며, 자녀가 많고 장수하여도 만족하지 못한다. 이렇듯 인간은 세상에서 아무리 값진 것을 가진다 할지라도 그것을 누릴 수 있는 능력이 없기 때문에 항상 만족하지 못하고 절망하게 된다. 이런 절망에서 벗어나려면 하나님만 의지해야 한다.

7장 [세상을 사는 지혜]: 잠언의 내용을 인용하면서 하나님 중심의 신앙을 통해서만 참된 지혜를 발견할 수 있다고 가르친다. 또한 의인은 한 명도 없으니 지나치게 의인이 되려고 하지 말고 지나치게 악인이 되려고도 하지 말며 중용을 지키라고 충고한다.

8장 [권위에 복종]: 세상의 권위에 순종하고 하나님의 절대 권위에 복종할 것을 권면한다. 악인이 번영하고 의인이 고통받는 모습을 보면서 때로는 권위가 부당하다고 느끼기도 하지만 그것은 인간이 유한하기 때문이다. 세상의 혼란과 무질서에 대해 하나님의 심판이 궁극적으로 시행되므로 세상 조류에 휩쓸리지 말고 오직 하나님의 주권을 인정하고 복종해야 한다.

9장 [하나님의 주권을 인정하는 삶]: 세상의 지혜는 한계가 있어 헛된 것이므로 번영이 반드시 선하지 않고 불행이 반드시 악하지 않다. 따라서 하나님의 공의를 신뢰해야 한다. 모순되며 어두운 현실 속에서도 최종 승리를 확신하며 낙관적으로 살아가야 한다.

10장 [지혜 자와 우매 자의 결과]: 우매한 자들의 행동과 폐단의 실례들을 언급하고, 우매한 자들이 당하게 되는 피해를 보여준다. 통치자들의 우매함으로 발생하는 폐해를 묘사하면서, 지혜로운 삶이 필요하며 귀중하다는 사실을 알려준다.

11장 [젊은이에게 주는 충고]: 일상생활에서 최선을 다해야 한다고 촉구한다. 특히 자비와 베푸는 가치에 대해 언급하며 가난한 자를 구제하도록 강력히 권면한다. 그리고 늦기 전에 젊은 시절부터 죽음과 심판을 준비하라고 가르친다.

12장 [하나님을 경외하는 성도의 본분]: 하나님의 질서를 인간이 다 이해할 수 없다고 해서 회의주의에 빠져서는 안 된다. 왜냐하면 하나님께서 세상 만물의 배후에 계시면서 만물의 시기를 예정하시기 때문이다. 주어진 인생은 하나님의 선물이므로 하나님을 경외하며 살아야 한다.

117. 아가서

1. **저자:** 아가서의 저자는 솔로몬이다. 1장 1절에 솔로몬의 노래라고 기록되어 있다. 솔로몬은 1,005개의 노래와 3,000편의 잠언을 지었다(왕상4:32). 솔로몬이 작곡한 노래 중 '아가'만이 유일하게 남은 노래이다. 솔로몬은 아가서에서 목자로 나오기도 하며(아1:7) 왕으로 나오기도 한다(아3:9). 솔로몬이 자신을 목자로 표현한 것은 목자였던 다윗의 아들이기 때문이다.

2. **내용:** 아가서에서 나오는 술람미가 여인의 이름을 말하는 것인지 수넴 지역을 말하는 것인지는 확실하지는 않다. 솔로몬은 술람미(수넴)에 있는 자신의 포도원을 둘러보다가 우연히 만난 여인과 사랑하여 결혼했다고 전해진다. 그러나 술람미 여인이 자기 스스로 얼굴이 검다고 말한 점과(아1:6) 솔로몬도 술람미 여인을 파라오 병거의 준마 무리에 비교한 점으로(아1:9) 미루어 볼 때 술람미 여인은 파라오의 딸로 추정된다. 실제 솔로몬은 이집트 왕 파라오의 딸을 취하여 다윗 성에 두고 자기의 왕궁과 여호와의 성전과 예루살렘 성의 공사가 끝나기를 기다렸다는 기록이 있다(왕상3:1).

3. **주제:** 아가서에는 하나님에 대해 직접적인 언급이 없다. 8장 6절에 여호와의 불이라는 표현이 나오지만 이것은 의역한 것으로 원본에 없는 표현이다. 원본에는 여호와의 불이 아니라 맹렬한 불길로 기록되어 있다. 처음에는 아가서가 남녀 간의 애정표현만 기록한 것으로 판단하여 정경으로 받아들여지지 않았다. 그러나 아가서는 단순히 남녀 간의 사랑 이야기를 노래한 것이 아니라 신랑이신 그리스도와 신부인 그리스도인(교회)과의 사랑을 노래한 것이다.

4. **그리스도와 교회와의 관계:** 솔로몬과 술람미 여인의 관계가 그리스도와 그리스도인의 관계임을 보여주는 여러 구절이 있다. 솔로몬이 파라오의 딸을 위해 집을 지어 주었듯이(왕상7:8) 예수님께서도 신부인 그리스도인을 위해 거처를 마련하러 가셨다. 거처가 예비되면 그리스도인을 데리러 다시 오신다(요14:2-3). 술람미 여인이 솔로몬에게 내 사랑하는 이의 목소리라고 말하며 서로 음성으로 소통했듯이(아2:8) 그리스도인도 예수님의 음성을 들을 수 있다. 또한 예수님도 그리스도인의 이름을 각각 불러 인도하여 내신다(요10:3). 술람미 여인은 솔로몬을 넓은 길에서 찾았으나 발견하지 못했다(아3:2). 생명으로 인도하는 문은 좁고 그 길이 협소하여 그것을 찾는 자가 적기 때문에 좁은 문으로 가라고 예수님께서 말씀하셨다(마7:13-14). 술람미 여인은 솔로몬에게 날이 저물고 그림자가 사라지기 전에 돌아오라고 간곡히 부탁했다(아2:17). 그리스도인도 예수님의 재림을 간절히 기다려야 한다. 그리스도인은 그리스도의 신부이다(계21:9). 신부는 신랑이 올 때까지 순결을 지켜야 한다. 그리스도인은 예수님이 오셔서 휴거될 때까지 영적으로나 육적으로나 순결을 지켜야 한다.

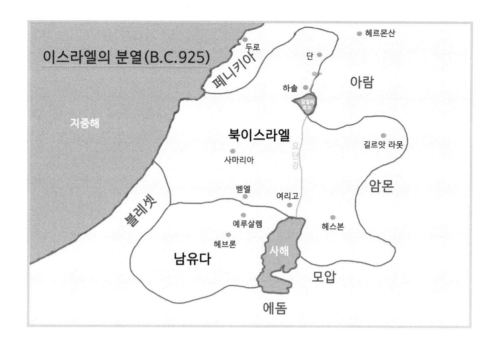

이스라엘의 분열(B.C.925)

1. **솔로몬의 실정**: 솔로몬 왕은 주변 이방 국가들과 많은 동맹 관계를 맺었다. 당시에는 동맹을 맺은 나라의 왕이 자신의 딸을 주는 풍습이 있었다. 솔로몬의 이방 아내들은 그들이 섬기던 이방 신상들을 들고 이스라엘로 왔는데 솔로몬은 그녀들이 자신들의 신상들을 숭배할 수 있도록 신당을 지어 주었다. 이방 아내들이 솔로몬의 마음을 돌이켜 다른 신들을 쫓게 하였으므로 솔로몬의 마음은 하나님 앞에서 온전치 못했다. 더군다나 아주 호화스러운 생활을 좋아했던 솔로몬은 백성들에게 세금을 무겁게 부과하여 백성들의 불만을 샀다.

2. **르호보암의 어리석은 행동**: 솔로몬에 이어 그의 아들 르호보암이 왕위에 올랐다. 그가 세겜에 갔을 때 북쪽 지파 사람들이 모였다. 그들은 그의 아버지 솔로몬이 부과했던 고역과 멍에를 가볍게 해달라고 요청한다. 그러나 르호보암은 경험이나 지혜가 부족한 젊은 친구들의 조언을 받아들여 솔로몬보다 멍에를 더 무겁게 할 것이라고 말했다. 결국 유다 지파 외에 다른 모든 지파는 르호보암을 섬기지 않고 여로보암을 왕으로 삼았다.

3. **여로보암의 악행**: 여로보암은 솔로몬의 신임을 받던 공사 감독관이었다. 하나님께서는 솔로몬이 왕이었을 때 아히야 선지자를 통해 여로보암에게 장차 왕이 될 것을 알려 주었다. 솔로몬이 여로보암을 죽이려고 하자 여로보암은 솔로몬이 죽을 때까지 이집트에 피신해 있었다. 여로보암은 백성들이 예루살렘에 있는 하나님의 전에 제사를 드리려고 올라가면 자신을 배반하고 르호보암에게로 돌아갈 것이라고 생각했다. 그래서 두 금송아지를 만들어 하나는 벧엘에 두고 하나는 단에 두어 백성들이 하나님으로 알고 섬기도록 하는 죄를 저질렀다.

남 유다				북 이스라엘				
대	왕	재위	평가	연대(B.C)	대	왕	재위	평가	연대(B.C)	왕조

대	왕	재위	평가	연대(B.C)		대	왕	재위	평가	연대(B.C)	왕조
1	르호보암	17년	악	930~913		1	여로보암 1세	22년	악	930~909	여로보암
2	아비얌 (아비야)	3년	악	913~910		2	나답	2년	악	910~909	
3	아사	41년	선	910~869		3	바아사	24년	악	909~886	바아사
						4	엘라	2년	술꾼	886~885	
						5	시므리	7일	살인자	885	시므리
						6	오므리	12년	극악	885~874	
4	여호사밧	25년	선	872~847		7	아합	22년	극악	874~853	오므리
						8	아하시야	2년	악	853~852	
5	여호람 (요람)	8년	악	848~841		9	요람 (여호람)	12년	악	852~841	
6	아하시야	1년	악	841		10	예후	28년	악	841~814	
7	아달랴	6년	극악	841~835							
8	요아스 (여호아스)	40년	선	835~796		11	여호아하스	17년	악	814~798	예후
9	아마샤	29년	선	796~767		12	요아스 (여호아스)	16년	악	798~782	
10	웃시야 (아사랴)	52년	선	791~739		13	여로보암 2세	41년	악	793~753	
						14	스가랴	6개월	악	753~752	
						15	살룸	1개월	악	752	살룸
11	요담	16년	선	750~735		16	므나헴	10년	악	752~742	므나헴
12	아하스	16년	악	735~716		17	브가히야	2년	악	742~740	베가
						18	베가	9년	악	740~732	
13	히스기야	29년	선	728~687		19	호세아	10년	악	732~722	호세아
14	므낫세	55년	악	697~642							
15	아몬	2년	악	642~640							
16	요시야	31년	선	640~609							
17	여호아하스 (살룸)	3개월	악	609							
18	여호야김 (엘리야김)	11년	악	609~598							
19	여호야긴 (여고니야)	3개월	악	598							
20	시드기야 (맛다니야)	11년	악	597~586							

* 유다멸망 - 예루살렘 함락 (B.C 586년)　　　* 이스라엘 멸망 - 사마리아 함락 (B.C 722년)

* 남유다는 멸망할 때까지 한 왕조였으나 북이스라엘은 아홉 왕조였다.

1. **여로보암 1세**: 통치 기간 22년, 에브라임 지파 출신으로 북이스라엘의 초대 왕이다. 솔로몬에게 신임을 받았으나 나중에 솔로몬을 피해 이집트로 망명했다. 솔로몬이 죽자 이집트에서 돌아와 10지파(유다, 베냐민 제외)의 왕이 된다. 백성들이 남유다의 예루살렘 성전으로 가지 못하도록 단과 벧엘에 금송아지를 두어 예배하도록 했다. 남유다 아비야 왕과의 전투에서 패한 후 하나님의 징계를 받아 죽었다.

2. **나답**: 통치 기간 2년, 아버지 여로보암처럼 우상숭배하였다. 블레셋 깁브돈을 포위 공격하던 중 반란을 일으킨 장군 바아사에 의해 살해되었다.

3. **바아사**: 통치 기간 24년, 지속적으로 우상숭배하였다. 라마에 성곽을 건축하여 백성들이 유다로 왕래하지 못하게 하였으나 아람의 원조를 받은 아사 왕에게 패해 라마를 함락당했다.

4. **엘라**: 통치 기간 2년, 바아사의 아들이다. 취중에 군 지휘관 시므리에 의해 암살당했다.

5. **시므리**: 통치 기간 7일, 백성들이 시므리의 모반 소식을 듣고 군 지휘관 오므리를 왕으로 삼았다. 오므리가 디르사를 포위하자 왕궁에 불을 지르고 자살하였다.

6. **오므리**: 통치 기간 12년, 하나님을 외면하고 우상숭배를 하였다. 은 두 달란트로 세멜에게서 사마리아산을 산 후 그 산 위에 사마리아 성을 건축하고 북이스라엘의 수도로 삼았다. 동맹을 맺은 시돈 왕 엣바알의 딸 이세벨을 자신의 아들과 결혼시켰다.

7. **아합**: 통치 기간 22년, 오므리의 아들로 왕위에 올랐다. 군사력이 강해져 모압에게 조공을 받았으며 남유다의 여호사밧 왕과 결혼 동맹을 맺기도 하였다. 하지만 시돈의 공주 이세벨을 아내로 맞아 백성들이 바알 숭배를 하도록 했다. 선지자들을 살해했으며 나봇을 살해하고 포도원을 빼앗았다. 아람과의 전투에서 한 병사가 쏜 화살을 맞고 사망하였다.

8. **아하시야**: 통치기간 2년, 아합의 아들이다. 모압이 이스라엘을 배반했지만 왕궁 다락 난간에 떨어지는 바람에 반란을 진압하지 못했다. 하나님께 징계를 받아 병이 낫지 못하고 죽었다.

9. **요람**: 통치기간 12년, 아합의 아들로 형 아하시야를 계승해 왕이 되었다. 아합이 만든 바알의 주상은 없앴지만 여로보암의 금송아지는 숭배했다. 유다와 에돔과 연합하여 모압을 정벌하러 갔는데 하나님께서 승리하게 하셨다. 하나님께서는 엘리사를 통해 여러 번 이스라엘이 아람을 물리치게 하셨다. 하지만 아람과 싸울 때 길르앗 라못에서 부상을 당했다. 요양 중에 예후의 반란으로 죽임을 당하고 나봇의 포도밭에 버려졌다.

10. **예후**: 통치기간 28년, 이스라엘의 군대 장관으로서 선지자 엘리사를 통해 기름부음을 받았다. 하나님께서 지시한 대로 이스라엘의 요람 왕과 이세벨, 아합의 왕자 70명을 포함하여 아합에 속한 자들을 모두 멸절했다. 요람 왕을 문병 온 유다의 아하시야 왕도 죽였다. 그는 바알 숭배자들을 죽였지만 자신은 진심으로 하나님을 섬기지 않고 금송아지를 숭배했다.

11. 여호아하스: 통치기간 17년, 예후의 아들이다. 여로보암의 죄에서 떠나지 않아 하나님께서 아람에게 이스라엘을 넘겨주셨지만 여호아하스가 간구하자 구원해 주셨다. 하지만 계속 금송아지를 섬기고 사마리아에 아세라 목상을 그냥 두는 악행을 저질렀다. 다시 아람의 침입을 받아 큰 피해를 보았다.

12. 요아스: 통치기간 16년, 여호아하스의 아들이다. 하나님이 보시기에 악을 행하여 여로보암의 죄에서 떠나지 않았다. 엘리사를 문병할 때 아람을 세 번 무찌를 기회를 얻어 아람으로부터 이스라엘 성읍을 회복하였다. 유다를 침략하여 아마샤 왕을 사로잡고 많은 사람들을 끌고 갔다.

13. 여로보암 2세: 통치기간 41년, 요아스의 아들이다. 하나님이 보시기에 악을 행하여 여로보암의 죄에서 떠나지 않았다. 하지만 하나님께서 이스라엘에게 긍휼을 베풀어 주시어 북방의 영토를 회복하고 솔로몬 때와 비슷한 광대한 땅을 차지하게 하셨다.

14. 스가랴: 통치기간 6개월, 여로보암 2세의 아들로 역시 하나님이 보시기에 악을 행하여 여로보암의 죄에서 떠나지 않았다. 살룸에게 암살당하였다.

15. 살룸: 통치기간 1개월, 스가랴를 죽이고 왕위에 올랐으나 므나헴에게 죽임을 당하였다.

16. 므나헴: 통치기간 10년, 살룸을 죽이고 왕위에 올랐다. 잔인한 성품을 가져서 자기에 반대하는 딥사 지역을 공격하였는데 심지어 아이 밴 부녀까지 죽였다. 부자들에게서 강탈한 은 천 달란트를 앗수르 왕에게 주어 침략을 모면하였다.

17. 브가히야: 통치기간 2년, 므나헴의 아들이다. 역시 여로보암처럼 우상숭배의 죄를 저질렀다. 아버지처럼 친 앗수르 정책을 폈다. 군대장관 베가에게 암살당했다.

18. 베가: 통치기간 9년, 아람 왕 르신과 함께 앗수르에 저항했으며 남유다도 동참하기를 촉구했다. 남유다의 아하스 왕이 거절하자 남유다를 침공하였다. 하지만 아하스가 앗수르 왕에게 도움을 요청했고 앗수르 왕은 아람의 다메섹을 점령하고 아람 왕 르신을 죽였다. 북이스라엘도 침공하여 길르앗, 갈릴리, 납달리 지역의 많은 사람들을 포로로 잡아갔다. 베가는 호세아에게 살해당했다.

19. 호세아: 통치기간 10년, 북이스라엘의 마지막 왕이다. 처음에는 앗수르 왕에게 조공을 바치고 섬겼다. 후에 이집트를 의지하면서 앗수르에 조공을 바치지 않았다. 앗수르는 군사를 이끌고 사마리아로 쳐들어와 3년 동안 포위하여 함락하였다. 호세아 왕과 북이스라엘 사람들은 앗수르에 끌려가 고산 강가에 있는 할라와 하볼과 메대 사람의 여러 성읍에 살았다.

1. **아합과 이세벨의 결혼:** 아합은 아버지 오므리의 뒤를 이어 왕위에 올랐다. 오므리는 시돈(페니키아)과 동맹 관계를 확고히 하고자 아들 아합을 시돈(페니키아)의 왕이자 바알 제사장인 엣바알의 딸 이세벨과 결혼시켰다.

2. **아합과 이세벨의 우상숭배:** 이세벨은 가장 가증한 우상숭배자이며 영적으로 타락한 여인이다. 아합은 이세벨의 영향을 받아 바알을 섬겨 예배하였고 백성들에게도 권장하는 악행을 저질렀다. 사마리아에 건축한 바알의 신전 안에 바알을 위해 제단을 쌓았으며 아세라 목상을 만들었다. 수많은 바알과 아세라 선지자들을 포섭하여 조종하였다.

3. **엘리야와 바알 선지자들과의 대결:** 엘리야는 아합에게 우상숭배에 대한 징벌로 수년 동안 비나 이슬도 내리지 않을 것이라고 했다. 실제로 이스라엘은 여러 해 동안 비가 오지 않아 큰 가뭄에 시달렸다. 엘리야는 아합에게 요구하여 바알 선지자 450명, 아세라 선지자 400명을 갈멜산으로 오게 하였다. 그곳에서 바알 선지자들이 바알에게 제사하였지만 아무 응답이 없었다. 엘리야가 하나님께 제사를 드리자 하나님의 불이 내려와 번제물과 도랑의 물까지 태웠다. 엘리야는 바알과 아세라 선지자들을 잡아 기손 시내에서 죽였다. 그러자 비가 내리기 시작했다. 이 소식을 들은 이세벨은 엘리야를 죽이려고 하였고 엘리야는 광야로 도망하였다.

4. **나봇의 포도원을 빼앗다:** 아합은 나봇의 포도원을 탐내 돈을 주고 사려고 하였지만 나봇은 조상의 유산이므로 팔 수 없다고 하였다. 이에 아합이 근심하자 이세벨이 나봇과 같은 성읍에 사는 장로와 귀족들에게 편지를 보내 불량자 두 사람을 매수하여 거짓말로 나봇이 하나님과 왕을 저주했다고 말하도록 시켰다. 결국 나봇은 돌에 맞아 죽었고 아합은 나봇의 포도원을 차지했다. 하나님께서는 엘리야를 통해 아합에게 속한 남자를 모두 멸할 것이고 개들이 이스르엘 성읍 곁에서 이세벨을 먹을 것이라고 말씀하셨다.

5. **아람과의 전쟁과 아합의 죽음:** 하나님께서는 아합이 아람 왕 벤하닷과 전쟁할 때 두 차례나 승리하게 하셨다. 하지만 아합은 아람 왕 벤하닷을 살려 주는 잘못을 저지른다. 하나님께서는 아합의 목숨이 벤하닷의 목숨을 대신할 것이라고 말씀하셨다. 아람과의 전쟁이 있은 지 삼 년 후에 혼인 관계를 맺은 남유다의 여호사밧 왕이 아합을 찾아왔다. 아합은 여호사밧에게 연합하여 아람으로부터 원래 자신들의 땅인 길르앗 라못을 되찾자고 제안했다. 아람과의 전투에서 여호사밧은 다행이 살아 돌아왔으나 아합은 한 병사가 쏜 화살을 맞은 후 죽고 만다. 아합의 병거에 피가 묻었는데 그 병거를 사마리아 못에서 씻을 때 개들이 그의 피를 핥았다. 하나님께서 말씀하신 예언이 성취된 것이다.

6. **이세벨의 죽음:** 예후는 반란을 일으킨 후 아합의 아들 요람 왕을 죽인 후 이세벨을 창밖으로 던져 죽게 하였다. 개들이 그녀의 시체를 먹을 것이라는 하나님의 말씀대로 되었다.

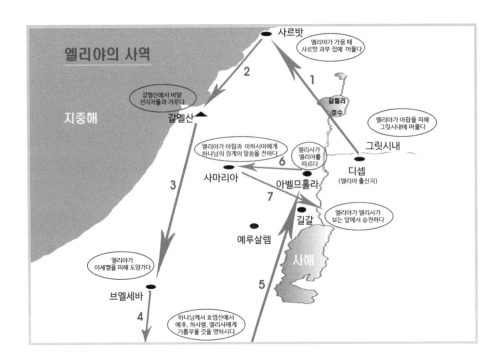

엘리야는 "여호와는 나의 하나님"이라는 뜻이다. 엘리야는 길르앗 지방 디셉 출신이다. 북이스라엘의 아합 왕은 이세벨과 결혼하면서 백성들이 바알에게 예배하도록 하였고 사마리아에 바알 제단도 세웠다. 엘리야는 하나님의 심판으로 이스라엘에 가뭄이 올 것이라고 경고하였다.

1. 엘리야는 아합을 피해 그릿시내에 숨어 있다가 하나님의 명령을 받고 사르밧에 사는 과부의 집에 갔다. 하나님께서는 가뭄 기간 동안 엘리야와 과부와 그의 가족을 먹이셨다. 하나님께서는 엘리야를 통해 과부의 아들을 살리는 은혜를 베풀어주셨다.

2. 엘리야는 갈멜산에 바알 선지자 450명, 아세라 선지자 400명을 불렀다. 주가 하나님이신지 바알인지를 밝히기 위해서였다. 그곳에서 주가 하나님이심이 밝혀졌고 바알과 아세라 선지자들은 모두 죽임을 당했다.

3. 엘리야는 자신을 죽이려는 이세벨을 피해 광야로 도망간다.

4. 엘리야가 호렙산에 있을 때 하나님께서는 엘리야에게 명령하셨다. 기름을 부어 예후를 이스라엘 왕으로 삼고, 하사엘을 아람 왕으로 삼으며, 엘리사를 후계자로 삼으라고 하셨다.

5. 엘리야가 아벨므홀라에 사는 엘리사를 만나 후계자로 삼는다.

6. 아합이 나봇을 죽이고 포도원을 차지하자 아합과 이세벨이 비참하게 죽을 것이라는 하나님의 말씀을 전한다. 아합의 아들 아하시야에게도 하나님의 징계의 말씀을 전했다.

7. 엘리야와 엘리사가 요단강을 건너자 불 수레와 불 말들이 두 사람을 갈라놓았고 엘리야는 회오리바람으로 하늘로 올라간다.

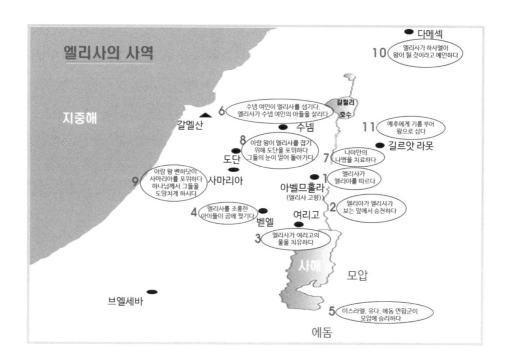

엘리사는 '하나님은 구원이시다'라는 뜻으로 아벨므홀라의 농부 출신이다. 엘리야의 뒤를 이어 요람, 예후, 여호아하스, 요아스 왕까지 약 50년 동안 이스라엘의 영적 지도자로 지냈다.

1. 아벨므홀라에서 엘리사가 밭을 갈고 있을 때 엘리야가 찾아와 하나님의 종의 옷을 입으라는 의미로 자신의 겉옷을 엘리사에게 던졌다. 엘리사는 즉시 엘리야를 따른다.

2. 엘리야와 엘리사가 요단강을 건너자 불 수레와 불 말들이 두 사람을 갈라놓고 엘리야는 회오리바람으로 하늘로 올라간다.

3. 여리고는 위치는 좋으나 물이 나빠 불모지나 다름없었다. 엘리사가 물의 근원으로 가서 소금을 던지자 하나님께서 물을 치유하여 주셨다.

4. 엘리사가 벧엘로 가자 어린아이들이 하나님의 종인 엘리사를 대머리라고 부르며 조롱하였다. 엘리사가 주의 이름으로 저주하자 수풀에서 암곰 둘이 나와 42명의 아이들을 찢었다.

5. 모압이 북이스라엘을 배반하자 북이스라엘 여호람 왕이 남유다의 여호사밧 왕 그리고 에돔 왕과 연합하여 모압을 정벌하려고 하였다. 하나님께서 엘리사를 통해 연합군에 물을 공급해 주시고 전쟁에서 승리하도록 하셨다.

6. 엘리사가 수넴을 지날 때 한 여인이 자기의 집에 엘리사의 거처를 만들어주고 접대하였다. 하나님께서 엘리사를 통해 수넴 여인에게 아들을 주셨다. 엘리사가 갈멜산에 있었을 때 수넴 여인의 아들이 죽었는데 하나님께서 엘리사를 통해 수넴 여인의 아들을 살려 주셨다.

7. 엘리사가 사마리아에 있을 때 아람의 군대장관 나아만이 나병에 걸려 고침을 받으려고 엘리사를 찾아왔다. 엘리사는 나아만에게 요단강에서 몸을 일곱 번 씻으라고 말하였다. 나아만이 엘리사의 말대로 행하자 하나님께서 나아만의 살을 어린아이의 살같이 회복시켜 주셨다.

8. 아람 왕이 자신을 방해하던 엘리사를 잡기 위해 엘리사가 있는 도단을 포위했다. 하나님께서 아람 사람들의 눈을 보이지 않도록 어둡게 하여 그들의 땅으로 돌려보냈다.

9. 아람 왕 벤하닷이 사마리아를 포위하여 사람들이 자기 아이를 잡아먹을 정도로 궁핍하였다. 하나님께서는 아람 군사들이 스스로 도망치도록 큰 병거와 말과 군대 소리를 듣게 하였다.

10. 엘리사가 다메섹에 갔을 때 아람 왕 벤하닷이 신하 하사엘을 시켜 자기 병이 나을 수 있는지 엘리사에게 묻도록 하였다. 엘리사는 하사엘이 왕이 될 것이라는 하나님의 말씀을 전하였고 하사엘은 벤하닷을 암살하고 왕이 된다.

11. 엘리사가 제자 중 한 명을 길르앗 라못으로 보내 이스라엘 군대 장관 예후에게 기름을 붓도록 하였다. 예후는 이스라엘 왕 요람과 그의 어머니 이세벨을 죽이고 왕이 된다.

12. 엘리사가 병이 들자 이스라엘 왕 요아스(예후의 손자)가 병문안하였다. 엘리사는 요아스에게 화살을 땅에 내리치라고 했다. 엘리사가 그 화살이 주의 구원의 화살이라고 말했음에도 요아스는 세 번밖에 내려치지 않는다. 하나님께서는 요아스가 아람을 세 번 이기게 하셨다

* 그밖에 하나님께서 엘리사를 통해 행하신 기적

1. 엘리사는 엘리야에게 임한 성령의 역사가 자기에게는 두 배 있게 해 달라고 요청하였다. 엘리야가 승천한 후 엘리사가 엘리야의 겉옷으로 요단 강물을 치자 물이 갈라졌다.

2. 엘리사의 제자 중 하나가 빚을 많이 지고 죽었다. 엘리사가 그의 아내와 두 아들에게 빈 그릇에 기름을 채우라고 하였다. 하나님께서 모든 빈 그릇에 기름을 채워 주셨다.

3. 엘리사의 제자들이 국을 먹다가 독을 발견하자 엘리사가 굵은 가루를 솥에 넣으라고 지시하였다. 하나님께서 독을 없애 주셨다.

4. 어떤 사람이 보리떡 이십 개와 또 자루에 담은 채소를 엘리사에게 바쳤다. 하나님께서 그것을 백 명에게 주고 남을 만큼 공급하셨다.

5. 엘리사의 제자 중 한 명이 엘리사와 제자들이 거할 집을 만들기 위해 나무를 베다가 빌려 온 도끼를 물에 빠트렸다. 엘리사의 말대로 나뭇가지를 베어 물에 던지자 도끼가 떠올랐다.

6. 엘리사가 죽어 장사하였는데 해가 바뀌어 모압 도적 떼들이 그 땅에 왔다. 마침 사람을 장사하는 자들이 그 도적 떼를 보고 시체를 엘리사의 묘실에 던졌다. 그 시체가 엘리사의 뼈에 닿자 곧 회생하여 일어섰다.

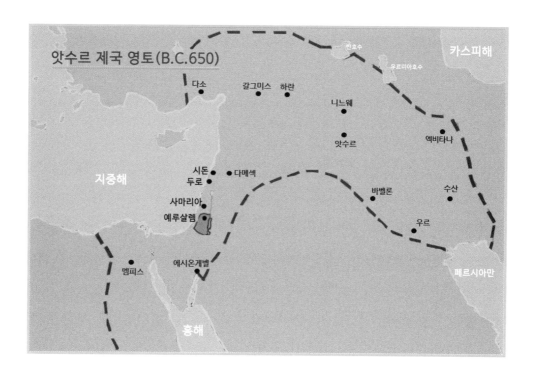

앗수르의 조상은 셈의 아들인 앗수르이다. 앗수르는 티그리스 강 상류(오늘날의 이라크) 지역을 무대로 B.C.3000년경에 형성된 도시국가이다. 메소포타미아(티그리스와 유프라테스 두 강 사이에 있는 지역)에서 B.C.3000년경 수메르인들이 발달된 문명을 이루고 살았다. 이후 셈족 계열의 아모리인들은 바벨론을 근거지로 삼고 B.C.1894년에 구바빌로니아 제국을 세운다. B.C.1792년에 즉위한 함무라비 왕은 강력한 힘을 바탕으로 주변 국가들을 제압하고, 메소포타미아 전 지역을 자신의 지배하에 두게 된다. B.C.730년에 앗수르는 바벨론을 점령하고 메소포타미아 지역을 차지하였다.

1. **앗슈르 우발리트 1세(B.C.1353-1318년경):** 국가 형태를 벗고 점차 제국으로서의 기반을 다져 이집트와 대등한 위치에 있었다.

2. **디글랏 빌레셀 1세(B.C.1115-1076년):** 지중해, 터키 동부 지역의 반 호수까지 영토를 확장함으로써 제국의 기틀을 공고히 하였다. 하지만 이후 200년간 쇠퇴하였다.

3. **앗슈르 나시르 팔 2세(B.C.884-858년):** 강력한 철기로 무장한 군사력을 기반으로 잔혹하기 그지없는 침탈 전쟁을 일으켜 주변국들을 정복해 나갔다.

4. **살만에셀 3세(B.C.858-824):** 아람과 팔레스타인을 공략하였다. 북이스라엘의 아합과 예후는 아람과 연합하여 앗수르에 맞섰으나 후에 예후는 앗수르에 굴복하여 조공을 바쳤다.

5. **아다드 니나리 3세(B.C.810-783):** 서부 원정에 나서 다메섹, 두로, 시돈, 에돔, 블레셋 등을 복종시켰다. 북이스라엘 요아스 왕은 앗수르에 조공을 바쳤다.

6. **아슈르단 3세(B.C. 771-754년):** 세 차례에 걸쳐 큰 재앙(전염병 2회, 일식 1회)이 있었다. 이 시기에 요나가 니느웨를 방문하고 회개의 메시지를 선포한 것으로 추정된다.

7. **디글랏 빌레셀 3세(B.C.745-727):** 앗수르의 전성기를 이루었다. 성경에서 앗수르 왕 불로 기록된다. 그가 바벨론을 지배하였기 때문이다. 북이스라엘 므나헴 왕은 디글랏 빌레셀 3세에게 조공을 바쳤다. 그러나 베가 왕이 배반하자 앗수르는 북이스라엘을 침략하여 길르앗, 갈릴리, 납달리 지역의 많은 사람을 포로로 끌고 갔다. 호세아로 하여금 베가를 암살하도록 조종하였으며 베가가 죽은 후 호세아를 왕으로 세웠다. 북이스라엘(호세아 왕)과 남유다(아하스 왕) 모두 앗수르에 조공을 바쳤다.

8. **살만에셀 5세(B.C.727-722):** 호세아가 반역을 꾀하자 남아 있던 땅(에브라임지파와 므낫세 지파의 지역, 사마리아 남쪽)을 모두 점령하고 사마리아를 3년간 포위하였다.

9. **사르곤 2세(B.C.722-705):** 사마리아를 정복하고 북이스라엘을 멸망시켰다. 북이스라엘 사람들을 앗수르 여러 성읍에 이주시켰고 바벨론, 구다, 아와, 하맛, 스발와임 인들을 사마리아에 이주시켰다.

10. **산헤립 (B.C.705-681):** 바벨론의 반역을 진압하였다. 남유다 히스기야 왕 때 유다를 침공하여 예루살렘까지 접근했으나 하나님께서 히스기야의 기도를 들어 주셔서 주의 천사가 18만 5천 명의 앗수르 군을 몰살시켰다. 그는 전쟁에서 패한 뒤 본국으로 돌아갔으나 두 아들에게 살해되었다.

11. **에살핫돈 (B.C.681-669):** 산헤립의 아들로서 아버지를 죽이는 반역에는 가담하지 않았다. 바벨론, 구다, 아와, 하맛, 스발와임 등지의 이방인들을 사마리아 땅에 이주시킴으로써 혼합주의 정책을 펼쳤다. 이집트를 정복하여 영토를 최대로 확장했으며 유다 왕 므낫세를 바벨론으로 데려갔다.

12. **앗술바니팔 (B.C.669-627):** 앗수르 전성기이다. 이집트의 반란을 진압하였다. 앗술바니팔 왕 이후 앗수르는 쇠퇴의 길을 걷게 된다.

13. **앗수르의 멸망:** B.C.626년에 나보폴라사르(느부갓네살의 부친)가 바벨론 외곽에서 앗수르 군대를 무찌르고 신바빌로니아제국을 세웠다. B.C.612년에 바벨론과 메대 군인들로 구성된 연합군대가 앗수르의 니느웨 성을 함락했다. B.C.609년에 남아 있던 앗수르 군대를 하란에서 격퇴함으로써 앗수르는 멸망한다. B.C.609년에 앗수르와 바벨론의 전투에서 앗수르를 지원하기 위해 이집트의 바로 느고가 남유다를 통과할 것을 요청했다. 요시야 왕이 거절하자 므깃도에서 남유다와 전쟁을 했고 그 전쟁에서 요시야 왕이 전사했다. 하나님께서는 앗수르의 멸망을 나훔과 스바냐 등을 통해 미리 말씀하셨다(나2:10; 습2:13).

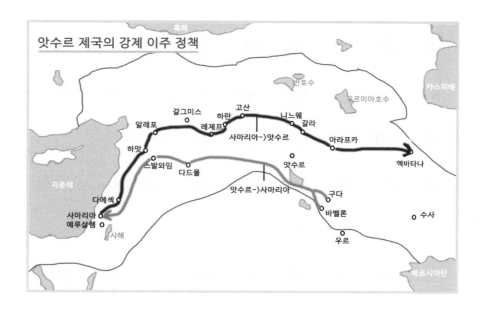

1. **잦은 왕조의 교체:** 북이스라엘 말기에 스가랴 왕은 살룸에게, 살룸 왕은 므나헴에게, 므나헴의 아들 브가히야 왕은 베가에게, 베가 왕은 마지막 왕인 호세아에게 암살당하였다.

2. **강성해진 앗수르:** 앗수르는 디글랏 빌레셀 3세(성경에서 앗수르 왕 불로 언급됨) 시대에 전성기를 맞는다. 그는 바벨론까지 자신의 지배하에 두었다.

3. **앗수르에 조공을 바친 므나헴:** 북이스라엘의 국력은 쇠약해져 므나헴 시대에 앗수르 왕(디글랏 빌레셀 3세)에게 조공을 바쳐야 했다.

4. **반(反) 앗수르 정책을 펼친 베가:** 베가는 브가히야를 죽이고 왕위에 올라 반 앗수르 정책을 폈다. 그는 앗수르에게 대항하려고 아람 왕 르신과 동맹을 맺고 남유다의 아하스 왕에게도 동참하기를 요청했으나 거절당했다. 오히려 아하스 왕은 앗수르에 도움을 요청했다. 전쟁의 좋은 명분을 얻은 앗수르는 다메섹을 점령하고 북이스라엘을 침략하여 길르앗, 갈릴리, 납달리 지역의 많은 사람을 포로로 끌고 갔다. 힘을 잃은 베가는 호세아에게 암살당하였다.

5. **앗수르를 배반한 호세아:** 호세아는 왕이 된 직후에는 앗수르에 조공을 바쳤다. 하지만 이집트를 의지하면서 앗수르에 조공을 바치지 않았다. 앗수르는 군사를 이끌고 사마리아로 쳐들어와 3년 동안 포위한 뒤 함락시켰다. 북이스라엘은 B.C.722년에 앗수르에 멸망당했다.

6. **앗수르의 강제 이주 정책:** 앗수르는 정복지 주민 강제 이주 정책을 폈다. 북이스라엘 사람들을 앗수르 땅 고산 강가에 있는 할라와 하볼과 메대 사람의 여러 성읍에 강제 이주시켰다. 반대로 바벨론, 구다, 다드몰, 하맛, 스발와임에 사는 사람들을 사마리아 여러 성읍에 이주시켰다. 이방인들은 이전에 섬기던 우상과 하나님을 함께 섬겼다. 이것이 혼합주의 신앙이다. 유대인들은 이런 사마리아인들을 천대하기 시작했다.

1. **르호보암**: 통치기간 17년, 솔로몬의 뒤를 이어 왕이 되었다. 그러나 지나친 조세 부담과 부역에 반발한 열 지파가 여로보암을 주축으로 반란을 일으켜 북이스라엘을 세웠다. 이에 18만의 군사를 일으켜 북이스라엘을 공격하려고 했으나 스마야 선지자의 만류로 북벌 계획을 중단한다. 결국 유다, 베냐민 두 지파만 거느리고 남유다의 왕이 되었다. 그 후 3년간 성실히 하나님을 섬겼으나 얼마 되지 않아 우상숭배에 빠져들게 되고 하나님의 진노로 이집트 왕 시삭의 공격을 받아 왕궁까지 약탈당하는 위기를 겪는다.

2. **아비야**: 통치기간 3년, 북이스라엘 여로보암의 죄악을 지적했으며, 북이스라엘의 열 지파를 되찾기 위해 여로보암과 싸워 여러 성읍을 빼앗았다.

3. **아사**: 통치기간 41년, 그는 가증한 신상과 제단을 없애는 등 신앙 부흥 운동에 힘을 쏟았다. 하지만 북이스라엘의 바아사를 치기 위해 아람 왕 벤하닷과 동맹을 맺었는데 그로 인해 선견자 하나니의 꾸중을 듣는다. 이에 분노한 아사는 하나니를 옥에 가두고 백성을 학대하였다. 이 같은 악행 때문에 하나님께서는 아사가 왕이 된 지 39년에 병으로 그를 치셨다.

4. **여호사밧**: 통치기간 25년, 여호사밧은 왕위에 오른 뒤 우상과 산당을 파괴하고, 백성에게 율법을 가르치며 오직 하나님만을 의지하도록 하였다. 하지만 여호사밧은 북이스라엘의 불의한 왕 아합과 연합하여 아합의 딸 아달랴를 며느리로 맞아들이는 실수를 저지른다. 그렇지만 전반적으로 하나님이 보시기에 정직히 행하며 그분을 경외함으로써 선왕(善王)으로 인정받는다.

5. **여호람**: 통치기간 8년, 그는 아내 아달랴의 사주를 받아 우상을 적극적으로 섬기고 자기 형제와 신하들을 살해했다. 그 결과 블레셋과 아라비아의 침공으로 나라가 초토화되었고 자신도 불치병을 얻어 2년간 고생하다가 죽었다.

6. **아하시야**: 통치기간 1년, 어머니 아달랴의 영향으로 북이스라엘과 긴밀히 교제했다. 북이스라엘 요람 왕을 병문안하던 중에 반란을 일으킨 예후에 의해 므깃도에서 죽임을 당한다.

7. **아달랴**: 통치기간 6년, 아합과 이세벨의 딸로서 남왕국 유다를 통치한 유일한 여인이다. 아달랴는 사마리아에서 성장했고 바알을 섬겼다. 유다 왕 여호람과 결혼해 아하시야를 낳았다. 그러나 아들 아하시야가 죽자 겨우 피신한 손자 요아스를 제외하고 왕의 일가족을 몰살시킨 후 왕위에 올라 6년간 통치했다. 그 후 즉위 7년째 제사장 여호야다에게 살해된다.

8. **요아스**: 통치기간 40년, 여호람의 딸(요아스 왕의 고모)이 6년간 숨겨서 키웠다. 7살에 왕이 되었다. 여호야다가 살았을 때는 파괴된 성전을 수리하는 등 영적 부흥을 이끌었으나 여호야다가 죽자 우상숭배를 허락하였다. 자기 부하들에게 침상에서 살해당했다.

9. **아마샤**: 통치기간 29년, 요아스의 아들로 에돔을 정복한 후에 교만해져서 북이스라엘을 공격하다가 실패하여 포로가 된다. 후에 백성들의 모반으로 피살되었다.

10. **웃시야:** 통치기간 52년, 유능하여 잃었던 땅을 탈환하고 영토를 확장하였다. 하지만 제사장 직분을 무시하고 제사장만 할 수 있는 분향을 하려다 징계를 받아 문둥병으로 죽는다.

11. **요담:** 통치기간 16년, 부친 웃시야가 나병에 걸려서 일찍이 대리로 통치하였다. 즉위하여 정직하게 다스렸으나 산당은 제거하지 않았다. 이 시기에 이사야 선지자가 사역을 시작한다.

12. **아하스:** 통치기간 16년, 그는 하나님의 말씀을 무시하고 하나님보다 외세에 더 의존하며 배교와 가증한 우상 숭배로 유다를 부패시킨다. 이사야의 권면을 듣지 않고 하나님보다 앗수르 왕을 더 의지하여 큰 재난을 재촉하였다.

13. **히스기야:** 통치기간 29년, 부친 아하스 왕이 더럽게 만들었던 성전을 깨끗이 정화하였으며 성전 문을 다시 열어 예배를 회복시켰다. 앗수르 왕 산헤립의 침공을 받아 멸망의 위기에 처했을 때 하나님께 간구하였다. 하나님께서 히스기야의 기도를 들으시고 앗수르 군을 전멸하셨다. 그 후 히스기야는 병에 걸려 거의 죽게 되었으나 하나님께서 생명을 15년 연장해 주셨다.

14. **므낫세:** 통치기간 55년, 철저한 우상숭배자였다. 이사야를 톱으로 켜 죽였다고 전해진다. 하나님의 징계를 받아 앗수르의 포로가 되었으나 후에 귀환한 뒤 회심하여 우상을 철폐하였다.

15. **아몬:** 통치기간 2년, 부왕의 타락한 정치를 반복하였다. 2년간 통치한 후 신복들에게 살해당한다. 이 시기에 앗수르는 약해지고 바벨론의 힘이 강해진다.

16. **요시야:** 통치기간 31년, 우상을 없애고 성전을 수리하였다. 성전수리 시 율법 책이 발견되자 자기 앞에서 읽게 하였고 이를 듣고 옷을 찢으며 회개하였다. 가장 성대하게 유월절을 지켰다. 이집트 군대가 바벨론과 전쟁하기 위해 유다 땅 갈그미스를 지나도록 요청하자 요시야는 거절하며 이집트 군대를 뒤쫓아 갔다. 불행히도 그는 므깃도라는 곳에서 전사한다.

17. **여호아하스:** 통치기간 3개월, 요시야의 넷째 아들이다. 요시야가 전사하자 백성들이 왕으로 추대했다. 하지만 이집트 왕 느고가 바벨론과 싸우러 가는 길에 자신의 허락 없이 왕이 된 여호아하스를 폐위시키고 여호야김을 왕으로 앉혔다.

18. **여호야김:** 통치기간 11년, 요시야의 둘째 아들이다. 처음에는 이집트에 조공을 바쳤다. 하지만 이집트와 바벨론의 전투에서 바벨론이 이기자 바벨론을 섬겼다. 그러나 나중에 예레미야의 말을 듣지 않고 바벨론을 배반했다가 느부갓네살에 의해 바벨론으로 잡혀간다.

19. **여호야긴:** 통치기간 3개월, 왕이 된 지 3개월 후에 바벨론이 쳐들어와서 여호야긴 왕과 포로 일만 명을 바벨론으로 데려간다. 바벨론은 여호야긴의 숙부 시드기야를 왕으로 세웠다.

20. **시드기야:** 통치기간 11년, 유다의 마지막 왕이다. 바벨론에게 조공을 바치다가 마음이 변하여 이집트 왕 바로와 내통하고 바벨론을 배반했다. 바벨론의 느부갓네살은 군대를 이끌고 와서 예루살렘을 함락하고 성전을 불태웠다. 시드기야는 두 눈이 뽑힌 후 바벨론으로 끌려갔다.

1. 아사

아사는 아비야와 마아가 사이에서 태어난 남유다의 세 번째 왕이다. 아사는 이방 제단과 산당을 없앴고 주상을 깨뜨리며 아세라 상을 찍었고 태양 상을 없앴다. 심지어 어머니 마아가가 아세라 목상을 만들자 태후의 자리를 폐하고 그녀의 우상을 찍어서 빻은 후 기드론 시냇가에서 불살랐다. 그리고 백성들에게 하나님만 찾게 하며 하나님의 율법과 명령을 행하게 하였다. 하나님께서는 아사에게 평안을 주셨다. 구스 사람 세라가 남유다에 쳐들어왔을 때 아사가 하나님께 기도하자 하나님께서 그들을 치셔서 승리하게 하셨다.

북이스라엘 왕 바아사는 백성들이 남유다로 귀순하는 것을 막고자 라마에 성곽을 건축하였다. 라마의 성곽은 남유다를 위협하는 수단이 되기도 했다. 아사는 아람 왕 벤하닷에게 뇌물을 주어 북이스라엘을 공격해 달라고 요청했다. 벤하닷이 북이스라엘을 공격하자 바아사는 라마 성곽 건축을 중단하고 병력을 북쪽으로 이동시켰다. 이때 아사가 라마 공사 현장을 급습하여 그곳의 돌과 재목을 운반하여 게바와 미스바 성읍을 건축했다. 선견자 하나니는 아사 왕을 찾아가서 하나님을 의지하지 않고 아람 왕을 의지하였으므로 앞으로 전쟁이 있을 것이라고 말했다. 하지만 회개하지 않고 하나니를 옥에 가두었다. 삼 년 후에 아사 왕이 발에 병이 들어 매우 위독한 상태였지만 그는 하나님께 구하지 않고 의원에게 도움을 청했다. 아사 왕이 비록 잘못을 저질렀지만 성경은 아사의 마음이 일평생 온전하였다고 평가한다(대하15:17).

2. 여호사밧

여호사밧은 아사 왕의 아들이다. 여호사밧은 남유다의 3대 선왕(여호사밧, 히스기야, 요시야)으로 인정받는다. 그는 산당과 아세라 목상들을 제거했다. 제사장과 레위인들을 백성들에게 보내 율법을 가르치게 하였다. 오직 하나님께 구했으며 하나님의 계명을 행하였다. 하나님께서는 유다 사방의 모든 나라에 두려움을 주어 여호사밧과 싸우지 못하게 하셨다(대하17:10). 모압과 암몬 사람들이 연합하여 남유다를 공격하려고 하자 여호사밧은 하나님께 간구하였고 온 백성에게는 금식을 공포하였다. 하나님께서는 복병을 두셔서 적군들끼리 서로 죽이게 하셨다.

여호사밧은 자기의 아들 여호람을 북이스라엘 아합 왕의 딸 아달랴와 정략 결혼시키는 실수를 한다. 정략결혼으로 당장 남북 간의 전쟁은 없었으나 후에 아달랴의 아들 아하시야와 아달랴가 남유다의 왕이 되면서 극심한 우상숭배의 죄를 저질렀다. 정략결혼한 지 몇 년 후에 여호사밧은 아합을 방문했는데 그때 아합은 여호사밧에게 함께 아람의 길르앗 라못을 공격하자고 제안하였다. 이 전투에서 아합은 한 병사가 쏜 화살에 맞아 죽고 말았다. 여호사밧도 죽을 위기에 처했으나 하나님께서 도와주셔서 살아남아 남유다로 돌아올 수 있었다. 선견자 예후는 여호사밧에게 악한 아합을 도운 일로 하나님께서 진노하셨음을 알려 주었다.

3. 히스기야

히스기야는 남유다의 13대 왕이다. 히스기야의 아버지 아하스 왕은 바알의 우상을 만들고, 성전에서 거룩한 기구를 취하여 우상에게 희생제물을 드리는 악한 짓을 한 왕이다. 히스기야는 왕이 되자 예루살렘 성전을 수리하고 청결하게 하였다. 여러 산당을 제거했고 주상을 깨뜨리며 아세라 목상을 찍었다. 백성들이 모세가 만든 놋 뱀에 분향하자 그것도 부수어 버렸다. 또한 온 이스라엘에 공포하여 예루살렘에서 유월절을 지키도록 하였다.

히스기야 당시 앗수르의 세력은 막강하여 북이스라엘을 멸망시키고 남유다를 공격해 왔다. 앗수르 왕 산헤립은 그의 대변자 랍사게를 보내 하나님보다 자기의 능력이 우월함을 과시했으며 예루살렘을 공포 분위기로 몰아넣었다. 히스기야는 항복을 요구하는 산헤립의 편지를 하나님께 펼쳐 보이며 하나님께 간구했다. 하나님께서는 이사야를 보내 산헤립을 그의 본국에서 칼에 죽게 하겠다고 말씀하셨다(사37:7). 하나님께서는 사자를 보내 하룻밤 사이에 앗수르 군사 십팔만 오천 명을 치셨다. 산헤립은 본국으로 돌아갔는데 하나님의 말씀대로 두 아들에게 살해당했다.

히스기야는 병에 걸려 죽게 되자 하나님께 간구하여 생명을 15년 연장받았다. 그러나 그는 바벨론 사신이 왔을 때 나라의 보물과 무기고까지 보여주었다. 하나님께서는 모아 놓은 모든 것이 바벨론으로 옮겨질 것이라고 말씀하셨다.

4. 요시야

요시야는 남유다의 16대 왕으로 여덟 살에 왕위에 오른다. 그의 아버지는 아몬 왕이었는데 우상을 섬긴 악한 왕이었다. 아몬 왕은 신하에게 암살당하였다. 왕이 된 요시야는 산당, 아세라 목상, 아로새긴 우상, 부어 만든 우상들을 제거하였으며 바알의 제단을 헐고 태양 상을 찍어 버리는 등 유다와 예루살렘을 정결하게 하였다. 성전을 수리하면서 발견된 율법책의 말씀을 들으면서 옷을 찢고 하나님의 뜻을 물었다. 또한 예루살렘에서 유월절 절기를 성대하게 지켰다. 요시야와 같이 마음을 다하며 뜻을 다하며 힘을 다하여 모세의 모든 율법을 따라 여호와께로 돌이킨 왕은 요시야 전에도 없었고 후에도 없었다. 하지만 하나님께서 유다를 향한 진노를 돌이키지 아니하셨는데 이는 므낫세가 하나님을 격노하게 했기 때문이다. 대신에 하나님께서는 요시야가 하나님이 내리시는 모든 재앙을 보지 못하고 죽게 될 것이라고 말씀하셨다.

B.C.609년에 이집트의 바로 느고는 바벨론과 전쟁을 위해 남유다를 통과하도록 요시야에게 요청하였다. 그러나 요시야 왕은 거절했다. 이집트와 남유다는 므깃도에서 전쟁을 했고 전쟁 중에 요시야 왕은 화살에 맞아 중상을 입었다. 병거를 타고 예루살렘에 도착했으나 결국 죽고 말았다. 온 유다와 예루살렘 사람들이 그의 죽음을 슬퍼하였다.

이사야는 '여호와는 구원'이라는 뜻이다. 아버지 아모스(선지자 아모스와 동명이인)는 아마샤 왕의 형제라고 알려졌기 때문에 이사야는 왕족 출신이며 웃시야 왕의 사촌이다. 그는 왕족의 옷차림을 하지 않았고 머리털로 만든 옷을 두르고 다니면서 백성들에게 회개를 촉구했다.

1. **사역 기간:** 웃시야 왕의 마지막 해(B.C.739년)부터 므낫세 왕 초기(B.C.680년경)까지 약 60년간 활동하였다. 이 시대에 남유다 왕은 웃시야(B.C.791-739), 요담(B.C.750-735), 아하스(B.C.735-716), 히스기야(B.C.728-687), 므낫세(B.C.697-642)이다.

2. **활동 장소:** 이사야는 예루살렘 도시 안에서 주로 사역하였다.

3. **아하스 왕 때 사역:** 아하스 왕 때 앗수르는 서쪽으로 세력을 확장하려고 하였다. 앗수르에 대항하기 위해 이스라엘 왕 베가와 아람 왕 르신이 연합하였고 아하스에게 동맹을 요청하였다. 아하스가 동맹을 거절하자 베가와 르신이 남유다를 공격했다. 이사야는 아하스에게 어느 나라에도 의존하지 말고 하나님만 의지하라고 했지만 아하스는 앗수르에게 도움을 청했다. 결국 남유다는 앗수르의 실질적인 속국이 되었고 앗수르의 우상까지 숭배하게 되었다.

4. **히스기야 왕 때 사역:** 히스기야는 초기에 앗수르에 충성했으나 앗수르의 정권 교체기에 이집트의 지원을 받아 블레셋 등과 반앗수르 동맹을 결성하였다. 이사야는 반앗수르 동맹에 반대하였다. 그는 이집트가 곧 앗수르에 굴복할 것이라고 알려 주었다. 앗수르의 왕인 된 산헤립은 반앗수르 동맹을 무너뜨리며 유다를 침공해 왔다. 앗수르 왕 산헤립은 그의 대변자 랍사게를 보내 하나님보다 자기의 능력이 우월함을 과시했으며 예루살렘을 공포 분위기로 몰아넣었다. 히스기야는 항복을 요구하는 편지를 펼쳐 보이며 하나님께 간구했다. 하나님께서는 이사야를 보내 앗수르 군대를 두려워하지 말라고 하시면서 산헤립을 그의 본국에서 칼에 죽게 하겠다고 말씀하셨다(사 37:6-7). 하나님께서는 사자를 보내 하룻밤 사이에 앗수르 군사 십팔만 오천 명을 치셨다. 산헤립은 본국으로 가서 하나님의 말씀대로 두 아들에게 살해당했다. 히스기야가 병들어 죽게 되었을 때 이사야는 히스기야가 곧 죽을 것이라는 하나님의 말씀을 전했다. 히스기야가 하나님께 간절히 기도하자 하나님은 이사야를 통해 수명을 15년 연장시켜주겠다고 말씀하셨다. 바벨론의 사신이 병문안 왔을 때 히스기야는 보물과 무기고와 궁중의 소유물 등을 모두 그들에게 보여주었다. 히스기야의 교만함으로 하나님께서는 이사야를 통해 히스기야의 모든 소유와 지금까지 쌓아 둔 것이 모두 바벨론으로 갈 것이며 히스기야의 자손 중 몇 명은 바벨론의 환관이 될 것이라고 말씀하셨다.

5. **이사야의 죽음:** 이사야는 히스기야의 아들이자 남유다의 가장 악한 왕인 므낫세에게 통나무 안에서 몸이 톱으로 잘리는 형벌로 죽었다고 전해진다.

이사야서 개관

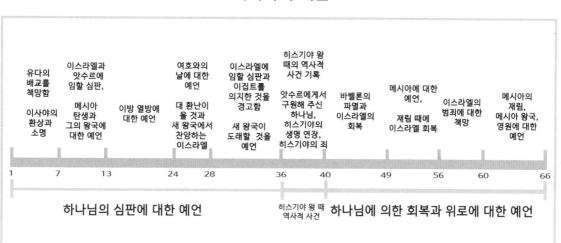

이사야서는 1-39장까지 하나님의 심판, 40-66장까지 메시아를 통한 구원을 기록하고 있기 때문에 신약과 구약의 축소판으로 불리기도 한다.

1. 공간적 배경: 유다, 예루살렘

2. 시대적 배경: B.C.745년 디글랏빌레셋 3세가 앗수르의 왕이 되면서 정복 전쟁을 시작하였다. 북 이스라엘은 종교적, 도덕적으로 타락하여 하나님을 의지하지 않고 동맹을 맺어 앗수르에 대항했지만 B.C.722년에 앗수르에 패망한다. 남유다도 이집트가 중심이 된 반앗수르 동맹에 가담하게 되고 앗수르의 산헤립은 대군을 이끌고 예루살렘에 쳐들어온다.

3. 주제: 하나님의 공의로운 심판과 하나님의 구원을 성취할 메시아의 도래, 고난, 구원, 왕국, 영원한 통치를 말한다.

4. 주요 내용: 하나님께서는 이스라엘이든지 이방 나라든지 불의한 자는 심판하신다. 하지만 회개하고 하나님께 돌아오는 자에게는 구원을 베푸신다. 이를 위해 메시아 예수께서 오셨고 미래에 다시 오셔서 그분의 왕국을 세울 것이다. 그래서 우리는 어떤 상황에서도 소망을 잃지 말고 하나님만 의지하며 하나님께 순종해야 한다.

예레미야는 예루살렘 북쪽에 있는 작은 마을인 아나돗 지방에서 제사장 힐기야의 아들로 태어났다. 그는 제사장의 일들을 보면서 성장했다. 선지자 나훔과 스바냐와 동시대 인물이다.

1. **사역 기간:** 요시야 왕 13년부터 유다 멸망까지(B.C.627 – 586년)이다. 이사야가 죽은 지 약 60년 후에 예레미야가 사역을 시작한다.

2. **활동 장소:** 예루살렘, 라마, 아나돗(이상 유대 땅), 이집트 등

3. **사역 대상:** 남유다와 백성들, 포로 된 유대인들

4. **사역의 시작:** 하나님께서 예레미야를 선지자(대언자)로 부르셨지만 예레미야는 나이가 어리고, 경험이 없으며, 말할 줄 모른다는 이유를 들어 거절한다. 당시 예레미야의 나이는 20세 이하였을 것이다. 하나님께서는 자신의 말을 직접 그의 입에 넣어주시겠다고 말씀하셨다. 예레미야는 엘리야처럼 능력의 사람도 아니었고 이사야처럼 웅변가도 아니었으며 에스겔처럼 율법에 정통하지 못했지만 양보하거나 타협이 없는 강직한 하나님의 종이었다. 그는 하나님의 말씀을 듣지 않아서 멸망하는 조국을 바라보며 괴로워서 눈물로써 외친 눈물의 선지자다. 예레미야는 결혼도 하지 않았으며 하나님의 말씀을 선포하는 중에 여러 번 감옥에 갇히기도 하였고 매도 많이 맞았다. 하지만 그가 전한 하나님의 말씀을 고향 사람들뿐만 아니라 그의 가족조차도 받아들이지 않았다.

5. **요시야 왕 시절의 사역:** 예레미야는 요시야 왕 13년부터 사역을 시작했는데 당시 요시야는 성전을 수리하면서 발견된 율법 책을 계기로 대대적인 종교개혁을 단행하였다. 우상숭배의 자취를 없애는 성전 청결운동을 예루살렘 성전뿐만 아니라 전국적으로 시행하였다. 예레미야는 성전 문 앞에서 하나님의 말씀을 전하였다. 예레미야는 마음속 성전을 청소하라고 외쳤다. 요시야가 므깃도 전투에서 전사하자 예레미야는 애가를 지어 그의 죽음을 슬퍼했다(성경에 있는 예레미야 애가는 예루살렘이 참담하게 파괴되고 멸망당한 현실을 처절하게 슬퍼하며 노래한 것으로 요시야의 죽음을 슬퍼해서 지은 애가와는 다르다).

6. **여호아하스 왕 시절의 사역:** 여호아하스는 악한 왕이라는 평가를 들었다. 하나님께서는 예레미야를 통해서 그가 이집트에 포로로 잡혀가 그곳에서 죽을 것이라고 말씀하셨다.

7. **여호야김 왕(재위:B.C.609-598) 시절의 사역:** 여호야김 통치 초기에 예레미야는 이스라엘 백성들이 회개하지 않는다면 예루살렘과 성전이 파괴될 것이라고 경고하였다. 제사장들과 거짓 선지자들과 그들에게 동조한 사람들은 예레미야를 죽이려고 했으나 아히감(그의 아들 그달랴는 후에 바벨론에 의해 임명된 유다 총독이 된다)이 예레미야를 구해준다. 예레미야는 죽음을 두려워하지 않고 말씀을 전하다 감금되자 바룩을 불러 하나님의 말씀을 두루마리에 기록한 후 성전에서 백성에게 낭독하게 한다. 고관들이 두루마리에 적힌 하나님의 말씀을 여호야김 왕에게 낭독해 주었으나 여호야김은 회개하지 않고 두루마리를 찢어 불태웠다. 하나님께서는 여호야김의 시체가 버림을 당하여 낮에는 더위, 밤에는 추위를 당할 것이며 그의 자손과 신하들과 백성들은 그들의 죄악 때문에 벌을 받을 것이라고 말씀하셨다.

8. **여호야긴 왕(재위:B.C.598) 시절의 사역:** 여호야긴도 하나님 보시기에 악한 왕이었다. 하나님께서는 예레미야를 통해 여호야긴이 친어미와 함께 예루살렘에서 쫓겨나 바벨론에 가서 죽을 것이며 그에게 후사가 없을 것이라고 말씀하셨다. 하나님의 말씀대로 여호야긴은 왕이 된 지 석 달 만에 느부갓네살 2세에 의해 바벨론으로 끌려간다.

9. **시드기야 왕(재위:B.C.597-586) 시절의 사역:** 예레미야는 목에 멍에를 메고 돌아다니면서 이스라엘도 하나님의 뜻대로 바벨론의 멍에를 메야 한다고 외쳤다. 그리고 바벨론에서 포로 생활을 하는 동족에게 금방 돌아올 것이라는 거짓 예언을 믿지 말고 70년 동안 그곳에서 정착하여 살라고 하였다. 거짓 선지자 하나냐는 예레미야 목에 있던 멍에를 빼앗아 꺾어버렸다. 하나냐는 하나님께서 바벨론 멍에를 꺾어서 여호야긴 왕 시절에 바벨론으로 사로잡혀간 자들을 돌려보내시고 바벨론에 빼앗긴 성전 기구들도 이 년 내에 찾게 하실 것이라고 거짓 예언을 한다. 하나냐는 하나님의 말씀대로 거짓 예언을 한 지 두 달 만에 죽고 만다. 시드기야가 감옥에 갇힌 예레미야를 불러내어 조언을 구할 때마다 예레미야는 시드기야에게 바벨론에 항복하라고 말한다. 시드기야는 자기가 항복하면 바벨론에 있는 유대인들에게 조롱을 받을 것을 두려워하였다. 그래서 예레미야의 말을 듣지 않고 끝까지 항복하지 않는다. 그는 결국 두 눈이 뽑혀서 바벨론에 포로로 끌려간다. 예레미야는 예루살렘이 함락될 때까지 감옥(근위대 뜰)에 있었다.

10. **남유다 멸망 후 사역:** 예루살렘이 함락되자 바벨론은 갇혀 있던 예레미야를 풀어주고 안전하게 바벨론으로 데리고 가겠다고 제의했으나 예레미야는 그들의 제안을 거절하며 예루살렘에 남겠다고 했다. 바벨론은 유다 총독으로 임명된 그달랴에게 예레미야를 맡겼다. 하지만 일부 유대인들이 그달랴를 암살한 후 예레미야를 이집트로 끌고 갔다. 그는 B.C.570년경 이집트에서 동료 유대인들이 던진 돌에 맞아 순교한 것으로 전해진다.

예레미야서 개관

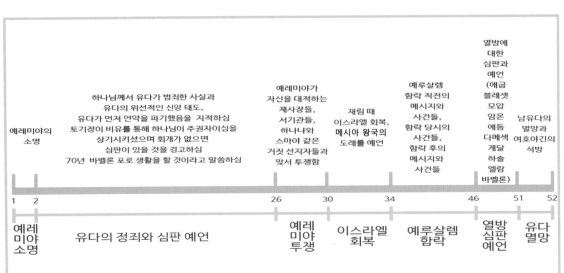

1. **기록자:** 예레미야

2. **기록 시기:** 요시야 왕 13년(렘1:2)부터 시드기야 왕 11년(렘52:1), B.C.627-586년.

3. **기록 장소:** 예루살렘으로 추정.

4. **시대적 배경:** B.C.626년에 나보폴라사르(느부갓네살의 부친)가 바벨론 외곽에서 앗수르 군대를 무찌르고 신바빌로니아제국을 세웠다. B.C.612년에 바벨론과 메대 군인들로 구성된 연합군대가 앗수르의 니느웨 성을 함락했다. B.C.609년에 남아 있던 앗수르 군대를 하란에서 격퇴함으로써 앗수르는 멸망하였다. B.C.609-605년까지 갈그미스를 중심으로 이집트와 바벨론 사이에 전쟁이 벌어진다. 이 전투에서 바벨론이 승리하여 강대국이 되었고 이집트는 패배하여 점점 약소국이 되어 갔다. 남유다는 바벨론과 이집트 사이에서 나라가 위태로워진다.

5. **기록 방식:** 예레미야는 연대기 순이 아니라 주제별로 기록되었으며 역사와 예언이 섞여 있다. 구술을 기록하다보니 예언과 역사가 반복적으로 나온다.

6. **기록 목적:** 하나님께서는 유대의 멸망이 그들의 종교적, 도덕적 타락의 결과임을 알려 주어 잘못을 깨닫고 회개하기를 원하셨다. 그리고 메시아가 이스라엘을 회복시킬 것을 말씀하시면서 죄는 징계하지만 백성 자체는 버리지 않으신다는 사실을 알려 주셨다. 이는 교회 시대에도 적용된다. 즉 구원 받은 자에게 징계는 있으나 구원은 보장해 주신다.

예레미야 애가는 하나님의 심판을 받아 예루살렘이 바벨론에 의해 파괴되었을 때 예레미야가 그 파괴의 현장에서 예루살렘을 생각하며 부른 다섯 편의 슬픈 노래이다. 이스라엘은 예루살렘이 함락되던 날이 오면 공공 집회소나 각 가정에 모여 예레미야 애가를 낭독하였다.

1. 저자: 저자는 예레미야이다. 성경에 예레미야의 이름이 언급되지는 않지만 예레미야는 당시 선지자이자 시인이면서 예루살렘의 멸망을 직접 목격한 사람이다. 하나님께 회개를 촉구하는 내용과 예루살렘을 가리키는 명칭이 예레미야서와 유사한 점 등을 볼 때 예레미야가 저자라는 점은 논란의 여지가 없다.

2. 기록 시기: 예루살렘 멸망에 관하여 생생히 묘사한 것으로 보아 예루살렘 멸망 직후인 B.C.586년경에 기록한 것으로 보인다.

3. 시대적 배경: 바벨론의 느부갓네살에 의해 왕위에 오른 시드기야는 거짓 선지자들과 주변 국가들의 반 바벨론 동맹에 고무되어 예레미야의 경고에도 불구하고 바벨론에 반역하였다. 결국 남유다는 바벨론에게 B.C.586년에 멸망당하였다. 예레미야는 전부터 하나님의 심판으로 남유다가 멸망할 것임을 선포하였다. 그러나 막상 예루살렘의 패망과 처참한 살육이 현실로 다가오자 유다 백성들은 물론 예레미야 자신도 고통과 슬픔을 주체하기 어려웠다.

4. 주제: 이스라엘 백성이 회개하지 않아 예루살렘이 멸망까지 이르렀지만 사랑이 많으신 하나님께서 계시므로 새 소망을 가져야 한다고 노래한다.

5. 구성: 총 5장으로 암기와 낭송을 고려하여 기록하였다. 각 장이 각각 독립된 한 편의 완성된 시이면서도 5장이 함께 모여 예루살렘 패망 사건을 다룬다. 1장, 2장, 4장은 "슬프다"로 시작하여 격동하는 감정을 잘 드러낸다. 각 장이 22절로 구성되어 있으나 3장만 66절로 되어 있다. 예루살렘을 예레미야 자신으로 비유하여 예루살렘의 고통을 곧 자신의 고통으로 표현한다.

6. 내용: 1장은 함락된 예루살렘의 참상과 고통받는 성읍의 모습을 기록하였다. 2장에서도 역시 예루살렘의 참상에 대해 묘사하였고 예루살렘 멸망의 원인이 하나님의 심판이라는 사실을 알려 준다. 그리고 하나님께 부르짖어 긍휼을 간구해야 함을 촉구한다. 3장에서는 비탄에 빠진 예레미야의 감정과 구원의 확신을 나타냈다. 4장에서는 예루살렘이 포위를 당했던 당시 상황과 포위를 당한 이유, 그리고 미래에 대한 희망을 노래하였다. 5장은 하나님께 슬픔으로 간구하고 선민의 회복을 기원한다.

에스겔서 개관

1~3장	패역한 이스라엘에게 하나님의 말씀을 전하도록 부름 받은 에스겔
4~7장	이스라엘과 예루살렘의 멸망을 예언함
8~11장	이스라엘의 가증한 일들에 대한 하나님의 징계와 회복
12~24장	이스라엘의 죄악들과 하나님의 심판
25~30장	암몬, 모압, 에돔, 블레셋, 두로, 이집트에 대한 심판
31~32장	사탄에 대한 하나님의 심판
33장	유대인 포로들에게 경고하심
34장	예수님의 지상 재림 때의 이스라엘 회복
35장	하나님께서 에돔을 황폐하게 하실 것임
36~37장	마지막 때 이스라엘의 회복
38~39장	곡과 마곡의 전쟁, 아마겟돈 전쟁
40~46장	천년왕국 성전
47~48장	천년왕국 때 흐르는 생명의 강과 이스라엘이 받게 될 유업

1. 기록자: 에스겔

2. 기록 시기: 에스겔은 바벨론 2차 침공 때 여호야긴 왕이 바벨론 포로로 갈 때 같이 끌려갔다. 그는 포로가 된 지 5년째(B.C.593년경) 선지자로서 소명을 받고 바벨론에서 22년간 사역한다. 따라서 에스겔서의 기록 시기는 B.C.593-571년경으로 추정된다.

3. 기록 장소: 기록 장소는 바벨론의 그발 강 인근 델아빕으로 추정된다(겔1:1, 3:15). 포로로 끌려온 유대인들이 이 일대에 거주하였다.

4. 에스겔서의 특징과 내용: 하나님께서는 에스겔을 통해 하나님을 배반하고 가증한 일들을 행한 이스라엘이 심판을 받을 것이라고 말씀하셨다(겔6:7). 열방들 역시 하나님의 심판을 피하지 못한다. 유대인들은 하나님을 믿는다고 하면서도 하나님에 대해 잘 알지 못했다. 하나님께서는 이스라엘에게 내가 여호와인 줄 알게 하시겠다고 수차례 말씀하셨다. 하나님께서는 이스라엘이 자기들의 땅으로 돌아올 것과(겔36:24) 그곳에서 다시 하나님을 섬길 것이며 영적으로 회복될 것이라고 말씀하셨다. 그 일을 위해 회복하게 하시는 성령님의 역할을 강조하였다(겔36:26-27). 그때는 예수님이 지상 재림하시고 천년왕국을 통치하시는 때이다. 예루살렘에 성전이 다시 세워지고 그곳에 하나님의 영광이 다시 돌아온다.

바벨론 제국의 영토(B.C.570년경)

바벨론 제국은 함의 손자인 니므롯이 세운 도시 중 한 곳이다. B.C.2400년경 바벨론은 작은 도시 국가에 불과했다. 당시 메소포타미아(티그리스와 유프라테스 두 강 사이에 있는 지역)에 수메르인들이 발달된 문명을 이루며 살았다. 이후 셈족 계열의 아모리인들은 바벨론을 중심으로 B.C.1894년에 구바빌로니아 제국을 건설하였다. B.C.1792년에 즉위한 함무라비 왕은 강력한 힘을 바탕으로 주변 국가들을 제압하고 메소포타미아 전 지역을 자신의 지배하에 두었다.

1. **함무라비 왕(B.C.1792-1750):** 함무라비 법전을 공포하고 도시국가들을 연합하여 종교적인 통합을 시도했다. 구바빌로니아 시대를 번영으로 이끌었다.

2. **카시트 왕조(B.C.1570-1155):** 동방 산악 지대로부터 바벨론 평원에 침입하여 약 400년간 바벨론을 지배하였다.

3. **느부갓네살 1세(B.C.1124-1103):** 바벨론을 약탈한 엘람의 수도 수사를 습격하여 바벨론의 수호신 마르둑을 되찾아 왔다.

4. **앗수르의 공격:** 바벨론은 중앙 메소포타미아의 패권을 놓고 앗수르와 경쟁하였다. 앗수르 왕 디글랏 빌레셀 3세(B.C.745-727) 때 앗수르의 지배를 받기도 했지만 끊임없이 저항했다. 앗수르 왕 산헤립(B.C.705-681)은 B.C.689년에 바벨론의 반란을 진압하고 약탈과 파괴를 자행했다.

5. **나보폴라사르(B.C.626-605):** B.C.626년에 나보폴라사르(느부갓네살 2세의 부친)가 바벨론 외곽에서 앗수르 군대를 무찌르고 신바빌로니아제국을 세웠다. B.C.612년에 바벨론과 메대 군인들로 구성된 연합 군대가 앗수르의 니느웨 성을 함락했다. B.C.609년에 남아 있던 앗수르 군대를 하란에서 격퇴함으로써 앗수르를 멸망시켰다.

6. **느부갓네살 2세(B.C.605-562):** 나보폴라사르의 아들이다. 그는 군대 지휘관으로서 4년 동안(B.C.609-B.C.605) 계속된 갈그미스 전투에서 이집트 군대를 무찔렀다. 바벨론이 승리하자 남유다의 여호야김은 바벨론을 섬겼으나 삼 년 만에 바벨론을 배반한다. 느부갓네살 2세는 여호야김을 쇠사슬에 결박하여 바벨론으로 끌고 갔으며 요시야의 셋째 아들 시드기야를 남유다의 왕으로 삼았다. 하지만 시드기야도 바벨론에 반역하자 B.C.586년에 예루살렘을 함락하고 남유다를 멸망시켰다. 그는 두로, 수리아, 모압, 암몬, 블레셋을 차례로 함락한 뒤 두 차례에 걸친 이집트 원정도 단행하였다. 그는 포로를 동원하여 바벨론에 성벽과 왕궁, 신전을 건축하고 대운하도 건설하였으며 왕비를 위해 공중정원도 만들었다. 하나님께서는 여러 나라를 징계하기 위한 수단으로 그를 선택했을 뿐인데 느부갓네살 2세는 모든 영광이 자신의 능력과 권세 때문이라고 착각했다. 결국 다니엘이 해석한 꿈대로 그는 정신질환을 앓아 칠 년 동안 소처럼 들에서 풀을 뜯어 먹고 살다가 제정신으로 돌아와 하나님을 경배하였다.

7. **에윌므로닥(B.C.562-560):** 느부갓네살 2세의 아들로 여호야긴 왕을 풀어주었다(왕하25:27).

8. **네르글리시르(B.C.560-556):** 네르글리시르는 왕이 되기 전에 예루살렘이 포위되었을 때 시드기야 왕 앞에 나타난 궁중 장관 네르갈사레셀로 추정된다(렘39:3). 그는 느부갓네살 2세의 사위로서 에윌므로닥 왕을 살해하고 왕위에 올랐다.

9. **나보니두스(B.C.556-539):** 바벨론의 마지막 왕이다. 그는 느부갓네살의 집안 출신이 아니라 하란 출신으로 달의 신 신(Sin)의 제사장 아들이다. 바벨론 백성은 '마르둑'이라는 신을 섬겼지만 나보니두스와 그의 아들 벨사살은 '신(sin)'이라는 이름의 신을 섬겼기 때문에 기존 세력과 마찰이 있었다. 나보니두스는 명확한 이유 없이 아라비아 사막에서 십 년간 머무른다. 그를 대신하여 아들 벨사살이 바벨론을 다스렸는데 다니엘서는 벨사살을 바벨론의 마지막 왕이라고 기록한다. 그러나 공식적으로 마지막 왕은 그의 아버지 나보니두스이다. 벨사살이 다니엘을 셋째 치리자로 임명한 까닭은 부친 나보니두스에 이어 자신이 둘째 치리자이기 때문이다. 바사 왕 고레스는 B.C.549년에 메대를 정복했다. 뒤를 이어 B.C.546년에는 리디아까지 정복했다. B.C.539년에 고레스는 유프라테스 강 물줄기를 돌리고 마른 강바닥으로 군대를 진격시켜 바벨론을 점령하였다. 하나님께서는 고레스가 바벨론을 점령할 것이라는 사실을 이사야를 통해 이미 170년 전에 알려 주셨다(사44:27-28).

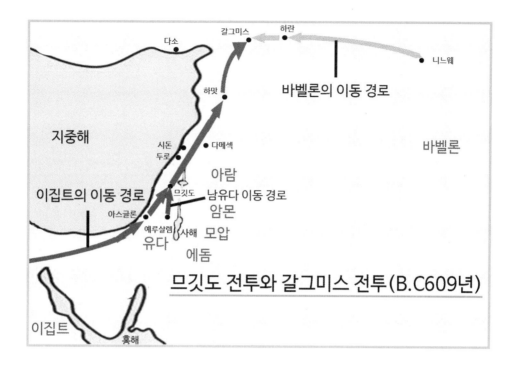

바벨론의 이동 경로

이집트의 이동 경로

남유다 이동 경로

므깃도 전투와 갈그미스 전투(B.C 609년)

1. **주변 정세의 변화:** B.C.626년에 나보폴라사르(느부갓네살의 부친)가 바벨론 외곽에서 앗수르 군대를 무찌르고 신바빌로니아제국을 세웠다. B.C.612년에 바벨론과 메대 군인들로 구성된 연합군대가 앗수르의 니느웨 성을 함락했다. B.C.609년에 남아 있던 앗수르 군대를 하란에서 격퇴함으로써 앗수르는 멸망하였다. B.C.609년에 이집트의 바로 느고가 앗수르를 도와 바벨론과 싸우기 위해 하란으로 진군했다. 이집트가 앗수르를 도운 까닭은 바벨론이 팽창하는 것을 막아 팔레스타인 지역을 차지하기 위해서다. B.C.609-605년까지 이집트와 바벨론 사이에 벌어진 전쟁이 갈그미스 전투이다. 이 전투는 세계 역사상 중요한 전투인데 이 전투에서 바벨론이 승리하여 강대국이 되었고 이집트는 패배하여 점점 약소국이 되어 갔다.

2. **므깃도 전투:** B.C.609년에 이집트와 남유다 사이에 일어난 전쟁이다. B.C.609년에 이집트의 바로 느고는 앗수르와 바벨론과의 전투에 참전하기 위해 출정한다. 이집트의 군대가 하란으로 진격하자 요시야 왕은 그들이 남유다의 땅을 지나는 것을 허락하지 않았고 결국 므깃도에서 이집트와 전쟁을 벌이게 된다. 요시야 왕은 이집트가 팔레스타인 지역을 차지하려는 야욕을 알고 있었던 것이다. 안타깝게도 요시야 왕은 이 전투에서 화살에 맞아 전사했다. 남유다의 패배와 멸망은 백성들의 우상숭배와 특히 므낫세의 죄가 하나님을 격노하게 했기 때문이다(왕하23:26). 요시야 왕이 전사한 것도 하나님께서 앞으로 다가올 예루살렘의 멸망과 포로로 끌려가는 모든 재앙을 요시야가 보지 않도록 배려하셨기 때문이다(왕하22:20).

3. **이집트의 지배하에 들어간 남유다:** B.C.609년에 므깃도 전투에서 패배한 남유다는 실질적으로 이집트의 지배를 받는다. 요시야가 죽자 백성들이 그의 넷째 아들인 여호아하스를 왕으로 세웠지만 이집트 왕 느고는 자기 허락 없이 왕으로 삼은 여호아하스를 왕위에 오른 지 3개월 만에 폐위시킨다. 대신 요시야의 둘째 아들 여호야김(B.C.609-598)을 왕으로 세웠다. 그리고 남유다에은 백 달란트와 금 한 달란트를 벌금으로 내게 하였다.

4. **바벨론의 지배에 들어간 남유다:** B.C.605년에 이집트와 바벨론 사이에 벌어진 갈그미스 전투에서 바벨론이 승리하자 남유다는 바벨론의 지배에 들어가게 된다. B.C.605년에 왕위에 오른 느부갓네살 2세는 점령 지역 사람들이 자신에게 충성하도록 인질 정책을 사용했다. 이때 다니엘 등 왕족과 귀족들이 바벨론에 포로로 끌려갔다(바벨론의 1차 포로).

5. **바벨론을 배반한 여호야김:** B.C.601년에 바벨론의 느부갓네살 2세가 이집트를 다시 공격했으나 실패하고 돌아갔다. 이를 본 여호야김은 바벨론을 배반하고 조공을 바치지 않았다. B.C.598년 바벨론의 느부갓네살은 예루살렘을 침공하였다. 여호야김을 쇠사슬로 결박하여 바벨론으로 잡아갔는데 성전의 기구들도 바벨론으로 가져다가 자기 신당에 두었다.

6. **바벨론에 항복한 여호야긴:** B.C.598년 바벨론의 침공으로 여호야김이 바벨론으로 끌려갔기 때문에(바로 죽임을 당했을 것으로 추정) 그를 대신하여 여호야김의 아들 여호야긴이 왕위에 올랐다. 그는 왕위에 오른 지 3개월 만에 바벨론과의 싸움이 무모함을 알고 항복한다. 느부갓네살 2세는 항복한 여호야긴과 그의 어머니, 아내들, 내시들, 나라에 권세 있는 자들, 용사 칠천 명과 장인, 대장장이 천 명을 사로잡아 바벨론으로 데려갔다. 에스겔도 이때 포로로 끌려갔다(바벨론의 2차 포로). 느부갓네살 2세는 여호야긴의 숙부이자 요시야의 셋째 아들인 시드기야를 왕위에 앉혔다. 37년 후에 여호야긴은 바벨론의 에월므로닥 왕(느부갓네살 2세 아들) 때에 석방되어 좋은 대우를 받게 된다.

7. **바벨론을 배반한 시드기야:** B.C.597년에 느부갓네살 2세에 의해 왕위에 오른 시드기야는 처음에는 바벨론에 충성하다가 예레미야의 경고에도 불구하고 주변국(두로, 시돈, 모압, 압몬 등)과 연합하여 반바벨론 동맹을 체결하였다. 그는 이집트의 왕 호브라를 믿고 바벨론에 반역하였다. B.C.586년에 느부갓네살 2세는 예루살렘을 포위하고 공격하여 함락하였으며 도망가는 시드기야 왕을 붙잡아 립나로 끌고 갔다. 느부갓네살 2세는 시드기야가 보는 앞에서 두 아들을 죽였고 시드기아의 두 눈을 뽑은 후 사슬에 묶어 바벨론으로 데려갔다. 그리고 성전과 모든 궁실을 불사르고 예루살렘 성벽을 헐었으며 하층민을 제외하고 모두 바벨론으로 끌고 갔다(바벨론의 3차 포로). 이로써 남유다는 멸망하였으며 포로들은 바사 제국이 바벨론을 멸망시킬 때까지 약 70년 동안 바벨론의 노예가 되었다.

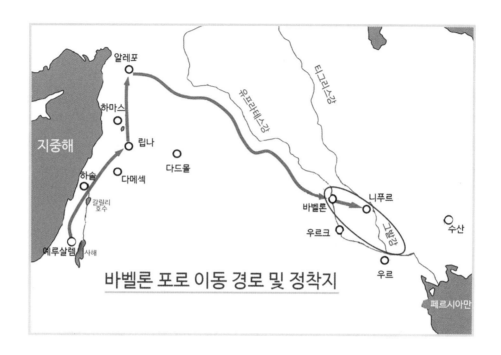

바벨론 포로 이동 경로 및 정착지

1차 포로: B.C.605년 이집트와 바벨론 사이에 벌어진 갈그미스 전투에서 바벨론이 승리하자 남유다는 바벨론의 지배에 들어가게 된다. 느부갓네살 2세는 갈그미스 전투가 끝나고 본국으로 돌아가면서 남유다의 왕족과 통치자들을 데려갔는데 이때 다니엘도 포로로 끌려갔다. 느부갓네살 2세는 성전 기구들 중 일부를 가져다가 바벨론의 신당에 보관하였다.

2차 포로: B.C.597년 여호야긴 왕 1년에 느부갓네살 2세는 예루살렘 성을 함락하고 여호야긴과 왕의 어머니, 아내들, 용사 7천 명을 포함한 방백과 백성 총 1만 명, 기술자와 대장장이 1천 명을 데려갔으며 이때 에스겔과 모르드개의 조상도 포로로 끌려갔다. 반란을 일으킬 만한 지도자들과 탁월한 사람들을 모두 데려간 까닭은 남유다를 무력화시키기 위해서다. 또한 성전의 모든 보물과 왕궁 보물을 가져갔고 성전의 금 그릇을 다 파괴하였다.

3차 포로: B.C.586년 느부갓네살 2세는 예루살렘 성을 함락하고 시드기야 왕과 성 중에 남아 있는 백성, 바벨론 왕에게 항복한 자들을 모두 사로잡아 갔다. 단지 비천한 자를 남겨두어 포도원을 다스리는 자와 농부가 되게 하였다. 그리고 성전을 불사르고 성전 기구들의 금, 은, 놋을 모두 취해 가져갔으며 사면 성벽을 헐어 버렸다.

바벨론으로 끌려간 포로들은 바벨론과 니푸르, 그발 강가에 텔멜라, 텔하르사, 체룹, 아단, 이메르, 텔아비브 등에 정착하였다. 그들은 예루살렘 성이 함락된 날을 금식과 애통의 날로 지켰다. 그들이 포로로 끌려간 것은 우상을 숭배하고 하나님의 말씀을 거역하고 그 거룩하신 뜻을 멸시한 죄에 대한 하나님의 징계이다. 하지만 70년 후에 하나님께서는 메대와 바사의 연합군을 사용하여 바벨론을 멸망시키시고 이스라엘 백성들을 언약대로(렘50:1-4) 귀환시키셨다.

1. 이름의 뜻: 하나님은 나의 심판자이시다.

2. 가족 배경: 유다 지파이며 왕족 혈통이거나 귀족 가문 출신이다.

3. 바벨론 포로: B.C.605년 다니엘은 바벨론에 1차 포로로 끌려간다. 느부갓네살 2세는 왕족과 귀족 가운데 용모가 아름답고 지혜와 지식이 풍부한 소년들을 골라 바벨론 언어와 학문을 배우게 하였는데 다니엘이 그중에 한 명이다.

4. 환관이 된 다니엘(다니엘 1장): 다니엘, 하나냐, 미사엘, 아사랴는 환관장 밑에서 삼 년간 교육을 받는다. 그들은 왕의 음식과 포도주를 거절하고 채식만 하였다. 왜냐하면 레위기에 나오는 부정한 음식을 먹어 몸을 더럽히지 않기 위해서다. 교육이 끝난 후 왕이 그들에게 질문하였는데 그들의 지혜와 총명이 온 나라 박수와 술객보다 열 배나 뛰어났다고 한다.

5. 느부갓네살의 꿈을 해석한 다니엘(다니엘 2,4장): 다니엘은 느부갓네살의 꿈(머리는 순금, 가슴과 두 팔은 은, 배와 넓적다리는 놋, 종아리는 쇠, 발은 쇠와 진흙으로 이루어진 신상에 대한 꿈)을 맞히고 해석하여 온 지방을 다스리는 지위를 얻었다. 느부갓네살은 다른 꿈(한 나무가 자라서 견고하여지고 그 높이는 하늘에 닿았으나 한 거룩한 자가 나무를 베고 그루터기만 남겨 놓은 꿈)을 꾸었는데, 이 꿈도 다니엘이 해석하였고 해석한 대로 이루어졌다.

6. 금 신상에 절하지 않은 다니엘의 친구들(다니엘 3장): 느부갓네살은 자신의 영광과 권세를 자랑하기 위해 금 신상을 만들고 절하도록 명령하였다. 다니엘의 친구인 사드락과 메삭과 아벳느고는 금 신상에 절하지 않았다. 그들은 풀무 불에 던져졌으나 머리털 하나도 그슬리지 않았다. 그 모습을 본 느부갓네살은 사드락과 메삭과 아벳느고의 하나님을 찬송하였다.

7. 벨사살 왕 때 벽에 쓴 글씨를 해석한 다니엘(다니엘 5장): 바벨론 제국의 마지막 왕 나보니두스의 아들이자 대리 통치자인 벨사살은 잔치 때 예루살렘 성소에서 약탈한 금 기명을 가져오라고 했다. 그는 거기에 술을 부어 마시며 하나님을 모독했다. 그러나 잔치 중에 벽에 쓰인 글씨를 보고 모두 두려워했다. 다니엘은 그 글씨가 하나님께서 바벨론을 나누어서 메대와 바사 사람에게 준다는 뜻이라고 왕에게 해석해 주었다. 벨사살은 벽의 글씨를 해석한 다니엘을 제국의 셋째 치리자로 삼았다. 그러나 바벨론은 그날 밤 예언대로 멸망하였다.

8. 사자굴 속에서 살아남은 다니엘(다니엘 6장): 다리오 왕(고레스에 의해 메대의 통치권을 잠시 위임 받은 왕)은 다니엘을 세 명의 총리 중 한 명으로 세웠다. 다니엘은 왕의 총애를 받았지만 다른 신하들의 시기의 대상이었다. 총리들과 방백들은 다니엘이 왕의 명령을 어기고 왕 외에 다른 신에게 기도했다고 밀고하며 다니엘을 사자 굴에 넣도록 요구했다. 그러나 하나님은 천사들을 보내 사자 입을 막아 다니엘을 보호하셨다. 왕은 사자 굴에 다니엘을 모함한 사람들을 집어넣었다. 다니엘은 바벨론과 페르시아 시대에 행정가이자 예언자였다.

1. **느부갓네살의 첫 번째 꿈(다니엘 2장):** 느부갓네살은 큰 신상에 대한 꿈을 꾸었다. 그 신상의 머리는 정금, 가슴과 팔들은 은, 배와 넓적다리는 놋, 종아리는 철, 발의 일부는 철이고 일부는 진흙이다. 손으로 다듬지 않은 돌이 신상의 철과 진흙의 발을 쳐서 부서뜨리자 철과 진흙과 놋과 은과 금이 다 부서져 바람에 날려 사라졌고 형상을 친 돌은 태산을 이루어 온 세상을 가득 채웠다.

2. **다니엘의 해석:** 다니엘은 이렇게 해석했다. 느부갓네살은 그 신상의 머리이다. 셋째 왕국은 놋으로 일어나 온 세상을 다스린다. 넷째 왕국은 철처럼 강한 왕국이 된다. 발과 발가락의 일부는 토기장이의 진흙이며 일부는 철이므로 그 나라가 나누일 것인데 부분적으로는 튼튼하고 부분적으로는 부서진다. 이들 왕들의 때에 하나님이 한 나라를 세우시리니 이것은 영원히 망하지도 아니할 것이고 그 국권이 다른 백성에게로 돌아가지도 아니할 것이며 도리어 이 모든 나라를 쳐서 멸하고 영원히 설 것이라. → 금 신상의 머리인 정금은 다니엘이 말한 대로 바벨론 제국이다. 은은 페르시아 제국, 놋은 헬라 제국, 철은 로마 제국이다. 일부는 철이고 일부는 진흙인 발과 발가락은 분열된 로마 제국이거나 적그리스도가 다스리는 나라 혹은 예수님 재림 전에 나타나는 모든 열방들로 볼 수 있다. 손으로 다듬지 않은 돌은 예수 그리스도이시며 그가 모든 왕국을 무너뜨리고 영원한 나라를 세우실 것이다.

3. **느부갓네살의 두 번째 꿈(다니엘 4장):** 땅의 중앙에 한 나무가 있는데 높이가 컸다. 그 나무가 자라서 견고하여지고 그 높이가 하늘에 닿아 땅끝까지 이르렀다. 그 잎사귀는 아름답고 그 열매는 많아서 만민을 위한 식물이 되었고 들짐승이 그 그늘에 있으며 공중에 나는 새가 그 가지에 깃들이고 모든 생물이 그것을 먹었다. 그러나 한 파수꾼 곧 한 거룩한 자가 하늘에서 내려왔는데 그가 소리 질러 그 나무를 베고 그 가지를 찍고 그 잎사귀를 떨고 그 열매를 흩어 짐승과 새들을 그 가지에서 쫓아내었다. 하지만 그 뿌리의 그루터기를 땅에 남겨두어 철과 놋줄로 동이고 들의 부드러운 풀 속에 두어 이슬에 젖게 하며 그의 몫은 짐승과 함께 있게 했다. 그가 짐승의 마음을 받아 일곱 때를 지나도록 했다.

4. **다니엘의 해석:** 그 나무는 왕이며 왕이 위대하여져서 하늘에 닿고 왕의 통치권이 땅끝까지 미칠 것이다. 지극히 높으신 하나님이 명령하여 왕을 사람들로부터 쫓아내어 왕의 거처가 들의 짐승들과 함께 있을 것이다. 하지만 나무뿌리의 그루터기를 남겨두라고 명령하셨으니 7년 후에 하나님께서 인간들의 왕국을 원하시는 자에게 주신다는 것을 깨달은 뒤에 왕의 왕국이 견고히 설 것이다. → 이 예언은 1년 후에 실현되었다. 느부갓네살은 바벨론의 영광을 자신에게 돌림으로써 하나님께 벌을 받아 7년 동안 들의 짐승들과 함께 있게 된다. 7년 후에 회개하여 하나님의 절대 주권을 인정한 후에 정상으로 돌아올 수 있었다.

147. 다니엘의 환상(네 짐승, 숫양과 숫염소)

1. **네 짐승의 환상(다니엘 7장):** 다니엘이 바벨론의 벨사살 왕 원년(B.C.552년경)에 자기 침상에서 본 환상이다. 1-8절을 보면, 네 짐승의 환상이 나온다. 큰 짐승 넷이 바다에서 나왔는데 첫째는 사자 같고 독수리의 날개가 있었다. 둘째는 곰과 같고 이빨 사이에 갈비뼈 세 대가 물려 있었다. 셋째는 표범 같고 등에는 새의 날개 넷이 있으며 머리도 네 개였다. 넷째는 두렵고 무서우며 힘이 세고 철로 된 큰 이빨을 가졌다. 넷째 짐승은 열 뿔을 가졌는데 다른 작은 뿔이 나오더니 먼저 나온 뿔 세 개가 그 앞에서 뿌리째 뽑혔다. 9-14절은 하나님께서 보좌에 앉아 계시고 인자 같은 분이 하나님께 영원한 통치권과 멸망하지 않는 왕국을 받는다. 15-28절은 다니엘 곁에 서 있던 한 사람이 환상에 대해서 말해준다.

   ⇨ 일반적으로 첫째 짐승은 바벨론, 둘째 짐승은 페르시아(갈비뼈 세 대는 페르시아가 점령한 바벨론, 이집트, 리디아), 셋째 짐승은 헬라 제국(표범처럼 빠르게 정복했으나 알렉산더 사후에 네 나라로 분열함), 넷째 짐승은 로마이다. 열 뿔은 로마 이후에 나타나는 열방들이고 그중 다른 작은 뿔은 마지막 때 나타나는 적그리스도로 볼 수 있다. 9-14절을 통해 세상 모든 나라는 결국 하나님의 최후 심판으로 적그리스도와 함께 멸망할 것이며, 인자 곧 그리스도가 성부 하나님께로부터 영원한 권세와 영광을 얻어 하나님을 섬기며 그 앞에서 절대 순종하는 선민들로 이루어진 왕국을 영원히 통치하실 것을 예언한다.

2. **숫양과 숫염소의 환상(다니엘 8장):** 바벨론의 벨사살 왕 제3년에 다니엘이 수산 궁과 근처 울래 강가에서 본 환상이다. 두 뿔 가진 숫양이 서쪽과 북쪽과 남쪽을 향해 밀어붙였다. 숫염소는 서쪽에서 왔는데 양 눈 사이에 두드러진 뿔을 가졌다. 숫염소가 숫양을 받아 그의 두 뿔을 꺾는다. 숫염소가 강해졌을 때 큰 뿔이 꺾이고 네 뿔이 나온다. 그중 한 뿔에서 작은 뿔 하나가 나왔는데 매일 드리는 제사도 없애고 성소의 처소도 허물었으며 진리를 땅에 던지고 마음대로 행하며 번성하였다. 그때 한 성도가 2,300일이 지난 뒤 성소가 깨끗해질 것이라고 했다.

   ⇨ 이 환상은 가브리엘이 17-25절에서 깨닫게 해주었다. 두 뿔 가진 숫양은 페르시아(메대와 바사의 연합국)의 왕들이고 숫염소는 헬라 제국의 왕이며 숫염소의 큰 뿔은 헬라 제국의 첫 번째 왕인 알렉산더이다. 네 뿔은 알렉산더가 죽은 후 분할된 네 왕국(셀레우코스, 프톨레마이오스, 카산드로스, 리시마코스)이다. 그 네 나라 중에 한 왕이 일어나 거룩한 백성을 멸하는데 그 왕은 마지막 때 나타나는 적그리스도다. 셀레우코스 왕조의 안티오쿠스 4세 에피파네스는 예루살렘을 약탈하고 아론의 후손이 아닌 사람을 대제사장으로 세웠다. 또 유대인들에게 우상을 숭배하게 하고 돼지고기를 먹도록 강요했다. 에피파네스의 박해기간(2,300일) 동안 유대인들은 제사를 드리지 못했다. 마지막 때에 안티오쿠스 에피파네스 같은 적그리스도가 나타난다.

메대 족속 아하수에로(에스더의 남편과 동명이인)의 아들 다리오(다니엘을 사자 굴에 던진 사람이며 메대의 마지막 왕이다. 페르시아와 병합되자 고레스가 갈대아 즉 바벨론의 한 지역을 맡긴 분봉 왕이다)가 갈대아의 왕이 된 첫해(고레스 원년, B.C.538년)에 다니엘은 예레미야서를 읽고 예루살렘의 황폐함이 칠십 년 만에 끝난다는 사실을 깨닫는다. 다니엘은 앞으로 약 3년 후에 고국으로 돌아갈 수 있다는 희망을 품고 금식하며 기도를 하였다. 그는 이스라엘 백성들의 죄악을 끌어안고 하나님 앞에 낱낱이 죄를 고하며 회개하고 용서를 구하는 기도를 드린다(단9:3-19).

하나님께서 다니엘의 기도를 들으시고 가브리엘을 보내 70이레에 대한 계시의 말씀을 전해주셨다. 가브리엘은 네 백성과 네 거룩한 성이 허물을 끝내고 죄들을 종결시키며, 죄악에 화해를 이루고 영원한 의를 가져오며, 그 환상과 예언을 봉인하고 지극히 거룩한 이에게 기름 붓기 위해 70이레가 정해졌다고 말하였다. 예루살렘을 복원하고 건축하라는 명령이 날 때부터 기름부음을 받은 자 곧 왕이 일어나기까지 7이레와 62이레가 지날 것이고 그 거리와 성벽이 재건될 것이라고 하였다. 62이레 후에 기름부음을 받은 자가 끊어질 것이나 자신을 위해서가 아니라고 하였다. 또 장차 한 왕의 백성이 와서 그 성읍과 성소를 파괴하고 그 끝은 홍수로 뒤덮일 것이며 전쟁의 끝에는 황폐함이 정해졌다고 말하였다. 그가 장차 많은 사람으로 더불어 한 이레 동안의 언약을 굳게 정하겠고 그가 그 이레의 절반에 제사와 예물을 금지할 것이며 그는 가증함을 확산시킴으로 황폐케 하리니 진멸할 때까지 할 것이며 정해진 것이 황폐케 한 자에게 쏟아질 것이라고 하였다.

⇨ 여기서 한 이레는 7일이 아니라 7년이다. 지극히 거룩하신 이와 기름 부은 자 곧 왕은 예수 그리스도이시다. 예루살렘을 중건하라는 명령이 난 때는 페르시아 아닥사스다 왕에 의해 B.C.445년에 이루어졌다. 이때부터 예루살렘이 중건되어 도시를 이루기까지 49년이 걸렸다(7이레). 기름부음을 받은 자인 예수 그리스도가 일어나는 시점을 예수님이 예루살렘성에 들어가신 때로 본다면, 예루살렘을 중건하라는 명령(B.C.445년)부터 예수님의 예루살렘 입성(A.D.32년경)까지 총 69이레(7이레+62이레)이다. 당시 1년은 365일이 아니라 360일로 계산했기 때문이다(69이레는 현재 기준 483년이 아니라 476년). 62이레 후에 기름부음 받은 자가 끊어질 것이라는 것은 예수님의 십자가 대속을 뜻한다. 장차 한 왕의 백성이 와서 그 성읍과 성소를 파괴한다는 것은 A.D.70년 로마의 디도 장군에 의해 예루살렘성이 무참히 파괴될 것을 말한다. 70이레 중 69이레가 예루살렘을 중건하라는 명령부터 예수님의 예루살렘 입성까지라면 마지막 한 이레가 남는다. 한 이레의 절반(3년 반)에 그가 제사와 예물을 금지하며 가증함을 확산시킨다고 했는데 이 사람은 로마의 디도 장군이 아니다. 이는 시간을 뛰어넘어 마지막 때 7년(한 이레) 대 환난 때에 적그리스도가 행하는 가증한 짓들이다.

페르시아 초대 왕 고레스 제3년(B.C.536년경)에 가브리엘 천사가 다니엘에게 나타나 이스라엘에 앞으로 일어날 일을 보여주었다(다니엘서 10-12장).

페르시아 제국은 키루스 2세(고레스 왕), 캄비세스 2세, 다리우스 1세를 거쳐 네 번째 왕 크세르크세스 1세(아하수에로)가 왕위에 올랐다. 크세르크세스 1세는 그리스를 공격했으나 실패했다(11:1-2). 알렉산더가 나타나 페르시아를 멸망시키고 헬라 제국을 세웠으나 알렉산더 사후 네 왕국으로 분열하였는데 그 왕국은 알렉산더 아들이 아닌 부하들이 나누어 통치한다(3-4). 그중 이집트 지역을 차지했던 프톨레마이오스 왕조(남방 왕)와 시리아 지역을 차지했던 셀레우코스 왕조(북방 왕)가 가장 강성했고 서로 대립하였다. 두 왕조는 화친하여 프톨레마이오스 2세의 딸 베레니스와 셀레우코스의 안티오쿠스 2세가 결혼하면서 동맹을 맺는다. 그러나 안티오쿠스 2세의 본처가 안티오쿠스 2세와 그의 두 번째 부인인 베레니스 그리고 베레니스의 아들까지 모두 죽인다(5-6). 이에 베레니스의 남동생 프톨레마이오스 3세는 왕이 되어 셀레우코스를 침략하여 노략했다. 이후 두 왕조는 전쟁을 계속한다(7-16). 셀레우코스의 안디오쿠스 3세는 프톨레마이오스와 동맹을 맺고 자기 딸 클레오파트라를 프톨레마이오스 4세에게 준 뒤 딸을 이용하여 프톨레마이오스를 패망케 하려 했지만 뜻을 이루지 못하였다. 안디오쿠스 3세는 지중해 연안 국가들을 점령했지만 로마의 장군인 스키피오에게 패하고 살해당한다. 그 뒤를 이어 왕에 오른 셀레우코스 4세는 로마에 배상금을 주기 위해 세금 징수원을 여러 지방으로 보낸다. 심지어 예루살렘 성전의 보물도 빼앗아 오게 한다. 하지만 그도 부하에게 살해되고 만다(17-20).

셀레우코스 4세 뒤를 이어 왕이 된 그의 동생 안티오쿠스 4세 에피파네스는 성경에서 비천한 자, 비열하고 경멸할 만한 자라고 하였다. 왜냐하면 그는 왕위 상속자인 조카가 없는 틈에 왕위를 찬탈했기 때문이다. 에피파네스는 왕위에 오른 후 프톨레마이오스(이집트)를 네 번 침략한다. B.C.170년경 그는 이집트를 첫 번째로 침략하여 그 땅의 일부를 차지하였다. 그리고 본국으로 돌아가는 길에 예루살렘에 들러 성전을 더럽히고 희생물을 드리지 못하게 했으며 많은 사람을 죽이는 악행을 저지른다(21-28). B.C.168년경에 그는 이집트를 재침략했으나 로마군의 개입으로 포기하고 후퇴하였다. 후퇴하면서 예루살렘 성전에 제우스 형상을 세우고 돼지 피를 성전 벽에 바르는 등 많은 가증한 일을 하였다. 유대인 중에 그에게 아첨하는 매국노도 나왔지만 그에게 대항하는 사람들도 생겨났다. 결국 마카비 혁명(B.C.167-142)을 통해 유다가 독립하는 계기가 된다. 이후 유다는 로마의 지배에 들어갈 때까지(B.C.63년경) 약 80년 동안 독립을 유지할 수 있었디(29-35).

에피파네스는 적그리스도를 대표하는 인물이다. 마지막 때 에피파네스와 같은 악행을 저지르는 적그리스도가 출현하지만 이스라엘은 결국 회복된다(단11:36-12:13).

페르시아(Persia)라는 말의 기원은 고대 그리스인들이 이란 남서부 해안 지역에 사는 사람들을 파르스(Fars)라고 부른 데서 비롯되었다. 페르시아는 1935년에 '이란'으로 이름이 바뀌었다. 보통 아케메네스 제국(B.C.550-330)을 페르시아의 기원으로 본다. 키루스 2세(고레스 대왕)가 주변국들을 점령하며 아케메네스 제국의 초석을 마련하였으므로 그가 메디아를 정복한 B.C.550년을 아케메네스 제국(페르시아 제국)의 시작으로 본다.

1. **키루스 2세(고레스, B.C.559-529):** 메디아(메데) 왕 아스티아게스에게는 만다네라는 딸이 있었다. 왕은 만다네가 낳은 아들이 자기를 반역하고 아시아 전체를 점령하는 꿈을 꾼다. 그는 만다네를 페르시아(바사)의 낮은 계층인 캄비세스에게 시집보냈다. 왕은 신하 하르파고스를 시켜 만다네의 아들을 죽이라고 명령하였다. 하르파고스는 왕의 명령을 듣지 않고 고레스를 소를 치는 집에 맡긴다. 고레스가 열 살 때 친구들과 놀이를 하였는데 고레스가 왕의 역할을 하였다. 고레스는 그 놀이에서 자기의 명령을 어긴 아이를 심하게 매질을 하였다. 심하게 매질 당한 아이는 메디아 귀족의 아들이었다. 이 소식을 들은 아스티아게스 왕은 고레스를 데려오게 하였는데 고레스를 보자마자 자기의 외손자임을 알아차렸다. 왕은 고레스가 친부모와 살도록 해주었다. 그러나 자신의 명령을 어긴 신하 하르파고스는 용서할 수가 없어 그의 아들을 죽여 버렸다.

　　원한을 품은 하르파고스는 왕에게 반란을 꾀하였고 고레스가 메디아를 정복하도록 도와준다. 고레스는 메디아의 도시 엑바타나로 진군하여 메디아를 점령하였다(B.C.550). 그리고 페르시아 (바사)와 메디아가 연합하여 리디아의 수도 사르데스를 포위 공격한 끝에 B.C.546년에는 리디아도 점령하였다. 부유한 나라였던 리디아를 정복함으로써 가난한 나라였던 페르시아는 부유하게 되었다. B.C.539년 고레스는 바벨론도 정복하였다. 많은 바벨론 백성들이 나보니두스에게 등을 돌렸기 때문에 바벨론 정복은 신속하고 큰 저항 없이 이루어졌다. B.C.538년 고레스는 칙령을 내려 유대인들이 고국으로 돌아가는 것을 허락한다. 이것은 하나님께서 고레스를 감동시키셨기 때문이다(스1:2). 하나님께서는 고레스가 할 일을 이미 170년 전에 이사야를 통해 말씀해 주셨다(사45:1-3). 고레스는 후에 카스피 해 동쪽 중앙아시아의 유목민과 벌어진 전투에서 전사한 것으로 전해진다.

2. **캄비세스 2세(B.C.528-522):** 고레스의 아들인데 폭군이었다. 그는 여동생 아토사(후에 다리오 왕의 아내가 됨)와 메로에를 아내로 삼았다. 그는 이집트 원정을 떠나기 전 남동생 스메르디스를 죽이라고 명령하였다. 스메르디스의 죽음을 슬퍼한 메로에까지 죽였다. 그는 반란군을 진압하러 이집트에서 페르시아로 돌아오는 길에 말에서 떨어져 죽었다.

3. **다리우스 1세(다리오, B.C.521-486):** 페르시아의 군인이며 왕족 출신으로 가짜 스메르디스 흉내를 내며 반란을 일으킨 가우마타를 죽이고 왕위에 올랐다. 그는 그리스를 점령하려 했으나 마라톤 전투에서 패해 실패하였다. 말년에 이집트가 반란을 일으키자 이집트 원정을 준비하다가 죽고 만다. 그는 왕이 되기 전 스룹바벨과 친구 사이로 알려져 있다. 그래서 중단된 성전을 재건하도록 허락하였다. 다니엘서에 나오는 다리오 왕은 동명이인이다.

4. **크세르크세스 1세(아하수에로, B.C.486-465):** 다리우스 1세와 고레스의 딸 아토사 사이에 태어난 아들이다. 이집트와 바벨론의 반란을 진압하였으나 살라미스 해전에서 그리스 군에 패배하여 그리스를 정복하지 못했다. 그는 왕후 와스디를 내쫓고 에스더를 왕비로 삼았다. 아하수에로 왕 때 페르시아의 영토는 동쪽으로 현재의 파키스탄, 서쪽으로 중앙아시아와 서아시아, 북쪽으로 마케도니아, 남쪽으로 시나이 반도를 거쳐 이집트까지 이르렀다. 말년에 왕궁에서 호화생활을 누리다가 신하에게 암살당한다.

5. **아닥사스다 1세(B.C.464-424):** 아하수에로의 아들로 부친을 암살한 아르파타나를 죽이고 왕위에 올랐다. 왕의 자문 역할을 맡았던 에스라에게 포로 귀환(2차)을 허락하였다. 왕의 술 맡은 관원장인 느헤미야를 유다 총독으로 임명한 후 다시 포로 귀환(3차)을 허락한다.

6. **다리우스 3세(B.C.336-330):** B.C.333년 이수스 전투에서 마케도니아의 알렉산더에게 대패했다. 재기를 도모하는 중 박트리아 총독인 베수스에게 암살되어 페르시아 제국은 멸망한다.

바벨론 포로의 귀환로(B.C 537~445)

고레스 왕은 바벨론을 점령하고 페르시아 제국을 건설했다. 하나님께서는 고레스를 감동시켜 고레스가 왕이 된 해에 유다 포로들이 귀환하도록 해 주셨다(스1:2). 바벨론에 처음으로 포로로 잡혀 갔을 때가 B.C.605년이고 고레스가 유다 포로를 자유롭게 한 때는 B.C.538년이다. 그리고 성전 건축을 시작한 해는 B.C.536년이다. 1차 포로로 끌려가고 성전 건축을 시작할 때까지 70년이 지났는데 이것은 하나님이 예레미야를 통해 하신 말씀을 이루신 것이다(렘29:10).

1차 귀환

B.C.537년에 이루어졌다. 페르시아가 스룹바벨을 유대 총독으로 파견한 것이다. 스룹바벨과 예수아의 인솔로 49,897명(일반 백성 42,360명, 남종과 여종 7,337명, 노래하는 자 200명)이 귀환한다. 귀환한 유대인들은 성전을 재건하기 시작한다. 이때 사마리아인들도 성전을 건축하는 데 동참하게 해달라고 요청했지만 스룹바벨과 지도자들은 사마리아인들이 혼혈인이라는 이유로 거절한다. 그러자 사마리아인들은 페르시아 왕에게 유대인들이 성전을 짓는 것이 아니라 반역을 위해 성벽을 짓는다고 모함하였다. 사마리아인들의 방해로 성전 건축이 어려워지자 성전은 기초를 놓은 단계에서 중단되어 16년 동안 방치된다. 학개와 스가랴는 성전을 완성하라고 촉구했다. 중단된 성전 건축은 다리우스 1세(다리오 왕)가 왕이 된 후에야 다시 시작한다. 고레스 왕의 문서를 발견한 다리우스 1세는 예루살렘 성전 건축을 신속히 재개하라는 명령과 함께 성전 재건에 필요한 경비까지 모두 페르시아 왕궁에서 감당하겠다고 하였다. B.C.516년에 비로소 성전이 완성된다. 스룹바벨의 지도로 재건한 성전은 두 번째 예루살렘 성전이다. 그러나 완성된 성전은 솔로몬 때 지어진 성전(첫 번째 예루살렘 성전)과 비교하면 너무나 작고 초라했다.

스룹바벨은 유다 왕 여호야긴의 손자이며 스알디엘의 아들이다. 그는 바벨론에서 태어났으며 바벨론 이름은 세스바살이다. 그는 그리스도 계보에 속한 자이다. 고레스가 포로인 유대인들의 본국 귀환을 허락하자 스룹바벨은 유다 총독으로 임명받아 1차 귀환을 이끌었다.

1. **포로의 귀환(1차):** 스룹바벨과 예수아의 인솔로 49,897명(일반 백성 42,360명, 남종과 여종 7,337명, 노래하는 자 200명)이 B.C.537년에 귀환한다. 고레스는 느부갓네살이 예루살렘 성전에서 가져와 자기 신들의 신당에 두었던 그릇들을 스룹바벨에게 주어 가져가도록 하였다.

2. **예수아:** 예수아의 아버지는 바벨론에 3차 포로로 끌려갔던 대제사장 여호사닥이다. 예수아는 대제사장으로서 스룹바벨과 함께 귀환하여 신앙 회복과 부흥에 힘썼다.

3. **성전 건축 시작:** 예루살렘에 귀환한 지 이듬해인 B.C.536년에 성전 건축이 시작된다. 고레스의 명령대로 백향목을 레바논에서 욥바까지 운송하였고 석수와 목수에게 돈을 주어 일하게 하였다. 20세 이상의 레위 사람들을 세워 성전 공사를 감독하게 하였다.

4. **성전 건축 중단:** 성전을 건축한다는 말을 듣고 사마리아 사람들을 중심으로 한 유다의 대적들이 성전을 건축하는 데 동참할 것을 요구했지만 스룹바벨과 예수아는 그 제안을 거절했다. 사마리아 인들은 하나님뿐만 아니라 다른 신도 섬기는 종교 혼합주의자들이었기 때문이다. 그러자 그들은 페르시아 관리들에게 뇌물을 주고 교활한 방법으로 성전 건축을 방해하였다. 또한 페르시아 왕에게 유대인들이 성전을 짓는 것이 아니라 성벽을 짓는다고 거짓 보고하였다. 사마리아인들의 방해로 성전 건축이 어려워지자 성전은 기초를 놓은 후 채 1년이 되지 않은 상태에서 중단되어 16년 동안 방치된다.

5. **성전 건축 재개:** 학개는 성전 건축에 관심을 끊고 자신들의 안락만 추구하고 있는 백성들을 책망했다. 스가랴도 하나님께 돌아오라고 촉구했다. 학개와 스가랴는 반드시 성전이 건축되고 성읍들이 다시 넘치도록 풍부하게 될 것이라는 하나님의 약속을 전한다. 스룹바벨과 예수아의 주도로 다시 성전 건축이 시작되었다. 그러자 인근 총독 일행이 와서 무슨 근거로 성전을 건축하는지 이의를 제기하며 다리우스 1세에게 성전 건축에 관해 보고하였다. 그러나 다리우스 1세(다리오 왕)는 고레스 왕의 문서를 발견하고 오히려 예루살렘 성전 건축을 신속히 재개하라는 명령과 함께 성전 재건에 필요한 경비까지 지원하도록 했다.

6. **스룹바벨 성전 완공:** 성전은 공사기 다시 시작된 지 4년 후인 B.C.516년에 완공되었다. 솔로몬 성전이 파괴된 때(B.C.586년)로부터 만 70년 후에 재건된 것이다. 새로 완공된 성전을 스룹바벨 성전이라고도 부른다. 스룹바벨 성전은 공사를 시작한 지 20년 만에 완성됐지만 실제 공사 기간은 5년 미만이다. 스룹바벨 성전은 규모나 완성도 면에서 솔로몬 성전에 크게 못 미쳤다. 백성들은 성전 봉헌식을 행하고 한 달 후에 유월절을 지켰다.

2차 귀환

2차 귀환은 B.C.458년에 이루어진다. 2차 귀환은 에스라가 주도했는데 에스라는 바벨론에서 태어난 포로민 출신으로 훌륭한 학자이며 제사장이었고 왕의 자문을 맡기도 하였다. 그는 아론의 16대 후손이다. 에스라는 하나님의 율법을 연구하였고 율법을 준행하였다. 그는 율례와 규례를 이스라엘에게 가르치기로 결심하고 귀환하였다. 아닥사스다 왕은 에스라가 페르시아에 있는 유대 백성과 제사장들과 레위인들 중에 예루살렘으로 돌아가고 싶은 사람은 누구든지 데려갈 수 있도록 하였다. 그리고 예루살렘 성전을 위해 필요한 모든 재물을 페르시아 궁중 창고에서 가져다 쓸 수 있도록 배려하였다. 유프라테스 강 건너편 창고지기에게도 에스라가 요구하는 것을 채워주도록 지시하였다. 에스라는 재판권까지 부여받는다. 에스라는 1,754명(일반 남자 1,496명, 레위인 38명, 성전 일꾼 220명)을 인솔하여 예루살렘에 도착한다. 그는 귀환한 백성들이 하나님의 율법을 준수하도록 족장들의 계보를 정리하여 역대기를 기록하였다. 에스라는 이스라엘 혈통이 이방 민족과 섞이는 것을 꺼려했다. 그래서 이방인과 결혼한 사람들이 아내를 돌려보내도록 했다. 에스라는 이스라엘 백성들이 과거의 죄를 철저하게 회개하며 올바른 예배를 복원하여 하나님과 올바른 관계를 맺도록 최선을 다하였다.

3차 귀환

3차 귀환은 에스라가 귀환한 지 13년 후인 B.C.445년에 이루어진다. 3차 귀환은 느헤미야가 주도하였다. 느헤미야는 아닥사스다 왕의 술 맡은 관원장이란 높은 지위에 있었다. 그는 예루살렘 성벽이 폐허 상태라는 소식을 듣고 슬퍼하면서 성벽을 재건할 수 있도록 왕에게 부탁했다. 그는 모든 준비를 갖추고 백성들(정확한 숫자는 모름)을 이끌고 예루살렘에 도착한다. 그는 백성들과 함께 한 손에는 무기를 들고 한 손으로 일을 하였다. 산발랏과 도비야가 이끄는 이방인들이 성벽 재건을 방해하였음에도 52일 만에 예루살렘 성벽을 재건하였다. 성벽을 다 완성한 후에 에스라와 느헤미야는 공동사역을 한다. 그들은 백성들에게 율법 책을 낭독했고 회개를 촉구했으며 개혁을 위한 서약을 하도록 하였다. 느헤미야와 에스라는 통치 질서를 바로 잡기 위해 인구조사를 실시하고 초막절을 지키며 레위지파를 정비하여 제사제도를 확립하였다. 느헤미야는 유다 총독으로 12년을 재직한 후 다시 페르시아로 돌아갔다가(B.C.433년경) 이듬해 다시 예루살렘으로 귀환한다(B.C.432년경). 귀환해 보니 이스라엘 백성들이 십일조와 헌물을 내지 않았기 때문에 생계를 위해 레위인들과 제사장들은 다시 흩어져 버린 상태였다. 그리고 백성들은 이방 여인을 아내로 맞아서 자식을 낳아 기르고 있었다. 느헤미야는 성전을 깨끗이 하고 이방여인과 결혼한 사람들을 처벌했으며 백성들과 지도자들이 다시 율법을 잘 지키도록 하였다.

에스더의 본명은 하닷사(도금양이라는 나무 종류)이며 에스더는 페르시아어로 별이라는 뜻이다. 에스더는 베냐민 지파 아비하일의 딸로 태어났다. 모르드개의 증조부 기스는 2차 포로로 바벨론에 끌려갔다. 모르드개는 에스더와 사촌 관계였으나 에스더를 양녀로 삼았다. 모르드개는 페르시아 수도인 수산성의 관리였다. 에스더의 남편은 크세르크세스 1세(아하수에로, B.C.486-465)이며 에스더서에 기록된 사건은 B.C.484-474년에 일어났다. 이 시기는 1차 포로 귀환(B.C.537년경)과 2차 포로 귀환(B.C.458년경) 사이에 해당한다. 페르시아에 사는 유대인 약 200만 명 중에 고국으로 귀환한 사람은 약 5만 명에 불과했다. 페르시아에 남은 유대인들은 안락한 생활을 택한 것이다. 하나님께서는 그들도 버리지 않으셨다. 에스더서에는 전멸 직전에서 유대인들을 구해주신 하나님의 놀라운 섭리와 은총이 잘 드러나 있다.

1. **왕비가 된 에스더**: 아하수에로는 자기가 다스리는 약 120여 개 국의 장군들과 귀족들을 초대하여 잔치를 베풀었다. 왕은 잔치 자리에서 왕후 와스디를 불렀으나 왕이 무리한 요구를 했는지 그녀는 오지 않는다. 왕은 와스디를 폐하고 왕비를 새로 뽑도록 하였다. 에스더는 후궁으로 뽑혀 궁에 들어간 뒤 절차대로 열두 달 몸을 정결케 하고 왕에게 나아갔다. 왕은 에스더를 왕비로 삼는다. 에스더는 모르드개의 지시대로 유대인이라는 사실을 말하지 않았다.

2. **하만의 음모**: 하만은 총리대신이다. 그는 아말렉 족속이었는데 다른 아말렉인들처럼 유대인들을 증오했다. 왕이 하만을 높여 주었기 때문에 모든 신하들이 하만에게 무릎을 꿇었다. 그러나 모르드개는 유대인이라는 이유로 하만에게 무릎 꿇는 것을 거절한다. 유대인으로서 하만을 우상처럼 경배하는 행동을 거부했던 것으로 보인다. 분노한 하만은 모르드개뿐만 아니라 모든 유대인들을 진멸하기로 결심하고 날짜를 제비 뽑아 정한 후 왕에게 허락을 받는다.

3. **왕 앞으로 나아간 에스더**: 모르드개는 하만의 음모를 에스더에게 전해주고 민족을 구해줄 것을 요구하였다. 당시 아무리 왕비라고 할지라도 왕이 부르지 않으면 왕 앞에 나갈 수 없었다. 왕 앞에 나아갔다가 왕이 황금 홀을 내밀지 않는다면 그녀는 죽게 된다. 당시 그녀는 왕의 부름을 받지 못한 지 한 달이나 되었다. 그러나 그녀는 죽으면 죽으리라는 각오로 왕에게 나아갔고 다행히 왕은 그녀를 사랑스럽게 여겨 황금 홀을 내밀었다. 왕은 에스더에게 소원을 물었고 에스더는 왕과 하만을 자신의 잔치에 초대했다.

4. **대적 하만의 죽음**: 왕이 잔치에서 에스더에게 소원을 묻자 그녀는 자신의 민족이 죽임을 당하게 되었다고 말한다. 왕은 이 음모를 꾸민 자가 하만임을 알고 진노하였으며 하만이 모르드개를 달려고 만든 나무에 하만을 달아 죽였다. 유대인들은 하만에 의해 계획된 대량학살로부터 구원받게 된 것을 기념하기 위해 부림절을 정했고 매년 이날에 에스더서를 읽는다.

예언자들의 사역 시기

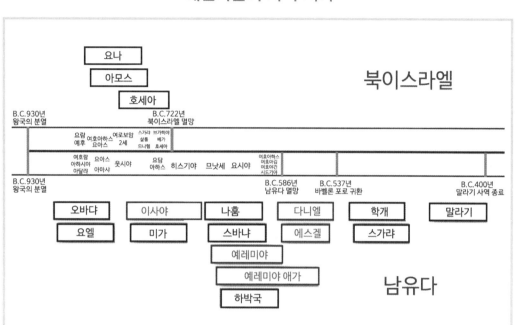

1. **책 분량에 따른 분류:** 예언서는 책의 분량에 따라 대예언서와 소예언서로 분류한다. 대예언서는 분량이 많은 예언서로 5권이다(이사야, 예레미야, 예레미야 애가, 다니엘, 에스겔). 소예언서는 분량이 적은 예언서로 12권이다(요나, 아모스, 호세아, 오바댜, 요엘, 미가, 나훔, 스바냐, 하박국, 학개, 스가랴, 말라기).

2. **사역한 장소에 따른 분류:** 총 16명의 예언자 중에 북이스라엘에서 사역한 예언자는 3명이며(요나, 아모스, 호세아), 남유다에서 사역한 예언자는 13명이다(오바댜, 요엘, 이사야, 미가, 나훔, 스바냐, 예레미야, 하박국, 다니엘, 에스겔, 학개, 스가랴, 말라기). 아모스는 남유다 출신이지만 북이스라엘에서 사역하였다.

3. **기록 시기에 따른 분류:** 북이스라엘이 멸망하기 전에 기록된 예언서 3권(요나, 아모스, 호세아), 남유다가 멸망하기 전에 기록한 예언서 7권(오바댜, 요엘, 이사야, 미가, 나훔, 스바냐, 하박국), 남유다가 멸망하기 직전과 멸망 당시에 기록한 예언서 2권(예레미야, 예레미야 애가), 바벨론 포로기에 기록한 예언서 2권(에스겔, 다니엘), 바벨론 포로 귀환 후에 기록한 예언서 3권(학개, 스가랴, 말라기)으로 분류한다.

예언서의 분류

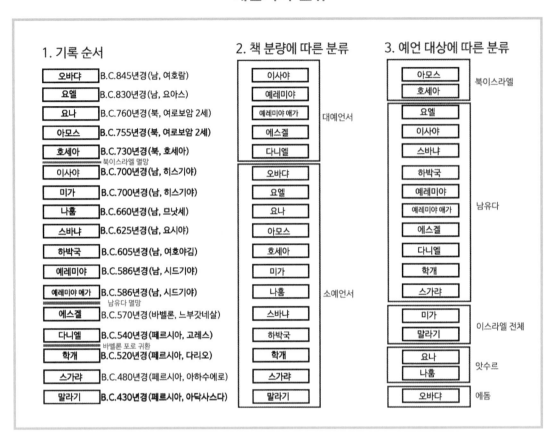

1. 기록 순서

오바댜	B.C.845년경 (남, 여호람)
요엘	B.C.830년경 (남, 요아스)
요나	B.C.760년경 (북, 여로보암 2세)
아모스	B.C.755년경 (북, 여로보암 2세)
호세아	B.C.730년경 (북, 호세아)
	북이스라엘 멸망
이사야	B.C.700년경 (남, 히스기야)
미가	B.C.700년경 (남, 히스기야)
나훔	B.C.660년경 (남, 므낫세)
스바냐	B.C.625년경 (남, 요시야)
하박국	B.C.605년경 (남, 여호야김)
예레미야	B.C.586년경 (남, 시드기야)
예레미야 애가	B.C.586년경 (남, 시드기야)
	남유다 멸망
에스겔	B.C.570년경 (바벨론, 느부갓네살)
다니엘	B.C.540년경 (페르시아, 고레스)
	바벨론 포로 귀환
학개	B.C.520년경 (페르시아, 다리오)
스가랴	B.C.480년경 (페르시아, 아하수에로)
말라기	B.C.430년경 (페르시아, 아닥사스다)

2. 책 분량에 따른 분류

대예언서: 이사야, 예레미야, 예레미야 애가, 에스겔, 다니엘

소예언서: 오바댜, 요엘, 요나, 아모스, 호세아, 미가, 나훔, 스바냐, 하박국, 학개, 스가랴, 말라기

3. 예언 대상에 따른 분류

북이스라엘: 아모스, 호세아

남유다: 요엘, 이사야, 스바냐, 하박국, 예레미야, 예레미야 애가, 에스겔, 다니엘, 학개, 스가랴

이스라엘 전체: 미가, 말라기

앗수르: 요나, 나훔

에돔: 오바댜

4. **예언 대상에 따른 분류:** 주로 북이스라엘에 대해 예언한 2권(아모스, 호세아), 주로 남유다에 대해 예언한 10권(요엘, 이사야, 스바냐, 하박국, 예레미야, 예레미야 애가, 에스겔, 다니엘, 학개, 스가랴), 이스라엘 전체에 대해 예언한 2권(미가, 말라기), 앗수르에 대해 예언한 2권(요나, 나훔), 에돔에 대해 예언한 1권(오바댜)으로 분류한다.

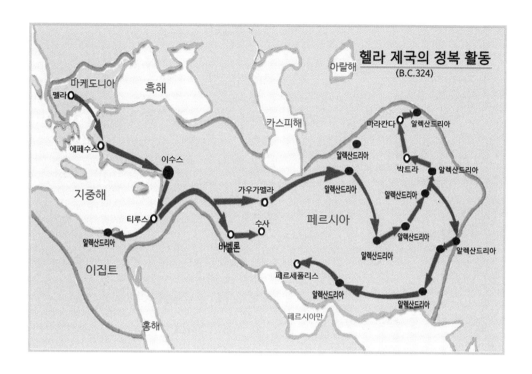

마케도니아 왕국은 필리포스 2세 때 그리스 도시국가 연합체를 이끌었다. 필리포스 2세의 아들 알렉산드로스 3세는 페르시아, 이집트, 인더스 강에 이르는 지역까지 점령하면서 헬라 제국을 건설했다. 하지만 알렉산드로스 3세 사후에 왕국은 부하 장군들에 의해 분열된다.

1. **필리포스 2세(재위 B.C.359-336):** 알렉산더 대왕의 아버지이며 마케도니아를 반석에 세운 왕이다. B.C.338년에 카이로네아 전투에서 아테네와 테베에 승리한 후 코린토스 동맹을 조직하여 그리스를 연합하였다. 하지만 페르시아 원정을 준비하는 과정에서 암살당한다.

2. **알렉산드로스 3세(알렉산더 대왕, 재위 B.C.336~B.C.323):** 왕위에 오른 알렉산더는 그리스 도시국가 테베의 반란을 진압하고 그리스를 통합한다. 페르시아 원정길에 올라 B.C.333년에 이수스 전투에서 다리우스 3세의 군대를 대파한다. 이후 두로, 유대, 가자, 이집트를 점령했다. B.C.330년 가우가멜라 전투에서 페르시아 군과 싸워 승리한다. 페르시아의 다리우스 3세는 도주하였으나 신하인 베수스에게 죽음을 당하였다. 알렉산더는 또 바벨론, 수사, 페르세폴리스, 엑바타나 등 여러 도시를 점령했다. 그는 인도의 인더스 강까지 이르렀지만 열병이 퍼지고 장마가 계속되자 B.C.324년에 페르세폴리스에 돌아온다. B.C.323년 바벨론에서 아라비아 원정을 준비하던 중 33세의 젊은 나이로 갑자기 죽었다. 그는 정복한 땅에 알렉산드리아라고 이름 지은 도시를 70개나 건설하였다. 고대 동방의 문화를 오리엔트 문화라고 한다. 알렉산더는 오리엔트 문화와 그리스 문화를 합하여 헬라 문화를 만들었다. 알렉산더는 유대인들을 배려하여 7년마다 오는 안식년에는 조공을 바치지 않도록 하였다.

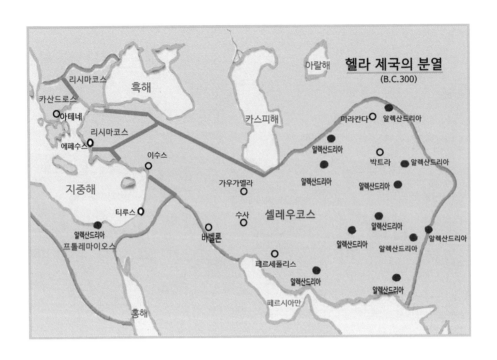

알렉산더가 사망한 후 알렉산더의 이복동생 필리포스 아리다이오스를 왕으로 선출하였다. 그리고 알렉산더가 죽을 당시 태아였던 아들이 태어나면 공동 통치자로 추대하겠다고 결의하였다. 하지만 이복동생과 알렉산더의 아들은 권력 투쟁의 도구였을 뿐이었기 때문에 나중에 암살당하고 만다. 알렉산더의 장군 안티고노스가 알렉산더 제국을 모두 차지하려고 하자 장군들 사이에 전쟁이 벌어졌다. B.C.301년에 안티고노스가 입소스 전투에서 패하자 헬라 제국은 4개로 분할(셀레우코스, 프톨레마이오스, 카산드로스, 리시마코스)되었다. 이후 헬라 제국은 크게 셀레우코스 왕조(이집트와 일부 영토를 제외하고 예전의 페르시아 영토의 대부분 차지), 프톨레마이오스 왕조(이집트), 안티고노스 왕조(마케도니아)로 나뉘었으며 군소 왕국들도 있었다.

알렉산더가 유대를 향해 진격해 왔을 때 대제사장은 자주색과 주홍색의 옷에다 하나님의 이름을 새긴 금패가 달린 모자를 쓰고 백성들은 흰옷을 입고 알렉산더를 맞이했다고 한다. 알렉산더는 유대인들에게 비교적 관대하여 안식년(7년)마다 조공을 받지 않겠다고 하였다. 알렉산더 사후 유대는 약 100년 동안 프톨레마이오스 왕조의 지배를 받는다. 프톨레마이오스 왕조는 세금을 바치는 조건으로 대제사장 중심으로 한 유대의 자치권을 용인했다. 하지만 B.C.200년경 셀레우코스 왕조가 파네아 전투에서 프톨레마이오스 왕조를 이김으로써 유대는 셀레우코스 왕조의 지배하에 들어간다. 셀레우코스의 안티오쿠스 4세 에피파네스(재위 B.C.175-164)는 예루살렘을 약탈하고 아론의 후손이 아닌 사람을 대제사장으로 세웠다. 유대인들에게 우상을 숭배하게 하고 돼지고기를 먹도록 강요하는 악행을 저지른다. 이에 반발해 B.C.167년에서 B.C.142년까지 유대인들은 셀레우코스 왕조와 전쟁을 하였으며 마침내 독립하였다.

마카베오 전쟁은 B.C.167-142년까지 셀레우코스 왕조를 상대로 한 유대의 독립 전쟁이다. 유대를 지배했던 헬라 제국은 알렉산더 사후 네 개의 왕조로 분할된다.

1. **프톨레마이오스 왕조의 지배:** B.C.301년경에 헬라 제국은 네 개 왕조로 나뉘었고 유대는 약 100년간 이집트를 지배한 프톨레마이오스 왕조의 통치를 받는다.

2. **셀레우코스 왕조의 지배:** B.C.200년경 셀레우코스의 안티오쿠스 3세(재위 B.C.222-187)는 파네아 전투에서 프톨레마이오스에 승리하고 팔레스타인 지역을 점령했다.

3. **안티오쿠스 4세(재위 B.C.175-164)의 유대 탄압:** 안티오쿠스 4세는 스스로를 신의 현현이라는 뜻의 에피파네스라 칭하고 자신을 숭배하게 하였는데 이를 부인하는 유대인들을 가혹하게 핍박하였다. 예루살렘에 제우스 신전을 세우고 돼지고기를 먹도록 강요했으며 할례와 안식일 준수도 금지했다. 대제사장 야손과 후임인 메넬라오스는 오히려 안티오쿠스 4세에게 뇌물을 바치며 그에게 동조하였다. B.C.168년 안티오코스 4세는 이집트 원정에 실패하고 돌아오는 길에 예루살렘에 쳐들어가서 율법 책을 압수해 불태우고 성전에 제우스 상을 세웠으며 돼지 피를 성전 벽에 발라 성전을 더럽혔다. 또한 성전의 금고와 기물을 약탈하였다.

4. **마카베오 혁명의 시작:** B.C.167년 안티오쿠스 4세의 대리인이 예루살렘 북서쪽에 있는 모데인 지역을 방문하여 그리스 신에게 제사를 드리라고 강요하였다. 이 지역의 제사장인 맛다디아는 이를 거부하고 왕의 대리자를 죽인 후 아들들과 유대 광야로 가서 반란군을 조직한다. 이 저항 운동에 하시딤(엄격한 율법주의 생활을 추구했던 유대인)이 가세하였다.

5. **유다(마카베오)의 투쟁:** B.C.166년에 맛다디아가 죽자 그의 셋째 아들인 유다가 독립 투쟁을 이끌었다. 마카베오는 유다의 별명으로 '망치'라는 뜻이다. 마카베오는 팔레스타인 각 도시들을 공격하여 헬라파 유대인들을 색출하여 살해하고 셀레우코스 군에 대규모 공격을 감행하여 많은 승리를 거두었다. B.C.164년에 마카베오는 예루살렘에 입성하여 성전을 정화시키고 하나님께 성전을 봉헌한 후 8일간의 봉헌 축제를 했는데 이것이 하누카(수전절)의 시초가 된다. 그러나 그는 B.C.160년 셀레우코스 군과 싸우다 전사하였다.

6. **마카베오를 계승한 요나단:** 유다(마카베오)가 죽자 그의 막내동생 요나단이 마카베오를 계승하였다. 그는 뛰어난 외교 활동으로 로마와 동맹 관계를 구축하고 셀레우코스 왕 알렉산드로스 발라스와도 친분관계를 맺어 유대의 통치자로 임명받았으며 대제사장직도 겸했다. 그러나 셀레우코스의 장군 트리폰이 반란을 일으키면서 그의 흉계에 빠져 죽임을 당한다.

7. **하스몬 왕조의 성립:** 요나단을 계승한 시몬(요나단과 마카베오의 형)은 셀레우코스의 데메트리오스 2세와 동맹을 맺고 팔레스타인 지역을 차지하려는 트리폰과 맞서 싸웠다. 그의 자손은 79년간 하스몬 왕조(B.C.142-63)를 이끌어 간다.

하스몬 왕가 가계도

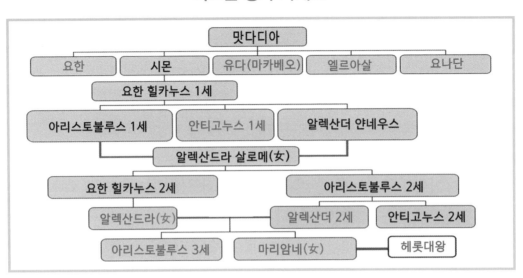

하스몬 왕조는 남유다가 B.C.586년에 바벨론에 멸망당한 후 최초로 독립하여 세워진 왕조이다. 왕조는 맛다디아의 둘째 아들 시몬이 유다의 실질적인 통치자가 된 B.C.142년부터 로마의 속국이 된 B.C.63년까지 79년 동안 지속하였다. 하스몬은 시몬의 선조 이름에서 유래되었다.

1. **시몬(통치기간 B.C.142-135):** 시몬은 그의 동생 요나단이 죽은 뒤 유대의 실질적인 통치자가 된다. 그의 자손이 79년 동안 유대를 통치했다. 그러나 그는 사위 아브보스에게 암살당했다.

2. **요한 힐카누스 1세(B.C.135-104):** 시몬의 장남으로 유대의 최고 통치자이며 대제사장이 되었다. 셀로우코스 군을 물리치고 B.C.100년경에 완전한 독립을 이루었다. 그는 사마리아와 이두매 지역을 정복하여 강제로 유대교로 개종시켰다. 하시딤(보수파 유대인)들은 하스몬 왕가는 제사장 가문이 아니므로 요한 힐카누스 1세에게 대제사장직을 내려놓으라고 요구했다. 이에 요한 힐카누스 1세는 하시딤들과 단절하고 사두개파와 손을 잡는다. 사두개파는 모세오경에 없는 관례나 관습, 내세, 천사, 부활, 마귀 등을 인정하지 않는 사람들이다. 사두개파는 요한 힐카누스 1세의 대제사장직을 인정했으므로 하시딤(보수파 유대인)과 대립하게 된다. 권력에서 멀어진 하시딤은 후에 바리새파가 된다. 바리새파는 율법뿐만 아니라 관례나 관습을 만들어 엄격히 지켰다. 그들은 부활과 내세, 천사와 마귀의 존재도 믿는다.

3. **아리스토불루스 1세(B.C.104-103):** 요한 힐카누스 1세는 아내에게 유대의 통치를 맡기고 장남 아리스토불루스 1세에게는 대제사장직을 맡겼다. 그러나 아리스토불루스 1세는 왕권에 욕심을 내어 자기 모친을 옥에 가두어 굶겨 죽였다. 자기 형제들도 옥에 가두었으며 가장 사랑하던 동생 안티고누스마저 죽인다. 그는 겨우 일 년밖에 통치하지 못했고 심한 정신적 고통에 시달리다가 병에 걸려 죽는다.

4. 알렉산더 얀네우스(B.C.103-76): 아리스토불루스 1세의 동생이다. 아리스토불루스 1세가 아들이 없이 죽자 그의 아내인 알렉산드라 살로메는 알렉산더 얀네우스를 석방시키고 그와 결혼한 후 그를 왕으로 세운다. 사두개파는 얀네우스를 지지했지만 바리새파는 얀네우스와 대립하였다. 바리새파는 셀레우코스 왕에게 도움을 요청했고 셀레우코스 군은 유다를 공격하였다. 그러자 유대인들은 셀레우코스의 지배를 다시 받을 것을 우려하였으므로 얀네우스를 지지하여 셀레우코스 군을 물리칠 수 있었다. 얀네우스는 반란을 주도한 800명을 십자가에 매달아 죽이고 그의 가족들도 몰살하였다. 이런 잔인한 통치가 유대인들에게 불만을 가져왔다.

5. 알렉산드라 살로메(B.C.76-67): 알렉산더 얀네우스가 죽자 아내인 알렉산드라 살로메가 유다를 통치했다. 그녀는 율법에 충실하고자 노력해서 백성들의 지지를 받았으며 추방된 바리새인들과도 화해하였다. 그러나 여성은 대제사장이 될 수 없기 때문에 그녀는 정통성을 확보하기 위하여 장남인 요한 힐카누스 2세를 대제사장으로 임명하였다.

6. 아리스토불루스 2세(B.C.67-63): 알렉산드라 살로메 사후 아리스토불루스 2세는 사두개파를 규합했고 요한 힐카누스 2세는 바리새파를 규합하여 서로 대립했으나 아리스토불루스 2세가 유대를 통치하고 요한 힐카누스 2세는 대제사장직을 유지하는 것으로 합의하였다. 아리스토불루스 2세와 사이가 좋지 않았던 헤롯 안티파터 2세(헤롯 대왕의 아버지)는 요한 힐카누스 2세를 충동질하였다. 두 형제는 로마 폼페이우스에게 도움을 청했고 폼페이우스는 B.C.63년에 예루살렘을 함락시킨 후 아리스토불루스 2세를 로마로 끌고 갔고 요한 힐카누스 2세는 대제사장으로 임명하였다. 이후 유대와 예루살렘은 로마에 속한 시리아 총독 휘하의 행정장관이 통치하였다. 결국 유대는 로마의 속국이 되었으며 하스몬 왕조는 사실상 붕괴되었다.

7. 요한 힐카누스 2세(B.C.63-40): 요한 힐카누스 2세는 폼페이우스에 의해 대제사장에 임명되었으나 헤롯 안티파터 2세가 실질적인 권력을 가지고 있었다. 헤롯 안티파터 2세는 카이사르가 로마의 권력을 쥐자 카이사르를 도와준 대가로 B.C.47년에 유대 행정장관이 된다. 그는 그의 두 아들 파사엘과 헤롯 대왕을 각각 예루살렘과 갈릴리 행정장관으로 임명하였다.

8. 안티고누스 2세(B.C.40-37): B.C.40년에 안티고누스 2세가 사두개인들을 규합하고 파르티아의 후원을 받아 반란을 일으켜 예루살렘을 정복하고 왕위에 올랐다. 그리고 요한 힐카누스 2세를 바벨론으로 축출하였다. 헤롯 안티파터 2세의 아들 파사엘은 파르티아 군에 잡혀 죽임을 당했고 헤롯 대왕은 겨우 도망하여 로마로 가서 도움을 요청했다. 헤롯 대왕은 B.C.40년 로마에 의해 유대인의 왕으로 인정받았고 로마군을 앞세우고 예루살렘으로 귀환하였다. 그는 안티고누스 2세와 삼 년간 전쟁을 치른 후 권력을 장악했다. B.C.37년에 헤롯 대왕은 로마를 등에 업고 실질적인 유대인의 왕이 되었으며 안티고누스 2세는 처형되었다.

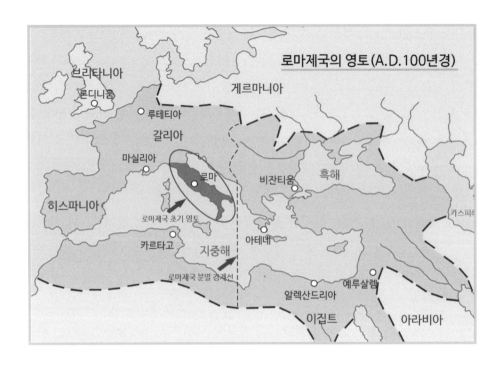

로마제국의 영토(A.D.100년경)

B.C. 8세기 무렵 그리스에서 지중해를 건너 이주한 한 집단이 테베레 강 근처에 정착하면서 로마의 역사가 시작된다. 설화에 의하면 테베레 강에 버려진 로물루스와 레무스가 늑대의 젖을 먹고 자랐는데 후에 로물루스가 레무스를 죽이고 약 3000여 명의 주민으로 로마라는 작은 도시국가를 건설했다고 한다. 로마는 로물루스의 이름을 따서 지었다. 로물루스는 최고 의결기구인 원로원을 창설했다. 로마는 로물루스 이후 왕정 체제(B.C.753-510)를 거치면서 국가의 기초를 다진다. B.C.510년부터 시작된 공화정 체제가 대제국으로 발전했던 원동력이다. 로마는 카르타고와 벌인 포에니 전쟁에서 승리하면서 점차 세력을 키워 지중해 연안, 북아프리카, 아시아, 북유럽, 영국까지 세력을 확장하였다. 로마의 영토가 커지자 정복지를 속주로 삼아 통솔하는 사람의 권력도 커져 갔다. 이때 등장한 인물이 율리우스 카이사르였다.

1. **율리우스 카이사르(B.C.100년 출생, B.C.44년 사망):** 카이사르는 로마의 황제는 아니었지만 황제와 같은 권력을 휘둘렀다. 사람들은 율리우스 카이사르를 '줄리어스 시저'로 불렀다. 신약성경에는 가이사로 나온다. 그는 동전에 자신의 얼굴을 새겨 넣었는데 예수님께서 가져오라고 한 동전에도 그의 얼굴이 새겨 있었다. 카이사르는 로마가 공화정 체제에서 황제 체제로 바뀌어야 한다고 주장했다. 공화정은 원로원과 시민의 협의체이다. 공화정을 지지하는 세력들은 공화정이 없어지는 것을 우려하여 그를 암살했다. 그가 죽은 후에 원로원은 그의 양자인 옥타비아누스를 로마 제국의 첫 번째 황제로 삼았다.

2. **옥타비아누스(B.C.27-A.D.14):** 옥타비아누스는 카이사르의 양자로 그의 후계자가 된다. 그는 이집트 여왕 클레오파트라와 사랑에 빠진 정적 안토니우스를 악티움 해전에서 물리치고 정권을 잡는다. 성경에서는 '가이사 아구스도'로 나온다. 가이사는 율리우스 카이사르의 성으로 황제를 지칭하며 아구스도는 아우구스투스로 존엄한 자라는 뜻이다. 이는 원로원이 옥타비아누스에게 바친 존칭이다. 옥타비아누스는 세금의 누수를 막고자 나라 전체 인구를 확인하기 위해 모두 자기 고향으로 가서 조세등록을 하라는 칙령을 내린다. 요셉과 마리아도 이 칙령에 따라 조세등록을 하러 베들레헴으로 갔다. 옥타비아누스 이후 로마는 카이사르의 후손을 자처하는 한 사람에게 모든 권력을 집중시키는 실질적인 황제국가가 된다.

3. **티베리우스(A.D.14-37):** 옥타비아누스는 첫 부인과 이혼한 뒤 유부녀인 리비아를 이혼시키고 그녀와 결혼하였다. 티베리우스는 리비아가 옥타비아누스와 결혼하기 전에 전 남편에게서 태어난 아들이다. 옥타비아누스는 자신의 뒤를 이을 직계가 없자 결국 자신의 딸인 율리아를 티베리우스에게 아내로 주고 그를 후계자로 삼는다. 티베리우스의 재위 기간은 예수님의 청소년기부터 십자가 처형과 사도행전 초기까지 해당한다. 신약성경에서는 디베료 황제로 나온다. 그가 황제가 된 지 15년째 본디오 빌라도가 유대의 총독으로 부임한다. 티베리우스는 카프리 섬에 은둔하며 문서로 정치를 했기 때문에 빌라도 입장에서는 유대 땅에 민란이 나면 황제에게 제대로 항변할 수 없을까봐 노심초사하였다.

4. **칼리굴라(A.D.37-41):** 그의 아버지는 티베리우스의 양자였으나 갑작스럽게 죽고 말았다. 칼리굴라는 할아버지인 티베리우스 황제가 죽자 원로원의 추대를 받아 황제가 된다. 4년간 황제의 자리에 있었으나 근위대 대대장과 근위병들에 의해 암살당했다. 그는 자기의 흉상을 만들어 곳곳에 세워놓고 숭배하도록 하였다. 그리스인들은 유대인들의 회당에 칼리굴라 동상을 놓고 절하도록 강요했으며 유대인들이 황제를 숭배하지 않는다고 칼리굴라에게 보고하기도 했다. 보고를 받은 칼리굴라는 유대인들을 알렉산드리아와 로마에서 추방하였다.

5. **글라우디오(A.D.41-54):** 티베리우스의 조카로 근위대의 지지를 받아 왕이 되었다. 헤롯 아그립바와 개인적으로 친분이 두터웠다고 한다. 그는 예루살렘에 머물던 로마 총독과 군단을 가이사랴로 옮겨 예루살렘에 사는 유대인들을 자극하지 않으려고 했다. 그는 사도행전에 나오는 벨릭스를 유대 총독으로 삼았다. 글라우디오는 유대를 3등분하여 아그립바 2세와 두 명의 총독이 다스리게 했으나 다시 양분하여 아그립바 2세와 로마 총독이 다스리게 하였다. 로마에서 유대교도와 기독교도 간에 잦은 충돌이 발생하자 유대인들을 로마에서 추방하였다. 그때 브리스길라와 아굴라도 추방당하여 고린도에서 사도 바울을 만날 수 있었다. 그는 남편과 사별하고 네로라는 아들까지 둔 아그리피나와 결혼했으나 그녀에게 독살당했다.

6. **네로(A.D.54-68):** 네로의 어머니는 네로를 데리고 글라우디오와 결혼한 후 글라우디오와 그의 자식들을 암살하고 네로를 황제에 앉혔다. 하지만 그녀도 네로에게 살해당한다. A.D.64년 7월에 이틀간 로마에 대화재가 일어났다. 네로가 일부러 로마에 불을 질렀다는 소문이 나돌았다. 네로는 대화재의 책임을 기독교인들에게 돌린다. 당시 그리스도인들이 성찬식 때 사람의 살과 피를 먹는다는 괴소문이 돌고 있었던 것도 학살에 한몫을 한다. 그리스도인들은 짐승에게 물려 찢겨 죽거나 불에 태워져 도시를 밝히는 등불로 사용되었다. 사도 바울을 비롯한 많은 기독교 지도자들도 이때 순교를 당한다. 로마의 박해는 A.D.64년부터 A.D.313년 콘스탄티누스 황제가 기독교를 공인할 때까지 계속되었다.

7. **티투스(A.D.79-81):** 티투스는 베스파시아누스 황제의 아들로 A.D.70년에 유대 반란을 진압하였다. 유대인은 선민사상이 있었는데 로마 총독이 유대인의 정서를 무시하고 신전에 바친 헌금까지 압류하는 사건이 일어나자 A.D.66년에 반란을 일으켰다. 로마 제국에 대한 반란은 열심당이 주도했는데 열심당은 선민사상으로 무장한 급진파였다. 당시 로마는 네로가 죽고 황제들이 암살되는 혼란 가운데 있어서 반란 진압이 지연되었지만 베스파시아누스가 황제로 즉위하면서 A.D.69년에 아들 티투스를 보내 예루살렘의 반란을 진압하도록 했다. 당시 예루살렘 인구는 약 60만 명이었으며 무장한 반란군은 약 25,000명이었다. 로마군은 예루살렘을 다섯 달 동안 포위한 뒤 A.D.70년에 성을 함락했다. 많은 사람들이 십자가형을 당했고 성전은 완전히 파괴되었다. 약 97,000명의 유대인이 포로로 잡혀가 로마의 콜로세움을 건축하는 노예가 되었다. 그가 황제로 있을 때 A.D.79년 베수비오 화산이 폭발하여 폼페이가 땅속에 매몰되었고, A.D.80년에는 로마에 대화재가 일어났으며, A.D.81년에는 페스트가 만연하였다. 그러나 로마의 재건과 구제 사업에 최선을 다해 로마 시민들에게 환영을 받은 황제였다.

8. **콘스탄티누스(A.D.306-337):** 그는 A.D.313년 밀라노 칙령을 공포하여 기독교를 로마제국의 한 종교로 인정하였다. 당시까지 전국적으로 벌어지고 있던 기독교 박해를 중지시켰고 교회의 사법권과 재산권을 인정하였다.

9. **테오도시우스(A.D.379-395):** 그는 A.D.391년 일체의 비기독교 의식을 금지하였다. A.D.392년에는 기독교를 로마의 국교로 정했다. 그리고 로마 제국 전역에서 공적이나 사적으로 행해지는 모든 형태의 이교 숭배를 불법으로 규정하였다.

10. **로마제국의 분열:** 테오도시우스는 약해진 황제의 통치력으로는 로마 제국을 혼자서 통치할 수 없다고 생각하고 A.D.395년에 제국을 동서로 나눠 자신의 아들들에게 맡겼다.

11. **로마 제국의 멸망:** 서로마 제국은 A.D.476년에 게르만족의 침입으로 멸망당했고, 동로마 제국은 A.D.1453년에 오스만 제국에게 멸망당했다.

헤롯 가계도

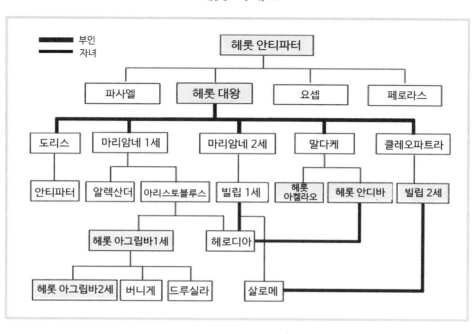

헤롯 가문은 이두매(에돔) 출신 이방 가문으로서 팔레스타인과 그 인접 지역을 B.C.47년에서 A.D.70년까지 통치하였다.

1. **헤롯 안티파터:** 유대의 하스몬 왕조를 몰락시키고 유대를 로마의 속국으로 만든 사람이다. 그는 로마의 율리우스 카이사르와 폼페이우스가 권력 다툼을 벌일 때 율리우스 카이사르 편에 섰다. 이후 B.C.47년 유대 행정장관으로 부임하였다.

2. **헤롯 대왕(통치기간 B.C.37-4년):** 헤롯 안티파터의 아들이다. 아버지에 의해 B.C. 47년 갈릴리의 첫 번째 총독이 된다. 유대 하스몬가의 딸인 마리암네와 결혼하여 유대 가문과 인연을 맺었다. B.C.40년경 하스몬 왕조의 안티고누스 2세가 로마에 반란을 일으켜 예루살렘을 장악하자 헤롯은 로마로 피신했다가 로마군을 앞세우고 예루살렘으로 귀환하여 권력을 장악했다. B.C.37년에 실질적인 유대인의 왕이 된다. 그는 산헤드린공회의 정치적 권력을 빼앗아 의회 기능만 유지하게 했으며 대제사장도 종교적 기능만 수행하도록 하였다. 그는 각종 건축 사업을 벌여 요새지, 저수지와 수로, 경기장, 궁전, 극장 등을 건설하였다. 헤롯 대왕은 유대인의 환심을 사기 위해 예루살렘 성전을 B.C.20년경에 건축하기 시작하였다. 성전 외형은 9년 만에 완성하였으나 세부 공사까지 완료된 시점은 그의 사후인 A.D.64년경이다. 하지만 이 성전은 로마에 의해 A.D.70년에 완전히 파괴된다. 그는 유대인의 왕 예수님의 탄생 소식을 접하고 베들레헴의 어린아이들을 살육하였다. B.C.4년에 그가 죽고 세 아들(헤롯 아켈라오, 헤롯 안디바, 헤롯 빌립2세)이 그가 다스린 땅을 분할하여 통치하였다.

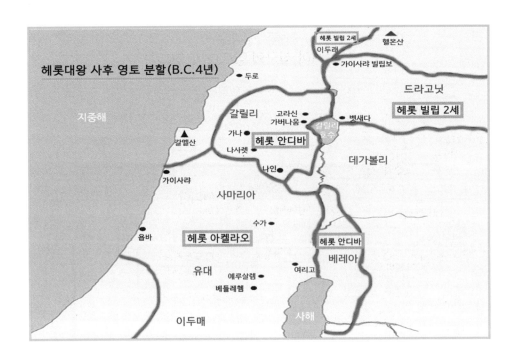

3. **헤롯 아켈라오(통치기간 B.C.4-A.D.6):** 그는 아버지 헤롯 대왕이 죽은 후 유대 예루살렘과 사마리아와 이두매 지역을 분할 받았지만 수많은 학살과 학정으로 로마에 의해 해임되어 추방당했다. 예수님은 헤롯 대왕을 피해 이집트로 피신했다가 헤롯 대왕이 죽고 헤롯 아켈라오가 왕위에 오르자 이집트에서 돌아와 갈릴리 나사렛으로 가셨다.

4. **헤롯 안디바(통치기간 B.C.4-A.D.39):** 그는 예수님 공생애 때 갈릴리와 베레아 지방의 분봉 왕이었다. 본처와 이혼하고 그의 동생 헤롯 빌립 1세의 아내 헤로디아와 결혼했으며 그의 부도덕함을 질책한 세례 요한을 살해했다. 예수님을 희롱한 후 빌라도에게 넘겨준 사람이다.

5. **헤롯 빌립 2세(통치기간 B.C.4-A.D.34):** 헤롯 빌립 2세는 갈릴리 북동부 지역인 이두래와 드라고닛 지방을 다스렸다. 그는 황제와 자신의 이름을 따서 '가이사랴 빌립보'를 건설했다. 그는 온순한 사람이어서 예수님이 갈릴리 지역에서 큰 박해 없이 사역을 하실 수 있었다.

6. **헤롯 아그립바 1세(통치기간 A.D.41-44):** 헤롯 대왕의 손자이다. 그는 로마에서 자랐기 때문에 로마 황제 칼리굴라와 친분이 있었다. 그래서 헤롯 빌립 2세가 죽자 갈릴리 북동부 지역을 다스리게 되었고 헤롯 안디바가 쫓겨나자 갈릴리와 베레아 지방까지 다스릴 수 있었다. 그는 사도 야고보를 처형하였고 베드로를 옥에 가두기도 하였다. 그는 백성들이 자신에게 환호할 때 하나님께 영광을 돌리지 않아 벌레에게 먹혀 죽고 만다.

7. **헤롯 아그립바 2세(통치기간 A.D.53-70):** 헤롯 아그립바 1세의 아들이다. 사도 바울의 증언을 들은 뒤 가이사에게 상소하지 않았으면 석방될 수 있었을 것이라고 말한 사람이다. 그는 헤롯 가문의 마지막 왕으로 A.D.70년에 예루살렘이 파괴되자 로마로 가서 행정관이 된다.

신약성경 분류(총 27권)

복음서 (4 권)
- 마태복음
- 마가복음
- 누가복음
- 요한복음

역사서 (1 권)

사도행전
- ■ 초대교회부터 베드로의 활동(1~12장)
- ■ 바울의 1차 선교여행(13~14장): 서신서를 기록하지 않음
- ■ 바울의 2차 선교여행: 고린도에 머물면서 데살로니가전서와 후서,
   갈라디아서를 기록
- ■ 바울의 3차 선교여행: 에베소에서 고린도전서를 기록
   마게도냐에서 고린도후서를 기록
   고린도에서 로마서를 기록
- ■ 바울이 예루살렘에서 체포되어 로마에 2년간 구금중에 있으면서
   골로새서, 빌레몬서, 에베소서, 빌립보서를 기록

예언서 (1 권)

요한계시록
- ■ 바울이 로마에서 잠시 풀려나 4차 선교여행 중에(사도행전 이후의 일)
   디모데전서, 디도서를 기록
- ■ 바울이 로마 대화재 이후 체포되어 로마 감옥에서 디모데후서를 기록

서신서 (21 권)

일반서신 (8권)
- 히브리서
- 야고보서
- 베드로전서
- 베드로후서
- 요한1서
- 요한2서
- 요한3서
- 유다서

바울서신 (13권)
2~3차 선교여행 중에 기록한 서신 (6권)
- 데살로니가전서
- 데살로니가후서
- 갈라디아서
- 고린도전서
- 고린도후서
- 로마서

옥중서신 (로마1차 구금) (4권)
- 골로새서
- 빌레몬서
- 에베소서
- 빌립보서

목회서신 (2권)
- 디모데전서
- 디도서

옥중서신 (로마2차 구금) (1권)
- 디모데후서

신약성경은 총 27권이다. 세부적으로 보면 복음서 4권(마태복음, 마가복음, 누가복음, 요한복음), 역사서 1권(사도행전), 서신서 21권(로마서-유다서), 예언서 1권(요한계시록)이다.

서신서 21권 중 사도 바울이 13권을 기록하였다. 히브리서는 기록자를 알 수 없지만 사도 바울이 기록한 것으로 본다. 바울은 1차 선교여행(A.D.47-49년) 때는 서신서를 기록하지 않았다. 2차 선교여행(A.D.50-52년) 때 데살로니가 전, 후서와 갈라디아서를 기록하였다. 3차 선교여행(A.D.53-58년) 때는 고린도 전, 후서와 로마서를 기록하였다. 로마에 1차 투옥 당시(A.D.61-63년)에 골로새서, 빌레몬서, 에베소서, 빌립보서를 기록하였다. 로마 1차 투옥에서 풀려나 다시 수감되기 전(A.D.63-66년)까지 목회 서신인 디모데전서와 디도서를 기록하였다. 로마 대화재(A.D.64년) 때 네로의 박해가 시작되어 로마에 2차 투옥(A.D.67년)되었는데 이때 디모데후서를 기록하였고 그해 참수형으로 순교하였다.

1. **마태복음:** 주로 유대인들을 대상으로 왕이신 메시아를 소개하였다. 예수님은 왕 또는 메시아이시 며 예수님이 구약의 예언을 성취한 사실을 강조한다.

2. **마가복음:** 주로 모든 이방 기독교인들을 대상으로 기록하였다. 예수님을 하나님의 종으로 묘사하 였다. 모든 사람을 위해 속죄물이 되셨으며 섬김의 본이신 예수님의 사역을 소개한다.

3. **누가복음:** 예수님은 유대인이든 이방인이든 차별 없이 모든 사람의 구세주가 된다는 사실을 알려 준다. 예수님의 감정과 인간적인 면을 보여주면서 완전한 인성을 강조한다.

4. **요한복음:** 모든 기독교인들을 대상으로 기록하였으며 하나님의 독생자이신 예수님의 신성을 강 조한다. 예수님은 항상 하나님과 함께 계시며 그분이 곧 하나님이라는 사실을 알려 준다.

5. **사도행전:** 사도행전은 신약성경에서 유일한 역사서다. 초대 교회부터 베드로의 활약, 사도 바울 의 선교여행과 바울이 로마에 1차 구금되는 과정까지 서술하였다. 사도행전은 예수님의 승천 이 후 복음 전파와 교회의 형성 및 성장 과정을 그리고 있으며 특히 신자들을 인도하시고 보호하시 며 위로하시는 성령님의 사역과 활동을 중점적으로 다룬다.

6. **로마서:** 죄와 구원, 믿음의 문제를 다룬다. 인간이 범죄하여 하나님과 관계가 끊어졌으며 오직 예 수 그리스도를 믿어야만 구원을 받아 깨어진 관계가 회복된다는 사실을 알려 준다.

7. **고린도전서:** 바울은 육신적인 교회였던 고린도 교회를 향해 회개와 연합을 강조한다. 교회 질서 를 세우고 사랑과 은사, 방언 등 교회 내의 문제를 해결하기 위해 기록하였다.

8. **고린도후서:** 바울은 고린도 교회가 회개한 것을 기뻐하면서 바울의 사도직을 인정하지 않는 사람 들을 위해 자신은 복음을 전하는 사도임을 분명히 했다. 헌금에 관해서도 기록하였다.

9. **갈라디아서:** 바울은 율법으로 구원 받을 수 없음을 강조한다. 오직 십자가의 대속을 믿는 믿음으 로 말미암아 하나님의 은혜로 구원받는다는 사실을 가르친다.

10. **에베소서:** 유대인이나 이방인이 다 같이 그리스도의 몸인 교회 안에서 하나가 되어야 한다는 것 을 가르친다. 교회는 그리스도를 머리로 하여 그 머리에 붙어 있는 몸이다.

11. **빌립보서:** 복음의 중요성과 율법주의를 경계하도록 권면한다. 그리스도 안에서 그리스도를 본 받아 감사와 기쁨 넘치는 삶을 살고 진리를 실천하여 은혜로운 삶을 살도록 권면한다.

12. **골로새서:** 바울은 헛되고 세속적인 것들 때문에 혼란스러워하는 골로새 교회에 그리스도만이 유일한 구세주이며 그분만이 하나님과 사람 사이의 중보자라는 사실을 강조한다.

13. **데살로니가전서:** 바울은 재림에 올바른 이해와 확신이 없는 데살로니가 교인들에게 그리스도가 언제 오실지 아무도 모르지만 확실히 오시므로 항상 깨어서 근신하라고 말한다.

14. **데살로니가후서:** 바울은 그리스도의 재림 직전에 일어날 일들과 교회를 어지럽히는 이단들의 심판에 대해 가르친다. 그러면서 인내와 부지런함으로 열심히 일하라고 간청한다.

15. 디모데전서: 바울은 에베소에서 목회하고 있는 디모데에게 교회 감독이나 남녀 직분자의 자격, 이단에 대한 경계, 교회의 질서와 성도 양육 등에 관하여 알려 준다.

16. 디모데후서: 바울이 로마 감옥에 있을 때 디모데를 향한 최후의 권면을 담고 있다. 목회자 디모데에게 끝까지 충성할 것과 목회자로서 지킬 도리와 주의해야 할 점을 당부한다.

17. 디도서: 바울은 그레데 섬의 목회자 디도에게 목회 지침들을 기록하여 전달하였다. 장로의 자격, 거짓 교사를 향한 경고, 성도 양육에 필요한 지침 등을 가르쳤다.

18. 빌레몬서: 빌레몬의 노예였다가 도망간 오네시모가 새 사람이 되어 돌아가므로 용서하며 그리스도 안에서 그를 형제로 받아들이라고 바울이 빌레몬에게 권면한다.

19. 히브리서: 구약시대의 제사보다 예수 그리스도의 십자가 구속의 제사가 더 우월하며, 그리스도는 언약의 중보자이시기 때문에 율법보다도 더 우월한 분이라는 사실을 유대인들에게 알려 준다.

20. 야고보서: 믿음과 행위에 대한 교훈을 기록하였다. 그리스도에 대한 믿음은 선한 행위가 그 열매라고 가르친다.

21. 베드로전서: 베드로가 박해 중에 있는 교회를 위해 기록하였다. 신자들이 겪는 시련과 고통은 오히려 영적으로 영광스러움을 주는 축복의 기회라는 사실을 알려 준다.

22. 베드로후서: 재림의 지연으로 교회 내부에서 일어나는 거짓 교사와 거짓 교훈에 대처하도록 기록했다. 재림이 더딘 이유, 재림을 준비하는 자의 바른 삶 등을 가르친다.

23. 요한일서: 요한은 예수님께서 육신을 입고 이 땅에 오셨다고 증거하면서, 기독교인들은 하나님을 사랑하여야 하며 사람들과의 교제도 서로 사랑할 때 아름답다고 강조한다.

24. 요한이서: 요한은 성도가 서로 사랑할 것과 진리 가운데 행할 것을 강조했다. 또한 거짓 교사와 이단을 경계하라고 당부한다.

25. 요한삼서: 요한은 사도들을 대신하여 복음을 전하러 다니는 일꾼들을 후하게 대접할 것을 당부하면서 신자들이 진리를 수호하고 선행에 힘쓸 것을 권면한다.

26. 유다서: 거짓 교사와 교회 내부의 그릇된 교훈을 경고하며 심판주로 오시는 예수님의 재림에 대해 가르친다.

27. 요한계시록: 휴거, 대 환난, 그리스도의 재림, 천년왕국, 새 하늘과 새 땅에 관해 기록하였다. 마귀는 멸망하고 세상은 심판을 받으며 신자들은 영원한 하나님의 나라에 들어간다.

171. 사복음서 비교

사복음서는 기록자와 기록 대상, 기록 목적 등에 차이점이 있는데 그렇다고 사복음서의 내용이 상반되는 것이 아니다. 사복음서를 비교, 종합하여 예수님을 정확하게 이해해야 한다.

1. **마태복음**: 마태복음은 예수님의 제자인 세리 마태가 유대인들을 대상으로 기록하였다. 마태복음은 예수님을 유대인의 왕이며 구약에 약속된 메시아로 본다. 그래서 첫 시작도 예수님을 다윗의 자손으로 언급하며(마1:1) 예수님의 계보를 다윗 왕과 아브라함까지 연결시킨다. 세례(침례) 요한은 앞으로 다가올 메시아 왕국을 선포하는 자로, 예수님은 지상에 세워질 메시아 왕국의 통치자로 묘사한다. 구성은 메시아의 탄생과 유년 시절(1-2장), 메시아의 사역(3-20장), 메시아의 수난(21-27장), 메시아의 부활과 지상 명령(28장) 순이다.

2. **마가복음**: 마가복음은 마가가 기록하였다. 그는 바나바의 조카이며 바울과 첫 번째 선교 여행을 떠났다가 중간에 집으로 돌아온 인물이다. 마가복음은 예수님을 하나님의 종이라는 관점에서 기록했기 때문에(막10:43-45) 예수님의 계보나 동정녀 탄생, 유년 시절 등은 기록하지 않았다. 예수님의 고난과 박해, 십자가의 죽음을 중점적으로 다루어 순종이 있어야 부활의 영광이 있음을 알려준다. 마가는 로마의 박해로 고난 받고 있는 그리스도인들이 예수님의 순종을 본받아 고난을 극복하기를 원했다. 그래서 비유보다는 예수님의 행적을 많이 기록하였으며 곧(즉시)이라는 표현을 많이 사용하였다. 구성은 세례를 받으시고 바로 사역을 시작하신 예수님(1-10장), 십자가의 수난(11-15장), 부활과 지상 명령(16장) 순이다.

3. **누가복음**: 누가복음의 기록자는 의사 누가인데 그는 바울과 선교여행에 동행했으며 바울이 순교할 때도 함께 있었던 인물이다. 누가복음은 예수님을 인자(the Son of man)로 표현하여 그리스도의 인성을 강조한다. 따라서 예수님의 계보를 아담까지 거슬러 올라가 기록하였고 예수님의 어린 시절도 사복음서 중 유일하게 기록하였다. 그러나 예수님은 단순한 인간이 아닌 하나님의 속성과 흠 없이 완전한 인간의 모습을 모두 지니셨으며 하나님과 인간 사이에 중보자이심을 말한다. 누가복음은 이방인들과 소외된 자들을 대상으로 복음이 보편적임을 강조하고자 사마리아인, 로마의 백부장 같은 사람들을 자주 언급한다. 또한 마태복음은 지상에 세워질 메시아 왕국을 강조하지만 누가복음은 영적인 왕국을 강조한다.

4. **요한복음**: 요한복음은 예수님의 제자인 요한이 사복음서 중 가장 나중에 기록하였다. 요한복음은 예수님을 성육신하신 성자 하나님이시자 창조주 하나님으로 묘사한다(요1:1-3). 요한복음은 온 세상 사람들을 대상으로 그리스도의 신성을 강조하며 그리스도를 믿어야 구원을 받는다는 사실을 알려 준다. 구성은 성육신과 세례(1장), 예수님의 사역(2-12장), 다락방 설교(13-16장), 십자가 수난(17-19장), 부활 후 행적(20-21장) 순으로 되어 있다.

세례요한은 구약의 마지막 선지자다(마11:13-14). 이미 말라기서(3:1, 4:5-6)를 통해 그의 탄생과 역할에 관해 예언되어 있었다.

1. 가족 관계: 요한의 아버지는 사가랴이고 어머니는 엘리사벳이다. 그의 부모는 아론의 자손이다. 아버지 사가랴는 예루살렘 성전의 제사장이었다. 어머니는 예수님의 모친 마리아와 사촌지간이다.

2. 요한의 탄생: 아버지 사가랴가 예루살렘 성전에 들어가 제단 위에 분향할 때 가브리엘 천사가 나타난다. 천사는 사가랴에게 아들을 낳을 것이라고 말하면서 이름을 '요한'으로 지으라고 했다. 사가랴는 자기와 엘리사벳의 나이가 많고 엘리사벳이 수태하지 못한 상태였기 때문에 가브리엘에게 들었던 소식을 의심하였다. 사가랴가 의심하였으므로 9개월 동안 벙어리가 되었으며 요한을 낳아 이름을 지은 후에야 말할 수 있었다. 엘리사벳은 잉태한 후 5개월 동안 숨어서 지냈다. 가브리엘에게 엘리사벳의 잉태 소식을 들은 마리아가 엘리사벳을 방문하기도 하였다.

3. 요한의 사역: 그는 요단강 부근에서 세례를 베풀며 이스라엘 백성들에게 회개를 촉구한다. 그의 임무는 이스라엘 백성들이 그리스도를 영접하도록 준비시키며 예수님이 그리스도이심을 알려주는 것이다. 그는 백성들에게 자신은 메시아가 아님을 분명히 말했다. 요한은 빛이 아니며 빛이신 그리스도를 증거하러 온 것이다.

4. 요한과 예수님: 예수님은 요한의 만류에도 요단강에서 요한에게 세례를 받으셨다. 예수님은 결코 죄가 없으신 분이시기 때문에 세례를 받으실 필요가 없다. 그러나 십자가의 길을 가기 위해 인류의 죄와 자신을 동일시 여겼기 때문에 세례를 받으신 것이다. 예수님이 세례를 받으실 때 삼위일체 하나님이 나타나셨다(성자 예수님은 물 가운데 계셨고, 성령 하나님은 비둘기 같이 강림하셨으며, 성부 하나님은 하늘에서 말씀을 주셨다). 세례요한은 예수님을 '세상 죄를 지고 가는 하나님의 어린 양'이라고 말했다. 예수님은 여자가 낳은 자 중에 세례 요한보다 큰 사람이 없다고 하셨다.

5. 요한의 죽음: 헤롯 안디바가 이복동생 빌립1세의 아내 헤로디아를 자기 아내로 삼자 요한은 헤롯에게 그것이 잘못이라고 지적하였다. 헤롯은 요한을 옥에 가두었다. 헤로디아는 요한을 원수로 여겨 죽이려고 했으나 헤롯은 요한을 의로운 사람이라고 생각하여 죽이지는 않았다. 헤롯의 생일에 헤로디아의 딸이 춤을 추어 헤롯을 기쁘게 하자 헤롯은 그녀에게 소원을 들어주겠다고 했다. 그녀는 어머니의 요구대로 요한의 머리를 요구하였으며 요한은 죽임을 당했다.

1. **바리새파**: '바리새'라는 뜻은 '분리된 자', '구별된 자'라는 히브리어에서 나온 말이다. 바리새인은 유대 종교가 이방 종교에 물드는 것을 경계하고 스스로 세속과 분리되어 고유의 믿음과 경건을 잃지 말아야 한다고 주장하였다. 그들의 원조인 하시딤(보수파 유대인)들은 하스몬 왕조 때 요한 힐카누스 1세(B.C.135-104)와의 대립으로 권력에서 밀려났으나, 바리새파를 형성하면서 유대교의 가장 영향력 있는 당파로 발전한다. 바리새인들은 율법 준수와 모범으로 유대인에게 존경을 받았으며 회당에서 강론하며 많은 영향력을 행사했다.

  바리새인들은 구전되어 오던 고대의 전승을 집대성한 것 중(장로들의 전통, 마15:2) 수백 가지를 선별하고 여기에 세부적인 명령을 추가했다. 그것을 모세오경과 동일시하고 자신들도 다 못 지키는 것을 백성들에게 지키도록 강요했다(눅11:46). 그들은 형식주의, 율법주의, 극단적인 분리주의, 권위주의에 빠져버림으로써 예수님의 책망을 받는다(마23:1-39). 바리새인들은 영과 혼의 존재, 부활과 천사, 마귀의 존재를 인정했고 메시아가 올 것도 믿는다. 그러나 정작 예수님의 말씀을 듣고 기적을 보고도 믿지 않았으며 오히려 십자가에 못 박아 죽였다. 그들이 예수님을 죽인 까닭은 스스로 우월하다는 교만함과 많은 사람들이 예수님을 따르자 자신의 기득권을 잃지 않으려는 욕망 때문이었다. 모든 바리새인들이 예수님에 대해 적대적인 것은 아니었다. 예수님을 변호했던 니고데모와 예수님을 자신의 새 무덤에 장사지냈던 아리마대 사람 요셉, 그리고 사도 바울도 바리새인이다. 바리새인들은 예루살렘과 성전이 완전히 파괴된 후(A.D.70년) 회당을 중심으로 활동하면서 유대교의 주류가 된다. 그러나 기독교와 첨예하게 대립하여 유대 사회에서 기독교를 축출하려고 했다.

2. **사두개파**: '사두개'라는 이름은 다윗시대 대제사장이었던 사독으로부터 유래했을 것으로 추측된다. 사두개파는 하스몬 왕조 때 요한 힐카누스 1세의 대제사장직을 인정하면서 권력층이 되었으며 이후 바리새파와 대립한다. 사두개파에 속했던 사람들은 대제사장, 선임 제사장들, 그들의 친인척, 귀족들이다. 당시 유대의 자치 사법기구였던 산헤드린 회원들도 상당수가 사두개인들이었다. 이렇듯 사두개인들은 정치적 권력을 가지고 있었지만 일반 백성들은 세속주의적인 사두개인들보다 금욕적 율법주의자인 바리새인들을 더 따랐다.

  그들이 바리새인들과 다른 점은 율법으로는 모세오경만 인정했으며 부활과 천사와 마귀, 영과 혼, 내세를 믿지 않았고 메시아에 대해서도 무관심하였다. 그들은 부활을 믿지 않았기 때문에 일찍 죽은 일곱 형제와 한 아내의 예를 들어 부활 때 그녀가 누구의 아내가 되는지 질문함으로써 예수님을 곤경에 빠트리려고 하였다(마22:23-30). 사두개인들은 바리새인들과 대립하였으나 오직 예수님과 초대교회를 박해하는 일에는 한마음이 되었다. A.D.70년에 성전이 파괴되면서 바리새파의 영향력은 더 커졌지만 사두개파는 사라져 버렸다.

1. 서기관: 서기관은 바리새인이나 사두개인처럼 유대종교의 한 당파에 속한 사람이 아니라 성경을 필사하는 일을 했던 사람이다. 서기관은 율법학자로도 불리며 서기관 중에는 바리새인들이 많이 있었다. 서기관은 사무엘 시대에 처음 이름이 등장한다(삼하8:17). 서기관은 처음에는 모세오경을 필사하는 것이 주 업무였으며 권력도 별로 없었다. 하지만 성경을 읽고 쓰면서 율법을 암기하게 되었고 점차 지식이 쌓이면서 다른 사람들에게 모세오경을 가르치는 율법학자(교사)의 지위를 얻는다. 그래서 이들을 랍비라고 부르기도 한다. 이들은 권력이 커지면서 하나님 말씀의 본질을 잃어버리고 겉으로는 의로운 척하면서 부정한 방법으로 재산을 늘리고 많은 비리를 저지른다. 그래서 서기관들도 예수님께 책망을 많이 받았다. 그중에는 지혜롭게 답변하여 예수님께 칭찬 받은 자도 있었다(막12:28-34).

2. 열심당: 열심당은 성경에 '셀롯'으로(눅6:15), 열심당원은 '셀롯인'으로(행1:13) 표현되었는데 셀롯인은 율법을 충실히 지키고 하나님께 헌신하는 자를 가리키는 말이다. B.C.63년에 로마의 폼페이우스에 의해 예루살렘이 함락당하고 유대가 로마의 지배를 받게 되자 열심당은 로마군을 몰아내자는 민족적 운동을 선동하였다. 가장 잘 알려진 열심당 지도자는 갈릴리 사람 유다이다(행5:37). 그는 로마 황제가 칙령을 내려 모든 유대 사람들에게 호적을 하도록 하였을 때 로마에 반항하여 폭동을 일으켰다. 열심당원들은 벨릭스가 유대 총독으로 재임하는 동안(A.D.52-60) '시카리'라는 급진적인 집단을 만들어 축제 동안에 군중들 틈에 섞여 있다가 숨겨온 단검으로 로마를 지지하는 사람들을 찔러 죽이기도 하였다. A.D.70년 예루살렘이 멸망한 후에도 열심당원들은 마사다에 있는 요새로 도피하여 로마에 끝까지 저항하였으나 로마 군대에 포위당하자 모두 자결함으로써 소멸되고 만다. 예수님의 제자 중에 시몬이 열심당원이었고(눅6:15) 예수님 대신에 풀려났던 죄수 바라바도 열심당원이었다.

3. 헤롯당: 헤롯당은 로마에 호의적이었으며 로마의 지배에 만족했던 사람들이다. 이들은 유대의 지도자로서 헤롯 가문의 사람이 되기를 원했다. 헤롯당은 유대의 민족주의를 반대했기 때문에 이방인의 통치를 부정하는 바리새인들이나 열심당원과는 적대적인 관계였다. 그러나 예수님을 죽이려는 일에는 하나가 된다. 바리새인들은 세금 문제로 예수님을 올무에 걸려 넘어지게 하려고 헤롯 당원들을 예수님께 보내기도 하였다(마22:15-22). 또한 안식일에 예수님께서 한쪽 손이 마른 사람을 고쳐 주시자 바리새인들과 헤롯 당원들은 함께 모여 예수님을 어떻게 죽일까 하고 모의하였다(막3:1-6).

1. **예수님은 하나님의 아들이심**: 하나님께서는 예수님이 이 땅에 오시기 전부터 이미 아들로 선포하셨다(시2:7). 예수님이 세례(침례)를 받으시고 물속에서 올라오실 때 하나님께서는 이는 내 사랑하는 아들이요 그 안에서 내가 매우 기뻐한다고 말씀하셨다(마3:17).

2. **여자의 후손으로 태어남**: 하나님께서는 뱀에게 저주하시면서 여자의 후손이 네 머리를 상하게 할 것(부술 것)이라고 하셨다(창3:15). 여자의 후손은 예수님을 말한다. 하나님께서는 자기 아들을 보내시어 여자에게서 나게 하셨다(갈4:4).

3. **처녀로부터 태어남**: 하나님은 한 처녀가 임신하여 한 아들을 낳을 것이며 그의 이름이 임마누엘이 될 것이라는 표적을 주셨다(사7:14). 마리아는 요셉과 정혼하였으나 동침하기 전에 예수님을 성령으로 잉태하였다(마1:18). 천사가 꿈에 요셉에게 나타나 마리아에게 잉태된 아기는 성령으로 되었다는 사실을 알리며 아기 이름을 예수라 하라 하였다. 또 이 모든 일이 일어난 것은 성경 말씀을 이루기 위함이라고 말하였다(마1:21-23).

4. **유다 지파로 오심**: 야곱은 죽기 전에 홀이 유다에게서 떠나지 않을 것이며 실로가 오실 때까지 다스리는 자가 그의 발 사이에서 떠나지 않을 것이라는 축복을 했다(창49:10). 홀은 지팡이로서 왕권을 상징하며 실로는 메시아이신 예수 그리스도를 말한다. 야곱의 예언대로 예수님은 유다 지파에서 나오셨다(히7:14).

5. **다윗의 자손으로 오심**: 하나님께서는 다윗에게서 한 의로운 가지가 일어나 그가 왕이 되어 지혜롭게 다스리며 세상에서 정의와 공의를 행할 것이라고 하셨다(렘23:5). 하나님은 약속대로 다윗의 후손으로 이스라엘을 위하여 구주 곧 예수님을 세우셨다(행13:22-23).

6. **베들레헴에서 나심**: 베들레헴은 유대 지역에서 작은 곳에 속해 있지만 그곳에 영원부터 계신 분으로 이스라엘을 다스릴 자가 나온다고 하였다(미5:2). 예수님이 어린 시절을 보낸 곳은 나사렛이지만 탄생하신 곳은 베들레헴이다(마2:1).

7. **세례(침례)요한이 길을 예비함**: 요한이 유대 광야에서 사람들에게 천국이 가까이 왔으니 회개하라고 외쳤다(마3:1-2). 요한은 이사야 선지자가 말한 사람이다(마3:3, 사40:3).

8. **갈릴리에서 사역을 시작하심**: 예수님께서는 요한이 감옥에 갇혔다는 소식을 듣고 나사렛을 떠나 스불론과 납달리 지경의 해변에 있는 가버나움에 가서 사셨다(마4:12-13). 이는 갈릴리와 스불론 땅과 납달리 땅에 사는 흑암에 앉은 백성들이 큰 빛을 보았고 죽음의 땅과 그늘에 앉은 자들에게 빛이 비치었다는 이사야서의 말씀을 이루기 위함이다(사9:1-2).

9. **예수님이 선지자가 되심**: 하나님께서는 예수님을 선지자로 세워 하나님의 말들을 예수님의 입에 두어 하나님께서 명령하실 모든 것을 말할 것이라고 하셨다(신18:18). 예수님은 많은 사람들에게 선지자로 불리셨다(마21:11).

10. **기적을 행하심**: 예수님은 소경들을 보게 하셨고 문둥병자들을 깨끗하게 하셨으며 절름발이들을 걷게 하셨고 죽은 자들을 살리셨다(마11:5). 이는 이사야서에 예언되어 있다(사35:5-6).

11. **나귀 새끼를 타시고 예루살렘 성에 들어가심**: 예수님은 벳바게에서 나귀 새끼를 타시고 예루살렘성에 들어가셨다(마21:1-7). 공의로우시며 구원을 지니셨고 겸손하신 왕이 나귀 새끼를 타고 오신다는 사실은 스가랴서에 예언되어 있다(슥9:9).

12. **가룟 유다가 예수님을 배반함**: 유다는 선임 제사장들에게 은 삼십을 받고 예수님을 넘겼다(마 26:14-16). 나중에 유다는 뉘우치고 그 돈을 성소에 던진 후 스스로 목매어 죽었는데 선임 제사장들이 그 돈으로 토기장이의 밭을 사서 나그네의 묘지로 삼는다(마27:3-8). 스가랴서에는 예수님의 몸값으로 은 삼십 개를 달았다는 내용과 그 돈을 토기장이에게 던졌다는 내용이 있다(슥 11:12-13).

13. **예수님이 고소를 한 자 앞에서 침묵하심**: 예수님은 종교 지도자들에게 고소를 당하셨으나 아무 대답도 하지 않으셨다(마27:12). 이사야서에는 예수님이 억압을 당하고 고난을 당하여도 입을 열지 아니하시고 어린양처럼 도살장으로 끌려가셨다고 기록되어 있다(사53:7).

14. **예수님이 자기를 핍박하는 자들을 위해 기도하심**: 예수님은 십자가에 못 박히신 후에도 하나님 께 자기를 핍박했던 자들의 용서를 구하셨다(눅23:34, 사53:12).

15. **병사들이 예수님의 옷을 나눔**: 병사들이 예수님을 십자가에 못 박은 뒤 예수님의 겉옷을 네 조각으로 나누어 가졌으며 속옷은 제비를 뽑아 가져갔다(요19:23-24, 시22:18).

16. **예수님의 뼈를 꺾지 않음**: 병사들이 예수님을 빨리 죽게 하도록 다리를 꺾고자 했으나 이미 죽은 것을 보고 그분의 다리를 꺾지 않았다(요19:33, 시34:20).

17. **모퉁이 돌이 되심**: 예수님께서는 불순종하는 자들에게는 건축자들이 버린 돌처럼 여겨졌으나 그 돌이신 예수님은 나중에는 모퉁이의 머릿돌이 되셨다(벧전2:7, 시118:22).

18. **부활하심**: 십자가에서 죽으신 예수님을 하나님께서 살리셨기 때문에 예수님의 혼이 지옥에 버려지지 않았고 그의 육신도 썩지 않았다(행2:31-32, 시16:10).

19. **하나님의 우편에 앉아 계심**: 예수님은 하나님의 영광의 광채시며 하나님의 형상이시다. 예수님은 능력의 말씀으로 만물을 붙들고 계시며 친히 우리의 죄들을 정결케 하시고 하나님의 오른편에 앉으셨다(히1:3). 하나님께서 일찍이 예수님께 내가 네 원수들을 네 발판으로 삼을 때까지 나의 오른편에 앉아 있으라고 말씀하셨다(시110:1).

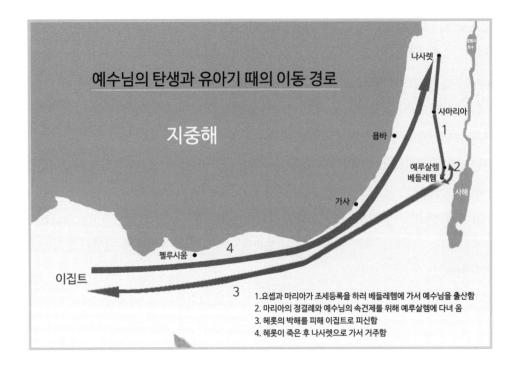

예수님의 탄생과 유아기 때의 이동 경로

지중해

나사렛

사마리아

욥바

1

예루살렘
베들레헴

2

가사

사해

4

펠루시움

이집트

3

1. 요셉과 마리아가 조세등록을 하러 베들레헴에 가서 예수님을 출산함
2. 마리아의 정결례와 예수님의 속건제를 위해 예루살렘에 다녀 옴
3. 헤롯의 박해를 피해 이집트로 피신함
4. 헤롯이 죽은 후 나사렛으로 가서 거주함

1. **마리아를 찾아 온 가브리엘 천사:** 가브리엘 천사가 마리아에게 찾아와 하나님의 은총을 받아 한 아들을 낳을 것이며 이름을 '예수'라 하라고 했다. 마리아는 아직 남자와 동침하지 않은 처녀로서 다윗의 가문 요셉과 정혼한 사이였다. 마리아가 천사에게 남자를 모르는 내게 어떻게 이런 일이 있을 수 있겠느냐고 물었다. 천사는 성령께서 너에게 임하고 하나님의 능력이 너를 덮을 것이기 때문에 이런 일이 가능하다고 하면서 너에게서 태어날 거룩한 이는 하나님의 아들이라 불릴 것이라고 말했다. 마리아는 나는 주의 여종이니 말씀대로 이루어질 것이라고 대답하였다.

2. **요셉의 꿈에 나타난 주의 천사:** 마리아가 임신했다는 사실을 알게 된 요셉은 이 일을 공개하지 않고 마리아를 은밀히 버리려고 하였다. 주의 천사가 꿈에 요셉에게 나타나 마리아에게서 잉태된 아기는 성령으로 된 것이며 그가 자기 백성을 그들의 죄들에서 구원할 것이므로 이름을 '예수'라 하라고 했다. 이는 구약에서 선지자를 통해 예수님에 관해 말씀하신 것을 이루기 위함이었다(사 7:14). 요셉은 잠에서 깨어나 주의 천사가 하라는 대로 마리아를 아내로 삼아 데려온다. 예수님은 성령으로 잉태되어 성육신(하나님이 육신을 입고 세상에 오심)으로 이 땅에 오셨다.

3. 예수님이 태어나시다: 로마 황제 가이사 아구스도(옥타비아누스)는 나라 전체 인구를 확인하여 세금 누수를 막고자 모두 자기 고향으로 가서 조세 등록을 하라는 칙령을 내렸다. 요셉은 나사렛 성읍에 살고 있었으나 다윗 가문이었으므로 마리아와 함께 조세 등록하러 베들레헴으로 갔다. 베들레헴 여관에 빈방이 없으므로 예수님을 낳아 포대기로 싸서 구유에 누였다.

4. 목자들이 방문하다: 예수님이 태어나신 고을에 목자들이 있었는데 밤에 양떼를 지키고 있었다. 천사가 그들에게 나타나 오늘 다윗의 성읍에 너희에게 구주가 나셨으며 그 표적으로 포대기에 싸여 구유에 누워 있는 아기를 볼 것이라고 했다. 천사들이 떠나 하늘로 간 후 목자들이 황급히 가서 구유에 누워 있는 예수님을 보았으며 하나님께 영광과 찬양을 드리고 돌아가서 천사가 그들에게 한 말을 널리 알렸다. 마리아는 이 모든 말을 마음속에 간직하였다.

5. 예루살렘 성전을 방문하다: 예수는 헬라어 이름으로 '여호와의 구원, 여호와께서 구원하신다'라는 뜻이다. 예수님은 태어나신 지 팔 일 만에 할례를 받으셨다. 남자 아이는 태어난 지 팔 일 만에 첫 번째 정결 예식인 할례를 받아야 했다. 그래야 진정한 하나님의 백성이며 이방인과 구별된 온전한 선민이라 여겼기 때문이다(창17:9-14). 예수님께서 십자가에서 죽으신 후 사도 바울은 표면적 육체의 할례를 하지 말고 마음의 할례를 하라고 했다(롬2:28-29). 그러나 당시는 십자가 사건 전이었으므로 예수님도 율법에 따라 할례를 받으신 것이다. 여자가 아들을 낳으면 40일간 불결하다고 간주되었고(딸은 80일) 이 기간이 끝나면 제물을 바치면서 번제를 드린 후에 깨끗하게 되는 결례 의식을 행했다(레12:1-8). 사람이나 동물이나 관계없이 처음 난 모든 것은 하나님께 성별하여 드려졌다(출13:2). 하지만 아기의 생명을 직접 드릴 수 없기에 아기의 부모는 다섯 세겔을 주고 자기 아들을 하나님으로부터 다시 사 들이는 의식을 행했다. 예수님의 가족은 이 예식을 위해 예루살렘을 방문했다. 그때 성전에서 메시아를 고대하던 시므온과 여선지자 안나가 예수님을 만나게 된다.

6. 동방에서 박사들이 방문하다: 예수님이 예루살렘에서 돌아와서 베들레헴에 있었을 때 동방으로부터 박사들(현자들)이 유대인의 왕에게 경배하기 위하여 예루살렘을 방문했다. 동방은 이스라엘 동쪽을 말하며 바벨론 지역으로 추정된다. 그들은 점성술사가 아니라 하나님을 믿는 이방인이었을 것이다. 헤롯은 동방 박사들에 관해 듣고서 대제사장과 서기관을 통해 그리스도가 베들레헴에서 태어난다는 사실을 알게 된다. 헤롯은 동방 박사들을 베들레헴으로 보내면서 어린아이를 찾거든 자기에게 알려 주도록 부탁하였다. 그들이 길을 가는 중에 동방에서 보았던 그 별이 예수님 있는 곳 위에서 멈추었다. 그들은 집에 들어가 예수님께 경배하고 황금과 유향과 몰약을 예물로 드렸다. 그들은 헤롯에게 가지 말라는 하나님의 경고를 받고 다른 길로 갔다.

7. 헤롯이 사내아이들을 죽이다: 헤롯은 동방 박사들에게 속았다는 것을 알았다. 그는 별이 나타난 때를 기준으로 베들레헴과 그 지경 안에 있는 사내아이를 두 살부터 그 아래로 다 죽였다. 이로 보아 박사들이 방문했을 때는 예수님이 출생 후 일 년 정도 지난 시점이었을 것이다. 동방 박사들은 마구간을 방문한 것이 아니라 예수님이 어린 시절에 살았던 베들레헴에 있는 예수님의 집을 방문한 것이다(마2:11).

8. 이집트로 피신하다: 동방에서 온 박사들이 떠난 후 주의 천사가 꿈에 요셉에게 나타나 헤롯이 예수님을 죽이려고 하니 가족을 데리고 이집트로 피하여 다시 말할 때까지 거기 있으라고 하였다. 요셉이 일어나 밤에 아내와 예수님을 데리고 이집트로 떠난다.

9. 이집트에서 나사렛으로 이주하다: 헤롯이 죽은 후 주의 천사가 요셉에게 다시 꿈에 나타나 마리아와 예수님을 데리고 이스라엘 땅으로 가라고 하였다. 요셉은 가족을 데리고 갈릴리 지방 나사렛이라는 성읍에 와서 살았다.

10. 유월절에 예루살렘에 가시다: 예수님은 자라면서 영 안에서 강건해지고 지혜로 충만하였으며 하나님의 은혜가 예수님 위에 있었다. 예수님이 열두 살 되었을 때 유월절을 맞아 예루살렘에 올라갔는데 요셉과 마리아는 예수님이 예루살렘에 남아 있다는 사실을 모르고 갈릴리로 돌아가 버린다. 당시에는 친척들을 포함하여 여러 사람이 긴 띠를 만들어 이동했기 때문에 예수님이 어딘가에 있을 것이라고 착각했을 것이다. 다시 돌아와 삼 일 후에 성전에서 예수님을 찾았는데 예수님은 박사들과 문답을 하고 있었다. 마리아가 예수님께 네 아버지와 내가 근심하며 찾았다고 말하자 예수님은 내가 나의 아버지의 일을 해야 될 줄을 알지 못하셨느냐고 대답하였다. 이 말씀은 성경에 기록된 예수님의 첫 번째 말씀인데 자신이 하나님의 아들이심과 자신이 해야 할 일이 무엇인지 이미 알고 계셨음을 알 수 있다. 예수님께서는 십자가에서 나의 아버지의 일을 다 이루었다고 말씀하셨다(요19:30). 예수님은 하나님의 아들이셨지만 요셉과 마리아에게도 순종하셨다(눅2:51).

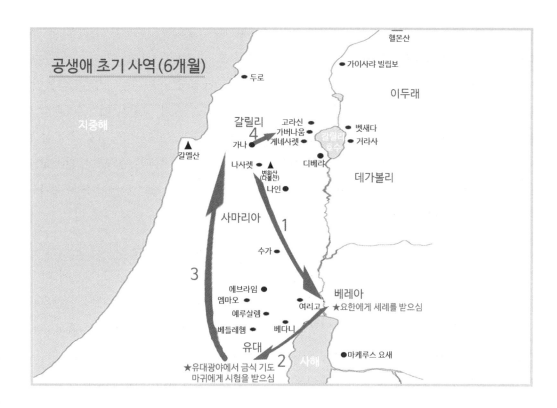

1. **요한에게 세례를 받으심:** 예수님께서는 요단강에서 요한에게 세례를 받으셨다.

2. **유대광야에서 시험 받으심:** 예수님은 마귀에게 시험을 받으시려고 성령의 인도로 광야에 가셨다. 그곳에서 40일을 금식하시자 마귀가 와서 하나님의 아들이라면 이 돌들에게 명하여 빵이 되게 하라고 했다. 예수님은 사람은 빵만으로 사는 것이 아니라 하나님의 입에서 나오는 모든 말씀으로 산다고 말씀하셨다. 마귀가 예수님을 성전 꼭대기에 세운 후 하나님의 아들이라면 뛰어내려도 하나님이 천사들을 시켜 받들어 줄 것이라고 말하자 예수님은 주 너의 하나님을 시험하지 말라고 하셨다. 마귀는 예수님을 아주 높은 산으로 데리고 가 모든 나라와 영광을 보여주고 자기에게 엎드려 경배하면 모든 것을 주겠다고 했다. 예수님은 사탄에게 물러가라고 하시면서 오직 주 너의 하나님께 경배하고 오직 그분만을 섬기라고 하셨다.

3. **가나 혼인 잔치에서 첫 번째 기적을 행하심:** 세례 요한의 제자였던 안드레와 요한이 먼저 예수님을 따랐다. 그 다음에 빌립이 예수님을 따른다. 안드레가 그의 형 베드로를, 빌립이 나다나엘을 예수님께 데려왔다. 예수님은 그들과 가나 혼인 잔치에 동행하였다.

4. **예수님께서는 어머니와 형제들, 제자들과 함께 가버나움으로 내려가셔서 사역하셨다.**

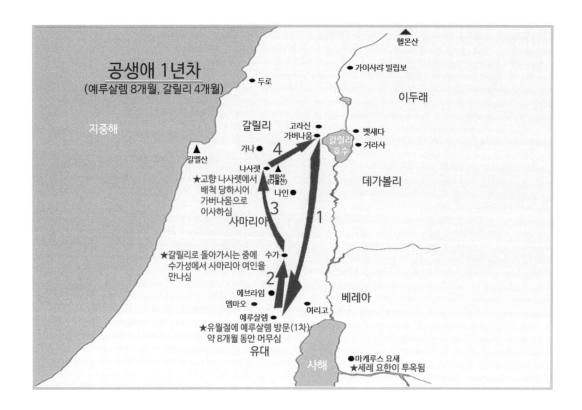

1. **유월절에 예루살렘을 방문하심:** 예수님께서는 첫 번째 유월절을 맞아 몇 명의 제자들과 예루살렘에 방문하셔서 8개월 동안 사역하셨다. 예수님께서는 성전 안에서 장사꾼들과 환전상들을 몰아내시며 내 아버지의 집을 장사하는 집으로 만들지 말라고 하셨다(예수님은 두 차례 성전 정화를 하셨는데 나머지 한 번은 십자가에서 돌아가시기 직전에 하셨다). 유대인들은 예수님께 이런 일을 하는 표적을 보여 달라고 하였다. 예수님께서는 이 성전을 헐면 3일 만에 이것을 다시 일으키겠다고 말씀하셨다. 유대인들은 예수님이 말씀하신 성전이 헤롯성전이라고 생각했으나 예수님께서는 자신의 몸을 성전이라고 말한 것이다.

산헤드린 공의회 의원인 니고데모가 예수님을 방문하였다. 니고데모는 예수님이 행하신 기적을 보고 하나님께서 보내신 분임을 믿었다. 예수님은 니고데모에게 사람이 거듭나지 아니하면 즉 물과 성령으로 다시 태어나지 않으면 하나님 나라에 들어갈 수 없다고 말씀하셨다. 물로 태어난다는 것은 물세례를 말하는 것이 아니라 육체를 통한 첫 번째 출생을 말하며(창1:20), 성령으로 태어난다는 것은 성령님에 의해 영이 깨어 하나님께 속하게 되는 것을 말한다.

2. 예루살렘을 떠나심: 헤롯 안디바가 이복동생 빌립1세의 아내 헤로디아를 자기 아내로 삼자 요한은 헤롯에게 그것이 잘못임을 말하였다. 헤롯은 요한을 마케루스 요새에 있는 감옥에 가두었다. 예수님께서는 예루살렘을 떠나 갈릴리로 향하셨다.

3. 사마리아 여인을 만나심: 예수님은 갈릴리로 가시는 길에 사마리아 땅 수가성에 들어가셨다. 우물가에서 한 여인을 만나 그 여인에게 내가 주는 물을 마시는 자는 영원히 목마르지 아니하고 그속에서 영생하도록 솟아나는 샘물이 될 것이라고 말씀하셨다. 예수님이 주시는 물은 생수다(요 4:10). 생수를 주신다는 것은 영원한 생명을 값없이 주신다는 뜻이다(계21:6). 여인이 예수님께 우리 조상은 이 산에서 경배를 드렸다고 말하자 예수님은 참된 경배자라면 이제는 하나님께 영과 진리로 경배 드려야 한다고 말씀하셨다. 영으로 예배를 드린다는 것은 성령으로 거듭난 영으로 성령님과 교감을 통해 살아계신 하나님과의 만남이 있는 예배를 드리는 것이다. 진리로 예배를 드린다는 것은 하나님이 어떤 분이신지 성경 말씀을 통해 정확히 알고 예배를 드려야 한다는 것이다. 왜냐하면 하나님은 형상이 아니라 영이시기 때문이다. 예배는 장소와 형식으로 드리는 것이 아니라 영과 진리로 드려야 한다.

4. 나사렛에서 배척당하심: 예수님이 유대에서 갈릴리로 오셨다는 소식을 듣고서 왕의 신하가 예수님께 가버나움에 있는 자기 아들의 병을 고쳐 달라고 요청하였다. 예수님은 직접 가보시지 않고 네 아들이 살아 있다고만 말씀하셨는데 그 즉시 아들의 병이 나았다. 예수님은 안식일에 나사렛 회당에서 이사야서에 나오는 말씀으로 자신이 누구인지 설명하셨다. 그들은 예수님의 말씀을 놀랍게 여겼으나 예수님의 가족을 알고 있었으므로 예수님을 배척하였다. 예수님은 나사렛에서 많은 능력을 행하지 않으시고 거처를 가버나움으로 옮기신다.

5. 갈릴리 사역: 예수님과 예루살렘에 동행했던 몇 명의 제자들은 갈릴리로 돌아오자 예수님을 계속 따르지 않고 본업으로 돌아가 버렸다. 예수님은 베드로의 배에 오르셔서 깊은 데로 가서 그물을 내려 고기를 잡으라고 하셨다. 그러자 굉장히 많은 물고기가 잡혔다. 예수님은 베드로에게 너는 이제부터 사람을 낚게 될 것이라고 말씀하셨다. 예수님께서는 먼저 네 제자(베드로, 안드레, 야고보, 요한)를 택하셨다. 예수님은 가버나움에서 마귀 들린 자와 베드로 장모의 열병을 치유하셨다. 예수님께서는 제자들과 1차 갈릴리 순회 전도를 하시면서 말씀을 가르치시고 마귀를 쫓으셨으며 문둥병자와 중풍병자를 치유해 주셨다. 어느 날 예수님께서 지나가시다가 세관에 앉아 있는 마태를 보고 나를 따라오라고 하자 그가 일어나 예수님을 따라가 제자가 되었다.

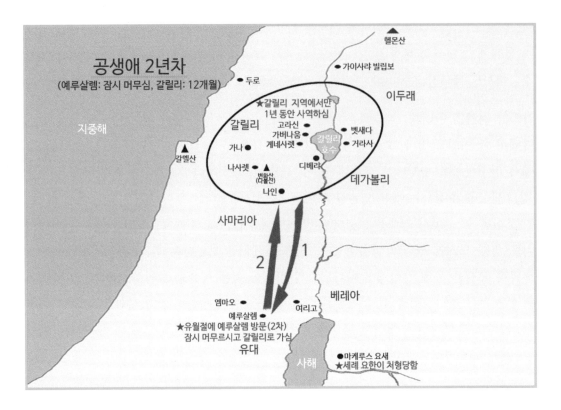

1. 유월절에 예루살렘에 가심: 공생애 기간 두 번째 유월절을 맞아 예루살렘으로 가셨다. 이곳에서 베데스다 못가의 38년 된 병자를 치유하셨다. 유대인들이 예수님께서 안식일에 병자를 치유하신 일과 자신이 하나님의 아들이라고 말한 것 때문에 예수님을 죽이려고 하였다.

2. 갈릴리에서 1년 동안 사역하심: 예수님은 예루살렘에서 잠시 머무시고 갈릴리로 돌아오셨다.
예수님의 제자들이 안식일에 곡식밭에서 이삭을 따서 먹는 것을 본 바리새인들은 예수님께 안식일에 해서는 안 되는 일을 했다고 따졌다. 예수님은 다윗과 그 일행이 배고팠을 때 성전에 들어가 차려 놓은 빵을 먹었던 사건과 제사장들도 안식일에 성전 안에서 일을 해도 죄가 되지 않는다는 점을 말씀하시면서 자신이 성전보다 더 위대한 안식일의 주인이라고 말씀하셨다. 예수님께서는 안식일에 갈릴리 회당에서 한쪽 손 마른 사람을, 갈릴리 지방에서 마귀 들려 눈멀고 벙어리 된 자를 치유하셨다. 바리새인들은 이곳에서도 안식일에 병 고치는 것이 타당한지 예수님께 물었다. 예수님께서는 양 한 마리가 구덩이에 빠지면 안식일이라도 구해 주듯이 사람이 양보다 더 귀하므로 안식일에 선을 행하는 일이 타당하다고 말씀하셨다.
갈릴리와 유대, 예루살렘, 이두매, 두로와 시돈 지방까지 예수님의 소문을 듣고 몰려들었다. 예수님께서는 산에 올라가 자기가 원하는 사람들을 부르시고 열둘을 택하여 제자로 삼으셨다.

예수님은 열두 제자를 확정하시고 갈릴리 호숫가에 있는 작은 산에서 설교하셨다(산상 설교). 산상 설교에서 예수님께서는 팔복, 빛과 소금의 역할을 할 것, 살인하지 말 것, 형제와 화해할 것, 음욕을 품지 말 것, 간음하지 말 것, 거짓 맹세를 하지 말 것, 원수를 사랑할 것, 위선적인 자선과 기도와 금식을 하지 말 것, 하늘에 보화를 쌓아둘 것, 먼저 하나님의 나라와 그분의 의를 구할 것, 남을 판단하지 말 것, 성령을 구할 것, 좁은 문으로 갈 것, 거짓 선지자들을 조심할 것, 하나님의 뜻대로 행할 것, 반석 위에 집을 지을 것 등을 말씀하셨다(마5-7장).

가버나움에서 한 백부장이 예수님께 와서 자기 하인을 말씀으로 치유해 달라고 간청하였다. 예수님께서는 이스라엘에서 이처럼 큰 믿음을 본적이 없다고 하시고 그의 하인을 치유하셨다. 예수님께서 나인 성문 가까이 이르렀을 때 사람들이 한 과부의 죽은 외아들을 메고 나왔다. 예수님께서는 그 과부를 불쌍히 여기시어 그녀의 외아들을 살려 주셨다.

세례 요한의 제자들이 예수님께 예수님의 제자들이 금식을 하지 않는 까닭을 묻자 신혼 집 손님들이 신랑과 함께 있을 때는 슬퍼할 수 없으나 신랑을 빼앗길 날에는 금식할 것이라고 하셨다. 세례 요한은 자기 제자들을 예수님께 보내 예수님이 메시아인지를 물었다. 예수님께서는 내가 행한 것을 보고 들은 대로 전하라고 말씀하셨다. 세례 요한은 예수님을 의심한 것이 아니라 그도 인간이기 때문에 확신을 얻고자 한 것이다. 예수님께서는 많은 능력을 보고도 회개하지 않았던 고라신, 벳새다, 가버나움을 책망하셨다.

예수님께서 한 바리새인의 집에 초대를 받았을 때 죄를 지은 한 여자가 예수님께 향유를 부어드렸다. 예수님은 그 여인의 사랑을 보시고 그녀의 죄를 용서해 주셨는데 바리새인 등 함께 식사하던 사람들은 속으로 "이 사람이 누구이기에 죄들도 용서하는가?"라고 생각하였다. 예수님께서는 2차로 갈릴리 순회 전도를 하시면서 바리새인들의 누룩을 조심할 것, 하나님만을 두려워할 것, 사람들 앞에서 예수님을 시인할 것, 탐심을 피할 것, 육신의 일을 염려하지 말고 하나님의 나라를 구할 것, 재림을 준비할 것 등에 관해 설교하셨다. 순회 전도 중에 마리아와 형제들이 찾아왔을 때 하나님 뜻대로 하는 자가 형제요 자매요 모친이라고 말씀하셨다.

예수님과 제자들이 배를 타고 갈릴리 호수를 건널 때 큰 폭풍이 일어나 파도가 배를 덮쳤다. 예수님께서 바람과 바다를 꾸짖자 조용해졌다. 거라사에서는 마귀 들린 두 사람을, 가버나움에서는 혈루병 앓는 여자와 두 소경과 마귀 들린 벙어리를 치유하시고 야이로의 딸을 살리셨다. 예수님이 나사렛 회당에서 가르치셨는데 사람들이 지혜와 능력에 놀라면서도 예수님의 가족들을 알기 때문에 믿지 않았다. 그래서 예수님께서는 많은 능력을 행하지 않으셨다. 예수님은 열두 제자에게 모든 마귀들을 다스리고 병을 고치는 권세를 주시며 하나님 나라를 전파하도록 보내셨다. 열두 제자들이 전도하는 동안 세례 요한이 참수당하였다.

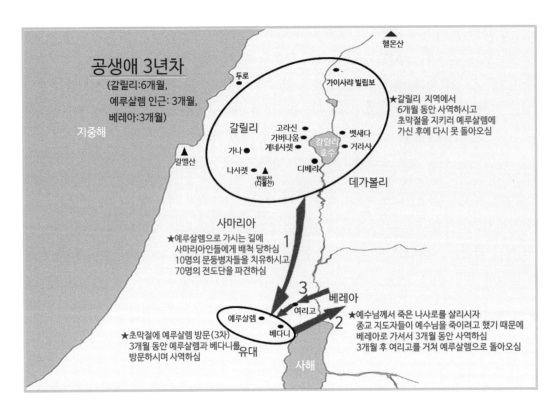

1. **갈릴리에서 6개월 동안 사역하심:** 예수님께서는 공생애 세 번째 유월절을 갈릴리에서 보내시며 그곳에서 계속 사역하셨다. 파송한 열두 제자들이 전도하고 돌아오자 무리들이 더 많이 모여들었다. 예수님께서는 말씀을 들으러 온 많은 무리들을 불쌍히 여겨 보리빵 다섯 개와 물고기 두 마리로 그들을 배불리 먹이셨다. 예수님은 제자들에게 먼저 배를 타고 건너편에 가라고 하신 뒤 기도하러 홀로 산으로 올라가셨다. 강풍으로 파도가 일어났을 때 예수님께서 바다 위를 걸어서 제자들에게 오셨다. 예수님은 게네사렛에서 많은 병자를 치유하셨다. 두로와 시돈 경계까지 가셔서 이방인 수로보니게 여인의 딸도 치유해 주시고 그녀의 믿음을 칭찬해 주셨다. 다시 갈릴리 호수 근처로 오셔서 귀먹고 말 더듬는 자를 고치셨다. 무리들이 갈릴리 호숫가에서 예수님과 사흘을 같이 있었을 때 예수님은 빵 일곱 덩어리와 작은 물고기 두 마리로 사천 명을 먹이셨다. 그리고 벳새다에서 한 소경을 치유해 주셨다.

2. 갈릴리 사역을 마무리하심: 바리새인들과 사두개인들은 예수님께 하늘로부터 온 표적을 보여 달라고 요구했다. 그러나 요나의 표적밖에는 보여 줄 표적이 없다고 대답하셨다.

가이사랴 빌립보에서는 베드로가 주는 그리스도이시며 살아 계신 하나님의 아들이시라고 고백하였다. 예수님은 제자들에게 자기가 종교 지도자들에게 많은 고난을 받아 죽게 될 것과 셋째 날에 다시 살아나실 것을 처음으로 알려주셨다. 예수님은 베드로, 야고보, 요한을 데리고 높은 산(변화산)으로 올라 가셨는데 그곳에서 예수님의 얼굴은 해처럼 빛나고 옷은 빛처럼 희어졌다. 제자들은 모세와 엘리야가 나타나서 예수님과 함께 이야기하는 것을 보았으며 구름 속에서 "이는 내 사랑하는 아들이요, 그 안에서 내가 기뻐하노니 너희는 그의 말을 들으라"는 음성을 들었다. 예수님은 변화산에서 내려오셔서 산 밑에 남아 있던 제자들이 고치지 못한 마귀 들린 소년을 치유하셨다.

예수님과 제자들이 가버나움에 있을 때 성전 세를 거두는 자들이 베드로에게 와서 예수님은 왜 세금을 내지 않느냐고 물었다. 세상의 왕이 자기 자손들에게 세금을 걷지 않듯이 예수님과 제자들은 성전 세를 낼 필요가 없다. 그러나 예수님께서는 그들을 실족시키지 않기 위해 베드로에게 물고기를 잡아 그 입에서 동전을 가져다가 성전 세를 내라고 하셨다. 제자들이 예수님께 천국에서 누가 큰지 묻자 예수님은 어린아이와 같이 자기를 낮추는 자가 가장 크며 내 이름으로 어린아이 하나를 영접하면 나를 영접하는 것이라고 말씀하셨다. 또한 자신은 잃어버린 자를 구원하기 위해서 오셨다고 말씀하셨다. 예수님께서는 베드로에게 형제가 죄를 지으면 일흔 번씩 일곱 번까지 용서하라고 하셨다.

3. 초막절을 지키러 예루살렘으로 가심: 예수님의 형제들은 예수님이 유대로 가서 사역을 하지 않고 갈릴리에서 비밀리에 사역을 한다고 비난하였다. 예수님은 아직 때가 차지 않았기 때문이라고 말씀하셨다. 그러나 형제들이 초막절을 지키러 예루살렘으로 간 후에 비밀리에 예루살렘으로 가셨다. 예수님과 제자들이 갈릴리에서 예루살렘으로 가실 때 사마리아인들이 그들을 영접하지 않으므로 야고보와 요한이 불을 내려 그들을 살라 버리기를 원했다. 예수님께서는 그들을 꾸짖으시며 내가 온 것은 생명을 멸하려고 온 것이 아니라 구원하려고 왔다고 말씀하셨다. 예수님께서 예루살렘에 가시는 길에 어떤 마을에 들르셨는데 그곳에서 문둥병자 열 명이 자비를 베풀어 달라고 간청하였다. 예수님은 그들을 치유해 주셨으나 그들 중 오직 사마리아인만 하나님께 영광을 돌리며 다시 돌아와 예수님께 감사를 드렸다. 예수님께서는 70명을 임명하시고 예수님께서 가시려고 했던 모든 성읍과 장소로 앞서 둘씩 보내시며 하나님 나라가 가까이 왔음을 선포하도록 하셨다. 나중에 70명이 기쁨으로 돌아와 주의 이름을 대면 마귀들까지도 복종하였다고 예수님께 보고하였다.

4. 예루살렘에서 사역하심: 예수님은 예루살렘에 도착하셔서 예루살렘과 베다니를 오가시며 약 3개월 동안 사역하셨다. 예수님께서 성전에서 가르치실 때 서기관들과 바리새인들이 간음한 여자를 예수님께 데려왔다. 예수님께서는 너희 중에 죄 없는 자가 먼저 그 여인에게 돌을 던지라고 말씀하셨다. 예루살렘에서 한 율법교사가 무엇을 해야 영생을 얻을 수 있는지 예수님께 질문하자 선한 사마리아인의 비유를 말씀해 주셨다.

예수님께서 베다니에 사는 마르다의 초대를 받아 가셨다. 동생 마리아는 예수님의 말씀을 들으나 마르다는 준비할 일이 많아 마음이 분주하였다. 마르다가 예수님께 동생이 자기를 돕도록 해 달라고 요청했지만 예수님께서는 마르다에게 필요한 것은 한 가지이니 많은 일로 염려하며 수고하지 말라고 하시며 마리아가 좋은 편을 택하였다고 말씀하셨다. 제자들 중 한 명이 세례 요한이 자기 제자들에게 기도를 가르쳐 준 것처럼 자기들에게도 기도를 가르쳐 달라고 예수님께 요청했다. 예수님은 기도를 가르쳐 주신 후에 성령을 구하라고 말씀하셨다. 예수님과 제자들이 길을 갈 때 태어나면서 소경이 된 자를 만났다. 예수님은 진흙을 이겨 소경의 눈에 바르시고 실로암 못에서 씻으라고 말씀하셨고 순종한 소경의 눈이 밝아졌다.

수전절에 예수님은 성전에서 유대인들에게 목자와 양에 대한 비유를 하시고 자신이 하나님의 아들임을 밝히셨다. 유대인들은 신성 모독이라며 예수님을 잡으려고 했기 때문에 예수님은 다시 베다니로 가셨다. 베다니에서 마르다와 마리아의 오빠인 나사로를 살리셨다. 종교 지도자들은 나사로가 다시 살았다는 이야기를 듣고 모든 사람이 예수님을 믿을까 두려워 예수님을 죽이려고 모의하였다. 그러자 예수님께서는 베레아로 가셨다.

5. 베레아에서 사역하심: 예수님은 베레아에서 3개월 동안 사역하셨다. 회당에서 18년 동안 더러운 영에 사로잡혀 허리가 굽어진 여자를 치유해 주셨다. 바리새인들이 예수님께 자기 아내를 버리는 것이 타당하냐고 묻자 예수님은 하나님께서 결합시켜 주신 것을 사람이 나누지 못한다고 말씀하셨다. 예수님은 어린아이들이 내게 오는 것을 금하지 말라고 하셨다. 예수님은 부자 청년에게 네가 가진 것을 가난한 사람들에게 주고 나를 따르라고 말씀하셨지만 그는 재산이 많았기 때문에 근심하며 돌아갔다. 안식일에 한 바리새인의 집에 초대를 받아 가셨을 때 수종병 걸린 사람을 치유해 주셨다. 바리새인과 서기관들이 예수님이 세리와 죄인들과 음식을 먹는다고 불평하자 그들에게 잃어버린 양의 비유, 탕자의 비유, 불의한 청지기의 비유, 부자와 나사로 이야기를 해 주셨다. 제자들에게는 믿음, 용서, 섬김에 대해 말씀해 주셨다.

6. 베레아에서 예루살렘으로 돌아가심: 베레아에서 예루살렘으로 가시는 길에 제자들에게 십자가에 못 박히시고 셋째 날에 살아나실 것을 말씀하셨다. 예수님은 여리고에 들러 바디매오와 다른 한 소경을 치유해 주셨고 삭개오를 만나 주셨다. 예수님을 만난 삭개오는 회심하였다.

188. 예수님의 마지막 일주일(금, 토요일)

금요일

예수님은 유월절(목요일) 엿새 전에 베다니에 오셨다. 베다니는 예수님께서 죽었던 나사로를 죽은 자들로부터 살리신 곳이다(요12:1).

토요일

예수님이 베다니에 사는 문둥병자 시몬의 집에 계셨을 때 마르다는 시중을 들고 나사로는 예수님과 함께 식탁에 앉아 있었다. 그때 마르다의 동생 마리아가 매우 값진 감송향유 한 리트라를 가지고 와서 예수님의 발에 붓고 자기의 머리카락으로 예수님의 발을 닦았다. 그 모습을 본 가룟인 유다가 왜 이 향유를 삼백 데나리온에 팔아 가난한 사람들에게 주지 않느냐며 불만을 표시했다. 그가 그렇게 말한 것은 가난한 사람을 염려해서가 아니라 자기가 돈궤를 맡고 있었는데 그 향유를 돈궤에 넣도록 하여 훔쳐 가기 위해서다. 예수님은 그녀를 가만두라고 하시면서 마리아가 나의 장례 날을 위해 이것을 간직해 두었다고 말씀하셨다. 그리고 가난한 사람들은 항상 너희와 함께 있으나 나는 항상 너희와 함께 있지는 않을 것이라고 하셨다.

마리아는 당시 노동자의 일 년 임금에 맞먹는 가치의 향유를 예수님께 부어 드렸다. 마리아는 예수님이 곧 죽으실 것을 알고 있었다. 그래서 예수님 말씀대로 장례 날을 위해 향유를 간직하고 있다가 부어드린 것이다. 마리아가 예수님이 죽기 전에 미리 향유를 부어드린 까닭은 예수님이 죽으신 후 부활하실 것을 믿었기 때문이다. 그 사실을 몰랐던 막달라 마리아는 예수님이 돌아가신 지 삼 일후에 향유를 가지고 무덤에 갔지만 향유를 부어드리지 못하고 돌아왔다. 가룟인 유다는 이 향유를 팔아 가난한 사람들에게 나누어 주지 않았다고 화를 내었다. 얼핏 보면 옳은 말 같지만 그가 그렇게 말한 까닭은 향유를 자기가 가져가지 못했기 때문이다. 그리고 그는 예수님이 하나님이라는 사실을 인정하지 않았다. 그가 예수님이 하나님이신 것을 알았다면 이웃을 사랑하기 전에 하나님이신 예수님을 먼저 사랑해야 한다는 사실을 깨달았을 것이다.

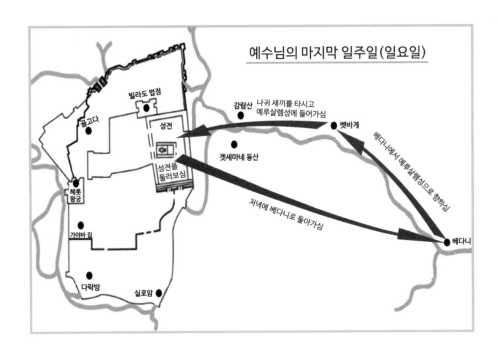

예루살렘 성에 들어가시다: 예수님께서 베다니에서 예루살렘을 향해 가시다가 감람산 근처 벳바게에 가까이 이르렀을 때 제자 두 명에게 맞은편 마을로 가라고 하셨다. 그러면 거기에 아직 아무도 타 보지 않은 나귀 새끼 한 마리를 볼 것이니 그것을 풀어서 끌고 오라고 지시하셨다. 만일 누가 어찌하여 푸느냐고 묻는다면 주가 쓰시겠다고 말하라고 하셨다. 이는 스가랴 9장 9절의 말씀을 이루시기 위해서다. 제자들이 예수님이 명령한 대로 가서 보니 나귀 새끼가 문 앞에 매여 있었다. 그것을 풀자 그 임자들이 어찌하여 나귀 새끼를 푸느냐고 물었다. 제자들이 예수님께서 알려주신 대로 말하자 그들이 나귀 새끼를 가져가도록 허락하였다. 제자들이 나귀 새끼를 끌고 와서 자기들의 겉옷을 그 위에 얹었고 예수님은 나귀 새끼 위에 타셨다. 유월절에 예루살렘에 온 큰 무리가 예수님이 예루살렘으로 오신다는 소식을 듣고 그들의 겉옷을 길에 폈고 어떤 사람들은 나뭇가지를 꺾어 길에 깔았다. 예수님께서 감람산 내리막길에 가까이 오실 때 예수님을 따르는 많은 무리들이 자기들이 보았던 예수님께서 행하신 모든 능력 있는 일들로 인하여 기뻐 소리 높여 "호산나! 다윗의 자손이여, 찬송하리로다. 주의 이름으로 오시는 이 곧 이스라엘의 왕이시여! 하늘에는 평화요 가장 높은 곳에는 영광이로다"라고 외쳤다.

예수님께서 예루살렘에 들어가실 때 온 도성이 소란해지자 "이분이 누구이신가?"라고 묻는 사람들이 있었다. 예수님을 따르는 무리가 "이분은 갈릴리 나사렛의 선지자 예수시다"라고 대답하였다. 무리 중 어떤 바리새인들은 예수님께 소란을 피우지 않도록 제자들을 꾸짖어 달라고 하였으나 예수님은 이 사람들이 침묵을 지킨다면 돌들이 즉시 소리를 지를 것이라고 하셨다. 예수님은 성전으로 들어가셔서 모든 것을 둘러보시고 저녁에 제자들과 베다니로 돌아가셨다.

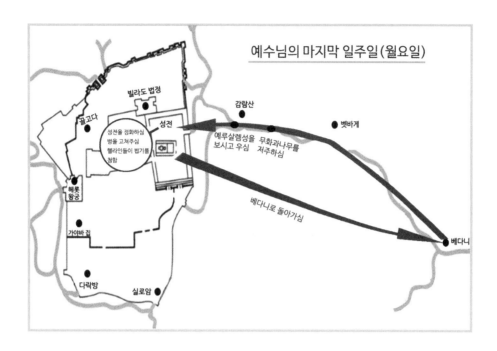

1. **무화과나무를 저주하시다**: 예수님과 제자들이 예루살렘에 들어가려고 베다니에서 나왔을 때에 예수님께서 시장하셨다. 멀리서 길가에 잎사귀 있는 한 무화과나무를 보시고 혹 그 나무에 무엇이 있을까 하여 가셨으나 무화과 때가 아니므로 잎사귀 외에 아무 것도 없었다. 예수님께서는 나무에게 이제부터 영원토록 사람이 네게서 열매를 따 먹지 못할 것이라고 말씀하셨다. 옆에서 제자들이 그 말을 들었다.

2. **예루살렘 성을 보시고 우시다**: 예수님은 예루살렘 도성을 가까이서 보시고 우시며 너도 오늘 평화에 관한 일을 알았더라면 좋았으련만 지금 네 눈에 감추어졌다고 말씀하셨다(눅19:42). 이 말씀은 유대인들이 예수님을 유대인의 왕으로 받아들이지 않고 거부함으로 재앙을 피하지 못할 것이라는 뜻이다. 예수님은 네 원수들이 흙으로 언덕을 쌓고 너를 둘러 사면으로 가두고 또 너와 네 자식들을 땅에 메어치며 돌 하나도 돌 위에 남기지 아니할 것이라고 말씀하셨다(눅19:43-44). 이는 A.D.70년에 로마의 티투스 장군이 예루살렘과 성전을 파괴할 것임을 말씀한 것이다.

3. **성전을 정화하시다:** 예수님께서는 성전에 들어가셔서 성전 안에서 사고파는 모든 사람들을 내쫓으시고 환전상들의 상과 비둘기를 파는 자들의 자리를 뒤엎으셨다. 또 누구든지 성전 안에서 어떤 기물도 옮기지 못하게 하시면서 내 집은 만민이 기도하는 집으로 칭함을 받으리라고(내 집은 모든 민족들에게 기도의 집이라고 불리리라) 성경에 기록되어 있거늘(사56:7) 너희가 강도들의 소굴로 만들었다고 말씀하셨다. 예수님은 두 번째 성전 정화를 하신 것이다(첫 번째는 공생애 1년 차). 선임 제사장들과 서기관들은 예수님의 말씀을 듣고 죽이려고 했으나 모든 백성이 예수님의 교리를 놀랍게 여겼기 때문에 예수님을 두려워하여 어찌할 방도를 찾지 못하였다. 모든 백성이 예수님의 교리에 놀란 까닭은 그 말씀에 권위가 있었기 때문이다(막1:22).

4. **성전에서 병을 고쳐 주시다:** 예수님께서 성전에 계실 때 눈먼 자들과 절름발이들이 나아오자 그들을 고쳐 주셨다. 하지만 선임 제사장들과 서기관들은 하나님께서 행하신 경이로운 일들과 아이들이 예수님을 찬양하는 소리를 몹시 불쾌하게 여겼다.

5. **헬라인들이 뵙기를 청하다:** 명절에 경배하러 온 사람들 중에 어떤 헬라인들이 예수님을 뵙고자 하였다. 예수님께서는 그들에게 인자가 영광 받을 시간이 왔다고 말씀하셨다. 헬라인은 이방인이다. 인자가 영광 받을 시간이 왔다는 것은 이제 예수님이 구세주라는 것을 이방인들도 깨닫게 된다는 뜻이다. 예수님은 제자들에게 자신이 곧 십자가에 못 박혀 죽을 것이라고 말씀하셨다(요12:20-33). 예수님과 제자들은 예루살렘 도성에서 나가 베다니로 돌아갔다.

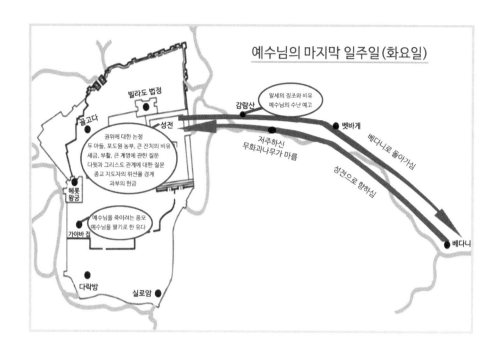

1. **저주하신 무화과나무가 마르다:** 예수님과 제자들이 아침에 베다니에서 예루살렘 성전으로 갈 때 어제 예수님이 저주하신 무화과나무가 뿌리로부터 말라 버린 것을 보게 된다. 예수님께서는 제자들에게 하나님을 믿으라고 말씀하시면서 기도할 때에 바라는 것들은 무엇이나 받은 것으로 믿는다면 너희 것이 되리라고 말씀하셨다.

2. **권위 논쟁:** 예수님께서 성전에서 사람들을 가르치시고 복음을 전파하실 때 선임 제사장들과 서기관들과 장로들이 와서 예수님께 무슨 권위로 이런 일을 하는지 말하라고 하였다. 예수님은 그들의 질문에 대답을 하지 않으시고 요한의 세례가 하늘로부터 온 것인지 사람에게서 난 것인지를 물었다. 그들이 서로 의논하기를 만일 하늘로부터 왔다고 하면 왜 믿지 않았느냐고 할 것이고, 사람에게서 났다고 하면 백성이 요한을 선지자로 믿고 있기 때문에 자기들을 돌로 칠 것이라고 하였다. 결국 그들이 요한의 세례가 어디에서 온 것인지 말할 수 없다고 하자 예수님께서도 나도 무슨 권위로 이런 일을 하는지 말하지 않겠다고 말씀하셨다. 예수님의 가르침에는 권위가 있었지만 (마7:29) 제사장들이나 서기관들, 장로들에게는 권위가 없었다. 그들은 다른 사람을 의식해서 자기 의견도 말하지 못하는 위선자일 뿐이다. 그들은 백성들이 예수님의 가르침을 따르자 권위에 대한 질문으로 예수님의 흠을 잡아 백성들의 마음을 자기들에게 가져오려고 한 것이다. 예수님께서 그들의 질문에 답하지 않으신 까닭은 어떤 대답을 하시든지 어차피 그들은 믿지 않을 것이기 때문이다(눅22:67). 지금 시대에 가장 권위가 있는 것은 오직 성경뿐이다(딤후3:15-17).

3. 두 아들의 비유: 권위 논쟁 후에 예수님께서 선임 제사장들과 서기관들과 장로들에게 두 아들의 비유를 말씀해 주셨다. 어떤 사람이 두 아들에게 포도원에 가서 일하라고 하자 첫째는 처음에는 안 가겠다고 말했다가 나중에 뉘우치고 갔다. 둘째는 가겠다고 말했지만 가지 않았다. 예수님이 그 둘 중 누가 아버지의 뜻을 행했느냐고 묻자 그들이 첫째라고 대답하였다. 예수님께서는 세리들과 창녀들이 너희보다 먼저 하나님 나라에 갈 것이라고 하셨다. 왜냐하면 요한이 의의 길로 왔을 때 세리나 창녀는 그를 믿었으나 선임 제사장들과 서기관들과 장로들은 믿지 않았을 뿐만 아니라 보고 나서도 뉘우치지 않았기 때문이다. 첫째 아들은 세리나 창녀들을 가리킨다. 그들은 율법으로 볼 때 죄인이었으나 요한의 말을 듣고 자신의 죄를 인정하고 회개한 뒤 하나님의 뜻을 따르려고 하였다. 둘째 아들은 제사장, 서기관, 바리새인, 장로들이다. 그들은 겉으로는 율법을 지키고 순종하는 척하지만 실제로는 하나님의 뜻대로 행하지 않는다. 예수님은 이 비유를 통해 권위에 대한 답을 주신 것이다. 예수님은 그들에게 나는 하늘에 계신 아버지의 권한으로 가르치지만 너희는 권한도 없을 뿐만 아니라 위선자이므로 세리나 창녀보다 못하다고 정죄하신 것이다.

4. 포도원 농부의 비유: 예수님께서는 포도원 주인의 아들을 죽인 농부들을 비유로 말씀해 주셨다. 선임 제사장들과 서기관들은 농부들이 자기들을 가리킨다는 사실을 알고 예수님을 잡으려고 했으나 백성들을 두려워하여 잡지 못했다.

5. 큰 잔치의 비유: 예수님은 종교 지도자들에게 큰 잔치의 비유를 들어 말씀해 주셨다. 어떤 사람이 큰 잔치를 베풀고 많은 사람을 초청했지만 모두 핑계를 대며 오지 않는다. 주인은 아무나 데려와서 내 집을 채우라고 하였다. 처음 초대 받은 자들은 종교지도자들인데 이들은 예수님을 믿지 않았다. 나중에 초대 받은 세리나 창녀들은 예수님을 믿고 영접하였다.

6. 세금에 관한 질문: 바리새인들과 서기관들이 예수님의 말씀을 책잡아서 총독에게 넘겨주려고 정탐꾼을 보냈다. 그들은 예수님께 로마 황제에게 세금을 내는 것이 옳은 것인지 옳지 않은 것인지를 물었다. 예수님은 그들의 간계를 아시고 왜 시험하느냐고 하시면서 데나리온 한 닢을 내게 보이라고 말씀하셨다. 예수님은 그들에게 동전에 누구의 형상과 글이 새겨져 있느냐고 물으시자 그들이 가이사의 것이라고 대답하였다. 예수님은 가이사의 것은 가이사에게, 하나님의 것은 하나님께 바치라고 말씀하셨다. 그들은 예수님의 대답에 놀라며 잠잠하였다. 예수님께서 가이사에게 세금을 내라고 하셨다면 유대인들이 예수님을 대적했을 것이다. 왜냐하면 유대인들은 유대인의 왕만이 유대인을 다스릴 수 있다고 생각하기 때문이다(신17:15). 반대로 예수님이 세금을 내지 말라고 말씀하셨다면 종교 지도자들은 예수님에게 세금을 내지 말라고 선동했다는 혐의를 씌워 로마 총독에 고소할 참이었다.

예수님께서 가이사의 것은 가이사에게 주라고 하신 것은 가이사가 자신의 돈을 돌려받기 원한다면 그에게 주라는 뜻이다. 이는 세금을 내라는 말을 우회적으로 말씀하시면서 유대인들과 로마인들 누구라도 트집잡지 못하도록 하신 것이다. 모든 권세는 하나님께서 정하신 것이니 각 사람은 위에 있는 권세들에게 복종해야 한다(롬13:1). 그러므로 모든 사람에게 줄 것은 주어야 하고 조세를 받을 자에게는 조세를 바쳐야 한다(롬13:7). 단 모든 일에 무조건 다 복종하는 것이 아니라 하나님의 명령과 상반될 때는 반대해야 한다(행4:19).

7. 부활에 관한 질문: 사두개인들 중 몇 사람이 예수님께 와서 일곱 형제가 있었는데 첫째가 자손 없이 죽었고 그 아우들도 자손이 없이 죽어 순서대로 첫째의 아내와 결혼했다면 부활 때에 그 여인은 누구의 아내가 되느냐고 물었다. 예수님은 그들에게 이 세상의 자녀들은 장가가고 시집가지만 저세상과 죽은 자 가운데서 부활을 얻기에 합당하다고 여김을 받은 자들은 장가가거나 시집가지 않으며 그들은 다시 죽을 수도 없다고 하셨다. 이는 천사와 동등하며 부활의 자녀로서 하나님의 자녀이기 때문이라고 말씀하셨다. 모세가 가시나무 떨기에서 주를 아브라함의 하나님이요 이삭의 하나님이요 야곱의 하나님이시라고 했지만 하나님은 죽은 자의 하나님이 아니요 살아 있는 자의 하나님이시며 하나님께는 모든 사람이 살아있다고 말씀하셨다.

사두개인들은 천사들, 영들, 죽은 자들의 부활 등을 믿지 않는 사람들이다. 신명기에는 형제들 중 하나가 아들이 없이 죽으면 다른 형제가 그 죽은 자의 아내를 자기 아내로 삼아 형제 된 의무를 이행하며 그 여인이 낳은 첫 아들이 그 죽은 형제의 이름을 잇게 하여 그 이름이 이스라엘 중에서 끊어지지 않게 하라고 기록되어 있다(신25:5-6). 사두개인들은 그 율법을 근거로 질문하였다. 예수님은 저세상(죽으면 가는 곳으로 이 세상과 대조적으로 표현한 것)과 죽은 자 가운데 부활을 얻기에 합당하다고 여김을 받은 자들(구원 받은 자들)은 장가가거나 시집가지 않는다고 말씀하셨다. 죽음 이후의 세상에는 결혼이 없다는 말씀이다. 천사와 동등하다는 것은 권위가 동등하다는 것이 아니고 외모가 동일한 형태라는 뜻이다. 하나님께서 결혼하시지 않듯이 자녀들도 마찬가지로 결혼하지 않는다. 하나님께서는 가시나무 떨기에서 모세에게 나는 아브라함의 하나님, 이삭의 하나님, 야곱의 하나님이라고 말씀하셨다(출3:6). 모세는 아브라함, 이삭, 야곱을 죽은 존재로 생각했지만 하나님께서는 그들이 지금 나와 살고 있다고 말씀하신 것이다. 사람의 입장에서는 육이 이 세상에 존재하지 않으면 죽은 존재로 생각하지만 하나님 입장에서는 믿는 자나 믿지 않는 자나 모두 살아 있는 존재이다. 영과 혼은 불멸하기 때문이다.

8. 큰 계명에 대한 질문: 서기관들 중 한 사람이 예수님께 모든 계명 중 첫째가 무엇이냐고 물었다. 예수님은 첫째는 네 마음을 다하고 혼을 다하고 생각을 다하고 힘을 다하여 유일하신 하나님을 사랑하는 것이고, 둘째는 네 이웃을 네 자신과 같이 사랑하는 것이니 이보다 더 큰 계명이 없다고 대답하셨다. 서기관은 예수님의 말씀이 옳다고 하면서 하나님은 한 분이시요 그 외에 다른 이가 없으며 또 마음과 지성과 혼과 힘을 다해 하나님을 사랑하고 이웃을 자기 자신과 같이 사랑하는 것이 모든 번제와 희생제보다 더 크다고 말하였다. 예수님은 그가 지혜 있게 대답함을 보시고 네가 하나님의 나라에서 멀지 않다고 말씀하셨다. 예수님께 질문했던 서기관은 다른 서기관들과 다르게 위선적이지 않았다. 예수님이 말씀하신 첫째 계명은 신명기 6장 4절에서 5절 말씀을 인용하신 것이고, 둘째 계명은 레위기 19장 18절을 인용하신 것이다. 이처럼 어떤 질문에 답을 할 때는 예수님처럼 성경에 근거하여 답을 해야 한다. 이 두 계명은 십계명과 구약 전체를 요약한 것이다. 하나님 사랑은 십계명의 첫 번째에서 네 번째 계명에 해당하며 이웃 사랑은 다섯 번째에서 열 번째 계명에 해당한다. 두 계명의 순서가 바뀌면 안 된다. 하나님 사랑이 우선이고 그 사랑으로 이웃을 사랑하는 것이다.

9. 다윗과 그리스도: 예수님은 종교 지도자들에게 어찌하여 그리스도가 다윗의 아들이 될 수 있느냐고 물으셨다. 예수님은 다윗이 시편에서 주께서 내 주께 말씀하시기를 내가 네 원수들을 네 발판으로 삼을 때까지 너는 나의 오른편에 앉아 있으라고 한 말을 인용하시면서 다윗이 그리스도를 주라고 불렀는데 어떻게 그리스도가 다윗의 아들이 되겠느냐고 말씀하셨다. 예수님은 종교 지도자들에게 그리스도의 실체에 대해 말씀해 주신 것이다. 하나님께서는 그리스도가 다윗의 후손으로 태어날 것이라고 말씀하셨다(렘23:5-6). 유대인들은 그리스도가 단순히 다윗의 후손으로 태어나 왕이 될 사람으로 생각하였다. 그러나 예수님은 그리스도가 다윗의 후손으로 태어나기는 하지만 그리스도가 곧 하나님이심을 말씀해 주신 것이다. 시편110편 1절에 "주께서(성부 하나님) 내 주께(성자 하나님) 말씀하시기를"이라는 문구가 나오는데 나의 오른편에 앉아 있으라고 말하신 분은 성부 하나님이시고 그 말씀을 듣는 분 즉 오른편에 앉으실 분은 성자 하나님이신 예수님이시다. 다윗이 예수님을 주라고 불렀기 때문에 그리스도는 다윗의 계보를 따라 출생하였지만 인성과 함께 신성을 가지신 하나님의 아들이시며 곧 하나님이라는 사실을 종교 지도자들에게 알려 주신 것이다.

10. 종교 지도자들의 위선: 예수님은 제자들에게 바리새인과 서기관들을 조심하라고 말씀하시면서 그들은 긴 옷을 입는 것과 시장에서 인사 받는 것과 회당과 잔치에서 가장 높은 자리에 앉는 것을 좋아하고, 과부들의 집을 삼키며, 남들에게 보이고자 길게 기도하기 때문에 더 큰 저주를 받을 것이라고 말씀하셨다. 예수님은 종교 지도자들의 위선을 말씀해 주신 것인데 지금 이 시대에도 이런 위선자들이 있다. 오직 존중받고 영광 받으실 분은 하나님 한 분이시다. 위선자들을 조심하지 않으면 자칫 그들을 우상처럼 섬길 수가 있다.

11. 과부의 헌금: 예수님이 성전 헌금함(연보 궤)에 부자들이 돈을 넣는 것과 어떤 가난한 과부가 두 렙돈 넣는 것을 보시고 가난한 과부가 다른 모든 사람보다 많이 넣었다고 말씀하셨다. 왜냐하면 모든 사람은 풍족한 가운데 헌금을 넣었지만 과부는 가난한 가운데 자기가 가진 생계비 전부를 넣었기 때문이다. 헌금함은 성전 바깥뜰 문의 오른편에 놓여 있었다. 여기에 넣는 헌금은 성전을 유지하고 관리하는 데 사용된다. 하나님은 액수가 많고 적음보다도 그 사람의 형편에 비례하여 얼마를 넣었는지를 보신다. 두 렙돈은 반 데나리온으로 노동자 하루 품삯도 안 되지만 과부는 그의 생계비 전부를 넣은 것이다. 하늘나라의 상급은 총액으로 결정되는 것이 아니라 그 사람의 정성으로 결정된다.

12. 말세의 징조와 비유: 예수님이 성전을 떠나 베다니로 가시는 길에 감람산에서 제자들에게 말세에 있을 징조들과 충성된 종과 악한 종의 비유, 열 처녀 비유, 달란트 비유, 양과 염소의 비유에 대해서 말씀해 주셨다. 예수님은 유대인들이 자신을 메시아로 받아들이지 않으며 오히려 죽일 것이라는 사실을 아시고 자신이 다시 오실 때까지 제자들이 믿음을 지키도록 앞으로 있을 휴거와 대 환난 그리고 재림에 대해서 제자들에게 말씀해 주신 것이다.

13. 예수님의 수난 예고: 예수님은 감람산에서 말씀을 마치시고 제자들에게 자신이 넘겨져 십자가에 못 박힌다는 사실을 알려 주셨다.

14. 예수님을 죽이려는 음모: 선임 제사장들과 서기관들과 백성의 장로들은 대제사장 가야바의 관저에 모여 교묘한 방법으로 예수님을 붙잡아 죽이려고 의논하였다.

15. 예수님을 팔기로 한 유다: 예수님의 제자 중에 가룟인이라 부르는 유다에게 사탄이 들어갔다. 그는 대제사장들과 성전 경비대장들에게 가서 예수님을 넘겨 줄 방도를 의논하였다. 대제사장들과 성전 경비대장들은 기뻐하며 유다에게 은 30개를 주기로 약정하였다.

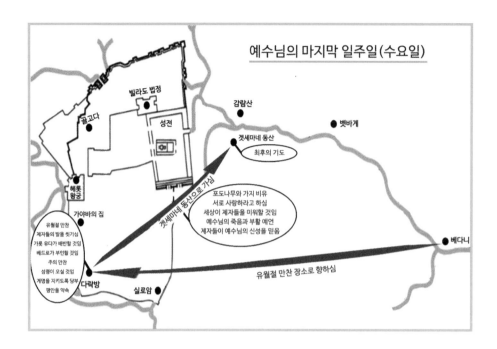

1. **유월절을 준비하다:** 예수님은 베드로와 요한에게 성읍으로 들어가면 물통을 지고 가는 사람이 유월절 양을 먹을 큰 다락방을 보여 줄 것이니 거기서 유월절을 예비하여 먹게 하라고 말씀하셨다. 그들이 가서 예수님께서 말씀하신 대로 유월절을 준비했다.

2. **예수님과 제자들이 만찬 자리에 모이다:** 예수님께서 제자들과 다락방에 함께 앉으셨다. 예수님은 고난을 받기 전에 너희와 함께 유월절 어린양을 꼭 함께 먹고 싶었다고 하시면서 이 유월절이 하나님 나라에서 이루어지기까지는 내가 그것을 다시 먹지 않겠다고 말씀하셨다. 예수님도 이 땅에 오셔서 모든 절기와 율법을 지키셨다. 예수님이 유월절 어린양이 되셔서 죽으시기 때문에 더 이상 유월절을 지킬 필요가 없고 유월절 음식을 먹을 필요도 없다.

3. **누가 더 큰지 논쟁:** 제자들이 누가 큰지 서로 다투었다. 예수님은 이방나라의 왕들은 그들을 주관하며 그 집권자들은 은인이라 칭함을 받을지라도 너희는 그렇게 되지 말고 큰 자가 작은 자같이 되며 다스리는 자가 섬기는 자가 되라고 가르치셨다. 예수님은 섬기는 자로 너희 가운데 있다고 하셨다. 예수님은 섬김을 받으러 온 것이 아니라 섬기러 왔다고 말씀하셨다(막10:45). 목자들은 하나님께서 맡겨 주신 신자들을 지배하려 하지 말고 오직 양 무리의 본이 되어야 한다(벧전 5:3).

4. 제자들에게 하나님 나라를 맡김: 예수님은 제자들에게 너희는 나의 모든 시험 중에 항상 나와 함께 한 자들이었으니 내 아버지께서 왕국을 내게 맡기신 것같이 나도 너희에게 맡겨 너희가 내 왕국에서 나와 식탁에서 먹고 마시며 또 보좌에 앉아 이스라엘 열두 지파를 다스리게 할 것이라고 말씀하셨다. 예수님의 이 말씀은 재림 때 이루어지는 말씀이다(계11:15).

5. 가룟 유다에게 마귀가 들어가다: 저녁 식사가 끝나자 마귀가 이미 가룟인 유다의 마음에 예수님을 팔려는 생각을 넣었다. 마귀가 유다에게 악한 생각을 넣었고 유다가 마귀의 생각을 받아들였다. 예수님을 팔려는 생각은 마귀와 유다의 합작품이다.

6. 제자들의 발을 씻기신 예수님: 예수님은 자신이 하나님께로부터 왔다가 하나님께로 갈 것을 아시고 식탁에서 일어나셔서 제자들의 발을 씻어 주시고 닦아 주셨다. 베드로가 예수님께 내 발뿐만 아니라 손과 머리도 씻겨 달라고 하자 예수님은 이미 목욕한 사람은 온몸이 깨끗하므로 발밖에 씻을 필요가 없다고 말씀하셨다. 예수님은 너희는 깨끗하나 다 그런 것은 아니라고 하셨는데 이는 가룟 유다를 말한 것이다. 발을 씻기신 후에 예수님은 제자들에게 내가 주와 선생으로 너희 발을 씻겨 본을 보였으니 너희도 서로의 발을 씻겨 주어야 한다고 말씀하셨다. 예수님께서 제자들의 발을 씻겨 주신 것은 섬김의 본을 보여주신 것이지 세족식처럼 의식으로 삼아서 지키라는 뜻은 아니다. 그리스도인은 예수님의 보혈의 피로 죄 씻음을 받아 완전히 깨끗해졌다. 그리스도인은 더 이상 죄인이 아니라 의인이다. 이렇게 온몸이 깨끗해진 그리스도인도 일상생활에서 죄를 지을 수가 있기 때문에 회개와 결단으로 매일 발을 씻어야 한다. 그리고 예수님의 제자로서 예수님처럼 남을 섬기는 사람이 되어야 한다. 예수님은 당시 제자들에게는 선생이시기도 하셨고 주님이시기도 하셨으나 부활하신 후에는 주님이 되신다. 따라서 그리스도인은 예수님을 선생이 아닌 주님으로 불러야 한다.

7. 유다가 배신한다고 말씀하심: 예수님은 영 안에서 괴로워하시며 제자들에게 너희 가운데 한 사람이 나를 배신한다고 하셨다. 요한이 그 사람이 누구인지를 묻자 예수님은 빵 한 조각을 적셔서 주는 자가 그 사람이라고 하면서 빵 한 조각을 적셔서 가룟 유다에게 주시고 네가 하는 일을 속히 행하라고 말씀하셨다. 사탄이 유다에게 들어가자 그는 빵 조각을 받고 나서 곧 나갔다. 그러나 제자들은 유다가 재정을 맡고 있었기 때문에 명절에 필요한 것을 사거나 가난한 사람들에게 무엇을 주라는 말로 오해하였다. 다른 제자들은 예수님을 주님이라고 불렀지만 가룟 유다는 선생이라고 불렀다. 왜냐하면 다른 제자들에게는 성령이 임하였으나 가룟 유다에게는 성령이 임하지 않았기 때문이다. 성령이 내주하는 사람은 그리스도를 주라 시인할 수 있다. 또한 성령이 내주하는 사람에게는 사탄이 들어갈 수 없으나 내주하지 않는 사람에게는 들어갈 수 있다.

8. 베드로가 부인할 것을 예언하심: 예수님은 베드로에게 사탄이 너를 밀처럼 키질하려고 찾았으나 네 믿음이 약해지지 않도록 내가 너를 위해 기도하였으니 네가 회심하면 네 형제들을 굳게 하라고 말씀하였다. 예수님은 베드로가 자신을 세 번 부인한 후에 회심할 것을 알고 계셨다. 그래서 회심하게 되면 네 형제들을 굳게 하라고 미리 말씀해 주신 것이다(요21:15-17). 베드로는 예수님께 감옥이든 죽음이든 주님과 함께 갈 준비가 되어 있다고 했지만 예수님은 베드로에게 오늘 닭이 울기 전에 네가 나를 안다는 사실을 세 번 부인할 것이라고 말씀하셨다. 사탄은 그리스도인 안에 들어올 수 없지만 밖에서 언제든지 시험할 수 있다. 하나님께서 사탄이 시험하는 것을 허락하신 까닭은 그리스도인을 연단시키기 위해서다(욥23:10). 그리고 예수님은 사탄의 시험을 이기도록 우리를 위해 기도하신다.

9. 제자들에게 돈, 식량, 칼을 준비하라고 명하심: 예수님은 제자들에게 전에는 전대(돈지갑)와 배낭(식량 주머니)과 신발도 없이 너희들을 보낼 때 부족하지 않았으나 이제는 돈지갑과 식량 주머니와 칼을 갖추라고 하셨다. 또 성경에 그는 불법자의 동류로 여김을 받았다 한 말이 이루어져야 한다고 하셨다. 베드로가 칼 두 자루를 예수님께 보여주자 충분하다고 대답하셨다.

예수님은 전에는 제자들을 유대인들에게만 파송하였다(마10:6). 그러나 예수님이 승천하신 후에는 제자들은 이방인들에게도 복음을 전해야 한다. 더군다나 이방인들에게 복음을 전하면서 유대인들에게 핍박까지 받게 될 것이다. 불법자의 동류로 여김을 받았다는 말은 이사야 53장 12절에 기록된 대로 예수님께서 범죄자로 취급받는다는 뜻이다. 예수님이 범죄자로 취급받으니 당연히 제자들도 범죄자로 취급받게 된다. 따라서 예수님은 제자들에게 더욱더 철저한 대비가 필요하다는 점을 강조하신 것이다. 예수님은 칼을 보호용으로 지니고 있으라고 말씀하셨지만 베드로는 공격용으로 잘못 이해하여 예수님을 잡으러 온 무리를 향해 칼을 휘둘렀다.

10. 주의 만찬: 예수님께서는 빵을 가지고 감사를 드린 후 떼어 제자들에게 주시며 이것이 너희를 위하여 주는 나의 몸이니 이것을 행하여 나를 기억하라고 하셨다. 잔도 감사를 드린 후 제자들에게 주시며 이것은 많은 사람을 위하여 흘리는 나의 새 언약의 피라고 말씀하셨다. 지금 그리스도인들이 성만찬 의식을 하는 까닭은 빵과 포도즙을 통해 주님께서 십자가에서 희생하시어 죄인들을 구원하신 것과 주님과 그리스도인들이 하나 되었다는 것을 그리스도께서 오실 때까지 기억하기 위해서다(고전11:26).

11. 처소를 예비하러 간다고 하신 예수님: 주의 만찬 후에 예수님은 제자들에게 마음에 근심하지 말라고 하시면서 나는 너희를 위하여 처소를 마련하러 갈 것이며 처소를 마련하면 내가 있는 곳에 너희를 영접할 것이라고 하셨다. 그리고 너희는 내가 어디로 가는지 그 길을 알고 있다고 말씀하셨다. 도마가 주님께서 어디로 가시는지 모르는데 우리가 어떻게 그 길을 알 수 있겠느냐고 물었다. 예수님은 도마에게 나는 길이요 진리요 생명이니 나를 말미암지 않고는 아버지께로 올 사람이 아무도 없다고 하셨다. 또 너희가 나를 알았다면 내 아버지도 알았을 것이라고 하시면서 너희는 이미 그분을 알고 또 보았다고 말씀하셨다. 빌립이 예수님께 아버지를 보여주면 만족하겠다고 말하자 예수님은 나를 본 자는 아버지를 보았을 텐데 어찌 보여 달라고 하느냐고 책망하셨다. 또 예수님은 내가 아버지 안에 있고 아버지께서 내 안에 계시는 것을 믿으라고 하시면서 너희가 내 이름으로 무엇이든지 구하면 내가 그것을 행할 것이라고 하셨다.

12. 성령이 오실 것을 말씀하심: 예수님은 하나님께서 너희에게 영원히 함께 할 또 다른 위로자를 주실 것이라고 하셨다. 세상은 진리의 영인 그를 보지도 알지도 못하기 때문에 영접할 수 없으나 너희는 그를 알고 그가 너희 안에 계실 것이라고 알려 주셨다. 위로자인 성령은 너희에게 모든 것들을 가르치시며 또 내가 너희에게 말한 모든 것들을 기억나게 하신다고 말씀하셨다. 예수님은 잠시 후면 세상이 더 이상 나를 보지 못하지만 너희는 나를 볼 것이라고 하시면서 내가 살고 너희도 사는 그날에는 내가 내 아버지 안에 있고, 너희가 내 안에, 내가 너희 안에 있다는 사실을 알게 될 것이라고 하셨다.

13. 계명을 지킬 것을 당부하심: 예수님은 자신의 계명을 지키는 사람은 나를 사랑하는 사람이니 나를 사랑하는 사람은 아버지의 사랑을 받을 것이며, 나도 그를 사랑하여 그 사람에게 나를 나타내겠다고 하셨다. 반면에 나를 사랑하지 않는 자는 나의 말들을 지키지 않는다고 하시면서 너희가 듣는 말은 내 말이 아니고 나를 보내신 아버지의 말씀이라고 하셨다.

14. 평안을 약속하심: 예수님은 제자들에게 화평을 주겠다고 하시면서 내가 주는 화평은 세상이 주는 것과 같지 아니하니 너희는 마음에 근심하지도 말고 두려워하지도 말라고 하셨다.

15. 포도나무와 가지의 비유: 예수님은 겟세마네로 가시는 길에 제자들에게 나는 참 포도나무요 내 아버지는 농부라고 하시면서 내 안에서 열매를 맺지 못하는 가지는 그분께서 제거하시고 열매를 맺는 가지는 더 많은 열매를 맺게 하신다고 말씀하셨다. 예수님은 나는 포도나무요 너희는 가지들이니 너희가 내 안에 내가 너희 안에 거하면 열매를 많이 맺어 아버지를 영화롭게 할 것이라고 하셨다. 또 너희가 내 안에 거하고 내 말들이 너희 안에 거한다면 너희가 원하는 것을 무엇이든지 구하면 너희에게 이루어진다는 사실을 알려 주셨다.

16. 서로 사랑하라고 하심: 예수님께서는 제자들에게 내가 내 아버지의 계명들을 지켜서 그분의 사랑 안에 거하는 것같이 너희도 나의 계명들을 지키면 나의 사랑 안에 거한다고 하셨다. 예수님의 계명은 예수님이 제자들을 사랑하는 것처럼 제자들도 서로 사랑하는 것이다. 예수님은 제자들에게 내가 내 아버지에게서 들은 모든 것들을 너희들이 알도록 하였기 때문에 너희들은 종이 아니라 나의 친구라고 말씀하셨다.

17. 세상이 제자들을 미워할 것이라고 하심: 예수님은 제자들에게 너희가 세상에 속한다면 세상은 너희를 사랑할 것이나, 너희는 세상에 속한 자가 아니라 내가 너희를 세상으로부터 선택한 자이기 때문에 세상이 너희를 미워할 것이라고 하셨다. 또 사람들이 나를 박해한다면 너희도 박해할 것이며 반대로 나의 말을 지킨다면 너희 말도 지킬 것이라고 하셨다. 예수님은 내가 그들에게 말해주거나 행하지 않았다면 그들은 죄가 없으나 그들이 듣고 보았기 때문에 자기들의 죄에 대해 변명할 것이 없다고 하셨다. 그러나 이것은 미워하는 말로 나를 두르고 까닭 없이 나를 공격하였다는 성경 말씀(시109:3)을 이루기 위해서라고 알려 주었다.

18. 성령님의 사역: 예수님은 제자들에게 내가 가면 위로자가 오기 때문에 내가 가는 것이 유익하다고 하셨다. 성령님은 예수님을 믿지 않은 죄에 대하여, 의에 대하여, 심판에 대하여 세상을 책망하실 것이라고 하셨다. 예수님은 진리의 영이신 성령님이 나를 영화롭게 하시며 그분이 내 것을 받아서 너희에게 알려 주실 것이라고 말씀하셨다.

19. 죽음과 부활에 대한 예언: 예수님은 제자들에게 잠시 후면 너희가 나를 보지 못할 것이고 또 잠시 후면 너희가 나를 볼 것이라고 하시면서 너희는 울고 애통할 것이나 세상은 기뻐할 것이며 너희는 슬퍼하겠으나 슬픔이 기쁨이 될 것이라고 말씀하셨다. 예수님은 제자들에게 너희는 내가 하나님께로부터 온 것을 믿었으므로 아버지께서 친히 너희를 사랑하신다고 하시면서 너희가 내 이름으로 아버지께 구하는 것은 무엇이나 주신다는 사실을 가르쳐 주셨다.

20. 제자들이 예수님의 신성을 믿음: 제자들은 예수님이 하나님께로부터 오신 것을 믿는다고 고백했다. 예수님은 제자들에게 너희가 각자 자기 집으로 흩어지고 나만 혼자 남겨 놓을 때가 올 것이나 나는 혼자가 아니라 아버지와 함께 있을 것이라고 하셨다. 또 이런 일들을 너희에게 말한 까닭은 너희에게 화평이 있도록 하기 위해서라고 하시면서 세상에서는 너희가 환난을 당하나 내가 세상을 이겼기 때문에 기운을 내라고 위로해 주셨다.

21. 겟세마네 동산 부근에서 기도하심: 예수님은 겟세마네 동산 부근에서 하나님께 기도하셨다. 예수님은 하나님께 내가 땅에서 아버지를 영화롭게 하였으며 아버지께서 내게 하라고 주신 그 일을 완성하였다고 말씀하셨다. 예수님은 아버지께서 아들에게 모든 육체 위에 권세를 주신 것은 아들에게 주신 모든 사람에게 영생을 주기 위해서이고 그 영생은 사람들이 유일하시고 참 하나님이신 아버지와 아버지께서 보내신 예수 그리스도를 아는 것이라고 말씀하셨다. 예수님은 하나님께 내게 주신 그 말씀들을 그들에게 전하였고 그들은 아버지의 말씀을 지켰다고 하시면서 나는 더 이상 세상에 있지 아니하나 이들은 세상에 있으므로 내게 주신 그들을 아버지의 이름으로 지켜 주셔서 그들도 우리처럼 하나가 되게 해달라고 기도드렸다. 예수님은 그들에게 아버지의 말씀을 주어 그들이 나처럼 세상에 속하지 않게 되었기 때문에 세상이 그들을 미워한다고 하시면서, 내가 세상에 속하지 않은 것처럼 그들도 세상에 속하지 않았으니 그들을 보호해 달라고 간구하셨다. 또 예수님은 아버지께서 내 안에 계시고 내가 아버지 안에 있는 것처럼, 이들과 이들의 말을 통해 앞으로 나를 믿을 사람들이 우리 안에서 하나가 되어 아버지께서 나를 보내신 것과 아버지께서 그들을 사랑하신 것을 세상에 전하게 해 달라고 기도드렸다.

22. 겟세마네 동산에서 최후의 기도: 예수님이 제자들과 함께 늘 기도하시던 감람산에 있는 겟세마네 동산에 도착하셨다. 예수님은 제자들에게 내가 저기 가서 기도할 동안에 너희는 여기 앉아 있으라 하시고 베드로와 요한, 야고보를 데리고 가셨다. 가시면서 고민하고 슬퍼하시면서 내 마음이 매우 고민하여 죽게 되었으니 너희는 여기 머물러 나와 함께 깨어 있으라고 당부하시고 조금 나아가서 얼굴을 땅에 대시고 엎드려 기도하셨다. 예수님은 하나님께 아버지는 모든 것이 가능하오니 이 잔을 내게서 지나가게 해달라고 요청하셨다. 그러나 내가 원하는 대로 하지 마시고 아버지께서 원하시는 대로 하시라고 기도드렸다. 그때 한 천사가 하늘에서 주께 나타나 힘을 돋우어 주었다. 주께서 고뇌 속에서 더욱 간절히 기도하시니 그의 땀이 큰 핏방울처럼 되어 땅에 떨어졌다. 예수님이 슬픔 가운데 제자들에게 오셨으나 그들이 잠든 것을 보시고 베드로에게 너희가 나와 함께 한 시간도 깨어 있을 수 없느냐고 하시면서 영은 원하지만 육신이 연약하므로 시험에 들지 않게 깨어 기도하라고 당부하셨다. 예수님은 다시 두 번째 나아가서서 아버지여 만일 내가 마시지 않고는 이 잔이 내게서 지나갈 수 없다면 아버지의 뜻대로 되기를 원한다고 기도하셨다. 다시 오시니 제자들이 피곤하여 자고 있었다. 그들을 두시고 나아가 세 번째 같은 말씀으로 기도하신 후 제자들에게 오셔서 이제는 자고 쉬라 보라 때가 가까이 왔으니 인자가 죄인의 손에 팔리라 하시며 일어나라 함께 가자 보라 나를 파는 자가 가까이 왔다고 말씀하셨다.

예수님께서 성부 하나님께 옮겨 달라고 요청하신 잔은 십자가의 형벌이 아니다. 그 잔은 십자가 형벌이 있기 전에 하나님께서 예수님을 죄 덩어리로 간주하시고 예수님을 향해 퍼붓는 진노를 말한다(갈3:13). 죄가 없으신 예수님이 엄청난 죄가 자신에게 뒤집어씌워지자 괴로워하시며 그 진노를 거두어 달라고 요청하신 것이다. 하나님께서 죄를 알지도 못하는 예수님을 죄로 여기신 까닭은 우리가 예수님 안에서 하나님의 의로운 자가 되기를 원하셨기 때문이다(고후5:21). 예수님께서 제자들에게 시험에 들지 않게 깨어 있으라고 말씀하신 이유는 예수님이 잡히신 후 제자들이 예수님을 버리거나 부인하지 않도록 하기 위해서다. 예수님이 제자들에게 자고 쉬라고 말씀하신 때부터 일어나 가자고 말씀하신 때까지 몇 시간 동안 쉴 시간이 있었다. 그리고 예수님은 목요일 이른 새벽(1–3시)에 붙잡히셨다.

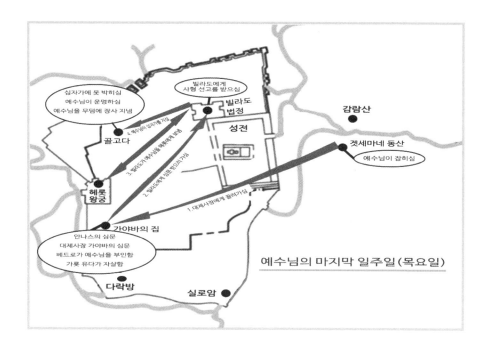

예수님의 마지막 일주일(목요일)

1. **무리들이 예수님을 잡으러 오다:** 예수님이 제자들과 기드론 시내 건너편 동산에 들어가셨는데 이곳은 제자들과 자주 다녔던 곳이기 때문에 가룟 유다도 알고 있던 장소이다. 유다가 군대와 선임 제사장들과 바리새인들이 보낸 관원들을 이끌고 등불과 횃불과 칼과 몽둥이를 들고서 그곳에 왔다. 예수님이 그들에게 다가가 너희가 누구를 찾느냐고 하시자 그들이 나사렛 예수라고 대답하였다. 예수님이 "내가 그니라"고 하시자 그들이 뒤로 물러서서 땅에 엎드렸다. 예수님이 다시 그들에게 너희가 누구를 찾느냐고 물으시자 그들이 나사렛 예수라고 재차 대답하였다. 예수님은 "내가 그니라"고 하시면서 너희가 나를 찾는다면 제자들은 자기들의 길로 가게 하라고 요구하셨다. 유다는 입 맞추는 사람이 예수니 그를 붙잡으라고 그들과 미리 약속을 했었다. 유다가 예수님을 선생님이라고 부르며 입을 맞추자 예수님은 그에게 친구여, 네가 무슨 일로 여기 왔느냐고 물으셨다. 곧바로 그들이 예수님을 붙잡았다.

예수님을 붙잡는데 많은 사람이 동원된 까닭은 평소에 예수님을 따르는 사람이 많았기 때문에 확실하게 예수님을 붙잡기 위해서다. 예수님이 그들에게 첫 번째 "내가 그니라"라고 말씀하신 것은 내가 곧 하나님이라는 사실을 알려 주면서 신성을 나타내신 것이다. 그래서 무리들이 순간 땅에 엎드렸다. 두 번째 "내가 그니라"라고 말씀하신 것은 내가 곧 나사렛 예수라는 사실을 알려 주면서 인성을 나타내신 것이다. 예수님이 무리에게 제자들을 보내달라고 하신 이유는 아버지께서 내게 주신 자들을 하나도 잃어버리지 않았다고 하신 말씀을 이루기 위해서다.

2. 베드로가 말고의 귀를 자름: 예수님 주위에 있던 제자들이 상황이 심상치 않음을 알고 예수님께 그 무리를 칼로 쳐도 되는지 물었다. 베드로가 칼을 빼어 대제사장의 종 말고의 귀를 자르자 예수님은 베드로에게 네 칼을 칼집에 꽂으라고 하시면서 내 아버지께서 내게 주시는 잔을 마시겠다고 말씀하셨다. 그리고 말고의 귀를 만져서 치료해 주셨다.

3. 안나스의 심문: 예수님을 붙잡았던 군대와 유대인 관원들이 예수님을 전임 대제사장인 안나스에게 끌고 갔다. 그는 대제사장 가야바의 장인이다. 안나스는 예수님께 교리에 대해서 물었으나 나는 아무것도 비밀리에 말하지 않았으므로 내가 말한 것을 들은 사람들에게 물어보라고 대답하셨다. 예수님 옆에 있는 관원이 대제사장에게 무례하다며 손바닥으로 예수님을 때리자 예수님께서는 내가 잘못 말한 것이 있으면 증거를 대라고 하시면서 올바른 말을 했는데 어찌 나를 치느냐고 말씀하셨다. 안나스가 예수님을 대제사장 가야바에게 보냈다.

4. 대제사장 가야바의 심문: 예수님을 붙잡은 자들이 대제사장 가야바에게로 끌고 갔다. 가야바 집의 뜰에는 서기관들과 장로들이 모여 있었다. 선임 제사장들과 장로들과 산헤드린 공회가 예수님을 사형에 처하기 위해 거짓 증거를 찾았으나 찾지 못했다. 대제사장이 예수님께 네가 하나님의 아들 그리스도인지 우리에게 말하라고 하였다. 예수님은 그렇다고 하시면서 너희는 인자가 권능의 오른편에 앉아 있는 것과 하늘의 구름을 타고 오는 것을 볼 것이라고 알려 주셨다. 이 말을 들은 가야바가 옷을 찢으며 저 사람이 하나님을 모독하였으니 무슨 증인들이 더 필요하겠느냐며 모인 사람들에게 어떻게 생각하느냐고 물었다. 대제사장 주변에 있던 자들은 예수님의 죄가 사형에 해당한다고 말했다. 그들은 예수님의 얼굴에 침을 뱉고 주먹으로 때리고 손바닥으로 치며 예수님을 모독했다.

5. 베드로가 예수님을 부인하다: 베드로는 잡혀가는 예수님을 멀찍이 떨어져서 따라왔다. 베드로는 대제사장 관정 한가운데에 불이 피워져 있는 곳에 앉아 있었다. 한 여종이 베드로를 보고 이 사람도 갈릴리 사람 예수와 함께 있었다고 말했다. 베드로가 모든 사람 앞에서 부인하며 나는 네가 무슨 말을 하는지 모르겠다며 반박했다. 베드로가 앞문에 다다르자 다른 여종이 그를 보고 이 사람은 나사렛 예수와 함께 있었다고 말했다. 베드로가 맹세하고 부인하며 그 사람을 알지 못한다고 했다. 한 시간쯤 지난 후 대제사장의 종이며 베드로에게 귀가 잘린 말고의 친척이 네가 그 사람과 함께 동산에 있는 것을 내가 보았다고 하면서 네 말소리가 그것을 증명한다고 추궁했다. 베드로가 다시 저주하고 맹세하며 그 사람을 알지 못한다고 했을 때 곧 닭이 울었다. 예수님이 돌아서서 베드로를 쳐다보시니 베드로는 닭이 울기 전에 네가 나를 세 번 부인하리라는 말을 기억하고 밖에 나가서 비통하게 울었다.

6. **가룟 유다의 자살:** 예수님을 배반한 유다가 예수님께서 수난 당하시는 것을 보고 자신이 한 일을 후회하였다. 그는 선임 제사장들과 장로들을 찾아가 내가 무죄한 피를 배반하였다고 말하면서 은 삼십 개를 돌려주었다. 그들이 돈을 받지 않자 은전들을 성전에 내던지고 나가서 목매어 죽었다. 그들은 유다가 준 돈은 피 값이므로 금고에 넣어두면 안 된다고 합의하여 그 돈으로 나그네(타국인)들을 위한 묘지로 쓰려고 토기장이의 밭을 샀다.

7. **예수님을 빌라도에게 넘겨주다:** 새벽에 모든 선임 제사장들과 백성의 장로들이 예수님을 사형시키기 위해 의논하였다. 그들은 예수님을 결박하여 총독 빌라도에게 넘겨주었다.

8. **빌라도가 심문하다:** 빌라도가 예수님을 데리고 온 자들에게 무슨 일로 이 사람을 고소하느냐고 물었다. 그들은 예수님이 행악자이기 때문이라고 대답했다. 빌라도가 그들에게 너희 율법에 따라 재판하라고 말하자 그들은 자기들에게는 사형을 시키는 권한이 없다고 했다. 그들은 예수님이 자신을 그리스도 왕이라고 말했다는 이유로 고소하였다. 빌라도가 다시 재판정에 들어가 예수님께 네가 유대인의 왕이냐고 묻자 예수님은 그 말이 네 스스로 한 말인지 다른 사람에게 들은 것인지를 반문하셨다. 빌라도가 예수님께 네가 무엇을 했기에 네 나라 사람과 선임 제사장들이 너를 나에게 넘겨주었느냐고 물었다. 예수님은 나의 왕국이 이 세상에 속했다면 나의 부하들이 싸워서 나를 유대인들에게 넘어가지 않게 했을 것이라고 하시면서 지금은 나의 왕국이 여기에 속한 것이 아니라고 대답하셨다. 빌라도가 예수님께 그러면 네가 왕이냐고 묻자 예수님은 내가 왕이라고 대답하시고 나는 진리를 증거하러 세상에 왔으며 진리에 속한 자는 누구나 나의 음성을 듣는다고 말씀하셨다. 빌라도는 진리가 무엇이냐며 비아냥거렸다. 선임 제사장들이 빌라도에게 그가 우리 백성을 미혹하고 가이사에게 세금 바치는 것을 금하게 했다며 예수님을 여러 가지로 고소하였다. 빌라도가 예수님께 그들이 얼마나 많은 것으로 너를 고발하는데 왜 아무 대답이 없느냐고 물었다. 그래도 예수님이 아무 대답이 없으시자 빌라도가 놀랍게 여기며 유대인들에게 나는 그에게 아무 죄도 찾지 못했다고 말했다. 그러자 무리가 더욱 강하게 반발하며 그가 온 유대에서 가르치고 갈릴리에서부터 여기까지 백성을 소동하게 하였다고 주장하였다.

    종교 지도자들이 예수님을 빌라도에게 데리고 온 것은 나중에 그들이 주도하여 예수님을 죽였다는 비판을 피하기 위해서다. 그 비판을 빌라도에게 떠넘기려고 하였다. 예수님은 그들이 고소한 것처럼 자신을 그리스도 왕이라고 선포하지도 않으셨으며 백성을 미혹하지도 않으셨다. 오히려 가이사에게 세금을 바치라고 말씀하셨다(막12:14-17). 종교 지도자들은 예수님을 따르는 사람들이 많아지자 예수님을 시기하여 죽이려고 한 것이다(막15:10).

9. 헤롯 앞에 선 예수님: 빌라도는 예수님이 갈릴리에서 왔다는 말을 듣고서 헤롯의 통치 구역에 속한 줄을 알고 당시 예루살렘에 와 있던 헤롯에게 예수님을 보냈다. 헤롯은 전부터 예수님에 관해 많은 것을 듣고서 예수님이 행하시는 기적을 보기를 원했다. 헤롯이 예수님께 많은 질문을 했지만 아무 대답도 하지 않으셨다. 선임 제사장들과 서기관들은 헤롯 앞에서도 예수님을 맹렬히 고소하였다. 헤롯은 예수님을 멸시하고 조롱한 후에 화려한 옷을 입혀 빌라도에게 다시 보냈다. 이 일로 빌라도와 헤롯은 적대 관계가 개선된다.

10. 사형 선고를 받으신 예수님: 빌라도가 선임 제사장들과 관원들과 백성들을 모두 불렀다. 그는 예수님이 백성을 현혹한다는 말을 들었으나 나와 헤롯이 심문한 결과 사형을 당할 만한 일을 한 적이 없으니 매질한 후에 놓아주겠다고 하였다. 빌라도는 종교 지도자들이 예수님을 시기하여 법정에 세웠다는 것을 알고 있었다. 명절(유월절)이 되면 총독이 백성이 원하는 죄수 한 사람을 놓아 주는 전례가 있는데 그때에 성읍에서 난동을 부리고 강도와 살인죄로 옥에 갇힌 바라바라 하는 유명한 죄수가 있었다. 빌라도는 그들에게 바라바와 그리스도라고 하는 유대인의 왕 예수 중에 누구를 놓아 주기를 원하는지 물었다. 그들은 한목소리로 예수님을 처단하고 바라바를 우리에게 놓아달라고 소리 질렀다.

　빌라도 총독이 재판석에 앉아 있을 때 그의 아내가 빌라도에게 사람을 보내 오늘 꿈에 예수님으로 인해 많은 고통을 당했다면서 저 의로운 사람에게 아무 일도 없게 해달라고 요청하였다. 그러나 이미 선임 제사장들이 바라바를 놓아주고 예수님을 죽여야 한다고 무리를 선동하고 있었다. 빌라도는 예수님을 놓아줄 생각으로 유대인들에게 재차 둘 중 누구를 놓아 주기를 원하느냐고 물었으나 그들은 계속 바라바를 놓아달라고 외쳤다. 빌라도가 그렇다면 그리스도라 하는 유대인의 왕 예수를 내가 어떻게 했으면 좋겠느냐고 묻자 십자가에 못 박으라고 소리 질렀다. 그럼에도 빌라도는 그들에게 도대체 그가 무슨 악한 일을 행하였느냐고 하면서 나는 그에게서 사형에 처할 만한 죄를 찾지 못했으니 매질한 후 놓아주겠다고 하였다. 그러자 그들은 큰 목소리로 십자가에 처형하라고 요구했다. 빌라도는 백성을 설득하지 못할 것이라고 판단했다. 무리들이 소요를 일으키는 것을 보고 민란이 일어날까 두려워하였다. 그는 무리 앞에서 손을 씻으며 나는 이 의로운 사람의 피에 대하여 무죄하니 너희가 당하라고 하였다. 무리들은 그의 피를 우리와 우리 자손에게 돌리라고 대답하였다. 해 뜰 무렵 결국 빌라도는 바라바를 그들에게 놓아주고 예수님을 채찍질하였다. 병사들은 가시로 관을 엮어서 예수님의 머리에 씌우고 자주색 겉옷을 입힌 뒤 유대인의 왕 만세라고 말하며 예수님을 조롱한 후에 손으로 예수님을 쳤다.

빌라도가 다시 나와 예수님을 무리 앞에 데려와서 나는 그에게서 아무런 잘못을 찾지 못했으니 너희들이 데려가서 십자가에 못 박으라고 했다. 유대인들은 예수님이 자신을 하나님의 아들이라고 했기 때문에 율법에 따라 마땅히 죽어야 한다고 주장했다. 빌라도가 이 말을 듣고 더욱 두려워서 예수님께 네가 어디서 왔느냐고 물었다. 예수님이 아무 말도 하지 않자 빌라도는 자신에게 십자가에 못 박을 권세도, 놓아줄 권세도 있다고 하였다. 예수님은 네 권세도 위에서 준 것이라고 하시며 그러므로 나를 너에게 넘겨준 자는 더 큰 죄를 지었다고 말씀하셨다. 빌라도가 예수님을 놓아주려고 애썼으나 유대인들은 예수님이 자신을 왕이라고 한 것은 가이사를 대적한 것이니 예수님을 놓아준다면 당신은 가이사의 친구가 아니라고까지 했다. 빌라도가 너희 왕을 내가 십자가에 못 박아도 되느냐고 묻자 선임 제사장들은 가이사 외에는 우리에게 왕이 없다고 대답했다. 결국 빌라도는 예수님을 십자가에 못 박으라고 넘겨주었다.

11. 골고다로 가심: 총독의 병사들이 예수님을 관정 뜰 안으로 데려가서 예수님의 오른손에 갈대를 쥐어 주고 예수님 앞에 무릎을 꿇으며 유대인의 왕이여 평안하라고 말하면서 조롱한 후에 침을 뱉고 갈대를 빼앗아 예수님의 머리를 쳤다. 그리고 예수님께 입혔던 자주색 겉옷을 벗기고 다시 예수님의 옷을 입힌 후 십자가에 못 박으려고 끌고 갔다.

골고다로 가는 중에 병사들이 시몬이라는 이름의 구레네 사람을 만났는데 그에게 강제로 예수님의 뒤에서 십자가를 지고 가게 하였다. 많은 백성들이 예수님을 위해 통곡하였고 여인들이 애도하며 따라갔다. 예수님은 그들을 돌아보시며 나를 위해 울지 말고 너희와 너희 자녀를 위하여 울라고 말씀하셨다. 예수님은 그들에게 그날이 오면 잉태할 수 없는 자와 아이를 낳아 본 적이 없는 태와 빨려 본 적이 없는 젖이 복이 있을 것이라고 하셨다. 또 그들이 푸른 나무에 이렇게 행한 것을 보면 마른 나무에도 무슨 일이 일어나겠느냐고 말씀하셨다. 예수님께서는 재림 때에 일어날 일을 말씀해 주신 것이다.

12. 십자가에 못 박히시다: 예수님이 골고다(갈보리) 즉 해골의 장소라는 곳에 이르렀을 때 쓸개즙을 탄 식초를 예수님에게 마시도록 주었으나 맛을 보시고 마시려고 하지 않으셨다. 그들이 예수님을 십자가에 못 박고 두 행악자들도 같이 못 박아서 하나는 예수님의 오른편에 하나는 왼편에 있게 했다. 빌라도가 '유대인의 왕 나사렛 예수'라는 말을 히브리어와 헬라어와 라틴어로 명패에 써서 십자가 위에 붙였다. 선임 제사장들이 빌라도에게 유대인의 왕이 아니라 자칭 유대인의 왕이라고 쓰도록 요청했으나 빌라도는 이에 응하지 않았다. 병사들이 예수님을 십자가에 못 박고 나서 예수님의 겉옷을 네 조각으로 나누어 갖고 예수님의 속옷은 위로부터 통으로 짠 것이므로 제비를 뽑아 가져갔다.

지나가던 사람들이 예수님을 보며 성전을 헐고 삼 일 만에 짓는 자여, 네가 하나님의 아들이라면 그 십자가에서 내려와 너를 구원하라며 조롱하였다. 종교 지도자들도 네가 하나님의 아들이라고 했으니 하나님이 원하시면 너를 구원하시리라 하면서 십자가에서 내려오면 우리가 믿겠다고 했다. 예수님과 함께 십자가에 매달린 행악자 중 하나도 네가 그리스도이거든 네 자신과 우리를 구원하라며 주를 욕했다. 다른 행악자는 처음에는 예수님을 비난했지만 마음이 변하여 예수님을 욕한 행악자에게 우리는 행한 일에 보응을 받는 것이 당연하지만 이분은 아무 잘못이 없다며 그를 꾸짖었다. 그가 주의 왕국이 임할 때 나를 기억해 달라고 부탁하자 예수님은 그에게 오늘 네가 나와 함께 낙원에 있을 것이라고 말씀하였다.

예수님의 십자가 옆에는 주의 모친과 이모, 글로바의 아내 마리아와 막달라 마리아가 서 있었다. 예수님은 요한이 곁에 서 있는 것을 보시고 요한에게 주의 모친 마리아가 이제 너의 어머니라고 말씀하셨다. 그때부터 요한이 주의 모친을 자기 집에서 모셨다.

13. **예수님이 운명하시다:** 여섯 시(정오)에서 아홉 시(오후 3시경)까지 어두움이 온 땅을 덮었다. 아홉 시경에 예수님께서 큰 음성으로 "엘리, 엘리, 라마 사박타니?"라고 외치셨는데 이는 아람어로서 "나의 하나님, 나의 하나님, 어찌하여 나를 버리셨나이까?"라는 뜻이다. 예수님이 그 말씀을 하신 까닭은 그 순간에 하나님께서 예수님을 죄인으로 여기셨기 때문이다. 어떤 사람이 예수님이 엘리야를 부른다고 하였다. 예수님께서는 모든 일이 이루어진 것을 아시고 "목마르다"고 말씀하셨다. 그들 가운데 한 사람이 즉시 달려가서 해면에 식초를 적셔 우슬초 갈대에 꿰어 예수님께 마시라고 주었다. 그러자 나머지 사람들이 가만두라고 하면서 엘리야가 와서 구원하는지 보자고 했다. 예수님께서는 그 식초를 받으시고 "다 이루었다"고 말씀하셨다. 다 이루었다는 것은 속죄가 끝났다는 뜻이다. 예수님은 큰 음성으로 "아버지시여, 내 영을 아버지의 손에 의탁하나이다"라고 하신 후 숨을 거두셨다.

예수님은 오후 3시경에 운명하셨다. 예수님이 숨을 거두시자 성전의 휘장이 위에서 아래까지 둘로 찢어지고 땅이 흔들리며 바위들이 갈라지고 무덤들이 열리며 잠들었던 많은 성도들의 몸이 일어났다. 백부장과 그와 함께 예수님을 지키고 있던 사람들이 지진과 그 일어난 일들을 보고 크게 두려워하여 예수님이 참으로 하나님의 아들이심을 고백하였다. 갈릴리에서부터 예수님을 따라와 섬기던 막달라 마리아와 야고보와 요셉의 모친 마리아, 요한과 야고보의 어머니 등 많은 여인들이 멀리서 모든 장면을 보고 있었다. 병사들이 예수님이 이미 죽으신 것을 보고 다리를 꺾지 않았는데 이는 예수님의 모든 뼈가 보호되고 하나도 꺾이지 않는다는 성경 말씀을 이루기 위함이다(시34:20). 한 병사가 창으로 예수님의 옆구리를 찌르니 피와 물이 나왔는데 이것도 성경 말씀을 이루기 위함이다.

14. **예수님을 무덤에 장사지내다:** 아리마대라는 유대인의 동네에 사는 요셉이라는 사람이 있었는데 그는 존경 받는 공회 의원이다. 그는 하나님의 나라를 기다리는 예수님의 제자로 예수님을 죽이기로 한 결정에 찬성하지 않았던 인물이다. 날이 저물었을 때 요셉이 빌라도에게 가서 예수님의 시체를 달라고 간청했다. 빌라도는 예수님이 아직 죽지 않았을 것이라고 생각했지만 백부장을 통해 예수님이 죽었다는 사실을 확인하고 시체를 내주라고 명령했다. 니고데모는 몰약과 알로에 섞은 것 약 일백 리트라를 가지고 왔다. 요셉과 니고데모가 예수님의 시체를 가져다가 유대인의 장례 관례대로 향료를 넣어 깨끗한 세마포로 쌌다. 그들은 예수님의 시체를 아직 사람을 장사한 일이 없는 새 무덤에 안치하고 큰 돌을 굴려 무덤 문에 놓은 후에 돌아갔다. 갈릴리에서 예수님을 따라온 막달라 마리아와 다른 마리아는 예수님의 무덤과 시체를 어떻게 두었는지 확인하고 돌아간 뒤에 향료와 향유를 준비하였다.

그 이튿날 선임 제사장들과 바리새인들이 빌라도에게 가서 예수가 생전에 삼 일 후에 다시 살아난다고 했기 때문에 그의 제자들이 밤에 시체를 훔쳐간 다음에 백성들에게 살아났다고 속일까 염려된다고 말하였다. 빌라도는 그렇게 염려된다면 너희에게 경비병이 있으니 알아서 굳게 지키라고 하였다. 그들이 가서 돌문을 봉인하고 경비병을 세워 무덤을 지켰다.

15. **예수님이 십자가에서 돌아가신 요일:** 예수님이 십자가에서 돌아가신 요일은 성경에 정확히 기록되어 있지 않다. 그러나 성경의 여러 구절과 정황을 볼 때 목요일로 보는 것이 가장 타당하다. 그 근거로는 예수님께서는 제자들에게 죽임을 당한 뒤 삼 일 후에 다시 살아날 것이라고 미리 말씀하셨다(막8:3). 예수님은 요나가 밤낮 사흘 동안 큰 물고기 뱃속에 있었던 것 같이 자신도 밤낮 사흘 동안 땅 속에 있을 것이라고 하셨다(마12:30). 예수님은 일요일에 부활하셨으므로 목요일에 돌아가셔야 사흘 동안 땅 속에 계신다는 말을 이룰 수가 있다. 또한 예수님은 유월절 어린양이시다(고전5:7). 당시 유월절은 목요일이었다. 따라서 예수님은 유월절의 어린양으로서 목요일에 운명하신 것이다.

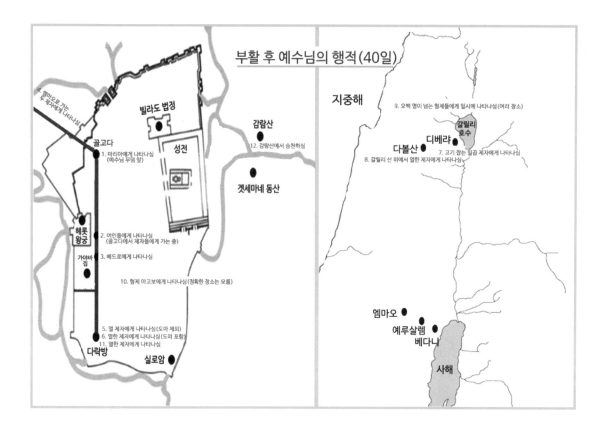

부활 후 예수님의 행적(40일)

1. **큰 지진이 나고 예수님이 부활하시다:** 안식일이 지나고 그 주의 첫날에 예수님의 무덤에 큰 지진이 일어났다. 주의 천사가 하늘에서 내려와 무덤 문의 돌을 굴려내고 그 위에 앉아 있었는데 용모가 번개와 같고 옷은 눈처럼 희었다. 경비병들이 천사를 두려워하여 떨었다.

2. **여인들이 무덤을 찾아가다:** 안식일이 지난 후 그 주의 첫날 새벽이 시작될 즈음에 막달라 마리아와 야고보의 모친 마리아와 살로메가 미리 사 놓은 좋은 향료를 예수님께 부어드리려고 무덤에 갔다. 그들은 가면서 "누가 우리를 위하여 무덤 문에서 돌을 굴려 줄까"라고 하며 걱정하였다. 그러나 무덤에 도착해 보니 큰 돌이 이미 굴려져 있었다.

3. **막달라 마리아가 베드로와 요한에게 달려가다:** 막달라 마리아가 돌이 무덤에서 옮겨진 것을 보고 베드로와 요한에게 달려가서 사람들이 예수님의 시신을 가져갔는데 어디에 모셔 두었는지 알 수 없다고 말한다.

4. **여인들에게 천사가 나타나다:** 막달라 마리아는 급히 베드로와 요한에게 달려갔고 남아 있던 여인들은 매우 당황해 하고 있었다. 그때 빛나는 옷을 입은 두 사람이 그들 곁에 서 있었다. 그들이 무서워서 땅에 엎드리자 오른편에 긴 흰 옷을 입고 앉아 있는 한 젊은 남자가 여인들에게 놀라지 말라고 말한 뒤 예수님이 살아나셨다는 사실을 알려주었다. 그리고 예수님이 갈릴리로 가실 것이니 그곳에서 주를 볼 것이라는 말을 제자들과 베드로에게 전하라고 하였다.

5. **베드로와 요한이 무덤으로 달려가다:** 베드로와 요한이 무덤으로 달려갔는데 무덤 안에서 세마포 옷과 예수님의 머리에 둘렀던 수건을 보았다. 그러나 여인들이 보았던 천사는 보지 못하고 다시 집으로 돌아갔다.

6. **예수님이 막달라 마리아에게 나타나시다:** 베드로와 요한은 무덤에서 집으로 돌아갔으나 마리아는 가지 않고 무덤 밖에서 울고 있었다. 그녀가 무덤 안을 보니 흰 옷을 입은 두 천사가 앉아 있었다. 천사들이 마리아에게 왜 울고 있느냐고 묻자 마리아는 사람들이 예수님의 시신을 가져갔는데 어디에 모셔 두었는지 모르기 때문이라고 하였다. 그녀가 이 말을 한 후에 뒤를 돌아보니 예수님이 서 계셨는데 마리아는 예수님을 동산지기로 착각하였다. 예수님은 마리아에게 내가 아직 내 아버지께로 올라가지 않았으니 나를 만지지 말라고 하시면서 제자들에게 내가 하나님께로 올라간다는 사실을 전하라고 하셨다.

7. **예수님이 여인들에게 나타나시다:** 여인들 중 일부는 다른 사람에게 아무 말도 하지 못할 정도로 무서워서 떨고 있었으나 그 중 일부는 이 사실을 제자들에게 말하려고 갔다. 여인들이 가는 중에 예수님께서 그들에게 나타나셨다. 예수님이 모두 평안하냐고 물으시자 그들이 예수님께 나아와 발을 붙잡고 경배하였다. 예수님은 두려워 말라고 하시며 가서 제자들에게 갈릴리로 가면 나를 볼 것이라는 말을 전하도록 하셨다.

8. **선임 제사장들이 경비병을 매수하다:** 무덤을 지키던 경비병 몇 사람이 성읍에 들어가서 그동안 일어난 일을 선임 제사장들에게 보고하였다. 그들이 장로들과 함께 의논한 뒤 경비병들에게 많은 돈을 주면서 예수님의 제자들이 밤에 와서 시신을 훔쳤다는 거짓말을 하도록 시켰다. 경비병들이 돈을 받고 그들이 하라는 대로 하였다.

9. **제자들이 여인들의 말을 믿지 않다:** 여인들이 사도들에게 예수님과 천사의 말을 전하였으나 사도들은 그들의 말을 하찮게 여기고 믿지 않았다. 왜냐하면 베드로와 요한이 막달라 마리아의 말을 듣고 무덤에 갔으나 아무것도 보지 못하고 돌아왔기 때문이다.

10. **예수님이 베드로를 만나시다:** 예수님께서 부활하신 후 베드로를 별도로 만나셨는데 그 사실은 엠마오로 가던 두 제자의 말을 통해 알 수 있다(눅24:34).

11. **예수님이 엠마오로 가는 두 제자를 만나시다:** 예수님의 제자들 중 두 사람이 예루살렘에서 엠마오 마을로 가면서 예수님에 대해 이야기하고 있을 때 예수님께서 친히 오셔서 그들과 동행하셨다. 그들은 동행하는 분이 예수님이신 것을 모른 채 예수님께서 고난 받고 죽으셨다가 살아나신 이야기를 해 주었다. 예수님은 그들에게 자신에 관하여 성경에 기록된 모든 것을 설명해 주셨다. 예수님이 그들과 식사하시면서 빵을 가지고 축복하신 후 그들에게 주니 그들의 눈이 열려서 주를 알아보게 되었다. 예수님은 그 즉시 사라지셨다.

12. 예수님이 열 제자에게 나타나시다: 주의 첫날 즉 예수님이 부활하신 날 저녁에 제자들은 예루 살렘 한 다락방에서 문을 잠그고 있었다. 유대인들을 두려워하였기 때문이다. 예수님께서 그들에게 오셔서 너희에게 평강이 있으라고 말씀하셨다. 그러나 제자들은 다른 영을 보고 있다고 생각하며 놀라고 무서워하였다. 예수님은 불안해하거나 의심하지 말고 자기의 손과 발을 만져보라고 하시며 영은 살과 뼈가 없지만 나는 있다고 하셨다. 그들에게 손과 옆구리를 보여주시자 제자들이 보고 기뻐하였다. 그때 도마는 그곳에 없었다. 예수님께서 먹을 것을 찾으시자 그들이 구운 생선 한 토막과 벌집을 조금 드렸다. 예수님께서 그것을 드시고 제자들에게 내 아버지께서 나를 보내신 것같이 나도 너희를 보낸다고 하셨다. 이 말씀을 하신 후 성령을 받으라고 하시고 너희가 누구의 죄든지 용서하면 그들이 죄 사함을 받게 되지만 누구의 죄든지 그대로 두면 그대로 있게 될 것이라고 가르쳐 주셨다.

13. 도마가 예수님의 부활을 믿지 못하다: 다른 제자들이 도마에게 주를 보았다고 말했으나 도마는 내가 직접 예수님의 못 자국을 보고 또 직접 못 자국과 옆구리에 내 손가락을 대어보기 전에는 결코 믿지 않겠다고 하였다.

14. 예수님이 열한 제자에게 나타나시다: 예수님이 제자들에게 나타나신 지 팔일이 지났을 때 다시 제자들에게 오셨다. 그때도 제자들은 문을 잠그고 예루살렘 다락방에 있었다. 예수님이 오셔서 너희에게 평강이 있으라고 하신 후 도마에게 손가락으로 나의 손을 만져보고 옆구리에 손을 넣어 보라고 하시면서 믿지 않는 자가 되지 말고 믿는 자가 되라고 하셨다. 도마가 "나의 주 나의 하나님이여"라고 고백하자 예수님은 너는 나를 보고 믿지만 보지 않고도 믿는 자들이 복이 있다고 말씀하셨다.

15. 예수님이 디베랴 바다에서 일곱 명의 제자들에게 나타나시다: 디베랴 바닷가에 베드로, 도마, 나다나엘, 요한, 야고보 그리고 다른 두 제자가 있었다. 그들은 고기를 잡으러 나갔으나 그날 밤 아무것도 잡지 못했다. 아침에 예수님이 바닷가에 서서 그들에게 먹을 것이 있느냐고 물으시자 그들이 없다고 대답하였다. 예수님은 그물을 배 오른편에 던지라고 하셨다. 그들이 순종하여 던 졌더니 고기가 너무 많아서 그물을 끌어올릴 수가 없었다. 그때까지 제자들이 예수님이신 줄 알 지 못했는데 베드로가 알아보고 바다 속으로 뛰어 들어갔다. 예수님은 육지에서 숯불과 생선과 빵을 준비해 놓고 계셨으며 제자들에게 빵과 생선을 친히 집어 주셨다. 모두 식사를 끝마쳤을 때 예수님은 베드로에게 네가 이 사람들보다 나를 더 사랑하느냐고 물으시자 베드로는 주께서 내가 주를 사랑하는 줄 아신다고 대답하였다. 그러자 예수님은 베드로에게 내 어린양들을 먹이라고 부탁하셨다. 예수님은 베드로에게 같은 질문을 두 번 더 하셨고 베드로도 똑같이 답하였다.

예수님은 베드로에게 네가 젊어서는 원하는 곳으로 다녔지만 늙으면 원치 않는 곳으로 너를 데려갈 것이라고 말씀하셨다. 이 말씀은 베드로가 어떠한 죽음으로 하나님께 영광을 돌릴 것인지 미리 알려 주신 것이다. 주께서 베드로에게 나를 따라오라고 하시자 베드로는 요한이 앞으로 어떻게 될 것인지를 물었다. 예수님은 내가 올 때까지 요한을 머물게 하고자 한들 그것이 너와 무슨 상관이 있느냐고 하시면서 너는 나를 따라오라고 말씀하셨다.

16. 예수님께서 갈릴리 어느 산에 제자들에게 나타나시다: 제자들은 예수님이 지시하신 갈릴리 어느 산으로 갔다. 제자들이 주를 뵙고 경배하자 예수님은 하나님께서 하늘과 땅에 있는 모든 권세를 나에게 주셨다고 말씀하셨다. 또 너희는 온 세상에 가서 모든 피조물에게 복음을 전파하라고 하시면서 믿고 세례(침례)를 받는 자는 구원을 받을 것이나 믿지 않는 자는 정죄함을 받을 것이라고 경고하셨다. 예수님은 가서 모든 민족들을 가르치고 아버지와 아들과 성령의 이름으로 세례(침례)를 주며 내가 너희에게 명령한 모든 것을 가르쳐 지키게 하라고 제자들에게 당부하시고 세상 끝까지 너희와 항상 함께 있겠다고 약속하셨다.

17. 예수님께서 오백여 형제와 야고보에게도 나타나시다: 그 후에 예수님께서 오백 명이 넘는 형제들에게 일시에 나타나셨으며, 예수님의 형제인 야고보에게도 나타나셨다(고전15:6-7).

18. 예수님이 제자들에게 사명을 주시다: 예수님께서 예루살렘에 있는 제자들을 찾아오셔서 제자들의 지각을 열어 성경을 깨닫게 해 주셨다. 그래서 제자들은 그리스도가 고난을 당하는 것과 부활하신 것이 성경에 기록되어 있다는 것을 알게 된다. 예수님은 자신의 이름으로 회개와 죄 사함의 선포가 예루살렘에서부터 모든 민족에게 이루어져야 한다고 강조하셨다. 제자들에게 이런 일의 증인이 되라고 당부하시면서 예루살렘을 떠나지 말고 아버지의 약속을 기다리라고 하셨다. 예수님께서는 요한은 물로 세례(침례)를 주었으나 너희는 곧 성령으로 세례(침례)를 받을 것이라고 하셨다. 제자들은 주님이 이스라엘 왕국을 회복하시는 때가 이때인지를 묻자 예수님은 그때는 아버지께서 자신의 권한에 두셨으니 너희가 알 바가 아니라고 하시면서 성령께서 너희에게 임하시면 너희가 능력을 받으리니 예루살렘과 온 유대와 사마리아와 땅 끝까지 이르러 내 증인이 되라고 명령하셨다.

19. 예수님께서 승천하시다: 예수님이 부활하신 지 사십 일째 되는 날에 제자들을 베다니 감람산까지 데리고 나가시어 두 손을 들고 그들을 축복하셨다. 그리고 그들이 보는 데서 위로 들려 올라가셨다. 그들이 하늘을 보고 있을 때 흰 옷 입은 두 사람이 예수님은 하늘로 가심을 본 그대로 오신다는 사실을 알려 주었다. 예수님께서는 하늘로 들림을 받아 하나님의 오른편에 앉으셨다. 그 후 제자들이 곳곳마다 복음을 전파하였다.

1. **베드로:** 시몬 베드로는 안드레의 형제이며 직업은 어부다. 베드로는 예수님께서 가장 사랑하는 세 제자 중 하나다(눅8:51). 그는 예수님이 승천하신 후 예루살렘교회의 최고 지도자 중 한 사람으로서 복음 사역에 힘썼다. 로마의 대화재 후 네로 황제의 박해 때 체포되어 십자가에 거꾸로 매달려 순교한 것으로 전해진다.

2. **안드레:** 안드레는 세례 요한의 제자였다(요1:40). 주님을 영접하고 형제인 베드로를 주님께 인도하였다(요1:41). 복음을 전하다가 아가야에서 십자가에 달려 순교한 것으로 전해진다.

3. **요한:** 야고보의 형제이며 세례 요한의 제자였다. 십자가 앞에 남은 유일한 제자로 예수님의 모친 마리아를 돌보라는 책임을 맡았다(요19:26). 초대교회에서 베드로와 함께 활동하다가 밧모 섬으로 유배되었을 때 요한계시록을 기록하였다.

4. **야고보:** 예수님의 대표적인 세 제자(베드로, 요한, 야고보) 중 한 사람으로서 사도 요한의 형제다. 불같은 성격으로 '우레의 아들'이라는 별명을 얻었다(막3:17). 초대교회에서 활동하다가 헤롯 아그립바 1세에게 살해되어 열두 사도 중에 최초의 순교자가 된다(행12:2).

5. **빌립:** 빌립은 세례 요한의 제자였다. 벳새다 사람으로 베드로, 안드레와 같은 고향 사람이며 나다나엘을 예수님께 인도하였다. 그는 성부하나님을 보여 달라고 예수님께 요구할 정도로 현실적인 성격이다. 소아시아에서 사역하다 순교한 것으로 전해진다.

6. **바돌로매:** 다른 이름으로 나다나엘이다. 빌립의 전도를 받았으며 예수님이 하나님의 아들이며 이스라엘의 왕이라고 고백하였다(요1:49). 인도까지 복음을 전파하였다고 전해진다.

7. **야고보:** '작은 자'라고 불렸다. 아마 그의 체구가 작았을 것이다(막15:40).

8. **다대오:** 작은 야고보의 형제다. 예수님께 제자들에게는 나타내시면서 왜 세상에는 나타내려 하지 않느냐고 물었다(요14:22). 수리아 지역에서 선교하다가 순교한 것으로 전해진다.

9. **시몬:** 시몬은 열심당원이다. 열심당원은 열정적인 민족주의적 분파로서 세리들과 대립하였다. 예수님은 서로 경쟁 관계에 있는 열심당원 시몬과 세리 마태를 제자로 선택하셨다.

10. **마태:** 레위라고도 하며 세리다. '나를 따르라'는 예수님의 부름을 받고 바로 예수님을 따랐다(마9:9). 유대인들에게 하나님의 구원의 메시지를 전하기 위하여 마태복음을 기록하였다.

11. **도마:** 쌍둥이인 도마는 신중하고 사려 깊지만 회의적이며 우울한 성격이다. 직접 예수님을 보고 만지기 전까지 부활을 믿을 수 없다고 하였다. 인도까지 복음을 전한 것으로 전해진다.

12. **가룟 유다:** 그는 유대의 성읍 가리욧 출신으로 갈릴리 사람이 아니다. 유다는 회계를 맡았는데 탐욕스럽고 부정직하였다. 그는 예수님의 왕국 건설에 대한 기대가 무너지자 은 30에 예수님을 팔았다. 곧 자신의 행동을 후회하였지만 진심으로 회개하지 않았다. 결국 제사장으로부터 받은 은 30을 성소에 던진 뒤 자살하였다(마27:3-5).

1. **물로 포도주를 만드심(가나)**: 예수님께서는 갈릴리 가나에 있는 혼례에 초대를 받아 가셨다. 포도주가 떨어지자 마리아는 하인들에게 예수님이 시키는 대로 하라고 했다. 예수님은 하인들에게 항아리에 물을 가득 채운 뒤 떠서 연회장에 갖다 주라고 하셨다. 연회장은 물로 된 포도주를 맛보고 좋은 포도주라고 칭찬하였다. 이를 보고 제자들이 예수님을 믿었다.

2. **왕의 신하의 아들을 치유(가나)**: 예수님께서 유대에서 갈릴리로 오셨다는 소식을 듣고 왕의 신하가 예수님께 가버나움에 있는 자기 아들의 병을 고쳐 달라고 요청했다. 예수님은 그곳에 가보시지 않으시고 네 아들이 살아 있다고만 하셨다. 왕의 신하는 예수님의 말을 믿고 돌아갔다. 가는 중에 종들에게서 아이가 살아 있다는 말을 들었다. 그가 종들에게 아이가 낫기 시작한 때를 물으니 예수님이 말씀하신 때였다. 그와 온 집안이 예수님을 믿었다.

3. **베드로에게 많은 물고기를 잡게 하심(갈릴리 호수)**: 예수님께서는 게네사렛(갈릴리) 호숫가에서 시몬(베드로)의 배에 올라 무리를 가르치신 후 베드로에게 깊은 데로 가서 그물들을 내려 고기를 잡으라고 하셨다. 밤새도록 고기를 잡지 못한 베드로였지만 예수님의 말씀에 순종하여 그물을 내렸다. 그러자 굉장히 많은 물고기가 잡혀 그물이 찢어졌다. 동료들의 도움으로 양쪽 배에 가득히 채우자 배가 가라앉기 시작할 정도였다. 베드로가 갑자기 예수님의 무릎 앞에 엎드려 "주여 나를 떠나소서. 나는 죄인이로소이다"라고 고백했다. 베드로의 이 고백은 하나님을 만나 자신이 죄인임을 깨닫고 회개한 것이다. 이런 회개는 구원에 이르는 회개이다. 예수님께서 베드로에게 두려워 말라고 하시며 너는 이제부터 사람을 낚게 될 것이라고 하셨다. 베드로와 세베대의 아들 야고보와 요한은 모든 것을 버리고 예수님을 따라갔다.

4. **회당에서 마귀 들린 자를 치유(가버나움)**: 예수님께서 갈릴리 가버나움 동네에서 안식일에 가르치실 때 회당에 더러운 마귀의 영을 가진 사람이 있었다. 그가 예수님께 하나님의 거룩한 분이시라고 말하면서도 우리를 멸하려고 왔느냐고 소리쳤다. 예수님께서 마귀를 꾸짖으시고 잠잠하게 그에게서 나오라고 명령하시자 마귀가 그를 넘어뜨리고 그에게서 나왔다. 다행히 그는 아무 상처도 입지 않았다. 이 일로 예수님의 명성이 주변 지방에 퍼졌다.

5. **베드로 장모의 열병을 치유(가버나움)**: 예수님께서 베드로의 집에 오셨는데 베드로의 장모는 열병으로 누워 있었다. 예수님이 그녀의 손을 만지자 열병이 떠나가고 베드로의 장모가 일어나 그들을 섬겼다. 베드로의 장모는 예수님뿐만 아니라 제자들을 포함하여 모두를 섬겼다. 여기서 베드로가 결혼했음을 알 수 있는데 하나님께서는 남자와 여자가 만나 결혼하여(그리스도와 교회의 모형) 하나님의 은혜 안에서 사랑하며 행복하게 살기를 원하신다.

6. 문둥병자를 치유(갈릴리 지방): 예수님께서는 갈릴리에 있는 회당에서 전파하시고 마귀들도 쫓아내셨다. 한 문둥병자가 예수님께 와서 무릎 꿇고 간청하며 주께서 원하시면 저를 깨끗하게 하실 수 있다고 말하였다. 문둥병자처럼 먼저 예수님을 '주'라고 불러야(구세주로 받아들여야) 병을 치료(구속) 받을 수 있다. 예수님이 그를 가엾게 여겨 손을 내밀어 만지시며 내가 원하노니 깨끗해지라고 말씀하셨다. 즉시 문둥병이 그에게서 떠나고 깨끗해졌다. 예수님은 그에게 아무에게나 어떤 말도 하지 말고 네 몸을 제사장에게 보이고 모세가 명한 대로 예물(레14:12-24)을 드려 그들에게 증거로 삼으라고 말씀하셨다. 당시에는 제사장이 문둥병자를 직접 보고 완치되었다고 인정해줘야 다시 공동체 안으로 들어갈 수 있었다.

7. 중풍병자를 치유(가버나움): 예수님이 가버나움에 있는 어느 집에 계실 때 많은 사람이 모여서 문 앞까지도 들어설 자리가 없었다. 네 사람이 중풍병자 한 사람을 예수님 앞으로 데리고 가려고 했으나 사람들 때문에 데려갈 수 없으므로 기와를 뜯어 구멍을 내고 그를 침상과 함께 예수님 앞에 내려놓았다. 예수님이 그들(네 사람)의 믿음을 보시고 그 사람(중풍병자)에게 네 죄들이 용서되었다고 말씀하셨다. 그가 즉시 일어나 누웠던 침상을 들고 하나님께 영광을 돌리며 집으로 돌아갔다. 모든 사람이 놀라 하나님께 영광을 돌렸다. 병은 여러 가지 원인으로 생긴다. 여기 나오는 중풍병자처럼 죄 때문에 발생하기도 하고, 병자를 통해 하나님이 하시는 일을 나타내기 위해 생기기도 한다(요9:3).

8. 베데스다 못가의 병자를 치유(예루살렘): 유월절에 예수님이 예루살렘에 올라가셨다. 예루살렘 양문 곁에 베데스다라는 못이 있었다. 천사가 가끔 내려와 물을 움직였을 때 먼저 들어간 사람은 병이 나았다. 그곳에 38년 된 병자가 누워 있었다. 그는 천사가 물을 움직일 때 자기를 넣어 줄 사람이 없어서 항상 못에 들어가지 못하였다. 예수님은 그에게 낫기를 원하느냐고 물어보시고 일어나서 침상을 가지고 걸어가라고 하셨다. 그는 즉시 나아서 자기 침상을 들고 걸어갔다. 유대인들은 안식일에 이런 일을 했다며 예수님을 죽이려고 하였다.

9. 한쪽 손 마른 사람을 치유(갈릴리 회당): 안식일에 예수님이 회당에 들어가서 가르치실 때 오른손이 마른 사람이 있었다. 서기관과 바리새인들은 예수님을 고발할 증거를 찾고자 예수님이 손 마른 사람을 고치시는지 지켜보고 있었다. 일전에 그들은 예수님의 제자들이 안식일에 이삭을 잘라 먹은 일 때문에 예수님과 논쟁을 했던 자들이다. 예수님께서는 그들의 마음을 아시고 안식일에 선을 행하는 것과 악을 행하는 것, 생명을 구하는 것과 죽이는 것 중 어느 것이 옳으냐고 물으셨다. 예수님은 모두를 둘러보시고 그 사람에게 네 손을 펴라고 하셨다. 그가 그대로 하니 그의 오른손이 왼손처럼 온전하게 회복되었다. 이를 보고 서기관과 바리새인들은 분노에 차서 예수님을 어떻게 할까 서로 의논하였다.

종교 지도자들은 백성들에게 안식일에 일을 못하도록 하면서 소나 나귀에게 물을 먹이는 일은 허용하였다. 자기들에게 유리한 일이기 때문이다. 안식일의 규정은 하나님께서 사람을 배려하기 위해 만든 것인데 소나 나귀를 사람보다 더 귀하게 여기는 것으로 변질되었다.

10. 마귀 들려 눈멀고 벙어리 된 자를 치유(갈릴리 지방): 마귀에게 사로잡혀 눈멀고 벙어리 된 사람을 예수님께 데려왔다. 참고로 마귀가 들어오면 눈이 멀고 벙어리가 되지만 눈멀고 벙어리가 되었다고 해서 모두가 마귀에 사로잡힌 것은 아니다. 예수님이 그를 고쳐 주시자 그는 말도 하고 볼 수도 있었다. 바리새인들은 예수님이 마귀들의 통치자인 바알세불을 힘입어 마귀를 쫓아냈다고 모함하였다. 바알세불은 '파리(똥) 신'이라는 뜻으로 블레셋 땅 에그론에서 숭배하던 우상이다 (왕하1:2). 예수님께서는 어떻게 마귀의 권능으로 동료인 마귀를 쫓아낼 수 있겠느냐면서 바리새인들의 주장을 반박하셨다. 바알세불을 힘입어 마귀를 쫓아냈다는 것은 마귀가 자기 부하들과 싸우는 꼴이기 때문이다.

11. 백부장의 하인을 치유(가버나움): 예수님이 가버나움에 들어가셨을 때 백부장이 유대인의 장로들을 예수님께 보내 총애하는 종을 구해 주기를 바랐다. 장로들은 백부장이 유대인을 사랑하고 있고 그래서 회당까지 지어주었다고 말하면서 예수님께 간절히 청하였다. 예수님이 백부장 집 가까이 가셨을 때 백부장이 친구들을 예수님께 보냈다. 그는 예수님이 자기 집에 오시는 것을 감당하지 못하겠고 또한 자기가 예수님께 가는 것도 합당하지 못하기 때문에 말씀만으로 자기 종을 낫게 해달라고 요청하였다. 예수님은 놀라워하면서 이스라엘 중에 이만한 믿음을 본 적이 없다고 말씀하셨다. 백부장의 친구들이 집에 돌아와서 보니 종은 이미 나아 있었다. 마태복음에는 백부장이 직접 예수님을 찾아 온 것으로 기록되었으나 누가복음에서는 장로들과 친구들을 대신 보낸 것으로 나온다. 유대인은 손님을 청할 때 대신 믿을 만한 사람을 보내기도 한다. 마태는 이런 관점에서 실제로는 장로들이나 친구들이 왔지만 백부장이 왔다고 기록한 것이다. 백부장은 100명의 병사를 지휘하는 로마 군단의 장교이다. 백부장은 자기 부하들이 자기에게 복종하듯이 영들도 예수님께 복종할 것이라고 믿었다. 그는 예수님의 신성을 믿었기에 칭찬을 받았다.

12. 나인 성 과부의 외아들을 살리심(나인): 백부장의 하인을 고치신 다음 날, 예수님께서 나인 성문 가까이 도착하셨을 때 사람들이 한 과부의 죽은 외아들을 메고 나왔다. 예수님이 과부를 불쌍히 여기시어 울지 말라 하신 후 가까이 가서 그 관에 손을 대시니 관을 멘 자들이 멈추었다. 예수님께서는 "청년아 내가 네게 말하노니 일어나라"고 명령하셨다. 그러자 죽었던 청년이 일어나 앉아서 말하기 시작하였다. 모든 사람이 하나님께 영광을 돌려 한 위대한 선지자가 우리 가운데 일어나셨으며 하나님께서 자기 백성을 찾아오셨다고 하였다.

예수님께서는 세 번 사람을 살리셨다(나인성 과부의 아들, 야이로의 딸, 나사로). 자칭 그리스도라고 하는 사람들은 절대 사람을 살리지 못한다. 그들은 인간이기 때문이다. 예수님께서 사람을 살리신 까닭은 설사 죽은 지 아무리 오래 되었어도(과부의 아들도 죽은 지 오래 되어 부패가 진행되었을 것이다) 예수님께서 재림하실 때 성도는 완전한 몸으로 부활한다는 것을 보여주기 위해서다.

13. 풍랑을 잔잔하게 하심(갈릴리 호수): 예수님과 제자들이 배를 타고 갈릴리 호수를 건너고 있었다. 그때 바다(갈릴리 호수)에 큰 폭풍이 일어나 파도가 배를 덮쳤으나 예수님은 계속 주무시고 계셨다. 제자들이 예수님을 깨우며 우리가 죽게 되었으니 구해달라고 하였다. 예수님은 제자들에게 "믿음이 적은 자들아, 어찌 두려워하느냐?"라고 말씀하셨다. 예수님께서 제자들에게 믿음이 적다고 말씀하신 까닭은 예수님과 함께 있으면서도 두려워했기 때문이다. 예수님이 우리와 함께 하신다는 것을 알면서도 두려워한다면 믿음이 적은 것이다. 예수님께서 바람과 바다를 꾸짖으시니 아주 조용해졌다. 바람과 바다가 예수님의 명령에 순종했다는 것은 예수님이 창조주 하나님이심을 말해 주는 것이다.

14. 마귀 들린 두 사람을 치유(거라사): 예수님이 풍랑을 잔잔하게 하신 후 갈릴리 건너편 거라사 지방에 도착하셨다. 예수님은 그 성읍 밖에서 오랫동안 마귀들에게 사로잡힌 두 사람을 만났다. 그들은 무덤에서 지냈다. 그들은 쇠사슬과 족쇄로 묶어도 끊고 부수었기 때문에 아무도 다루지 못했다. 그들은 산에서나 무덤에서 울부짖으며 돌로 자기 몸에 상처내고 있었다. 그들이 예수님을 보고 달려와 "지극히 높은 하나님의 아들 예수시여, 간청하오니 나를 괴롭히지 마소서"라고 외쳤다. 주께서 그들에게 이름이 무엇이냐고 묻자 그들은 군단(군대)이라고 하였다. 마귀들의 이름이 군대인 것은 많은 마귀들이 그 사람 안에 들어 있다는 뜻이다. 마귀들은 예수님께 자기들을 깊은 곳에 들어가라는 명령만은 하지 말아 달라고 하면서 돼지 떼에게 들어가게 해달라고 간청했다. 마귀들이 가고 싶어 하지 않은 깊은 곳은 지옥을 말한다. 예수님께서 허락하시자 그 더러운 영들이 그들에게서 나와 돼지 떼에게 들어가니 돼지 떼 약 이천 마리가 바다로 들어가서 빠져 죽었다. 사람들은 예수님께 그 지방을 떠나 달라고 간구했다. 그 지방 사람들이 예수님께 떠나 달라고 간구한 까닭은 돼지가 몰살당했던 것처럼 자신들의 재산에 더 큰 손해가 발생하는 것을 원하지 않았기 때문이다.

사단과 사탄은 발음상의 차이일 뿐 같은 단어이다. 과거에는 사단이라고 불렀고 지금은 사탄이라고 부른다. 사탄과 마귀는 '대적자', '고소자'라는 뜻으로 같은 존재다(계12:9). 마귀는 하나님이 뛰어나게 창조하였으나 하나님보다 더 높아지려고 하다가 세상으로 쫓겨났다(사14:12-15). 그는 타락한 천사들을 거느리고 있다(벧후2:4). 타락한 천사들이 마귀(사탄)를 따르므로 그들을 마귀들이라고도 하는데 사실 마귀(사탄)는 한 명이다. 귀신은 본래 사람이 죽을 때 남는 혼이라는 뜻이므로 마귀나 타락한 천사와는 무관하다.

15. 혈루증을 앓는 여자를 치유(가버나움): 예수님께서 회당장 야이로의 집에 가시는 중에 12년 동안 혈루증을 앓고 있는 여자가 무리 속에 들어와 예수님의 옷을 만졌다. 그 여자는 예수님의 옷만 만져도 낫게 된다고 생각하였기 때문이다. 그녀는 예수님의 옷을 만지자마자 피가 멈추고 병이 나은 것을 느낄 수 있었다. 예수님은 자기에게서 능력이 나간 것을 아시고 누가 옷을 만졌는지를 물으셨다. 그 여인은 두려워 떨며 주 앞에 엎드려 모든 사실을 말씀드렸다. 예수님은 그 여인에게 네 믿음이 너를 낫게 하였다고 말씀하시고 평안히 가라고 하셨다. 예수님께서 누가 옷을 만졌는지 물어보신 것은 알지 못해서가 아니라 그녀 스스로 나와 고백하기를 원하셨기 때문이다. 예수님은 그녀가 고백하기 전에 이 일을 행한 여자를 알고 계셨다(막5:32). 예수님께서 네 믿음이 너를 낫게 하였다고 말씀하셨는데 여기서 믿음은 예수님을 영접하고 구원 받는 믿음이 아니라 예수님의 옷만 만져도 낫게 되리라는 믿음을 말한다.

16. 야이로의 딸을 살리심(가버나움): 회당장 야이로에게는 열두 살 된 외동딸이 있었다. 그러나 그 아이는 죽어가고 있었다. 야이로는 예수님께 찾아와 자기 집으로 와서 자기 딸이 살아날 수 있도록 안수해 주시길 부탁하였다. 그러나 예수님이 야이로의 집에 가시는 중에 딸은 죽고 말았다. 사람들은 야이로에게 당신의 딸이 죽었는데 왜 예수님을 더 괴롭히느냐고 말하였다. 예수님께서는 야이로에게 두려워 말고 믿기만 하면 낫게 될 것이라며 위로하셨다. 회당장의 집에서 사람들이 울고 크게 통곡하는 모습을 보시고 예수님은 아이가 죽은 것이 아니라 잔다고 하셨다. 예수님의 말을 듣고 모두 비웃었다. 예수님은 그들을 모두 내보내신 후 아이의 부모와 베드로, 야고보, 요한만을 데리고 소녀가 누워 있는 곳에 들어가셨다. 그 소녀의 손을 잡으시고 "달리다굼(소녀야, 일어나라)"이라고 말씀하시자 소녀가 즉시 일어나 걸었다. 예수님께서는 이 일을 아무도 모르게 하라고 당부하시고 소녀에게 먹을 것을 주라고 하셨다. 예수님께서 아이가 죽은 것이 아니고 잔다고 말씀하신 까닭은 죽은 사람은 언젠가는 깨어날 존재이기 때문이다. 죽은 육신은 다시 깨어나는데 예수님을 믿은 사람은 휴거 되지만 믿지 않는 사람은 지옥에 간다(단12:2).

17. 두 소경을 치유(가버나움): 예수님이 야이로의 집을 떠나가실 때 두 소경이 "다윗의 자손이여, 우리를 불쌍히 여기소서"라고 소리 지르며 따라왔다. 두 소경이 예수님을 다윗의 자손이라고 부른 까닭은 예수님이 다윗의 자손으로 오실 메시아라는 사실을 인정하였기 때문이다(눅1:69). 예수님께서 그들에게 내가 이 일을 할 수 있다고 믿느냐고 물으시자 그들이 "주여, 그러하옵니다"라고 대답하였다. 예수님께서 그들의 눈을 만져 주시며 너의 믿음대로 되라고 하시니 그들의 눈이 떠졌다. 예수님은 병자를 불쌍히 여겨 고쳐 주신 것이다(눅7:13). 또한 유대인들은 표적을 봐야 믿기 때문에 병 고치는 능력을 보여주신 것이다(요4:48). 그러나 예수님께서 이 땅에 오신 목적은 병을 고치는 것이 아니라 인류를 구원하는 것이다. 예수님께서 그들에게 아무도 모르게 하라고 당부하셨지만 그들은 온 지방에 소문을 퍼뜨린다. 그들에게 아무도 모르게 하라고 말씀하신 까닭은 예수님이 기적을 행할수록 종교 지도자들이 예수님을 죽이려고 했기 때문에 그들과 대립을 피하기 위해서다.

18. 마귀 들린 벙어리를 치유(가버나움): 사람들이 마귀에게 사로잡힌 벙어리 한 사람을 예수님께 데려왔다. 예수님은 마귀를 쫓아내시고 벙어리가 말을 하도록 고쳐 주셨다. 사람들은 이스라엘에서 이런 일을 본 적이 없다며 놀라워했다. 그러나 바리새인들은 여전히 예수님을 시기하여 예수님이 마귀들의 왕을 의지하여 마귀를 쫓아낸다고 주장하였다.

19. 오천 명을 먹이심(갈릴리 호숫가): 오병이어의 이적은 세례 요한이 죽은 후 얼마 지나지 않아서 행하신 것으로 4복음서에 모두 기록될 만큼 중요한 사건이다. 예수님이 제자들을 데리고 '벳새다'라고 하는 외딴 성읍으로 가셨다. 사람들은 예수님을 따라갔다. 예수님은 그들을 목자 없는 양처럼 가엾게 여기셔서 하나님의 나라에 관해 말씀하시고 병도 치유해 주셨다. 날이 저물기 시작하자 열두 제자가 예수님께 이제 사람들을 가도록 해서 근처에서 유숙하며 음식을 먹도록 하자고 건의하였다. 예수님은 빌립을 시험하여 이 사람들을 위해 어디서 빵을 살 수 있겠느냐고 물으셨다. 빌립은 각자 조금씩 먹는다 해도 이백 데나리온 어치의 빵으로도 부족하다고 하였다. 안드레가 한 소년이 보리빵 다섯 덩어리와 작은 물고기 두 마리를 가지고 있지만 그것으로 이 많은 사람들을 먹이기엔 턱없이 부족하다고 하였다. 그곳에 있는 남자들만 약 오천 명이나 되었기 때문이다. 예수님은 사람들을 오십 명씩 앉게 하신 후 빵과 물고기를 가지고 하늘을 바라보고 축복하신(감사드리신) 후 떼어 제자들에게 나누어 주시며 그 사람들 앞에 놓게 하셨다. 그들이 그것을 배부르게 먹은 후에 예수님은 남은 음식을 모으고 아무것도 버리지 말라고 하셨다. 예수님께서 남은 음식을 버리지 말라고 하신 까닭은 제자들을 먹이기 위해서다. 남은 것을 모으니 열 두 광주리나 되었는데 열 두 제자가 한 광주리씩 먹을 수 있는 양이었다.

   예수님께서는 한 소년이 가진 보리빵과 작은 물고기로 기적을 베푸셨다. 하나님은 이처럼 우리의 섬김과 헌신을 통해 우리와 함께 일하신다(고전3:9). 예수님이 빌립을 시험하신 것은 그가 계산적이고 믿음이 부족했기 때문이다. 빌립은 오병이어의 기적을 보고도 예수님께 하나님을 보여주면 만족하겠다고 말할 만큼 믿음이 부족했다(요14:8). 예수님은 빌립을 책망하시려고 하신 게 아니라 빌립이 깨닫도록 하신 것이다. 예수님의 가르침을 받은 빌립은 예수님이 승천하신 후에 사마리아, 아소도, 가이사랴 등 여러 지역에서 복음을 전했고 소아시아에서 순교한 것으로 전해진다.

20. 바다 위를 걸으심(갈릴리 호수): 오병이어의 기적을 본 사람들이 예수님을 선지자로 여겼다. 예수님은 그들이 자신을 억지로 왕으로 세우려고 한다는 것을 아셨다. 그래서 제자들을 재촉하여 배를 타고 먼저 건너편에 가도록 지시하셨다. 예수님은 무리를 보내신 후 기도하러 산으로 올라가셔서 저물 때까지 혼자 계셨다. 제자들은 배를 타고 바다를 건너 가버나움으로 가고 있었다. 그러나 이미 어두워졌지만 예수님은 아직 오시지 않으셨다. 갑자기 강풍으로 파도가 일어나고 바람이 반대로 불어 제자들이 힘겹게 노를 저었다. 예수님께서 그 모습을 보시고 밤 사경(밤 1시–3시)에 바다 위를 걸어서 제자들에게 오셨다. 예수님이 바다 위로 걸어오시는 모습을 본 제자들은 유령이라고 생각하여 무서워 소리치자 예수님은 제자들을 안심시키셨다. 베드로가 만약 주님이시라면 나에게 물 위로 오라는 명령을 해 달라고 요청하자 예수님께서 허락하셨다. 베드로가 배에서 내려 물 위로 걸어서 예수님께 갔다. 바람이 사나워지는 것을 보고 두려워하자마자 물속으로 가라앉기 시작하였다. 그가 예수님께 구해달라고 소리치자 예수님이 즉시 손을 내밀어 그를 붙잡으시며 믿음이 작은 자여 왜 의심하였느냐고 책망하셨다. 예수님이 배에 오르자마자 바람이 그쳤다. 제자들은 마음이 둔하여 예수님께서 오병이어의 이적을 행하신 것을 기억하지 못했기 때문에 지금 이 상황이 너무나 놀랍기만 하였다. 배에 있던 사람들이 예수님께 경배하며 예수님은 참으로 하나님의 아들이라고 고백하였다. 예수님이 바다(갈릴리 호수)를 건너실 수 있었던 것은 예수님은 피조물이 아니라 창조주이시고 모든 피조물에 대해 절대 주권을 갖고 계신 하나님이시기 때문이다(요1:3). 제자들이 힘겹게 노 젓는 것을 보시고 예수님께서 오셨듯이 예수님은 성도의 어려움을 계속 보고만 계시지 않는다. 우리도 베드로처럼 담대하다가도 넘어지는 경우가 있다. 하지만 포기하지 말고 믿음이 계속 성장하도록 노력해야 한다. 제자들이 마음이 둔하여져 예수님의 기적을 보고 놀란 것처럼 우리도 하나님의 전능하심을 알면서도 제자들처럼 마음이 둔하여지는 경우가 있다.

21. **수로보니게 여인의 딸을 치유(수로보니게):** 예수님께서 두로와 시돈의 경계 지역으로 가셨다. 이방 땅인 두로와 시돈을 가신 게 아니라 그 경계에 있는 이스라엘 땅에 가신 것이다. 예수님은 이처럼 유대 지역에서만 사역하셨으며 제자들에게도 이스라엘의 어린 양에게 가라고 말씀하셨다(마10:5-6). 그러나 유대인들이 예수님이 메시아인 것을 인정하지 않았기 때문에 고넬료를 시작으로 이방인에게 복음이 전해진 것이다. 예수님은 두로와 시돈 경계 지역에서 아무도 모르게 어느 한 집에 들어가셨으나 사람들이 예수님을 알아보았다. 더러운 영이 들린 어린 딸을 둔 한 여자가 예수님의 소문을 듣고 왔다. 그녀는 수로보니게(시리아의 페니키아)에 사는 헬라인으로 그녀의 조상은 가나안이었다. 그녀는 예수님이 계신 근처에서 "주 다윗의 자손이여, 나를 불쌍히 여기소서. 내 딸이 마귀에게 심히 고통 받습니다"라고 소리 질렀다. 그녀는 예수님을 다윗의 자손(메시아)이며 주(하나님)로 고백한 것이다. 예수님께서 그 소리를 듣고도 아무 대답도 하지 않으셨다. 그녀는 예수님의 발 앞에 엎드려 자기 딸에게서 마귀를 쫓아내 주시기를 간구하였으나 예수님은 "나는 이스라엘 집의 잃어버린 양 외에는 다른 데로 보내심을 받지 아니하였다"라고 말씀하셨다. 또 예수님은 그녀에게 자녀가 먼저 배불리 먹어야 하므로 자녀의 빵을 가져다가 개들에게 던져 주는 것이 옳지 않다고 하셨다.

　　예수님께서 말씀하신 자녀는 이스라엘을 말하며(마8:12), 개는 이방인을 말한다(시22:16). 빵은 예수님 자신이면서 생명의 말씀이다(요6:51). 여자는 예수님의 말씀이 옳다고 인정했지만 개들도 제 주인(하나님)의 상에서 자녀들(이스라엘 백성)이 먹던 부스러기를 먹는다고 대답하였다. 이 말은 자신은 개(이방인)가 맞지만 개(이방 여자)의 주인도 하나님이시니 긍휼을 베풀어달라는 뜻이다. 그녀가 자신을 개라고 한 것은 이방인이면서 죄인임을 인정한 것이다. 예수님께 끈질기게 매달린 까닭은 예수님만이 죄를 용서할 수 있으며 구세주이심을 믿었기 때문이다. 예수님은 그녀에게 네 믿음이 크다고 칭찬하시면서 네 소원대로 마귀가 네 딸에게서 나갔다고 말씀하셨다. 그 여자가 집에 돌아가 보니 마귀는 나갔고 아이가 침상에 누워 있었다. 그녀는 자존심을 버렸고 믿음을 가졌기 때문에 원하는 것을 얻을 수 있었다.

22. **귀먹고 말 더듬는 자를 치유(갈릴리 호수 근처):** 예수님이 두로와 시돈 경계에서 갈릴리 호수 근처로 오시자 사람들이 귀먹고 말도 더듬는 한 사람을 데리고 와서 안수해 주기를 간구하였다. 예수님이 그 사람을 무리에게서 따로 떼어 데리고 가시어 손가락을 그의 귀에 넣고 침을 뱉어 그 사람의 혀에 대신 후 하늘을 바라보시고 신음하시며 '에바다'라고 외치셨다. 에바다는 아람어로서 '열리라'는 뜻이다. 그러자 즉시 귀가 열리고 혀가 풀려 분명하게 말할 수 있었다. 예수님께서는 병자를 고치실 때 다양한 방법을 사용하셨다(말씀, 침, 진흙, 안수 등). 예수님께서 병을 고쳐주실 것이라는 사실은 이미 이사야서에 예언되어 있다(사35:4-5).

23. 사천 명을 먹이심(갈릴리 호수): 예수님께서 갈릴리 호숫가 근처에 있는 산에 올라가셔서 그곳에 앉아 계셨을 때 사람들이 다리 저는 사람과 맹인과 말 못하는 사람과 기타 여러 명의 장애인들을 데리고 왔다. 그들을 예수님의 발 앞에 앉히면 예수님께서 고쳐 주셨다. 예수님은 무리들과 사흘 동안 같이 계셨다. 예수님은 무리들을 불쌍히 여겨 제자들을 불러서 무리 중에는 멀리서 온 사람들도 있으니 이들을 굶겨서 보내면 길에서 기진할 것이라고 말씀하셨다. 제자들은 예수님을 신뢰하지 못하여 이 광야에서 어디서 빵을 얻어 이 사람들을 배부르게 하겠느냐고 반문하였다. 제자들은 불과 얼마 전에 오병이어의 기적을 목격하고도 이 광야에서 어디서 빵을 얻어 무리들을 배부르게 할 수 있겠느냐고 하였다. 그들이 그렇게 말한 까닭은 그들의 마음이 완악하기 때문이다(막8:17). 예수님께서 빵이 몇 덩어리가 있느냐고 물으시자 제자들은 일곱 덩어리가 있다고 대답하였다. 예수님은 무리들을 땅에 앉게 하시고 빵 일곱 덩어리로 감사를 드린 후에 떼어 제자들에게 주며 무리 앞에 놓게 했다. 제자들은 작은 물고기 두어 마리도 가지고 있었는데 예수님이 이것도 축복하시고 역시 무리 앞에 놓게 하였다. 그들이 배부르게 먹었음에도 남은 음식들이 일곱 광주리나 되었다. 음식을 배부르게 먹은 사람들이 여자와 어린이 외에 사천 명이었다. 예수님은 전에 갈릴리 호숫가에서 한 소년이 가져 온 보리빵 다섯 덩어리와 물고기 두 마리로 오천 명을 먹이셨다. 이번에는 제자들이 가지고 있던 빵 일곱 덩어리와 작은 물고기 두 마리로 사천 명을 먹이셨다. 예수님은 창조주 하나님이시기 때문에 이런 기적을 베푸실 수 있는 것이다.

24. 벳새다 소경을 치유(벳새다): 예수님이 벳새다에 오시니 사람들이 한 소경을 데려와 예수님께서 만져 주시길 간구하였다. 예수님은 소경의 손을 붙잡고 마을 밖으로 데리고 나가 두 눈에 침을 바르시고 그에게 안수하시며 무엇이 보이느냐고 물으셨다. 그는 사람들이 나무 같이 걸어가는 것이 보인다고 대답했다. 예수님이 다시 두 눈에 안수하여 주셨다. 그러자 그 사람의 눈이 회복되어 모든 사람을 분명하게 보게 되었다. 예수님께서는 능력이 부족하여 소경을 두 번 안수하여 치료하신 게 아니다. 하나님께서는 우리의 질병을 단번에 치료하시기도 하시지만(마9:29-30), 점진적으로 치료하시기도 하신다. 그러므로 우리는 인내를 가지고 기도해야 한다. 또한 예수님께서 다양한 방법으로 소경을 치료하셨듯이 지금 우리가 구원 받을 수 있도록 다양한 방법으로 도와주신다.

25. 마귀 들린 소년을 치유(변화산 근처): 예수님께서 변화산에서 내려오실 때 큰 무리가 예수님을 맞이하였다. 무리 중에 한 사람이 예수님께 꿇어 엎드려서 자기 외아들을 고쳐 달라고 간청하였다. 마귀는 그 아들에게서 떠나지 않고 지배하였는데 그를 부르짖게 하고 경련을 일으켜 거품을 흘리게도 하며 자주 불이나 물에도 넘어지게 하여 상처를 입혔다. 아이의 아버지가 예수님의 제자들에게 마귀를 내쫓아 달라고 요청하였으나 제자들은 하지 못했다. 예수님께서는 믿음이 없고 삐뚤어진 세대여 내가 언제까지 너희와 함께 있으며 언제까지 너희에게 참아야 하겠느냐고 하시며 제자들과 그곳에 있는 모든 사람들을 책망하셨다. 예수님께서 마귀를 쫓아내지 못한 제자들을 책망하신 까닭은 제자들에게 더러운 영을 쫓아내며 모든 병과 모든 약한 것을 고치는 권능을 주었음에도(마10:1), 제자들이 믿음이 부족하여 더러운 영을 쫓아내지 못했기 때문이다.

예수님은 아이를 데려오라고 하셨다. 아이가 예수님을 보자 즉시 마귀가 아이에게 발작을 일으키게 하였기 때문에 땅바닥에 넘어지고 구르며 거품을 흘렸다. 그 아이는 어릴 때부터 이런 증세가 있었다. 아이의 아버지는 마귀가 아이를 죽이려고 불과 물에 자주 던졌다고 말하면서 주께서 무엇인가를 하실 수 있다면 우리를 가엾게 여겨 도와 달라고 하였다. 예수님은 그에게 네가 믿을 수만 있다면 믿는 사람에게는 모든 것이 가능하다고 말씀하셨다. 예수님께서 이 말씀을 하신 까닭은 하나님은 전능하신 분이시기 때문에 하나님을 믿는 사람은 하나님의 능력을 의지해서 모든 것을 할 수 있다는 것을 알려주시기 위해서다. 그러나 자기가 원하는 것을 마음대로 한다는 뜻은 아니다. 하나님 안에서 가능하다는 뜻인데 하나님께서 권능을 주시거나 하나님께서 허락하셔야 가능한 것이다. 아이의 아버지가 울부짖으며 눈물로 "주여, 내가 믿나이다. 나의 믿음 없음을 도와주소서"라고 말하였다. 무리가 달려와 그 모습을 보았다. 예수님께서는 그 더러운 영을 꾸짖으시며 "벙어리이며 귀먹은 영아, 내가 너에게 명하노니 그에게서 나와 다시는 들어가지 말라"고 명하셨다. 그 영이 소리 지르고 그에게 심한 경련을 일으키며 나왔다. 그때 많은 사람이 아이가 죽었다고 말했으나 예수님이 그의 손을 잡아 일으키니 아이가 일어났다. 예수님이 아이를 아버지에게 돌려주자 사람들이 모두 하나님의 위대한 능력에 놀라워했다.

집에 들어가서 제자들은 예수님께 자기들이 왜 그 영을 쫓아내지 못하였는지를 물었다. 예수님은 너희에게 겨자씨 한 알 만큼의 믿음만 있어도 못할 것이 없으며 이 산에게 말하여 여기서 저기로 옮겨지라고 할지라도 옮겨질 것이라고 말씀하셨다. 그리고 기도와 금식으로 이런 더러운 영을 쫓을 수 있다고 말씀하셨다.

26. 물고기 입에서 돈을 꺼내심(가버나움): 세금을 거두는 자들이 베드로에게 와서 예수님은 세금을 내지 않느냐고 물었다. 이 세금은 성전세이다. 성전세는 속죄하기 위해 봉헌하는 것이었으며 이 돈은 성막 봉사에 사용되었다(출30:12-16). 율법에는 인구조사 할 때 빈부에 상관없이 스무 살 넘은 사람은 반 세겔을 성전세로 내야 한다고 기록되어 있다. 반 세겔은 노동자의 이틀 분 품삯이다. 인구조사 할 때 내던 성전세를 매년 내는 것으로 변경하면서부터 유대인이라면 당연히 내야 하는 세금으로 여겨졌다. 베드로는 세금을 거두는 자에게 무심코 예수님도 성전세를 내신다고 대답하였다. 베드로가 집에 들어오자 예수님은 모든 것을 아시고 베드로에게 세상의 왕들이 관세나 국세를 자기 아들들에게 받는지 아니면 타인들에게 받는지를 물으셨다. 베드로가 타인들에게 받는다고 대답하자 예수님께서는 그러면 아들은 세금이 면제된다고 말씀하셨다. 그러나 그들을 실족케 해서는 안 된다고 하시면서 바다에 가서 낚시를 던져 올라오는 첫 번째 물고기를 잡아 입을 열면 동전 한 개를 찾을 것이니 그것을 나와 너를 위해 그들에게 주라고 하셨다. 예수님은 하나님이시므로 성전세를 내실 필요가 없으시다. 그럼에도 지식이 부족하고 믿음이 약한 사람들이 실족하는 것을 염려하여 베드로에게 성전세를 내도록 하신 것이다. 하나님의 자녀 된 우리는 그리스도 안에서 자유를 누릴 수 있다. 그러나 그리스도인의 자유로 인해서 믿음이 약한 사람들이 걸려 넘어지지 않도록 주의해야 한다(고전8:9).

27. 열 명의 문둥병자를 치유(사마리아와 갈릴리 사이): 예수님께서 예루살렘으로 가실 때 사마리아와 갈릴리 사이로 지나가시게 되었는데, 어떤 마을에 문둥병자 열 명이 멀리 서서 예수님을 선생님이라고 부르며 우리에게 자비를 베풀어 달라고 외쳤다. 예수님은 그들에게 제사장들에게 가서 너희 몸을 보여주라고 말씀하셨다. 예수님께서 제사장들에게 너희 몸을 보이라고 말씀하신 까닭은 제사장이 문둥병자를 살펴본 후 율법에 따라 정결하다고 선언해야 다시 공동체 안으로 들어올 수 있었기 때문이다(레14:2). 그들은 가는 도중에 깨끗하게 되었다. 문둥병자들이 제사장들에게 몸을 보여주러 갔다는 것은 제사장이 고쳐줄 것을 믿고 간 것이 아니라 그들이 제사장에게 도착하기 전에 예수님께서 고쳐주실 것을 믿고 간 것이다. 그들은 믿음으로 제사장에게 갔기 때문에 가는 중에 고침을 받았다. 그러나 고침을 받은 문둥병자 중에 사마리아인 한 명만이 자기가 나은 것을 보고 큰 소리로 하나님께 영광을 돌리며 예수님 발 앞에 엎드려 감사를 드렸다. 예수님께서는 그에게 네 믿음이 너를 낫게 하였다고 말씀하셨다. 우리도 믿음으로 하나님께 무언가를 받은 후에 감사를 잃어버리는 경우가 많이 있다. 다시 돌아와서 감사를 드린 한 명은 사마리아 사람이었는데 이는 예수님이 부활하신 후 이방인에게 복음이 전해진다는 사실을 미리 보여주신 것이다.

28. 나면서 소경된 자를 치유(예루살렘): 예수님께서 길을 가실 때 태어날 때부터 소경 된 사람을 만났다. 제자들은 이 사람이 소경으로 태어난 것이 누구 죄인지를 물었다. 예수님은 죄 때문에 소경이 된 것이 아니라 그를 통해 하나님께서 하시는 일을 나타내기 위해서라고 말씀하셨다. 질병의 원인에는 여러 가지가 있지만 예수님은 죄 때문에 소경이 된 것이 아니라고 말씀해 주심으로 그를 죄책감에서 벗어나게 해 주셨다. 예수님은 낮에는 나를 보내신 분의 일들을 행하여야 하지만 밤이 오면 그때는 아무도 일할 수 없다고 하셨다. 그리고 세상에 있는 동안 나는 세상의 빛이라고 말씀하셨다. 예수님이 지상에 계실 때는 낮이지만 떠나시면 밤이 된다. 예수님이 빛이시기 때문이다. 지금 교회시대는 예수님이 지상에 없으시므로 밤이지만 예수님은 우리에게 세상의 빛이 되어 우리의 착한 행실을 보고 사람들이 하나님께 영광을 돌리게 하라고 말씀하신다(마5:16). 예수님은 땅에 침을 뱉어 진흙을 이겨 소경의 눈에 바르시고 소경에게 실로암 못에 가서 씻으라고 지시하셨다. 그가 순종하여 씻으니 눈이 밝아졌다. 예수님께서 왜 이런 방법으로 소경을 치료하셨는지는 정확히 알 수 없지만 진흙과 침은 육신을 말하며 실로암 못은 예수님의 생명의 말씀으로 해석할 수 있다. 그러나 생명의 말씀을 믿고 영적인 눈을 뜨는 것은 전적으로 개인(소경)에게 달려 있다.

29. 나사로를 살리심(베다니): 베다니에 사는 마리아와 언니 마르다가 예수님께 사람을 보내 오빠 나사로가 병들었다는 소식을 전했다. 예수님은 나사로는 죽지 않을 것이며 그 병은 하나님의 영광을 위한 것이라고 하시면서 머무시는 곳에 이틀을 더 계셨다. 예수님께서 나사로가 있는 곳에 도착하셨을 때 그는 이미 죽어 무덤에 묻힌 지 나흘이나 되었다. 예수님께서 나사로가 죽은 후에야 도착하신 까닭은 이미 부패가 진행된 시체를 다시 살려내는 이적을 보여줌으로써 많은 사람들이 하나님께 영광을 돌리게 하고 예수님은 메시아이시며 하나님의 아들임을 확실히 알려주기 위해서다(요11:4,42). 마르다가 예수님을 맞으면서 주님께서 여기 계셨더라면 오빠가 죽지 않았을 것이라고 말하였다. 예수님은 그녀에게 네 오빠가 다시 살아날 것이라고 말하자 그녀는 예수님의 말씀을 오해하여 마지막 날에 부활로 오빠가 다시 살아날 것을 믿는다고 하였다. 유대인들은 마르다처럼 모든 사람이 죽은 후 한 번의 온 인류의 부활과 동시에 온 인류의 심판이 있다고 믿었다. 예수님은 마르다에게 나는 부활이요 생명이니 나를 믿는 자는 죽어도 살 것이며 또 살아서 나를 믿는 자는 누구나 영원히 죽지 아니한다고 말씀하셨다. 나를 믿는 자는 죽어도 산다는 말씀은 휴거가 일어날 때 예수님을 믿었던 자들이 부활한다는 뜻이다. 살아서 나를 믿는 자는 누구나 영원히 죽지 않는다는 말씀은 예수님이 오시면 죽지 않고 바로 휴거 된다는 뜻이다.

예수님은 마리아가 우는 모습과 그녀와 함께 온 유대인들도 우는 것을 보시고 괴로워하셨다. 예수님은 나사로의 무덤 앞에 있는 돌을 치우라고 지시하셨다. 그리고 하나님께 기도하시고 큰 음성으로 "나사로야, 나오너라"라고 하시자 죽었던 나사로가 살아서 나왔다. 예수님께서 하신 일들을 본 많은 유대인들이 주를 믿었다.

30. **허리가 굽어진 여인을 치유(베레아 회당):** 예수님이 안식일에 한 회당에서 가르치실 때 그곳에 십팔 년 동안이나 더러운 영에 사로잡힌 한 여인이 있었는데 그녀는 허리가 굽어져 전혀 펴지 못하였다. 예수님이 그 여인을 보시고 부르셨다. 병자나 병자의 지인들이 예수님께 고침을 받기 위해 오는 경우가 있었지만 이번에는 예수님께서 허리가 굽어진 여인에게 먼저 다가가셨다. 이렇듯 구원을 받기 위해 우리가 하나님께 나아가기도 하지만 하나님께서 찾아오시는 경우도 있다. 여인은 예수님께 나아갔다. 여인처럼 개인이 믿음으로 하나님께 나아가야 구원을 받을 수 있다. 예수님은 여인에게 너의 병약함에서 풀려났다고 말씀하시고 안수해 주셨다. 그 즉시 허리를 펴고 하나님께 영광을 돌렸다. 여인은 예수님의 말씀을 믿고 허리를 폈다. 그리고 병 고침 받은 것이 자기의 공로가 아니라 하나님의 은혜임을 알고 하나님을 찬양하였다. 회당장은 안식일이 아닌 날이 육 일이나 있는데 왜 굳이 안식일에 병을 고치냐면서 예수님께 화를 내었다.

31. **수종병 걸린 사람을 치유(한 바리새인의 집):** 예수님께서 안식일에 한 바리새인의 집에 식사 초대를 받아 가셨다. 그곳에 수종병 걸린 한 사람이 예수님 앞에 있었다. 수종병은 환부에 물이 차서 지속적으로 피부 조직이 부어오르는 병이다. 이 병에 걸린 사람은 다리와 발이 크게 부어올라 걷지도 못하게 된다. 율법사들과 바리새인들이 예수님을 고소할 것을 찾고자 유심히 지켜보았다. 이를 아시고 예수님은 율법사들과 바리새인들에게 안식일에 병 고쳐 주는 것이 합당한 일인지 물으셨다. 그들이 아무 말이 없자 병자를 고쳐주시고 가도록 하였다. 예수님께서는 율법사들과 바리새인들에게 너희 중 누가 나귀나 소가 웅덩이에 빠지면 안식일이라고 해서 즉시 끌어내지 않겠느냐고 물으셨다. 그들은 안식일에 관하여 예수님께 어떤 대답도 하지 못했다. 그들은 예수님의 말씀을 듣고서 옳다고 대답했어야 했다. 그들은 겸손하게 자신의 부족함을 깨닫고 예수님이 하나님의 아들이심을 인정했어야 했다. 그러나 그렇게 하지 않았다. 구원은 자기가 죄인임을 깨닫고 예수님을 마음으로 영접해야 한다. 율법사나 바리새인처럼 아무 능력도 없으면서 예수님을 끝까지 인정하지 않는 어리석은 자들이 되지 말아야 한다.

32. 두 소경을 치유(여리고): 예수님이 여리고를 나가실 때 제자들과 많은 사람들이 따랐다. 소경 바디매오와 다른 한 소경이 대로에 앉아서 구걸하고 있었는데 마침 나사렛 예수께서 지나가신다는 말을 듣고 "다윗의 자손 예수여, 우리에게 자비를 베푸소서" 하고 소리질렀다. 두 소경이 예수님을 다윗의 자손으로 불렀다는 것은 예수님이 메시아이심을 인정한 것이다. 많은 사람이 잠잠하라고 꾸짖었으나 그들은 더욱 크게 소리 질러 같은 말을 반복했다. 예수님께서 소경들을 부르시자 그들이 겉옷을 던져 버리고 일어나 예수님께 나왔다. 두 소경처럼 애타게 하나님을 찾으면 하나님은 응답해 주신다. 누구라도 하나님을 찾으려고 하면 하나님께서는 어떤 방법을 써서라도 만나주신다. 예수님께서 두 소경에게 무엇을 하여 주기를 원하느냐고 물으시자 그들은 "주여, 보기를 원하나이다"라고 대답하였다. 예수님이 그들을 불쌍히 여기셔서 그들의 눈을 만지시고 "가라. 네 믿음이 너를 구원 하였느니라"라고 말씀하셨다. 즉시 그들이 보게 되었으므로 하나님께 영광을 돌리며 그 길로 예수님을 따랐다. 예수님이 병자를 치유하는 방법은 여러 가지인데 여기서는 말씀만으로 치유하셨다. 예수님께서 네 믿음이 너를 구원했다고 말씀하셨는데 여기서 구원은 육체의 구원을 말하는 것이다. 육체의 구원을 받은 소경들이 예수님을 따른 것처럼 혼이 구원 받은 우리도 예수님을 따르는 삶을 살아야 한다.

33. 무화과나무를 마르게 하심(예루살렘): 예수님과 제자들이 이른 아침에 베다니에서 나와 예루살렘 성으로 가시는 길에 예수님께서 시장함을 느끼셨다. 멀리서 길 가에 잎사귀 있는 한 무화과나무를 보시고 혹시 열매가 있을까 하여 가셨으나 아직 무화과 때가 아니므로 열매가 없었다. 예수님은 나무에게 이제부터 영원토록 사람이 네게서 열매를 따 먹지 못할 것이라고 하셨다. 다음 날 아침 어제 갔던 그 길을 지나갈 때에 무화과나무가 뿌리로부터 말라 버린 것을 보고 베드로가 어제 일을 기억하여 예수님께 저주하신 무화과나무가 말라 버렸다고 말하였다. 예수님은 제자들에게 하나님을 믿으라고 말씀하시면서 누구든지 이 산더러 옮겨져 바다에 빠지라고 말한 다음 그대로 될 것이라고 믿으면 말한 대로 이루어진다고 하셨다. 또 너희가 기도할 때에 바라는 것들은 무엇이나 받은 것으로 믿으면 너희 것이 될 것이라고 하셨다. 무화과나무는 이스라엘을 뜻한다. 하나님께서 이스라엘에게 큰 기대를 거셨지만 그들은 열매를 맺지 못하였다(렘8:13). 이스라엘은 예수님께서 재림하실 때까지 열매를 맺지 못할 것이다. 하나님께서는 전능하시기 때문에 우리가 어떤 기도를 해도 다 들어주실 수 있다. 우주를 말씀으로 만드신 분에게 산을 옮기는 일은 아주 쉬운 일이다. 기도의 기본은 하나님의 전능하심을 믿고 의심해서는 안 된다는 것이다. 하지만 기도 응답은 하나님의 뜻과 계획에 따라 결정되는 것이지 무조건 다 들어주시는 것은 아니다.

34. 말고의 잘린 귀를 치유(겟세마네 동산): 예수님께서 제자들과 겟세마네 동산에 계실 때 가룟인 유다가 대제사장들과 바리새인들이 보낸 관원들과 군인들을 이끌고 왔다. 유다가 예수님께 입 맞추려고 가까이 오자 예수님이 유다에게 입맞춤으로 인자를 배반하느냐고 말씀하셨다. 제자들이 전개되는 상황이 심각함을 알고 예수님께 우리가 칼로 저들을 칠 것인지를 물었다. 베드로가 칼을 가지고 있었는데 예수님의 허락도 없이 그것을 빼어 대제사장의 종 말고의 오른쪽 귀를 베어 버렸다. 예수님께서 베드로에게 칼을 칼집에 꽂으라고 하신 후 아버지께서 주신 잔을 내가 마셔야 한다고 하셨다. 그리고 말고의 귀를 만져 낫게 하셨다. 예수님이 잘린 말고의 귀를 주워서 붙여주셨는지 아니면 귀를 만져 다시 생겨나게 하셨는지는 정확히 알 수는 없지만 귀를 만져 귀가 다시 생겨나게 하신 것으로 보아야 할 것이다. 예수님은 하나님의 뜻을 이루기 위해 순순히 잡혀 가셨다. 예수님은 잡혀 가면서도 그들에게 제자들은 가도록 내버려 두라고 요청하셨다.

35. 부활 후 많은 물고기를 잡게 하심(갈릴리 호수): 예수님이 부활하셨지만 제자들은 당장 무엇을 해야 할지 알지 못했다. 베드로와 몇 명의 제자들이 고기를 잡으러 갔는데 아침까지 아무것도 잡지 못하였다. 예수님께서 바닷가(갈릴리 호숫가)에 서서 제자들을 기다리셨는데 제자들은 예수님을 알아보지 못하였다. 예수님이 제자들에게 먹을 것이 있느냐고 물으시자 제자들은 없다고 대답하였다. 예수님은 그들에게 그물을 배 오른편에 던지면 고기를 잡을 것이라고 말씀하셨다. 그들이 그물을 던졌더니 고기가 너무 많아서 그물을 끌어올릴 수 없었다. 요한이 예수님을 알아보고 베드로에게 "주시다"라고 말하니 베드로가 겉옷을 두르고 바다로 뛰어 들었다. 예수님은 제자들을 처음 만나셨을 때 사람을 낚는 어부가 되게 해주겠다고 약속하셨다(마4:19). 그러나 제자들은 예수님의 부활을 보고도 자신들이 무엇을 해야 하는지 깨닫지 못하고 다시 고기를 잡으러 간 것이다. 예수님께서는 그들을 책망하지 않으시고 도리어 고기를 많이 잡게 해 주셨다. 예수님은 베드로에게 내 양을 먹이라고 세 번이나 말씀하시면서 사람을 낚는 어부가 되라는 말을 상기시켜 주셨다(요21:15-17).

예수님께서 갈릴리 호수 인근의 산에서 설교하신 팔복은(마5:1-12) 구원 받기 위한 조건이 아니라 구원 받은 사람들이 하나님 나라의 백성으로서 가져야 할 마음가짐을 설명한 것이다.

1. **영이 가난한 자들은 천국이 그들의 것이다**: 영이 가난하다는 것은 영적 충만이 자기 힘으로 되는 것이 아니라는 것을 깨닫고 하나님의 은혜와 권능에 전적으로 의지하는 마음 상태를 말한다. 하나님은 인간의 조건과 자격을 보고 구원해 주시는 것이 아니라 자신이 죽을 수밖에 없는 죄인임을 인정하고 예수 그리스도만이 구원자임을 고백하는 자를 구원해 주신다.

2. **애통하는 자들은 위로를 받는다**: 애통하다는 것은 영이 가난한 상태에서 세상과 사탄과 죄로 인해 하나님과의 관계가 멀어지는 상황을 슬퍼하는 것이다. 하나님께서는 애통하는 자들에게 다가와 위로하시며 세상에서 이길 수 있도록 힘을 북돋아 주신다.

3. **온유한 자들은 땅을 유업으로 받는다**: 온유하다는 것은 세상 속으로 가려는 자신의 의지를 꺾고, 하나님께서 세상의 죄악과 사탄의 공격으로부터 자신을 지켜주실 것을 확신하며, 하나님의 뜻대로 생각하고 행동하는 것이다. 하나님은 온유한 자에게 많은 일을 맡겨서 하나님의 나라를 확장시키신다.

4. **의에 굶주리고 목마른 자들은 배부를 것이다**: 의에 굶주리고 목마르다는 것은 자신의 삶과 인생이 하나님의 의를 나타내려는 생각으로 가득 찬 상태를 말한다. 그것은 종교 활동을 열심히 하는 것을 말하는 것이 아니라 자신의 삶을 통해 다른 사람을 섬기는 것이다. 하나님께서는 의에 굶주리고 목마른 자들을 통해 많은 사람들이 구원 받게 하신다.

5. **긍휼히 여기는 자들은 긍휼히 여김을 받는다**: 긍휼이 여긴다는 것은 구원 받지 못한 사람을 그 모습 그대로 불쌍히 여기며 그 사람의 구원을 위해 하나님께 사랑과 은혜를 간구하는 것이다. 긍휼히 여기는 자에게 하나님은 긍휼을 더 채워 주신다.

6. **마음이 청결(순결)한 자는 하나님을 볼 것이다**: 마음이 청결하다는 것은 모든 것이 하나님의 섭리임을 믿고 조금도 의심하지 않으며 모든 일을 하나님의 영광을 위해 하는 것이다. 마음이 청결한 자는 빛 가운데로 걸어가기 때문에 하나님의 영광의 광채가 그를 통해 드러난다.

7. **화평케 하는 자들은 하나님의 자녀라 불린다**: 화평케 한다는 것은 불신자들을 섬기고 전도하여 그들이 예수님을 믿음으로 하나님과 죄인과의 관계를 회복시켜 주는 것이다. 화평케 하는 자는 예수님의 모습으로 살아가기 때문에 하나님의 자녀로 불린다.

8. **의를 위하여 핍박을 받는 자들은 천국이 그들의 것이다**: 의를 위하여 핍박을 받는다는 것은 흑암을 싫어하고 빛을 좋아하며 하나님의 뜻대로 살기 때문에 세상으로부터 핍박을 받는다는 것이다. 의를 위하여 핍박받는 자는 하늘나라에서 높은 위치와 신분을 보장해 주신다.

누룩은 빵이나 술을 만들 때 사용하는 발효제이다. 구약에서 하나님께서는 유월절과 무교절 기간 동안에 누룩을 넣지 않은 빵(무교병)을 먹으라고 하셨는데 이는 이스라엘 백성들이 이집트를 떠날 때 빵이 발효되기를 기다릴 시간도 없이 서둘러 떠났음을 상기시켜 주기 위해서다(출23:15). 하나님께 드리는 화제에도 꿀과 누룩이 들어가는 것을 금지하였다(레2:11). 화제로 드린 제물 중 남은 음식 제물을 먹을 때도 누룩을 넣지 말고 먹어야 한다(레10:12). 그러나 예외적으로 누룩 있는 빵을 화목제의 감사 희생 제물과 함께 드렸으며(레7:13) 고운 가루에 누룩을 넣어서 구운 것을 첫 요제로 여호와께 드리는 경우가 있었다(레23:17).

신약에서는 아래와 같이 누룩을 거짓 교리나 형식주의, 외식주의, 세속주의, 음행, 이단, 탐욕, 우상숭배 등 부정적으로 비유한다.

1. 예수님께서는 바리새인들과 사두개인들의 누룩을 주의하고 조심하라고 말씀하셨다(마16:6). 예수님의 제자들은 누룩이 바리새인들과 사두개인들의 잘못된 교리를 가리킨다는 것을 깨달았다(마16:12). 바리새인들과 사두개인들은 하나님을 잘 알지 못했기 때문에 형식주의와 외식주의에 치중하였다(눅12:1).

2. 예수님은 바리새인들의 누룩과 헤롯의 누룩을 주의하라고도 말씀하셨다(막8:15). 여기서 헤롯의 누룩은 권력욕과 같은 세속주의를 말한다.

3. 사도 바울은 적은 누룩이 온 반죽을 부풀게 한다고 말했다(갈5:9). 여기서 누룩은 율법주의, 거짓 교리, 이단 등을 말한다. 바울은 이방인 신자들에게 할례를 강요하는 유대주의자들을 책망하면서 오직 그리스도의 십자가 구속으로만 구원을 받는다고 가르쳤다.

4. 사도 바울은 고린도 교회를 향하여 묵은 누룩을 떼어버려야 하며 묵은 누룩이나 악하고 가증한 누룩으로 유월절을 지키지 말라고 했다(고전5:6-8). 여기서 묵은 누룩은 고린도 교인 중에 음행하는 자를 말한다. 악하고 가증한 누룩은 탐욕이나 약탈, 우상숭배 등의 죄를 말한다.

5. 예수님은 천국을 어떤 여인이 가져다가 가루 서 말에 숨겨 넣어 전체를 부풀게 한 누룩으로 비유하셨다(마13:33). 이 비유는 복음이 온 세상에 확산된다는 뜻이 아니다. 여기서 여자는 음녀이다(계17:1-6). 가루는 예수님과 그분의 말씀을 말하며(롬11:16), 누룩은 거짓 교리나 죄를 말한다(마16:6, 고전5:8). 반죽은 교회이다. 따라서 이 비유는 거짓 교리를 전파하는 자나 단체가 하나님의 말씀을 거짓 교리로 바꾸어 교회를 오염시키고 천국에 들어가지 못하게 하는 것을 알려주며, 그들과 추종자들은 마지막 때 처벌을 받는다는 사실을 알려 준다.

마태복음 13장에서 예수님은 천국에 관한 신비를 비유로 말씀하셨다. 이 비유들은 하나의 주제를 담고 있다. 그것은 하나님을 믿는다고 말하는 자들 중에는 거듭난 그리스도인도 있지만 가짜 그리스도인도 섞여 있으며 세상 끝에 가짜를 분별하여 지옥에 던지시겠다는 내용이다.

1. 씨 뿌리는 자가 씨를 뿌렸는데 어떤 씨는 길가에 떨어져서 새들이 와서 먹어 버렸고, 어떤 씨는 흙이 많지 않은 돌밭에 떨어져서 싹은 나왔으나 해가 솟아오르자 시들고 뿌리가 없어 말라 버렸다. 어떤 씨는 가시떨기 사이에 떨어져서 가시떨기 때문에 자라지 못하였다. 어떤 씨는 좋은 땅에 떨어져서 어떤 것은 100배, 어떤 것은 60배, 어떤 것은 30배의 열매를 맺었다. ⇨ 예수님께서는 이 비유를 직접 풀어주셨다. 길가에 씨가 뿌려졌다는 것은 누구든지 천국(왕국)의 말씀을 듣고도 깨닫지 못하면 악한 자가 와서 그 사람의 마음에 뿌려 놓은 것을 빼앗아 간다는 뜻이다. 돌밭에 씨가 뿌려졌다는 것은 그 말씀을 듣고 즉시 기쁨으로 받으나 그 사람 안에 뿌리가 없으므로 잠시 견디다가 환난이나 박해가 닥쳐오면 즉시 실족한다는 뜻이다. 가시떨기 사이에 씨가 뿌려졌다는 것은 말씀을 듣기는 하나 이 세상 염려와 재물의 미혹이 말씀을 억눌러 열매를 맺지 못한다는 뜻이다. 좋은 땅에 씨가 뿌려졌다는 것은 그 말씀을 듣고 깨달아 열매를 맺는다는 것이다. 좋은 땅에 씨가 뿌려진 사람 중에 어떤 사람은 100배로, 어떤 사람은 60배로, 어떤 사람은 30배로 열매를 맺는다.

2. 천국은 좋은 씨를 자기 밭에 뿌린 사람과 같다. 사람들이 잠자는 동안 원수가 와서 곡식 사이에 가라지(독보리)를 뿌리고 가버리니 싹이 나고 패일 때에 가라지가 나왔다. 주인이 가라지가 있다는 것을 알았지만 가라지를 뽑다가 곡식까지 함께 뽑힐까 염려하여 추수 때까지 함께 자라도록 하였다. 추수 때에 추수꾼들에게 지시하여 먼저 가라지는 불사르기 위해 단으로 묶게 하고 곡식은 주인의 곳간에 모아들이도록 하였다. ⇨ 이 비유도 예수님께서 직접 설명해 주셨다. 좋은 씨를 뿌리는 자는 인자(예수님)이고 밭은 세상이며 좋은 씨는 천국(왕국)의 자녀들이다. 가라지는 악한 자의 자녀들이며 가라지를 뿌린 그 원수는 마귀이다. 추수는 세상 끝이고 추수꾼들은 천사이다. 예수님께서는 천사들을 보내 실족하게 하는 자들과 불법을 행하는 자들을 그의 왕국에서 가려내어 모은 후 불타는 용광로 속에 던질 것이다. 그러나 의인들은 그들의 아버지의 왕국에서 해처럼 빛날 것이다.

3. 천국은 어떤 사람이 자기 밭에 뿌린 겨자씨 한 알 같다. 그 작은 씨가 자라 커지고 나무가 되면 공중의 새들이 와서 그 가지에 깃들인다. ⇨ 겨자씨를 뿌린 사람은 가라지를 뿌린 원수와 같은 인물로 곧 마귀이다(마13:39). 겨자씨는 믿음을 뜻하는데(마17:20) 여기서는 거짓 믿음을 말한다. 나무는 그리스도를 대적하는 왕국의 모습이다(단4:20-23). 공중의 새는 악한 영들이다(마13:4). 이들도 세상 끝에 불타는 용광로 속에 던져질 것이다.

4. 천국은 어떤 여인이 가져다가 가루 서 말에 숨겨 넣어 전체를 부풀게 한 누룩과 같다. ⇨ 여기서 여자는 음녀이다(계17:1-6). 가루는 예수님과 그분의 말씀을 말한다(롬11:16). 숫자 3은 성경에서 완전하고 거룩한 수로 본다. 누룩은 거짓 교리나 죄를 뜻한다(마16:6, 고전5:8). 반죽은 교회이다. 이 비유는 거짓 교리를 전파하는 자나 단체가 하나님의 말씀을 거짓 교리로 바꾸어 교회를 오염시키고 천국에 들어가지 못하게 한다는 뜻이다. 그들과 그들의 추종자들도 가라지처럼 세상 끝에 심판을 받게 된다.

5. 천국은 밭에 숨긴 보물과 같다. 어떤 사람이 그것을 찾은 후에 숨기고 기뻐하며 돌아가서 자기의 모든 소유를 팔아 그 밭을 샀다. ⇨ 자기의 모든 소유를 팔아 밭을 산 사람은 그리스도인을 말하는 것이 아니다. 왜냐하면 자기의 소유를 모두 내놓는다고 하더라도 세상을 살 수 있는 능력이 있는 사람은 아무도 없기 때문이다. 이 비유에서 어떤 사람은 예수님을 말한다(마13:37). 밭은 구원을 말하는 것이 아니다. 구원은 자기의 모든 소유를 판다고 해서 얻어지는 것이 아니라 하나님의 은혜로 얻는 것이기 때문이다. 밭은 세상이라고 예수님이 말씀하셨다(마13:38). 자기 모든 소유를 팔아 밭을 샀다는 것은 예수 그리스도께서 십자가의 대속으로 세상을 구원하셨다는 뜻이다. 보물은 의인이다(마13:43). 해처럼 빛나는 의인이 바로 빛나는 보물이다. 이 의인은 예수 그리스도를 마음으로 영접하여 의롭다고 칭함을 받은 그리스도인이다. 예수 그리스도는 자기를 마음으로 영접할 의인들을 위해 희생하신 것이다.

6. 천국은 좋은 진주를 찾는 상인과 같다. 그가 매우 값진 진주를 하나 찾아서 자기의 모든 소유를 팔아 그것을 샀다. ⇨ 밭에 숨긴 보물과 같은 비유이다. 좋은 진주는 예수 그리스도를 믿는 의인이고, 상인은 예수 그리스도이시다.

7. 천국은 갖가지 종류의 물고기를 모으기 위해 바다에 던져 놓은 그물과 같다. 그물이 가득차면 끌어올려 좋은 것은 그릇에 담고 나쁜 것은 버린다. ⇨ 예수님께서 이 비유를 직접 설명해 주셨다. 좋은 것은 의인들이며 나쁜 것은 악인들이다. 그것을 선별하는 자는 천사들이다.

당시 유대인들은 이 땅에서 자기들을 구원할 메시아를 기다렸기 때문에 예수님이 말씀하신 천국의 신비에 관한 비유들을 이해할 수 없었다. 예수님이 세상 죄를 대속하시고 십자가에 못 박혀 죽으실 것을 상상하지 못했을 뿐더러 부활하시고 승천하신 뒤 교회 시대가 오고 다시 재림하실 것이라는 사실은 더더욱 몰랐다. 따라서 이 비유는 유대인들에게는 보아도 보지 못하고 들어도 듣지 못하며 깨닫지도 못하는 비유이다(마13:13). 예수님께서는 천국에 관한 교훈을 받은 모든 서기관들(제자들, 그리스도인들)은 보물창고에서 새 것들(신약의 말씀들)과 옛 것들(구약의 말씀들)을 잘 접목시켜 예수 그리스도를 전파하라고 말씀하셨다(마13:52).

어떤 사람이 예수님께 구원받은 사람의 수가 많은지 아니면 적은지를 물어보았다. 예수님께서는 좁은 문으로 들어가도록 힘쓰라고 하시면서 많은 사람이 그 문에 들어가려고 하겠지만 일단 집주인이 문을 닫으면 문을 열어달라고 해도 열어주지 않으며 그들을 모른다고 할 것이라고 말씀하셨다. 그들이 집주인에게 우리가 주의 면전에서 먹고 마셨으며 주께서도 우리를 가르치셨다고 말할지라도 집주인은 그들이 어디서 온 자들인지도 모른다고 할 것이며 오히려 불법을 행하는 자들로 취급하여 내게서 떠나라고 말할 것이라고 하셨다. 예수님은 아브라함과 이삭과 야곱과 모든 선지자가 하나님의 나라에 있는 것을 보게 될 것이나 그들은 쫓겨나서 울며 이를 갈 것이라고 말씀하셨다. 또 사람들이 동서남북으로부터 와서 하나님의 나라에 앉을 것인데 나중 된 자로 먼저 되고 먼저 된 자로 나중 될 자가 있을 것이라고 하셨다(눅13:22-30).

➪ 좁은 문은 경건하고 도덕적인 삶을 말하는 것이 아니다. 좁은 문은 예수 그리스도 자신이시다. 예수님께서는 자신이 문이며 누구든지 나를 통해서 들어가야만 구원을 받는다고 말씀하셨기 때문이다(요10:9).

많은 사람이 좁은 문에 들어가려고 하지만 들어가지 못한다. 사람들이 들어가려고 하는 문은 좁은 문이 아니라 자신들이 옳다고 생각하는 구원의 문이다. 많은 사람들은 구원의 방법을 자신이 정한다. 어떤 사람은 기부를 많이 하고 어떤 사람은 봉사를 많이 한다. 어떤 사람은 우상숭배를 하고 어떤 사람은 수행을 한다. 종교마다 구원을 얻는 방법도 다르다. 그러나 인간이 만든 구원의 길은 모두 멸망으로 가는 넓은 길이다(마7:13).

집주인에게 문을 열어달라고 간청하는 사람은 그리스도인이 아니다. 왜냐하면 그리스도인은 이미 하나님의 아들이 되었고 그리스도의 신부가 되었기 때문에 행실이 부족하다고 해서 주님이 모른다고 말하지 않기 때문이다(갈4:9). 문을 열어달라고 간청하는 사람은 유대인이며 집주인은 예수님이시다. 당시 유대인들 중에는 예수님과 같이 먹고 마신 사람도 많았으며 그분의 가르침을 직접 들은 사람도 많이 있었다. 그러나 대다수는 예수님을 구주로 영접하지 않았다. 불법은 비도덕적인 행동을 말하는 것이 아니라 예수님을 구주로 영접하지 않는 불순종을 말한다. 예수님은 유대인들에게 너희들이 나와 같이 먹고 마시며 나를 알고 나의 가르침을 들었다고 해서 구원 받는 것이 아니라 나를 진심으로 구주로 영접해야 구원 받을 수 있다는 것을 가르쳐 주신 것이다. 먼저 된 자로 나중 되는 자는 유대인을 말하며 나중 된 자로 먼저 된 자는 이방인으로서 그리스도를 영접한 사람을 말한다. 먼저 된 자로 나중 된 자는 그리스도인과 상관없기 때문에 먼저 예수님을 믿은 사람이 나중에 믿은 사람보다 믿음이 부족해질 수 있다는 식으로 해석하면 안 된다.

세리와 죄인들이 예수님의 말씀을 듣기 위해 나아왔다. 바리새인과 서기관들은 예수님께서 죄인들을 영접하고 죄인들과 함께 음식을 먹는다고 불평하였다. 그들은 세리와 죄인들을 혐오했기 때문이다. 예수님께서는 그들에게 비유로 말씀하셨다.

예수님은 만약 양 100마리 중 한 마리를 잃는다면 너희 중에 누구라도 99마리를 광야에 두고 그 잃어버린 양을 찾을 것이라고 하셨다. 그 양을 찾으면 자기 어깨에 메고 집에 돌아와 친구와 이웃들에게 잃어버린 양을 찾았으니 함께 기뻐하자고 말할 것이라고 하시면서 이와 같이 하늘에서도 회개할 필요가 없는 99명의 의인들보다 한 사람의 죄인을 더 기뻐한다고 말씀하셨다.

⇨ 양을 찾는 목자는 예수님이시다(요10:11). 비유에 나와 있는 양들은 이스라엘 백성들을 말한다(마10:6). 잃어버린 양은 지금의 그리스도인을 말하는 것이 아니다. 당시에는 그리스도인들의 존재를 몰랐을 뿐더러 한 번 구원 받은 그리스도인을 하나님께서는 절대로 잃어버리시지 않으시기 때문이다. 잃어버린 양 한 마리는 세리와 죄인을 말하고, 양 99마리는 바리새인과 서기관들을 말한다. 바리새인과 서기관들을 회개할 필요가 없는 99명의 의인이라고 말씀한 것은 그들이 정말 의인이라서가 아니라 그들이 자칭 의인이라고 생각하고 있기 때문에 예수님께서 역설적으로 말씀하신 것이다.

정확히 말하면 목자가 양을 잃어버린 것이 아니라 양이 목자를 떠난 것이다. 하나님께서는 스스로 떠난 양을 안타깝게 여기시며 자신이 잃어버렸다는 표현을 쓰신 것이다. 양을 찾은 목자는 양을 자기 어깨에 메고 집에 들어온다. 사실 잃어버린 양은 이런 대접을 받을 자격이 없지만 목자는 양을 책망하지도 않고 오히려 다른 양보다 귀하게 대하였다. 잃어버린 양은 목자의 어깨에 있을 때 그분의 사랑을 느꼈을 것이다. 목자를 떠나서는 아무것도 할 수 없음을 깨닫고 다시는 목자 곁을 떠나지 않겠노라고 다짐했을 것이다.

광야에 남아 있던 99마리의 양은 목자의 어깨에 올라가 있는 양을 보며 시기와 분노를 느꼈을 것이다. 자기들은 목자를 떠나지도 않았고 그의 명령도 모두 지켰지만, 목자를 떠난 양보다도 못한 대접을 받고 있다고 생각했을 것이다. 예수님께서는 바로 바리새인과 서기관들의 그런 생각을 책망하신 것이다. 바리새인과 서기관들은 하나님을 잘 안다고 생각했지만 실상은 하나님을 잘 몰랐다. 그들은 하나님께서 율법을 잘 알고 율법을 잘 지키는 사람만을 사랑하시고 그렇지 못한 사람을 미워하신다고 오해하였다. 하나님은 외모를 보시지 않고 중심을 보시며 모든 사람이 죄인임을 깨닫고 회개하여 하나님께로 돌아오기를 원하신다. 잃어버린 양의 비유를 통해 구원은 개인이 믿음으로 얻는 것이지만, 하나님께서도 인간이 구원을 얻도록 일하고 계신다는 사실을 알 수 있다.

예수님께서 바리새인과 서기관들에게 잃어버린 양의 비유와 잃어버린 은전의 비유를 말씀해 주신 까닭은 하나님은 모든 사람이 죄를 회개하고 하나님께로 돌아오기를 원하시며 이를 위하여 일하시고 그들이 돌아왔을 때 기뻐하신다는 것을 알려 주시기 위해서다.

예수님께서는 바리새인과 서기관들에게 잃어버린 아들의 비유를 말씀해 주셨다. 어떤 사람에게 두 아들이 있는데 작은아들이 아버지에게 자신의 몫을 요구하여 받은 후 먼 나라로 가서 방탕하게 생활하면서 재산을 모두 탕진하였다. 작은아들은 어떤 사람 밑에서 돼지를 치며 더부살이를 하게 되었다. 배가 고파서 돼지가 먹는 곡식 껍질로 배를 채우고자 했으나 그마저도 주는 사람이 없었다. 그는 아버지의 집으로 돌아가서 자기가 죄를 지었다는 것을 고백하고 아버지의 품꾼으로 삼아달라고 부탁하기로 결심하였다. 아버지가 멀리서 작은아들을 보고 가엾게 여겨 달려가 목을 안고 입을 맞춘 후 종들에게 가장 좋은 옷을 입히게 하였으며 손에 가락지를 끼워 주고 발에 신을 신겨 주도록 하였다. 그리고 살진 송아지를 잡아서 먹고 즐기도록 하였다. 그때 큰아들이 들에서 돌아와 자기의 동생이 돌아왔으며 그를 위해 살진 송아지를 잡았다는 말을 듣고 화가 나서 집에 들어가지 않았다. 큰아들은 재산을 탕진한 동생에게는 살진 송아지를 잡아주었으면서 자기에게는 그렇게 한 일이 없었다고 불만을 털어놓았다. 아버지는 큰아들에게 동생이 죽었다가 다시 살아났고 잃어버렸다가 찾았기에 기뻐하는 것이 당연하다고 말하였다.

⇨ 잃어버린 양과 은전의 비유가 인간을 구원으로 인도하시려는 하나님의 사랑을 표현했다면 이 비유는 하나님의 부르심에 인간이 어떻게 행동해야 구원을 받을 수 있는지 가르쳐 준다.

비유에서 아버지는 하나님이시다. 잃어버린 작은 아들은 그리스도인을 말하는 것이 아니다. 그리스도인은 한번 구원을 받았으면 그것을 잃어버리지 않기 때문이다. 작은아들은 세리나 창녀 같은 죄인을 말하며 큰아들은 바리새인과 서기관들을 말한다.

이 비유는 인간이 구원받는 과정을 알려주는 것인데, 작은아들은 아버지 없이 자기 뜻대로 살고자 했으나 실패하였다. 그는 아버지 안에 있었을 때 풍족하였음을 깨닫고 자신이 아버지 앞에 죄를 지었다고 고백하였다. 그래서 다시 아버지에게 돌아가 자기를 받아주기를 구하였다(눅15:18-21). 비유를 통해 구원은 자기의 죄와 비참함과 자기 스스로는 죄의 문제를 해결할 수 없음을 깨닫고 예수 그리스도를 마음으로 영접해야 얻을 수 있다는 진리를 알 수 있다. 무엇보다도 이 과정에서 죄로부터 돌아서서 하나님께로 향해야 한다.

큰아들은 자신도 죄인이라는 것을 모른 채 의롭다고 생각하고 회개할 줄 모르는 사람이다. 그는 아버지의 명령을 거역한 적이 없었다고 말하면서(눅15:29) 집으로 들어오라는 아버지의 명령을 거절한다. 큰아들은 동생이 자기 재산을 탕진했음에도 아버지의 재산을 탕진했다고 여긴다. 그는 동생을 형제가 아닌 아버지의 아들이라고 부르며 그를 인정하지 않고 있다(눅15:30).

예수님께서는 제자들에게 불의한 청지기 비유를 해주셨는데 탐욕스러운 바리새인들도 이 비유를 같이 들었다.

어떤 부자가 있는데 자신의 청지기가 재산을 낭비한다는 소문을 듣고 청지기에게 그 직분을 정리하고 그만두라고 말하였다. 청지기는 앞으로 어떻게 살아가야 할지 막막하여 한 가지 꾀를 냈다. 그는 빚진 자를 모두 부른 후 기름 일백 말을 빚진 자에게는 증서에 오십이라고 쓰라 하고, 밀 일백 말을 빚진 자에게는 팔십이라고 쓰도록 했다. 그러나 주인은 오히려 불의한 청지기가 일을 현명하게 처리했다고 칭찬하였다.

▷ 결론부터 말하자면 이 비유는 하나님의 자녀들은 재물을 섬기지 말고 지혜롭게 사용하라는 것이다(눅16:13). 주인은 청지기를 칭찬한 것이 아니다. 왜냐하면 주인은 청지기를 여전히 불의하다고 여기고 있기 때문이다(눅16:8). 그렇다고 청지기가 주인의 빚을 마음대로 바꾼 것을 칭찬한 것도 아니다. 그 행동 자체는 분명 주인을 속인 부정직한 행동이기 때문이다. 주인이 칭찬한 것은 청지기가 일을 지혜롭게 처리한 것이다(눅16:8). 청지기는 얼마 남지 않은 청지기의 권한을 이용하여 주인의 재산을 빼돌려 자기 것으로 취하는 데 사용하지 않았다. 그는 청지기 일을 그만둔 후에 자신을 돌봐 줄 사람들을 위해 사용하였다(눅16:4).

예수님께서는 이 비유를 마치시면서 이 세상의 자녀들이 그들 세대에 있어서는 빛의 자녀들보다 더 현명하다고 말씀하셨다(눅16:8). 청지기는 빛의 자녀가 아니고 세상의 자녀이다. 예수님께서는 불의의 재물로 친구를 삼으라고 말씀하시면서 너희가 죽을 때 그들이 너희를 영원한 거처들로 영접할 것이라고 하셨다(눅16:9). 불의한 재물이란 좋지 않은 수단으로 모은 재물을 뜻하는 것이 아니라 재물 그 자체는 의로운 것이 아니므로 섬김의 대상이 될 수 없음을 말한다. 즉 재물 그 자체를 불의한 것으로 표현하신 것이다. 이 말씀은 재물을 친구로 삼으라는 뜻이 아니다. 불의한 청지기는 재물을 이용하여 친구를 삼았다. 세상의 아들인 청지기도 이렇게 재물로 친구를 삼는 지혜를 발휘하는데 빛의 자녀들(하나님의 자녀들)은 재물을 사용하여 친구를 삼는 것에 너무나도 인색하다. 빛의 자녀들도 재물을 사용함에 있어 지혜가 필요하다. 재물을 가난한 자를 위해, 복음 전파를 위해, 하나님이 기뻐하시는 일에 사용해야 한다.

이 비유는 특히 당시에 탐욕스러운 바리새인들에게 하신 말씀이다(눅16:14). 그들은 경건한 모양으로 기도하며 율법을 지킨다고 자랑하였다. 십일조를 내는 것도 자랑하였다. 그러나 가난한 사람을 위하여, 남을 위하여 자기 재물을 쓰는 일에 몹시 인색하였다. 예수님께서는 하나님과 재물을 동시에 섬길 수 없다고 말씀하셨다. 우리가 가진 모든 것이 하나님에게로부터 온 것이므로 자기 것을 주장하는 것은 어리석은 일이다. 우리는 세상의 자녀들보다 더욱 더 재물을 지혜롭게 사용함으로써 하나님께 영광을 돌려야 한다.

마태복음 7:7-11절에서 예수님께서는 구하면 주실 것이요, 찾으면 찾을 것이요, 두드리면 열릴 것이라고 말씀하셨다. 그리고 너희 가운데 누가 아들이 빵을 달라는데 돌을 주며 생선을 달라는데 뱀을 주겠느냐고 말씀하시면서, 너희가 악한 자일지라도 너희 자녀에게는 좋은 선물을 주듯이 하물며 하늘에 계신 너희 아버지께서 구하는 자들에게 좋은 것들을 주시지 않겠느냐고 말씀하셨다. 언뜻 들으면 계속해서 간청하면 하나님께서 어떤 기도라도 들어주신다고 해석할 수도 있다. 예수님의 말씀을 정확히 이해하려면 하나님께서 구하는 자들에게 주시는 좋은 것이 무엇인지를 먼저 알아야 한다.

예수님께서는 제자들에게 주기도문을 가르치신 후 곤궁한 처지에 놓인 친구의 비유를 말씀해 주셨다(눅11:5-13). 어떤 사람에게 친구가 있는데 한밤중에 와서 빵 세 덩어리를 빌려달라고 하였다. 왜냐하면 그의 친구가 여행 중에 찾아왔는데 그를 대접할 것이 아무것도 없었기 때문이다. 예수님께서는 단지 친구이기 때문에 한밤중에 일어나서 빵을 주지는 않을 것이라고 하시면서 그러나 끈질기게 간청한다면 일어나서 필요한 만큼 그에게 줄 것이라고 말씀하셨다. 그 말씀을 하시고 구하는 자마다 받을 것이요, 찾는 자는 찾을 것이요, 두드리는 자마다 열릴 것이라고 말씀하셨다. 그리고 어떤 아버지가 아들이 빵을 달라는데 돌을 주며, 생선을 달라는데 뱀을 주겠느냐고 말씀하시면서 너희가 악하다 할지라도 너희 자녀에게 좋은 선물을 줄 줄 알거든 하물며 하늘에 계신 너의 아버지께서 구하는 자들에게 성령을 주시지 않겠느냐고 말씀하셨다. 따라서 하나님께서 구하는 자들에게 주는 좋은 것은 바로 성령임을 알 수 있다.

성령의 내주하심이란 우리가 그리스도를 구주로 영접할 때 성령님이 우리 안에 들어오셔서 우리가 구원에 이를 때까지 나가지 않으시고 계속 인도하신다는 뜻이다. 성령님은 우리의 연약함을 도우셔서 우리가 마땅히 기도해야 할 것을 알지 못할지라도 친히 말할 수 없는 신음으로 우리를 위하여 중보하신다(롬8:26). 물론 예수님도 우리를 위해 중보하신다(롬8:34). 우리에게는 두 분의 중보자만 계신다. 어떤 사람도 우리의 중보자가 될 수 없다. 우리는 예수님을 통해서 성부하나님께 나아간다.

예수님께서 제자들에게 위의 비유를 말씀하실 때는 성령님이 내주하시기 전이다. 그 당시 성령님은 사람 안에 들어오시기도 하시고 나가시기도 하셨다. 예수님은 기도를 어떻게 해야 하는지 제자들에게 알려주신 다음에 올바른 기도를 하려면 성령을 받고 성령의 인도하심을 따라 기도해야 한다는 점을 비유로 가르쳐 주신 것이다. 하나님께 간청하여 성령을 받아야 한다고 말씀하신 것이다. 어떤 기도이든 하나님께 떼쓰고 간청하면 하나님께서 들어주신다는 뜻이 아니다.

한 율법사가 예수님을 시험하려고 영생을 상속 받으려면 어떻게 해야 하는지를 물었다(눅10:25). 율법사는 모세 율법에 정통한 사람이기 때문에 답을 알고 있으면서 예수님을 시험한 것이다. 예수님께서는 그에게 율법에 무엇이라고 기록되어 있는지 반문하셨다. 그는 마음과 목숨(혼)과 힘과 뜻(생각)을 다해 하나님을 사랑하고 이웃을 네 자신처럼 사랑하는 것이라고 대답하였다(눅10:26-27).

율법사가 답변한 두 계명(하나님 사랑, 이웃 사랑)은 구약의 율법을 요약한 것이다(신6:5, 레19:18). 바리새인들이나 율법사들은 정결법에 따라 부정한 것들(시체, 부정한 짐승 등)과 접촉하지 않도록 조심하였다. 물론 이런 행동은 옳은 것이다. 그러나 그들은 부정한 사람들(이방인, 사마리아인, 세리, 창녀 등)과도 상종하지 않는 것이 율법을 지키는 것이라고 생각했다. 바리새인들과 율법사들은 자기들과 같은 의로운 사람들이 이방인이나 세리 같은 부정한 사람들과 절대 이웃이 될 수 없다고 믿었다. 예수님께 질문한 율법사는 자신은 의로운 사람이라서 천한 사람들과는 절대 이웃이 될 수 없으니 내가 상종해야 할 이웃은 어느 정도의 수준이 되어야 하는지 묻고 있는 것이다(눅10:29).

예수님께서는 강도 만난 사람의 이야기를 해 주셨다. 어떤 사람이 예루살렘에서 여리고로 내려가는 도중에 강도를 만났다. 강도는 그의 옷을 벗기고 때려 사람을 거의 죽게 만든 뒤 그냥 버리고 갔다. 그때 제사장이 그 길로 내려가다가 그를 보았지만 피하여 지나갔다. 레위인도 다가가서 그를 보았지만 역시 피하여 지나갔다. 어떤 사마리아 사람이 그를 보고 불쌍히 여겨 치료해 주었다. 그뿐만 아니라 자기 짐승에 태워 여관으로 데려가서 여관 주인에게 돈을 주며 돌보아 주라고 부탁까지 하였다(눅10:30-35).

제사장과 레위인은 강도 만난 사람이 부정한 사람이기 때문에 그가 이웃이라는 생각조차 하지 않은 것이다. 율법사는 누가 나의 이웃이냐고 물었지만 예수님께서는 누가 강도 만난 사람의 이웃이냐고 반문하셨다(눅10:36). 율법사는 제사장과 레위인 입장에서 강도 만난 자가 과연 이웃이 될 수 있는지 판단하고 있지만, 예수님께서는 강도 만난 자의 입장에서 제사장과 레위인이 그의 이웃이 될 수 있겠느냐고 물으신 것이다. 주님께서는 이웃을 가리는 행위가 계명을 지키는 것이 아니라 네가 가서 이웃이 되어 주는 것이 계명을 지키는 것임을 가르쳐 주셨다(눅10:37).

예수님께서 예루살렘에 가까이 오시자 사람들은 당장 하나님의 나라가 임할 것으로 생각했다. 그러나 예수님은 열 므나의 비유를 통해 하나님의 나라는 당장 오는 것이 아니며 하나님 나라가 올 때까지 복음을 전하며 신실하게 살아야 한다고 가르쳐 주셨다(눅19:11).

어떤 귀인이 왕위(왕국)를 받아 오기 위해서 먼 나라를 가게 되었는데 자기의 종 열 명을 불러 한 므나씩 나누어 주며 내가 올 때까지 장사하라고 하였다(눅19:12-13). 달란트 비유에서는 종이 유대인들을 말하지만, 므나 비유에서 종은 이방인 그리스도인들을 말한다. 종 열 명에게 똑같이 한 므나를 나누어 주었기 때문에 므나는 은사나 능력이 아니고 복음이라고 할 수 있다. 장사를 하라는 말은 복음을 전하라는 뜻이다. 귀인이 먼 나라로 떠나자 백성들이 그를 미워하여 귀인(예수님)이 자기들을 통치하는 것을 원하지 않았다(눅19:14). 백성은 유대인들을 말한다. 유대인들은 예수님이 자기들을 통치하기를 원하지 않았다. 그래서 십자가에 못 박아 죽였다. 그들은 가이사 외에는 왕이 없다고 주장하였다(요19:15). 그들은 예수님을 인정하지 않았기 때문에 나중에 예수님이 왕이 되시면 죽임(둘째 사망)을 당하게 된다(눅19:27).

드디어 귀인이 왕위(왕국)를 받아서 돌아왔다. 그는 종들을 불러 얼마나 벌었는지 확인하였다. 첫 번째 사람은 한 므나를 가지고 열 므나를 벌었다. 주인은 그 종을 칭찬하며 작은 일에 신실하였으므로 열 성읍을 다스리는 권세를 주었다. 두 번째 사람은 한 므나로 다섯 므나를 벌었다. 주인은 그 종이 다섯 고을을 다스리도록 하였다. 그 다음 한 사람이 나와서 손수건에 싸서 간직한 한 므나를 주인에게 주었다. 그 사람은 주인이 엄격한 사람이며 두지 않았던 것에서 취하고 심지 않았던 것에서 거두는 사람이라고 생각했다. 주인은 그를 악한 종이라고 하면서 내가 그렇게 엄격한 사람이라면 은행에 맡겨 이자라도 받도록 했어야 한다고 책망하였다. 주인은 그에게서 한 므나를 빼앗아 열 므나를 가진 사람에게 주며 가진 사람은 받을 것이지만 갖지 못한 사람은 가진 것마저 빼앗긴다고 말하였다(눅19:15-26).

종들은 그리스도인들이며 므나는 복음을 말한다. 그리스도인은 구원을 받으면 그 구원을 잃지 않기 때문에 하나님께서 주신 사명을 신실하게 수행하지 못했더라도 지옥에 가지 않는다. 그래서 악한 종이라고 불린 사람은 지옥에 간 것이 아니라 한 므나를 빼앗겼을 뿐이다. 그리스도인은 참 포도나무이신 예수님께 붙어 있는 가지이기는 하나 가지마다 열매는 다르게 맺는다(요15:2). 어떤 사람은 30배, 어떤 사람은 60배, 어떤 사람은 100배의 결실을 맺는다(막4:20).

열 므나를 번 사람은 열 고을을 다스리는 권세를 받았고 다섯 므나를 번 사람은 다섯 고을을 다스리는 권세를 받았다. 그리스도인은 모두 구원을 받지만 얼마나 열매를 맺었느냐에 따라 개인마다 상급이 다르다. 그리스도인은 죽은 후에 모두 그리스도의 심판석에 서게 된다(고전3:13-15). 그가 얼마나 신실하게 살았는지에 따라 하나님께 받는 유업이 달라진다(고전6:9-10).

예수님께서는 바리새인 지도자들 중 한 사람의 집에 초대받아 식사하시면서 큰 잔치 비유를 해주셨다. 식사 중에 한 바리새인이 하나님의 나라에서 빵을 먹을 사람은 복이 있다고 말하였다. 바리새인은 자기가 당연히 천국에 들어갈 사람(하나님 나라에서 빵을 먹을 사람)이라고 생각한 것이다. 예수님께서는 그에게 비유로 말씀하였다.

어떤 사람이 큰 잔치를 베풀고 많은 사람을 초청했다. 그는 초청했던 사람들에게 종을 보내어 모든 것이 준비되었으니 오라고 하였다(눅14:16-17). 당시에 상류 사회에서는 잔치에 손님을 초대할 때는 보통 두 번 종을 보낸다. 첫 번째는 언제 잔치가 있을 것이니 와 주기를 요청하기 위해 종을 보낸다. 두 번째는 잔치가 다 준비 되었을 때 보낸다. 예수님도 구약에 오시기로 예언이 되어 있었고 현재 실제로 오셨지만 유대인들은 예수님의 초대에 응하지 않았다.

잔치에 오기로 약속했던 손님들이 모두 하나같이 변명하기 시작했다. 첫 번째 사람은 밭을 샀는데 가서 그것을 봐야 하므로 올 수 없다고 했다(눅14:18). 유대인들은 밭을 살 때 사기 전에 토질 및 여러 가지를 검사하고 산다. 따라서 이 변명은 상식에 맞지 않는다. 또 한 사람은 소 다섯 겨리(열 마리)를 샀는데 그것들을 시험해 보기 위해 못 간다고 했다(눅14:19). 소는 사기 전에 시험해 보아야 한다. 나중에 시험해 본다는 것도 상식에 맞지 않는다. 예수님은 바리새인, 사두개인, 서기관, 율법학자들에게 복음을 전했지만 그들은 예수님을 영접하지 않았다. 그들은 예수님이 안식일을 지키지 않았다고 비방하였으며 예수님의 출신 성분을 문제 삼기도 했다. 예수님은 자신이 하나님의 아들이라고 말씀하셨지만 그들은 신성 모독이라며 분노했다.

종이 주인에게 아무도 오지 않는다고 하자 집주인이 화가 나서 빨리 시내(성읍의 거리)와 골목으로 가서 가난한 자, 몸 불편한자(불구자), 소경, 저는 자들을 데려오라고 하였다(눅14:21). 성읍의 거리와 골목으로 가라는 것은 이방인에게 가라는 뜻이 아니라 초대 받지 못한 다른 유대인들에게 가라는 것이다. 성읍의 거리와 골목에 있는 가난한 자, 몸 불편한 자, 저는 자들은 유대교 지도자들이 죄인 취급하는 세리와 창녀 같은 사람들이다.

종이 주인에게 아직도 자리가 남아 있다고 말하자 주인은 종에게 길(대로)과 산울타리(산간 마을)로 가서 사람들을 억지로라도 오게 하여 내 집을 채우라고 말했다(22-23절). 대로나 산울타리로 갔다는 것은 성을 넘었다는 뜻이므로 이제 복음이 이방인에게까지 전해진다는 뜻이다.

예수님께서는 전에 초대되었던 그 사람들은 아무도 내 잔치를 맛보지 못할 것이라고 말씀하셨다(24절). 전에 초대되었던 그 사람들은 대제사장, 바리새인, 백성의 장로 같은 지도자들을 말한다. 예수님은 그들에게 세리들과 창녀들이 너희보다 먼저 하나님의 나라에 들어갈 것이라고 말씀하셨다. 세리와 창녀는 믿었으나 종교 지도자들은 보고도 끝내 믿지 않았기 때문이다(마21:31-32).

예수님께서는 성전에서 선임 제사장들, 서기관들, 장로들과 예수님의 권세에 대한 논쟁을 하신 후에 사람들에게 포도원 농부 비유를 해 주셨다.

어떤 사람이 포도원을 만들었는데 그 포도원을 농부들에게 세를 주고 타국(먼 나라)에 가서 오랫동안 머물렀다(눅20:9). 때가 이르러 농부들에게서 포도원 소출을 받아오라고 종을 계속 보냈다. 그러나 농부들은 그 종을 때리고 모욕을 주어 빈손으로 보냈으며 심지어 어떤 종에게는 상해를 입히고 내쫓기까지 하였다(눅20:10-12). 포도원 주인은 자기 아들을 보내면 농부들이 존중할 것이라고 생각하고 아들을 보냈으나 도리어 농부들은 아들을 죽이면 유산이 자기들 것이 될 것이라고 생각하고 서로 의논한 뒤 아들을 포도원 밖으로 내쫓아 죽였다(눅20:13-15).

이 비유에서 포도원은 이스라엘이며 포도나무는 유대인을 말한다(사5:7). 하나님께서 세를 주신 농부들은 제사장들, 서기관들, 장로들 같은 이스라엘 지도자들이다. 세를 주었다는 것은 메시아가 와서 직접 통치할 때까지 임시로 맡겼다는 뜻이다. 먼 나라는 하늘나라이다. 오랫동안이라고 표현한 기간은 이스라엘이 가나안 땅을 분배 받은 다음부터(약 B.C.1400년경) 예수님의 초림 때까지이다. 하나님께서 보낸 종은 선지자들을 말한다. 종들에게 받아오라고 한 포도원 소출은 이스라엘이 선민으로서 맺어야 할 열매이다(사5:2). 이스라엘 지도자들은 하나님께서 보내신 종들인 선지자들의 말을 믿지 않을 뿐더러 괴롭히고, 내쫓고, 죽이기까지 하였다. 포도원 주인의 아들은 예수님이시다. 그들이 아들을 포도원 밖으로 내쫓아 죽였다는 것은 예수님을 이스라엘의 왕으로 인정하지 않겠다는 것이다. 이스라엘 지도자들은 자기들의 권위를 잃지 않기 위해 예수님이 하나님의 아들이라는 사실을 알고 있으면서도 죽이고 말았다.

예수님께서는 포도원 주인이 와서 그 농부들을 죽이고 그 포도원을 다른 사람들에게 주는 것은 당연하다고 하셨다. 포도원 주인이 다시 오듯이 예수님도 다시 오셔서 온 세상 나라를 심판하시고 온 인류의 왕이 되신다(단2:34-35). 예수님께서는 건축자들의 버린 돌이 모퉁이의 머릿돌이 되었다는 말씀을 인용하시면서(시118:22), 그 돌 위에 떨어지면 깨어지고 이 돌이 사람 위에 떨어지면 그를 갈아 가루로 만들 것이라고 말씀하셨다(눅20:16-18). 건축자들은 예수님을 거부하고 죽인 유대인들을 말한다. 모퉁이의 머릿돌은 예수님이시다(벧전2:6). 포도원을 다른 사람에게 주겠다는 것은 유대인들 대신 예수님을 믿는 그리스도인들을 선택하여 그들을 거룩한 민족으로 삼아 주시겠다는 뜻이다(벧전2:9).

서기관들과 선임 제사장들이 예수님께서 말씀하신 비유가 자기들을 가리킨다는 사실을 알고 즉시 잡고자 하였지만 백성들을 두려워하여 잡지 못하였다(눅20:19). 종교 지도자들은 하나님의 아들을 죽이면 하나님께서 자기들을 죽이실 것이라는 사실을 알면서도 며칠 후에 결국 예수님을 십자가에 못 박아 죽이고 말았다.

예수님은 부자와 나사로의 이야기를 통해 구약 시대의 낙원과 지옥에 관하여 말씀해 주셨다. 호화로운 생활을 했던 부자와 그의 식탁에서 떨어진 부스러기를 먹었던 나사로가 모두 죽었다. 죽어서 거지 나사로는 아브라함의 품으로 갔으나 부자는 지옥에 갔다. 부자가 지옥에서 고통을 받고 있다가 문득 저 멀리에서 아브라함과 그의 품에 있는 나사로를 보았다. 부자는 나사로를 자기에게 보내 그의 손가락 끝에 물을 적셔 내 혀를 식혀 달라고 아브라함에게 부탁했다. 아브라함이 부자에게 말하길 너는 생전에 좋은 것을 받았고 나사로는 고난을 받았으나 이제 나사로는 위로를 받고 너는 고통을 받는다고 하였다. 그리고 너와 우리 사이에 커다란 구렁이 있어 서로 오고갈 수 없다고 했다. 그러자 부자가 나사로를 나의 다섯 형제에게 보내 그들이 이 고통의 장소에 오지 않게 해 달라고 부탁하였다. 아브라함은 부자에게 모세와 선지자들이 있으니 그들에게 듣게 하면 된다며 그의 부탁을 거절하였다. 부자는 죽은 사람들 중에 누군가 간다면 그들이 회개할 것이라고 말하며 계속 간청했다. 아브라함은 그들이 모세와 선지자들의 말을 듣지 않는다면 죽었다가 살아난 사람이 가도 그들을 설득할 수 없다고 하였다(눅16:19-31).

부자가 지옥에 간 까닭은 단순히 부자여서가 아니라 모세와 선지자들의 말(구약성경)을 듣고도 회개하지 않았기 때문이다. 부자와 나사로를 통해 지옥의 상황을 좀 알 수 있는데 부자가 나사로를 알아보듯이 지옥에서도 서로를 알아볼 수 있다. 지옥은 부자가 손가락 끝에 묻은 적은 양의 물로 자기 혀를 식혀 달라고 할 정도로 극심한 고통이 있는 곳이다.

나사로가 죽자 천사들은 그를 아브라함의 품으로 옮겼다(눅16:22). 구약 시대에 구원 받은 사람들이 간 곳이 아브라함의 품이라는 것을 알 수 있다. 유대인들은 아브라함을 아버지로 여겼지만 예수님은 유대인들에게 아버지는 하나님 한 분뿐이라고 말씀하셨다(요8:39-41). 따라서 아브라함의 품은 성부 하나님의 품으로 해석해야 할 것이다. 예수님은 십자가에 못 박힌 죄수 한 명에게 네가 오늘 나와 함께 낙원에 있을 것이라고 하셨다(눅23:43). 따라서 아브라함의 품은 낙원이며 예수님도 죽으신 후 곧장 그곳으로 가셨음을 알 수 있다. 그 낙원의 위치는 땅속에 있다. 왜냐하면 예수님은 표적을 보여 달라고 한 바리새인들에게 요나가 밤낮 사흘 동안 큰 물고기 뱃속에 있었던 것처럼 인자도 밤낮 사흘 동안 땅 속에 있을 것이라고 말씀하셨기 때문이다(마12:40). 예수님은 죽으신 후 사흘 동안 땅 속 아브라함의 품(낙원)에서 구약 시대 구원 받은 사람들과 함께 계시다가 그들을 하늘나라로 데리고 가셨을 것이다(마27:53). 이제 예수님을 믿는 그리스도인은 죽으면 땅속에 있는 낙원으로 가는 것이 아니라 바로 하늘나라로 가게 된다. 사도 바울이 잠깐 갔다 왔다는 셋째 하늘이 바로 그곳이다(고후12:2). 그러나 구원 받지 못한 사람은 부자처럼 계속 땅속 지옥에 있다가 예수님이 다스리시는 천년왕국이 끝난 후에 최후의 심판을 받고 영원한 불 못에 던져진다(계20:11-15).

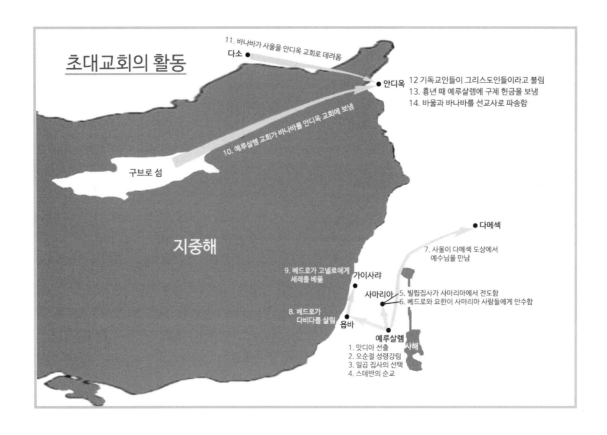

1. **예수님의 승천:** 예수님은 제자들이 보는 앞에서 감람산(올리브산)에서 승천하셨다. 승천하시기 전 예루살렘과 온 유대와 사마리아와 땅 끝까지 이르러 내 증인이 되라고 말씀하셨다.

2. **맛디아를 사도로 선출:** 가룟 유다를 대신해서 맛디아가 열 두 사도에 합류하였다.

3. **오순절 성령 강림:** 예수님이 부활하신 후 50일이 지난 오순절에 제자들이 한 장소에 모였는데 불의 혀처럼 보이는 것이 갈라져서 각 사람에게 임하였다. 그리고 그들 모두가 성령으로 충만하여 다른 방언으로 말하기 시작했다. 여기서 방언은 실제 사용하고 있는 외국어를 말한다. 자기가 말한 방언을 아무도 알아듣지 못하고 아무도 통역할 수 없다면 그것은 방언이 아니다. 당시 예루살렘에는 각지에서 오순절을 지키러 온 유대인들이 머무르고 있었는데 갈릴리 사람들(예수님의 제자들)이 기도할 때 그들이 자기들의 언어로 그 소리를 알아들을 수 있어서 놀라워했다. 어떤 사람들이 제자들이 새 포도주에 취했다고 조롱하자 베드로는 이는 요엘서(2:28-32)의 말씀이 이루어진 것이라고 하였다. 베드로는 유대인들에게 회개하고 너희들이 십자가에 못 박은 예수를 믿어 죄 사함을 받으면 성령을 선물로 받을 것이라고 말하였다. 그날 베드로의 말을 듣고 세례를 받은 사람이 약 삼천 명이었다.

4. **공동체의 모습:** 예수님을 구주로 영접하고 세례를 받은 사람들은 사도들의 가르침을 받아 서로 교제하고 떡을 떼며 기도하기를 힘썼다. 사도들을 통해 많은 기적과 표적도 나타났다. 믿는 사람들이 다 함께 지내면서 물건을 공동으로 사용했으며 자기 재산과 소유를 팔아 각 사람의 필요에 따라 나누어 주었다. 바나바도 자기 토지를 팔아 사도들에게 주었다. 그들이 하나님을 찬양하고 모든 사람에게 칭찬을 받으니 주께서 교회에 사람들을 날마다 더해 주셨다. 그러나 아나니아와 삽비라 부부는 자기 소유를 팔아서 받은 돈의 일부를 감추고 마치 전부를 내놓은 것처럼 속이다가 죽임을 당하였다. 아나니아와 삽비라는 예수님을 믿고 구원을 받았을지 모르나 재물의 유혹을 물리치지 못하여 징계를 받아 죽고 말았다.

5. **일곱 집사의 선택:** 그리스 지역에 살다가 예루살렘에 돌아와서 초대교회의 일원이 된 유대인들은 그들의 과부들이 매일의 구제에서 소외되었으므로 이스라엘 땅에 계속 살고 있었던 히브리파 유대인들에게 불만이 생기게 되었다. 그러자 교회는 갈등을 해결하고자 평판이 좋은 일곱 사람을 택하여 구제하는 일을 맡겼다.

6. **스데반 집사의 순교:** 일곱 집사 중 하나였던 스데반은 믿음과 능력이 충만한 사람이었다. 그는 회당에서 유대인들과 논쟁을 하였는데 유대인들이 스데반을 당해내지 못하였다. 그러자 그들은 사람들을 매수하여 스데반이 모세와 하나님을 모독하였다고 거짓말을 하게 한 후 그를 붙잡아 공회로 끌고 왔다. 그곳에서 스데반은 유대인들에게 구약에서 예언한 메시아가 예수님인데 너희들이 그분을 죽였으니 이는 율법을 받고서도 지키지 않은 것이라고 당당하게 말한다. 스데반의 말을 듣고 유대인들이 분노하여 스데반을 돌로 쳐서 죽였다. 스데반의 순교 이후 예루살렘에 있는 교회에 큰 박해가 가해지자 많은 사람이 유대와 사마리아 전 지역으로 흩어졌다. 그러나 예루살렘을 떠나지 않은 사람들은 예수님을 믿으면서도 유대교의 전통과 규범도 같이 지켰는데 이는 아직 기독교의 교리가 확립되지 못했기 때문이다.

7. **집사 빌립의 전도:** 예루살렘교회의 일곱 집사 중 하나였던 빌립은 사마리아 성읍에 가서 많은 사람들에게 복음을 전하고 기적도 행하였다. 사마리아 사람들이 하나님의 말씀을 받았다는 말을 듣고 예루살렘에 있던 베드로와 요한이 가서 그들에게 안수하니 그들이 성령을 받았다. 빌립이 예루살렘에서 가사로 가는 길에 에디오피아 여왕 휘하에서 모든 재정을 담당하는 내시를 만났다. 빌립은 내시가 읽고 있던 이사야의 구절이 예수 그리스도를 가리킨다는 사실을 알려주었고 내시는 빌립의 말을 믿고 그 자리에서 세례를 받았다. 빌립은 아소도에서 가이사랴까지 여러 성읍에 복음을 전하였다.

8. **사울의 회심:** 사울은 예수님을 믿는 사람들을 잡으러 다메섹(다마스커스)으로 가는 길에 예수님의 음성을 듣고 회심하여 복음을 전하는 자가 된다.

9. **베드로의 기적:** 베드로는 많은 기적을 행했는데 성전 문 앞에서 구걸하고 있는 앉은뱅이의 손을 잡아 걷게 하였고 중풍으로 팔 년 동안 누워 있던 애니아도 낫게 해 주었다. 또한 욥바에서 선행과 구제하는 일을 많이 하다 죽은 여자 제자 다비다를 살려주었다. 제자들이 자기의 능력으로 기적을 행한 것이 아니라 예수 그리스도의 이름으로 기적을 행한 것이다. 하나님께서는 많은 사람들이 제자들의 말을 믿도록 기적을 보여주신 것이다.

10. **이방인에게 복음 전해짐:** 가이사랴에 이탈리아 부대의 백부장인 고넬료라는 사람이 있었는데 그는 하나님을 두려워하고 백성을 많이 구제하며 하나님께 항상 기도하던 사람이다. 그에게 하나님의 천사가 환상 중에 나타나 욥바에 있는 베드로를 청하라고 하였다. 고넬료가 보낸 병사들이 베드로가 있는 곳에 가까이 왔을 즈음 베드로는 하늘이 열리고 큰 보자기가 내려오는 환상을 본다. 그 보자기에는 네 발 짐승들, 들짐승들, 기어 다니는 것들, 공중의 새들이 있었다. 이것들은 속되고 불결한 것이었으나 하나님께서 깨끗하게 하셨으므로 더 이상 속된 것이 아니라는 음성을 베드로는 듣게 된다. 이 환상의 의미는 하나님께서는 사람을 외모로 취하지 않으시고 어느 민족에서나 자기를 두려워하고 의를 행하는 사람은 받아 주신다는 것이다(행10:34-35). 베드로가 고넬료와 그의 친척과 친구들에게 복음을 전할 때 그들에게 성령이 임하였다. 이를 본 베드로가 그들에게 세례를 베풀어 주었다.

11. **안디옥교회의 부흥:** 안디옥은 시리아의 지방행정 수도로서 로마제국 내에서 로마와 알렉산드리아 다음 가는 큰 도시였다. 스데반의 순교로 박해가 일어나자 사람들이 여러 지역으로 흩어졌는데 베니게와 구브로와 안디옥까지 가서 유대인에게 복음을 전하였다. 구브로와 구레네 출신 몇 사람은 안디옥에 가서 그리스인에게도 복음을 전파하였다. 예루살렘교회가 이 소식을 듣고 구브로 출신인 바나바를 안디옥에 보냈고 바나바는 다소에 있던 바울을 데려와 안디옥교회에서 같이 사역하였다. 바울과 바나바의 열정으로 안디옥교회는 부흥하게 되었다. A.D.45년경 큰 흉년으로 예루살렘교회가 어려워지자 안디옥교회는 바나바와 바울을 통해 예루살렘교회에 구제헌금을 보내기도 하였다. 안디옥에 사는 사람들은 예수님을 믿는 사람들을 그리스도께 속한 자들이라는 뜻으로 그리스도인이라고 불렀다.

12. **헤롯의 박해와 죽음:** 헤롯왕(아그립바 1세)은 요한의 형제 야고보를 칼로 죽였는데 유대인들이 기뻐하는 것을 보고 베드로도 잡아 감옥에 가두고 교대로 지키게 하였다. 그러나 주의 천사가 베드로를 감옥에서 꺼내 주었다. 한편 헤롯이 두로와 시돈에 식량 수출을 제한하자 그 지역의 사람들은 식량을 얻고자 헤롯과 화해하고 싶어 했다. 헤롯이 연설할 때 그들은 헤롯의 목소리가 신의 음성이라고 아부하였다. 그러나 헤롯이 하나님께 영광을 돌리지 않았기 때문에 주의 천사가 그를 치니 벌레들이 그를 먹었고 결국 죽고 말았다.

1. **바울의 출생:** 바울은 길리기아의 다소에서 출생했다(약A.D.1년경) 그는 태어날 때부터 로마 시민권자였으며 유대인으로서 베냐민지파에 속했고 종파로는 바리새파였으며 당시 존경 받는 율법학자인 가말리엘의 문하생이었다.

2. **바울의 회심:** 바울은 청년기에 스데반의 순교(A.D.32)를 당연하게 여길 정도로 기독교를 박해하는 데 앞장섰다. 그는 A.D.33년경 기독교인들을 잡으러 다메섹으로 가는 길에 예수님을 만나 회심하고 곧바로 다메섹에서 복음을 전했다.

3. **아라비아 체류:** 바울은 자신을 죽이려는 유대인들을 피해 다메섹을 떠난 뒤 아라비아로 가서 3년간 체류하며 선교활동을 준비하였다(A.D.33-36).

4. **예루살렘 방문:** 예루살렘을 방문하여(A.D.36) 사도들과 같이 사역하기를 원했으나 헬라파 유대인들이 자신을 죽이려고 했기 때문에 그들을 피해 다소로 갔다.

5. **수리아와 길리기아 사역:** 수리아와 길리기아 지역에서 약 10년간 사역하였다(A.D.36-45).

6. **안디옥교회 사역:** 바나바가 다소에 있는 바울을 방문하여 안디옥교회에서 사역하자고 권유하였다. 안디옥교회에서 바나바와 약 1년간 사역하였다(A.D.45-46). 그는 디도와 함께 구제헌금을 전달하기 위해 예루살렘교회를 방문하였을 때 이방인의 사도로 인정받았다(A.D.46).

7. **1차 선교여행:** 안디옥교회가 바울과 바나바를 선교사로 파송하였다. 그들은 바나바의 고향인 구브로 섬을 시작으로 소아시아 지역을 선교한 후에 안디옥교회로 돌아 왔다(A.D.47-49).

8. **예루살렘 총회:** 예루살렘 총회에 참석하여 이방인 개종자들에게 모세의 율법을 강요하지 않기로 결정하였다(A.D.49).

9. **2차 선교여행:** 마가의 동행 문제로 바나바와 헤어지고 실라와 동행하여 소아시아에서 그리스 지역까지 선교를 하였다. 예루살렘을 거쳐 안디옥교회에 돌아왔다(A.D.50-52).

10. **3차 선교여행:** 소아시아를 돌아보고 에베소에서 3년간 사역하였다. 마케도니아와 그리스 지역을 돌아보고 밀레도에서 에베소 장로들을 만난 후 예루살렘에 도착했다(A.D.53-58).

11. **예루살렘에서 체포됨:** 종교 지도자들과 유대인들의 고소로 예루살렘에서 체포되어(A.D.58) 가이사랴에서 2년간 가택에 구금되었다(A.D.58-60).

12. **로마 여정:** 바울이 로마 황제에게 상소했기 때문에 재판을 받으러 로마로 이송되었다. 중간에 풍랑을 만나 멜리데 섬에서 3개월간 체류한 후 로마에 도착하였다(A.D.61).

13. **로마 구금:** 로마에서 2년간 가택연금 생활을 하며 복음을 전하였다(A.D.61-63).

14. **4차 선교여행:** 석방 후에 스페인 지역과 그레데 섬, 소아시아, 마케도니아, 그리스 지역에서 전도하고 니고볼리에서 체포되어 로마에 압송된 것으로 추정된다(A.D.63-66).

15. **로마 구금 및 순교:** 네로의 기독교인 박해 때 로마에서 참수형을 당하였다(A.D.67).

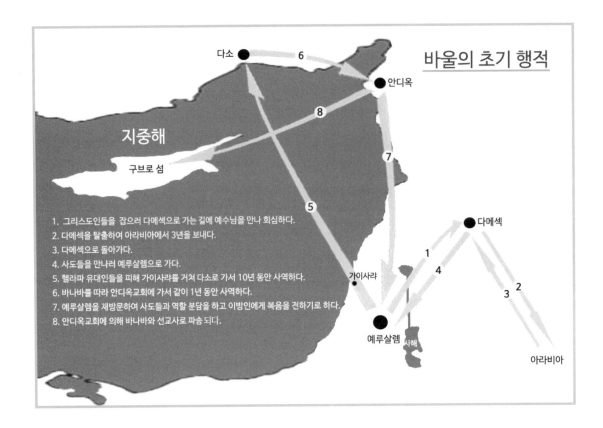

바울의 초기 행적

다소 6 안디옥
지중해 8
구브로 섬 7
5

다메섹
1
4
가이사랴 3 2

1. 그리스도인들을 잡으러 다메섹으로 가는 길에 예수님을 만나 회심하다.
2. 다메섹을 탈출하여 아라비아에서 3년을 보내다.
3. 다메섹으로 돌아가다.
4. 사도들을 만나러 예루살렘으로 가다.
5. 헬라파 유대인들을 피해 가이사랴를 거쳐 다소로 가서 10년 동안 사역하다.
6. 바나바를 따라 안디옥교회에 가서 같이 1년 동안 사역하다.
7. 예루살렘을 재방문하여 사도들과 역할 분담을 하고 이방인에게 복음을 전하기로 하다.
8. 안디옥교회에 의해 바나바와 선교사로 파송 되다.

예루살렘 사해
아라비아

1. **사울의 이력:** 사울은 히브리 이름이며 바울은 로마 이름이다. 사울은 길리기아의 수도인 다소에서 출생했다(행21:39). 그는 유대인으로서 베냐민지파에 속했으며 바리새인이었다(빌3:5). 사울은 태어났을 때부터 로마시민권이 있었다. 로마시민권은 로마인뿐만 아니라 외국인 중에서도 로마에 공이 있을 경우에 주어졌는데 돈을 주고 사거나 세습할 수 있었다. 로마 시민은 재판 없이 구금이나 투옥될 수 없으며 지방 통치자에게 정당한 대우를 받지 못했을 때 로마 황제에게 상소할 수 있었다. 로마 시민권자는 십자가형을 면제 받았기 때문에 후에 사울은 십자가형이 아닌 참수형으로 순교하였다. 사울은 예루살렘에서 당대 최고의 랍비로 백성들의 존경을 받았던 가말리엘의 제자였다(행22:3). 가말리엘은 바리새인이었지만 율법의 해석을 엄격하게 하지 않았으며 관용과 포용력을 잃지 않았다. 그는 산헤드린 공회원이기도 하였는데 사도들이 붙잡혔을 때 그들을 상관하지 말고 내버려 두라고 조언하기도 하였다(행5:35-39). 그는 율법에 정통하고 뛰어난 해석 능력을 가졌지만 예수 그리스도를 구주로 받아들이지 않았다.

2. **교회를 핍박한 사울:** 사울은 교회를 파괴하고 집집마다 믿는 자들을 끌어내어 감옥에 넘겨주었다(행7:57-8:3). 사울은 스데반의 순교 현장에 있었으며 그의 죽음을 당연하게 여겼다.

3. 회심한 사울: 사울은 다메섹 여러 회당에 보낼 서신을 대제사장에게서 받은 뒤 그리스도인들을 잡아서 예루살렘으로 데려오기 위해 다메섹으로 떠났다. 그가 다메섹 가까이 왔을 때 갑자기 하늘로부터 한 줄기 빛이 그를 둘러 비추었다. 그가 땅에 엎드리자 예수님은 그에게 성읍으로 들어가면 네가 행해야 할 일을 알려주겠다고 하셨다. 사울은 사흘 동안 보지도 먹지도 마시지도 못했다. 다메섹에 '아나니아'라는 예수님의 제자가 있었는데 예수님은 그에게 사울을 찾아가라고 하였다. 아나니아가 사울에게 안수하자 눈에서 비늘 같은 것이 떨어지면서 사울이 보게 되었다. 사울은 곧바로 회당에서 예수님이 하나님의 아들임을 전파하였다.

4. 다메섹을 탈출한 사울: 사울이 회심한 후 예수님이 하나님의 아들임을 전파하였다. 유대인들은 사울의 행동에 당황했지만 곧 사울을 죽이기로 모의하였다. 그들이 사울을 죽이려고 밤낮 성문을 지키자 사울의 제자들이 그를 광주리에 담아 성벽으로 달아내려 탈출시켰다.

5. 아라비아에서 선교활동을 준비함: 다메섹을 떠난 사울은 아라비아에서 3년을 보낸다(갈1:17-18). 이 시기에 대한 성경 기록은 없으나 선교활동을 준비했을 것으로 보인다.

6. 예루살렘을 방문한 사울: 아라비아 생활 3년을 마치고 다메섹으로 돌아온 사울은 사도들과 함께 사역하기 원했기 때문에 예루살렘에 올라갔다. 사도들은 사울이 예수님의 제자가 되었다는 것을 믿지 않았고 그를 두려워하였다. 바나바는 사울을 데리고 사도들에게 와서 그가 예수님을 만난 경위와 예수님이 하신 말씀 그리고 그가 얼마나 담대하게 예수님을 전했는지를 설명해 주었다(행9:26-27). 사울이 그곳에서 베드로와 15일을 머무는 동안 예수님의 형제 야고보도 만났다(갈1:18-19). 사울이 예수님의 이름으로 담대하게 전하였기 때문에 헬라파(그리스인) 유대인들과 마찰이 있었고 그들이 사울을 죽이려고 하였다. 그때 형제들이 이 사실을 알고 사울을 가이사랴로 데려왔다가 그의 고향인 다소로 보냈다(행9:29-30).

7. 다소에서 선교활동을 한 사울: 본인의 계획과 달리 다소로 온 사울은 그곳에서 약 10년 동안 머물렀다. 다소에서의 생활은 기록되어 있지 않지만 그곳에서 선교활동을 했을 것이다.

8. 안디옥교회에서 사역하게 된 사울: 안디옥교회에서 사역하고 있던 바나바는 다소에 가서 사울을 만나 안디옥으로 데리고 왔다. 바나바와 사울이 안디옥교회에서 공동 사역을 하면서 많은 무리를 가르쳤고 그때 교인들이 그리스도인이라고 불리게 된다(행11:22-26).

9. 예루살렘을 재방문한 사울: 사울은 회심한 지 14년 후에(아라비아 3년, 다소 10년, 안디옥 1년) 디도를 데리고 다시 예루살렘으로 갔다(갈2:1). 이때 사도들은 유대인들에게 복음을 전하고 사울과 바나바는 이방인에게 복음을 전하는 역할 분담이 이루어졌다(갈2:7-9).

10. 사울과 바나바가 선교사로 파송됨: 안디옥교회는 성령의 지시대로 사울과 바나바를 선교사로 파송하였다. 이후부터 성경은 사울을 바울로 기록한다.

바울의 1차 선교 여행

(수리아)안디옥-실루기아-살라미-바보-버가-(비시디아)안디옥-이고니온-루스드라-더베
더베-루스드라-이고니온-(비시디아)안디옥-버가-앗달리아-(수리아)안디옥

최초 이방 교회인 수리아의 안디옥교회가 최초로 바울과 바나바를 선교사로 파송했다. 1차 선교 여행은 수리아 안디옥에서 출발하여 더베까지 약 2년 간(A.D.47-49) 이루어졌다.

1. **구브로섬:** 살라미에 도착하여 여러 회당에서 복음 전하고 바보로 이동하였다. 총독인 서기오 바울에게 복음을 전하자 거짓 선지자 엘루마(바예수라 불림)가 방해하였다. 바울은 엘루마를 소경이 되게 하였고 이를 목격한 총독 서기오 바울은 믿음을 가지게 되었다(행13:6-12).

2. **버가:** 소아시아 남쪽 해안 도시이다. 여기서 마가 요한은 예루살렘으로 돌아갔다(행13:13).

3. **비시디아 안디옥:** 유대인 회당에서 복음을 전하여 많은 이방인들이 회심하였다. 이를 시기한 유대인들이 도시 유지들을 선동하여 방해하자 이고니온으로 떠났다(행13:14-52).

4. **이고니온:** 유대인 회당에서 복음을 전하였으며 많은 유대인들과 헬라인들이 믿었다. 하지만 이곳에서도 믿지 않는 유대인들의 핍박으로 루스드라로 떠났다(행14:1-7).

5. **루스드라:** 바울은 이곳에서 앉은뱅이를 고쳤다. 이를 본 사람들이 바울과 바나바를 신으로 숭배하려 했으나 바울과 바나바는 극구 만류한다. 이고니온에서 추격해 온 유대인들에게 바울은 돌에 맞아 성 밖에 버려졌으나 다시 일어나서 더베로 갔다(행14:8-20).

6. **더베:** 1차 선교 여행의 종착점이다. 복음을 전하여 많은 사람을 제자로 삼았다(행14:20-21).

7. **루스드라, 이고니온, 비시디아 안디옥, 버가:** 전도한 지역을 돌아보며 성도들을 굳게 하였고 각 교회마다 지도자를 세워 교회를 돌보게 하였다(행14:21-25).

8. **앗달리아, 수리아 안디옥:** 앗달리아에서 배를 타고 수리아 안디옥에 도착했다(행14:25-28).

252. 예루살렘 총회

1. 총회의 발단: 예루살렘 총회는 바울이 1차 선교 여행이 끝난 시점인 A.D.49년경에 기독교 역사상 최초로 소집된 공의회이다. '예루살렘 공회', '예루살렘 회의'라고도 한다. 당시 바울 일행의 선교로 소아시아 지역에 그리스도인들이 늘어가고 있었다. 그러나 유대 바리새파 출신으로 추정되는 그리스도인들이 안디옥교회에 왔는데 그들은 이방인이었다가 그리스도인이 된 자들도 모세의 율법에 따라 할례를 받아야만 구원을 받을 수 있다고 주장하였다(행15:1). 당시는 아직 기독교 교리가 확립이 되지 않은 상태에서 복음이 전해졌기 때문에 이방인으로 그리스도인이 된 자들이 할례를 비롯한 모세의 율법을 지켜야 하는지 아니면 지키지 않아도 되는지에 대한 명확한 결론이 나오지 않은 상태였다. 결국 안디옥교회는 이 문제를 해결하기 위해 예루살렘교회에 바울과 바나바 일행을 보낸다.

2. 총회 진행 과정

① 바리새파 출신으로 그리스도인이 된 사람들이 이방인 개종자들도 할례를 비롯한 모세의 율법을 지켜야 한다고 주장하였다(행15:5).

② 사도들과 장도들이 이 문제를 논의하기 위해 모였다(행15:6).

③ 베드로는 하나님께서 이방인들에게 성령을 주셨으며 그들도 복음을 듣고 믿음으로 구원 받게 하셨으므로 그들에게 유대인도 감당치 못하는 율법의 멍에를 지우게 하지 말자고 하였다(행15:7-11).

④ 바울과 바나바는 자신들을 통해 하나님께서 이방인들 가운데 행하신 기적과 표적을 증언하였다(행15:12).

⑤ 예루살렘교회의 지도자이며 예수님의 형제인 야고보는 하나님께로 돌아온 이방인들에게 율법을 지키라고 강요하면서 괴롭히지 말자고 하였다. 다만 우상으로 더럽혀진 것과 음행과 목매어 죽인 것과 피를 삼가게 하자고 했다(행15:13-21).

⑥ 모두 야고보의 말에 순복하였다. 사도들과 장로들이 바울 일행을 안디옥으로 보내 결정 난 사항을 전하게 하자고 제안하였다(행15:22).

3. 총회 결정 사항

① 이방인 개종자에게 구원에 대한 조건으로 모세의 율법을 강요하지 말아야 한다(행15:19).

② 단, 우상의 더러운 것과 음행과 목매어 죽인 것과 피를 멀리해야 한다(행15:20).

③ 공회의 결정을 안디옥, 수리아, 길리기아 등지의 교회들에게 편지로 보낸다(행15:22-23).

2차 선교 여행은 A.D.50-52년까지 약 3년 동안 이루어졌다. 1차 선교 여행 도중에 가 버린 바나바의 조카 마가를 데려가는 문제로 바울과 바나바가 심히 다투어 둘이 갈라섰기 때문에 바울은 실라와 동행하였다. 그들은 먼저 1차 선교 여행 때 세워진 교회를 살피러 갔다.

1. **루스드라:** 루스드라에서 영적인 아들 디모데를 만나 조력자로 삼았다(행16:1-5).
2. **드로아:** 바울은 마케도니아 사람이 나타나 도와달라고 요청하는 환상을 보았다(행16:8-10).
3. **빌립보:** 빌립보에서 자색 옷감 장사 루디아가 예수님을 영접했다. 바울이 귀신 들려 점치는 여자를 고쳐 주었으나 수익을 잃은 주인들의 모함으로 투옥되었다. 지진으로 감옥 문이 열렸지만 바울은 도망가지 않았다. 이에 간수와 그 가족이 예수님을 영접하였다(행16:12-40).
4. **데살로니가:** 바울은 회당에서 복음을 전하였고 경건한 헬라인들과 귀부인들이 복음을 듣고 믿었다. 그러나 믿지 않는 유대인들의 방해를 받아 밤중에 베뢰아로 떠났다(행17:1-9).
5. **베뢰아:** 베뢰아 사람들은 간절한 마음으로 복음을 받아들인다. 그러나 데살로니가에서 쫓아온 유대인들을 피해 실라와 디모데를 남기고 바울은 아덴으로 가야만 했다(행17:10-15).
6. **아덴:** 아레오바고 법정에서 철학자들과 변론하고 복음을 전하였다. 아레오바고 관리와 다마리라는 여자와 몇몇 사람들이 복음을 듣고 믿었다(행17:16-34).
7. **고린도:** 바울은 실라, 디모데와 재회하였다. 고린도에서 브리스길라와 아굴라 부부의 도움을 받아 18개월 동안 머무르며 전도하였으며 유대인들에게 고소를 당하기도 하였다(행18:1-17).
8. **에베소:** 잠시 머물며 회당에서 복음을 전한 후 아굴라 부부를 남기고 떠났다(행18:19-21).
9. **가이사랴, 안디옥:** 가이사랴, 예루살렘을 거쳐 안디옥으로 돌아왔다(행18:22).

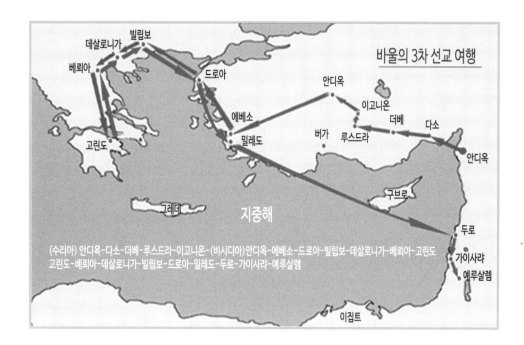

바울은 2차 선교여행 후 몇 개월이 지나지 않아 3차 선교여행을 시작하였다(A.D.53). 3차 선교 여행은 약 5년 동안 진행되었고(A.D. 53-58년) 그중 절반을 에베소교회에서 보낸다.

1. **더베, 루스드라, 이고니온, 비시디아 안디옥:** 1차와 2차 선교지를 돌아보았다(행18:23).

2. **에베소:** 바울은 회당에서 3개월을 가르쳤고 그곳에서 양육된 제자들을 두란노에서 2년 동안 더 가르쳤다. 제자들은 후에 소아시아 지역에 교회를 세운다. 마술을 하던 사람들이 복음을 듣고 마술을 버리고 관련된 책을 불태우기도 했다. 하지만 아데미 여신상을 제작하던 데메드리오가 주도하여 소요를 일으켜서 바울은 마케도니아로 떠나게 되었다(행18:23-19:41)

3. **드로아, 빌립보, 데살로니가, 베뢰아, 고린도:** 2차 선교여행 때 개척한 교회들을 두루 방문하여 교제를 나누었다(행20:1-3).

4. **빌립보, 드로아:** 배 타고 수리아 안디옥으로 가려 했지만 유대인들이 죽이려고 모의한다는 사실을 알고 빌립보로 돌아가 배를 타고 드로아에 상륙하였다. 바울은 드로아에서 일주일 동안 체류하면서 강연했는데 강연을 듣다가 죽은 유두고를 살리기도 했다(행20:3-12).

5. **밀레도:** 바울은 이곳에서 에베소 교회 장로들을 만나 자신의 훈계를 잊지 않도록 당부한다. 장로들은 다시는 못 볼 것이라는 바울의 말에 슬퍼하며 서로를 위로했다(행20:17-38).

6. **두로, 가이사랴, 예루살렘:** 순교할 각오로 예루살렘에 와서 선교 보고를 했다(행21:17-19).

바울은 3차 선교 여행을 마치고 예루살렘에 도착하여 야고보와 모든 장로들에게 하나님께서 이방인들에게 행하신 모든 일을 간증하였다(행21:15-26). 예수님을 믿지 않는 유대인들은 바울을 고소하였고 바울은 자신의 결백을 주장하며 로마 황제에게 상소하였다.

1. 바울을 죽이려는 유대인들: 아시아에서 온 유대인들이 바울이 각처에서 백성과 율법과 예루살렘을 비방하였으며 심지어 헬라인을 데리고 성전에 들어가서 거룩한 곳을 더럽혔다고 모함하였다. 그러자 무리들이 바울을 성전 밖으로 끌어내어 죽이려고 하였다(행21:27-30).

2. 로마군에게 체포된 바울: 소동이 일어나자 로마의 천부장이 부하들을 데리고 나타났는데 천부장을 보자 무리들이 바울을 때리다가 멈추었다. 천부장이 진상을 파악하고자 바울을 끌고 가려고 하니 바울이 천부장에게 백성들 앞에서 해명하게 해달라고 요청했다. 천부장이 허락하자 바울은 다메섹으로 가는 중에 회심한 사건부터 스데반의 순교 그리고 이방인의 사도로서 복음을 전한 경위를 말하였다. 바울의 말을 듣고 무리들이 바울을 죽이려고 하자 천부장이 바울을 데리고 가서 채찍질하며 심문하려고 하였다. 바울이 천부장에게 자신은 로마시민이라고 말하자 천부장은 바울을 함부로 결박한 일 때문에 두려워했다(행21:31-22:30).

3. 공회에 선 바울: 천부장이 진상을 파악하고자 공회원을 소집하였다. 그곳에서 바울은 자신이 바리새인이라는 사실을 알리자 바리새인들이 바울을 옹호하였다. 이로 인해 바리새인들과 사두개인들 사이에 심한 다툼이 일어나서 천부장이 바울을 병영 안으로 데리고 왔다(행23:1-10).

4. 바울 암살 계획: 유대인 40명이 바울을 암살하려고 하자 바울은 이 사실을 조카를 통해 천부장에게 알렸다. 천부장은 바울을 벨릭스 총독이 있는 가이사랴로 보냈다(행23:11-35).

5. 벨릭스의 재판: 대제사장과 장로들과 변호사 더둘로는 바울을 고소했는데 죄목은 바울이 유대인 사이에 소요를 일으켰으며, 나사렛 이단의 두목이고, 성전을 더럽혔다는 것이다. 바울은 그런 일이 없다고 항변하였다. 벨릭스는 바울에게 돈을 받을 목적으로 자주 불러 질문하였으나 소득이 없자 유대인의 환심을 사려고 바울을 2년 동안 감금하였다(행24:1-27).

6. 베스도의 재판: 베스도가 새로운 총독으로 부임하였다. 대제사장과 유대인들이 베스도에게 바울을 다시 고소하였으며 바울을 예루살렘으로 보내 달라고 요청하였다. 그들은 바울이 예루살렘으로 이송되어 갈 때 도중에 바울을 죽일 계획이었다. 베스도가 바울에게 예루살렘에 가서 재판을 받을 것인지를 묻자 바울은 로마 황제에게 상소한다고 하였다. 헤롯 아그립바 2세가 베스도를 찾아왔을 때 바울은 베스도와 헤롯 앞에서 자신을 변호하면서 그들에게 복음도 전하였다. 베스도와 헤롯은 바울의 복음을 받아들이지 않았지만 바울이 죄가 없음을 알았고 상소하지 않았다면 석방될 수 있었을 것이라고 말하였다(행25:1-26:32).

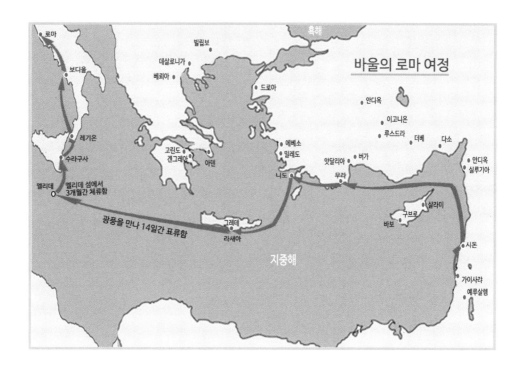

1. **로마로 출발함:** 바울이 가이사에게 상소했기 때문에 재판을 받으러 로마로 가게 된다. 백부장 율리오는 바울과 다른 죄수들을 포함해서 총276명을 이끌고 로마로 출발하였다. 율리오는 시돈에서 바울을 정중히 대접하여 친구들을 만나도록 배려해 주었다(행27:1-3).

2. **배를 옮겨 탐:** 바울 일행은 구브로 섬 해안을 따라 항해한 후 루기아의 무라에서 이탈리아로 가는 알렉산드리아 배로 옮겨 타고 니도 맞은편을 지나 그레데 섬으로 갔다(행27:4-8).

3. **광풍을 만나 표류함:** 그레데 섬의 라새아에서 바울은 지금 항해하는 것은 위험하다고 백부장에게 건의했으나 백부장은 바울보다 선장의 의견을 수렴해 항해를 계속했다. 결국 그레데 섬을 떠난 지 얼마 지나지 않아 유라굴로 광풍을 만나서 14일간 표류하였다. 멜리데 섬 근처에서 배가 암초에 부딪히자 병사들은 죄수들이 달아나기 전에 죽이려고 하였으나 백부장은 바울을 구해주기 위해 사람들에게 배에서 내려 멜리데 섬으로 가라고 하였다(행27:9-44).

4. **멜리데 섬에서 체류함:** 멜리데 섬의 원주민들은 바울 일행에게 친절을 베풀었다. 원주민들은 바울이 독사에 물리고도 아무 이상이 없자 그를 신으로 생각했다. 바울은 그곳에서 3개월 동안 체류하면서 병자들을 치료해 주었다(행28:1-10).

5. **로마에 도착함:** 바울 일행은 멜리데 섬을 떠나 수라구사에서 3일, 레기온에서 하루, 보디올에서 7일을 머무른 뒤 로마에 도착하였다. 바울은 로마에서 약 2년 동안 가택 연금 생활을 하면서 자기 집을 출입하는 사람들에게 담대하게 복음을 전하였다(행28:11-31).

사도행전은 바울이 로마에서 2년 동안 가택연금을 한 사건까지 기록하였다. 바울은 가택연금에서 풀려난 후(A.D.63) 로마 대화재로 기독교인들이 박해를 받을 때 체포되어 참수형을 당할 때까지 (A.D.67) 약 4년 동안 4차 선교여행을 한 것으로 추정된다.

1. **스페인:** 바울은 오래 전부터 스페인에 가기를 원했다(롬15:28). 로마에서 풀려난 뒤 디모데와 디도를 데리고 스페인에서 2년 동안 복음을 전하고 지중해로 돌아왔을 것으로 추정된다.

2. **그레데 섬:** 스페인에서 돌아온 후 바울은 그레데 섬에 갔는데 그곳 교회는 아직 질서가 잡히지 않았으므로 디도를 남겨 두어 남은 일을 정리하고 장로들을 세우도록 하였다(딛1:5).

3. **밀레도:** 바울은 밀레도에 들러 병든 드로비모를 남겨 둔다(딤후4:20). 드로비모는 에베소 출신이었는데 에베소교회의 헌금을 예루살렘교회까지 전달해 준 바울의 충실한 동역자였다.

4. **에베소:** 바울은 에베소교회에 디모데를 두어 다른 교리를 가르치지 못하도록 하였다(딤전1:3). 바울은 에베소교회 근처에 있는 골로새교회도 방문하였다.

5. **드로아:** 바울은 드로아에서 가보 집에 들렀고 그곳에 외투를 남겨두고 왔다(딤후4:13).

6. **고린도:** 바울은 고린도에 들러 동역자 에라스도를 그곳에 남겨 두었다(딤후4:20).

7. **니고볼리:** 바울은 니고볼리에서 겨울을 보내려고 갔으나 로마 관원에 체포된다(딛3:12).

8. **로마:** 바울은 로마의 지하 감옥에 갇힌다. 이곳에서 마지막 편지 디모데후서를 기록하였다. 누가는 바울이 죽을 때까지 그의 곁을 지켰다(딤후4:11).

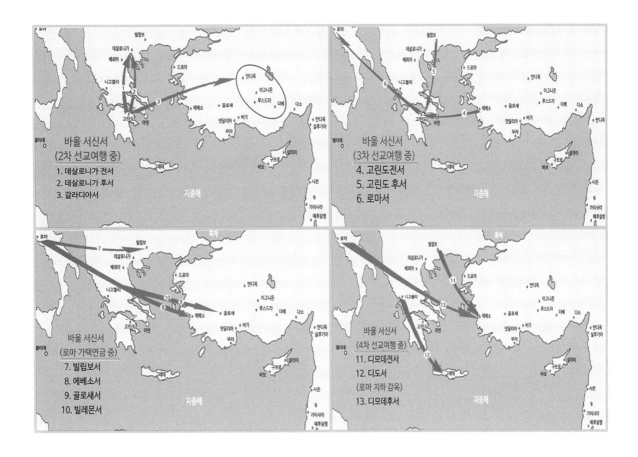

바울은 2차 선교여행 때 고린도에서 18개월 동안 머무르면서 데살로니가전서와 후서, 갈라디아서를 기록하였다.

1. 데살로니가 전서

데살로니가교회는 바울이 2차 선교여행 중 3주 동안의 짧은 기간에 세웠다. 아쉽게도 바울은 유대인들의 박해로 오랫동안 이 교회에 머물지 못했다. 바울은 고린도에서 있을 때 데살로니가교회의 소식이 궁금해서 디모데를 그곳에 보냈다. 디모데는 교인들이 박해 중에도 믿음 생활을 잘하고 있으며 바울을 보고 싶어 한다는 소식을 전했다. 바울은 기뻐하며 신앙 교육을 제대로 받지 못했지만 고난을 잘 이겨내고 있는 교인들을 위로하고 격려하였다. 그러나 데살로니가교회는 종말에 너무 집착하였는데 곧 예수님이 재림하셔서 세상을 심판하고 자신들은 구원을 받을 것이라고 확신했다. 바울은 '항상, 쉬지 말고, 범사'라는 표현을 사용하며 언제 종말이 올지 알 수 없으니 종말이 올 때까지 흠 없이 살아야 한다고 강조했다.

2. 데살로니가 후서

바울이 데살로니가에 보낸 첫 번째 편지에서 종말에 집착하지 말라고 했음에도 거짓 교사들 때문에 여전히 종말론이 팽배했으며 몇몇은 종말론에 빠져 나태하고 게으른 삶을 살아갔다. 바울은 예수님이 재림하기 전에 배교하는 일과 적그리스도가 나타나는 일이 먼저 있을 것이라고 알려주며 거짓된 종말론에 빠져 미혹되지 말고 그리스도인으로서 합당하게 살라고 권면하였다.

3. 갈라디아서

갈라디아서는 바울이 1차 선교여행 중에 세웠던 갈라디아 지역에 있는 루스드라, 이고니온, 비시디아 안디옥, 더베 교회들에게 보낸 편지이다. 당시 갈라디아교회에 거짓 교리를 전하는 사람들이 나타나 율법대로 행하면 구원을 받는다고 가르쳤다. 바울은 오직 그리스도의 십자가 공로를 믿는 자만이 구원 받으며 의인으로 칭함을 받는다는 사실(이신칭의)을 명확히 가르쳐 주었다.

바울은 3차 선교여행 중에 에베소에서 고린도전서를, 마케도니아에서 고린도후서를 보냈으며 고린도에서는 로마서를 보냈다.

4. 고린도전서

고린도교회는 바울의 2차 선교여행 중에 세워진 교회이다. 바울은 3차 선교여행 중 에베소에 있을 때 고린도를 방문하기 전에 미리 편지를 보낸다. 고린도는 항구도시이자 경제 중심지였기 때문에 유흥가가 많았으며 그리스 문화의 영향으로 육체의 부활을 부인하던 곳이다. 그러한 영향으로 고린도교회 안에 부유한 사람과 가난한 사람과의 갈등, 성적으로 문란한 성도, 잘못된 교리 등 많은 문제가 나타났다. 바울은 하나님의 은혜로 구원을 받았다고 해서 방종해서는 안 되며 자발적인 순종으로 진리를 깨달아야 한다고 가르쳤다. 그리고 고린도교회에서 바울에게 질문한 결혼과 독신, 우상에게 바쳐진 음식 문제, 공중 예배에서의 질서, 성령의 은사 등에 관해 답변해 주었고 육체의 부활을 부인하는 것은 예수님을 부인하는 것이라고 하였다.

5. 고린도후서

고린도전서를 보내고 몇 개월 후에 바울은 에베소를 떠나 마케도니아 지역을 방문하였다. 이곳에서 편지(고린도전서)를 받은 고린도교회 성도들이 대부분 회개했지만 일부 유대인들과 거짓 교사들이 바울의 가르침을 비난하고 바울이 사도의 자격이 없다고 주장한다는 이야기를 들었다. 바울은 다시 고린도교회에 편지를 보내 자신은 주님의 일꾼으로 복음을 전하는 사도라는 사실을 분명히 했으며 사역 중에 큰 고통과 박해를 당했던 경험도 알려 주었다. 그리고 예루살렘교회의 빈민 구제를 위한 마케도니아 지역의 사랑을 모범으로 제시하며 헌금의 원칙과 목적, 헌금할 때 준수 사항, 헌금을 통한 하나님의 축복에 대해서도 기록하였다.

6. 로마서

로마교회는 예루살렘 등지에서 복음을 접한 유대인들이 로마로 돌아가 세운 교회로 추정된다. 로마교회는 바울이 세우지 않았기 때문에 아직 바른 교리나 구원관이 정립되지 못했다. 그래서 바울은 로마를 방문하기 전에 로마교회에 미리 편지를 보내 구원의 전 과정에 대한 바른 교리를 알려주기를 원했다. 죄란 하나님의 법을 순종하지 않거나 하나님의 법을 어기는 것을 말하며 이런 죄로 인해 사망에 이르게 되었고 인간의 자력으로는 구원에 이룰 수 없으니 오직 예수님의 십자가 대속을 믿어야만 구원을 받을 수 있다는 사실을 알려 주었다.

바울은 3차 선교여행을 마치고 예루살렘에서 유대 지도자들에게 고소를 당해 로마로 압송된다. 2년간 가택연금 상황에서 빌립보서, 에베소서, 골로새서, 빌레몬서를 기록하였다.

7. 빌립보서

빌립보는 마케도니아에 있는 도시이다. B.C.168년 로마가 정복하여 제국에 편입한 후 로마와 아시아를 연결하는 전략적 요충지가 된다. 빌립보는 바울이 2차 선교여행 때 마귀 들린 여인을 고쳐준 뒤 고소를 당해 옥에 갇혔다가 풀려난 곳이기도 하다. 바울은 구금된 자신을 걱정하는 빌립보교인들을 위해 위로의 편지를 썼다. 진정한 기쁨은 환경이 아니라 하나님의 보호와 인도를 확신하는 데 있다고 알려주며 성도에게 내적 확신이 있다면 어떠한 역경에도 기쁨과 평안을 느낄 수 있다고 하였다. 또 빌립보교회에서 유오디아와 순두게라는 여인이 다툰 사건을 지적하며 불평과 다툼을 그치고 함께 동역할 것을 촉구하였다. 예수님이 하나님과 동등하게 여기지 않고 인간의 몸을 입고 내려와 비천한 삶을 사셨던 것처럼 주님의 겸손과 희생정신을 본받으라고 강조하였다. 그리고 자신에게 구제 헌금을 보낸 것에 대해 감사를 표시하였다.

8. 에베소서

에베소는 소아시아 서해안에 위치했으며 아시아와 유럽을 잇는 국제 항구 도시로 교통과 무역의 중심지였다. 에베소에는 아데미 신전이 있었으며 아데미 여신을 포함한 많은 우상을 섬겼다. 바울은 3차 선교여행 때 에베소에서 약 3년간 머무르며 두란노서원에서 신자들을 가르쳤고 에베소교회를 중심으로 서머나, 버가모, 두아디라, 사데, 빌라델비아, 라오디게아에 교회를 세웠다. 에베소서는 바울이 에베소교회와 인근 교회에 회람 형식으로 보낸 편지이다. 바울은 에베소를 떠난 뒤 교인들의 신앙과 믿음이 걱정되어 로마에서 편지를 보낸다. 바울은 편지에서 교회는 머리 되신 그리스도 아래 있는 한 몸이며, 성도들은 그리스도의 지체들이므로 연합하여 주어진 은사와 믿음의 분량에 따라 몸된 교회를 섬기며 구원 받은 자답게 남은 생애를 예수 중심으로 살라고 권면하였다.

9. 골로새서

골로새는 에베소에서 남동쪽으로 약 200km 떨어진 곳에 위치해 있다. 무역로가 이곳을 통과하면서 골로새는 번창하였고 직물 산업의 중심지가 된다. 그러나 주변에 라오디게아 같은 도시들이 건설되면서 점차 쇠락한다. 골로새교회는 바울이 세운 교회가 아니라 에베소교회에서 복음을 들은 에바브라와 몇 명의 신자들이 고향인 골로새로 돌아가 세운 교회이다. 골로새가 동서 문물이 교차하는 길목에 위치했기 때문에 골로새교회도 세속 문화의 영향을 받아 예수님의 사역을 비하하고 천사숭배, 금욕주의, 율법주의, 영지주의 사상을 좇는 자들이 나타났다. 그리스도에 만족하지 못하고 비본질적인 것에서 만족을 얻으려는 골로새 교인들에게 바울은 그리스도는 본질상 하나님이시며 만물의 창조자이시고 만물을 보존하시는 분이심을 강조하였다. 또한 그리스도를 바르게 섬기기 위해서는 주님과 연합된 삶 즉 사회와 가정에서 주님의 말씀대로 살아야 한다고 가르쳤다.

10. 빌레몬서

바울이 3차 선교여행 때 에베소에서 약 3년 동안 머무르며 복음을 전파할 때 빌레몬이 이곳을 방문하여 바울의 복음을 듣고 예수님을 영접하였다. 오네시모는 빌레몬의 노예인데 주인의 재산 중 일부를 훔쳐 로마로 도주하였다. 당시 노예는 주인의 재산이었고 노예의 생사는 주인의 손에 있었기 때문에 만일 오네시모가 붙잡힌다면 죽을 수도 있는 상황이었다. 오네시모는 대도시 로마에서 신분을 숨기고 살다가 가택연금 상태에 있는 바울을 만나 회심하여 바울의 조력자가 된다. 바울은 오네시모가 자신과 잘 아는 사이인 빌레몬의 노예라는 사실을 알고 빌레몬에게 그를 용서하고 형제처럼 받아들여 줄 것을 간절히 당부하며 오네시모를 빌레몬에게 보낸다. 성경에는 기록되어 있지 않지만 빌레몬은 오네시모를 용서하였다고 한다. 빌레몬은 골로새교회에서 사역하다가 네로의 박해 때 가족이 모두 순교한 것으로 전해진다. 오네시모는 에베소에서 사역하다가 로마의 박해 때 순교했다고 한다.

바울은 2년간의 로마 가택연금에서 풀려나 4차 선교여행을 떠난다. 4차 선교여행 중에 그레데 섬에 디도를, 에베소교회에 디모데를 남겨두어 교회를 돌보게 하였다. 디모데전서는 마케도니아에서 디모데에게 보낸 편지이며 디도서는 니고볼리로 가는 중에 디도에게 보낸 편지이다.

11. 디모데전서

디모데는 갈라디아 지방의 루스드라 출신으로 바울의 신임을 받던 신실한 교회 지도자이며 바울에게는 아들과 같은 존재이다. 그의 아버지는 그리스인이고 어머니는 유대인이다. 그는 어머니와 외할머니에게서 신앙을 물려받았다.

바울이 1차 선교여행에서 루스드라를 방문했는데 이때 디모데는 복음을 듣고 회심하였다. 바울이 2차 선교여행에서 루스드라를 다시 방문했을 때 디모데는 바울과 2차 선교여행을 동행하였다. 2차 선교여행 도중에 바울은 고린도에서 데살로니가교회의 소식이 궁금해서 디모데를 그곳에 보내기도 하였다. 3차 선교여행 때 바울이 빌립보에서 드로아로 갈 때 디모데가 동행하였다(행20:4). 디모데는 바울의 4차 선교여행도 함께 동행하는 중에 바울의 지시에 따라 에베소에 남아 목회를 하였다. 바울은 에베소교회에서 목회하고 있는 디모데에게 바른 교리로 그리스도인의 믿음을 보존할 것을 권면하고, 이신칭의의 교리를 부인하는 금욕주의적 이단을 경계하며, 거짓 교사들과 선한 싸움을 싸우라고 격려하였다. 교회 지도자의 자격을 알려주었고 목회자는 경건해야 한다는 점도 강조하였다. 디모데는 에베소교회에서 목회를 하다가 바울이 순교한 지 약 20년 후에 로마의 박해 때 순교한 것으로 전해진다.

12. 디도서

디도는 바울의 복음을 듣고 회심한 그리스인이다. 바울이 선교여행을 떠나기 전 안디옥교회에서 바나바와 공동 사역을 하는 중에 예루살렘교회에 간 적이 있는데 이때 디도를 데리고 간 것으로 보아(갈2:1) 디도는 바울의 선교여행 전에 예수님을 영접했으며 안디옥교회에서 바울의 사역을 도운 것으로 보인다. 3차 선교여행 중에 바울은 고린도교회가 우상숭배와 성도 간의 다툼 등으로 심각한 상황이라는 소식을 듣고 자신이 직접 가기 전에 디도를 보냈다. 그가 성도들을 올바른 길로 인도하여 분쟁을 은혜롭게 해결하였다. 디도는 바울의 4차 선교여행에 바울과 동행하여 그레데 섬에 복음을 전하였다. 바울은 그레데 섬이 아직 질서가 잡히지 않은 상태였으므로 남은 일을 정리하고 장로들을 세우도록 디도를 남겨두었다. 디도는 바울이 로마의 지하 감옥에 있을 때 달마티아(유고슬라비아)에 가서 복음을 전하기도 하였다(딤후4:10). 디도서는 바울이 4차 선교여행 중에 그레데 섬에 남아 목회를 하는 디도에게 장로의 자격 기준을 알려주고 성도들이 교회뿐만 아니라 사회에서도 선한 시민다운 생활을 해야 한다고 강조하였다.

바울은 4차 선교여행 후 니고볼리에서 겨울을 보내려고 갔으나 로마 관원에 체포되어 로마의 지하 감옥에 갇히게 된다. 이곳에서 마지막 편지 디모데후서를 보낸다.

13. 디모데후서

네로의 대박해가 로마 제국 전역을 휩쓸고 있을 때 바울은 감옥에 갇혀 자신의 죽음을 직감하고 있었다. 그는 에베소에서 목회하고 있는 영적 아들 디모데에게 유언 같은 최후의 서신을 보낸다. 바울은 디모데에게 두려워 말고 담대하게 복음 사역을 수행하라고 격려하였다. 그리스도의 고난에 동참하도록 권면하고 성도들을 주의 진리의 말씀으로 훈련시킬 것을 당부하였다.

죄란 하나님의 법을 순종하지 않거나(순종함이 부족하거나) 하나님의 법을 어기는 것을 말한다(소요리문답 14문). 하나님께서 행하라고 명령한 것들 중 어떤 것을 하지 않거나, 행하지 말라고 명령한 것들 중 어떤 것을 범하면 비록 모르고 범했을지라도 죄가 된다(레5:17). 당연히 알고도 범한 죄는 더욱 중하다.

하나님의 법은 문서(십계명, 모세오경 등)로 기록되기 이전에 이미 인간에게 주어졌다. 하나님은 하나님의 형상대로 아담을 창조하셨기 때문에 이미 그 마음에 하나님의 법을 기록하셨다. 그래서 율법을 몰라서 하나님의 법을 어겼다는 것은 변명이 되지 못한다. 하나님께서 인간의 마음에 하나님의 법을 기록하셨다는 사실은 양심과 이성으로 알 수 있다. 따라서 율법이 없는 이방인도 본성으로 율법에 있는 것을 행할 수 있기 때문에 율법 없이 죄를 짓더라도 하나님의 심판을 받는다. 율법 안에서 죄를 지은 사람들은 당연히 율법으로 심판을 받는다(롬2:12-15). 아브라함이 사라가 자기 아내라는 사실을 숨겼을 때 아비멜렉은 아브라함에게 자기가 큰 죄(간음)를 지을 뻔했다며 아브라함을 책망하였다. 십계명이 주어지지 않았음에도 간음이 죄라는 것을 마음에 기록된 하나님의 법으로 알 수 있었던 것이다.

하나님의 법은 여러 형태로 사람에게 전달된다. 하나님께서 사람의 마음에 새기기도 하시고 하나님께서 직접 말씀으로 전해 주시기도 하신다. 사람을 통해 전해 주시기도 하시고 사람을 통해 기록하게도 하신다. 아담의 마음에 이미 하나님의 법이 기록되어 있었다. 그는 직접 선악을 알게 하는 나무의 열매를 따 먹지 말라는 하나님의 말씀을 받았음에도 순종하지 않아 죄를 짓고 말았다. 이스라엘 백성들도 모세를 통해 십계명으로 하나님의 법을 받았으나 순종하지 않아 죄를 지었다. 율법을 받고서도 순종하지 않은 이스라엘의 죄가 율법을 받지 않은 이방인의 죄보다 더 크다.

하나님의 법을 순종함에 부족하다는 것은 적극적으로 순종하지 않는다는 뜻이다. 예수님께서 비유로 말씀하신 선한 사마리아인의 이야기에서 제사장과 레위인은 강도 만난 사람을 피하여 갔다. 이 사람들은 이웃을 사랑하라는 하나님의 법을 적극적으로 순종하지 않았다. 야고보도 선을 행할 줄 알면서도 행하지 않으면 죄라고 하였다(약4:17). 하나님께서는 십계명에서 어떤 형상도 만들지 말며 그것들에게 절하지 말고 그것들을 섬기지 말라고 하셨다. 이것을 알면서도 형상을 만들어 섬긴다면 고의로 하나님의 법을 어기는 것이다. 그러나 하나님의 법을 순종함에 부족한 것과 하나님의 법을 어기는 것을 명확히 구분하기는 쉽지 않다. 결국 죄란 정도의 차이는 있을지 모르나 하나님의 법을 순종하지 않는 것, 순종함에 있어 부족한 것, 고의로 어기는 것 모두 해당한다.

하나님께서는 아담을 데려다가 에덴의 동산에 두시고 그것을 관리하고 지키게 하셨다. 아담에게 동산의 모든 나무에서 나는 것을 마음대로 먹을 수 있으나 선과 악을 알게 하는 나무에서 나는 것은 먹지 말라고 하시며 그것을 먹는 날에는 반드시 죽을 것이라고 경고하셨다(창2:15-17). 이것은 하나님과 인간이 맺은 첫 번째 언약이다. 아담은 하나님과 함께 있었기 때문에 하나님에 대한 믿음이 필요한 게 아니다. 단지 하나님께서 명령하신 선과 악을 알게 하는 나무에서 나는 것만 먹지 않으면 영원히 그곳에서 하나님과 살 수 있었다.

뱀이 하와에게 접근하여 하나님께서 동산의 모든 나무에서 나는 것을 먹지 말라고 하셨는지를 물었다. 뱀은 마귀이다(계20:2). 하와는 동산 가운데 있는 나무의 열매는 먹으면 죽을 수 있으니 먹지도 말고 만지지도 말라고 하셨다고 뱀에게 대답했다(창3:2-3). 하나님께서는 만지지도 말라는 말씀은 하지 않으셨으며 죽을 수 있다고 하신 게 아니라 반드시 죽는다고 말씀하셨다. 하와는 하나님의 말씀을 정확히 알고 있으면서도 임의로 바꾸어 말하는 죄를 범하였다. 뱀은 여자에게 너희가 반드시 죽지 않는다고 안심시켰다. 도리어 그것을 먹는 날에 너희 눈이 열리고 너희가 신들과 같이 되어서 선과 악을 알게 될 것이라고 하였다. 이와 같이 하나님의 말씀을 바꾸어 버리면 사탄은 진리에 대해 공격한다. 하와는 결국 그 열매를 따서 먹었고 아담도 먹게 하였다. 아담과 하와가 선악과를 먹은 것은 열매 하나를 먹은 단순한 사건이 아니라 하나님처럼 되고 싶은 마음 때문에 하나님의 명령과 하나님과의 언약을 어긴 중대한 범죄이다.

하나님께서 왜 선과 악을 알게 하는 나무를 만드셨는지, 왜 선악과를 아담에게 먹지 말라고 하셨는지는 정확히 알 수 없다. 그러나 하나님께서는 모든 나무 열매를 마음대로 먹게 하셨고 단지 하나만 금하셨다. 아담은 하나님의 형상대로 창조되었기 때문에 자신의 자유의지로 하나님의 명령을 지킬 수 있는 능력이 있었다. 하지만 그는 자신의 의지로 하나님의 명령을 어기고 그 열매를 먹음으로써 하나님께 불순종하였다. 그들은 하나님께 불순종하는 것이 악이라는 것을 체험적으로 알게 되었고 부끄러워 몸을 가리고 숨어 버렸다.

아담은 인류를 대표한다. 따라서 하나님께서는 아담과 언약을 하실 때 아담뿐만 아니라 모든 인간들과 언약을 하신 것이다. 아담의 순종이 모든 인류의 순종이 될 수 있었지만 아담의 불순종으로 모든 인류가 불순종하게 된 것이다. 아담 때문에 죄가 세상에 들어오고 그 죄 때문에 사망이 왔다. 이렇듯 모든 사람이 죄를 지었으므로 사망이 모든 사람에게 다가왔다(롬5:12). 아담의 불순종으로 인하여 많은 사람이 죄인이 된 것이 불합리한 것이 아니다. 공의로운 하나님께서는 예수님의 순종으로 많은 사람이 의인이 될 수 있게 해 주셨기 때문이다(롬5:19). 아담과 하와는 교만과 욕심으로 마귀의 시험에 넘어가 죄를 지었지만 예수님은 겸손과 순종으로 마귀의 시험을 물리치시고(마4:1-11), 십자가에서 죽으셔서 모든 인류의 죄를 대속해 주셨다.

아담과 하와는 선악과를 먹고 눈이 밝아져(눈이 열려) 자기들이 벌거벗었다는 사실을 알게 되자 무화과나무 잎을 엮어 치마로 삼았다. 눈이 밝아졌다는 것은 시력이 좋아졌다는 것이 아니라 전에는 아무 문제가 되지 않았던 벌거벗음이나 부끄러움, 두려움 같은 것들을 인식하게 되었다는 것이다. 그들은 하나님의 음성을 듣자마자 숨어 버렸다. 결국 그들은 하나님과의 교제를 잃어버리고 에덴에서 쫓겨나 하나님의 진노와 저주 아래 있게 된다(엡2:2-3, 갈3:10).

하나님께서 아담과 맺으신 행위 언약은 아담만이 아니라 그의 후손인 모든 인간과 맺어진 것이다. 모든 인류는 아담으로부터 육신적으로 내려왔기 때문에 아담이 죄를 지을 때 그 안에서 같이 죄를 지은 것으로 간주되어 그와 함께 타락한 것이다(소요리문답 16문 인용). 아담이 지은 죄는 하나님께서 금지하신 열매를 먹은 것이다. 따라서 아담이 선악과를 먹을 때 인류도 선악과를 같이 먹고 같이 타락한 것으로 간주된다는 것이다. 이것을 죄의 전가라고 한다. 아담을 통해 모든 인류가 태어났기 때문에 아담은 인류의 첫 부모이며 모든 인류를 대표한다. 사람이 부모에게서 많은 특성들이 유전되듯이 아담의 죄도 인류에게 유전된다.

사람이 죄를 지으면 하나님은 반드시 죄에 대한 책임을 물으신다. 이것을 죄책이라고 한다. 하나님께서 죄인에게 죄책을 물으시는 것은 하나님이 관용이 없어서가 아니라 죄로 인해 손상된 하나님의 거룩함을 회복하기 위해서다. 하나님은 아담에게 땅이 너로 인해 저주를 받고 너는 전 생애 동안 고통 중에서 그 소산을 먹을 것이라 말씀하셨다. 하와에게는 네가 고통 가운데서 자식들을 낳을 것이며 너는 남편을 원하고 남편이 너를 주관할 것이라고 하였다. 또한 뱀에게도 너는 모든 가축과 들의 모든 짐승보다 저주를 받아 네 배로 다닐 것이며 평생토록 흙을 먹을 것이라고 하셨다. 그리고 여자의 씨가 너의 머리를 부술 것이고 너는 그의 발꿈치를 부술 것이라고 말씀하셨다. 여자의 씨는 그리스도를 가리키는 것이고 뱀의 머리를 부순다는 것은 그리스도가 최후에 사탄을 멸망시킨다는 뜻이다(고전15:26).

아담의 범죄로 인간은 원래의 의로움을 상실했는데 이를 원의(原義)의 상실이라고 한다. 아담은 하나님의 형상으로 창조되었으나 죄를 지어 하나님의 형상이 부패해졌다. 즉 하나님을 아는 지식, 하나님에 대한 사랑, 의로움, 거룩함, 자비, 겸손 등 모든 것이 완전하지 못하고 오염되고 부패되었다는 것이다. 아담의 전 속성이 부패함에 따라 모든 인간의 전 속성도 같이 부패하였는데 이를 원죄라고 한다. 모든 인간은 아담의 죄책, 원의의 상실, 원죄를 그대로 이어받았다. 전 속성이 부패한 인간은 선을 행할 수는 있으나 하나님이 보시기에 온전한 선을 행할 수 없다. 인간이 아무리 노력해도 행위에 결함이 있을 수밖에 없기 때문에 인간은 행위로 구원 받을 수 없다. 따라서 전 속성이 부패한 인간의 능력으로는 죄의 문제를 해결할 수가 없으며 하나님께서 직접 인간의 몸으로 오셔서 죗값을 지불하셔야만 해결할 수 있다.

　　사람에게는 영(spirit)과 혼(soul)과 육(fresh)이 있다. 영과 혼을 합쳐서 영혼이라고 하는 경우가 있으나 실제 성경 원본은 영과 혼을 분리해서 기록했다. 데살로니가전서 5장 23절에 하나님께서 예수 그리스도가 오실 때까지 우리의 온 영과 혼과 몸이 책망할 것이 없게 보존되기를 원하신다고 말씀하셨다. 이와 같이 모든 인간은 영과 혼과 육을 가지고 있다.

　　육은 눈에 보이는 몸을 말한다. 혼은 이성, 지성, 의지, 감정 등을 가지고 육에 들어가 있는 그 사람 자체를 말한다. 혼은 육안으로 보이지 않는다. 육은 죽으면 썩어 없어지나 혼은 불멸한다. 영은 하나님을 알고 하나님과 소통할 수 있도록 하나님께서 모든 사람에게 주신 것이다. 그러나 예수님을 믿지 않는 사람은 그 존재를 모를 정도로 감추어 있다. 아담은 원래 살아 있는 몸, 살아 있는 혼(창 2:7), 살아 있는 영을 가지고 있었다. 하지만 아담이 타락한 이후로 인간은 죽은 영을 갖게 되었다.

　　사람의 영과 혼과 육이 모두 구원을 받는 것이 아니라 구원을 받는 것은 오직 혼이다. 육은 구원을 받아야 할 대상이 아니다. 혼이 구원 받아 휴거 되어야만 비로소 육은 영화로운 몸을 얻는다. 혼이 구원을 받으려면 영이 거듭나야 한다. 혼은 거듭날 수 없다. 영이 거듭나려면 혼이 하나님의 말씀을 듣고(벧전1:23) 예수 그리스도를 구주로 영접해야 한다. 성경은 우리 믿음의 결과로 우리 혼들이 구원을 받는다는 사실을 알려 준다(벧전1:9). 그리고 허물과 죄들 가운데 죽었던 우리의 영을 예수님이 다시 살리셔야 한다(엡2:1). 예수님은 우리에게 성령을 주시어 우리의 영이 성령으로 거듭나게 하신다(요3:6). 성령님은 내 안에 있는 영을 깨워서 하나님을 알게 하고, 찾게 하고, 하나님과 소통하도록 도와주신다.

　　영이 거듭나면 혼은 죄 사함 받고 구원을 받아 깨끗해진다. 그 후로 혼은 지속적으로 성령의 지도를 받으면서 하나님과 소통한다. 그러나 영이 거듭났다고 하더라도 우리가 천국에 갈 때까지는 혼은 육의 영향을 받아 죄를 지을 수가 있다. 그래서 죄로 가득 차 있는 육을 벗어버리는 일이 필요한데 이것이 영적인 할례이다(골2:11). 영이 거듭나는 순간 혼과 육이 그리스도의 할례를 받아 분리되고 (육적인 분리가 아니고 영적인 분리이다.) 우리의 혼은 성령의 주관 아래 살아간다. 따라서 그리스도인은 영적 할례를 받아 육체의 욕망을 분리시키고 성령의 인도하심을 따라 천국에 갈 때까지 성화의 삶을 살아야 한다.

267. 부활과 영, 혼, 육

1. **신약 성도의 부활:** 그리스도인이 죽으면 그의 혼은 바로 천국(셋째 하늘)에 간다. 영은 하나님께로 간다(전12:7). 몸은 땅으로 돌아가지만(전12:7) 휴거될 때 불멸의 영화로운 몸으로 변화된다(살전4:14-17, 고전15:51-54). 천국에서는 하나님과 예수님을 직접 대면할 수 있으며 성령님이 항상 함께 계신다. 따라서 천국에서도 인간이 영을 가지고 있는지 없는지는 중요한 문제가 아니다. 분명한 것은 천국에서 인간은 영화로운 몸과 혼을 가지고 있다는 것이다. 휴거될 때 그리스도인 중에 죽은 사람의 몸이 먼저 부활하고 그 다음에 죽지 않고 휴거를 맞이한 그리스도인의 몸이 부활한다. 이것이 첫째 부활이다. 첫째 부활에 참여하는 자들은 복이 있고 거룩하다. 둘째 사망이 그들을 다스리는 권세가 없기 때문이다(계20:6).

2. **구약 성도의 부활:** 구약 성도가 죽으면 혼은 땅속에 있는 낙원에 갔다. 땅속이란 지구 지표면 아래 깊숙한 곳을 말한다. 죽은 나사로가 간 낙원이 바로 그 땅속에 있었다. 유대인들은 그곳을 아브라함의 품이라고 말한다(눅16:22). 예수님께서 십자가에 못 박힌 죄수 한 명에게 네가 오늘 나와 함께 낙원에 있을 것이라고 말씀하셨다(눅23:43). 예수님께서 부활하시기 전에는 아직 구약 시대이므로 그 죄수는 천국이 아닌 낙원에 간 것이다. 예수님은 돌아가신 후 사흘 동안 땅 속 낙원에서 구약 시대 구원 받은 성도들과 함께 계시다가 그들(혼들)을 하늘나라로 데리고 가셨을 것이다(마27:53). 그래서 예수님이 부활하신 후에 땅속 낙원은 없어졌으므로 신약 시대 성도들이 죽으면 땅속에 있는 낙원으로 가는 것이 아니라 바로 천국(셋째 하늘)에 간다. 사도 바울이 잠깐 갔다 왔다는 셋째 하늘이 바로 그곳이다(고후12:2). 구약 성도의 몸은 신약 성도처럼 땅으로 돌아간다(전12:7). 예수님이 십자가에서 돌아가신 후 구약 성도들의 몸이 부활하였다(마27:52). 그러나 이때 모든 구약 성도의 몸이 부활한 것인지 일부 성도들의 몸만 부활한 것인지는 확실하지 않다. 만약 일부 성도들의 몸만 부활했다면 나머지 성도들의 몸은 그리스도인이 휴거될 때 또는 환난 성도들이 휴거될 때 부활할 것이다.

3. **불신자들의 부활:** 불신자들이 죽으면 그들의 혼은 지옥으로 간다. 지옥은 땅속 깊숙이 있다. 성경에 지옥을 스올이나 음부로 번역한 경우가 있는데 모두 지옥을 말한다. 부자와 나사로에서 부자가 간 곳이다. 땅속에는 지옥과 낙원이 함께 있는데 그 사이에 큰 구렁이 있어 서로 왕래할 수가 없다(눅16:26). 불신자들의 영은 하나님께로 간다(전12:7). 그들에겐 다시 하나님을 찾을 기회가 없기 때문에 영이 필요 없다. 그들의 몸은 천년왕국이 끝난 후 부활한다. 그들의 몸과 혼은 예수님 앞에 나아가 백 보좌 심판을 받는다(계20:13). 그리고 불 못에 던져진다(계20:15). 그들뿐만 아니라 지옥도 불 못에 던져지기 때문에(계20:14) 불신자들은 이제 지옥이 아닌 하나님께서 어딘가에 준비해 놓은 영원한 불 못에 들어간다. 이것이 둘째 사망이다(계20:14).

그리스도란 그리스어인 크리스토스를 옮긴 단어로 "기름부음을 받은 자"라는 뜻이다. 메시아는 히브리어 마쉬아흐를 옮긴 단어로 그리스도와 메시아는 같은 의미다. 구약 시대에 기름부음을 받은 사람들은 선지자, 제사장, 왕의 직분을 받은 사람이다. 예수님이 "예수 그리스도"로 불리시는 까닭은 선지자와 제사장과 왕의 직분을 모두 가지고 있기 때문이다.

하나님께서 모든 사람을 위하여 구속자를 보내 주셨으니 곧 하나님의 영원한 아들이신 주 예수 그리스도이시다. 예수 그리스도는 모든 사람을 위하여 자신을 몸값으로 내어 주셨으므로 그분만이 하나님과 사람 사이에 유일한 중보자가 될 수 있다(딤전2:5-6). 주 예수 그리스도가 하나님의 영원한 아들이라는 의미는 성부 하나님께서 유한한 시간 속에서 그리스도를 낳으신 것이 아니라 시간을 초월하여 영원히 하나님의 아들로 삼으셨다는 것이다.

예수 그리스도는 삼위일체 하나님 중 한 분으로서 하나님의 형체이시지만 자신의 영예를 버리고 종의 형체를 입으셔서 사람들의 모습을 취하셨다(빌2:5-6). 예수 그리스도는 하나님의 본성인 신성과 사람의 본성인 인성을 모두 가지고 계신다. 그래서 예수님을 두 개의 본성을 갖고 있는 한 인격의 신인(神人)으로 말하기도 한다. 신성과 인성이 절반씩 혼합되어 있는 것이 아니라 완전히 하나로 결합되어 있다. 신성과 인성을 하나로 결합할 수 있는 원리는 신성에 있다. 즉 성자 하나님이 신성을 이용하여 인성을 취하신 것이다. 인간 예수가 신성을 취한 것이 아니다.

그리스도가 인성을 취하셔서 사람의 몸으로 이 땅에 오신 이유는 자신의 희생으로 죽음의 세력을 가진 자 곧 마귀를 멸망시키고 죽음을 두려워하여 평생을 노예로 속박되어 있는 자들을 놓아주기 위해서다(히2:14-15). 다시 말해서 죄와 비참을 경험하고 죽음의 고통으로 죄의 형벌을 감당하기 위해서다. 그리스도는 하나님과 관련된 일들에 자비롭고 신실한 대제사장이 되셔서 백성의 죄들을 위해 화해를 이루기 위하여 아브라함의 씨를 입으신 것이다(히2:16-17). 그리스도께서 이 땅에 계실 때 인성뿐만 아니라 신성도 반드시 있어야 한다. 왜냐하면 살아 있는 동안 하나님의 율법을 완전히 지켜야 하며, 자신을 믿도록 이적을 베풀어야 하고, 모든 사람의 죄를 감당하고 죽은 후에 죽음의 권세를 뚫고 다시 살아나야 하기 때문이다.

그리스도는 성령의 능력으로 잉태되어 태어나야만 한다. 정자와 난자가 만나 태어나는 인간의 출생으로는 아담의 원죄를 이어받을 수밖에 없기 때문이다. 마리아의 난자도 사용하지 않고 오직 성령으로만 잉태된 것이다. 단지 마리아의 태만 빌려서 영양분만 공급받았을 뿐이다. 이렇게 예수 그리스도는 죄가 없는 상태에서 인성을 취하셨기 때문에 모든 사람의 죄를 대신 짊어지고 죽을 수 있었다. 만약 그리스도가 죄성을 가지고 태어났다면 십자가에서 죽었다고 하더라도 성부 하나님께서 모든 사람의 죄를 대속했다고 인정하지 않으셨을 것이다.

1. **그리스도의 낮아지심이란** 그리스도께서 낮은 여건으로 태어나신 것, 율법 아래 사신 것, 이생의 여러 비참과 하나님의 진노와 십자가의 저주된 죽음을 겪으신 것, 묻히신 것, 얼마 동안 죽음의 권세 아래 거하신 것을 말한다(소요리문답 27문).

　마리아는 베들레헴 여관에 있을 곳이 없어서 예수 그리스도를 낳아 포대기로 싸서 구유에 누였다(눅2:7). 그리스도는 가난하고 어려운 여건 속에서 태어나셨다. 모세와 마리아가 비둘기를 예물로 드린 것을 봐서 그분의 가정 형편이 어려웠음을 알 수 있다(눅2:24). 그리스도는 구약 시대를 살면서 할례를 받으셨고 구역의 율법도 모두 지키셨다. 그리스도가 율법 아래에 나서 율법을 모두 지키신 까닭은 율법 아래에 있는 자들을 구속하셔서 그리스도를 믿는 자들이 아들의 신분을 얻게 하기 위해서다(갈4:4-5).

　그리스도는 사람들에게 멸시받고 거부되었으며 존중 받지 못했다. 그분은 사람들의 질고와 슬픔을 짊어지었는데도 사람들은 그가 형벌을 받아 하나님께 맞으며 고난당한 줄로 생각하였다(사53:3-4). 그리스도는 아무 죄가 없는데도 중죄인들이 받았던 끔찍한 십자가 형벌을 당하셨다. 그는 죽음을 맛보고 무덤에 묻히셔서 얼마 동안 죽음의 권세 아래 계셨다.

2. **그리스도의 높아지심이란** 그리스도께서 사흘 만에 죽은 자들 가운데서 살아나시고 하늘로 올라가셔서 하나님 아버지 우편에 앉아 계시며 마지막 날에 세상을 심판하러 오시는 것을 말한다(소요리문답 28문).

　그리스도는 제자들에게 인자가 장차 사람들의 손에 넘겨져 죽임을 당하고 셋째 날에 살아 날 것을 미리 말씀하셨으며(마17:22-23), 성경대로 장사 되었다가 셋째 날에 다시 살아나셨다(고전15:4). 그리스도는 감람산에서 제자들이 보는 데서 위로 들려 올라가셨다. 흰 옷을 입은 두 사람이 제자들에게 예수 그리스도는 하늘로 가심을 본 그대로 오실 것이라고 말하였다(행1:9-11). 따라서 그리스도가 지상에 재림하는 장소는 승천하셨던 바로 그 감람산이 될 것이다. 그리스도는 초림 때처럼 다시 태어나지 않으신다. 승천하실 때 그 모습으로 재림하신다.

　그리스도는 승천하신 후 하나님 오른편에 앉으셨다(막16:19). 그리스도는 우리의 죄를 대속하시고 구원을 완성하신 후에 하나님 오른편에 앉으신 것이다(히1:3). 성부 하나님께서 그리스도를 자신의 오른편에 앉게 하신 것이다(엡1:20). 천사들과 권세들과 능력들이 하나님 우편에 앉으신 그리스도께 순종한다(벧전3:22). 그리스도는 그곳에서 교회의 머리로서 계시며(엡1:22) 그리스도인들을 위하여 중보 하신다(롬8:34). 하나님께서는 그리스도에게 내가 네 원수들로 네 발등상(발판)이 되게 할 때까지 너는 내 오른쪽에 앉아 있으라고 말씀하셨다(시110:1). 따라서 성부 하나님께서 사탄의 세력을 그리스도 앞에 굴복하게 하실 때 그리스도의 지상 재림이 이루어진다.

그리스도는 선지자, 제사장, 왕의 직분을 행하신다. 선지자는 예언자, 대언자라고 하는데 하나님이 주시는 말씀을 맡아서 그대로 선포하는 역할을 한다. 선지자 직분에서 가장 중요한 것은 선지자는 자기의 뜻을 전하면 안 되고 하나님이 주시는 말씀만을 전해야 한다는 것이다.

그리스도는 자신의 말씀과 영으로 우리의 구원을 위한 하나님의 뜻을 우리에게 나타내심으로 선지자의 직분을 행하신다(소요리문답 제24문). 그리스도가 다른 선지자와 다른 점은 그분이 곧 하나님의 아들이시기 때문에 성부 하나님의 모든 뜻을 전체적으로 충만하고 완전하게 말씀하신다는 것이다.

그리스도는 선지자로서 하나님의 뜻을 우리에게 전하여 알게 하고, 믿게 하고, 행하도록 하기 위해서 이 땅에 오셨다. 따라서 그리스도께서 말씀하시고 행하신 모든 것이 하나님의 뜻이다. 그리스도는 인간의 구원을 위한 하나님의 뜻을 말씀과 행동, 성령으로 나타내신다. 요한복음 1장 1절에 태초에 말씀이 계셨고 이 말씀이 하나님과 함께 계셨으니 그 말씀은 곧 하나님이라고 기록되어 있다. 하나님과 함께 계신 말씀은 하나님의 아들이신 예수 그리스도를 말한다. 그리스도를 말씀이라고 한 까닭은 하나님의 신격이 정확한 형상으로 나타나셨기 때문이다(히1:3). 말씀이 형상으로 나타나셨기 때문에 당시 사람들은 말씀을 듣고, 보고, 만질 수 있었다(요일1:1). 그리스도의 말씀은 신약뿐만 아니라 구약에도 해당된다. 베드로전서 1장 10-11절을 보면 그리스도의 영이 선지자들 안에 계셔서 그리스도의 고난과 다가올 영광을 미리 증거 하셔서 선지자들이 우리에게 임할 은혜의 구원에 관하여 예언하였다고 기록되어 있다.

빌립이 예수님께 하나님을 보여 달라고 하자 예수님은 나를 본 자는 아버지를 보았다고 하시면서 성부 하나님이 아들이신 성자 하나님 안에 계셔서 일을 하신다고 말씀하셨다. 따라서 예수님의 말과 행동이 곧 하나님의 뜻과 정확히 일치한다(요14:8-10).

그리스도께서는 승천하신 후 성령님을 통해서 선지자 직분을 계속하신다. 성령님은 그리스도인 안에 내주하신다(고전3:16). 성령님은 예수님이 가르치시고 말씀하신 모든 것을 생각나게 하신다(요14:26). 따라서 우리가 성경을 읽을 때 우리 안에 계신 성령의 역사로 말씀의 깊은 의미를 깨달을 수 있다. 우리는 성령을 통해서만 구원에 필요한 것들을 판단하고 받아들일 수 있기 때문에 성령님의 도움 없이는 하나님의 뜻을 알기 어렵다(고전2:14). 그래서 하나님의 뜻은 성경 말씀과 성령님의 인도로 알 수 있다.

그리스도는 성부하나님의 공의를 만족시키고 우리를 성부하나님과 화해시키려고 자신을 희생물로 단번에 드려서 제사장의 직분을 행하셨다. 지금도 우리를 위하여 계속해서 간구하시면서 제사장의 직분을 행하고 계신다(소요리문답 제25문).

구약의 제사장은 하나님의 특별한 규례를 통해 선택되었다. 제사장의 직무는 하나님께 예물과 속죄하는 제사를 드리는 것, 사람들의 사정을 아뢰고 간구하는 중보기도를 감당하는 것, 백성을 위해 축복하는 것이다. 구약 시대에 제사에 바치는 제물은 그 제물을 바치는 사람과 동일시 여겼기 때문에 제물을 바치는 자가 제물의 머리에 안수하면 하나님께서 그 사람을 위한 속죄로 여겨주셨다(레 1:4). 죄를 지은 자를 내버려 두는 것은 하나님의 공의에 어긋나므로 하나님께서는 반드시 죄에 대한 대가를 원하신다. 하나님께서는 피를 통해 제물을 바친 자의 죄를 속해주셨는데 이는 육체의 생명이 피에 있기 때문이다(레17:11). 하나님께서 아벨의 제사를 받으시고 가인의 제사를 받지 않으신 까닭도 이 때문이다. 흠이 없고 점이 없는 희생물의 피로 죗값을 치러야만 하나님의 공의를 만족시킬 수 있다.

그리스도는 죄가 없으신 하나님이시며 성령으로 잉태되었기 때문에 전 속성이 부패되지 않으셨다. 그분은 이 땅에서 사시는 동안에도 죄를 짓지 않으셨기 때문에 흠 없고 점 없는 어린양이 될 수 있으셨다(벧전1:19). 그리스도가 흠 없고 점 없는 희생물이 되어 온 인류의 죗값을 치렀기 때문에 하나님의 공의를 만족시킬 수 있었다. 그리스도가 구약의 제사장과 다른 점은 자신이 직접 희생 제물이 되었다는 것과 단 한 번에 자신을 희생 제물로 바쳐 제사를 영원히 완성하셨다는 것이다(히 9:25). 그리스도가 단번에 모든 사람의 죄를 담당하셨으므로 인간은 더 이상 희생 제물과 제사를 드릴 필요가 없다. 이제 우리는 그리스도가 내 죄를 대신 담당하셨다는 사실을 믿고 그리스도를 구주로 영접하기만 하면 된다. 그리스도께서 우리 죄를 대속하고 피 흘려 죽으셨기 때문에 우리는 하나님과 화목하게 되었고 하나님께서 우리를 받아 주셨다(롬5:10).

그리스도는 우리의 죄를 대속하신 후 하나님 우편에 앉아 계시면서 우리를 위하여 간구하심(중보하심)으로 제사장 직분을 계속 행하시고 계신다(롬8:34). 그리스도는 영원히 살아 계셔서 자기를 통하여 하나님께 나아오는 자들을 중보하기 때문에 그들을 끝까지 구원하실 수 있다. 그리스도는 구약의 대제사장과는 달리 거룩하고 악이 없으며 더러움이 없고 성별되셨기 때문에 우리에게 합당한 대제사장이시다(히7:25-26). 우리의 대제사장이신 그리스도의 대속과 중보 덕분에 우리의 기도는 성부 하나님께 전달될 수 있다. 우리는 그리스도로 인하여 하나님께서 기뻐하실 영적인 제물들을 드리는 거룩한 제사장이 될 수 있다(벧전2:5).

그리스도는 우리를 자신에게 복종하게 하심으로써, 우리를 다스리고 지키심으로써, 자신과 우리의 모든 원수를 막아 정복하심으로써, 왕의 직분을 행하신다(소요리문답 제26문).

하나님께서는 그리스도 안에서 역사하시어 그리스도를 죽은 자들로부터 살리셨으며 하늘에서 하나님 오른편에 앉히시고 모든 이름 위에 뛰어나게 하셨다. 또 만물을 그의 발 아래 두시고 그를 만물 위에 머리가 되게 하셨다. 예수님은 교회의 머리가 되신다. 교회는 건물을 말하는 것이 아니다. 교회는 그리스도의 몸이며 그리스도로 가득 찬 곳이다(엡1:20-23).

하나님께서는 하늘에 있는 것이나 땅 위에 있는 것이나 땅 아래 있는 것이나 모든 무릎을 예수의 이름에 꿇게 하시고 모든 입이 예수 그리스도를 주라 시인하여 하나님 아버지께 영광을 돌리게 하셨다(빌2:10-11). 이는 우주적 왕권을 말하며 그리스도가 승천하신 후 성부 하나님께서 주신 것이다. 그리스도는 재림하시어 실제로 지상에서 왕국을 통치하실 것이다(계19:15-16). 하나님께서 그리스도에게 우주적 왕권을 주신 까닭은 그리스도가 자신의 영예를 버리고 종의 형체를 입어 사람과 같은 모양으로 나타나 자신을 낮추고 십자가에 죽기까지 순종하였기 때문이다(빌2:7-8).

그리스도가 우리를 자신에게 복종하게 한다는 것은 강압적으로 굴복시킨다는 뜻이 아니다. 사람은 어리석고 복종치 아니하며 미혹당하고 여러 가지 욕심과 쾌락에 종노릇하며 악과 시기 속에서 살고 가증스러우며 서로 증오하는 자였다. 그러나 사람을 향한 하나님의 인자하심과 사랑이 나타나서 그의 자비하심에 따라 거듭남과 성령의 새롭게 하심으로 사람을 구원하셨다(딛3:3-5). 이와 같이 우리 안에 성령님이 오시면 돌 같은 마음이 제하여 지고 스스로 율례를 지켜 행하게 되어 하나님의 백성이 된다(겔11:19-20). 그리스도는 그의 백성들에게 성령을 보내셔서 내적으로 통치하신다. 그리스도는 성령을 통하여 그들의 마음속에 그의 율법을 기록하시고 그리스도에게 순종할 수 있도록 능력과 의지를 주신다(히8:10).

그리스도는 그의 백성이 구원에 이를 때까지 지켜 주신다. 그리스도와 그의 백성들의 원수는 마귀와 육체와 세상과 사망이다. 그리스도는 원수들이 그의 백성들 위에 통치권을 행사하지 못하도록 하신다. 마귀는 그리스도인 밖에서 미혹할 수는 있으나 그리스도인 안으로 들어올 수 없다. 그리스도인 안에는 성령님이 내주하시기 때문이다. 사망이나 생명이나 천사들이나 정사들이나 권세들이나 현재의 일들이나 다가올 일들이나 높음이나 깊음이나 어떤 다른 피조물이라도 우리를 그리스도 예수 우리 주 안에 있는 하나님의 사랑에서 떼어 놓을 수 없다(롬8:38-39). 따라서 그리스도인은 왕의 직분을 행하시는 그리스도로 말미암아 구원을 영원히 보장 받는다.

273. 믿음의 종류

믿음에는 보통 아래 네 가지가 있다.

1.역사적 믿음

역사적 믿음은 실제로 일어난 사건을 사실로 인정하는 믿음이다. 그러나 역사적 사실을 믿는다고 해서 그 사실이 자신에게 영적 의미가 있다고 단정할 수 없다. 예수님의 기적을 직접 체험하고 그 사실을 믿은 사람들 모두가 구원을 받은 것은 아니었다. 왜냐하면 단순히 지식으로 사실을 인정하는 수준의 믿음만으로는 구원을 받을 수 없기 때문이다. 마귀들도 하나님과 예수님에 대해 알고 믿는다. 하지만 마귀들은 사실을 인정하는 수준의 역사적 믿음만을 가지기 때문에 구원 받지 못한다. 역사적 믿음만 가진 사람은 자신의 삶을 하나님께 드리지 못한다.

2. 이적적 믿음

이적이란 하나님의 능력으로 이루어지는 일 중에 인간의 눈으로 봤을 때 불가사의한 일을 말한다. 이적적 믿음이란 자기가 이적을 행할 수 있다고 믿거나 하나님께서 자기를 위해 이적을 행하신다고 믿는 믿음이다. 예수님께서는 자신들을 불쌍히 여겨 달라고 말한 나병환자 열 명에게 제사장에게 가서 너희 몸을 보이라고 말씀하셨다. 그들은 순종하여 제사장에게 갔으며 가는 길에 병을 치유 받았다. 그들에게는 이적적 믿음이 있었던 것이다. 하지만 그들 중 사마리아인 한 명만 하나님께 영광을 돌리고 예수님께 감사를 드렸다. 이 사람만 이적적 믿음에 머무르지 않고 구원에 이르는 믿음까지 간 것이다. 이적적 믿음만으로는 구원을 받을 수 없다. 예수님께 치유받은 나머지 아홉 명은 이적적 믿음만 있었을 뿐이다.

3. 일시적 믿음

일시적인 믿음이란 복음을 들을 때 기쁨과 동의가 있지만 어려움이 생기면 넘어지고 포기하는 믿음이다. 그래서 일시적인 믿음을 가진 사람은 자신을 부인하고 자기 십자가를 지고 예수님을 따르라는 명령을 받아들이지 못한다. 평생 일시적 믿음만 갖고 살 수도 있다. 일시적인 믿음을 가진 사람은 신앙생활을 하는 동안 자신은 구원을 받았다고 착각할 수 있으나 실제로 구원 받은 것이 아니다. 그들은 교회에 잘 출석하고 봉사도 할 수 있지만 하나님의 자녀는 아니다.

4. 구원적 믿음

구원적 믿음은 죄 사함과 의와 구원은 하나님께 값없이, 은혜로, 오직 그리스도의 공로로 받는다고 확신하는 믿음이다. 그 믿음은 어떤 시련이 와도 변하지 않는다. 구원적 믿음은 자신의 지식과 감정과 의지와 믿음으로 성경 말씀을 진리로 받아들인다. 그들은 하나님과 예수님을 신뢰하며 그 말씀도 신뢰한다. 그래서 구원적 믿음이 있는 사람들은 성장하면서 예수 그리스도를 닮아 간다.

구원적 믿음(구원을 얻는 믿음)이란 죄 사함과 의와 구원은 하나님께 값없이, 은혜로, 오직 그리스도의 공로로 받는다고 확신하는 믿음이다. 구원적 믿음에는 지적 요소와 정적 요소, 의지적 요소(줄여서 '지정의'라고도 함)가 있어야 한다. 이 세 요소는 서로 분리되는 것이 아니라 복합적으로 작용한다.

1. 지적 요소(지식)

하나님께서는 인간을 구원하시기 위해 특별계시를 주셨다. 그리고 특별계시가 망각이나 변형이 있을 수 있기 때문에 문자로 기록하게 하셨는데 이것이 바로 성경이다. 성경은 세상의 구원이라는 특별한 목적으로 기록된 책이며 유일한 구원자이신 예수님에 대해 집중적으로 계시한다. 지적 요소란 하나님께서 주신 성경 말씀을 아는 것이다. 성경 말씀을 믿고 순종하는 것이 온전한 믿음이다. 성경을 통해 자신의 죄와 비참함, 죄 사함과 구원에 대한 정확한 지식이 있어야 한다. 신앙생활에서 지적인 요소가 미약하면 신비주의나 샤머니즘에 빠지기 쉽다. 자기가 임의대로 판단하여 믿는 믿음은 비슷할지는 모르지만 온전한 믿음이 아니다. 그 차이가 작다고 생각할 수 있으나 나중에 지옥에 갈 정도로 큰 차이가 될 수 있다.

2. 감정적 요소(동의)

감정적 요소란 하나님이 주신 말씀을 믿고 기쁨으로 받아들이는 것이다. 사람이 어떤 결정을 내릴 때 지식도 중요하지만 감정에 와 닿아야 동의를 한다. 믿음에 동의가 있어야 그 믿음이 중요하게 여겨지고 자신의 것이 된다. 대부분 지식이 생기면 감정도 생기기 마련이지만 모든 경우가 다 그렇지는 않다. 지식은 있으나 마음으로 동의하지 않는 경우도 있다. 신앙생활에서 감정 표현은 중요하다. 그러나 표현하는 방식은 사람마다 다르다. 어떤 사람은 격하게 기뻐 뛰며 찬양하기도 하고, 어떤 사람은 잔잔한 미소로 표현하거나 감격의 눈물을 흘리기도 한다. 이러한 다양한 감정 표현 없이 신앙생활을 한다는 것은 불가능하다.

3. 의지적 요소(신뢰)

의지적 요소란 하나님이 주신 말씀을 알고 기쁨으로 받아들인 후 그 말씀을 신뢰하며 하나님만 온전히 의지하는 것을 말한다. 의지적 요소가 있어야 삶의 방향이 완전히 바뀌어 하나님의 말씀에 따라 생각하고 느끼고 행동할 수 있다.

회개에는 두 종류가 있다.

첫 번째는 구원에 이르게 하는 회개이다. 이 회개는 평생에 한 번이다. 믿음이란 자기의 죄와 비참함과 자기 스스로는 죄의 문제를 해결할 수 없음을 깨달은 후에 죄 사함을 받고 구원을 얻기 위해서 예수 그리스도를 마음으로 영접하는 것이다. 회개는 이 과정에서 죄로부터 돌아서서 하나님께로 향하는 것이다. 쉽게 말해 믿음은 예수 그리스도를 받아들이는 것이고 회개는 자기 죄에 대해 정확히 인식하고 죄에 대해 탄식하며 죄를 싫어하여 죄로부터 돌아서서 하나님께로 향하는 것이다. 따라서 구원에 이르게 하는 회개와 구원적 믿음은 거의 동시에 이루어지며 칭의, 양자, 성화의 전 단계라고 볼 수 있다.

베드로는 예수님을 세 번 부인하였지만 자기 죄를 탄식하고 돌이켜서 복음 전파의 사명을 감당하였다. 베드로에게는 하나님의 뜻대로 하려는 근심, 하나님께로 향하려는 근심이 있었기 때문에 구원에 이르게 하는 회개를 하였다(고후7:10). 하지만 가룟 유다는 예수님을 판 자신의 행동을 후회하였지만 하나님께로 향하지 않고 스스로 목매어 죽고 말았다. 이것은 진정한 회개가 아니다. 예수 그리스도를 마음에 받아들이지 않는 믿음이 진정한 믿음이 아니듯이 하나님께로 향하지 않는 회개도 진정한 회개가 아니다. 자기 죄에 대해 후회하고 탄식하지만 여전히 죄에 머무르는 것은 일시적이고 감상적인 회개일 뿐이다. 가룟 유다는 회개를 한 것이 아니라 세상의 근심을 가졌을 뿐이며 이런 세상의 근심은 구원이 아닌 사망에 이르게 한다(고후7:10). 하나님을 떠나는 것이 죄이며 하나님께로 돌아가는 것이 진정한 회개이다. 진정한 회개는 죄로부터 과감하게 돌아서서 하나님께로 향하는 것이다. 진정한 회개를 하면 생활이 변화되며 회개에 합당한 열매를 맺는다(마3:8).

두 번째는 일상적인 회개이다. 구원 받은 그리스도인이 죄의 유혹에 빠진 후 다시 돌이켜 하나님께로 돌아오는 경우가 있는데 이를 일상적인 회개라고 한다. 일상적인 회개는 우리의 신분을 변화시키는 것이 아니라 우리의 상태를 변화시킬 뿐이다. 하나님의 자녀가 죄를 지었다고 해서 구원을 잃어버리거나 자녀의 신분이 박탈되는 것은 아니다. 그러나 그리스도인은 항상 그리스도와 연합하고 성령님의 인도를 받아 죄를 멀리해야 한다. 우리가 죄를 짓지 않고 거룩해지기 위해서는 회개와 성화를 통해 매일 순종의 삶을 살아야 한다. 그럼에도 하나님의 자녀가 죄를 지었다면 죄를 속히 회개하고 하나님께 돌아와야 한다.

1. **거듭남의 의미:** 구원 받은 사람은 두 번 태어나고 한 번 죽는다. 육신이 태어날 때가 첫 번째 태어남이고 영이 거듭날 때가 두 번째 태어남이다. 두 번째 태어남을 거듭남이라고 한다. 누구나 예수 그리스도를 구주로 영접하면 그의 영이 거듭나고 혼이 구원 받아 새 사람이 된다(골3:10).

2. **물과 성령으로 거듭남의 의미:** 예수님께서는 니고데모에게 물과 성령으로 다시 태어나지 않으면 하나님 나라에 들어갈 수 없다고 말씀하셨다. 물로 태어난다는 것은 물세례를 말하는 것이 아니라 육체를 통한 첫 번째 출생을 말한다(창1:20). 두 번째 출생은 성령으로 다시 태어나는 것인데 성령님에 의해 영이 깨어 하나님께 속하게 되는 것을 말한다.

3. **거듭남과 성령님의 역할:** 예수님은 우리에게 성령을 주시어 우리의 영이 성령으로 거듭나게 하신다(요3:5-6). 성령님은 내 안에 있는 영을 깨워서 하나님을 알게 하고, 찾게 하고, 하나님과 소통하도록 도와주신다. 성령님은 우리가 하나님의 아들임을 분명히 알게 하시고, 거룩하게 하시고, 안식과 평안을 주시며, 우리를 위해 간구하신다.

4. **영, 혼, 육과 거듭남의 관계:** 혼이 구원을 받으려면 영이 거듭나야 한다. 혼은 거듭날 수 없다. 영이 거듭나려면 혼이 하나님의 말씀을 듣고(벧전1:23) 예수 그리스도를 구주로 영접해야 한다. 그러면 예수님께서 허물과 죄들 가운데 죽었던 우리의 영을 다시 살리신다(엡2:1). 영이 거듭나면 혼은 죄 사함 받고 구원을 받아 깨끗해진다. 영이 거듭나는 순간 혼과 육이 그리스도의 할례를 받아 분리되고(육적인 분리가 아니고 영적인 분리이다.) 우리의 혼은 성령의 주관 아래 살아가게 된다. 겉 사람은 육과 혼을 가지고 있다. 속 사람은 육과 혼에 거듭난 영도 가지고 있다. 성령님이 거듭난 사람의 속사람 안에서 능력으로 강건하게 하신다(엡3:16). 따라서 겉 사람은 썩어져도 속 사람은 새로워진다(고후4:16).

5. **거듭난 자의 지위:** 예수 그리스도를 믿는 사람은 누구나 하나님께로부터 태어난 자이다(요일5:1). 하나님께로부터 태어났다는 것은 거듭난 사람은 하나님의 아들이라는 것이다(롬8:14).

6. **거듭난 자의 삶:** 거듭나서 하나님의 아들이 되었다면 하나님을 사랑해야 한다. 하나님을 사랑한다면 그분의 계명을 지켜야 한다. 하나님의 계명들은 무거운 것이 아니다. 왜냐하면 하나님의 아들이면 누구든지 세상을 이길 수 있기 때문이다. 세상을 이기는 승리는 우리의 믿음이다(요일5:1-4). 세상을 이긴다는 것은 세상의 헛된 것(재물, 정욕, 명예, 교만 등)에 미혹되지 않고 자신을 지키는 것이다. 믿음만이 세상을 이길 수 있다. 거듭났다고 해서 영적으로 바로 성숙해지지 않는다. 거듭난 성도는 갓난아기와 같기 때문에 순수한 말씀의 젖을 사모해야 한다. 하나님의 말씀이 영적인 것들을 알게 하여 우리를 자라게 한다(벧전2:2).

1. 구원이란? 아담의 원죄로 하나님과의 관계가 끊어져 죽을 수밖에 없는 인간에게 하나님께서 독생자 예수 그리스도를 보내시어 그의 죽음으로 대신 속죄하게 함으로써 다시 하나님과의 관계가 회복된 것을 말한다.

2. 구원 대상: 구원은 누구나 받을 수 있다. 하나님의 독생자 예수 그리스도를 믿는 사람은 누구든지 멸망하지 않고 영생을 얻는 것이 하나님의 뜻이다(요3:16). 누구든지 주의 이름을 부르는 자는 구원을 받는다(롬10:13). 주의 이름을 부른다는 것은 단순히 주의 이름을 말하는 것을 의미하는 것이 아니라 예수님께서 인간을 죄에서 구원해 주신 분이라는 사실을 알고, 믿고, 모든 사람 앞에서 고백하는 것을 말한다.

3. 구원 필수 조건: 주 예수 그리스도가 구주이심을 믿어야만 구원을 받을 수 있다(행16:31). 구원은 오직 믿음으로만 받는 것이고 행위로 받는 것이 아니다. 구원은 하나님의 선물이다. 따라서 자기 능력으로 구원을 받았다고 자랑해서는 안 된다(엡2:8-9).

4. 구원 결과: 구원을 받으면 하나님께서 그를 의롭다고 칭하시고 양자 삼아주신다(요1:12). 그리고 구원을 영원히 보장해 주시며 성령님을 보내셔서 우리와 함께 거하게 하신다(요14:17).

5. 구원 순서: 먼저 자기 죄에 대해 참으로 인식한 후 죄에 대해 탄식하며 죄로부터 돌아서서 하나님께로 향해야 한다. 자기의 죄와 비참함을 인식하고 자기 스스로는 죄의 문제를 해결할 수 없다는 사실을 깨달아야 한다. 죄 사함과 구원을 받는 유일한 길은 예수 그리스도라는 것을 인정하고 그 분을 마음으로 영접해야 한다. 그러면 하나님께서 우리의 모든 죄를 용서하시고 우리를 의롭다고 여겨주시며 우리를 양자 삼아 주신다. 우리가 구원을 받으면 성령님께서 항상 함께 하신다. 구원을 받기 위해서는 회개와 믿음이 선행되어야 한다. 그 다음에 칭의와 양자됨과 성령님의 내주가 거의 동시에 이루어진다. 구원 받은 사람은 남은 생애 동안 성화의 삶을 살아야 한다. 구원 받은 사람은 죽은 후 부활하거나 살아서 휴거되어 영화롭게 된다.

6. 구원 보장: 누구도 한번 구원을 받은 사람을 그리스도 예수 우리 주 안에 있는 하나님의 사랑에서 떼어 놓을 수 없다(롬8:38-39). 예수님을 믿는 사람은 영생을 얻는다고 하였는데(요3:15) 만약 구원을 잃는다면 영생도 잃게 되는 모순이 생긴다. 따라서 구원은 절대 잃어버리지 않는다. 하나님께서는 그리스도를 마음으로 영접한 자들을 양자삼아 주신다(요1:12). 구원을 잃어버린다는 것은 하나님과 아들의 관계가 끊어진다는 것인데 하나님께서 양자의 관계를 끊는다든지 거듭남을 취소하겠다고 말씀하신 적이 없으시다. 한번 구원 받은 사람은 구원이 영원히 보장된다. 단지 행위에 따라 받는 상급이 다를 뿐이다.

278. 칭의

칭의는 하나님께서 우리의 모든 죄를 용서하시고 하나님의 관점에서 우리를 의롭다고 여기시는 것이다. 칭의는 죄인에서 의인으로 바뀌는 신분의 변화이다. 그러나 하나님께서는 모든 사람을 다 의롭다고 여기시지는 않는다. 죄 사함과 의와 구원은 나의 죄를 대속하신 그리스도의 공로로 받는다는 것을 확신하며 그리스도를 마음으로 영접할 때 하나님께서는 그 사람을 의롭다고 하신다. 따라서 하나님께서는 우리의 행위나 노력을 보시고 의롭다고 하시는 것이 아니라 오직 우리의 믿음만을 보시고 의롭다고 하시기 때문에 칭의는 전적으로 하나님의 은혜이다. 우리는 절대로 우리의 행위와 노력으로 의롭게 될 수 없다.

성경에서 말하는 의(義)는 우리가 흔히 생각하는 도덕적인 삶을 말하는 것이 아니라 상대방과의 언약을 성실히 수행하는 것을 말한다. 하나님과 인간은 서로 언약을 맺었는데 하나님께서는 사랑과 은혜로 인간의 죄를 용서하시거나 진리와 정의로 징계를 내리시기도 하시며 이 언약을 신실히 지키신다. 이것이 하나님의 의다. 그리스도는 하나님의 은혜와 진리를 위하여 십자가에서 죽으시고 하나님의 공의를 위하여 부활하셨다. 따라서 그리스도께서도 언약을 신실히 지키셨는데 이것이 그리스도의 의다. 예수 그리스도를 마음으로 영접하면 구원을 얻는다는 사실을 믿는다면 그 믿음만으로 인간은 언약을 지키는 것이 된다. 이것이 인간의 의다. 하나님께서는 그 믿음을 보시고 인간을 의롭다고 칭하신다.

예수님이 십자가에 못 박혀 돌아가실 때 우리의 죗값을 대신 지불하셨다. 하나님께서는 그리스도의 희생을 보시고 우리 죄를 용서하신다. 우리가 하나님 앞에서 의로워지려면 그리스도께서 희생으로 얻으신 그리스도의 의가 우리의 것이 되어야 한다. 우리가 구원적 믿음으로 그리스도와 하나로 연합될 때 그리스도의 의가 우리의 의가 된다.

하나님께서는 그리스도의 의를 '전가'라는 방법으로 우리에게 주신다. 인류의 대표였던 아담이 죄를 지어 그 결과 죄가 이 세상에 들어오게 되고 모든 인류가 죄로 인한 심판을 피할 수 없게 되었다. 이는 아담의 죄와 심판이 모든 사람에게 전가되었기 때문이다. 아담에게서 전가된 죄를 예수 그리스도께서 해결하셨으니 하나님께서는 예수 그리스도를 통해 이루신 일을 우리에게 전가시켜 우리를 구원하신다. 다시 말해 의의 전가란 구약의 율법을 단번에 완전하게 준수하신 그리스도의 순종을 하나님께서 우리의 순종으로 인정하시어 우리의 의로 여기시는 것이다.

칭의는 하나님께서 우리의 모든 죄를 용서하시고 하나님의 관점에서 우리를 의롭다고 여기시는 것이다. 하나님께서는 우리를 의롭다고 여기시는 데 그치지 않으시고 의롭다고 여기신 자를 친히 양자 삼아주신다. 칭의와 양자 모두 신분의 변화이다. 칭의는 죄인에서 의인으로서의 신분의 변화이고, 양자됨은 하나님의 자녀로서의 신분의 변화이다. 양자됨도 우리의 행위나 노력으로 얻어지는 것이 아니라 하나님의 은혜이다.

인간은 원래 하나님의 축복 속에 창조되었다. 하나님께서는 하나님의 형상대로 인간을 창조하시고 복을 주시며 생육하고 번성하여 땅에 충만하고 바다의 고기와 공중의 새와 땅에 움직이는 모든 생물을 다스리라고 말씀하셨다. 또한 온 지면에 씨 맺는 모든 채소와 씨를 가진 모든 열매 맺는 나무를 인간에게 주시고 너희 식물이 되리라고 말씀하셨다. 그러나 인간은 타락하여 복의 원천이 되시는 분을 배반하고 떠났다. 그럼에도 불구하고 하나님께서는 인류를 구원하시려고 노아를 택하시고 축복해 주셨다. 노아가 방주에서 나왔을 때 노아와 그 아들들에게 복을 주시며 생육하고 번성하여 땅에 충만하라고 하셨다. 그 후 아브라함을 축복하셨고, 야곱을 축복하셨으며, 이스라엘 민족을 축복하셨다. 마침내 하나님은 하나님을 믿고 따르는 자들을 축복하시고 참 복을 주시기 위해 독생자 예수 그리스도를 희생제물로 삼으셨다. 양자는 반드시 죄 문제를 해결 받은 자만이 될 수 있기 때문이다. 인간은 그리스도의 피로 말미암아 구속 곧 죄 사함을 받는다(엡1;7). 하나님께서는 그리스도를 마음으로 영접한 자들을 양자삼아 주신다(요1:12).

하나님의 은혜로 하나님의 자녀가 된 자는 어린양의 생명책에 기록된다(계3:5). 그리고 그 생명책에서 영원히 지워지지 않는다. 왜냐하면 그리스도께서 자신의 피로 영원한 구속을 완성하셨기 때문이다(히9:12).

하나님의 자녀로 입양된 자는 하나님의 자녀로서 많은 특권을 갖는데 가장 큰 특권은 그리스도와 함께 공동 상속자가 되는 것이다. 또한 하나님의 자녀가 된 자는 하나님을 아빠 아버지라고 부를 수 있다(롬8:15). 우리가 그리스도를 구주로 받아들이고 그와 한 몸이 되면 우리는 하나님의 양자가 되어 하나님을 아버지로 섬기며 삼위 하나님과 생명의 교제를 누리고 하늘의 기업을 상속받는다.

그러나 하나님의 양자가 되었다고 해서 현세에 반드시 복을 받는 것은 아니다. 오히려 하나님의 자녀로 상속자가 된 자는 영광을 위하여 고난도 함께 받아야 한다. 하나님께서 우리를 자녀로 여기시기 때문에 부모로서 징계를 내리실 수 있다. 만약 하나님의 징계가 없다면 그는 하나님의 자녀라고 볼 수 없다(히12:6-8). 가장 큰 징계인 죽음을 주실 수도 있다. 그렇다고 양자로서의 지위가 박탈되는 것은 아니다. 양자가 된 것은 우리의 공로가 아닌 그리스도의 피로 말미암아 얻은 하나님의 은혜이기 때문이다.

성화란 하나님의 자녀가 된 자가 잃어버렸던 하나님의 형상을 회복하며 새롭게 변화하는 과정을 말한다. 다시 말해 그리스도를 마음으로 영접하여 칭의를 받고 양자된 사람이 아버지이신 하나님의 거룩한 성품을 닮아가는 과정이 성화이다. 예수님이 곧 하나님의 형상이시므로 예수님을 닮아가는 삶이 성화의 삶이라고 볼 수 있다(엡4:15). 양자된 우리가 죽으면 예수님이 부활하셨을 때 영화로운 몸이 된 것처럼 우리도 영화로운 몸이 된다. 그래서 우리는 영화로운 몸에 걸맞은 거룩한 성품을 소유하도록 지금 이 세상에서 지속적으로 노력해야만 한다.

그리스도인은 죄에서 깨끗해졌기 때문에 더 이상 죄인이 아니다. 그러나 죄의 유혹을 받을 수 있고 실제로 죄를 짓기도 한다. 왜냐하면 우리가 하나님의 자녀가 되었다고 해서 바로 천국에 가는 것이 아니라 현재의 몸을 갖고 남은 생을 살아야 하기 때문이다. 우리의 몸은 정욕이 끊임없이 발생하여 유혹에 자주 엎어지고 죄에 빠지기 쉽다. 따라서 죄가 우리 몸을 지배하지 못하도록 몸의 사욕에 순종하지 말아야 한다(롬6:12). 우리의 몸을 하나님께 영광을 돌리는 곳에 써야 한다(고전6:20). 우리가 하나님의 양자가 되었다고 하더라도 하나님을 두려워하고 경외하는 마음을 항상 가져야 한다. 그래야 하나님의 자녀답게 살아갈 수 있다.

칭의나 양자됨은 우리 밖에서 하나님의 은혜로 단번에 이루어지는 것이지만 성화는 우리 내면에서 부패를 지속적으로 제거해 가면서 천천히 이루어진다. 칭의는 한 번에 이루어져 더 이상 정죄가 없지만 성화는 일평생 완성을 향해 나가야 한다. 아무리 노력해도 이 땅에서 완전한 성화를 이룰 수는 없다. 그래도 완전한 성화를 향해 평생 노력해야만 한다. 하나님께서는 우리가 완전한 성화를 이루는 것이 불가능하다는 것을 알고 계신다. 그래서 하나님은 우리가 거룩해지기를 원하시지만 거룩함에 대한 두려움이나 강박증에 사로잡히는 것을 원하지 않으신다. 하나님께서는 우리가 하나님의 은혜를 깨달아 우리의 자유의지로 거룩함에 기쁘게 참여하기를 원하신다.

성령님께서는 우리가 성화의 삶을 살도록 도와주신다. 성령님은 우리의 죄를 깨닫게 하시고 거룩함의 필요성을 알려주시며 거룩함에 대한 열망을 심어 주신다. 우리가 사탄의 미혹과 유혹에 넘어가지 않고 죄에 저항하도록 도와주신다. 성령님은 우리가 거룩해질 수 있도록 우리에게 힘을 끊임없이 공급해 주시기 때문에 우리는 우리 안에서 역사하시는 성령님의 활동에 민감하게 반응해야 한다. 우리는 성령님이 주시는 힘의 도움으로 성화를 이루어 나가도록 노력해야 한다. 하나님께서는 나중에 우리를 그리스도와 비교해 보시고 성화를 이룬 정도를 판단하신다. 성화를 이룬 정도에 따라 우리가 받을 상급과 유업이 각 사람마다 달라진다.

281. 성령하나님

1. **성령님의 이름:** 성령님은 하나님의 영(사11:2), 예수 그리스도의 영(롬8:9), 보혜사(요14:26)로 불린다. 보혜사는 우리를 보호하시며 은혜를 주시는 분이라는 뜻이다. 그밖에 성령님은 진리의 영, 생명의 영, 은혜의 영, 예언의 영, 소멸의 영, 성결의 영, 영광의 영, 계시 영, 지혜와 총명의 영, 양자의 영 등으로 불리신다.

2. **구약 시대에서 나타난 성령님:** 성령님은 구약 시대에서도 자주 등장하셨다. 부름을 받은 사람들과 선지자들에게 임하셨으며(삼상10:10), 모세에게 임하시고 칠십 명의 장로들에게도 임하셨다(민11:25). 성령님은 한 개인에게 역사하시기도 하셨고(출31:3), 이스라엘 전 민족을 위해 역사하시기도 하셨다(사63:10-11). 구약 시대에는 성령님이 임하신 후 그 사람 안에 계속 내주하신 것이 아니라 나가기도 하셨다(삼상16:14).

3. **성령님이 오시는 때:** 구원을 받는 순서는 먼저 죄인이 말씀을 듣고(요5:24) 복음을 믿은 후(롬10:16-17) 예수 그리스도를 자신의 구주로 받아들이는 것이다. 그러면 하나님이 양자 삼아 주시고 성령님이 오신다. 우리가 구원 받을 때까지 성령님은 나가지 않으시고 우리를 구원으로 인도하신다(엡4:30). 성령님이 우리 안에 오시는 것을 성령 세례(침례)라고 한다. 성령 세례는 한 번뿐이다.

4. **성령님이 하시는 일:** 성령님은 예수님이 어떤 분이신지 무엇 때문에 오셨는지 왜 그것을 이루려고 오셨는지 왜 죽음에서 부활했는지 알게 하시고 증거하신다. 또 예수님이 지금 어떤 모습으로 계시는지 왜 그곳에 계시는지 왜 재림하시는지 증거하신다. 성령님은 죄에 대해서 책망하시고 의에 대해서 가르치시며 심판에 대해서 말씀하신다(요16:9-11). 성령님은 예수님을 구주로 영접한 사람을 거듭나게 하시고, 그의 심령 속에서 역사하시며, 깨우치시고, 위로하시며, 하나님의 자녀임을 분명히 알게 하시고, 거룩하게 하시고, 안식과 평안을 주시며, 그를 위해 간구하신다.

5. **성령 모독죄:** 성령 모독죄란 하나님의 아들을 짓밟고 자기를 거룩하게 한 언약의 피를 부정한 것으로 여기며 은혜의 성령을 욕되게 하는 죄이다(히10:29). 예수님은 성령모독죄는 사함을 받지 못한다고 하셨는데 이는 그리스도인에게 해당하는 말씀이 아니라 바리새인들처럼 예수님을 믿지 않는 자에게 해당하는 죄이다.

6. **성령 충만:** 성령 충만은 성령님의 감화와 인도와 역사가 지속적으로 이루어져 하나님이 기뻐하시는 것들로 가득 채워져 있는 상태를 말한다. 성령 충만하기 위해서는 위의 것(하나님)을 생각하고 땅의 것(세상)을 생각하지 말아야 한다(골3:2). 죄를 회개해야 하며(계3:3) 아무것도 염려하지 말고 모든 일에 기도와 간구로 감사함으로 하나님께 고백해야 한다(빌4:6). 또 굳건한 믿음을 가지고 성경 말씀을 계속 상고해야 한다. 그러면 성령의 열매를 맺을 수 있다.

1. **성령님의 내주하심**: 누구든지 예수 그리스도를 하나님의 아들이라고 시인하면 하나님께서 그 사람 안에 거하시고 그 사람도 하나님 안에 거한다(요일4:15). 성령님은 우리가 구원 받을 때까지 나가지 않으시고 우리를 구원으로 인도하신다(엡4:30).

2. **옛 사람을 버리고 새 사람을 입어라**: 예수님을 영접하면 우리의 영이 거듭나고 혼이 구원 받아 새 사람이 된다(골3:10). 하지만 우리의 몸이 아직 세상에 있기 때문에 아담의 본성인 옛 사람의 습성에서 완전히 벗어나지 못해 육신과 성령이 서로 반목하게 된다(갈5:17). 그리스도인은 행실에 있어서 욕망에 따라 썩어진 옛 사람을 벗어 버리고 생각의 영 안에서 새롭게 되어 하나님을 따라 의와 참된 거룩함 안에서 창조된 새 사람을 입어야 한다(엡4:22-24). 칭의의 관점에서 우리는 이미 새사람이 되었지만 성화의 관점에서 우리는 완전한 새사람이 되어야 한다. 육신의 일은 간음과 음행과 더러운 것과 음욕과 우상숭배와 마술과 원수 맺음과 다툼과 질투와 분노와 투쟁과 분열과 이단들과 시기와 살인과 술 취함과 흥청거림 같은 것들이다. 거듭난 사람들 중에서도 이와 같은 육신의 일을 하는 사람들은 하나님 나라를 상속 받지 못한다(갈5:19-22). 하나님 나라를 상속 받지 못한다는 것은 지옥에 간다는 뜻이 아니라 구원은 받지만 상급을 받지 못한다는 뜻이다. 자녀이지만 상속을 못 받는 것이다.

3. **성령의 열매를 맺는 방법**: 우리는 한 때는 어두움이었으나 이제는 주 안에서 빛이기 때문에 빛의 자녀들답게 행해야 한다(엡5:8-11). 우리가 그리스도께 속한 사람이라면 육신을 욕정과 함께 십자가에 못 박고 성령 안에서 행동해야 한다(갈5:24-25).

4. **성령의 열매**: 성령의 열매는 사랑과 기쁨과 화평과 인내와 친절과 선함과 충성과 온유와 절제이다(갈5:22-23). 성령의 열매는 아홉 개가 아니다. 한 열매 안에 아홉 개의 속성이 모두 들어가 있는 것이다. 사랑은 하나님 사랑을 근간으로 이웃을 사심 없이 섬기고 원수까지 사랑하는 것이다. 기쁨(희락)은 하나님의 사랑과 구원에 감사하고 매일 하나님과의 교제를 통해 하나님을 체험하면서 느끼는 기쁨이다. 화평은 하나님과 올바른 관계를 맺고 다음에 이웃과 올바른 관계를 맺으면서 어떤 환난 속에서도 유지되는 평화이다. 인내는 하나님이 주시는 때를 기다릴 줄 아는 것이다. 하나님의 섭리를 볼 수 있는 눈이 트이면 마음의 여유가 생기며 오래 참을 수 있다. 친절(자비)은 인내하면서 낮은 태도를 갖고 헌신하는 것이다. 친절은 주께 하듯 해야 하며 궁극적으로 사람들을 그리스도께 인도해야 한다. 선함(양선)은 하나님께서 주신 시간, 재능, 재물을 하나님과 이웃을 위하여 관대하고 습관적으로 사용하는 것이다. 충성(신실함)은 하나님께서 신실하시듯이 우리도 신실하게 믿음대로 행하는 것이다. 온유는 주님의 성품으로 길들여져 나타나는 순종과 겸손의 모습이다. 절제는 자기의 생각, 말, 감정, 욕망, 육욕을 휘어잡아 예수님께 복종하는 힘과 능력을 말한다.

1. 세례의 의미: 세례는 그리스도의 피로써 죄가 씻기었고 그리스도와 연합하여 옛 사람은 죽었으며 예수 그리스도 안에서 새 삶이 시작되었다는 것을 의미한다(롬6:3-11). 세례를 받아야 구원 받는 것이 아니다. 세례는 구원 받은 사람이 그리스도 안에서 다시 태어난 사실을 고백하면서 치르는 의식이다. 세례는 육체의 더러운 것을 제거하는 것이 아니라 하나님을 향한 선한 양심의 응답이다(벧전3:21).

2. 세례의 대상: 세례는 예수님을 구주로 믿는 사람만 받아야 한다(행8:35-36). 세례는 하나님 말씀에 순종하는 믿음이 있는 사람에게 행해야 한다. 따라서 교회에 일정 기간 출석했다고 해서 혹은 일정한 나이가 되었다고 해서 무조건 세례를 베풀면 안 된다.

3. 세례의 종류: 세례에는 물세례와 성령세례가 있다. 물세례는 구원 받은 사람이 그리스도인들의 공동체에 입문하는 외적인 의식이다. 성령세례는 성령님이 각 개인 안에 영속적으로 내주하기 위한 시작으로서 평생에 한 번 있는 사건이다. 성령세례는 주님께서 구원 받은 자에게 중생의 선물로 주시는 영적세례이다(고전6:11). 오순절 성령강림 사건을 통하여 성도 개개인에게 성령님이 임하기 시작하였다. 사마리아 사람들이 물세례는 받았으나 성령세례를 아직 받지 않았을 때 베드로와 요한이 그들에게 안수하여 성령세례를 받게 하였다(행8:16-17). 베드로가 고넬료 가정에서 설교할 때 그들이 성령은 받았으나 물로 세례를 받지 않은 사실을 알고 물세례를 베풀었다.

4. 세례의 방법: 침례법은 몸이 물에 완전히 잠기게 하여 세례를 베푸는 방법으로 초대 교회에서 행했으며 지금은 침례교회에서 행한다. 살수법은 물을 손에 찍어 뿌려서 세례를 베푸는 방법이다. 약식세례라고도 하는데 오늘날 대부분의 교회에서 행하는 방법이다.

5. 성찬의 의미: 성찬은 주님의 대속적 죽음을 기념하는 예식이다. 주님의 살과 피가 찢긴 것을 기념하며 그리스도의 수난에 동참하는 것이다. 떡과 잔을 받으며 예수님의 피 흘리심과 살이 찢기신 고통을 되새기며 기념해야 한다. 떡과 포도즙 잔을 받으며 내 죄를 위해 살이 찢기시고 피를 흘리신 예수님의 대속의 은혜에 감사를 드려야 한다(고전11:23-25). 떡을 떼며 잔을 마실 때마다 주님이 다시 오실 때까지 복음을 전해야 한다는 사실을 명심해야 한다(고전11:26). 성찬에 참여하는 사람은 먼저 자기를 살펴야 한다(고전11:27-28). 로마 가톨릭은 성찬 시 사제의 축복이나 혹은 다른 어떤 방법으로 떡과 포도즙이 실제로 그리스도의 몸과 피로 변한다는 화체설을 믿는다. 하지만 성찬은 그리스도의 살과 피의 찢기심을 기념하는 것이다. 떡과 포도즙이 실제로 그리스도의 몸과 피로 변하는 것이 아니다.

1. **안식일 제정의 배경:** 하나님께서는 6일 동안 천지를 창조하시고 일곱째 날에는 안식하셨다(창 2:2). 안식일이라는 말은 하나님께서 이집트를 탈출한 이스라엘 백성들에게 만나를 주실 때 처음 사용하였다. 이스라엘 백성에게 여섯째 날에 이틀 양식을 주심으로 일곱째 날에는 안식하게 하셨 다(출16:29-30). 하나님은 모세에게 십계명을 주시면서 안식일을 기억하여 거룩하게 지키라고 하셨다. 엿새 동안은 힘써 일하고 일곱째 날은 하나님의 안식일이므로 아무 일도 하지 말라고 하 셨다(출20:8-10).

2. **안식일과 주일의 시점:** 안식일은 한 주간의 마지막 날이며 현재 기준으로 금요일 저녁부터 토요 일 저녁까지이다. 주일은 한 주간의 첫날이며 현재 기준으로 일요일이다

3. **안식일 준수의 목적:** 하나님께서 엿새 동안 모든 것을 만드시고 일곱째 날에 쉬셨다. 하나님은 일 곱째 날인 안식일을 복되고 거룩하게 하시어(출20:11) 안식일을 지키면서 창조주 하나님을 기억 하도록 하셨다. 또 이스라엘을 이집트에서 인도해 내신 하나님의 전능하심과 구속하심을 잊지 않 도록 하셨다(신5:15). 하나님께서는 안식일을 지키는 것이 하나님과 이스라엘 백성들 사이에 대 대에 걸친 표징이라고 하셨다(출31:13). 표징은 겉으로 드러나는 뚜렷한 점을 말한다. 안식일을 지킴으로 이스라엘 백성들이 다른 백성들과 구별되기를 원하셨다. 즉 하나님의 계명을 지켜 옛 사람의 삶을 버리고 오직 하나님의 말씀에 순종하여 언약 백성에 합당한 삶을 살도록 안식일을 통해 훈련시키신 것이다.

4. **안식일 준수의 잘못된 인식:** 유대인들은 안식일의 참뜻을 깨닫지 못하고 일곱째 날은 아무 일도 하지 말라는(출20:10) 금지 조항에만 연연하였다. 그래서 성경에도 없는 더 많은 금지 조항을 만 들어 안식일을 인간의 행동을 제어하고 억압하는 날로 만들어 버렸다.

5. **주일 제정의 배경:** 예수님은 안식일 후 그 주의 첫날에 부활하셨다(마28:1). 성령님이 강림하신 날도 오순절이자 그 주의 첫날이었다(행2:1). 초대교회에서 그 주의 첫날에 예배를 드렸다는 기 록이 있다(행20:7). 주일이라는 단어는 성경에 없으나 기독교는 예수님이 부활하시고 성령님이 강림하신 날을 기념하여 안식일을 주일로 대체하였다.

6. **주일 성수의 목적:** 그리스도인은 주일을 안식일처럼 특별한 날로 여겨 거룩히 보내는 습관이 필 요하다. 주일에 세상의 일에서 벗어나 우리를 구원해 주신 하나님께 감사와 찬양으로 영광을 돌 려야 한다. 나머지 6일도 주일의 거룩한 습관이 확장되도록 노력해야 한다.

7. **주일 성수의 잘못된 인식:** 유대인들이 안식일에 금지 조항에만 집착하여 안식일의 참뜻을 깨닫지 못했듯이 주일에 무조건 교회 출석을 강요하거나 어떤 행위들을 성경의 근거 없이 못하게 해서는 안 된다. 또한 주일 성수를 복 받기 위한 수단처럼 생각해서도 안 되며 주일만 거룩하게 살고 다 른 날은 아무렇게나 살아도 된다는 생각도 버려야 한다.

1. **예배의 대상:** 창조주이시며 거룩하시고 영존하시며 영이시고 유일한 신이신 하나님이시다.

2. **예배의 목적:** 하나님을 경외하는 마음으로 오직 하나님만 경배하고 그분만 섬기고(마4:10) 하나님께 영광을 돌리는 것이다(시96:1-10).

3. **예배의 필수요건:** 하나님께 영과 진리로 드려야 한다(요4:23). 영으로 예배를 드린다는 것은 성령으로 거듭난 살아난 영으로서 성령님과 교감을 통해 살아계신 하나님과의 만남이 있는 예배를 드리는 것이다. 말씀과 기도와 찬송이 모두 성령 안에서 이루어져야 한다. 진리로 예배를 드린다는 것은 하나님이 어떤 분이신지 성경 말씀을 통해 정확히 알고 예배를 드려야 한다는 것이다. 왜냐하면 하나님은 형상이 아니라 영이시기 때문이다.

4. **예배의 방법:** 좁은 의미에서 예배는 특정한 장소에서 하나님께 감사드리며(시50:14) 하나님을 찬양하고(시150:1) 하나님께 예물을 드리며(시96:8) 하나님의 말씀을 듣고(시95:7) 회개와 간구를 하면서(행3:19) 하나님께 영광을 돌리는 것이다. 그러나 하나님께 영광을 돌리는 것은 특정한 장소에서만 하는 것이 아니라 우리의 찬양과 감사와 기도의 생활로도 가능하다(시50:23). 우리가 사랑의 열매를 맺는 것(요15:8), 나눔을 실천하는 것(히13:16), 그리스도의 이름으로 고난을 받는 것(벧전4:14), 전도를 하는 것(살후3:1) 등 우리가 삶으로 하나님께 영광을 돌리는 것 모두 넓은 의미에서 예배에 해당한다.

5. **예배의 장소:** 구약시대 예배드리는 장소는 거룩하게 구별된 성전이었다(출25:8). 신약시대는 어느 장소든지 예배를 드릴 수 있다. 성전에서 예배를 드리기도 하였고(행2:46) 다락방에서도 드렸다(행1:13). 회당에서 드리기도 했으며(행15:21) 집에서도 드렸다(골4:15).

6. **예배의 자세:** 하나님께 예배드리는 자는 하나님을 두려워하며 경외하는 마음이 있어야 한다(시2:11). 경외는 하나님을 두려워하면서도 존경하는 마음을 갖는 것이다. 예배드리는 자는 하나님에 대한 신뢰가 있어야 하며 경건과 믿음으로 하나님께 나아가야 한다.

7. **예배의 요소:** 예배드릴 때 성경 말씀을 선포해야 하고 그 말씀을 들어야 한다. 하나님께 기도와 찬송을 드리며 정성으로 헌금을 드려야 한다. 중요한 것은 각 예배의 요소들이 영과 진리로 드리는 예배에 합당해야 한다. 말씀은 교리에 어긋나지 않아야 하며 사람의 지혜와 교훈이 아닌 하나님의 말씀만 전해야 한다. 회중은 하나님의 말씀을 거룩한 두려움 가운데 듣고 받아들여야 한다. 찬송할 때는 악기로 감정을 부추기려고 하거나 사람 앞에서 공연하는 것처럼 멋지게 보이려고 하면 안 된다. 찬송의 가사는 성경 말씀과 어긋나지 않아야 하며 찬송의 가사를 이해하고 동의하여 진실한 마음으로 불러야 한다. 기도 역시 하나님의 뜻에 합당한 기도를 드려야 하며 남을 질책하려고 하거나 사적인 주장이 들어가서는 안 된다. 헌금은 억지로나 자랑으로 하지 말고 하나님의 은혜에 감사하는 마음으로 드려야 한다.

기도는 하나님의 뜻에 맞는 것들에 관하여 하나님께 우리의 원함을 드리고 그리스도의 이름으로 우리 죄를 고백하며 그의 자비를 감사하고 인정하는 것이다(소요리 문답 98문). 기도의 주된 목적은 하나님과 교제하고 하나님과 함께 시간을 갖는 것이다.

기도는 하나님께 아무거나 구하는 것이 아니라 하나님의 뜻에 맞는 것을 구해야 한다. 그러기 위해서는 하나님의 말씀과 하나님의 참된 속성을 잘 알고 기도해야 한다. 그렇지 않으면 이방인의 기도가 되기 쉽기 때문이다. 하나님 사랑과 이웃 사랑을 강조하신 하나님의 말씀에 따라 기도를 드려야 한다. 하나님의 말씀에 따라 기도한다는 것은 성령으로 기도하는 것이다. 우리는 마땅히 기도할 바를 알지 못하나 오직 성령이 말할 수 없는 탄식으로 우리를 위해 친히 간구하신다(롬8:26). 성령으로 기도한다는 것은 성령이 내 안에 계시다는 믿음을 가지고 성령이 알려주시는 대로 하나님의 말씀에 따라 기도해야 한다는 것이다.

기도는 사람들을 의식하지 않고 무소부재하시는 하나님께 은밀하게 드려야 한다. 경건하다고 소문이 나 있던 바리새인들이나 서기관들은 일부러 손을 높이 들고 계속 같은 기도를 반복하면서 시간을 질질 끌었다. 예수님께서는 이런 외식하는 기도를 드리지 말고 골방에 들어가 문을 닫고 은밀한 중에 하나님께 기도하라고 말씀하셨다. 골방은 아무런 방해를 받지 않고 단 둘이 만날 수 있는 공간을 말하는데 장소만을 의미하지는 않는다. 주님이 말씀하시는 골방은 다른 사람을 의식하지 않고 온전히 주님과 독대할 수 있는 마음 자세와 상태를 말씀하시는 것이다.

예수님께서는 이방인과 같이 중언부언하며 말을 많이 하는 기도를 하지 말라고 말씀하셨다. 의미가 있는 말이라도 생각을 담지 않고 계속 지껄이는 것을 일컬어서 중언부언이라고 한다. 하나님의 뜻이 아니라면 반복적으로 동일한 내용을 끊임없이 기도한다고 하더라도 그 기도를 들어주시지 않는다. 이는 이방인들이 하는 기도인데 이방인들은 신에게 기도를 할 때 말을 많이 하고 큰소리로 외치며 자기 몸을 상하게 해야 듣는 줄 안다. 아무리 기도를 열심히 해도 하나님의 뜻이 아니라면 아무 유익이 없다는 것을 알아야 한다.

기도하는 순서는 먼저 자신의 상태를 점검하고 죄를 고백해야 한다. 그리고 하나님께서 베푸신 은혜와 사랑에 감사해야 한다. 그런 후에 하나님의 뜻에 맞는 것들을 간구한다. 우리는 예수 그리스도의 이름으로 기도해야 한다. 예수님이 십자가에 못 박혀 돌아가실 때 성소와 지성소 사이의 휘장이 찢어졌다. 예수님은 이제 우리의 대제사장이 되신다. 우리는 대제사장이 되신 그리스도로 인해 하나님의 보좌에 담대히 나아갈 수 있게 되었다(히4:16). 그리스도의 희생과 중보가 있기에 우리의 기도가 하나님께 전달될 수 있다. 그리스도의 이름으로 기도한다는 것은 그리스도의 대속과 중보에 의지하여 기도한다는 뜻이다.

287. 전도

1. **전도 내용:** 전도할 때 우선 모든 사람이 죄를 지었기 때문에 하나님의 영광에 이르지 못한다는 사실을 말해야 한다(롬3:23). 우리가 죄인이었을 때 그리스도께서 우리를 위하여 죽으심으로써 하나님께서는 우리를 향한 그의 사랑을 나타내셨음을 알게 해야 한다(롬5:8). 여기서 주의할 점은 하나님은 의를 좋아하시지만 죄를 미워하시며 의인을 사랑하시지만 죄인을 미워하신다는 것이다(잠6:16-19). 하나님은 죄인들을 사랑했다고 말씀하신 적이 없으시다. 단지 죄인들에게 하나님의 사랑을 보여주셨다고 말씀하셨다. 하나님께는 사랑의 속성이 있으시지만(요일4:8) 아무나 무조건 사랑하시지 않는다는 점을 이해시켜야 한다. 주 예수를 입으로 시인하고 하나님께서 그를 죽은 자들로부터 살리신 것을 마음에 믿으면 구원을 받는다는 사실을 전해야 한다. 이는 사람이 마음으로 믿어 의에 이르고 입으로 고백하여 구원에 이르기 때문이다(롬10:9-10). 또한 주의 이름을 부르는 자 곧 예수 그리스도가 구주이심을 믿고 마음에 의심하지 않는 자는 구원을 받는다는 사실을 알려주어야 한다(롬10:13).

2. **전도 대상:** 예수님은 부활하시기 전에는 유대인들에게만 복음을 전하셨다(마10:5-6). 그러나 유대인들은 예수님을 메시아로 인정하지 않고 십자가에 못 박아 죽이고 말았다. 예수님은 부활하신 후에 온 세상에 가서 만민에게 복음을 전하라고 말씀하셨다(막16:15).

3. **전도 방법:** 예수님께서 어떻게 전도하셨는지 살펴보면 올바른 전도 방법을 알 수 있다. 예수님은 성경 말씀을 풀어서 알려 주셨으며(눅4:16-21). 제자들을 훈련하시고 능력을 주신 뒤 파송하셨다(눅9:1-6). 예수님은 회당, 마을, 산, 가정 등 장소를 가리지 않으시고 사람들을 찾아다니며 복음을 전했고(눅4:42-44, 막2:1) 여러 부류의 사람들과 함께 식사를 나누셨다(눅5:29-32). 일방적으로 말씀만 하신 것이 아니라 상대방에게 질문하시고 답을 하게 해서 스스로 깨닫게 하셨고(눅9:18-20) 상대방이 자신을 시험하려고 질문했을 때에도 진지하게 설명해 주셨다(막12:13-14). 그리고 예수님은 복음을 억지로 강요하지 않으셨다(눅9:5).

4. **전도 준비:** 우리가 말을 할 때 우리 안에서 말씀하시는 분은 성령님이시라는 것을 알고 성령님의 도우심을 구해야 하며(마10:19-20) 기도와 금식으로 준비해야 한다(사58:6, 막9:29).

5. **전도자 자세:** 전도자는 말과 행실과 사랑과 믿음과 정절의 본이 되어야 하며 영혼을 사랑하는 마음이 있어야 한다(요15:9-10). 전도자는 낙심하지 말고 포기하지 않으면 때가 되어 거둔다는 사실을 믿어야 한다(갈6:9). 만나는 사람에게 평안을 기원하며(눅10:5) 복음을 우회적으로 전하지 말고 분명하게 전해야 한다(롬10:14-15). 결국에는 상대방이 입으로 주 예수를 시인하고 하나님께서 그리스도를 죽은 자들로부터 살리신 것을 마음에 믿어 구원을 받도록 해야 한다(롬10:9).

288. 왕국복음과 은혜복음

1. **왕국복음의 의미:** 왕국복음은 예수님이 초림 때 유대인들에게 전파하신 복음이다. 이 복음을 천국복음이라고도 하는데 정확한 표현은 왕국복음이다. 왕국복음은 예수 그리스도께서 왕으로 오셨으며 구약성경에서 예언했던 메시아 왕국을 가져오셨다는 사실을 왕국의 백성들에게 전파하는 복음을 말한다. 예수님은 이스라엘 땅 여러 곳을 두루 다니시며 가르치시고 왕국복음을 전파하셨다(마4:23, 마9:35). 예수님은 왕국복음이 온 세상에 전파되어 모든 민족에게 증거 되면 끝이 온다고 말씀하셨다(마24:14).

2. **구약에 기록된 왕국복음:** 하나님께서는 결코 멸망하지 않는 한 왕국을 세우신다고 약속하셨다. 그 왕국은 다른 백성에게 넘어가지 않을 것이며 오히려 모든 왕국들을 쳐부수고 멸하여 영원히 설 것이라고 말씀하셨다(단2:44). 그 왕국은 영적인 왕국이 아니라 예수님이 다스리시는 땅 위에 존재하는 왕국을 말한다.

3. **왕국복음의 특징:** 왕국복음은 유대인들에게 우선적으로 전파된다. 예수님께서 제자들에게 이방인의 길이나 사마리아인의 마을에 가지 말고 이스라엘의 잃어버린 양에게 가라고 말씀하셨다(마10:5-6). 왕국복음을 전파할 때 표적과 이적이 뒤따른다. 예수님은 왕국복음을 전하시면서 모든 병과 약한 것을 고치셨다는 점만 보아도 알 수 있다(마4:23). 이 왕국복음은 초림 때 전파되었으나 세워지지 못했으므로 재림 직전에 다시 전파될 것이다(마24:14).

4. **은혜복음의 의미:** 예수님 초림 때 전파하던 왕국복음이 거부되었으므로 지금 은혜복음이 전해지고 있다. 예수님을 구주로 영접하는 사람들에게 하나님께서 행위가 아닌 오직 은혜로 구원해 주시는 것이 은혜복음이다. 사도 바울이 은혜복음을 교리로 체계화하고 전파하였기 때문에 그는 은혜복음을 나의 복음이라고 말하였다(롬2:16).

5. **구약에 기록된 은혜복음:** 하나님께서는 이방인들이 믿음으로 의롭게 된다는 사실을 미리 아셨기 때문에 아브라함에게 네 안에서 모든 민족이 복을 받을 것이라고 알려 주셨다. 이는 아브라함에게 은혜복음을 미리 말씀해 주신 것이다(갈3:8).

6. **은혜복음의 특징:** 구원은 인간의 노력으로는 얻을 수 없고 오직 하나님의 은혜로만 얻을 수 있다는 점이 은혜복음의 가장 큰 특징이다. 은혜복음 시대(교회 시대)에는 혈연과 무관하게 예수님을 구주로 영접하는 모든 사람들이 하나님의 영적 백성이 된다.

7. **왕국복음과 은혜복음의 관계:** 예수님이 승천하시고 재림하실 때까지는 은혜복음만을 전해야 한다. 구원은 행위로 얻는 것이 아니라 예수 그리스도를 구주로 영접한 자들에게 하나님께서 은혜로 주시기 때문이다. 그러나 은혜로 구원 받은 자들이 다 휴거된 후 예수님이 재림하실 때까지 휴거되지 못하고 남아 있는 사람들에게 왕국복음이 전해진다. 그때는 은혜로 구원 받는 것이 아니라 끝까지 환난을 견뎌야만 구원을 받는다(마24:13-14).

1. **결혼:** 하나님께서는 남자가 부모를 떠나서 그의 아내와 합하면 둘이 아니라 한 몸이 되기 때문에 사람을 나누지 못한다고 말씀하셨다(마19:5-6). 한 몸이 된다는 것은 성적 결합을 의미한다. 하나님은 창녀와 성적 결합을 한 것도 한 몸이 된 것으로 여기신다(고전6:16). 따라서 그리스도인은 음행을 삼가고 순결을 지켜야 한다.

2. **음행과 간음을 피하라:** 예수님께서는 배우자 중 한 명이 음행을 하면 이혼 사유가 된다고 하셨다. 왜냐하면 음행은 다른 상대와 육체적으로 결합함으로써 원래 한 몸이었던 두 사람(부부)이 나누어져 버렸기 때문이다(마19:9). 그래서 성경에는 음행을 피하라고 수십 번 강조한다(고전6:18). 하나님께서는 결혼은 귀한 것이므로 침상을 더럽히지 말라고 하시면서 음행하는 자들과 간음하는 자들을 심판하시겠다고 경고하셨다(히13:4).

3. **이혼:** 예수님께서는 자기 아내가 음행하지 않았는데도 그녀를 버리면 그녀로 간음하게 한 것이며 누구든지 이혼 당한 여자와 결혼하는 사람도 간음한 것이라고 말씀하셨다(마5:32). 또한 자기 아내를 버리고 다른 여자와 혼인하는 자는 그 아내에 대하여 간음하는 것이며 자기 남편을 버리고 다른 남자와 혼인하는 여자도 간음하는 것이라고 가르치셨다(막10:11-12). 부부가 서로 음행하지 않았다면 하나님께서는 계속 두 사람을 한 몸으로 여기시기 때문이다. 그러나 바울은 개인적인 의견이라고 말하면서 믿지 않는 배우자가 스스로 떠나겠다고 하면 그가 떠나도록 허락하라고 충고하였다(고전7:15).

4. **재혼:** 부부는 한 몸이기 때문에 서로를 떠나지 말아야 한다. 설령 여자가 남자를 떠났다고 하더라도 재혼하지 말고 지내든지 아니면 남편과 화해해야 한다(고전7:10-11). 단, 배우자가 사망하면 재혼을 해도 되는데 믿는 사람과 해야 한다(고전7:39).

5. **배우자의 선택:** 배우자는 믿는 사람이어야 한다(고후6:14). 하지만 이미 결혼한 상태에서 믿지 않는 아내가 남편과 계속 살기를 원한다면 아내를 버리지 말아야 하며, 또 믿지 않는 남편이 아내와 살기를 원한다면 남편을 버리지 말아야 한다(고전7:12-13).

6. **아내는 남편에게 복종해야 한다:** 교회가 그리스도께 복종하듯이 아내들도 자기 남편에게 매사에 복종해야 한다(엡5:24). 또 아내는 남편을 경외해야 한다(엡5:33).

7. **남편은 아내를 사랑해야 한다:** 그리스도께서 교회를 사랑하셔서 교회를 위하여 자신을 주신 것같이 남편도 아내를 사랑해야 한다(엡5:25). 남편들은 자기 아내를 자신들의 몸처럼 사랑해야만 한다(엡5:28).

8. **부부가 지켜야 할 도리:** 남편과 아내는 서로에게 합당한 애정을 주고, 상대에게 자기 몸을 주관하게 하며, 서로의 권리를 빼앗지 말고, 떨어져 지내지 않도록 해야 한다(고전7:3-5).

1. **매일 성경 말씀을 읽고 묵상해야 한다**: 부모는 자녀에게 열심히 가르치며 모두가 하나님께서 명령한 말씀들을 마음속에 두고 앉아 있을 때나, 걸을 때나, 누워 있을 때나, 일어날 때도 그 말씀들에 관해 말해야 한다(신6:6-7). 매일 가정 예배를 드리는 것도 좋은 방법이다.

2. **기도에 힘써야 한다**: 성경은 기도에 항상 힘쓰며(롬12:12) 쉬지 말고 기도하라고 말한다(살전 5:17). 쉬지 말고 기도하기 위해서는 항상 성령 충만해야 하며 매일 하나님과 동행하는 삶을 살아야 한다. 그러면 때와 장소에 상관없이 항상 하나님과 교제할 수 있다.

3. **빛의 자녀가 되어야 한다**: 가족 구성원 모두 빛의 자녀답게 착하고 의롭고 진실하게 행동하여 빛의 열매를 맺어야 한다(엡5:8-9).

4. **지혜로운 아내와 어머니가 되어야 한다**: 여자는 한 가정의 아내와 어머니로서 주를 두려워하며 지혜로운 말을 하고 친절을 베풀며 자기 식구들의 일을 잘 살피고 부지런해야 한다. 그러면 자식들이 어머니를 축복하며 남편도 아내를 칭찬할 것이다(잠31:26-30).

5. **자녀를 성나게 하지 말아야 한다**: 부모는 자녀를 성나게 하지 말고 주의 교훈과 훈계로 양육해야 한다(엡6:4). 자녀를 성나게 하지 말라는 것은 자녀를 자기의 소유물이나 욕망의 수단으로 생각하지 말고 하나님께서 맡겨 주신 귀한 존재로 여겨 자녀의 다양성을 인정하고 차별하지 않으며 관심과 사랑을 주어야 한다는 것이다. 이를 위해 무엇보다 부모가 먼저 예수 그리스도의 마음을 품어야 한다.

6. **자녀를 주의 교훈과 훈계로 가르쳐야 한다**: 자녀를 마땅히 가야 할 길로 훈육하면 그가 늙어도 그 길을 떠나지 않는다(잠22:6). 만약 자녀가 주의 교훈과 훈계를 듣지 않는다면 회초리로 때려서라도 그의 혼을 지옥에서 구해야 한다(잠23:14). 자녀를 채찍으로 때리라는 말은 무척 과장된 표현이다. 징계의 막대기나 회초리는 자녀를 위해 제한적으로 사용해야 한다.

7. **자녀가 하나님을 경외하게 해야 한다**: 하나님을 경외하는 것이 지식의 근본이라는 사실을 가르쳐야 한다. 경외는 하나님에 대해 무조건 공포와 두려움을 느끼는 것이 아니라 하나님의 주권과 영광을 인정하면서 가지게 되는 거룩한 두려움이다. 부모는 자녀가 하나님의 지혜와 훈계를 멸시하는 어리석은 자가 되지 않도록 해야 한다(잠1:7).

8. **자녀는 부모에게 순종해야 한다**: 자녀가 부모에게 순종하고 아버지와 어머니를 공경하는 것이 약속 있는 첫째 계명이다(엡6:1-2). 십계명에는 하나님께 지켜야 할 계명과 사람 간에 지켜야 할 계명이 있는데 부모를 공경하는 것은 사람 간에 지켜야 할 첫째 계명이다. 이 계명을 지키는 자는 잘 되고 땅에서 장수한다고 말씀하셨다(엡6:3). 반면에 자기 아비와 어미를 경홀히 여기는 자는 저주를 받을 것이라고 경고하셨다(신27:16). 보이는 부모도 공경하지 못하는 자가 보이지 않는 하나님을 잘 공경할 리 만무하다.

1. **재물을 사랑하지 말 것**: 우리는 세상에 아무것도 가지고 온 것이 없으며 아무것도 가지고 갈 수 없다는 사실을 기억해야 한다. 우리에게 먹을 것과 입을 것이 있으면 그것만으로 만족해야 한다. 부유하게 되고자 하는 자는 유혹과 올무와 여러 가지 어리석고 해로운 정욕에 빠진다. 돈을 사랑하는 것이 모든 악의 뿌리다. 돈을 욕심내는 사람들이 믿음에서 떠나 방황하다가 많은 슬픔으로 스스로 넘어졌다. 따라서 만족할 줄 아는 경건이 큰 이익이 된다(딤전6:6-10). 예수님은 하나님과 재물을 함께 섬길 수 없다고 말씀하셨다(눅16:13).

2. **자족할 것**: 예수님은 무엇을 먹을까, 무엇을 마실까 구하지도 말고 마음에 의심하지도 말라고 하셨다. 이 모든 것은 세상의 민족들이 구하는 것이며 하나님께서는 우리가 이런 것이 필요한 줄 아신다. 하나님께서는 우리에게 먼저 하나님의 나라를 구하면 이 모든 것을 너희에게 더하여 주신다고 약속하셨다(눅12:29-31).

3. **재물을 정당하게 벌 것**: 재물은 부지런히 일해서 벌어야 하며(잠12:27) 일하기 싫어하는 사람은 먹지도 말아야 한다(살후3:10-12). 남의 재물을 도둑질하여 하나님을 욕되게 하지 말아야 하고(잠30:9) 빚지지 말며(잠22:7) 재물을 얻으려는 욕심에 눈이 어두워져서는 안 된다(잠28:22). 임금을 착취하지 말아야 하며(약5:4) 과부에게 토색하고 고아의 것을 약탈해서도 안 된다(사10:2). 뇌물을 받지 말며(출23:8) 가난한 자에게 이자를 받아서도 안 된다(출22:25).

4. **재물을 올바른 곳에 사용할 것**: 예수님께서는 자신을 위하여 땅에다 보물을 쌓아 두지 말고 하늘에 보물을 쌓아두라고 하셨다. 왜냐하면 땅은 좀과 녹이 해치며 도둑이 들어오지만 하늘은 좀과 녹이 해치지 않으며 도둑도 들어올 수 없기 때문이다(마6:19-20). 또 우리가 가진 것을 팔아서 구제하라고 하셨다(눅12:33). 그러므로 재물이 있다면 형제가 궁핍할 때 도와줘야 한다(요일3:17).

5. **재물을 구분하여 사용할 것**: 예수님은 나라에 바칠 세금은 나라에 바치고 하나님의 것은 하나님께 드리라고 말씀하셨다(눅20:22-25). 하나님께 드릴 때는 인색하거나 억지로 드리면 안 되고 기쁨으로 드려야 한다. 그러나 적게 심는 자는 적게 거두고 넉넉하게 심는 자는 넉넉하게 거둔다는 사실을 기억해야 한다(고후9:6-7).

6. **탐욕을 부린 사람들의 예**: 가룟 유다는 돈을 사랑하여 은 삼십에 예수님을 팔았으나 결국 죄책감에 스스로 목숨을 끊었다. 아나니아와 삽비라는 성령께 거짓말하며 땅을 판 값의 일부를 감추었기 때문에 죽임을 당하였다. 롯의 아내는 소돔과 고모라가 멸망당할 때 세상에 미련이 남아 뒤를 돌아보아서 소금 기둥이 되었다. 발람은 뇌물에 눈이 어두워 모압 왕 발락이 보낸 신하들을 따라갔다. 그는 이스라엘이 우상숭배와 음행에 빠지도록 했기 때문에 이스라엘이 미디안을 칠 때 죽임을 당했다.

1. **성결한 삶을 살 것:** 그리스도인은 죄에서 벗어나 스스로 깨끗하게 살아야 한다(민8:21). 그리스도인의 몸은 하나님으로부터 받은 것이며 그 안에 성령님께서 내주하고 계시므로 우리 자신의 것이 아니다. 따라서 하나님의 것인 몸과 영으로 하나님께 영광을 돌려야 하므로 음행과 더러운 것을 피해야 한다(고전6:19-20).

2. **성실하게 살 것:** 그리스도인은 열심히 일해야 하며(살후3:10) 손수 일하도록 힘써야 한다(살전4:11). 순전한 마음으로 그리스도께 하듯이 윗사람에게 두려움과 떨림으로 순종하고(합법적인 경우), 일을 눈가림으로 하지 말며, 주님께 하듯이 성실하게 하여야 한다(엡6:6-7).

3. **언행을 조심할 것:** 겉으로 경건하게 보일지라도 자기 혀를 제어하지 못한다면 자신의 마음을 속이는 것이며 그 경건도 헛된 것이다(약1:26). 남을 판단하면 나도 판단을 받기 때문에 남을 판단하지 말아야 한다(마7:1-2). 입에서 더러운 말이 나오지 않도록 해야 하고 오직 서로를 세우는 데 필요한 좋은 것만을 말하여 듣는 자들에게 은혜를 끼쳐야 한다(엡4:29-30). 특히 하나님의 이름을 망령되게(헛되게) 사용하는 죄를 범하지 말아야 한다(출20:7). 하나님의 이름은 하나님과 동일하게 여기기 때문에 하나님의 이름을 경솔하고 부주의하게 사용해서는 안 된다. 하나님의 이름으로 저주를 해서도 안 되며 실수를 했을 때 무심코 주님(Oh My God)이라는 말을 해서도 안 된다.

4. **올바르게 돈을 벌고 쓸 것:** 그리스도인은 뇌물을 받지 말아야 하며(출23:8) 도둑질 하지 말고(출20:15) 이웃의 것을 탐내서도 안 된다(출20:17). 가난한 형제에게 고리를 받으려고 돈을 빌려주지 말고 그에게 이자를 취해서도 안 된다(레25:35-37). 사업주인 경우 임금은 정당하게 지불해야 한다(약5:4).

5. **술 취하지 말 것:** 바울은 디모데에게 질병을 위하여 포도주를 조금씩 쓰라고 말하였다(딤전5:23). 바울이 말한 포도주는 알코올이 함유되어 있지만 약으로 사용하는 것이다. 예수님이 제자들과 성만찬을 했을 때 사용한 포도즙은 발효되지 않았으며 알코올도 함유되지 않았다. 술에 취하면 방탕하게 된다(엡5:18). 또한 간음과 음행과 더러운 것과 음욕과 우상숭배와 주술과 원수 맺음과 다툼과 질투와 분노와 투쟁과 분열과 이단들과 시기와 살인과 술 취함과 흥청거림 같은 행동을 하는 사람들은 하나님의 나라를 상속받지 못한다(갈5:19-21). 술에 취했다고 해서 구원을 못 받거나 구원을 잃어버리는 것은 아니지만 술 취하면 하나님께 받는 유업이 없고 하나님이 싫어하시는 것이니 하지 말아야 한다.

6. **검소할 것:** 그리스도인은 생활방식에 탐욕이 없도록 해야 하고 가진 것에 만족해야 한다(히13:5). 무엇을 먹을까 무엇을 마실까 무엇을 입을까 염려하지 말아야 한다(마6:31). 단정하게 옷을 입으며 사치품으로 치장하지 말아야 한다(딤전2:9).

1. **영적 싸움의 대상:** 영적 전쟁의 대상은 사탄이다. 사탄의 이름은 루시퍼이며 빛을 나르는 자라는 뜻이다(사14:12). 사탄은 자신을 광명의 천사로 가장한다(고후11:14).

2. **사탄의 창조:** 하나님께서는 사탄을 지혜가 충만하고 완벽한 아름다움을 가진 존재로 창조하셨다 (겔28:12.15). 하지만 사탄은 하나님께 반역하여 자기를 따르는 천사들과 함께 땅으로 쫓겨났다 (계12:9). 그가 지금은 공중의 권세 잡은 자처럼 행동하지만(엡2:2) 결국 그와 그를 따르는 타락한 천사들은 영원한 불 못 속에 들어간다(계20:10).

3. **사탄의 운명:** 하늘에는 세 종류가 있는데 첫째 하늘은 구름이 있는 하늘이다. 둘째 하늘은 우주 공간을 말한다. 셋째 하늘은 하나님께서 계시는 곳으로 우리 눈에는 보이지 않는다. 사탄은 하나님께 반역함으로 셋째 하늘에서 쫓겨났다(겔28:16). 예수님이 십자가에 못 박히시고 부활하시면서 둘째 하늘에서도 쫓겨났다(눅10:18). 나중에 예수님께서 재림하실 때 첫째 하늘에서도 쫓겨날 것이다(계20:1-3). 마지막에는 영원한 불 못 속에 던져진다(계20:10).

4. **사탄이 하는 일:** 사탄은 하나님과 사람 사이를 가로막으며(슥3:1) 온 세상을 미혹하고(계12:9) 하나님 앞에서 욥을 고소했듯이(욥1:9-11) 그리스도인들을 밤낮 고소한다(계12:10). 또한 믿지 않는 자들의 마음을 어둡게 하여 하나님의 형상이신 그리스도의 영광스러운 복음의 광채가 그들에게 비치지 못하게 한다(고후4:4).

5. **사탄과의 싸움에서 이기는 법:** 사탄과의 싸움에서 승리하려면 먼저 영이 거듭나야 한다. 거듭난 사람은 성령님이 함께 계시므로 사탄이 들어오지 못한다. 우리가 하나님께 복종하고 사탄을 대적하면 사탄이 우리를 피해간다(약4:7). 그리스도인이 마귀의 술책에 대항하기 위해서는 하나님의 전신갑주를 입어야 한다. 진리로 허리띠를 두르고, 의의 흉배를 붙이고, 화평의 복음을 준비한 신을 신고, 믿음의 방패를 가지고, 구원의 투구를 쓰고, 성령의 칼 곧 하나님의 말씀을 가져야 한다 (엡6:13-17).

　　진리의 허리띠를 두르라는 것은 하나님의 진리의 말씀을 정확히 알고 따르라는 말이다. 의의 흉배를 붙이라는 것은 하나님의 말씀을 지켜 행하고 죄를 범하지 말라는 뜻이다. 화평의 복음을 준비한 신을 신으라는 것은 하나님과 사람 사이에 화평을 이루신 예수 그리스도의 복음을 전하라는 말이다. 믿음의 방패를 가지라는 것은 하나님의 말씀을 신뢰하고 순종하는 행함이 있는 믿음을 가지라는 뜻이다. 구원의 투구를 쓰라는 것은 우리를 구원하신 전지전능하신 하나님을 절대로 잊지 말라는 말이다. 성령의 칼 곧 하나님의 말씀을 가져야 한다는 것은 성령을 받고 성령으로 충만하여 하나님의 말씀을 담대히 전하라는 뜻이다. 이미 사탄의 파멸은 예고되어 있으므로 겁내지 말고 영적 전쟁에서 승리해야 한다.

교회는 무형교회와 유형교회로 나눌 수 있다.

1. 무형교회: 무형교회는 예수 그리스도를 구주로 영접하고 성령으로 거듭난 신자(그리스도인)를 말하기도 하고 그들이 모인 공동체를 말하기도 한다. 무형교회의 머리는 예수 그리스도이시다(엡5:23). 신자는 그리스도의 신부로서 몸 된 교회의 지체들이다(계21:9). 무형교회에는 구원 받지 못한 불신자가 전혀 없다. 오직 구원 받은 신자만 있을 뿐이다. 무형교회는 예수 그리스도가 교회의 머리이시고 신자는 교회의 지체이기 때문이다. 따라서 무형교회를 이끌어 가시는 분은 예수 그리스도 한 분이시다. 예수님은 반석 위에 자신의 교회를 세우실 것이라고 말씀하셨다. 여기서 반석은 베드로를 말하는 것이 아니라 예수님 자신을 말한다. 성경에서 반석은 항상 예수님을 말한다(고전10:4). 지옥의 문들도 예수님이 세우신 교회를 이기지 못한다(마16:18). 예수님이 한 번 세우신 교회는 그 누구도 침범해서 무너뜨릴 수 없다. 한번 구원 받은 신자는 영원히 예수님의 신부로서 구원을 보장 받는다.

무형교회는 그리스도를 중심으로 유기적으로 연합되어 있기 때문에 절대 나누어지지 않는다(고전1:13). 따라서 무형교회의 한 지체가 고통을 받으면 모든 지체가 함께 고통을 받고 한 지체가 영광을 얻으면 모든 지체가 함께 즐거워하는 것이다(고전12:26-27). 무형교회는 예수님이 왕이신 거룩한 나라이며 그리스도인은 예수님의 소유된 백성이다(벧전2:9).

무형교회를 성전이라고도 부른다. 왜냐하면 그리스도인 안에 성령이 계시기 때문이다. 그리스도인이 거룩해야 하는 까닭은 하나님의 성전이기 때문이다(고전3:16-17). 하나님은 더 이상 사람이 만든 눈에 보이는 성전에 계시지 않는다. 영이 거듭난 그리스도인들 안에 계시며 그들과 교제하신다. 그래서 더 이상 유형교회를 성전이라고 불러서는 안 된다.

2. 유형교회: 유형교회는 하나님께 예배를 드리기 위해 모이는 곳을 말한다. 유형교회는 눈에 보이는 건물인데 하나님께 예배를 드리는 장소이기 때문에 예배당이라고도 한다. 유형교회는 여러 교파로 나누어져 있으며 직분자들을 선출하여 조직적으로 운영한다.

유형교회에는 신자와 불신자가 같이 존재한다. 예수님이 재림하실 때 무형교회는 모두 휴거된다. 유형교회 안에서는 신자만 휴거된다. 왜냐하면 불신자는 예수님의 신부가 아니기 때문에 예수님이 데리고 가실 이유가 없다.

1. **감독, 장로, 목사:** 신약성경에 나오는 감독(Bishop), 장로(Elder), 목사(Pastor)는 모두 같은 직분이다. 초대 교회는 유대인을 중심으로 회당에서 말씀과 교리를 가르쳤는데 그때 말씀과 교리를 가르치며 교회를 이끌었던 사람들을 장로라고 불렀다(벧전5:1). 교회가 유대인 중심에서 이방인 중심으로 바뀌면서 장로와 감독을 혼용해서 사용하기 시작했다. 바울은 밀레도에서 에베소 교회의 장로들을 청한 후에(행20:17) 그들에게 성령께서 너희를 감독자들로 세워 하나님의 교회를 돌보게 했다고 말하였다(행20:28). 여기서 감독은 감독자를 뜻하는 헬라어 "에피스코포스"를 번역한 말이다. 이렇듯 당시 장로와 감독은 같은 뜻이며 혼용했다는 사실을 알 수 있다. 그러나 로마가톨릭이 감독을 주교의 의미로 사용하자 개신교에서 주교와 구분하기 위해 감독을 목사라고 불렀다.

2. **감독(장로, 목사)의 자격:** 감독은 비난받을 일이 없어야 하고 한 아내의 남편이어야 한다. 한 아내의 남편이어야 한다는 것은 결혼은 해야 하지만 여러 명의 아내를 두면 안 된다는 뜻이다. 감독은 절제하고 신중하며 예의바르고 대접하기에 힘쓰며 가르치기를 잘하고 술을 즐기지 아니하며 구타하지 아니하고 더러운 이익을 탐내지 않으며 오래 참고 다투지 않으며 탐욕스럽지 않고 자기 집안을 잘 다스려서 자기 자녀들을 순종하게 해야 한다. 왜냐하면 자기 집안을 다스리지 못하는 사람은 하나님의 교회를 돌볼 수 없기 때문이다. 믿은 지 얼마 되지 않은 사람은 감독이 되어서는 안 되는데 그가 교만으로 마귀의 정죄함에 빠질 수 있기 때문이다. 감독은 비방과 마귀의 올무에 빠지지 않도록 외부 사람들에게도 좋은 평판을 받아야 한다(딤전3:1-7). 감독은 양 무리를 돌보되 자원하여 준비된 마음으로 하며 하나님께서 맡겨 주신 자들을 지배하려 하지 말고 오직 양 무리의 본이 되어야 한다(벧전5:2-3).

3. **집사:** 감독(장로, 목사)은 지명하였지만(행14:23), 집사는 선출하였다. 예루살렘교회는 약 삼천 명의 성도 중 최초로 일곱 명의 집사를 선출하였다. 당시 그리스 지역에 살다가 돌아온 유대인들은 그들의 과부들이 매일의 구제(식량과 생활용품 등을 공급하는 일)에서 소외되자 본토에서 계속 살았던 유대인들에게 불만이 많았다. 그러자 열두 사도가 하나님의 말씀을 버려두고 구제에 신경 쓰는 것이 옳지 않으니 평판이 좋은 일곱 사람을 택하여 구제의 일을 맡기고 나머지는 기도와 말씀 사역에 전념하자고 건의하여 집사를 선출하였다(행6:1-4).

4. **집사의 자격:** 집사는 신중하고 일구이언하지 않으며 술에 인 박이지 아니하고 더러운 이익을 탐내지 않으며 순수한 양심에 믿음의 비밀을 가진 사람이어야 한다. 집사는 한 아내의 남편으로서 자녀와 집안을 잘 다스려야 한다. 먼저 사람들을 관찰해 보고 비난받을 것이 없어야 집사의 직분을 수행할 수 있다(딤전3:8-12).

5. **전도사, 권사, 서리집사, 권찰:** 모두 성경에는 없는 직분이다.

기독교인들은 A.D.64년부터 약 250년 동안 로마 제국에게 박해를 받았지만 선행과 의연한 태도로 로마 시민의 마음을 움직였다. 기독교는 박해에도 사라지기는커녕 더욱더 확장되었다.

1. **네로(A.D.54-68):** 64년경에 발생한 로마의 대화재로 민심이 안 좋아지자 네로는 화재의 원인을 기독교인에게 돌렸다. 로마와 로마 근교에서 박해가 이루어졌으며 기독교인들을 태워 불을 밝히기도 하였다. 바울과 베드로가 이때 순교하였다.

2. **도미티아누스(A.D.90-96):** 도미티아누스는 자신을 신으로 숭배하게 하였다. 황제숭배를 거부한 기독교인들을 박해했다. 요한은 밧모섬에 유배되었다.

3. **트라야누스(A.D.98-117):** 기독교인들을 황제숭배를 거부하는 비애국적인 집단으로 보았다. 기독교인들이 발견되면 심문을 했는데 신앙을 부인하면 풀어주고 부인하지 않으면 사형에 처했다. 사도 요한의 제자이며 안디옥교회 감독이었던 익나티우스도 순교를 당했다.

4. **하드리아누스(A.D.117-138):** 트라야누스 정책을 이어받아 황제 숭배는 계속되었다. 134년 유대 반란을 진압한 후 예루살렘 지역의 유대인들을 모조리 강제 이주시켰다.

5. **아우렐리우스(A.D.161-180):** 기독교를 사상적으로 배격하였으며 기독교인들을 자연재해의 장본인으로 규정하였다.

6. **셉티무스 세베루스(A.D.202-211):** 기독교로 개종하는 것을 금지하였다.

7. **막시미누스(A.D.235-236):** 기독교인이 전임 황제를 지지하자 성직자를 처형하며 박해했다.

8. **데키우스(A.D.249-251):** 황제 외에 다른 신을 경배하는 것을 금지하였다. 기독교를 완전히 없애고자 제국 전역으로 박해를 확대하였다.

9. **발레리아누스(A.D.257-260):** 기독교인의 재산을 몰수하였으며 그들의 공민권을 박탈하였고 기독교인들의 집회도 금지하였다.

10. **갈레리우스(A.D.303-311):** 가장 최악의 박해 시기였다. 성경을 불태웠고 기독교인들을 처형했다. 후에 심한 병에 걸렸는데 하나님의 징계라고 생각하고 신앙의 자유를 허용하였다.

11. **콘스탄티누스(A.D.306-337):** 콘스탄티누스는 꿈에 십자가 환상을 보고 용기를 얻어 로마를 통일하였다. A.D.313년 밀라노 칙령을 공포하여 기독교를 로마제국의 한 종교로 인정하였다. 전국적으로 벌어지고 있던 기독교 박해를 중지시켰고 빼앗은 교회의 재산을 돌려주었으며 교회의 사법권과 재산권도 인정하였다.

12. **테오도시우스(A.D.379-395):** A.D.392년 기독교를 로마의 국교로 정하고 공적이든 사적이든 모든 형태의 이교 숭배를 불법으로 규정하였다. 교회에 대한 핍박이 사라지자 교회는 교만이 싹텄고 왕을 능가하는 호사스런 성직자들이 등장했다.

1. **영지주의:** 영지주의가 가장 활발했던 시기는 초대교회 때인 기원후 1세기부터 3세기까지이다. 정통 기독교에서는 구원이 오직 믿음으로만 가능하다고 주장했지만 영지주의자들은 구원이 '그노시스'를 통해 가능하다고 주장하였다. 그노시스란 특별한 지식을 말한다. 그들은 영적인 것에도 높고 낮은 계급이 존재한다고 믿었기 때문에 선택받은 특별한 사람들만 그노시스의 상태에 도달한다고 주장하였다. 그리고 그노시스가 평범한 인간 세상 너머의 더 높은 세상으로 이끌어 준다고 믿었다. 영지주의자들은 세상이 크게 선과 악의 세력으로 나누어져 있다는 이원론을 주장했는데 오직 영적인 것만이 순수하고 물질적인 것과 육체적인 것은 모두 다 사악하다고 여겼다. 그래서 그들은 성찬식 때 포도주가 육체적 쾌락을 자극한다는 이유로 포도주 대신 물을 사용하였으며 부부 사이에도 성적인 접촉을 금지했다. 그들은 육신은 악하기 때문에 예수 그리스도가 육신이 된 것이 아니라고 주장했다. 즉 그리스도는 절대로 인간이 될 수 없으며 여자에게서 나지도 않았고 단지 영으로서 일시적으로 육체를 소유했다는 것이다. 이는 그리스도가 진정한 인간이 되어 이 땅에 오셨다는 사도들의 가르침과 어긋나는 주장이었다. 영지주의자들의 세력은 널리 퍼졌고 특히 동방 지역에서 그들의 영향력은 오래 갔다. 교회는 영지주의자들의 거짓 가르침으로부터 진리를 지킬 필요성을 절실히 느껴 신약성경을 정리하여 통일된 정경을 갖게 된다.

2. **아리우스주의:** 아리우스주의는 예수 그리스도의 신성을 부인한 비성경적 이단 교리이다. 알렉산드리아의 사제였던 아리우스는 성부하나님은 스스로 존재하시며 불변하시고 영원하신 분이신 반면 예수 그리스도는 성부하나님에 의해 창조된 피조물이라고 주장했다. 예수 그리스도는 신의 은총을 입어 하나님의 양자가 되었으며 세상을 구원하도록 선택받아 인간과 신의 중개 역할을 하고 있다고 믿었다. 성경에 성부와 성자가 하나이며 성부와 성자가 동일한 신성을 가지고 있다고 기록되어 있음에도 이는 단지 존경에서 우러나오는 표현일 뿐이라며 무시하였다. 알렉산드리아 감독인 아타나시우스는 아리우스의 주장은 그리스도를 절반만 신인 존재로 전락시켰다고 비판하면서 아리우스가 참된 하나님인 그리스도만이 사람과 하나님을 화해시킬 수 있다는 그리스도교의 구속 개념을 훼손했다고 반박했다. 로마 황제 콘스탄티누스는 A.D.325년에 니케아 공의회를 소집하여 아리우스와 그의 교리를 정죄하였고 아리우스를 유배 보냈다. 그러나 아리우스주의는 오늘날까지 영향을 미치고 있다. 유니테리언주의는 하나님은 한 위만 존재한다고 주장하며 그리스도의 신성과 삼위일체 교리를 부인한다. 여호와의 증인도 예수 그리스도를 하나님이 창조한 최고의 피조물로 간주하며 삼위일체를 부정한다.

1. **정경의 의미:** 정경(canon)은 히브리어인 '카네'에서 유래하였다. '카네'는 측량도구로 사용된 갈대를 뜻하는데 표준, 척도의 의미로서 신앙의 표준인 성경을 가리키는 말이 된다.

2. **구약정경:** 초대교회는 구약성경으로 70인역(72명의 성경학자들이 번역에 참여했다고 전해짐)을 사용하였다. 70인역이 생겨난 까닭은 헬라제국이 건설된 후 유대인들도 점차 헬라어(그리스어)를 사용하게 되면서 히브리 성경을 헬라어로 번역할 필요성이 생겼기 때문이다. 70인역은 이집트의 알렉산드리아에서 B.C.3세기 중엽부터 약 100년 동안 번역하여 완성하였다고 하는데 사실인지는 알 수 없다. 70인역은 현재 구약성경에 있는 39권 외에 헬라 시대에 기록된 종교적 문헌 중 많이 읽혀진 15권(토비트서, 유딧서, 마카베오 상권, 마카베오 하권, 지혜서, 집회서, 바룩서, 예레미야의 편지, 수산나 이야기, 아자리야의 기도와 세 청년의 노래, 에스더 부록, 벨과 용, 에스드라 1서, 에스드라 2서, 므낫세의 기도)도 포함한다. A.D.90년에 팔레스티나 북부 해안 도시 얌니아에서 바리새파 랍비들이 주최한 종교회의가 열렸다. 이 회의에서 70인역에 기록된 책 중 현재 구약성경에 있는 39권만 정경으로 인정하였다. 나머지 15권은 정경에 포함되지 않았기 때문에 외경으로 불린다. 15권이 정경에 포함되지 않은 까닭은 히브리어로 기록되지 않았으며 모세오경의 정신을 그대로 지니지 않았기 때문이다. 종교개혁 이후에 개신교는 얌니아 회의의 결정대로 구약 정경을 39권만 인정한다. 그러나 로마가톨릭은 트렌트 종교회의(A.D.1545)를 열어 얌니아 종교회의에서 제외된 15권 중 12권도 정경으로 인정한다.

3. **신약정경:** 예수님이 승천하신 후 복음서나 서신서가 기록되어 교회나 개인에게 전달되었고 각 교회는 이를 회람하고 필사한 후 보관하였다(골4:16). 초대교회는 처음에 구약성경 외에 다른 성경의 필요성을 느끼지 못했다. 당시에는 예수님을 목격했던 사도들과 많은 제자들이 있었고 예수님이 곧 재림하실 것이라는 기대를 갖고 있었기 때문이다. 그러나 사도들이 죽은 후 이단성을 지닌 수많은 책들이 난무하였으며 로마 황제 디오클레티아누스가 교회 문서를 불사르라는 칙령까지 내리게 되자 정경 확립의 필요성을 느끼기 시작했다. 신약성경 27권이 동시에 정경이 된 것은 아니었다. A.D.250년경에 오리겐이 정리한 신약성경과 A.D.300년경에 유세비우스가 정리한 신약성경에는 히브리서, 야고보서, 베드로후서, 요한2서와 요한3서, 유다서가 제외되었다. A.D.397년에 카르타고 회의에서 이들을 모두 포함하면서 최종 27권이 신약정경으로 확정된다. 27권이 신약의 정경이 될 수 있었던 까닭은 기록자가 사도(바울, 베드로 등)이거나 사도와 관련이 있는 사람(누가, 마가 등)이기 때문이다. 또한 교회가 그 기록을 하나님의 말씀으로 보편적으로 인정했으며 하나님의 영감으로 기록되었고(딤후3:16) 내용이 영적이라는 결론을 내렸기 때문이다. 로마가톨릭도 현재 신약성경에 있는 27권을 정경으로 인정한다.

70인역에는 구약 39권 외에 종교적 문헌 중 많이 읽은 15권을 추가로 번역하였다. 개신교는 이 15권을 정경으로 인정하지 않아 외경으로 분류하고 있으나 로마 가톨릭은 에스드라 1서, 에스드라 2서, 므낫세의 기도만 제외하고 나머지 12권을 정경으로 인정한다.

1. **토비트서**: 유대인 토비트와 그 아들 토비아를 주인공으로 하는 가정 이야기인데 신앙을 충실히 지키면 하나님이 보상해 주신다는 교훈을 주려고 여러 전승을 수집하여 편집하였다.

2. **유딧서**: 유대인 과부 유디트가 바벨론의 홀로페르네스 장군이 술 취해 잠들었을 때 그의 목을 벰으로써 바벨론 군을 무찌른 이야기다. 역사적 오류가 많아 꾸며낸 이야기로 본다.

3. **마카베오 상권**: 시리아 지역을 지배하던 셀레우코스 왕조의 에피파네스 왕의 박해에 맞서 싸우는 유다 마카베오와 요나단, 시몬의 활약을 기록하였다.

4. **마카베오 하권**: 유다 마카베오의 활약을 중심으로 기록하였다.

5. **지혜서**: 정식명칭은 솔로몬의 지혜서이지만 솔로몬이 쓴 것이 아니라 B.C.50년경 알렉산드리아의 유대인 철학자가 유대 사상과 그리스 사상을 융합하고자 쓴 것으로 본다.

6. **집회서**: B.C.180년경 율법학자로 추측되는 벤 시라가 히브리어로 기록하였다. 실제적이고 도덕적인 지침을 주기 위해 위선, 관용, 효도 등 주제별로 수록하였다.

7. **바룩서**: 바룩은 예레미야의 제자인데 바룩이 이 책을 직접 쓴 게 아니라 누군가 여러 사람들의 글을 편집한 것으로 본다. 구약성경의 예언서들을 모방하였다.

8. **예레미야의 편지**: 바룩서 6장에 있으며 바벨론에 포로로 잡혀간 유대인들이 우상숭배에 빠진 것을 질책하는 내용이다. 실제 예레미야가 기록하지 않은 것으로 본다.

9. **수산나 이야기**: 다니엘서 13장에 나온다. 수산나가 자기에게 음욕을 품은 두 장로에게 허위 고발을 당해 사형에 처해질 위기에 놓이지만 다니엘이 거짓을 밝힌다는 내용이다.

10. **아자리야의 기도와 세 청년의 노래**: 다니엘 3장에 나온다. 아자리야가 홀로 드린 기도와 세 청년이 풀무불에서 구해주신 하나님을 찬송하는 내용이다.

11. **에스더 부록**: 에스더서에 삽입되어 있다. '하나님'이라는 말을 인위적으로 삽입하였고 모르드개의 꿈과 해석, 왕의 조서, 모르드개와 에스더의 기도, 부림절의 의미 등을 추가하였다.

12. **벨과 용**: 다니엘서 부록에 있다. 다니엘이 벨 신을 경배하지 않고 용의 숭배를 타파하여 사자굴 속에 갇히지만 7일 만에 사자 굴에서 나오게 되며 대적 자들이 그곳에 던져진다.

13. **에스드라 1서**: 역대기하 일부, 에스라서 전체, 느헤미야서 일부를 요약하였다. 페르시아의 전설인 '세 위병 이야기'를 유대 상황에 맞게 고쳐서 기록하였다.

14. **에스드라 2서**: 에스라 묵시록이라고도 하나 이름 없는 유대인이 기록한 것으로 본다.

15. **므낫세의 기도**: 유다 왕 히스기야의 아들 므낫세가 우상을 섬긴 사실을 후회하는 내용이다.

300. 이슬람교

1. **이슬람교의 등장:** 이슬람교의 창시자 무함마드는 570년 메카에서 태어났다. 그는 열두 살 때 작은아버지를 따라 사막을 횡단하는 상인의 일원으로 시리아에 가서 유대교와 기독교를 접하게 된다. 스물다섯 살에 열다섯 살 연상인 카디자와 결혼했는데 그녀는 과부이면서 부자였다. 결혼한 뒤 15년 동안 명상과 수련의 시간을 보냈고, 40세에(610년) 메카 근처 히라 산 동굴에서 가브리엘 천사를 통해 알라로부터 계시를 받았다고 주장했다. 그러나 그가 처음부터 가브리엘 천사에게 계시를 받았다고 주장한 것이 아니었다. 성경에 하나님께서 가브리엘이라는 천사를 통해서 계시를 내렸다는 기록이 있다는 것을 알고 나중에 가브리엘의 이름을 사용한 것으로 보인다. 무함마드는 알라에게 무조건 순종하라고 강조했으며 순종을 뜻하는 동작으로 알라를 향해 몸을 굽혀 이마가 바닥에 닿도록 절하는 예배 법을 창안해 냈다.

2. **알라:** 알라는 아랍어로 신을 뜻하는 '일라흐(ilah)'에 유일함을 뜻하는 정관사 '알(al-)'을 붙인 '알 일라흐'에서 발음이 와전된 것이다. 알라는 아라비아의 민족신 중 하나였으나 이슬람교의 창시자 무함마드가 기독교에서 믿는 하나님을 차용해서 유일신이며 창조주이고 전지전능한 신으로 만들었다. 이슬람은 알라가 유대교와 기독교에서 믿는 하나님과 같다고 주장하며 아담, 노아, 아브라함, 이스마엘, 모세뿐만 아니라 예수님도 예언자 중 한 명으로 여긴다. 그들은 예수님이 하나님의 아들이라는 사실과 십자가에서 죽으신 것을 부인하면서 가장 위대한 예언자는 무함마드라고 믿는다. 아브라함이 이스마엘의 자손 곧 아랍인 가운데서 사도가 나오길 기도했는데 이 기도의 응답으로 나타난 사도가 바로 무함마드라고 믿는다. 또 아브라함은 유대교나 기독교인이 아닌 순수한 유일신을 믿는 성도였으며 아브라함이 믿었던 신앙이 바로 이슬람이었다고 주장한다. 기독교에서 구원은 예수 그리스도를 구주로 영접하여 은혜로 받는 것이라고 믿지만 이슬람은 행위로 구원을 받는다고 믿는다. 따라서 알라는 기독교에서 믿는 하나님과 무관한 것이다. 이슬람교도는 5가지 의무를 지켜야 구원을 받는다. 첫째는 알라 외에는 다른 신이 없으며 무함마드는 알라의 예언자라고 고백해야 한다. 둘째는 하루 5번 기도해야 한다. 셋째는 매년 소득의 2.5%를 기부해야 한다. 넷째는 이슬람 달력으로 9월(라마단) 한 달 동안 해가 떠 있을 때 금식해야 한다. 다섯째는 이슬람교도(아랍어로 무슬림이라고 함)는 일생에 한 번은 성지인 메카를 순례해야 한다.

3. **꾸란(코란):** 꾸란은 이슬람의 경전이다. 무함마드가 글을 몰랐기 때문에 가브리엘이 하는 말을 외웠다고 한다. 무함마드가 외운 것을 그의 추종자들이 기록하였다. 결국 꾸란은 무함마드의 추종자들이 자의적으로 해석하여 기록했을 가능성이 크다. 꾸란은 총 114장 6,220절이며 심하게 왜곡된 구약과 신약의 내용 일부와 무함마드의 계시 등으로 이루어진다.

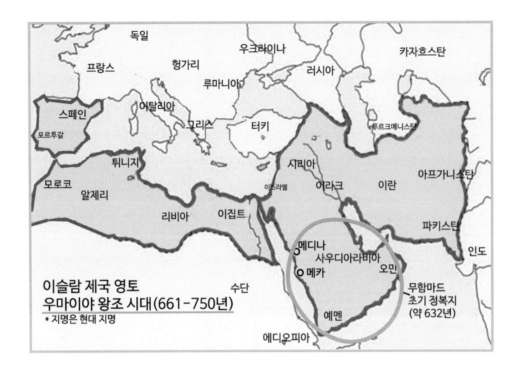

이슬람 제국 영토
우마이야 왕조 시대(661-750년)
*지명은 현대 지명

1. **메카와 메디나의 정복:** 무함마드는 처음에 메카에서 포교를 했지만 메카의 집권자인 코레이시 족의 박해로 메디나로 피신하였다(622년). 이슬람은 이 사건을 '헤지라'라고 부르며 이슬람력의 기원으로 삼는다. 메디나로 이주한 무함마드는 포교로 세력을 키웠다. 그는 메디나에서 교세를 확장해 정교일치 신정국가 체제인 움마를 건설하였다. 이슬람은 교세 확장과 생존수단의 확보를 위해 '지하드(성전)'란 이름으로 약탈전을 자행했고 마침내 메카를 점령하였다. 이슬람 신앙을 믿지 않는 적과 전쟁을 치르는 것은 지하드의 한 방법인데 성년이 된 모든 남성 이슬람교도는 지하드에 참가할 의무가 있다. 싸움에서 죽은 사람은 순교자가 되고 천국을 약속 받는다고 믿는다.

2. **정통 칼리프 시대(632-661):** 632년에 무함마드는 후계자를 정하지 않고 죽었다. 이슬람교도들은 선거로 지도자를 뽑았는데 이 지도자를 '칼리프'라고 한다. 4명의 칼리프가 제국을 통치한 시대를 정통 칼리프 시대라고 한다. 이때 아라비아 반도, 지중해 동부, 북아프리카, 이란 고원과 중앙아시아에 이르는 광대한 제국을 다스렸다. 제3대 칼리프인 우마이야 가문의 우스만이 암살당하자 무함마드의 사촌이자 사위인 알리 이븐 아비 탈리브가 제4대 칼리프로 추대되었다. 그러나 알리가 우마이야 가문의 무아위야와 권력 다툼 중에 암살당하면서 정통 칼리프 시대는 막을 내렸다. 알리의 죽음 이후 이슬람은 수니파와 시아파로 분열하였다. 수니파는 선출된 칼리프를 합법적 후계자로 인정하는 반면 시아파는 알리와 그의 직계후손만을 지도자로 인정한다.

3. **우마이야 왕조(661-750):** 우마이야 왕조의 제1대 칼리프 무아위야는 선출로 칼리프를 뽑는 전통을 무시하고 아들에게 칼리프를 세습했다. 우마이야 왕조는 710년에 북아프리카 전역을 정복하였고 711년에는 스페인 전역을 정복하여 서유럽에 이슬람을 전파했다. 우마이야 왕조는 이슬람교로 개종한 비아랍인에게 세금을 부과하는 등 차별하였다. 결국 반란군이 왕조에 불만이 많았던 피지배층과 연합하여 멸망시켰다.

4. **아바스 왕조(750-1258):** 아바스 왕조는 바그다드로 수도를 옮겼으며 750-833년까지는 제국의 명성을 높이고 세력을 강화했다. 그러나 점차 지방 왕조들의 힘이 강해지자 겨우 이름만 유지하였다. 결국 유목 민족이었던 셀주크 튀르크족 지도자에게 술탄의 칭호를 내리고 이슬람 세계를 다스리게 하였으며 칼리프는 이슬람 세계의 종교 지도자의 역할만 수행하였다. 아바스 왕조는 1258년 몽골족의 침입으로 바그다드가 함락되면서 멸망하였다.

5. **수니파와 시아파의 대립:** 전 세계 이슬람교도 가운데 수니파는 90%를 차지하고 시아파는 10% 정도이다. 수니파의 종주국은 사우디아라비아이며, 시아파의 종주국은 이란인데 지금도 예멘 내전이나 시리아 내전처럼 종파 분쟁을 계속하고 있다.

6. **이슬람 분포:** 이슬람 신자는 전 세계에 17억 명 이상이 있는 것으로 추정한다. 중동과 터키, 중앙아시아, 인도네시아, 말레이시아, 북아프리카, 방글라데시, 파키스탄, 인도, 중국 서부(신강위구르자치구), 러시아 남부, 북아프리카 지역 등에 분포한다. 동남아시아는 과거 이슬람 상인들의 활발한 무역 활동으로 이슬람 신앙을 갖게 되었다. 인도네시아는 전 세계에서 이슬람 신자 수가 가장 많은 나라이다.

7. **유럽, 미국의 이슬람:** 유럽은 2차 세계대전 후 경제를 일으키는 과정에서 해외에서 값싼 노동력을 들여오기 시작했다. 영국은 식민지였던 인도, 파키스탄, 방글라데시에서, 프랑스는 식민지였던 모로코, 알제리, 튀니지에서 이슬람 이민자들이 들어왔다. 독일은 1차 세계대전 당시 동맹국이었던 터키에서 이슬람 이민자들이 많이 왔다. 현재도 이슬람 이민자들과 난민들이 유럽으로 들어가고 있으며 터키가 유럽연합에 가입할 경우 더욱 증가할 것으로 예상한다. 특히 이슬람은 다산하며 일부다처제를 허용하기 때문에 출산율이 떨어지고 있는 유럽에서 이슬람의 인구 비율은 계속 증가할 것이다. 미국의 흑인들도 이슬람교를 믿는 사람들이 생기면서 '블랙모슬렘'이란 단체를 만들어 종교 활동을 한다.

8. **한국의 이슬람:** 한국은 한국전쟁 당시 터키군의 선교 활동, 동남아시아 출신의 외국인 노동자의 유입, 한국 여성과 결혼 등으로 점차 이슬람 인구가 증가 추세이다. 그리고 유학생 및 결혼 이민 등 합법적인 지위를 가진 이주 이슬람교도의 수도 증가하고 있다.

1. **광야의 수도자:** 기독교가 로마 국교로 공인된 후 교회는 정치권과 결탁하여 점점 타락의 길고 접어든다. 신앙의 자유는 많은 사람들을 교회로 불러들였지만 점점 교회가 세속화되자 광야로 나가 은둔하며 수도생활을 하는 사람이 생겨났다. 최초의 수도자인 안토니는 250년경 이집트의 한 촌락에서 태어났다. 그는 부유한 환경에서 자랐지만 "네게 있는 것을 다 팔아 가난한 자들에게 주라. 그리하면 하늘에서 보화가 네게 있으리라. 그리고 와서 나를 따르라"(막10:21)는 말씀을 듣고 감동을 받아 자기 재산을 나누어 주고 광야에서 살았다. 후에 그를 따르는 사람들이 늘어났다. 그들의 주된 일상은 기도, 명상, 성경 읽기 등이었다. 그들은 금욕주의와 엄격한 신앙생활을 실행하였다. 대부분 수도자들은 한 곳에 머물며 살았는데 가정생활을 포기하고 독신을 고집하는 극단적인 모습을 보이기도 하였다.

2. **수도원 공동체:** 파고미우스는 수도사의 극단적인 모습에 반대하며 325년에 수도사들의 공동체를 세웠다. 그들은 거룩한 공동체에 속했다고 생각했으며 수도원 규칙을 준수하고 규범을 지키는 것을 중요하게 여겼다. 수도원이 갖고 있는 소유물은 그리스도의 재산이라고 생각했기 때문에 개인의 소유는 전혀 없었고 기본적인 삶에 필요한 것은 수도원에서 해결하였다. 수도사들은 청빈, 순결, 순종의 서약을 했다.

3. **서방 수도원운동:** 베네딕트는 520년경에 로마와 나폴리 사이에 있는 몬테카시노에 수도원을 세웠다. 베네딕트 수도원은 수사들의 생활을 엄격히 규제했으며 사소한 것도 소유할 수 없었다. 공적기도, 독서와 명상, 하루 6-7시간의 노동, 사회봉사 등의 계율을 준수하며 정해진 일과에 따라 생활했다. 베네딕트 수도원의 영향으로 수도원 운동이 개인의 구원문제에서 사회봉사, 교육, 선교 등 사회적 문제로 확대되었다. 콜룸바누스는 유럽 전역을 순회하며 켈트 수도원을 세웠는데 이 수도원들은 후대에 베네딕트 규범을 기준으로 채택했다. 8세기에서 13세기까지 수도원은 중세 유럽의 사회, 문화, 역사에 많은 영향을 주었다.

4. **수녀원:** 수도원 운동에는 여성도 참여하였다. 특히 왕족이나 귀족 여성들은 수도원을 지원하거나 스스로 수녀원을 세우고 수녀원장이 되기도 하였다. 수녀원은 남성이 지배하는 가정이나 사회와 달리 여성의 주체적이고 자율적인 공동체였다.

5. **종교개혁 후:** 헌금으로 점차 많은 재산을 갖게 되면서 부패한 수도원들이 늘어났다. 로마가톨릭이 수도원을 그 지역의 정보를 얻을 수 있는 수단으로 삼으면서 수도원은 로마가톨릭의 첩보원 역할로 전락하기도 했다. 특히 수도원은 은혜가 아닌 인간의 의지와 노력으로 구원을 성취하려는 경향이 있었기 때문에 종교개혁자들은 수도원을 배척하였고 종교개혁에 동조하는 영주와 시의회는 수도원을 폐쇄하기도 했다.

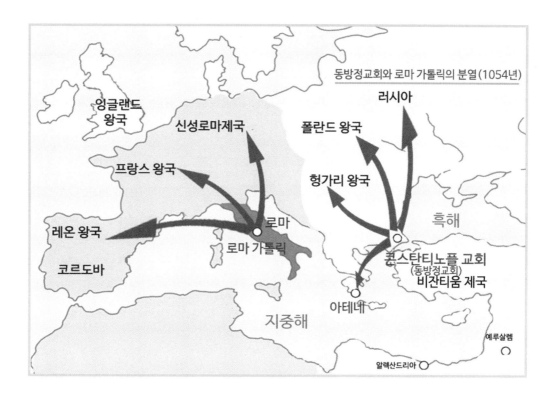

1. **동방정교회**: 정교회란 정통교회의 줄임말로 정통교리를 수호하는 진정한 교회라는 자부심에서 나온 말이다. 로마를 중심으로 유럽 동쪽인 그리스, 불가리아, 폴란드, 러시아, 체코 등에 주로 분포한다. 1054년 로마가톨릭과 분열한 후 주로 슬라브 민족에게 선교하며 교세를 확장하였다. 현재는 4개 총대주교청(콘스탄티노플, 알렉산드리아, 안디오키아, 예루살렘)과 국가별로 10개의 독립교회(그리스 정교회, 러시아 정교회, 우크라이나 정교회, 폴란드 정교회 등)가 있다. 수장은 각 교회 총대주교와 대주교이다.

2. **로마가톨릭**: 로마 바티칸 교황청의 지휘를 받기 때문에 로마가톨릭이라고 한다. 가톨릭이란 교리가 어디에나 누구에게나 보편적으로 두루 통한다는 뜻이다. 당시 로마가톨릭의 영향력은 서유럽의 이탈리아, 프랑스, 스페인, 포르투갈 등에 미쳤다. 수장은 로마교회 대주교이며 교황이라고도 한다.

3. **분열의 이유**: 로마 제국이 분열되기 전부터 로마의 대주교와 콘스탄티노플의 대주교 사이에 주도권 싸움이 심하였다. 교회 분열의 직접적인 원인은 성화와 성상 숭배 문제이다. 동방정교회는 성화와 성상 숭배를 우상숭배로 간주하고 금지하였다. 로마가톨릭은 성화와 성상 숭배는 신앙의 한 형태이므로 문제없다고 보았고 마리아와 교황의 무오설(교황은 오류가 없다)까지 주장하였다. 로마가톨릭은 모든 성직자에게 독신을 요구했지만 동방정교회는 고위 성직자를 제외한 일반 사제에게 결혼을 허락하였다. 결국 극한 대립 속에 로마의 대주교(교황)와 콘스탄티노플의 대주교는 서로를 파문하였고 1054년 완전히 분열하였다.

1. 생성: 로마가톨릭은 기독교가 로마의 국교가 되는 과정에서 태어난 신생 종교로서 바벨론으로부터 내려오는 태양신 숭배, 모자 숭배와 성인 숭배, 기독교의 삼위일체까지 모두 혼합한 다신교이다. 하나님을 대적하여 바벨탑을 쌓도록 했던 니므롯이 죽은 후에 그의 아내인 세미라미스는 니므롯이 태양신이 되었으며 자기 아들 담무스가 태양신 니므롯의 환생이라고 주장했다. 이에 바벨론 곳곳에 세미라미스가 담무스를 안고 있는 기념비들을 세웠고 태양신을 상징하는 각종 형상들을 세웠으며 바벨론의 우상숭배가 여러 나라에 확산하였다.

2. 태양신 숭배: 대부분 성당 천장에 있는 둥근 원은 태양을 형상화한 것이다. 미사 때 사용하는 태양 모양의 빵과 성체, 촛불의식도 태양신 숭배의 영향을 받은 것이다.

3. 마리아 숭배: 로마가톨릭은 마리아를 '하나님의 어머니'라고 부르는데 하나님의 어머니라는 지위는 하나님보다 더 높은 위치에 있다는 말이다. 로마가톨릭은 자애로운 마리아에게 기도하는 것이 더 좋다고 가르치고 있으며 마리아가 예수님의 모친이기에 예수님은 마리아의 요청을 거절할 수 없다고 말한다. 그러나 결과적으로 하나님의 아들이시며 인류를 구원하신 예수님의 모습은 마리아의 품에 안긴 나약한 어린 아기로 만들어 버렸다. 기독교에서는 마리아는 단지 예수님을 수태하는 일에 선택을 받은 피조물에 불과하므로 숭배의 대상으로 여기지 않는다. 예수님은 성령으로 잉태되었지 마리아에 의해 잉태된 것이 아니기 때문이다.

4. 성인 숭배: 로마가톨릭은 죽은 사람 중에 순교자나 유명한 자를 성인으로 정하고 그들에게 기도하거나 기도 부탁을 한다. 특히 병이나 고통에서 도움을 얻기 위해 특별 성인들에게 기도하도록 가르친다. 예를 들어 관절염에 걸렸을 때는 성 야고보에게, 피부병에 걸렸을 때는 성 로치에게 기도하라고 한다. 그리스도와 함께 통치하는 성인들이 사람들을 위해 하나님께 기도를 올리고 있다고 믿기 때문이다. 기독교에서는 오직 예수 그리스도를 통해서만 하나님께 나아갈 수 있다고 믿기 때문에 성인들에게 기도하지 않는다.

5. 십계명: 로마가톨릭은 우상을 숭배하지 말라는 십계명의 제2계명을 삭제하였다. 제2계명을 삭제해서 십계명이 아홉 개로 줄어들었기 때문에 열 계명으로 만들기 위해 열 번째 계명을 '남의 아내를 원하지 말라'와 '남의 재물을 탐하지 말라'로 나누어 두 계명으로 만들었다.

6. 교황: 로마가톨릭은 교황이 그리스도의 대리자이며 전체 교회의 아버지로서 모든 교회 위에 완전하고 최상인 존재이고, 우주적인 힘과 항상 방해받지 않고 행사할 수 있는 권력을 가진다고 말한다. 그러나 하나님께서는 예수님 외에 그리스도의 지위를 대행할 어떤 사람도 임명하신 적이 없으시다. 그리스도의 지위를 갖기에 합당한 사람은 전에도 없었고 후에도 없다. 따라서 누구든지 그리스도의 지위와 역할을 취할 수 없으며 그것을 취하려고 하는 사람을 적그리스도로 간주한다.

7. **종교재판:** 중세 시대 로마가톨릭은 교황의 권위와 교리를 반대하고 성경을 믿는 그리스도인을 심문하기 위해 이단심문소를 설치했다. 1163년 교황 알렉산더 3세는 성경을 읽는 사람들을 이단자로 규정하였으며 이단자로 지목되면 감금하고 재산을 몰수하였다. 1233년 교황 그레고리오 9세는 도미니크 수도회를 이단 심문관으로 선임하였고 1252년 교황 인노첸시오 4세는 '박멸에 관하여'라는 조서를 내려 로마가톨릭에 반대하는 자들을 모두 화형에 처하라고 명령하였다. 로마가톨릭에 의해 이단으로 판정되면 어떠한 변호도 받을 수 없으며 혹독한 고문을 받고 종신형이나 화형을 당했다. 화형은 태양신의 진노를 달래기 위해 인간을 번제물로 바친 의식에서 나온 것이다. 로마 산마리노 공화국의 '중세 고문기구 박물관'에는 당시의 고문 기구들이 보관되어 있는데 그리스도인의 가죽을 벗기거나 대못으로 머리를 관통해서 죽이기도 했으며 처형바퀴나 아이언 메이든(여성의 형태로 만든 관 안쪽에 쇠못을 촘촘히 박아 놓은 것으로 사람을 넣고 문을 닫아버리면 쇠못들이 급소를 피해 찌르게 배치되어 있어 굉장히 고통스럽게 죽도록 만들었다) 같은 수많은 고문 도구를 이용해서 사람을 고통스럽게 죽였다. 종교재판은 교황이 권력을 유지하기 위해 500년 이상 유지하였으며 5000만 명 이상이 순교하였다.

8. **면죄부 발행:** 면죄부는 중세 말기에 교황의 이름으로 발행한 속죄 증명서이다. 교황 레오10세는 예술가들을 바티칸에 초빙해 교회를 화려하게 꾸몄다. 특히 베드로 대성당을 건축하면서 건축비 충당이 어려워지자 엄청난 양의 면죄부를 발행했다. 가톨릭 사제들은 돈을 많이 낼수록 본인과 지옥에 간 친척까지 모든 죄가 사해지고 천국을 보장받는다고 사람들을 속였다. 죄는 오직 하나님이 사하실 수 있는데(마9:2) 그들은 하나님의 역할을 했던 것이다.

9. **고해성사:** 로마가톨릭은 하나님과 화해하기를 원하는 사람은 아직 고백하지 않은 모든 죄를 사제에게 고백해야 하며, 교회에서 사죄권이라는 권위를 받은 사제는 그리스도의 이름으로 죄를 용서할 수 있다고 주장한다. 로마가톨릭은 사제가 하나님과 사람 사이의 중재자라고 가르치지만 기독교는 하나님과 사람 사이의 중재자는 오직 예수 그리스도뿐이라고 믿기 때문에(딤전2:5) 죄를 고백할 때 사람을 통하지 않고 바로 하나님께 나아간다.

10. **연옥:** 종교개혁이 일어나자 로마가톨릭은 개신교와 다른 자신들의 정체성을 확보하고 내부체제와 교리를 정비하기 위해 성경에 없는 연옥 교리를 도입했다. 연옥은 천국으로 가기에는 자격이 부족하지만 지옥으로 갈 정도의 큰 죄를 짓지 않은 죽은 자들의 영혼이 머무르는 곳이며 영혼들은 연옥에서 보내는 고통스러운 시간을 통해 이승에서의 죄를 씻고 정화된다고 주장한다. 기독교에서는 연옥은 성경에 없으며 오직 천국과 지옥만 있다고 믿는다. 구원은 개인의 공로가 아닌 오직 그리스도의 대속과 하나님의 은혜로 받기 때문이다.

1. 루터교

① 시초: 루터교는 '오직 믿음으로, 오직 은총으로, 오직 성경으로'라는 기치를 내걸고 순수복음운 동을 시작한 루터의 사상을 따르는 교파이다. 1517년 루터는 면죄부 판매를 비판하며 95개 반박문을 제시하면서 종교개혁을 시작하였다. 종교개혁은 로마가톨릭과 교황의 타락을 비판하고 그리스도교의 참된 정신으로 돌아가 교회를 개혁하려고 했던 종교 운동이다. 루터교는 독일과 북유럽으로 확산하였고 현재 스웨덴, 노르웨이, 핀란드, 덴마크, 아이슬란드, 라트비아, 에스토니아, 독일 북부와 동부 전역에서 루터교회를 국교회로 정했으며 이 지역의 70% 이상이 루터교인이다. 미국의 루터교는 주로 이민자들이 전파하였다. 1748년 미국 최초로 루터교 대회가 열렸다. 루터교는 세계 본부를 인정하지 않으나 대부분의 루터교도들은 제네바에 본부를 둔 '루터교 세계연맹'에 협력한다.

② 조직: 루터교는 개교회의 개성과 자치를 존중하는 경향이 매우 강하기 때문에 국가나 교단마다 교회제도가 다르다. 북유럽과 발트 해 연안 국가들처럼 주교제를 유지하는 곳도 있고 우리나라처럼 목사가 교회를 이끌어가는 곳도 있다. 로마가톨릭 사제와 비슷한 복장으로 예배를 인도하는 곳도 있고 정장 차림으로 예배를 인도하는 곳도 있다.

③ 교리: 인간은 자기 공로로 의인이 되는 것이 아니라 오직 믿음으로 구원을 받고 의인이 된다고 믿는다(이신칭의). 성경은 예수 그리스도에 대한 증거이며 인간에게 주신 하나님의 말씀이고 성경이 신앙과 생활의 근원과 표준이 된다고 믿는다. 루터교는 인간이 자신과 운명의 지배자로 보는 사람중심의 세계관이 아닌 창조주 하나님 중심의 세계관을 가지고 있다. 루터의 만인사제설(모든 사람이 하나님 앞에서 제사장임)을 믿기 때문에 사제를 통하지 않고 직접 하나님께 죄를 고백하면 용서받는다고 믿는다. 로마가톨릭처럼 마리아나 성인에게 기도하지는 않지만 그들을 공경의 대상으로 여기며 기념일도 지정하여 지킨다. 하나님의 말씀과 성례전을 하나님의 은혜가 전달되는 통로라고 여기기 때문에 말씀과 성만찬이 균형을 이루는 예전적 예배(정해진 규칙에 따르는 예배의식)를 드린다.

④ 한국 현황: 1832년 카를 귀츨라프 루터교 목사가 한국에서 단기 체류하며 선교활동을 했다. 그러나 쇄국 정책으로 본격적인 선교로 이어지지 못하였다. 1958년 미국의 루터교회 소속 선교사 폴 바트링 일행과 한국인 루터교 목사 지원용이 김포에 도착하여 루터교를 전하였다. 1959년 서울 YMCA 회의실을 빌려 임마누엘 교회를 설립하였다. 루터교는 세계적으로 볼 때는 교인 수가 많으나 한국에서는 다른 교파에 비해 선교가 늦었기 때문에 교회나 교인 수가 상당히 적다. 대표적인 교육기관으로 루터대학교가 있다.

2. 장로교

① 시초: 장로교는 존 낙스가 칼빈의 종교개혁을 배워 스코틀랜드에 가서 세운 교파이다. 스코틀랜드는 1560년 이후 장로교회를 국교회로 지정하고 선교활동을 하였다.

② 조직: 장로에는 말씀을 가르치는 목사와 신자들의 대표인 치리 장로가 있다. 목사와 장로로 구성된 당회와 목사, 장로, 집사 등으로 구성된 제직회, 목사와 개 교회 파송 치리 장로로 구성된 노회, 정책과 헌법을 담당하는 총회가 있다.

③ 교리: 장로교 주요 교리는 인간의 전적 타락, 무조건 선택, 제한된 속죄, 불가항력적 은혜, 성도의 견인이다. 인간의 전적 타락이란 아담의 범죄로 인한 부패가 인간의 본성 모든 부분에까지 퍼졌다는 것이다. 무조건적 선택이란 사람이 하나님을 택한 것이 아니고 하나님께서 절대 주권으로 구원 받을 자를 선택하신다는 것이다. 제한된 속죄는 그리스도는 성부하나님이 선택한 자를 구원하시려고 오셨다는 것이다. 불가항력적 은혜란 하나님께 선택받고 부름 받은 자들은 반드시 구원을 받는다는 것이다. 성도의 견인이란 성도는 구원을 얻을 때까지 하나님의 인도와 보호를 받기 때문에 구원을 잃어버리지 않는다는 것이다.

④ 한국 현황: 전 세계 장로교인의 수는 2000만 명이 안 되지만 한국의 장로교인 수는 600만 명이 넘는다. 한국에 유독 장로교인 수가 많다. 한국 최초의 장로교회이자 개신교회는 1884년에 황해도에 세워진 소래교회이다. 1884년 미국 장로교 의료 선교사 알렌이, 1885년에는 언더우드가 우리나라에 들어와서 선교활동을 했다. 1907년 한국 최초의 노회인 조선예수교장로회 노회가 창설되었다. 1938년에 공식적으로 신사참배를 가결하였으며 해방 후 1949년에 대한예수교장로회로 명칭을 변경하였다. 1952년 일제 신사참배를 거부했던 한상동, 주남선 목사 등이 고신대학교를 세우고 대한예수교장로회(고신)으로 분리하였다. 1947년 조선신학교 학생들 중 평양신학교 출신들은 김재준, 송창근 교수 등 자유주의 신학자들이 성서의 권위를 인정하지 않고 성서의 오류를 주장한다며 진정서를 냈다. 1953년에 대한예수교장로회가 성서비평학 수용 문제로 김재준 목사를 파면하였다. 1955년에 김재준 목사 측은 대한예수교장로회에서 분리하여 진보적인 성향의 한국기독교장로회를 만들었으며 학교 이름도 한국신학대학으로 변경하였다. 1959년에 대한예수교장로회는 WCC(세계교회협의회) 가입 문제로 WCC에 찬성하는 통합과 반대하는 합동으로 분리되었다. 합동은 다시 호남과 황해도 출신을 중심으로 한 총회 비주류가 총신대학교의 정통성을 부인하면서 대한예수교장로회(백석)으로 분리하였으며 백석대학교를 설립하였다. 대한예수교장로회(백석)은 2015년 대한예수교장로회(대신)과 통합하였으나 대신 측의 일부 교회는 그대로 남아서 대한예수교장로회(대신)을 유지하고 있다.

3. 감리교

① 시초: 영국국교회(성공회) 사제였던 존 웨슬리는 1729년 신성클럽(Holy Club)을 만들어 엄격한 규율을 지키며 사회봉사 활동에 힘을 썼다. 영국국교회가 그의 복음주의 운동을 방해하자 웨슬리는 1747년에는 아일랜드, 1751년에는 스코틀랜드로 가서 설교하였다. 1760년에는 북미에 선교사를 파송하였으며 그 결과 1784년에 미국에서 감리교회가 조직되었다.

② 조직: 총회에서 투표로 선출된 감독을 중심으로 중앙집권으로 운영한다. 감독은 교회 전반 사업을 총괄하고 감리사, 목사, 전도사를 임명한다. 평신도는 피선거권이나 선거권이 없다.

③ 교리: 감리교 주요 교리는 선행하는 은총, 조건적 선택, 만인사제론, 거부할 수 있는 은혜, 타락의 가능성이다. 선행하는 은총이란 인간은 타락했지만 양심과 자유의지가 부분적으로 회복되었다는 것이다. 감리교는 인간의 자유의지를 중요하게 생각한다. 조건적 선택이란 개인의 자유의지에 따라 믿으면 선택 받고 구원 받지만 믿지 않으면 정죄 받고 멸망한다는 것이다. 만인사제론이란 그리스도는 만인의 속죄를 위해 죽으셨으나 속죄의 은혜를 믿는 자들만이 구원 받는다는 것이다. 거부할 수 있는 은혜란 모든 사람에게 부여한 자유의지로 은혜를 받아들일 수도 거부할 수도 있다는 것이다. 타락의 가능성이란 선택된 성도라도 타락의 가능성이 있으므로 두렵고 떨림으로 계속 성화로 구원을 이루어 가야 한다는 것이다.

④ 한국 현황: 1885년 미국 감리교 선교사인 아펜젤러가 우리나라에 들어와 선교활동을 시작했다. 일제 강점기에는 을사조약 체결 이후 민족운동의 중심적 역할을 담당했다. 일제로부터 심한 탄압을 받아 1940년 말에는 모든 선교사들이 추방되기도 하였다. 해방 후 교회분열의 위기가 있었으나 잘 극복하였다. 1955년에 두 명의 여성이 한국 개신교 최초로 목사 안수를 받았다. 감리교는 특히 교육에 관심을 기울여 감리교신학대학교, 협성대학교, 목원대학교, 이화여자대학교, 배재대학교 등을 세웠다. 조직은 최고의결기관인 총회와 그 아래 연회, 지방회를 구성한다. 매년 총회를 열어 연회 산하의 선교정책을 결정한다.

4. 구세군

① 시초: 1865년 감리교 목사 윌리엄 부스가 런던의 빈민가에서 선교와 사회봉사를 했다. 1878년 '세상을 구원하는 군대'라는 뜻의 '구세군'으로 부르게 되었다. 교회로부터 소외된 계층을 대상으로 봉사와 선교활동을 펼치며 100여 개국에서 활동하고 있다. 구세군 자선냄비는 1891년 샌프란시스코에서 재난으로 피해를 입은 난민과 빈민을 돕기 위해 시작하였다.

② 조직: 구세군은 군대식 조직이다. 복장이나 직분도 군대식이며 공격적인 노방전도를 한다.

③ 교리: 구세군 교리는 감리교와 비슷하다. 모든 회원은 하나님의 은혜로 구원 받은 것을 고백하고 전도할 것을 서약한다. 또 금주와 금연을 실시하며 아이와 여자의 권리를 존중한다.

5. 침례교

① 시초: 침례교는 다른 교파와 달리 시작한 시기와 창시자를 알 수 없다. 1612년경 영국 런던에서 유아세례를 부정하고 신앙고백을 근거로 신자의 자발적 침례를 주장하면서 침례교회를 세웠다. 미국의 침례교는 종교의 자유를 찾아 영국에서 건너온 침례교도들이 1639년에 세웠다. 미국의 침례교는 18세기 대각성운동 이후 급속도로 성장했으나 노예제도에 대한 찬반 갈등으로 1845년에 남침례교와 북침례교로 분열하였다. 20세기에 들어와서 남침례교는 괄목할 만한 성장을 이루어 단일교파로는 개신교 중 세계에서 제일 큰 교파로 성장했으며 가장 많은 해외선교사를 파송한다.

② 조직: 침례교는 철저한 개교회주의(個敎會主義)를 지향한다. 개교회주의란 지역교회가 인사, 재정, 행정 등에서 상부 조직의 지시나 간섭을 받지 않고 독립적으로 활동하는 것이다. 따라서 침례교회 중에 교파에 속하지 않는 독립적이고 자치적인 침례교회가 많이 있다. 개교회가 모인 지방연합회와 지방연합회가 모인 총회가 있기는 하지만 수직적인 관계가 아니라 상호협동의 관계이다. 침례교는 회중제도라는 민주적인 형태를 지니고 있기 때문에 목회자와 평신도는 기본적으로 동등한 권한을 가진다. 목사와 집사라는 직분이 있기는 하지만 이러한 직분은 계급이 아니라 어디까지나 역할 분담을 위한 직분으로 이해한다.

③ 교리: 침례교는 다른 교파와는 달리 물속에 몸을 모두 담그는 침례를 행한다. 예수님이 침례를 받으라고 말씀하셨고 직접 침례를 받으셨기 때문이다. 침례는 예수님을 구주로 영접하고 스스로 침례를 받겠다고 한 사람에게만 행한다. 침례교는 모태교인을 인정하지 않으며 어린아이는 자기의 믿음을 보여줄 수 없으므로 유아세례(침례)를 거부한다. 침례교는 성경에 무한정의 권위를 부여하며 성경무오설을 지지하지만 개개인의 자유로운 해석을 인정한다. 즉 신도 개개인은 모두 제사장의 지위를 가지기 때문에 누구나 자신의 양심에 따라 성경을 해석할 수 있고 과학과 교육으로 새로운 해석이 가능할 때는 수정할 수도 있다는 입장이다.

④ 한국 현황: 1889년 한국에 온 캐나다의 독립선교사 펜윅의 선교활동으로 31개 교회가 개척되었다. 1906년 충청남도 강경에서 교인들을 모아 대회를 열고 '대한기독교회'를 조직하였다. 1936년 펜윅이 사망한 후에 일제의 가혹한 교회 탄압으로 많은 순교자가 나왔다. 1949년 교단 명칭을 '대한기독교 침례회'로 변경하였다. 1950년 미국 남침례교 선교사 아버나티 부부가 내한하면서 선교 사업이 활기를 띠기 시작했다. 1976년 기독교한국침례회로 변경하였다. 1951년 부산 침례병원을 개설하였고, 1954년에는 대전침례신학대학을 설립했다.

6. 성결교

① 시초: 감리교 창시자 존 웨슬리가 추구한 성화와 그리스도인의 완전을 강조하면서 19세기 말 미국에서 형성한 교파이다. 20세기 초 미국에서 활발하게 전개한 성결운동과 맥을 같이한다. 1901년 일본에서 동양선교회가 조직되었는데 이것이 한국 성결운동의 모체가 되었다.

② 조직: 목사, 장로, 전도사, 전도인, 집사가 있다. 개별 교회는 목사와 장로로 구성된 당회, 직원으로 구성된 직원회, 교회 신자로 구성된 사무총회가 있어서 교회 문제를 의결한다. 사무총회에서 장로, 집사 등을 선출하고 예산 및 결산 업무를 처리한다.

③ 교리: 다른 기독교 교파와 교리는 유사하나 중생, 성결, 신유, 재림의 사중복음을 특히 강조한다. 중생은 성령으로 다시 태어난다는 뜻이다. 성결은 성령의 불세례로 속사람이 깨끗하게 되며 하나님의 성품을 닮아 성결한 삶을 살아가는 것이다. 신유는 심령의 치유와 질병의 치료를 말한다. 재림은 주님께서 다시 오실 것을 믿는 것이다.

④ 한국 현황: 1901년 일본 동경에서 동양선교회가 조직되어 개인선교와 노방선교를 하였다. 동양선교회 성서학원을 졸업한 김상준과 정빈이 1907년 서울에 동양선교회복음전도관을 세웠다. 1921년 전국 33개의 교회와 기도처를 통괄할 '조선예수교동양선교회성결교회'라는 교단을 형성하였다. 1940년에 일제가 선교사들을 강제 추방했으며 1943년에는 교회를 해산시켰다. 광복이 되자 1945년 재건총회가 소집되어 '기독교대한성결교회'로 바꾸고 경성신학교를 서울신학교로 개칭하였다. 서울신학교는 1992년 서울신학대학교로 교명을 다시 변경했다. 에큐메니컬운동을 둘러싸고 교회가 양분되어 1961년 '예수교대한성결교회'가 생겨났고 예수교대한성결교회는 국제기독교연합회(ICCC)에 가입하였으며 성결대학교를 설립하였다.

7. 오순절 교회

① 시초: 1914년 미국 스프링필드에서 조직되었으며 성령님이 오순절에 임할 때 성령 충만함을 받고 방언을 한 사건이 지금도 재현될 수 있다고 믿는다. 한국에서는 순복음교회로 불린다.

② 조직: 각 교회에는 목사가 있고 각 구역에는 노회가 있어 목사를 임명한다. 교직자들은 정기적으로 총회에 모여 일반 사무원을 선정하고 교리의 표준을 규정하며 발전책을 협의한다. 선교사업은 중앙선교위원회의 지휘 아래 진행한다.

③ 교리: 성령론을 비중 있게 다루며 성령 체험을 중시하여 성령세례와 방언, 신유 등의 은사를 강조한다. 성령 세례를 받은 후에는 방언의 은사를 받는다고 믿는다.

1. **야곱 가족의 이집트 이주**(B.C.1876): 야곱과 가족들이 가뭄을 피해 이집트로 이주하였다.

2. **이집트 탈출**(B.C.1446): 모세가 이스라엘 백성을 이끌고 이집트를 탈출하였다.

3. **가나안 정복 시작**(B.C.1405): 여호수아의 지도로 가나안 땅 정복이 시작되었다.

4. **통일왕국 시대**(B.C.1050-930): 초대 왕 사울과 다윗, 솔로몬이 통일왕국을 이끌었다.

5. **왕국의 분열**(B.C.930): 르호보암 왕 때 북이스라엘과 남유다로 분열되었다.

6. **북이스라엘의 멸망**(B.C.722): 북이스라엘이 앗수르에 멸망당했다.

7. **남유다 멸망**(B.C.586): 남유다가 바벨론에 멸망당하고 백성들이 포로로 끌려갔다.

8. **바벨론 지배**(B.C.586-539): 유대인들이 바벨론의 지배를 받았다.

9. **페르시아 지배**(B.C.539-330): 바벨론이 페르시아에 멸망당하면서 유대인들은 페르시아의 지배를 받았다.

10. **포로귀환**(B.C.537-445): 페르시아 고레스가 유대인들이 고국으로 돌아가는 것을 허락했다.

11. **알렉산더 제국의 지배**(B.C.330-301): 알렉산더의 헬라제국이 페르시아를 멸망시켰다.

12. **프톨레마이오스 왕조 지배**(B.C.301-200): 알렉산더가 죽고 제국이 부하들에 의해 분할되었다. 이스라엘 땅은 이집트의 프톨레마이오스 왕조가 다스렸다.

13. **셀레우코스 왕조 지배**(B.C.200-142): 헬라제국 중 시리아의 셀레우코스 왕조가 프톨레마이오스의 힘을 누르고 이스라엘을 지배하였다.

14. **마카베오 혁명**(B.C.167-142): 셀레우코스 왕조의 안티오쿠스 4세 에피파네스가 성전을 모독하고 유대인들을 탄압하자 셀레우코스 왕조에 대항하여 유대 혁명이 일어났다.

15. **하스몬 왕조 시대**(B.C.142-63): 유대 혁명이 성공하여 유대는 잠시나마 독립을 유지했다.

16. **로마 제국 지배**(B.C.63-A.D.395): 하스몬 왕조의 왕위 다툼에 로마가 개입하였다. 처음에는 로마를 이용하여 서로 왕위를 차지하려고 했으나 도리어 로마의 지배를 받게 되었다. 로마의 지배를 견디다 못한 유대인들이 항거했으나 A.D.70년에 로마는 예루살렘을 함락하고 유대인들을 노예로 팔아버렸다.

17. **동로마 제국 지배**(A.D.395-636): 로마 제국은 동로마 제국(비잔틴 제국)과 서로마 제국으로 분열되었으며 이스라엘 땅은 동로마 제국이 지배하였다. 유대인은 성전 파괴를 애도하기 위해 일년 중 하루만 예루살렘에 들어갈 수 있었다.

18. **이슬람 세력 지배**(A.D.636-1516): 636년에 동로마 제국이 야르무크 전투에서 이슬람 제국에게 패배하여 이스라엘 지역에 대한 지배권이 이슬람에 넘어갔다. 이슬람의 정복 이후 이스라엘 땅에 살던 많은 사람들이 이슬람교로 개종해 오늘날의 팔레스타인이 되었다.

19. **오스만 제국 지배**(A.D.1516-1917): 오스만 튀르크 제국은 셀주크 투르크의 후예로 비잔틴 제국을 멸망시킨 이슬람 제국이다. 오스만 제국은 현재 터키 땅을 중심으로 동유럽과 오리엔트 지역을 500년 동안 지배했다. 그러나 세계 제1차 대전 때 독일 편에서 싸우다 패전국이 되어 영토 대부분을 상실하고 소아시아와 유럽의 일부만 남게 된다. 결국 혁명이 일어나 오스만 제국은 붕괴되었고 터키 공화국이 수립되었다. 오스만 제국은 유대인에 대해 비교적 호의적이었다.

20. **영국 지배**(A.D.1918-1948): 제1차 세계대전에서 승리한 영국과 프랑스는 1916년 비밀 조약인 사이크스-피코 협정을 맺어 헤르몬 산에서 서쪽 해안까지 이어지는 경계선을 중심으로 아랍 지역을 분할하기로 했다. 경계선 북쪽 지역은 프랑스가 지배하고 남쪽 지역은 영국이 지배했으며 팔레스타인(지중해와 요르단 강 사이의 땅과 그 인근 지역을 일컫는 지명으로 블레셋에서 유래하였다)은 공동 관리했다. 영국은 이미 1915년 맥마흔선언을 통해 전후 아랍인의 독립 국가 건설을 지지한다고 약속하였다. 그러나 1917년 전쟁 중 유대인의 협력을 얻기 위해 유대인들이 팔레스타인에 민족국가를 수립하는 데 동의한다는 밸푸어 선언을 하였다. 이렇게 모순된 영국의 태도가 이스라엘 건국 후에 이스라엘과 아랍국 간에 중동전쟁을 일으키게 하였다. 영국은 팔레스타인 문제를 유엔에 넘겼고 1947년 유엔은 팔레스타인을 유대인 지역과 아랍인 지역으로 나누기로 결정했다. 팔레스타인에 살던 아랍인들은 유엔의 결정에 반대했으며 주변의 아랍 국가들 역시 반대하고 나섰다.

21. **이스라엘 건국**(A.D.1948): 유엔의 결정에 따라 1948년 이스라엘이 건국되었다. 아랍 국가들은 즉시 반발하여 이스라엘에 선전포고를 했고 이집트, 요르단, 이라크, 레바논, 시리아 등이 이스라엘을 공격하는 1차 중동전쟁(1948년)이 일어났다. 이스라엘이 절대적인 열세였으나 국민들의 분투와 미국의 지원, 아랍 국가 내의 불화로 승리하였다. 전쟁의 승리로 이스라엘의 영토는 팔레스타인 지역의 56%에서 80%로 늘어났다. 이어서 1956년에 일어난 2차 중동전쟁과 1967년 3차 중동전쟁, 1974년 4차 중동전쟁에서도 이스라엘은 승리하여 영토를 확장했다. 전쟁과 이스라엘의 영토 확장으로 팔레스타인 난민이 급증하면서 팔레스타인 해방 기구(PLO)의 활동이 더욱 활발하였다. 아랍연합국들은 연이은 중동전쟁의 패배로 더 이상 이스라엘과 군사적 대결은 피하고 있다. 이후 아랍과 이스라엘 사이에 평화를 위한 노력이 있었으나 평화협정을 주도했던 이집트의 안와르 사다트 대통령과 이스라엘의 이츠하크 라빈 총리가 극우파들에게 암살되기도 했다.

1. **이스라엘의 멸망:** 북이스라엘은 B.C.722년에 앗수르에, 남유다는 B.C.586년에 바벨론에 멸망당했다.

2. **바벨론 포로 귀환:** 바벨론에 포로로 잡혀간 유대인들은 B.C.537년부터 B.C.445년까지 3차에 걸쳐서 예루살렘으로 귀환한다.

3. **예루살렘 파괴:** 유대인들이 로마에 항거하자 로마는 A.D.70년에 예루살렘을 파괴하였다.

4. **이스라엘 건국:** 유엔의 결정에 따라 1948년 이스라엘이 건국되었다. 이는 하나님께서 유대인들이 어디에 있든지 다시 모으고 데려오신다는 약속을 지키신 것이다(신30:4).

5. **이스라엘의 회복 과정:** 이스라엘이 회복되려면 이방인들의 충만함이 차야 한다. 그 전까지는 이스라엘은 완고하여서 예수님을 영접하지 않는다(롬11:25). 이방인들의 충만함이 차는 때는 전 세계에 복음이 전파되고 성경이 보급되며 영적 성숙이 정점에 이를 때이다. 이방인들이 예수님을 영접하여 휴거된 것을 보고 유대인들은 질투를 느낀다(롬10:19). 하나님께서는 유대인들의 고집을 꺾고 예수님을 믿도록 대 환난을 겪게 하신다. 그때 겪는 고통은 너무 커서 야곱의 고난의 때라고 한다(렘30:5-7). 대 환난 때 하나님께서는 유대인들에게 은혜와 간구의 영을 부어주신다. 그러면 그들은 자신들이 핍박하고 무시했던 예수님을 믿게 되고 메시아를 죽인 죄를 심히 통회할 것이다(슥12:10). 하나님께서는 유대인들에게 한마음을 주실 것이며 새 영을 넣어 주신다. 유대인들의 돌 같은 마음이 제거되고 살 같은 마음이 되어 다시 하나님의 백성이 된다(겔11:18-20). 하나님께서는 유대인들을 회심시키기 위해 대 환난 때 유대인 청년 중 144,000명을 선택하여 복음을 전하게 하신다(계7:1-8). 또 두 증인을 통해서 많은 이적을 보여 주셔서 예수님을 영접하도록 한다(계11:1-13). 그때 유대인들은 하나님께서 자기를 치셨으나 싸매어 주실 것이며, 이틀 후에 하나님께서 자기들을 살리시고 셋째 날에 자기들을 일으키실 것이라는 말씀을 깨닫게 된다(호6:1-2). 이틀 후는 예수님의 초림 후 이천 년 동안 계속된 교회시대를 말한다. 교회시대가 끝나고 셋째 날인 천년왕국이 되면 유대인들이 회복되는 것이다. 대 환난이 끝나면 뼈들이 다시 살아나듯이 하나님께서는 유대인들의 무덤을 열어서 그들을 부활시키신다(겔37:1-14). 그리고 예수님께서 천년왕국 통치를 시작하실 때 이스라엘을 회복시켜 사방에 흩어진 유대인들을 모으실 것이다(사11:10-12). 천년왕국에서 유대인들은 황폐한 성읍들을 세우고 다시는 그곳에서 쫓겨나지 않을 것이다(암9:14-15). 하나님께서는 이스라엘과 언약을 맺으시고 그들을 하나님의 백성으로 삼으시며 이스라엘의 죄악을 용서하시고 더 이상 기억하지 않으신다(렘31:33-34).

6. **이스라엘이 회복되는 까닭:** 하나님께서 이스라엘을 회복시키시는 까닭은 이스라엘을 위해서가 아니라 그들로 인해 더럽혀진 하나님의 이름을 거룩하게 하기 위해서다(겔36:21-24).

1. 천년왕국이란? 예수 그리스도가 재림하여 천 년 동안 다스리는 왕국을 말한다.

2. 천년왕국 근거: 요한계시록에 보면 예수를 증언했다는 이유로 순교한 사람, 하나님의 말씀 때문에 순교한 사람, 짐승과 우상에게 경배하지 않고 그들의 이마와 손에 그의 표를 받지 않은 사람들이 살아서 그리스도와 함께 천 년 동안 통치한다고 기록되어 있다. 그때 사탄을 천 년 동안 결박하여 미혹하지 못하게 한다(계20:1-4).

3. 천년왕국 해석: 천년왕국의 해석 방법에 따라 전천년설, 후천년설, 무천년설로 구분한다.

4. 전천년설: 천년왕국을 문자 그대로 예수님이 이 땅에서 천 년 동안 다스리실 왕국으로 믿는다. 천년왕국이 도래하기 전에 예수님의 재림이 이루어지기 때문에 전천년설이라고 한다. 전천년설은 교회(성도)가 대 환난을 통과한다는 역사적 전천년설과 통과하지 않는다는 세대주의적 전천년설로 구분한다. 세대주의적 전천년설에 따른 종말의 순서는 예수님의 공중 재림 → 성도의 부활과 휴거 → 천국에서 어린 양의 혼인 잔치 → 이 땅에는 휴거되지 못한 자들을 위한 복음 전파와 이스라엘의 회심 → 7년 대 환난과 적그리스도의 출현 → 사탄이 천 년 동안 결박당함 → 그리스도의 지상 재림 → 천년왕국 건설 → 천년왕국이 끝나고 사탄이 풀려남 → 곡과 마곡의 전쟁 → 사탄의 멸망 → 악인의 부활과 백 보좌 심판 → 새 하늘과 새 땅의 완성 순이다.

5. 후천년설: 천년왕국은 예수님이 이 땅에서 천 년 동안 다스리는 왕국이 아니라 신약시대 종말에 악이 감소하고 복음이 확장되어 교회가 천 년 동안 부흥하는 이상적인 세계를 말한다. 천년왕국이 도래한 후에 예수님이 재림하시기 때문에 후천년설이라고 한다. 사탄이 천년 동안 결박당해 세상을 미혹하지 못하기 때문에 이 땅에 복음의 황금시대(천년왕국)가 도래하며 이후에 예수님이 재림하신다고 믿는다. 종말의 순서는 사탄이 천 년 동안 결박당함 → 복음의 점진적인 향상 → 천년 왕국 → 배교와 대 환난 → 그리스도의 재림 → 대 부활 → 대 심판 → 새 하늘과 새 땅의 완성 순이다. 그러나 지금 시대를 보면 악은 여전히 만연하고 복음은 후퇴하고 있다. 예수님이 재림하시기 전에는 인간은 천년왕국을 만들 수 없다.

6. 무천년설: 실제 천년왕국은 없으며 예수님의 초림과 재림 사이를 완전한 기간으로 보고 이 기간이 천년왕국을 상징하는 것이라고 믿는다. 종말의 순서는 예수님의 초림으로 시작된 천년왕국 시대 → 배교와 대 환난 → 그리스도의 재림 → 대 부활과 성도의 휴거 → 대 심판 → 새 하늘과 새 땅의 완성 순이다. 성경에 분명히 예수님께서 천 년 동안 다스릴 것이라고 말씀하셨는데 인간이 자의적으로 그것을 상징적인 숫자라고 무시해 버리면 안 된다.

교회시대 이후에 이루어질 일들

전천년설에 근거하여 교회시대 이후에 이루어질 일들을 정리해보면 다음과 같다. 예수님께서는 십자가에서 죽으셔서 우리 죄를 대속하신 후 부활하셨다. 예수님을 구주로 마음에 영접하면 행위와 상관없이 하나님의 은혜로 구원 받게 된다. 이 시대가 교회시대이다. 교회시대가 끝나면 예수님께서는 호령과 천사장의 음성과 하나님의 나팔 소리와 함께 하늘로부터 친히 내려오신다. 그때 그리스도 안에 죽은 자들과 살아남아 있는 자들은 모두 구름 속으로 끌려 올라간다(살전4:16-17). 이것이 예수님의 공중 재림이며 성도들의 휴거이다. 휴거는 끌려 올라간다는 뜻이다. 이제 지상에는 그리스도 인이 남아 있지 않게 된다.

휴거 된 그리스도인들은 그리스도의 심판석을 거친다(고후5:10). 지상에서는 7년 동안 창세 이후로 없었던 대 환난이 일어난다(단9:27, 계6:16-17). 대 환난이 끝난 후 예수님께서는 그리스도인들과 지상으로 재림하셔서 환난 기간에 남아 있는 자들 중 믿음을 잃은 자들은 지옥으로 보내고 믿음을 지킨 자들(적그리스도에게 표를 받지 않은 자들)만 천년왕국에 들어가도록 하신다(계20:4). 이때 사탄은 천년 동안 결박당한다(계20:3). 천년왕국이 끝난 후 사탄을 잠깐 풀어준다(계20:7). 사탄을 풀어주는 까닭은 천년왕국 기간 동안 태어난 자들 중에 하나님께 대적하는 자들을 가려내기 위해서다. 잠시 풀려난 사탄은 땅의 사방 백성들을 미혹하고 싸움을 붙이는데 그 수가 바다의 모래 같다. 하지만 하늘에서 불이 내려와 그들을 태워버리고 그들을 미혹하는 마귀도 불과 유황 못에 영원히 던져진다(계20:8-10).

사탄과 천국왕국이 끝난 시점에 생겨난 사탄의 추종자들이 모두 지옥에 던져진 후 백 보좌 심판이 있다. 죽은 자들이 큰 자나 작은 자나 그 보좌 앞에 선다. 그들은 자기 행위에 따라 심판을 받는다. 생명책에 기록되지 못한 자들이 불 못에 던져진다(계20:12-15).

백 보좌 심판 후에 처음 하늘과 처음 땅 그리고 바다도 없어지고 거룩한 성 새 예루살렘이 하나님께로부터 하늘에서 내려온다. 구원받은 자들이 이곳에서 영원히 살게 된다(계21:1-2).

317. 휴거

1. 휴거의 뜻: 휴거는 예수님이 공중에 재림하실 때 그리스도인이 하늘로 들려 올라가는 것을 말한다.

2. 휴거 근거: 예수님께서는 호령과 천사장의 소리와 하나님의 나팔 소리로 친히 하늘로부터 강림하실 것이다. 그때 죽은 그리스도인들이 먼저 일어나고 그 후에 살아 있는 그리스도인들이 먼저 일어난 자들과 함께 구름 속으로 들려 공중에서 주를 영접할 것이다(살전4:16-17). 사도 요한은 직접 휴거를 경험한 사람이다. 요한은 하늘 문이 열리는 것을 보았고 자기에게 올라오라는 나팔 소리 같은 음성을 들었다(계4:1).

3. 휴거 대상과 순서: 휴거 때 이미 죽은 그리스도인이 먼저 부활한다. 그리스도인이 죽으면 혼이 먼저 천국에 간다. 그리고 몸은 휴거 때 부활한다. 다음에 살아남아 있는 그리스도인이 휴거되는데 그들의 몸도 영화롭게 변화된다(살전4:14-17, 고전15:51-54). 휴거된 그리스도인은 그리스도의 심판석을 통과한 후 몸과 혼과 영이 온전해진다(살전5:23).

4. 공중 재림: 휴거된 그리스도인들은 하늘로 가기 전에 공중에서 주를 만난다. 예수님이 그리스도인들을 만나기 위해 친히 하늘로부터 내려오시기 때문이다. 이것을 예수님의 공중 재림이라고 한다. 예수님은 지상에 내려오지 않으시고 그리스도인들과 함께 하나님이 계시는 셋째 하늘로 가신다(살전4:16-17). 예수님이 지상 재림하시는 때는 대 환난이 끝난 직후이다.

5. 환난 전 휴거의 근거: 휴거 후 이 땅에 7년 동안 대 환난이 일어나는데 그리스도인들은 환난을 경험하지 않고 모두 휴거된다. 예수님께서는 인내의 말씀을 지킨 교회에게 시험의 때를 면하게 해주신다고 말씀하셨다(계3:10). 대 환난을 피하게 해주신다는 의미이다. 예수님은 경건한 자를 시험에서 건지시고 불의한 자를 형벌 아래에 두어 심판 날까지 지키신다(벧후2:9). 하나님께서는 예수 그리스도를 구주로 영접한 사람을 자녀 삼으셨다. 하나님께서는 자녀인 그리스도인이 진노를 받도록 정해 놓지 않으셨다. 다만 우리 주 예수 그리스도를 통하여 구원을 받기를 원하신다(살전5:9). 그리스도인은 예수님의 피로 말미암아 의롭다 하심을 받았으니 하나님의 진노를 받지 않고 구원을 받는다(롬5:9). 예수님께서는 제자들에게 내가 너희를 위하여 거처를 예비하면 다시 와서 너희를 내게로 영접하여 나 있는 곳에 너희도 있게 하겠다고 약속하셨다(요14:3). 예수님은 자신의 신부인 그리스도인을 위해 거처를 예비하신다. 그리고 대 환난을 통과하기 전에 공중 재림하셔서 그리스도인들을 영접하실 것이다. 구약 시대 에녹과 노아는 환난 전 휴거의 모형이다. 에녹은 믿음으로 죽음을 보지 않고 옮겨졌다(히11:5). 믿음으로 노아는 방주를 준비하여 그 집을 구원하였다(히11:7). 예수님의 신부인 그리스도인들은 예수 그리스도를 믿음으로 대 환난을 겪지 않고 휴거된다.

318. 그리스도의 심판석

1. **심판의 시기**: 휴거 후에 그리스도의 심판이 있다.

2. **심판의 대상**: 휴거된 모든 그리스도인들이 심판의 대상이다.

3. **심판의 근거**: 그리스도의 심판석은 성경 여러 곳에 나온다. 로마서에서는 우리 모두가 그리스도의 심판석 앞에 서게 되므로 형제를 판단하거나 업신여기지 말라고 하였다(롬14:10). 그리스도의 심판석을 하나님의 심판석으로 잘못 번역한 경우가 있어서 마치 그리스도인도 하나님의 심판을 받는 것으로 오해하기 쉽다. 그리스도 예수 안에 있는 자에게는 결코 정죄함이 없다(롬8:1). 그리스도인은 모두가 반드시 그리스도의 심판석 앞에 나아가서 선이든지 악이든지 각자 자기가 행한 것에 따라 받는다(고후5:10). 모든 그리스도인들은 휴거된 후에 그리스도의 심판석 앞에 서게 된다.

4. **백 보좌 심판과의 차이점**: 모든 그리스도인은 구원을 받는다. 따라서 그리스도의 심판석에서 받는 심판은 구원의 탈락을 결정하는 심판이 아니다. 그리스도의 심판석은 천년왕국이 끝난 후에 하나님께서 행하시는 백 보좌 심판과는 다르다. 백 보좌 심판 때는 책들이 펴져 있어 자기들의 행위에 따라 심판을 받지만(계20:12) 그리스도의 심판석에는 책들이 펴져 있지 않다. 백 보좌 심판 때는 생명책에 기록되지 않은 자는 불 못에 던져지지만(계20:15) 그리스도인은 모두 생명책에 기록되어 있기 때문에 그리스도의 심판석에는 생명책도 없으며 그리스도인은 절대 불 못에 던져지지 않는다.

5. **심판의 목적**: 그리스도의 심판석에서는 구원의 탈락을 결정하는 것이 아니라 상급을 결정한다. 예수 그리스도를 기초로 하여 그 위에 금이나 은이나 보석이나 나무나 짚이나 그루터기로 지으면 각 사람의 일한 것이 나타나게 된다. 금, 은, 보석은 그리스도를 경배하고 사람들이 구원받도록 인도하며 돈과 재능을 잘 사용하고 순종하며 시험과 시련에 잘 대처하고 그리스도와 함께 고난을 받는 것과 같은 선한 행위를 의미한다. 나무, 짚, 그루터기는 옛 본성을 버리지 못하고 섬기는 악한 행위이다. 그리스도인의 공적을 불로 태웠을 때 공적이 그대로 있으면 상을 받지만 불타 버리면 손해를 당한다. 곧 자신은 구원을 받지만 공적이 불에 타버리는 부끄러운 구원을 받는다(고전3:10-15).

6. **심판의 결과**: 휴거된 그리스도인은 그리스도인의 심판석을 통과해야 몸과 혼과 영이 온전해진다(살전5:23). 그리스도의 심판석에서 예수님은 그리스도인 각자에게 행위대로 상을 주신다(계22:12). 어떤 그리스도인은 상을 잃는 고통을 당할 것이다(고전3:15). 따라서 그리스도인은 자신을 돌아보아서 이루어 놓은 것들을 잃지 않고 온전한 상을 받도록 해야 한다(요이1:8). 아무도 자기의 면류관을 빼앗지 못하도록 가진 것을 굳게 붙들어야 한다(계3:11).

1. 대 환난의 근거: 제자들이 감람산에서 마지막 때의 징조가 무엇인지 물었다(마24:3). 예수님께서는 마지막 때에 큰 환난이 있을 것인데 창세로부터 지금까지 이런 환난이 없었고 후에도 없을 것이라고 말씀하시면서 그 날들을 감하지 아니하면 모든 육체가 구원을 얻지 못할 것이라고 하셨다(마24:21-22). A.D.70년에 로마가 예루살렘을 파괴하고 많은 유대인들을 죽이거나 노예로 잡아갔지만 이런 일은 인류 역사상 많이 있었던 일이다. 지금까지 없었고 앞으로도 없을 정도로 큰 환난은 아니다. 예수님은 그 환난이 오면 지붕 위에 있는 자는 집 안에 있는 물건을 가지러 내려가지 말라고 하셨다(마24:17). 대 환난이 급하고 무섭게 다가온다고 알려 주신 것이다. 로마가 예루살렘을 파괴할 때는 몇 달 동안의 여유가 있었다. 그렇게 갑작스럽게 다가온 환난이 아니다. 예수님이 말씀하신 대 환난은 요한계시록에 기록된 환난으로 볼 수밖에 없다. 하나님께서도 에스겔서에서 분노의 불을 너희에게 불면 너희가 그 가운데에서 녹을 것이며 그때 하나님의 분노를 너희 위에 쏟은 줄을 너희가 알 것이라고 말씀하셨다(겔22:21-22). 요한계시록에 나오는 재앙을 보면 바다가 피같이 되며 모든 바다 생물이 죽는다. 강들과 물의 원천도 피가 된다. 해의 열기로 사람들이 타 죽으며 세상이 흑암에 싸이기도 한다(계16:3-10). 하나님과 예수님이 말씀하신 대 환난은 아직 오지 않았으며 요한계시록의 예언이 성취되는 때에 인류에게 다가온다.

2. 대 환난 시기: 예수님은 대 환난 때 그리스도가 여기 있다 혹은 저기 있다 하여도 믿지 말라고 하시면서 거짓 그리스도들과 거짓 선지자들이 일어나 큰 표적과 기사를 보여서 사람들을 미혹할 것이라고 말씀하셨다(마24:23-24). 대 환난 때 반드시 적그리스도가 나타난다고 알려 주신 것이다. 예수님은 멸망의 가증한 것(적그리스도)이 거룩한 곳(성전)에 선 것을 보거든 그때에 유대에 있는 자들은 산으로 도망하라고 하셨다(마24:15-16). 따라서 대 환난 전에 적그리스도가 나타나며 그가 성전에서 가증한 일을 시작할 때가 환난의 시작이다.

3. 대 환난 기간: 대 환난 기간은 7년이다. 다니엘서에 적그리스도는 한 이레(7년) 동안의 언약을 굳게 맺고 그가 그 이레의 절반(삼년 반)에 제사와 예물을 금지하고 가증함을 확산시킬 것이나 결국에는 종말까지 진노가 그에게 쏟아진다고 기록되어 있다(단9:27). 이는 예수님이 십자가에서 돌아가신 후에 일어날 일이지만(단9:26) 아직까지 일어난 일은 아니다. 요한계시록의 예언이 성취될 때 일어날 일이다. 요한계시록을 보면 다니엘서에 기록된 그 짐승(적그리스도)이 마흔두 달 동안 활동할 권세를 사탄에게서 받는다(계13:4-5). 이는 적그리스도가 나타나서 활동하는 기간은 총 7년이지만 그가 본색을 드러내서 하나님을 모욕하기 시작하는 때는 7년 중에 후 삼년 반이라는 사실을 알 수 있다.

4. 대 환난 과정: 대 환난의 진행 과정은 요한계시록에 상세히 기록되어 있다.

320. 대 환난(적그리스도)

1. **적그리스도의 의미:** 적그리스도는 특정한 한 사람만 가리키는 것이 아니라 그리스도를 대적하는 자들이 모두 적그리스도다. 적그리스도는 하나님과 예수님을 부인할 뿐만 아니라 예수님이 그리스도이심과 육신으로 오신 것도 부인한다(요일2:22, 4:3). 적그리스도는 그리스도의 권위와 영광을 침해할 뿐만 아니라 자신이 차지하려고 한다. 대표적인 인물로 셀레우코스 왕조의 에피파네스와 로마 제국의 네로가 있다.

2. **적그리스도의 출현:** 요한계시록에 나오는 적그리스도는 그리스도인들이 휴거되고 대 환난이 시작될 무렵 평화의 사도를 가장하여 나타난다(계6:2).

3. **대 환난 초반 활동:** 대 환난 초기에 적그리스도는 유대인과 로마가톨릭을 포섭하여 자기편으로 만든 뒤 지중해 근처 어느 도시를 거점으로 통치할 것이다. 그는 세계 평화를 위해 세계를 하나로 만들자고 주장할 것이다. 이때 하나님께서 유대인 144,000명을 부르신다.

4. **죽음을 모면함:** 적그리스도는 어떤 사유로 치명상을 입게 되지만 살아난다. 그 모습을 보고 많은 사람들이 적그리스도를 추종한다(계13:3-4).

5. **대 환난 후반 활동:** 사탄이 적그리스도에게 들어가자 그가 많은 능력을 행한다. 적그리스도는 자신의 정체를 드러내며 성도들을 핍박하고 자신을 우상화하며 세계 통치를 꾀한다.

6. **하나님을 대적함:** 적그리스도는 노골적으로 하나님을 대적하여 모독한다. 그는 예루살렘 성전에 들어가서 성전을 모독하고 성도들도 모독한다(계13:5-6).

7. **유대인을 핍박함:** 적그리스도는 하나님께서 선발하여 파송한 144,000명 대부분을 죽인다. 그리고 살아남은 유대인들을 죽이기 위해 찾아다닌다. 유대인들은 그를 피해 광야로 도망한다. 하나님께서는 유대인들을 보호해 주신다(계12:4-6). 적그리스도는 두 증인(모세, 엘리야)을 참수형에 처한다. 그러나 두 증인은 다시 부활하여 하늘로 올라간다(계11:7-12).

8. **적그리스도의 우상화:** 적그리스도는 거짓 선지자를 앞세워 자신의 형상을 만든 뒤 모든 사람이 자신을 경배하도록 한다. 경배하지 않는 사람들은 죽인다(계13:14-15).

9. **짐승의 표:** 적그리스도와 거짓 선지자는 모든 사람에게 적그리스도의 이름이나 숫자가 표시된 표를 받게 한다. 이 표가 없으면 경제활동이 불가능하므로 대부분 받는다(계13:16-17).

10. **로마가톨릭을 무너뜨림:** 적그리스도는 열 명의 통치자를 세우고 그들로 하여금 로마가톨릭을 무너뜨리게 한다. 더 이상 로마가톨릭이 이용 가치가 없기 때문이다(계17:16).

11. **적그리스도 왕국의 몰락:** 부와 권세가 집중됐던 적그리스도의 왕국은 하나님의 징계로 멸망한다. 하나님께서 선지자들과 성도들의 순교의 피를 갚아주신 것이다(계18:1-24).

12. **적그리스도의 최후:** 적그리스도와 그를 따르는 왕들과 군대가 예수님께 대적하려고 모였으나 일순간에 패망하고 적그리스도는 붙잡혀서 불 못에 산 채로 던져진다(계19:19-21).

321. 대 환난(유대인 복음 전파)

1. **144,000명의 복음 전파:** 대 환난 초기에 하나님께서는 이스라엘 자손의 각 지파에서 12,000명 씩 선택하셔서 복음을 전파하게 하신다. 그들은 영적인 그리스도인이 아니라 실제 유대인이다. 144,000명은 유대인으로서 여자와 동침하지 않은 남자 청년들이다(계14:4). 그들은 구원받은 성도로서 환난 성도들의 첫 열매가 되며 하나님 앞에 흠이 없기 때문에 교활함이 전혀 없는 사람 들이다(계14:4-5). 144,000명은 극심한 환난이 오기 전에 유대인들과 이방인들에게 복음을 전 파하는 사명을 받는다(계7:4-8). 대 환난 초반에는 적그리스도가 유대인들을 핍박하지 않기 때 문에 복음을 전파할 수 있었으나 대 환난 후반부에는 적그리스도의 핍박으로 그들 대부분 순교한 다. 144,000명이 전하는 복음을 듣고 많은 사람들이 구원 받고 순교한다(계7:9). 순교한 성도들 은 대 환난 후반부에 휴거된다(계14:1-3). 하늘에서 144,000명과 그들을 통해 구원 받은 사람 들이 박해자를 심판해 달라고 요청한다(계6:9-10).

2. **유대인들의 피난:** 적그리스도들은 항상 유대인들을 핍박해 왔다. 대 환난 초반부에는 적그리스도 가 유대인들을 핍박하지 않기 때문에 144,000명도 복음을 전파할 수 있다. 이때 많은 유대인들 이 회심하여 예수님을 구주로 영접한다. 그러나 대 환난 후반부에 적그리스도는 본색을 드러내서 유대인들을 죽이려고 한다. 그래서 유대인들은 적그리스도를 피해 광야로 피신한다. 하나님께서 는 유대인들을 위해 3년 반 동안 숨을 곳을 마련해 주신다(계12:1-6). 사탄이 광야에 있는 유대 인들을 죽이기 위해 물을 홍수같이 쏟는다. 하나님께서는 땅이 그 물을 흡수하도록 하여 유대인 들을 구해 주신다(계12:15-16). 대 환난 기간 중에 순교한 유대인들은 휴거되고 살아남은 자들 은 예수님의 지상 재림을 맞이한다.

3. **두 증인의 활동:** 대 환난 후반부에 적그리스도가 성전을 더럽히고 거룩한 도성 예루살렘을 짓밟 는다. 복음을 전파하는 144,000명을 찾아서 죽이고 그들로부터 복음을 받은 유대인들을 죽이려 고 찾는다. 하나님께서는 광야에서 유대인들을 보호해 주시며 한편으로는 두 증인을 보내신다(계 11:1-4). 두 증인은 하나님의 보호를 받기 때문에 아무도 해치지 못한다. 그들은 비가 오지 못하 게 하고 물을 피로 바꾸는 권세도 있는데 그들이 행한 권세로 보아 두 증인은 하나님께서 보내신 엘리야와 모세로 보는 것이 바람직하다(계11:5-6). 두 증인은 대 환난 후반부 삼년 반 동안의 사 역을 마칠 때쯤 적그리스도에게 패해 순교한다. 그들의 시체는 예루살렘 길거리에 버려진다. 많 은 사람들이 두 증인의 죽음을 보고 기뻐하며 무덤에 장사하지 못하게 한다. 많은 사람들이 두 증 인 때문에 많은 재앙을 받고 고통을 겪었기 때문이다. 그러나 두 증인이 죽은 지 사흘 반이 지나 자 하나님께서 그들을 살리신다. 부활한 것이다. 그들의 시체를 바라보던 자들이 큰 두려움에 휩 싸인다. 그들은 구름을 타고 하늘로 올라갔고 그들의 죽음을 보고 기뻐했던 원수들이 그 모습을 보게 된다(계11:7-12).

일곱 봉인, 나팔, 호리병 순서

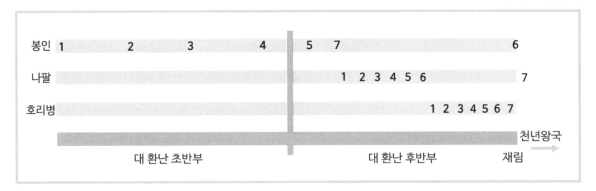

1. **일곱 봉인:** 일곱 봉인은 적그리스도의 등장부터 예수님의 지상 재림까지 7년 대 환난 전체를 다룬다. 성부하나님께서 오른손에 일곱 인으로 봉해진 한 권의 책을 가지고 계셨는데 그 책은 생명책이 아니라 심판의 책이다. 그 책의 일곱 인을 떼기에 합당하신 분은 오직 예수님이시다. 예수님께서는 성부하나님으로부터 그 책을 받으셨다. 책의 인봉이 떼어지면서 마지막 때가 시작된다(계 5:1-7).

2. **일곱 나팔:** 일곱 나팔은 대 환난 후반부터 천년왕국까지 다룬다. 일곱 나팔은 일곱째 봉인이 열리면서 시작한다. 그 시기는 대 환난 후반부로서 적그리스도의 탄압으로 순교한 환난 성도들이 원한을 갚아달라고 요청한 후에 이루어진다. 첫째 나팔에서 넷째 나팔까지는 자연계에 내려지는 재앙으로 모든 사람이 영향을 받는다. 다섯째 나팔 재앙은 환난 성도들에게 내려지지 않는다. 다섯째 나팔 후에 환난 성도들이 휴거되고 여섯째 나팔부터 일곱 호리병으로 갈수록 재앙은 극심해진다. 일곱째 나팔은 예수님이 왕이 되시는 천년왕국을 선포한다.

3. **일곱 호리병:** 일곱 호리병은 대 환난 후반부 끝부분부터 재림 직전 아마겟돈 전쟁까지 다룬다. 일곱 호리병 재앙은 여섯째 나팔이 불면서 시작한다. 이 재앙은 환난 성도들이 휴거된 후에 일어나는 것으로서 회개를 촉구하기보다 적그리스도의 세력과 불신자들을 최후에 징계하기 위한 재앙이다. 이 재앙에서 살아남을 자가 없을 정도로 극심하다. 일곱 호리병 재앙이 끝나면 예수님의 지상 재림과 천년왕국이 시작된다.

1. **첫째 봉인:** 적그리스도가 등장한다(계6:1-2).

2. **둘째 봉인:** 적그리스도가 통치하면서 잠깐 평화가 있었으나 곧 큰 전쟁이 난다(계6:3-4).

3. **셋째 봉인:** 기근이 발생한다(계6:5-6).

4. **넷째 봉인:** 전염병이 발생한다. 전쟁, 기근, 전염병, 땅의 짐승들 때문에 사람의 사분의 일이 죽는다(계6:7-8).

5. **다섯째 봉인:** 순교한 환난 성도들이 박해자들에 대한 심판을 요구한다(계6:9-11).

6. **일곱째 봉인:** 환난 성도들의 기도가 응답받아 일곱 나팔 재앙이 시작된다(계8:1-6).

7. **첫째 나팔:** 피가 섞인 우박과 불이 땅에 쏟아져서 나무의 삼분의 일과 모든 푸른 풀을 태운다(계8:7).

8. **둘째 나팔:** 산 같은 것이 불에 타 바다로 던져지며 바다의 삼분의 일이 피가 된다(계8:8-9).

9. **셋째 나팔:** 등불처럼 타는 큰 별이 강들의 삼분의 일과 물들의 원천에 떨어진다. 이 때문에 물이 쓰게 되어 많은 사람이 죽는다(계8:10-11).

10. **넷째 나팔:** 해, 달, 별들의 삼분의 일이 타격을 받아 어두워진다(계8:12).

11. **다섯째 나팔:** 구렁에서 메뚜기들이 나와 악인들에게 다섯 달 동안 고통을 준다(계9:1-11).

12. **여섯째 나팔:** 유프라테스 강에 결박한 네 천사를 풀어주자 사람들의 삼분의 일을 죽인다(계9:12-21).

13. **첫째 호리병:** 짐승의 표를 받은 자들과 그 형상에 경배한 자들에게 독종이 생긴다(계16:2).

14. **둘째 호리병:** 바다가 피같이 되어 바다 생물이 죽는다(계16:3).

15. **셋째 호리병:** 강들과 물의 근원에 쏟으니 그곳이 피가 된다(계16:4-7).

16. **넷째 호리병:** 해가 뜨거워져 큰 열기를 내뿜어 사람들을 태운다(계16:8-9).

17. **다섯째 호리병:** 적그리스도 왕국이 흑암에 싸인다(계16:10-11).

18. **여섯째 호리병:** 유프라테스 강이 말라서 하나님을 대적하는 군사들이 이스라엘 동쪽에서 올 준비를 한다. 적그리스도와 거짓 선지자가 전쟁을 위해 세상 왕들을 모은다(계16:12-16).

19. **일곱째 호리병:** 하늘로부터 사람들 위에 큰 우박이 떨어진다. 큰 지진이 나고 큰 도성이 세 부분으로 갈라지며 민족들의 성읍들도 붕괴되고 모든 섬이 사라지고 산들도 보이지 않는다(계16:17-21).

20. **여섯째 봉인:** 큰 지진이 나고 해가 검어지며 달은 피처럼 되고 별들은 땅에 떨어진다. 이제 대 환난이 끝나고 예수님의 지상 재림이 도래한다(계6:12-17).

21. **일곱째 나팔:** 하늘에서 큰 음성들이 있어 이 세상의 나라들이 우리 주와 그의 그리스도의 왕국들이 되어서 그분이 영원토록 통치하실 것이라고 한다. 천년왕국이 시작된다(계11:15).

1. **바벨론의 역사:** 바벨론 제국은 함의 손자인 니므롯이 세웠다. B.C.2400년경에는 바벨론은 작은 도시국가에 불과했지만 B.C.1792년에 즉위한 함무라비 왕이 강력한 힘을 바탕으로 주변 국가들을 제압하고 메소포타미아 전 지역을 바벨론의 지배하에 두었다. 느부갓네살 2세(B.C.605-562)는 B.C.586년에 예루살렘을 함락하고 남유다를 멸망시켰다. 그러나 B.C.539년 바벨론은 페르시아에 멸망당했다.

2. **바벨론의 정체:** 니므롯이 바벨탑을 세우려고 한 까닭은 온 인류가 흩어지지 않고 자신의 통치 아래 있기를 원했기 때문이다. 이러한 바벨론의 단일 왕국의 이상을 모방한 자가 적그리스도이다. 또한 바벨론은 태양신 숭배, 모자 숭배, 여신 숭배 같은 온갖 우상숭배가 널리 퍼진 곳이었다. 이러한 바벨론의 우상숭배를 계승한 것이 로마가톨릭이다. 따라서 요한계시록에 나오는 바벨론은 적그리스도 왕국과 로마가톨릭 종교 집단을 말한다.

3. **바벨론 종교체제의 몰락:** 로마가톨릭은 많은 민족들과 백성들의 정신세계를 지배하며 그들 위에 군림한다. 많은 왕들이 그들의 권력을 유지하기 위해 로마가톨릭을 이용한다. 로마가톨릭은 면죄부 등을 팔아 많은 돈을 벌어들인다(계17:1-4). 사도 요한은 교회처럼 보이는 로마가톨릭이 성도들을 죽이고 고문하는 모습을 보고 무척 놀랍게 여겼다(계17:5-6). 적그리스도는 대 환난 초반에 과거 중세 시대 유럽의 왕들처럼 자신의 영향력을 확장하기 위해 로마가톨릭을 이용한다. 그러나 더 이상 로마가톨릭이 필요 없게 되자 적그리스도를 따르는 열 왕을 내세워 로마가톨릭을 무너뜨린다(계17:15-18).

4. **바벨론 정치체제의 몰락:** 말세에 나타나는 적그리스도는 바벨론 정치체제를 수립한다. 그는 세계 단일 정부를 꿈꾼다. 적그리스도는 많은 민족들을 영적으로 타락하게 만들어 왕들이 적그리스도를 숭배하게 한다. 적그리스도는 여왕처럼 자신을 영화롭게 하고 즐기며 산다. 이전에 나타난 적그리스도들이 유대인들을 학살했듯이 대 환난 후반부터 유대인들을 학살하기 시작한다. 그러나 하나님의 심판으로 적그리스도 왕국에 죽음, 슬픔, 기근, 화재의 재앙이 하루 만에 닥친다. 적그리스도 왕국은 큰 맷돌이 바다에 던져지듯이 가라앉는다. 이는 하나님께서 거룩한 사도들과 선지자들의 원수를 갚아주신 것이다. 적그리스도와 그의 왕국이 심판을 받아 멸망하는 모습을 보며 적그리스도 편에서 권세를 누렸던 많은 왕들이 두려워하고 애곡한다. 적그리스도 왕국에서 독점을 하며 많은 이익을 누렸던 상인들도 더 이상 부를 누릴 수 없게 되자 울며 통곡한다(계18:1-24). 적그리스도와 그를 따르는 왕들과 군대가 마지막으로 예수님을 대적하려고 모였으나 그들은 일순간에 패망하고 적그리스도는 붙잡혀서 불 못에 산 채로 던져진다(계19:19-21).

1. 전쟁의 시기: 아마겟돈 전쟁은 대 환난 끝에, 예수님의 지상 재림 전에 일어난다.

2. 전쟁 대상국: 사탄이 조종하는 적그리스도와 그의 추종자들이 예수님과 천사들, 성도들에 대항하여 전쟁을 일으킨다.

3. 전쟁의 장소: 아마겟돈은 므깃도 언덕이라는 뜻이다(계16:16). 아마겟돈(므깃도)의 위치는 갈멜산 등성의 북편에 있다. 이집트에서 메소포타미아로 통하는 주요 간선도로상에 위치한 이곳은 중요한 전략 요충지다. 이곳은 당시에는 전쟁을 치르기에 알맞은 곳으로서 이스라엘 사람들에게 있어서 전쟁의 상징이다. 이집트의 왕 느고가 앗수르를 치려고 유프라테스 강으로 올라갈 때 남유다의 요시야 왕이 그와 맞서 싸우다 전사한 곳이다.

4. 전쟁의 경과: 적그리스도는 자신의 영역을 나누어 다스릴 열 명의 왕을 세운다. 열 왕은 자신의 왕국을 갖지는 못하지만 적그리스도로부터 땅을 분배받아 잠깐 동안 왕으로서의 권세를 행사한다. 그들은 적그리스도가 예수님과 싸우러 갈 때 자기들의 모든 권한을 적그리스도에게 넘겨준다(계17:12-13). 이 모든 일은 사탄이 계획한 것이다. 하나님께서 유프라테스 강에 결박해 놓은 사탄을 풀어주셨기 때문이다(계9:14-15). 사탄은 적그리스도를 이용하기 위해 그에게 많은 능력을 준다. 그 능력으로 적그리스도는 기적을 행하며 사람들을 미혹한다. 사람들은 적그리스도가 행하는 기적을 보며 예수님과 대적해도 승산이 있을 것이라고 생각한다(계16:13-14). 실제로 사탄이 2억 명의 기병대를 만들고 불과 연기와 유황으로 사람의 삼분의 일을 죽이는 것을 보았기 때문이다(계9:16-18). 여섯째 천사가 호리병을 유프라테스 강에 쏟으니 강물이 마른다. 이스라엘 동쪽에서 적그리스도를 따르는 군사들이 그 길로 하나님을 대적하려고 올 준비를 한다(계16:12). 하나님을 대적하려는 군대가 아마겟돈에 모인다. 반면 흰 말에 앉으신 예수님을 하늘에 있는 군대들이 따른다. 그 군대는 그리스도인과 환난 성도들과 천사들인데 희고 정결한 세마포를 입고 역시 흰 말을 탄다. 천사는 모든 맹금류에게 하나님을 대적하는 군사들과 말들과 그의 백성들의 살을 먹으라고 말한다. 곧 그들이 패망하여 새들이 그들의 시체를 먹는다는 사실을 알려준 것이다(계19:11-21). 하나님은 한 달란트(금 34kg)나 되는 큰 우박을 적그리스도 군대와 군대를 보냈던 나라들에게 떨어뜨리신다(계16:21). 그리고 예수님은 입에서 나오는 칼로 대적 자들을 죽이시니 새들이 그들의 살로 배를 채운다(계19:21). 그들은 포도송이가 포도즙 틀에서 짓밟히듯이 예루살렘 도성 밖에서 모두 죽임을 당한다. 죽은 자들의 피가 1,600스타디온(약 296km)까지 퍼질 정도로 많은 사람이 죽임을 당한다(계14:18-20).

5. 전쟁의 결과: 적그리스도와 거짓 선지자는 붙잡혀서 유황으로 타는 불 못에 산 채로 던져진다(계19:20). 예수님이 지상 재림하시고 천년왕국이 시작된다.

326. 그리스도의 지상 재림

1. **지상재림의 시기:** 대 환난과 어린양의 혼인잔치가 끝나면 예수님이 지상에 재림하신다.

2. **지상 재림하시는 모습:** 요한계시록에는 지상 재림하시는 예수님의 모습을 상세히 묘사한다. 요한은 하늘이 열리며 흰 말 위에 앉으신 분을 보았는데 그분은 신실과 진실이라 불리며 의로 심판하고 싸우시는 분이다. 그분은 하나님의 말씀이시다. 그분의 눈은 불꽃같고 머리에는 많은 왕관이 있고 피에 적신 옷을 입으셨다. 그분의 옷과 넓적다리에는 "만왕의 왕, 또 만주의 주"라고 쓰여 있다. 그분의 입에서 예리한 칼이 나와서 그것으로 민족들을 칠 것이며 철장으로 다스릴 것이며 그분은 전능하신 하나님의 맹렬한 진노의 포도즙 틀을 밟으실 것이다(계19:11-16). 요한이 본 그대로 예수님은 하나님의 말씀이시다(요1:1). 또한 예수님은 유일한 통치자이시고 만왕의 왕이시며 만주의 주시다(딤전6:15).

3. **지상 재림의 장소:** 스가랴서에 예수님께서 예루살렘 앞 동편에 있는 감람산(올리브산) 위에 서실 것이라고 기록되었다(슥14:4). 예수님이 승천하신 후 천사들이 제자들에게 예수님께서는 올라가심을 본 그대로 오신다고 말하였다(행1:11). 요한계시록에서도 예수님께서 구름들과 함께 오시며 모든 사람이 예수님을 볼 것이라고 기록하였다(계1:7). 마태복음에 예수님이 영광 중에 오고 모든 거룩한 천사들이 함께 오며 예수님은 거룩한 보좌에 앉으실 것이라고 하였다(마25:31). 따라서 예수님은 승천하신 대로 구름들과 천사들과 함께 모든 사람이 볼 수 있도록 오시며 예루살렘 앞 동편에 있는 올리브산에 재림하셔서 거룩한 보좌에 앉으시게 될 것이다. 따라서 재림 예수라고 주장하는 사람들의 말에 속아서는 안 된다. 예수님은 누구나 볼 수 있게 구름과 천사와 함께 이 땅에 오시기 때문이다.

4. **지상 재림의 동행자:** 예수님은 천사들과 함께 오시며(살후1:7) 모든 성도들과도 함께 오신다(살전3:13). 그리스도께서 나타나실 때 그리스도인도 영광 가운데 나타난다(골3:4).

5. **지상 재림의 공개:** 예수님의 공중 재림은 깨어 있는 성도만이 알 수 있지만 지상 재림은 모든 사람이 볼 수 있다(계1:7). 땅의 모든 족속이 예수님께서 권세와 큰 영광으로 하늘의 구름을 타고 오는 것을 보게 된다(마24:30). 지상 재림은 전 세계 사람들이 동시에 볼 수 있도록 공개적으로 오신다. 이것이 가능한 까닭은 과학의 발달이다. 하나님께서는 다니엘에게 마지막 때에는 많은 사람이 이리저리 달릴 것이고 지식은 증가할 것이라고 말씀하셨다(단12:4). 과학의 발달로 예수님이 지상 재림하시는 모습을 많은 매체를 통해 보게 된다.

6. **지상 재림의 목적:** 예수님은 지상 재림하셔서 적그리스도와 거짓 선지자를 잡아 유황으로 타는 불 못에 던지시고(계19:20), 왕국을 건설하셔서 의로 통치하시며 방백들이 공의로 다스리도록 하실 것이다(사32:1). 그리고 천년왕국이 끝나고 있을 백 보좌 심판(계20:11)과 새 하늘과 새 땅에 관해서도 말씀해 주실 것이다(계21-22장).

천년왕국은 예수님이 실제로 이 땅에 재림하시어 천년 동안 다스리시는 왕국을 말한다. 천년왕국은 요한계시록뿐만 아니라 성경 여러 곳에 나타난다.

1. **천년왕국의 통치자:** 하나님께서는 다윗에게 너의 몸에서 나올 씨를 세우고 그의 왕국을 굳게 할 것이라고 말씀하셨다. 그리고 그의 왕위를 영원히 견고하게 할 것이라고 약속하셨다(삼하7:12-13). 여기서 다윗의 몸에서 나올 씨는 솔로몬을 말하는 것이 아니라 예수 그리스도를 말하는 것이다. 솔로몬 사후에 왕국은 분열되었고 분열된 왕국은 앗수르와 바벨론에 멸망당했기 때문에 솔로몬의 왕위는 영원하지 못했다. 그리스도만이 천년왕국을 다스릴 왕이시다(슥14:9). 요한계시록을 보면 대 환난이 끝나고 일곱째 천사가 나팔을 불자 이 세상의 나라들이 그리스도의 왕국들이 되어 예수 그리스도가 영원무궁토록 통치한다고 하였다(계11:15). 따라서 천년왕국의 통치자는 예수 그리스도이시며 모든 나라들이 예수님의 통치를 받는다. 빌라도가 예수님께 네가 유대인의 왕이냐고 물었을 때 예수님께서는 그렇다고 대답하시면서 자신의 왕국이 지금은 여기에 속한 것이 아니라고 말씀하셨다(요18:36-37). 이것은 초림 때는 예수님의 왕국이 세워지지 못했지만 앞으로 예수님의 왕국이 세워질 것이며 그때 예수님께서 유대인뿐만 아니라 전 인류의 왕이 되신다는 의미이다. 천년왕국에서 예수님과 같이 통치하는 사람은 열 두 사도(마19:28)와 그리스도의 심판석에서 왕국을 상속받은 자들(딤후2:12), 대 환난 때 짐승의 표를 받지 않고 순교한 자들이다(계20:4).

2. **천년왕국의 시기:** 다니엘은 느부갓네살의 꿈을 해석해 주면서 하나님께서 결코 멸망하지 않는 한 왕국을 세우시는데 그 왕국은 다른 백성에게 넘어가지 않을 것이며, 그 왕국이 모든 왕국들을 쳐부수고 멸하여 영원히 설 것이라고 말하였다(단2:44). 예수님은 초림 때 모든 왕국들을 쳐부수고 멸하지 않으셨다. 왜냐하면 백성들이 예수님을 메시아로 인정하지 않고 십자가에 못 박았기 때문이다. 다니엘이 말한 왕국은 예수님의 재림 때 이루어진다. 바울도 예수님께서 자기 때가 되면 나타나실 것이며 그분은 유일하신 통시자이시고 만왕의 왕이시며 만주의 주라고 말하였다(딤전6:15). 예수님의 때는 재림의 때를 말한다. 천년왕국은 재림 직후에 이루어지는데 그때는 성부하나님만이 알고 계신다(행1:6-7).

3. **천년왕국 때 예수님이 거하시는 장소:** 천년왕국 때 예수님은 예루살렘에서 통치하신다(사2:3). 천년왕국 때 그 성읍의 이름은 여호와 삼마(주께서 거기 계시다)이다(겔48:35). 예수님은 지상 재림하셔서 에스겔서에 나오는 성전에 들어가신다(시24:7). 예수님께서 성전에 들어가시면 주의 영광이 그 전을 가득 채운다(겔43:4-5).

4. **천년왕국을 세우시는 목적:** 하나님께서 인간을 만드신 궁극적인 목적은 인간의 구원만이 아니다. 인간이 구원을 받아 아담과 하와가 에덴동산에서 누렸던 모든 것을 누리고 하나님께 영광을 돌리도록 하는 것이다. 첫 아담이 실패하여 마귀(뱀)에게 빼앗긴 에덴동산을 둘째 아담이신 예수님께서 마귀를 이기시고 지상 재림하셔서 천년왕국 때 회복시키신다.

5. **천년왕국의 모습:** 하나님께서는 에덴동산을 만드시고 씨 맺는 모든 채소와 씨를 내는 나무의 열매를 인간의 먹을거리로 주셨다. 땅의 모든 짐승과 공중의 모든 새와 생명이 있어 땅 위를 기어 다니는 모든 것들에게 푸른 채소를 먹을거리로 주셨다(창1:29-30). 에덴동산에서는 모든 생물이 육식을 하지 않았다. 채식만 해도 충분한 영양을 공급받았다. 그러나 사탄의 유혹으로 인간이 타락하여 에덴동산의 평화가 깨어졌다. 결국 하나님께서는 노아의 홍수 이후에 육식을 허락하셨다(창9:3). 사람과 동물이 서로를 잡아먹는 세상이 된 것이다. 그러나 천년왕국 때는 에덴동산의 모습이 회복된다. 이리가 어린양과 함께 살며 표범이 새끼 염소와 함께 눕고 송아지와 어린 사자와 살진 짐승이 함께 지내며 어린아이가 그들을 이끈다. 암소와 곰이 함께 먹으며 그것들의 새끼들이 함께 눕고 사자가 소처럼 짚을 먹는다. 아이가 독사의 구멍에서 장난하며 독사의 굴에 손을 넣기도 한다(사11:6-8).

천년왕국에서는 소경이 눈을 뜨며 귀머거리의 귀가 뚫리고 절름발이가 사슴처럼 뛰고 벙어리의 혀가 노래한다. 광야에는 물이 솟아나오며 사막에는 시내가 흐른다. 바짝 마른 땅은 연못이 되며 갈한 땅은 샘물을 낸다(사35:5-7). 예수님께서는 초림 때 소경의 눈을 뜨게 하시고 귀머거리의 귀를 뚫어주시면서 천년왕국의 단면을 보여주신 것이다. 이 모든 상황이 가능한 까닭은 천년왕국 때는 사탄이 결박되어 있어 세상을 미혹하지 못하기 때문이다(계20:2). 천년왕국에서는 사람이 나무처럼 천년까지 살며 열심히 노력한 대가를 빼앗기지 않고 노력한 결과를 그대로 받아 오래 즐기며 산다(사65:20-23). 그곳에서는 하나님과 단절이 없이 밀접한 교제를 한다(사65:24). 그리고 천년왕국 때는 전쟁이 없다(사2:4).

천년왕국 때 예수님이 거하시는 에스겔 성전에서는 생명수가 흘러나온다. 그 물이 동쪽 지역으로 흘러 사막으로 내려가서 바다로 들어가 그곳의 물을 치유한다. 그 물이 흐르는 곳마다 생명이 있는 모든 것들이 살 것이다. 양식이 될 모든 나무가 자라고 그 잎사귀들은 시들지 아니하며 과실도 끊임없이 열매를 맺을 뿐만 아니라 달마다 새로운 과실을 낸다. 과실은 양식이 되고 그 잎사귀는 약이 되는데 이 모든 것이 성소에서 나오는 물 때문이다(겔47:1-12). 천년왕국 때 성전에서 나오는 생명수는 요한계시록에 나오는 생명수와는 다르다. 요한계시록에서는 생명수가 하나님과 어린양의 보좌에서 흘러나온다. 그때는 천년왕국이 끝나고 나타나는 새 예루살렘 때이다(계22:1-2).

1. **곡:** 로스, 메섹, 두발 지역에 세워진 마곡 왕국 통치자의 이름이 곡이다(겔38:2).

2. **마곡:** 마곡은 노아의 손자이면서 야벳의 아들이다(창10:2). 그가 로스, 메섹, 두발 지역에 나라를 세웠다. 로스는 현재 지명으로 러시아, 메섹은 모스크바, 두발은 시베리아에 있는 도시 토볼스크를 가리킨다.

3. **전쟁 시점:** 천년왕국이 끝난 후 사탄이 감옥에서 풀려날 때이다(계20:7).

4. **전쟁 대상국:** 전쟁은 하나님을 대적하는 로스와 메섹과 두발 왕 곡(겔38:3)과 그들과 함께 한 바사와 구스와 붓과 고멜과 북쪽 끝의 도갈마 족속과 그 모든 부대이다(겔38:4-6). 그 수가 바다의 모래와 같다(계20:8). 바사는 페르시아이며 지금의 이란이다. 구스는 에디오피아, 붓은 리비아이다. 고멜은 독일과 우크라이나 지역이고 도갈마는 터키이다.

5. **전쟁의 원인:** 천 년이 지나자 사탄이 감옥에서 풀려나서 땅의 사방에 있는 민족들, 곧 곡과 마곡을 미혹하고 그들을 모아 전쟁을 일으킨다(계20:8). 그들은 천년왕국을 통치하신 예수님을 신뢰하지 않고 있었으며 기회만 엿보고 있다가 사탄에 동조한 것이다. 이스라엘이 이집트를 탈출했을 때 하나님께서 직접 이스라엘을 인도하시고 지켜주셨지만 반역하는 무리가 있었다. 역시 천년왕국 때도 반역하는 무리가 생겨난다.

6. **전쟁의 경과:** 하나님을 대적하는 무리들이 땅의 넓은 데로 올라가서 성도들의 진영과 사랑하시는 도성을 포위한다(계20:9). 사랑하시는 도성은 천년왕국의 수도인 예루살렘이다. 사탄에게 미혹되지 않은 성도들이 예루살렘 주위에 진을 친다.

7. **전쟁의 결과:** 하나님께서 그들을 대적할 칼을 부르시고 각 사람의 칼이 자기 형제를 치도록 하신다. 또 전염병과 범람한 비와 큰 우박과 불과 유황을 내리셔서 진멸하신다(겔38:21-22). 그들을 미혹하던 마귀도 불과 유황 못에 던져질 것인데 그곳에는 짐승과 거짓 선지자도 있으며 그들은 영원무궁토록 밤낮 고통을 받게 된다(계20:9-10).

1. **심판의 주체:** 요한은 크고 흰 보좌와 그 위에 앉으신 분을 보았다(계20:11). 보좌에 앉으신 심판관은 예수 그리스도이시다(요5:22).

2. **심판의 시기:** 천년왕국이 끝나고 하나님께서 대적하려던 자들을 곡과 마곡의 전쟁에서 불을 내려 삼켜버리게 하신 후 백 보좌 심판을 진행하신다.

3. **심판의 대상:** 그리스도 안에서 죽은 자들은 휴거된 후 그리스도 심판석을 거쳤으므로 백 보좌 심판 대상이 아니다. 그리스도인들은 대 환난 전에 이미 휴거되어 영화로운 몸을 얻고 그리스도의 신부로서 어린양의 혼인 잔치를 치르며 천년왕국 때 그리스도와 함께 통치하기 때문에 다시 심판대에 설 이유가 없다. 백 보좌 심판은 그리스도 밖에 죽은 모든 사람이 심판의 대상이다. 즉 백 보좌 심판은 구약시대이든 신약시대이든 모든 시대에서 구원 받지 못하고 죽은 자들이 모두 심판의 대상이다. 생명책은 어린양의 생명책으로 예수님의 보혈의 공로를 믿고 구원 받은 성도의 이름이 적혀 있는 책이다. 백 보좌 심판은 신자와 불신자를 가려내는 심판이 아니라 불신자들의 행위가 드러나는 심판이다. 자신들의 행위가 적힌 책을 통해 불신자들은 자신의 잘못된 행위를 보고 더 이상 변명하지 못한다(전12:14).

4. **심판의 진행:** 바다가 그 안에 있던 죽은 자들을 넘겨주고 사망과 지옥도 그 안에 있던 죽은 자들을 넘겨준다. 그들은 작은 자나 큰 자나 모두 보좌 앞에 서게 된다. 그들 앞에 책들이 펴져 있고 생명의 책도 펴져 있다. 죽은 자들은 자기들의 행위에 따라 그 책들에 기록된 대로 심판을 받는다(계20:12-13).

5. **심판의 결과:** 누구든지 생명의 책에 기록되지 못한 자는 불 못에 던져지고(계20:15) 죽은 자들은 자기들의 행위에 따라 그 책들에 기록된 대로 심판을 받는다(계20:12). 사망과 지옥도 불 못에 던져지니 이것이 둘째 사망이다(계20:14). 생명의 책은 구원을 결정하는 책이므로 그곳에 기록되지 못하면 구원을 받지 못한다. 둘째 사망은 구원 받지 못한 사람들에게만 해당한다. 육신이 죽는 것이 첫째 사망이고 백 보좌 심판에서 영원한 불 못에 던져지는 것이 둘째 사망이다. 구원 받은 사람은 두 번 태어나고 한 번 죽는다. 육신이 태어날 때가 첫 번째 태어남이고 영이 거듭날 때가 두 번째 태어남이다. 구원 받은 사람은 육신의 죽음으로 첫째 사망을 겪지만 구원을 받기 때문에 두 번째 사망은 겪지 않는다.

6. **심판 후의 세상:** 백 보좌 심판 후에 처음 하늘과 처음 땅은 사라지고 바다도 더 이상 없다. 거룩한 도성 새 예루살렘이 하나님께로부터 하늘에서 내려온다(계21:1-2). 영원한 새 하늘과 새 땅의 시대가 열리게 된다.

331. 새 예루살렘

1. **새 하늘과 새 땅:** 천년왕국과 백 보좌 심판이 끝나면 하나님께서 창조하신 처음 하늘과 처음 땅과 바다는 모두 사라진다(계21:1). 그때 하늘들이 불에 타서 녹아 버리고 우주의 구성 요소들도 맹렬한 불에 녹아내리며 하나님의 약속대로 의가 거하는 새 하늘과 새 땅이 내려온다(벧후3:12-13). 이전 것은 기억되거나 생각나지 아니한다(사65:17).

2. **새 예루살렘:** 거룩한 도성 새 예루살렘이 하나님께로부터 내려오는데 이는 마치 신부가 자기 남편을 위해 단장한 것처럼 준비된 것이다(계21:2). 새 예루살렘은 현재 지구상에 있는 예루살렘이 새롭게 변하는 것이 아니라 하나님께서 만드신 새 예루살렘이라는 도성이 하늘에서 내려오는 것이다.

3. **새 예루살렘의 거주자:** 새 예루살렘의 거주자는 예수님의 신부인 그리스도인이다(계21:9). 예수님께서는 내 아버지 집에 많은 저택들이 있으며 너희를 위하여 처소를 마련하러 간다고 말씀하셨는데(요14:2) 그 처소가 새 예루살렘이다. 이기는 자는 하나님의 아들이 되며 모든 것을 상속받는다(계21:7). 이기는 자에게는 새 예루살렘에 이름이 기록된다(계3:12). 이기는 자는 어느 특정한 나라의 특정한 사람을 지칭하는 것이 아니라 예수님의 신부가 되어 새 예루살렘에 살게 되는 그리스도인을 말한다. 그리스도인이 아닌 환난 성도나 천년왕국 성도들은 새 예루살렘이 아닌 새 하늘과 새 땅에 있는 다른 곳에 거주한다(계21:24). 그들은 정기적으로 새 예루살렘에 들어와 생명나무 과실을 먹고 치유를 받아야 한다(계22:2).

4. **새 예루살렘의 규모:** 새 예루살렘성은 네모반듯하며 길이와 너비가 같다. 도성을 측량하니 길이와 너비와 높이가 모두 12,000스타디온이다(계21:16). 즉 길이와 너비와 높이가 각 2,220km이며 면적은 4,928,400㎢이다. 이것은 단면적이며 여러 층으로 이루어져 있다고 봤을 때 그리스도인 한 명이 거주하는 공간은 굉장히 넓다.

5. **새 예루살렘의 모습:** 새 예루살렘에는 하나님의 영광이 있어 도성의 광채가 가장 귀한 보석 같다(계21:11). 하나님의 영광이 그곳을 비추니 해나 달 같은 광명체가 필요 없다. 성 안에는 성전이 없는데 하나님과 예수님이 그곳의 성전이시기 때문이다(계21:22-23). 그곳엔 크고 높은 성벽도 있으며 열두 대문이 있다. 성곽은 벽옥으로 지어졌고 도성은 순금으로 맑은 유리 같으며 성벽의 기초석은 벽옥, 사파이어, 옥수, 에메랄드 등 열두 가지 각양 보석으로 단장된다. 열두 대문은 열두 진주이고 도성의 거리는 순금이며 투명한 유리 같다(계21:12-21). 하나님과 어린양의 보좌에서 수정처럼 맑은 생명수가 흘러나온다. 도성의 거리 한가운데와 그 강의 양편에는 생명나무가 있어 열두 가지 과실을 맺으며 달마다 과실을 낸다. 그 나무의 잎사귀들은 민족들을 치유하기 위한 것이다(계22:1-2). 이전 것들이 다 사라져 버렸기 때문에 그곳에는 사망이나 슬픔, 울부짖음, 고통이 없다(계21:4).

[교회 시대]

1장: 예수님이 밧모 섬에 유배되어 있는 요한에게 앞으로 일어날 일을 기록하라고 말씀하셨다.

2장: 예수님은 교회가 박해에도 신앙을 지킨 점은 칭찬하셨지만 첫사랑을 버린 행위를 책망하셨고 우상숭배를 따르지 말라고 경고하셨다.

3장: 예수님은 교회가 복음 전파한 것을 칭찬하셨지만 거짓 교리에서 나오라고 촉구하셨다. 그리고 진리를 아는 체하지만 실상은 모른다고 책망하셨다.

[휴거와 일곱 봉인]

4장: 요한은 휴거되어 하나님이 계신 셋째 하늘로 갔으며 거기서 하나님의 보좌를 본다.

5장: 일곱 봉인된 책의 인을 떼시기에 합당하신 분은 예수님이심을 고백하며 찬양한다.

6장: 첫째부터 여섯째 봉인이 열리며 대 환난 전체의 모습을 보여준다.

[일곱 나팔의 재앙: 7장, 10장, 11장 1-13절은 삽입장임]

7장: 대 환난 초기에 복음 전파를 위해 선택된 144,000명과 순교한 성도들의 모습을 보여준다.

8장: 대 환난 후반부에 일어날 일곱 나팔 재앙 중 네 가지 재앙을 설명한다.

9장: 대 환난 후반부에 일어날 일곱 나팔 재앙 중 두 가지 재앙을 설명한다.

10장: 천사가 요한에게 나타나 하나님의 신비가 곧 이루어질 것이며 다시 예언하라고 말한다.

11장: 대 환난 중반부터 사역할 두 증인과 일곱째 나팔에 관해 다룬다.

[적그리스도의 활동과 멸망을 중점적으로 기록함]

12장: 대 환난 후반 3년 반 동안 적그리스도를 피해 광야로 피난한 이스라엘을 다룬다.

13장: 첫 번째 짐승인 적그리스도와 두 번째 짐승인 거짓 선지자의 실체를 다룬다.

14장: 구속받은 144,000명이 찬양하는 모습, 바벨론의 멸망, 마지막 추수에 관해 다룬다.

[일곱 호리병 재앙: 대 환난의 끝]

15장: 대 환난 끝에 있을 일곱 호리병 재앙이 시작되기 직전의 모습을 보여 준다.

16장: 대 환난 끝 부분에 있는 극심한 일곱 호리병 재앙과 아마겟돈 전쟁을 다룬다.

17장: 종교적 바벨론인 로마가톨릭이 심판을 받아 완전히 몰락하는 과정을 묘사한다.

18장: 정치적 바벨론인 적그리스도 왕국이 하나님의 심판으로 멸망당하는 과정을 묘사한다.

19장: 하나님을 찬양하는 모습, 어린양의 혼인 잔치, 지상 재림, 아마겟돈 전쟁을 묘사한다.

[천년왕국, 백 보좌 심판, 새 하늘과 새 땅]

20장: 천년왕국과 백 보좌 심판을 다룬다.

21장: 천년왕국 후 도래할 영원한 새 하늘과 새 땅, 새 예루살렘을 묘사한다.

22장: 예수님께서는 새 예루살렘의 모습을 보여준 후 이 예언의 말씀을 전하라고 하셨다.

예수님이 부활하시고 승천하신 후 교회가 세워졌다. 초대교회는 구제와 복음 전파에 힘썼지만 점점 조직화되고 세속화되면서 첫사랑을 잃어갔다. 교회는 로마제국의 박해를 이겨냈지만 로마제국이 기독교를 공인하면서 권력 유지의 도구로 이용되었다. 로마가톨릭은 거짓 교리를 만들고 우상숭배를 조장하였으며 많은 사람을 희생시켰다. 종교개혁 이후 복음이 활발히 전개되어 하나님의 말씀을 쉽게 접할 수 있는 상황이 되었으나 오히려 영적 무지 상태가 된다(2-3장).

그리스도인들은 대 환난 전에 휴거된다. 예수님이 공중에서 그리스도인들을 맞을 것이며 그들은 하나님이 계신 셋째 하늘로 올라가 하나님의 보좌를 볼 것이다(4장). 성부하나님께서는 일곱 개로 봉인된 심판의 책을 예수님께 넘겨주신다. 예수님이 차례로 그 봉인을 떼시면서 마지막 때가 시작된다(5장).

대 환난이 시작되면 적그리스도가 평화의 사도를 가장하여 나타난다(계6:2). 대 환난 초기에 적그리스도는 로마가톨릭을 이용하여 세계를 하나로 만들며 자기의 영역을 확대해 나간다. 하나님께서 복음 전파를 위해 유대인 십사만 사천 명을 부르신다(7장). 둘째부터 넷째 봉인이 열리면서 전쟁과 기근과 전염병과 땅의 짐승들이 땅의 사분의 일을 죽이는 재앙이 온다. 하나님께서 곧 세상의 종말이 올 것이라고 알려주시는 것이다(6장). 적그리스도는 죽다 살아나는데 그 모습을 보고 많은 사람들이 적그리스도를 따른다. 대 환난 후반부가 되면 사탄이 적그리스도에게 들어가기 때문에 그가 많은 능력을 행한다. 적그리스도는 자신의 본색을 드러내며 유대인과 성도들을 핍박하고 자신을 우상화한다(13장). 그리고 더 이상 이용가치가 없어진 로마가톨릭을 무너뜨린다(17장). 적그리스도의 박해를 피해 유대인들이 광야로 피난한다. 하나님은 유대인들을 보호해 주신다(12장). 순교한 성도들이 하나님께 그들의 원한을 갚아달라고 호소한다(6:9-11). 하나님께서는 두 증인 모세와 엘리야를 보내어 많은 이적을 행하게 하고 복음을 전파하게 하신다. 두 증인은 적그리스도에게 참수형을 당하지만 다시 부활하여 하늘로 올라간다(11장).

순교한 성도들의 기도가 응답되면서 일곱 나팔 재앙과(8-9장) 아주 극심한 일곱 호리병 재앙이 시작된다(15-16장). 적그리스도의 도성은 파괴된다(18장). 적그리스도와 추종자들은 마지막으로 하나님을 대적하기 위해 아마겟돈 전쟁을 준비한다. 예수님은 어린양의 혼인잔치를 마치시고 지상 재림하시면서 그들을 진멸하신다(19장). 세상이 에덴동산처럼 바뀌고 예수님의 천년왕국 통치가 시작된다. 사탄은 천년 동안 결박당한다. 천년왕국이 끝나면 사탄을 잠시 풀어준다. 사탄은 사람을 미혹하여 하나님을 대적한다. 이것이 곡과 마곡의 전쟁이다. 하늘에서 불이 내려 그들을 삼켜버린다. 구원 받지 못한 자는 백 보좌 심판에서 영원한 불 못에 던져진다(20장). 그리고 처음 하늘과 처음 땅은 사라지고 새 하늘과 새 땅이 된다. 영원한 도성 새 예루살렘이 하늘에서 내려온다. 그리스도인은 영원토록 하나님과 새 예루살렘에 살게 된다(21-22장).

요한계시록은 예수님이 그의 천사를 요한에게 보내어 앞으로 일어날 일들을 알게 하신 것이다(1절). 요한계시록은 요한이 직접 본 것을 기록한 것인데 모든 성경은 하나님의 감동으로 기록된 것이므로 하나님께서 기록하신 것이나 다름없다(2절). 예언은 앞으로 실제 다가올 일을 미리 말하는 것이므로 요한계시록의 예언은 반드시 이루어진다. 예언의 대상은 교회시대뿐만 아니라 휴거, 대 환난, 천년왕국, 영원한 새 예루살렘까지이다(3절). 아시아의 일곱 교회는 실제 있었던 교회지만 교회가 휴거될 때까지 시대 순으로 나타나는 교회의 모습들이다(4절).

예수님은 지금도 하나님의 보좌 우편에 계신다. 그분은 창조주로서 처음부터 계셨으며 앞으로 재림하시어 왕국을 통치하실 분이시다(4절). 그분의 보좌 앞에는 성령인 일곱 영이 있다. 예수님은 죽은 자들 가운데 처음으로 부활하시어 부활의 첫 열매가 되신 분이다. 그분은 자신의 피로 우리의 죄를 대속하여 우리를 깨끗하게 하신 분이시다. 예수님은 재림하시어 천년왕국을 세우시고 영적인 통치자뿐만 아니라 실제 땅의 왕들의 통치자가 되실 것이다(5절). 예수님은 지금 셋째 하늘에서 대제사장으로서 우리를 중보하고 계시고 우리 그리스도인은 왕 같은 제사장들이 되어 예수님을 통해 하나님께 나아갈 수 있다(6절). 예수님은 올라가신 그대로 구름 타고 오실 것이며 모든 사람이 동시에 그 모습을 볼 수 있다. 예수님을 찌른 유대인들도 볼 것이다. 대 환난을 끝까지 견딘 사람들은 예수님을 보고 애곡할 것이다(7절). 하나님께서는 시작과 끝이시며 영원하신 분이시다. 미리 정하신 일을 반드시 이루신다(8절).

요한이 밧모 섬에 유배되었을 때 성령 안에서 본 것을 책으로 써서 일곱 교회에 보내라는 음성을 듣는다(9-11절). 그는 일곱 교회를 상징하는 일곱 금 촛대 가운데 계신 인자 같은 분 즉 예수님을 보게 된다. 예수님은 금으로 만든 띠를 두른 왕의 모습과 흰 머리, 불꽃같은 눈, 용광로에 달군 빛나는 놋 같은 발을 가지신 심판자의 모습이셨다(12-15절). 예수님은 오른손에 일곱 교회에 사자로 보낼 일곱 천사를 상징하는 일곱 별을 가지셨다. 요한은 예수님의 입에서 나오는 양날 가진 칼 같은 진리의 말씀과 해와 같은 완전한 의를 가지신 예수님의 모습을 보고 그의 발 앞에 엎드렸다. 예수님은 요한에게 오른손을 얹으시며 두려워 말라고 말씀하셨다(16-17절). 예수님은 요한에게 자신이 처음과 마지막인 하나님이며, 죽었으나 부활하였고 지옥과 사망의 열쇠들을 가졌다고 말씀하셨다(18절). 예수님은 요한에게 일곱 교회에 관하여 네가 본 것들과 현재 대 환난 때 있는 일들과 앞으로 천년왕국과 영원한 새 예루살렘에 있을 일들을 기록하라고 말씀하셨다. 요한은 지금 대 환난 가운데서 과거와 미래를 보고 있는 것이다(19절). 요한은 예수님의 오른손 위에 일곱 별과 일곱 금 촛대를 보았는데 일곱 별은 일곱 교회에 메시지를 전할 천사들이며 일곱 금 촛대는 일곱 교회를 말한다(20절). 일곱 교회는 기독교 2000년 역사에서 교회의 특징들을 잘 보여준다.

에베소 교회는 초대교회를 상징한다. 예수님께서는 초대교회가 구제와 복음 전파에 힘쓰고 영지주의를 주장하는 악한 자들과 사도라고 속이는 거짓말쟁이들을 분별하여 쫓아낸 것을 칭찬하셨다(1-3절). 그러나 초대교회는 첫사랑을 버리고 교회를 점차 조직화했다. 성도를 계급으로 나누고 예수님이 교회의 머리되심을 인정하지 않았다. 예수님은 회개하지 않으면 교회의 권세를 빼앗아 가겠다고 말씀하셨다(4-5절). 니골라당은 율법은 필요 없으며 그리스도인은 무슨 일을 해도 죄가 되지 않는다고 주장하였다. 예수님은 초대교회가 다행히 니골라당에 현혹되지 않은 점을 칭찬하시면서 성령의 인도를 받아 이기는 자가 되라고 하셨다(6-7절).

서머나 교회는 로마의 박해 시대를 상징한다. 예수님은 서머나 교회가 로마 제국으로부터 환난과 궁핍을 당했지만 사실은 영적으로 부요한 자라고 말씀하셨다. 유대인이 아니면서 유대인 행세를 하며 할례를 강조하는 율법주의자들은 사탄의 회당이라고 하셨다(8-9절). 예수님은 열흘 동안의 환난 즉 로마 제국의 열 번의 큰 박해를 받더라도 죽기까지 신실하면 생명의 면류관을 줄 것이며 영원한 불 못으로 던져지는 둘째 사망이 없을 것이라고 말씀하셨다(10-11절).

버가모 교회는 기독교를 공인하였지만 교회를 권력유지의 도구로 이용한 로마 황제와 로마가톨릭 시대를 상징한다. 예수님은 바벨론의 우상숭배를 계승하여 사탄의 자리에 앉은 로마가톨릭에 굴복하지 않고 순교한 성도를 칭찬하셨다(12-13절). 그러나 음행과 우상숭배를 조장한 발람의 교리와 세상과 타협하게 한 니골라당의 교리를 수용한 로마 제국과 로마가톨릭에 동조했던 자들을 책망하셨다(14-15절). 예수님은 회개하지 않으면 멸망시키겠다고 말씀하셨다(16절). 이기는 자에게는 감추어진 만나와 흰 돌을 주시겠다고 약속하셨다(17절). 이기는 자는 어느 특정한 한 사람을 지칭하는 것이 아니라 이기는 자 모두를 말하는 것이다. 감추어진 만나와 흰 돌과 그 돌에 기록된 새 이름은 예수님을 말한다. 거짓 교리에 넘어가지 않고 이기는 자는 성령님을 통해 진리를 알게 되며 자신뿐만 아니라 다른 사람의 생명을 구하는 자가 된다.

두아디라 교회는 로마가톨릭이 거짓 교리를 만들고 본격적으로 우상숭배를 한 시기이다. 예수님은 로마가톨릭의 지배하에 있지만 사랑과 봉사와 믿음과 인내를 가지고 있는 성도들을 칭찬하셨다. 그러나 이세벨처럼 마리아나 태양신 같은 우상숭배를 자행하는 로마가톨릭에 저항하지 않고 용납한 것을 책망하셨다(18-20절). 로마가톨릭은 자신들의 잘못을 알면서도 회개하지 않았고 많은 성도들을 영적으로 죽게 했다. 예수님께서는 그녀(로마가톨릭)를 침상에 던져 재앙이 임하도록 하실 것이다(21-22절). 그들의 추종자들도 죽일 것이나 그녀의 교리를 수용하지 않거나 그 교리가 잘못인지 깨닫지 못하는 자들에게는 책임을 묻지 않을 것이다(23-24절). 로마 가톨릭에 현혹되지 않고 믿음을 굳게 잡아 복음을 전하는 자는 천년왕국 때 민족들을 다스리는 권세를 주실 것이다(25-27절). 그들은 새벽별이신 예수님의 재림 때 휴거될 것이다(28-29절).

사데 교회는 로마가톨릭의 박해가 극에 달했던 시대를 상징한다. 예수님은 교회가 확장되는 것 같으나 실상은 믿는 자들이 극소수인 죽은 교회라고 한탄하셨다. 예수님은 영적으로 깨어 있으라고 명령하시면서 로마가톨릭 안에 소수이지만 남아 있는 자들에게 힘을 돋우어 주라고 하셨다. 그리고 로마가톨릭 밑에서 괴상한 형태의 종교의식을 따라하는 온전하지 못한 모습을 책망하셨다(1-2절). 로마가톨릭이라는 거짓 교회 아래에 있는 성도들에게 처음 어떻게 성령을 받았고 어떻게 복음을 들었는지 기억하고 회개하여 그곳에서 나오라고 촉구하고 계신다. 예수님이 도적같이 재림하시니 영적으로 깨어 있으라고 말씀하셨다(3절). 예수님은 로마가톨릭의 지배를 받지만 진리를 알며 정결함을 유지한 소수의 성도들은 구원 받을 것이라고 하셨다(4-6절).

빌라델비아 교회는 종교개혁 이후부터 복음을 활발히 전했던 시대를 상징한다. 예수님은 복음 전파의 열린 문을 두어 복음 전파를 방해하지 못하도록 하셨다. 종교개혁 후에 나타난 교회는 사람들이 큰 능력이라고 생각하는 표적들은 행하지 않았지만 하나님의 말씀을 지켰고 교리를 올바로 전파하였다(7-8절). 스스로를 영적 유대인이라고 자처하며 거짓 교리를 가르치고 우상숭배를 행했던 로마 가톨릭을 예수님은 교회의 발 앞에 굴복시킬 것이다(9절). 예수님께서는 인내의 말 즉 하나님의 계명과 예수에 대한 믿음을 지킨 자들에게는 환난을 면하게 해 주시겠다고 약속하셨다. 예수님은 그들에게 재림 때까지 가진 것을 굳게 붙들어서 면류관을 빼앗지 못하게 하라고 말씀하셨다(10-11절). 역시 이기는 자는 천년왕국 때 통치자로 삼을 것이며 새 예루살렘에 거주할 것이라고 말씀하셨다(12-13절).

라오디게아 교회는 휴거 전까지의 시대를 상징한다. 예수님께서는 하나님의 말씀에 대해서 잘 아는 것도 아니고 잘 모르는 것도 아닌 상태를 미지근함에 비유하시며 교회에게 경고하셨다. 미지근하면 입에서 토해 내겠다고 말씀하셨는데 이는 구원을 받지 못한다는 뜻이다. 이 시대는 하나님을 믿는다고 하면서도 정작 성경에 대해서는 잘 모르는 영적으로 무지한 자들이 많다(14-16절). 예수님은 또한 이 시대 교회들은 물질적으로 부자며 부요하게 되었고 영적으로도 하나님의 말씀을 많이 알고 있다고 자부하지만 실상은 영적으로 비참하고 가련하며 가난하고 눈멀고 헐벗었다고 말씀하셨다(17절). 예수님은 그들에게 불로 단련된 금을 사듯이 믿음으로 연단하여 성숙한 성도가 되어야 하며, 흰옷을 사서 벌거벗은 수치를 드러내지 않도록 하고 옳은 행실과 거룩함으로 부끄럽지 않은 성도가 되어야 한다고 강조하셨다. 그리고 안약을 사서 눈에 발라 영적인 눈을 뜨라고 하셨다(18절). 예수님이 책망과 징계하시는 것은 그를 사랑하시고 그가 회개하기를 원하시기 때문이다. 그가 회개하고 예수님을 구주로 영접하면 예수님은 그를 복음 전파에 사용하시며 그와 친밀한 교제를 나누신다(19-20절). 예수님은 이기는 자는 하나님의 아들이 되며 예수님과 공동 상속자가 될 것이라고 말씀하셨다(21-22절).

4장은 대 환난이 일어나기 전에 교회가 휴거된다는 사실을 알려 준다.

1절: 하나님께서 계신 셋째 하늘의 문이 열리고 요한에게 올라오라는 나팔 소리 같은 음성이 들린다. 이는 3장까지 교회시대가 끝나고 그리스도인이 휴거가 된다는 사실을 미리 보여준 것이다. 예수님은 나팔 소리와 함께 셋째 하늘로부터 친히 공중으로 오시어 그리스도인들을 데려가신다(살전4:16).

2절: 사도 요한은 성령에 감동되었는데 이는 성령께서 요한의 몸을 변화시켜 셋째 하늘에 가도록 했다는 뜻이다(고전15:52). 요한은 그곳에서 성부하나님의 보좌를 본다.

3절: 성부하나님은 빛의 형상이시다. 사람이 성부하나님을 보고 정확히 묘사하기는 힘들다. 사도 요한은 밝고 빛나고 찬란한 성부하나님을 보게 되는데 그분은 인류를 다시는 물로 심판하지 않으시겠다는 약속의 징표인 무지개를 보좌에 두르고 계신다.

4절: 하나님 보좌 주위에는 흰 옷을 입은 24장로가 앉아 있는데 그들은 금 면류관을 머리에 쓰고 있다. 24장로는 천사가 아닌 성도들인데 정확히 누구인지는 알 수 없다. 구약시대의 열두 지파를 대표하는 인물과 신약시대의 열두 사도일 수 있다. 그들이 금 면류관을 썼기 때문에 연단된 강한 믿음과 옳은 행실로 상급을 받은 자라는 사실만은 분명하다.

5절: 보좌 앞에 일곱 등불이 불타고 있는데 이는 성령님을 말한다.

6절: 보좌 앞에 있는 수정과 같은 유리바다가 있었는데 이는 셋째 하늘 아래에 있으며 이곳을 통과하면 영원의 세계로 간다. 유리바다는 성막에서 성소와 지성소를 구분하는 휘장과 같은 곳이다. 그 보좌 주위에 앞뒤로 눈이 가득한 네 짐승이 있다.

7절: 네 짐승은 하나님의 창조물을 대표한다. 사자는 야생 동물을, 송아지는 가축을, 독수리는 조류를 대표한다. 모든 창조물들은 네 생물처럼 하나님께 영광을 돌려야 한다.

8-9절: 네 짐승들의 정체는 천사인데 천사 중에서도 스랍이다. 스랍은 여섯 개의 날개를 가졌다(사6:2). 스랍들은 그룹처럼 하나님의 보좌 주변에서 그분의 영광을 호위하면서(사6:1-2) 하나님의 거룩하심을 찬양하는 일을 하고 있다(사6:3).

10절: 24장로가 하나님께 경배하며 그들의 면류관을 보좌 앞에 던졌다. 그들의 면류관을 보좌 앞에 던졌다는 것은 자신들은 면류관 즉 영광과 존귀를 받을 자격이 없다는 겸손의 표시이자 영광과 존귀를 받으실 분은 오직 하나님이심을 고백하는 것이다.

11절: 영광과 존귀를 받으시기에 합당하신 주님은 성부하나님뿐만 아니라 성자하나님도 해당한다. 성자하나님도 창조주이시기 때문이다.

5장은 심판의 책을 봉한 일곱 인을 떼시기에 합당하신 분은 예수님이시므로 예수님은 찬양받으시기에 합당하신 분이시다.

1절: 보좌에 앉으신 성부하나님께서 오른손에 일곱 인으로 봉해진 한 권의 책을 가지고 계셨는데 그 책은 생명책이 아니라 심판의 책이다. 봉인이 열리면서 마지막 때가 시작된다.

2-5절: 힘센 한 천사가 인봉한 책의 일곱 인을 떼기에 합당한 분이 누구이신지 물었다. 요한은 그 책을 펴거나 읽거나 볼만한 사람을 아무리 찾아도 없었기 때문에 심히 울었다. 24장로 가운데 한 명이 요한에게 유다 지파의 사자인 다윗의 뿌리가 이겼으니 그분이 그 책을 펴고 일곱 봉인을 뗄 것이라고 말해 주었다. 유다 지파는 이스라엘을 대표하는 지파이다. 사자는 동물의 왕이므로 유다 지파의 사자는 유대인의 왕이신 예수님을 말한다. 예수님은 다윗의 혈통으로 나셨기 때문에 다윗의 뿌리이시다.

6절: 요한은 도살당하였던 것 같은 한 어린양을 보았는데 그는 일곱 뿔과 일곱 눈을 가지고 있었다. 도살당하였던 것 같은 어린양은 십자가에서 죽으신 예수님이다. 일곱 뿔은 예수님의 권세를, 일곱 눈은 성령님을 상징한다. 일곱 눈이 온 땅에 보내심을 받았다는 것은 그리스도인의 몸 안에 성령님이 내주하심을 말하는 것이다.

7절: 성부하나님은 심판의 책을 예수님께 넘기신다. 예수님께서 심판의 권세를 넘겨받으신다.

8절: 스랍들과 장로들이 각자 하프와 향으로 가득한 금 호리병들을 가지고 예수님 앞에 엎드린다. 그 향은 성도들의 기도이다. 심판과 구원과 회복은 성도들의 기도에 대한 응답이다.

9절: 그들이 새 노래를 불렀는데 새 노래는 하나님께 드리는 찬양이다(시40:3). 새 노래는 거듭난 사람만이 부를 수 있다. 구약에서는 하나님께서 구원해 주시고 복을 주셨을 때 새 노래를 불렀다. 신약에서는 예수 그리스도의 보혈로 구속받은 은총에 감사하며 부른다.

10절: 예수님은 24장로를 왕들과 제사장으로 삼으신다. 24장로가 땅 위에서 통치하게 된다. 땅 위에서 통치한다는 것은 실제 천년왕국 때 땅 위에서 예수님과 통치하는 것을 말한다.

11절: 그곳에는 또한 보좌와 짐승들과 장로들을 둘러선 많은 천사들이 있다.

12-14절: 천사들이 예수님께 영광과 찬송을 돌린다. 모든 피조물은 이제까지 함께 신음하며 고통받고 있다(롬8:22). 피조물도 간절한 기대를 갖고 하나님의 아들들이 나타나기를 기다리고 있다(롬8:19). 하나님의 아들이신 예수님과 그리스도인이 통치하는 천년왕국이 되면 세상이 회복되기 때문이다.

요한계시록 6장은 7년 대 환난의 전체 상황을 보여준다.

1-2절: 첫째 봉인을 열자 활과 한 면류관을 가진 흰 말 탄 사람이 나와서 계속 정복한다. 예수님은 적그리스도처럼 조금씩 정복해 나가시는 분이 아니라 천년왕국 때 일시에 세상의 유일한 통치자가 되시는 분이시다. 요한계시록 19장 11절에 나오는 흰 말 위에 앉으신 분은 예수님이시지만 여기에 나오는 흰 말 탄 사람은 예수님을 가장한 적그리스도다. 그는 세상을 통치하려는 야욕을 품은 정치가이다. 적그리스도는 등장 초기에 평화의 사도를 가장하여 나타나며 많은 사람을 미혹한다.

3-4절: 둘째 봉인을 열자 붉은 말에 앉은 자가 땅에서 평화를 제거하는 권세와 큰 칼을 받았으며 그들이 서로 죽인다. 붉은 말에 앉은 자는 전쟁과 유혈을 상징한다. 적그리스도가 통치할 때 거짓 평화가 잠깐 있겠으나 오래 가지 못하고 큰 전쟁이 일어난다.

5-6절: 셋째 봉인을 열자 검은 말을 탄 사람이 나타난다. 검은 말은 기근을 상징한다. 기근으로 밀 한 되가 한 데나리온까지 상승한다. 그러나 다행히 기름과 포도주는 기근에 큰 영향을 받지 않는다.

7-8절: 넷째 봉인을 열자 청황색 말(창백한 말)을 탄 사람이 나타났는데 이는 전염병과 재앙을 상징한다. 전쟁, 굶주림, 전염병(사망), 인간의 영역까지 침범한 짐승들로 인해 인구의 사분의 일이 죽는다.

9-11절: 다섯째 봉인을 열자 적그리스도에 대항하여 하나님의 말씀을 지키고 복음을 전한 순교자들이 박해자를 심판해 줄 것을 요청한다. 그러나 순교자의 수가 가득 채워질 때까지 기다리라는 응답을 받는다. 이때가 대환난의 중반을 지나 후반으로 넘어가는 시기이다.

12-13절: 여섯째 봉인이 열리자 큰 지진이 나고 해가 검어지며 달은 피처럼 되고 별들은 땅에 떨어진다. 해와 달은 실제 빛을 잃게 되는 것이며 별들이 땅에 떨어진다는 것은 운석 등이 실제 땅에 떨어진다는 것이다. 이제 대 환난이 끝나고 예수님이 지상에 재림하신다.

14절: 대 환난이 끝나고 지구의 환경이 바뀌어 예수님의 재림과 천년 왕국을 준비한다.

15-16절: 그리스도인의 휴거와 대 환난을 보고도 회개하지 않았던 자들이 하나님의 진노에 두려워서 숨는 모습을 묘사한다.

7장은 대 환난 초기에 복음 전파를 위해 선택된 144,000명과 그들의 복음을 받아들이고 순교한 성도들의 모습을 보여준다.

1-3절: 네 천사가 네 모퉁이(동서남북 전체)에 서서 바람을 붙잡아 전쟁이 일어나지 않게 하여 땅과 바다(온 세상)와 나무들(사람들)이 손상되지 않도록 한다. 왜냐하면 하나님의 종들의 이마에 인장으로 표시하기 위해서다. 이마에 인장으로 표시한다는 것은 하나님의 소유라는 뜻이며 영적인 안전을 확증하는 표시다. 이들이 인장을 받을 때는 대 환난 초기이며 이 시기에 적그리스도가 나타나지만 아직 본색을 드러내지 않는다.

4-8절: 인장으로 표시를 받은 자들은 총 144,000명이다. 이들은 이스라엘 자손의 각 지파에서 12,000명씩 선택을 받은 사람들이다. 그들은 영적인 그리스도인이 아니라 실제 유대인이다. 그리스도인들은 대 환난 전에 모두 휴거되어 지상에 없다. 144,000명을 선택하시는 분은 하나님이시다. 하나님은 정확히 각 지파에서 12,000명씩 선택하신다. 144,000명은 극심한 환난이 오기 전에 유대인들과 이방인들에게 복음을 전파하는 사명을 받는다. 그들은 7년 대 환난 기간 중 전반부 3년 반 동안 활동하며 복음을 전한 후 순교한다.

9-12절: 셀 수 없는 큰 무리가 흰 옷을 입고 하나님과 예수님을 찬양한다. 또 모든 천사가 하나님의 보좌 앞에서 하나님께 경배를 드린다. 이곳은 하나님의 보좌가 계시는 셋째 하늘이다. 셀 수 없는 큰 무리는 대 환난 중에 144,000명이 전하는 복음을 듣고 구원 받은 후 순교한 사람들이다. 그들이 지금 하나님이 계신 셋째 하늘에 와 있는 것이다.

13-14절: 장로 가운데 한 사람이 요한에게 흰 옷을 입은 큰 무리가 대 환난 중에 순교한 성도라는 사실을 알려준다. 그들은 7년 대 환난 중 전반기 3년 반 동안 활동한 144,000명에게 복음을 듣고 예수님을 구주로 영접한다. 그러나 본색을 드러낸 적그리스도의 본격적인 박해로 후반기 3년 반이 시작되는 초기에 대부분 순교한다. 이들이 요한계시록 6장 10절에서 박해자를 심판해 달라고 요청한 사람들이다.

15-17절: 그들은 천년왕국 때 성전에서 예수님을 밤낮 섬기며 예수님과 함께 통치한다. 15절의 성전은 셋째 하늘(천국)을 말하는 것이 아니다. 셋째 하늘에는 밤이 없기 때문이다. 그들은 대 환난 중에 적그리스도의 핍박으로 굶주리고 목말랐으며 마땅한 거처가 없어 뜨거운 태양 아래 자기도 했다. 그러나 이제 더 이상 그런 고난을 겪지 않아도 된다. 예수님이 그들을 먹이시고 하나님께서 그들의 눈에서 모든 눈물을 씻어 주시기 때문이다.

8장은 대 환난 후반부에 일어날 일곱 나팔 재앙 중 네 가지 재앙을 설명한다.

1절: 예수님이 일곱째 봉인을 여실 때 하늘에 약 반 시간쯤 정적이 생긴다.

2절: 대 환난 후반부에 있는 일로서 순교한 성도들의 기도에 대한 응답으로 재앙을 내리기 위해 일곱 천사가 일곱 나팔을 받는다. 이때 환난 성도들은 아직 휴거되지 못하였다.

3-4절: 환난 때 순교한 성도들의 기도가 하나님께 올라간다.

5-6절: 천사가 향로를 땅에 쏟으니 나팔 재앙이 시작된다. 순교한 환난 성도들의 기도 응답이 이루어지는 순간이다.

7절: 첫째 천사가 나팔을 부니 피가 섞인 우박과 불이 땅에 쏟아져서 나무의 삼분의 일과 모든 푸른 풀을 태워버린다. 당연히 이것은 실제 일어나는 재앙이다. 나팔 재앙들을 절대 영적으로 해석하면 안 된다. 하나님께서 이집트에 재앙을 내리실 때도 우박과 불을 내리셨고 불덩이가 우박에 섞여서 맹렬하게 내렸었다(출9:23-24). 피가 섞인 우박과 불은 아마존 밀림 같은 곳에 떨어져 나무의 삼분의 일을 태워버리기 때문에 환경 재앙이 시작된다.

8-9절: 둘째 천사가 나팔을 부니 거대한 산이 불에 타서 바다로 던져지는 것 같으며 바다의 삼분의 일이 피가 된다. 거대한 산은 운석일 가능성이 크다. 운석이 대기권으로 들어올 때 불에 타는 거대한 산처럼 보일 것이다. 운석이 바다에 떨어져 바다 생물의 삼분의 일이 죽고 바다에 떠 있던 배들의 삼분의 일이 파괴된다.

10-11절: 셋째 천사가 나팔을 부니 등불처럼 타는 큰 별이 강들의 삼분의 일과 물들의 원천에 떨어진다. 큰 별은 소행성이나 혜성으로 볼 수 있다. 이 별이 떨어져서 물이 쓰게 되었으므로 많은 사람이 죽는다. 그래서 그 별의 이름이 쑥이다. 쑥은 먹는 쑥을 말하는 것이 아니라 독을 의미한다. 하나님은 일찍이 쑥과 독한 물을 마시게 하겠다고 말씀하셨다(렘9:15).

12절: 넷째 천사가 나팔을 불면 해와 달과 별들의 삼분의 일이 타격을 받는다. 타격을 받는다는 것은 외부에서 충격을 받거나 내부적으로 문제가 생긴 것이다. 결과적으로 그것들의 삼분의 일이 어두워져서 낮과 밤의 삼분의 일에 해당하는 시간에 빛이 비치지 못한다.

13절: 한 천사가 나타나 세 천사가 앞으로 나팔을 불 것인데 이 나팔 소리 때문에 땅에 사는 자들에게 화가 있을 것이라고 말한다. 더 큰 재앙이 임한다는 뜻이다.

9장은 대 환난 후반부에 일어날 일곱 나팔 재앙 중 두 가지 재앙을 보여 준다.

1-3절: 다섯째 천사가 나팔을 불자 천사(별) 하나가 땅에 내려와 예수님께 받은 열쇠로 깊은 구렁을 연다. 깊은 구렁을 열면 큰 용광로에서 나오는 연기 같은 것이 올라오는데 그것이 해와 공기를 가려 어둡게 할 정도다. 그 연기에서 전갈과 같이 침을 쏘는 능력을 가진 메뚜기들이 땅 위로 나온다. 이 모든 일들은 문자적으로 실제 이루어지는 일이다.

4-6절: 메뚜기들은 이마에 하나님의 인장으로 표시 받지 않은 사람들 즉 적그리스도 편에 선 악인들만 해칠 수 있다. 대 환난 때 순교하지 않고 남아 있는 성도들을 하나님께서는 메뚜기 재앙으로부터 보호해 주신다. 메뚜기들은 전갈과 같은 침으로 악인들을 쏘는데 악인들은 메뚜기들 때문에 다섯 달 동안 고통을 받는다. 메뚜기의 침은 마비만 시키기 때문에 악인들이 죽고 싶어도 죽지 못한다.

7-10절: 메뚜기들은 이 세상에 존재하는 메뚜기와는 다소 다른 초자연적인 존재이다. 메뚜기는 전쟁을 위하여 준비한 말들 같고, 그 머리에 금 같은 관 비슷한 것을 쓰고, 그 얼굴은 사람의 얼굴 같고, 여자의 머리털 같은 머리털이 있고, 그 이빨은 사자의 이빨 같으며, 흉배는 철 흉배 같고, 날개들의 소리는 병거와 많은 말들이 전쟁터로 달려 들어가는 소리 같다. 그것들은 전갈과 같은 꼬리와 쏘는 살이 있다.

11절: 메뚜기들을 다스리는 왕은 끝없이 깊은 구렁의 천사다. 그 천사는 타락한 천사다. 그의 이름은 히브리어로는 아바돈, 헬라어로는 아볼루온이다. 멸망이라는 뜻이다.

12-15절: 여섯째 천사가 나팔을 불면 하늘에 있는 성전의 금 제단에서 큰 강 유프라테스에 결박하여 놓은 타락한 네 천사를 풀어주라는 음성이 나온다. 풀려난 네 천사는 년 월 일 시에 이르러 사람 삼분의 일을 죽이기로 준비된 자들이다. 유프라테스 강은 바벨탑을 쌓았던 곳이다. 연, 월, 일, 시를 위해 예비해 두었다는 것은 일순간에 사람들의 삼분의 일을 죽인다는 뜻이다.

16-19절: 타락한 네 천사에게 속한 기병대의 수는 이억이다. 그들은 불빛과 자줏빛과 유황빛 흉배를 지녔으며 말들의 머리는 사자 머리 같고 그 입에서는 불과 연기와 유황이 나와 사람들의 삼분의 일을 죽인다. 그들의 힘은 입과 꼬리에서 나온다. 말들은 우리가 알고 있는 말이 아니라 지옥에서 나온 초자연적 존재다. 말에 타고 있는 자들은 사람일수도 있고 초자연적인 존재일 수도 있다.

20-21절: 엄청난 재앙이 내렸음에도 사람들은 여전히 회개하지 않고 적그리스도를 따른다.

10장에서 11장 13절까지는 여섯 번째 나팔 재앙과 일곱 번째 나팔 재앙 사이에 삽입된 다른 내용은 다룬다. 10장은 하나님의 신비가 곧 이루어질 것이며 요한에게 다시 예언하라고 한다.

1-3절: 힘센 천사가 하늘에서 내려온다. 이 힘센 천사는 예수님이 아니라 천사 중 한 명이다. 구약에서는 예수님이 종종 천사 같은 모습으로 나타나셨는데 요한계시록에서는 어린양이나 인자 같은 분으로 나타나신다. 그 천사의 손에는 작은 책이 펴 있는데 그 작은 책은 요한에게 줄 계시의 책이다(9절). 천사의 오른 쪽 발은 바다를, 왼쪽 발은 땅을 밟고 있는데 그것은 계시의 범위가 전 세계라는 사실을 알려준다.

4절: 천사가 큰 음성으로 외치자 일곱 천둥이 소리를 내기 시작한다. 일곱 천둥이 내는 소리를 요한이 기록하려고 했으나 기록하지 말고 봉인하라는 지시를 받는다. 따라서 일곱 천둥이 무슨 소리를 냈는지는 알 수 없다. 지금까지 봉인된 상태다.

5-7절: 천사가 하늘을 향해 손을 들고 하나님께 더 이상 지체하지 않겠다고 맹세한다. 그리고 일곱째 천사가 나팔을 불면 하나님의 신비가 이루어질 것이라고 말한다. 천사가 하늘을 향해 손을 들었다는 것은 하나님께 맹세한다는 뜻이다. 천사가 말한 하나님의 신비란 일곱째 천사가 나팔을 불면 대 환난이 끝나고 천년왕국과 영원한 새 예루살렘 시대가 시작되는 것을 말한다. 더 이상 지체하지 않는다는 것은 하나님의 신비가 예정된 대로 곧 이루어질 것이라는 의미이다.

8-10절: 그 천사의 손에 펴 놓은 작은 책을 가지라는 음성이 하늘로부터 요한에게 전해진다. 요한이 천사에게 그 책을 달라고 하자 천사는 먹으라고 하면서 네 배에는 쓰겠지만 입에는 꿀처럼 달 것이라고 말한다. 천사가 요한에게 주는 작은 책은 정확히 알 수 없지만 요한이 다시 예언할 내용이 담긴 책이다. 요한이 그 책을 먹었을 때 입에 꿀처럼 달았던 까닭은 영적인 눈이 떠져서 하나님의 신비를 알게 되었고 소망이 생겼기 때문이다. 그러나 그것이 배에서 쓴 맛을 느낀 까닭은 하나님의 심판의 메시지를 전달하고 회개를 촉구하는 힘든 사명을 받았기 때문이다.

11절: 요한은 자신이 먹은 작은 책에 적힌 계시의 내용을 다시 예언할 사명을 받는다.

11장은 대 환난 중반부터 사역할 두 증인과 일곱째 나팔에 관해 다룬다.

1-2절: 천사가 요한에게 갈대를 주며 하나님의 성전과 제단과 경배하는 자들을 측량하라고 말한다. 요한이 받은 갈대는 측량하는 도구다. 하나님의 성전과 제단과 그 안에서 경배하는 자들은 유대인이며 이들을 측량한다는 것은 하나님께서 보호해 주신다는 의미이다. 적그리스도는 본색을 드러내며 대 환난 후반부 삼년 반 동안 성전을 더럽히고 거룩한 도성 예루살렘을 짓밟을 것이다.

3-4절: 하나님께서 두 증인을 세우시는데 그들은 스가랴 4장 14절에서 예언한 두 올리브 나무다. 이들이 하나님께 권세를 받아 삼년 반 동안 유대인에게 회개를 촉구하며 예언한다.

5-6절: 두 증인은 하나님의 보호를 받기 때문에 아무도 해치지 못한다. 그들은 비가 오지 못하게 하고 물을 피로 바꾸는 권세가 있다. 그들이 행한 이적으로 보건데 두 증인은 하나님께서 보내신 엘리야와 모세일 것이다.

7-8절: 두 증인이 삼년 반 동안의 사역을 마칠 때쯤 짐승의 지배를 받는 적그리스도에게 패해 순교한다. 그들의 시체는 예루살렘 길거리에 버려진다. 당시 예루살렘은 적그리스도에 의해 더럽혀지고 영적으로 타락하여 소돔과 이집트라고 부른다.

9-10절: 많은 사람들이 두 증인의 죽음을 보고 기뻐하면서 무덤에 장사하지 못하게 한다. 왜냐하면 그들이 두 증인을 통해 많은 재앙을 받고 고통을 겪었기 때문이다.

11-13절: 두 증인이 죽은 지 사흘 반이 지나자 하나님께서 그들을 살리신다. 그들의 시체를 바라보던 자들이 큰 두려움에 휩싸인다. 그들은 구름을 타고 하늘로 올라가고 그들의 죽음을 보고 기뻐했던 원수들이 그 모습을 본다. 그때 큰 지진이 나서 예루살렘의 십분의 일이 무너지고 칠천 명이 죽는다. 살아남은 유대인들은 회개하며 하나님께 영광을 돌린다.

14-15절: 일곱째 천사가 나팔을 불자 이 세상 나라들의 통치권이 세상 통치자들에게서 예수님께로 넘어간다. 예수님은 천년왕국과 영원한 도성 새 예루살렘의 통치자시다.

16-17절: 24장로가 크신 권세를 가지고 천년왕국을 통치하신 예수님께 경배하며 감사드린다. 천년왕국이 끝난 것이다.

18절: 천년왕국이 끝나고 새 예루살렘이 내려오기 전에 백 보좌 심판이 있다.

19절: 하늘에서 하나님의 성전이 열리며 성전 안에 있는 언약궤가 보인다. 또 거기에는 번개들과 음성들과 지진과 큰 우박이 있다. 하나님의 성전은 지상의 성전이 아니라 하늘에 있는 성전이다. 언약궤는 하나님의 백성에게는 긍휼을 상징하지만 악인들에게는 재앙을 상징한다. 번개, 음성, 천둥, 지진, 큰 우박은 모두 악인들에게 내리는 재앙이다.

12장은 대 환난 후반 3년 반 동안 적그리스도를 피해 광야로 피난한 이스라엘을 다룬다.

1-2절: 해로 옷 입고 달이 그녀의 발 아래 있으며 머리에 열두 별이 있는 면류관을 쓴 여인이 나오는데 그 여인은 이스라엘을 상징한다. 해와 달과 별은 야곱의 가족을 말하기 때문이다(창 37:9). 그 여인이 임신한 아이는 예수님이시다(5절). 여인이 아이를 임신했다는 것은 이스라엘이 예수님을 구주로 영접했다는 뜻이다.

3-4절: 일곱 머리와 열 뿔이 있는 커다란 붉은 용이 하늘의 별 삼분의 일을 끌어다가 땅에 던지며 태어나려는 아기를 삼키려고 한다. 커다란 붉은 용은 사탄이다(9절). 일곱 머리는 일곱 왕국의 일곱 왕을 말하며 열 뿔은 적그리스도가 임명한 열 명의 분봉 왕이다. 사탄이 타락한 천사를 뜻하는 하늘의 별 삼분의 일을 땅에 내려 보내서 회심한 유대인들을 죽이려고 한다. 여기서 회심한 유대인들은 대 환난 초기에 파송된 144,000명과 대 환난 후반기 때 활동한 두 증인으로부터 복음을 듣고 회심한 자들이다.

5-6절: 여인이 출산한 사내아이는 모든 민족들을 다스릴 예수님이시다(계19:15). 환난 후반이 되면 적그리스도는 본색을 드러내고 유대인들을 죽이려고 한다. 유대인은 적그리스도를 피해 광야로 피신한다. 하나님께서는 유대인들이 3년 반 동안 숨을 곳을 마련해 주신다.

7-9절: 천사장 미가엘이 사탄의 처소인 공중에서 사탄과 싸워 이긴다. 사탄과 그를 따르는 타락한 천사들은 더 이상 하늘에서 있을 곳을 찾지 못하고 모두 지상으로 쫓겨난다.

10-12절: 하늘에서 쫓겨난 사탄과 그 무리들은 밤낮 참소하던 자들이었다(욥1:8-12). 사탄이 쫓겨나자 하나님의 나라와 천년왕국이 가까워졌기 때문에 하늘에 있는 성도들이 기뻐한다. 사탄이 쫓겨난 하늘에서는 즐거움이 있으나 사탄이 내려간 땅과 바다에 살고 있는 자는 화를 당하게 된다. 사탄이 자기의 때가 얼마 남지 않았다는 사실을 알고 크게 분노했기 때문이다.

13-14절: 사탄이 땅에 내려가 유대인들을 박해하기 시작한다. 유대인들은 큰 독수리의 두 날개를 받아 광야로 피신하여 삼년 반 동안 하나님께로부터 부양을 받는다. 유대인들이 큰 독수리의 두 날개처럼 생긴 비행기를 타고 광야로 피신한 것이다.

15-16절: 사탄이 광야에 있는 유대인들을 죽이기 위해 물을 홍수같이 쏟지만 하나님이 유대인들을 도와 땅이 그 물을 흡수하게 하신다.

17절: 사탄은 자기 뜻대로 되지 않자 예수님을 믿는 자들 가운데 살아남은 자들과 싸우려고 나간다.

13장은 첫 번째 짐승인 적그리스도와 두 번째 짐승인 거짓 선지자의 실체를 다룬다.

1-2절: 한 짐승이 바다에서 올라오는데 그것은 적그리스도이며 사탄이 육신을 입어 나타난 것이다. 그 짐승은 일곱 머리와 열 뿔을 가졌다. 일곱 머리는 일곱 왕국의 일곱 왕을 말하며 열 뿔은 적그리스도가 임명한 분봉 왕들이다(계17:9-12). 그들은 하나님을 모독하는 자들이며 특성이 표범, 곰, 사자 같다. 사탄이 자기의 능력과 권세를 적그리스도에게 준다.

3-6절: 적그리스도는 죽을 정도로 치명상을 입으나 기적처럼 살아난다. 그러자 온 세상이 적그리스도와 사탄을 경배한다. 적그리스도는 인류가 해결하기 힘든 큰일들을 사탄의 능력으로 해결하여 더욱 막강한 권력을 가진다. 적그리스도는 대 환난 후반 삼년 반이 시작할 때 본색을 드러내며 하나님을 모독하고 성도들을 저주한다.

7-10절: 성도들이 적그리스도에 대항하려고 하지만 이기지 못한다. 구원 받지 못한 모든 사람들은 적그리스도에게 경배한다. 적그리스도가 성도들을 사로잡고 칼로 죽일지라도 결국 그는 반드시 망하게 된다. 따라서 그 시대에 사는 성도들은 인내하고 믿음을 지켜야 한다.

11-13절: 다른 짐승은 거짓 선지자를 말한다. 어린양의 두 뿔을 가졌다는 것은 하나님의 선지자를 가장했다는 것이고 용처럼 말한다는 것은 사탄처럼 거짓 교리를 만든다는 뜻이다. 그가 하늘에서 땅 위로 불을 내려오게 할 정도로 사람들 앞에서 큰 이적을 행한다. 그래서 거짓 선지자도 적그리스도의 권세만큼 강해진다. 거짓 선지자는 적그리스도와 적대 관계가 아니다. 그는 치명상을 입고 살아난 적그리스도에게 모든 사람들이 경배하도록 강요한다.

14-15절: 거짓 선지자가 많은 기적을 행하자 사람들은 두 증인(모세, 엘리야)보다 거짓 선지자를 따른다. 급기야 거짓 선지자는 적그리스도의 형상을 만들어 사람들에게 경배하도록 강요한다. 그 형상에게 생명을 주어 말도 하게 하자 많은 사람들이 더욱 더 형상을 경배한다. 적그리스도의 형상에게 경배하지 않는 자는 죽임을 당한다.

16-18절: 이제 모든 사람들이 적그리스도와 거짓 선지자의 말을 들을 수밖에 없다. 그들은 모든 사람들이 오른손이나 이마에 표를 받게 한다. 그 표는 적그리스도의 이름으로 표시되거나 666이라는 숫자로 표시된다. 7은 완전한 수로서 하나님을 상징하지만 6은 불완전한 수로서 사탄을 상징한다. 6이 세 개인 까닭은 삼위일체이신 하나님을 모방한 것이다. 하나님께서 그 숫자를 미리 말씀해 주신 것은 그때가 되면 그 표를 받지 말라는 뜻이다. 그럼에도 대부분 그 표를 받게 되는데 그 표가 없으면 아무것도 사거나 팔 수 없기 때문이다. 그 표를 받는다고 해서 자유의지가 없어져서 적그리스도에게 조종되는 것이 아니다. 자발적으로 적그리스도에게 복종하는 것이며 자신의 의지로 악을 행하는 것이다.

14장은 대 환난 후반부에 구속받은 144,000명이 하늘에서 찬양하는 모습과 종교적 바벨론과 정치적 바벨론의 멸망, 예수님이 환난 성도를 모으시는 모습, 그리고 아마겟돈 전쟁을 다룬다.

1-2절: 예수님께서 하늘에 있는 시온 산 위에 서 계신다. 여기서 시온 산은 지상에 있는 시온 산이 아니라 셋째 하늘에 있는 시온 산이다(히12:18-24). 대 환난 초반부터 복음을 전했던 144,000명은 순교했거나 휴거되어 지금은 하늘에 있다. 그들의 이마에는 인장으로 하나님의 이름이 표시되어 있다.

3-5절: 새 노래는 하나님께 드리는 찬양이다(시40:3). 새 노래는 거듭난 사람만이 부를 수 있다. 특히 이때 부르는 새 노래는 아무나 부를 수 없다. 144,000명처럼 여자와 동침하지 않은 남자 청년들이어야 하며 구원 받은 성도로서 환난 성도들의 첫 열매이어야 하고 하나님 앞에서 흠이 없으며 교활함이 전혀 없는 사람들이어야 한다.

6-7절: 천사가 모든 사람에게 전할 영원한 복음을 가지고 있다. 그가 가지고 있는 영원한 복음은 심판의 때가 다가왔으니 하나님을 두려워하고 그분께 영광을 돌리며 창조주이신 그분을 경배하라는 것이다.

8절: 다른 천사가 큰 도성 바벨론이 무너졌다고 말한다. 바벨론은 환난 때 실제 존재하는 도성이 아니다. 바벨론은 니므롯이 건설한 도시인데 그를 통해 태양신, 모자 숭배, 여신 숭배 같은 온갖 우상숭배가 행해졌다. 바벨론의 우상숭배를 계승한 곳이 로마가톨릭과 마지막 때 나타나는 적그리스도의 왕국이다. 많은 사람들을 우상숭배에 빠지게 했던 로마가톨릭과 적그리스도 왕국은 대 환난 후반기에 완전히 무너진다.

9-13절: 로마가톨릭과 마찬가지로 적그리스도에게 경배하고 그의 표를 받은 사람들 역시 불과 유황으로 영원히 고통 받는 심판을 받는다. 우상에게 경배하지 않고 적그리스도의 표를 받지 않으며 하나님의 계명과 예수의 믿음을 지키는 자만 구원을 받는다.

14-16절: 인자와 같은 이 즉 예수님이 낫을 가지고 계신다. 그 낫은 휴거의 낫이며 곡식은 대 환난 기간 중에 예수님을 구주로 영접한 성도들을 말한다. 환난 성도들은 이때 휴거된다. 이제 환난은 거의 끝나가고 아마겟돈 전쟁과 예수님의 지상 재림이 임박한 시기가 된다.

17-20절: 또 다른 천사가 성전에서 예리한 낫을 가지고 나온다. 천사가 가진 낫은 심판의 낫이다. 천사가 거두는 포도들은 하나님을 대적하는 자들이다. 환난 성도들이 휴거되고 하나님을 대적하는 자들이 전쟁을 하려고 모였으나 그들은 포도송이가 포도즙 틀에서 짓밟히듯이 예루살렘 도성 밖에서 모두 죽임을 당한다. 이 전쟁은 아마겟돈 전쟁이다. 이 전쟁에서 죽은 자들의 피가 1,600스타디온(약 296km)까지 퍼진다.

15장은 대 환난 끝에 있을 일곱 호리병 재앙 직전의 모습을 보여 준다.

1절: 일곱 천사가 마지막 일곱 재앙이 담긴 일곱 호리병을 가지고 있다. 이제 대 환난의 끝부분이다.

2절: 요한은 불로 뒤섞인 유리 바다를 보았는데 이것은 요한계시록 4장 6절에 나오는 수정과 같은 유리 바다와 같은 것이다. 보좌 앞에 유리 바다가 있으므로 유리 바다를 건너야 하나님이 계신 보좌로 나아갈 수 있다. 수정과 같은 유리 바다를 15장 2절에서는 불로 뒤섞인 유리 바다로 표현했다. 왜냐하면 유리바다의 표면은 투명하고 맑은 수정과 같고 내부는 불과 같은 붉은 색이기 때문이다. 불로 뒤섞인 유리 바다를 임의로 해석해서 그리스도인이 불과 같은 시련을 통과해야 천국에 갈 수 있다는 식으로 해석하면 안 된다. 그리스도인은 시련을 통과해야 천국에 가는 것이 아니라 믿음으로 천국에 간다. 요한은 실제로 본 모습을 묘사한 것이다. 유리 바다 위에 서 있는 사람들은 대 환난 동안 짐승의 표를 받지 않고 믿음을 끝까지 지킨 성도들이다.

3-4절: 환난 성도들이 모세의 노래와 어린양의 노래를 부른다. 이를 통해 환난 성도들 중에는 모세의 노래를 부르는 유대인도 있고 어린양의 노래를 부르는 이방인도 있음을 알 수 있다. 그들은 모든 민족들이 주 앞에 나와 경배할 것이며 주의 심판이 나타났다고 말한다. 지금 교회시대에는 모든 민족들이 예수님께 경배하지 않는다. 이는 앞으로 예수님이 모든 민족의 왕으로 통치하실 천년왕국이 다가온다고 알려 주는 것이다. 주의 심판이란 일곱 호리병 재앙과 백 보좌 심판을 말한다.

5절: 요한이 하늘에 증거 장막의 성전이 열리는 것을 보았다. 요한은 셋째 하늘에서 하나님이 계신 곳 즉 성전을 본 것이다. 그 성전을 증거 장막이라고 표현하였다. 구약시대에는 언약궤 안에 십계명이 기록된 증거 판을 보관했다. 그래서 성막을 증거 장막이라고도 했다. 증거 장막이 곧 성전이다. 여기에 특별한 의미를 부여해서 증거 장막 성전이 이 땅에 내려온다거나 하나님이 누구에게 증거 장막 성전을 주실 것이라고 해석하면 안 된다. 증거 장막이 곧 성전을 말하며 성전은 하나님이 계시는 곳이다. 누구에게 줄 수 있는 것이 아니다.

6-8절: 일곱 천사가 성전에서 나오는 것으로 보아 하나님의 명령이 떨어졌다는 사실을 알 수 있다. 그들은 정결하고 흰 세마포를 입고 가슴에 금띠를 둘렀는데 이것은 그들이 거룩하신 하나님의 심판을 수행하는 대리자라는 사실을 알려 주는 것이다. 그들이 받은 일곱 호리병의 재앙이 끝날 때까지 아무도 성전에 들어갈 수 없다. 왜냐하면 하나님께서는 심판을 돌이키거나 가감하지 않으시기 때문이다.

16장은 대 환난 끝 부분에 있을 극심한 일곱 호리병 재앙과 아마겟돈 전쟁을 다룬다.

1절: 하나님께서 일곱 천사에게 일곱 재앙을 주시고 그것을 땅에 쏟으라고 말씀하신다.

2절: 첫째 천사가 호리병을 땅에 쏟으니 짐승의 표를 받은 자들과 그의 형상에 경배한 자들에게 악취가 나는 독한 종기가 생긴다. 독한 종기는 심한 피부병이나 문둥병 등을 말한다.

3절: 둘째 천사가 호리병을 바다에 쏟으니 바다가 피같이 되어 바다 생물이 죽는다.

4절: 셋째 천사가 호리병을 강들과 물의 근원에 쏟으니 그곳이 피가 된다.

5-7절: 바다와 강과 물의 근원은 실제로 피가 된다. 하나님께서는 성도들과 선지자들을 죽인 자들에게 피를 마시게 하는 심판을 내리신다.

8-9절: 넷째 천사가 호리병을 해에 쏟으니 해가 뜨거워져 사람을 태울 정도로 큰 열기를 내뿜는다. 하나님께서는 사람들이 회개하기를 원하셨으나 사람들은 여전히 회개하지도 않고 재앙을 내린 하나님의 이름을 모독하며 영광을 돌리지 않는다.

10-11절: 다섯째 천사가 호리병을 짐승의 자리 곧 적그리스도의 왕좌에 쏟으니 그의 나라가 흑암에 싸인다. 이스라엘이 이집트를 탈출할 때 이집트에 흑암의 재앙이 내린 것과 같다. 사람들이 독한 종기와 흑암으로 인해 혀를 깨물 정도로 고통을 느꼈으나 여전히 하나님을 모독하며 회개하지 않는다.

12절: 여섯째 천사가 호리병을 유프라테스 강에 쏟으니 강물이 마른다. 이스라엘 동쪽에 있는 군사들이 하나님을 대적하기 위해 강이 마른 길로 쳐들어올 준비를 한다.

13-14절: 용은 사탄을 말하는데 사탄이 짐승과 거짓 선지자에게 능력을 주어 그들을 이용한다. 용과 짐승과 거짓 선지자는 모두 개구리 같은 더러운 영이다. 그 영들이 기적들을 행하며 사람들을 미혹한 후에 하나님의 큰 날에 있을 전쟁을 위해 세상 왕들을 모은다. 하나님의 큰 날과 그때 있을 전쟁에 대해서 스바냐 1장 14-18절에 기록되어 있다.

15절: 하나님께서는 사람들에게 사탄에 미혹되지 말고 깨어 있어 구원을 받으라고 말씀하신다.

16절, 19절, 21절: 사탄이 조종하는 적그리스도가 하나님과 전쟁을 하려고 사람들을 아마겟돈으로 모은다. 그러나 적그리스도의 왕국이 세부분으로 갈라지고 그를 따르던 민족들의 성읍들도 붕괴된다. 하나님은 한 달란트(금 34kg)나 되는 큰 우박을 적그리스도 군대와 군대를 보냈던 나라들에게 떨어뜨리신다. 그러나 여전히 그들은 하나님을 모독한다.

17-18절, 20절: 전쟁은 하나님의 승리로 쉽게 끝난다. 전쟁 후에 예수님의 재림과 천년왕국이 도래한다. 큰 지진이 일어나고 지각 변동으로 모든 섬이 사라지고 산들도 보이지 않는다. 온 세상이 하나님이 처음에 창조하셨던 에덴동산으로 돌아가는 것이다.

17장은 영적 바벨론의 몰락을 묘사한다. 영적 바벨론이 로마가톨릭이라고 단정할 수는 없지만 과거와 현재를 비추어 봤을 때 로마가톨릭이 유력하다.

1절: 일곱 호리병을 가진 천사가 요한에게 물 위에 앉은 큰 음녀의 심판을 보여주고자 한다. 물은 백성들과 무리들과 민족들과 언어들을 말하며(15절) 큰 음녀는 로마가톨릭처럼 우상숭배하고 종교다원주의를 주장하는 단체이다.

2절: 로마의 콘스탄티누스 황제처럼 많은 왕들이 로마가톨릭을 이용하여 권력을 유지하였으며 지금도 많은 사람들이 로마가톨릭의 힘으로 권세를 누리고 있다.

3-4절: 요한은 화려한 옷을 입고 보석으로 장식한 여자를 보았는데 그녀는 가증하고 더러운 것이 가득 찬 금잔을 가지고 있었다. 그 여자는 일곱 머리와 열 뿔을 가진 짐승 위에 앉아 있었다. 그 음녀는 로마가톨릭이며 일곱 머리와 열 뿔을 가진 짐승은 적그리스도이다. 로마가톨릭은 성도들을 속여 면죄부를 판매하는 등 많은 부를 축적해 금과 보석과 진주로 장식한다. 또한 그들은 화려한 옷을 입고 미사를 드린다. 금잔은 성찬식 때 사용하는 잔을 말하는데 그들은 포도주가 예수님의 피로 변한다고 믿으면서 가증스러운 의식을 행한다. 대 환난의 전반기 때 적그리스도는 이런 로마가톨릭을 등에 업고 막강한 권한을 행사한다.

5-6절: 요한은 로마가톨릭이 예수님을 믿는 교회라고 생각했지만 그들이 오히려 성도들을 죽이고 고문하는 모습을 보고 무척 놀랍게 여기며 그 정체성에 혼란스러워한다.

7-11절: 천사는 요한에게 여자와 그 짐승에 관해 설명해 주었다. 그 짐승이 가지고 있는 일곱 머리는 일곱 왕을 말하는데 이 중에 다섯 왕은 망했고 한 왕은 현재 있으며(로마 황제) 나머지 한 왕은 아직 오지 않았다고 했다. 그 짐승은 적그리스도인데 그는 여덟 번째 왕이지만 사실은 일곱 왕 중에 하나가 다시 나타난 것이다. 하나님을 믿지 않는 많은 사람들이 적그리스도의 능력을 보고 놀랄 것이나 그는 결국 멸망할 것이라고 천사가 말했다.

12-14절: 열 뿔은 열 왕인데 일곱 왕처럼 강력한 왕은 아니다. 그들은 자신의 왕국을 갖지는 못하지만 적그리스도로부터 땅을 분배받아 잠깐 동안 왕으로서의 권세를 행사할 것이다. 그러나 열 왕은 예수님과 맞서기 위해 자기들의 모든 권한을 적그리스도에게 넘겨준다. 적그리스도의 군대가 예수님에 맞서 싸우나 예수님이 그들을 순식간에 무찌르신다. 이 전쟁이 아마겟돈 전쟁이다.

15-18절: 천사는 요한에게 물 위에 앉아 있던 그 음녀는 많은 사람들 위에 군림하는 큰 도성인 로마가톨릭이라는 사실을 알려 준다. 적그리스도는 대 환난 초반에 로마가톨릭을 이용하여 권력을 잡지만 더 이상 로마가톨릭이 필요 없게 된다. 적그리스도를 따르는 열 왕이 앞장서서 로마가톨릭을 잔인하게 죽여 무너뜨린다. 이로써 적그리스도가 무소불위의 권력을 갖게 되는데 이것 역시 하나님께서 자신의 뜻을 이루시기 위해 하신 일이다.

　　18장은 바벨론의 전 세계 통합주의 정치체제를 이어받은 적그리스도 왕국이 대 환난 끝에 멸망하는 모습을 묘사한다. 종교적 바벨론인 로마가톨릭은 적그리스도 세력에게 멸망당하고, 정치적 바벨론인 적그리스도 왕국은 하나님에게 멸망당한다.

1-3절: 천사가 하늘에서 내려오면서 마귀들의 거처이며 온갖 더러운 영의 소굴인 적그리스도의 왕국이 무너졌다고 외친다. 적그리스도는 많은 민족들을 영적으로 타락하게 만든다. 세상의 왕들은 적그리스도 왕국을 따라 우상숭배를 하고 상인들은 적그리스도 편에 서서 많은 부를 얻는다.

4-5절: 적그리스도의 죄가 하늘에 닿았고 하나님께서 그의 불의를 기억하신다. 하나님께서는 유대인들에게 적그리스도에 동참하지 말고 그곳에서 나와서 재앙을 피하라고 말씀하신다.

6-8절: 적그리스도는 여왕처럼 자신을 영화롭게 하고 즐기며 산다. 그들은 2차 세계 대전 때 나치스가 유대인들을 학살했듯이 대 환난 후반부터 유대인들을 학살하기 시작한다. 적그리스도는 유대인들에게 행했던 핍박을 두 배로 받는다. 그래서 적그리스도 왕국에 죽음, 슬픔, 기근, 화재의 재앙이 하루 만에 닥친다. 이 모든 것이 하나님의 심판이다.

9-10절: 적그리스도와 그의 왕국이 심판을 받아 멸망하는 모습을 보며 적그리스도 편에서 권세를 누렸던 많은 왕들이 두려워하고 애곡한다.

11-16절: 적그리스도 왕국에서 독점을 하며 많은 이익을 누렸던 상인들도 더 이상 부를 누릴 수 없게 되자 울며 통곡한다.

17-19절: 대 환난 때 적그리스도 왕국의 수도는 많은 부가 편중되어 더욱 화려한 도시가 된다. 이 큰 도성이 멸망하는 광경을 지중해에서 바라보며 모든 선장과 선객들과 선원들과 상인들이 울며 통곡한다.

20-21절: 적그리스도 왕국은 큰 맷돌이 바다에 던져지듯이 가라앉을 것이다. 이는 하나님께서 거룩한 사도들과 선지자들의 원수를 갚아주신 것이다.

22-24절: 대 환난 기간에도 적그리스도의 수도는 풍류를 즐기는 음악 소리가 끊이지 않는다. 우상을 조각하여 파는 장인도 많으며 결혼하는 신랑과 신부도 있다. 그러나 이제 더 이상 악기 소리, 맷돌 소리를 들을 수 없으며 장인과 결혼하는 신랑과 신부를 볼 수 없고 빛도 비치지 않는다. 하나님께서 적그리스도의 왕국을 멸망시키신 까닭은 적그리스도를 따르는 왕들이 사람들을 속이고 압제하는 장사꾼이었으며(호12:7) 사탄이 부리는 마술로 모든 민족들을 미혹하고 선지자들과 성도들과 많은 사람들을 죽였기 때문이다.

19장 바벨론의 정치적, 종교적 체제를 무너뜨리신 하나님을 찬양하는 모습과 어린양의 혼인 잔치, 예수님의 지상 재림, 아마겟돈 전쟁을 묘사한다.

1-2절: 하늘에서 많은 사람들이 할렐루야를 외치고 있다. 할렐루야는 히브리어로 주를 찬양하라는 뜻이다. 종교적 바벨론의 멸망을 기뻐하며 많은 사람들이 하나님께 찬양한다. 하나님께서 그의 백성들을 핍박했던 자들을 심판하셨기 때문이다.

3절: 정치적 바벨론인 적그리스도 왕국을 무너뜨리신 하나님을 찬양한다.

4절: 24장로와 네 짐승이 하나님께 경배 드리며 하나님의 심판이 공의로우심을 찬양한다.

5절: 하나님의 보좌에서 환난 성도들에게 하나님을 찬양하라는 음성이 나온다.

6절: 보좌에서 나오는 음성에 대한 화답으로 하나님의 통치권이 회복된 것과 어린양의 혼인식을 위하여 신부가 예비된 것을 기뻐하며 찬양한다.

7-9절: 대 환난이 끝나고 예수님이 재림하시기 전에 천국에서는 어린양의 혼인식이 거행된다. 신랑은 예수님이고 신부는 정결하고 흰 세마포를 입은 그리스도인이다. 세마포는 성도들의 의를 말한다. 어린양의 혼인잔치에 초대된 사람은 구약시대 성도와 환난 성도들이다. 이들은 초대되었기 때문에 신부는 아니지만 구원 받은 복된 사람들이다.

10절: 요한이 자기에게 말을 건네는 사람에게 경배하려고 하자 그가 만류하며 자기는 천사가 아니라 예수의 증거인 성경을 가진 요한과 같은 유대인이라고 하였다.

11-13절: 어린양의 혼인 잔치가 끝나고 하늘이 열리며 흰 말 위에 앉으신 예수님이 보인다. 예수님은 신실과 진실이시며 의로 심판하고 싸우신다. 그의 눈은 불꽃같고 모든 나라의 통치권을 위임받아 많은 왕관이 있다. 피에 적신 옷을 입으셨고 하나님의 말씀으로 불린다.

14-16절: 흰 말에 앉으신 예수님을 하늘에 있는 군대들이 따른다. 군대는 그리스도인과 환난 성도들과 천사들인데 희고 정결한 세마포를 입고 역시 흰 말을 탄다. 예수님은 한순간에 대적들을 치신다. 예수님은 실제로 이렇게 재림하신다. 예수님이 오시는 것을 누구나 볼 수 있다. 이 땅에 현재 살고 있으면서 자신이 재림 예수라고 주장하는 자들은 모두 가짜다.

17-18절: 하나님을 대적하는 자들이 아마겟돈에 모인다. 천사는 모든 맹금류에게 하나님을 대적하는 군사들과 말들과 그의 백성들의 살을 먹으라고 말한다. 곧 그들이 패망하여 새들이 그들의 시체를 먹게 될 것이라고 알려준 것이다.

19-21절: 적그리스도와 거짓 선지자는 붙잡혀서 유황으로 타는 불 못에 산 채로 던져진다. 그리고 남은 자들도 예수님의 입에서 나오는 칼로 살해되니 천사의 말대로 새들이 그들의 살로 배를 채운다.

20장은 천년왕국과 백 보좌 심판에 관하여 설명한다.

1-3절: 한 천사가 손에 끝없이 깊은 구렁의 열쇠와 큰 사슬을 가지고 사탄을 잡아 천 년 동안 묶는다. 사탄을 끝없이 깊은 구렁에 던진 후 천년 동안 가두어서 예수님이 다스리시는 천년왕국 때 민족들을 미혹하지 못하게 한다. 천년왕국이 끝나면 사탄이 잠시 풀려난다.

4절: 예수님과 함께 천년왕국을 통치하는 사람은 열 두 사도(마19:28)와 그리스도의 심판석에서 왕국을 상속받은 자들(딤후2:12), 환난 때 짐승의 표를 받지 않고 순교한 자들이다(계20:4).

5-6절: 첫 번째 부활에 참여하는 자는 구원 받은 성도다. 그들은 불 못에 던져지는 둘째 사망을 겪지 않는다. 오히려 천년 동안 예수님과 통치한다. 그러나 구원 받지 못한 나머지 사람들은 천년이 끝날 때까지 살아나지 못하며 천년왕국이 끝난 후 백 보좌 심판을 받는다.

7-8절: 천년이 지나면 하나님께서 사탄을 잠깐 풀어주신다. 사탄은 땅의 사방에 있는 민족들을 미혹한다. 그들이 전쟁을 일으키는데 그 수가 바다의 모래처럼 많다. 천년왕국 때 예수 그리스도를 직접 보고서도 여전히 불만을 갖고 예수님을 신뢰하지 않는 무리들이 있다. 사탄이 그들을 충동질하자 그들은 예루살렘으로 쳐들어간다. 이것이 곡과 마곡의 전쟁이다.

9-10절: 사탄과 그 추종자들이 예루살렘을 포위하자 하나님께서 불을 내려 그들을 일순간에 삼키게 하신다. 결국 마귀는 적그리스도와 거짓 선지자가 있는 불 못에 영원히 던져진다.

11절: 큰 백 보좌에 예수님이 앉아 계시고 땅과 하늘이 사라진다.

12-13절: 바다가 그 안에 있던 죽은 자들을 넘겨주고 사망과 지옥도 그들 안에 있던 죽은 자들을 넘겨준다. 작은 자나 큰 자나 모두 보좌 앞에 서게 된다. 그들 앞에 책들이 펴져 있고 생명의 책도 펴져 있다. 죽은 자들은 자기들의 행위에 따라 그 책들에 기록된 대로 심판을 받는다. 구약시대든 신약시대든 모든 시대에서 구원 받지 못하고 죽은 자들이 백 보좌 심판을 받는다. 생명책은 어린양의 생명책으로 예수님의 보혈의 공로를 믿고 구원 받은 성도의 이름이 적혀 있는 책이다. 백 보좌 심판은 신자와 불신자를 가려내는 심판이 아니라 불신자들의 행위가 드러나는 심판이다. 불신자들은 자신의 잘못된 행위를 보고 더 이상 변경하지 못한다(전12:14).

14-15절: 누구든지 생명의 책에 기록되지 않은 자는 불 못에 던져진다. 죽은 자들은 자기들의 행위에 따라 그 책들에 기록된 대로 심판을 받는다. 사망과 지옥도 불 못에 던져지니 이것이 둘째 사망이다. 첫째 사망은 육신이 죽는 것이지만 둘째 사망은 혼이 영원한 불 못에 던져지는 것이다.

21장은 천년왕국이 끝난 뒤 다가오는 영원한 새 하늘과 새 땅, 새 예루살렘을 묘사한다.

1-2절: 처음 하늘과 땅과 바다도 모두 사라지고 새 하늘과 새 땅이 나타난다. 하나님께서 거룩한 도성 새 예루살렘을 하늘에서 내려 보내신다. 영원한 시대가 온 것이다.

3절: 하나님의 장막(성막, 성전)이 새 예루살렘으로 내려온다. 이제 하나님께서는 새 예루살렘에서 그리스도인과 함께 계신다(겔37:27). 요한계시록 13장 6절에 나오는 장막은 예루살렘에 세워지는 실제 땅에 있는 성전을 말한다. 적그리스도가 그 성전에서 하나님을 모독하는 가증한 짓을 한다. 요한계시록 15장 5절에 나오는 증거 장막 성전은 하나님께서 거하시는 셋째 하늘에 있는 성전을 말한다. 새 예루살렘이 하늘에서 내려오면 셋째 하늘의 성전이 새 예루살렘으로 옮겨진다. 지상에 있는 성전은 당연히 모두 사라진다.

4-6절: 하나님께서 만물을 새롭게 만드신다. 이제 새 예루살렘에는 더 이상 고통이나 슬픔이 없다. 그리고 하나님께서는 영원한 생명을 얻을 수 있는 생명수의 샘을 값없이 주신다.

7-8절: 이 모든 것을 상속받는 자는 그리스도인이다. 그들이 이긴 자이다. 그러나 하나님이 아닌 다른 것을 두려워하며 하나님을 믿지 않은 자들은 영원한 불 못에 들어간다.

9-14절: 한 천사가 요한에게 새 예루살렘을 보여 준다. 그곳은 하나님의 영광이 항상 비치는 곳이다. 주님에게서 나오는 광채가 가장 귀한 보석 같고 벽옥 같다. 수정 같이 맑다. 크고 높은 성벽이 있으며 사방에는 세 개씩 열두 대문이 있는데 그 문에는 각각 이스라엘 열두 지파의 이름이 기록되어 있다. 이 대문은 유대인의 열두 지파가 출입하는 문이 아니다. 새 예루살렘 밖에 사는 사람들이 출입하는 문이다. 또 새 예루살렘 성벽에는 열두 기초석이 있고 거기에 열두 사도의 이름이 있다.

15-17절: 새 예루살렘성은 네모반듯하며 길이와 너비가 같다. 도성을 측량하니 길이와 너비와 높이가 모두 12,000스타디온이다. 즉 길이와 너비와 높이가 각 2,220km이며 면적은 4,928,400㎢이다. 이것은 단면적일 뿐이다. 여러 층으로 이루어져 있다고 봤을 때 그리스도인 한 명이 거주하는 공간은 굉장히 넓다.

18-23절: 새 예루살렘의 성곽은 벽옥으로 지어지고 성벽의 기초석은 각양 보석으로 단장된다. 열두 대문은 진주며 거리는 투명한 유리 같은 순금이다. 하나님과 예수님이 그곳에 계시니 성전이 따로 필요 없으며 하나님의 영광이 비추니 해와 달도 필요가 없다.

24-27절: 새 예루살렘은 그리스도인이 사는 곳이다. 믿지 않는 자들은 모두 불 못에 던져지고 그들은 절대 새 예루살렘에 들어오지 못한다. 그러나 그리스도인은 아니지만 대 환난 때와 천년 왕국 때 구원 받은 자들은 새 예루살렘 성문에 출입할 수 있다.

22장은 예수님께서 새 예루살렘의 모습을 보여주신 뒤 이 예언의 말씀을 전해야 하며 이 말씀에서 더하거나 빼지 말라고 명령하신다.

1-2절: 새 예루살렘에 있는 하나님과 예수님의 보좌에서 생명수가 흘러나온다. 새 예루살렘 거리 한가운데와 생명수의 정결한 강 양편에 생명나무가 있어 달마다 다른 과실을 맺는다. 생명 나무 잎사귀들은 새 예루살렘에 살지 않는 민족들을 치유하는 역할을 한다.

3-5절: 새 예루살렘에는 하나님과 예수님이 함께 계신다. 그곳에는 다시는 저주가 없다. 그리스도 인들이 하나님과 예수님을 섬기며 직접 얼굴을 대면하여 볼 것이다. 하나님께서 직접 그들 을 비추시므로 빛이 필요 없고 밤도 없다. 그리스도인들은 하나님의 종들로서 새 하늘과 새 땅을 통치한다.

6-7절: 예수님께서는 교회에게 반드시 이루어질 일을 보여주시려고 천사를 보내셨다. 예수님께서 는 요한계시록의 예언의 말씀들을 지키는 자가 복이 있다고 하셨다.

8-9절: 요한이 그 천사에게 경배하려고 엎드리자 그 천사가 자기는 요한과 같은 종이며 선지자들의 형제니 자기에게 경배하지 말고 하나님께 경배하라고 하였다.

10-12절: 그 천사는 요한에게 계시록의 말씀을 봉인하지 말라고 하였다. 그리스도인에게 요한계시 록은 봉인된 말씀이 아니다. 그러나 계시록의 말씀을 말하여도 불의한 자는 여전히 불의하 고 더러운 자는 여전히 더러울 것이나 의로운 자나 거룩한 자는 그 말씀을 믿을 것이다. 하 나님께서는 각 사람에게 그 행위에 따라 상을 주실 것이다.

13-15절: 대 환난 때 하나님의 계명들을 행하는 자들은 생명나무의 권리를 가지며 새 예루살렘 성 문을 통해 도성 안으로 들어갈 수 있다. 그러나 육체적으로 정결하지 못한 자들, 마술사들, 음행자들, 살인자들, 우상숭배자들, 거짓말하는 자들은 불 못에 들어간다.

16-17절: 예수님은 천사들을 보내 교회가 이 예언의 말씀을 증거하도록 하셨다. 예수님은 성령과 교회를 통해 누구든지 예수님께 나와 생명수를 값없이 마시도록 하신다.

18-19절: 예수님께서는 누구든지 요한계시록의 예언의 말씀들에 더하면 요한계시록에 기록된 재앙 이 그에게 더할 것이라고 말씀하셨다. 또한 예언의 말씀들을 삭제하면 생명책에서 그를 제 하여 버리신다고 하셨다. 요한계시록을 마음대로 해석하는 이단들은 하나님께서 재앙을 주 실 것이며 영원한 불 못에 던지신다.

20-21절: 이 모든 일들을 증거하신 예수님이 반드시 속히 오실 것이라고 말씀하셨다. 우리 그리스 도인은 예수님의 말씀이 이루어질 것을 믿고 아멘으로 화답해야 한다.

예수님이 성전에서 떠나시자 제자들은 화려한 성전의 건물들을 예수님께 보여 드리려고 나왔다 (1절). 그러나 예수님께서는 이 성전이 돌 하나도 돌 위에 남지 않고 무너질 것이라고 말씀하셨다(2절). 실제로 A.D.70년에 로마 군인들이 예루살렘을 파괴하고 성전의 돌들을 부수었다.

예수님께서 올리브(감람) 산 위에 앉으셨을 때 제자들이 언제 이런 일(성전이 파괴되는 일)이 있겠으며 주의 임하심(재림)과 세상 끝에는 무슨 징조가 있을 것인가를 물었다(3절). 예수님께서는 제자들의 질문에 답을 해 주셨다. 예수님이 앞으로 말씀하신 내용은 그리스도인들이 이미 휴거 되고 예수님을 믿지 않은 사람들이 겪게 되는 7년 대 환난 때의 상황을 말씀하신 것이다.

예수님께서는 아무도 너희를 미혹하지 못하도록 주의하라고 말씀하시면서 많은 사람(적그리스도, 이단, 진화론자 등)이 예수님의 이름으로 와서 자기가 그리스도라고 사람들을 미혹할 것이라고 말씀하셨다(4-5절). 난리(전쟁) 소문을 들을 것이나 아직 세상 끝은 아니다. 민족이 민족을 대적하고 나라가 나라를 대적하고 기근과 역병과 지진이 있을 것이니 이 모든 것은 재난(고통)의 시작이라고 말씀하셨다(6-8절). 예수님은 제자들에게 그때(대 환난)에 너희(유대인들을 말한다. 그리스도인들은 이미 휴거 되어 없다)를 고난받도록 넘겨 줄 것이며 예수님의 이름으로 너희가 모든 민족에게 미움을 받을 것이라고 하셨다. 그때 많은 사람이 실족하게 되어 서로 잡아서 넘겨주고 서로 미워하겠으며 많은 거짓 선지자가 일어나 많은 사람을 미혹할 것이며 불법이 성행하므로 많은 사람의 사랑이 식어질 것이라고 말씀하셨다(9-12절).

예수님께서는 이러한 환난 속에서도 끝까지 견디는 자는 구원을 받을 것이라고 하셨다(13절). 구원은 인내로서 받는 것이 아니라 예수님을 구주로 영접해서 받는 것이다. 그럼에도 예수님께서 끝까지 견디는 자가 구원을 받을 것이라고 말씀하신 것은 대 환난 때는 적그리스도에게 표를 받지 않고 믿음을 끝까지 지켜야 구원을 받기 때문이다(계14:9-12). 이미 은혜로 구원 받은 그리스도인은 휴거되어 여기에 해당이 되지 않는다.

왕국복음이 모든 민족과 온 세상에 전파된 후에 7년 대 환난이 끝이 난다(14절). 왕국 복음은 사도 바울이 전한 은혜의 복음(행20:24)과는 다르다. 은혜 복음은 휴거가 되면서 끝이 났고 14절에서 말한 모든 민족에게 전파되는 복음은 예수님이 지상 재림하시어 통치하실 왕국이 곧 임할 것이라는 왕국복음이다(계14:6-7).

예수님께서는 7년 대 환난 때 다니엘을 통해 말씀하신(단9:27) 멸망의 가증한 것(적그리스도)이 거룩한 곳(성전)에 선 것을 볼 것이니 그때 유대에 있는 자들은 산으로 도망하라고 말씀하셨다(15-16절). 여기서 산은 교회를 말하는 것이 아니라 몸을 숨길 수 있는 실제 산이다. 이 산은 요한계시록 12장 6절에서 여자(이스라엘)가 광야로 도망할 때 거기서 천이백육십 일 동안 그(이스라엘)를 양육하기 위하여 하나님께서 예비하신 곳이다.

　　적그리스도를 피해 도망가는 유대인들의 다급한 모습을 볼 수 있다. 예수님은 지붕 위에 있는 사람은 집 안에 있는 물건을 가지러 내려가지 말고, 들에 있는 사람은 자기 옷을 가지러 돌아가지 말라고 하시며 그 날에는 아이를 밴 자들과 젖 먹이는 자들에게 화가 있을 것이라고 말씀하셨다. 아이 밴 자들과 젖 먹이는 자들은 빠르게 멀리 도망갈 수 없기 때문이다(17-19절). 예수님은 너희(유대인들)는 피난하는 일이 겨울이나 안식일에 일어나지 않도록 기도하라고 말씀하셨다. 유대인들은 안식일에 이동할 수 있는 거리에 제한이 있기 때문이다. 만약 이 일이 휴거 될 때의 일이라면 예수님이 유대인들에게 피난하라고 말씀 하실 이유가 없다. 휴거 될 사람은 피난할 이유가 없으며 휴거된 후에 바로 세상의 멸망이 오는 것은 아니기 때문이다(20-21절).

　　예수님께서는 그 날들이 단축되지 아니하면 어떤 육체도 구원 받지 못할 것이나 택함 받은 사람들을 위하여 그 날들이 단축될 것이라고 말씀하셨다. 여기서 택함 받은 사람들이란 그리스도인을 말하는 것이 아니라 대 환난 때에 믿음을 가진 사람을 말한다. 대 환난 때 사람들은 적그리스도의 극심한 핍박을 끝까지 견디어 믿음을 지켜야 구원을 받기 때문이다. 그리스도인들은 믿음으로 구원을 받는 것이지 고통을 견뎌야 구원을 받는 것이 아니다(22절).

　　가짜 그리스도들이 나타나 서로 자기가 그리스도라고 말하면서 큰 표적들과 이적들을 보여줘도 믿지 말라고 하셨다. 예수님은 가짜 그리스도들에게 미혹되지 않도록 자신이 어떻게 오실지 확실하게 알려 주셨다(23-26절). 마치 번개가 동편에서 치면 서편에서 비치는 것같이 인자(예수님)가 오실 것이라고 말씀하셨다. 그것은 온 세상 사람들이 어디에 있든지 동시에 볼 수 있도록 재림하신다는 뜻이다. 예수님께서 부활 후 승천하실 때 흰 옷 입은 두 사람이 제자들에게 예수님께서 올라가신 모습 그대로 오실 것이라고 말하였다(행1:11). 승천하실 때처럼 재림 때도 예수님은 하늘에서 내려오신다. 예수님은 감람산에서 승천하신 것처럼 감람산에 내려오신다. 대 환난 후에 있을 예수님의 지상 재림은 어디에 있든지 누구나 볼 수 있다(27절).

　　예수님께서는 지상 재림의 모습을 구체적으로 말씀하셨다. 그날 환난 후에 즉시 해가 어두워지며, 달이 그 빛을 내지 아니하며, 별들이 하늘에서 떨어지고, 또 하늘들의 권능이 흔들린다(29절). 이는 실제로 해가 어두워지고 달이 빛을 내지 않는 현상이 일어난다는 것이다(눅23:44). 이것을 영적으로 해석하면 안 된다. 그 후에 하늘에 있는 인자의 표적이 나타나고 땅의 모든 지파들이 통곡하며 그들은 인자가 권세와 큰 영광으로 하늘의 구름을 타고 오는 것을 본다(30절). 또 주께서 큰 나팔 소리와 함께 천사들을 보내서 하늘 이편 끝에서 저편 끝까지 사방에서 택하신 사람들을 모을 것이다(31절). 자기가 그리스도라고 말하는 가짜들은 절대 이렇게 재림하지 못한다. 인자(예수님)의 표적이 무엇을 말하는 것인지는 재림 때 직접 봐야 알 수 있다. 택하신 사람들은 대 환난 때 믿음을 끝까지 지킨 자들이다.

예수님께서는 무화과나무의 가지가 연하여지고 잎사귀를 내면 여름이 가까운 줄을 아는 것처럼 예수님께서 말씀하신 일들을 보게 될 때 그 일이 가까이 이르렀다는 사실을 알라고 하셨다(32-33절). 무화과나무는 이스라엘을 가리킨다(렘24:5). 이스라엘이 회복되는 것을 볼 때 재림이 가까이 이르렀다는 사실을 알 수 있듯이 예수님이 말씀하신 징조들을 볼 때 예수님의 재림이 가까이 이르렀다는 사실을 알라고 말씀하신 것이다. 예수님께서는 이 세대가 지나가기 전에 이 모든 일이 이루어진다고 말씀하셨다(34절). 여기서 이 세대는 예수님이 말씀하시는 당시의 세대가 아니고 대 환난을 실제로 겪는 세대를 말한다.

예수님이 말씀하신 일들은 세상 끝에 반드시 이루어지나 그 시기는 성부 하나님 외에는 아무도 모른다(35-36절). 따라서 그 누구도 세상 끝이 언제인지 예언하는 것은 어리석은 짓이다. 노아의 때에 대홍수가 나기 전날까지 사람들은 홍수가 일어날 것이라고 전혀 예상하지 못했다. 이와 같이 인자가 오는 때(지상 재림)가 언제인지 아무도 알 수가 없다고 강조하셨다(37-39절). 그리스도인들이 휴거 되고 7년 대 환난이 끝나면 예수님의 지상 재림이 임박할 것이라는 사실은 알 수는 있지만 정확한 날과 시간은 성부 하나님만 아신다.

예수님께서는 대 환난 끝에 환난 성도에게 있을 휴거에 관해 말씀하셨다. 그때에 두 사람이 밭에 있을 때 한 사람은 데려가게 되고 한 사람은 남게 된다. 두 여인이 맷돌을 갈고 있을 때 한 사람은 데려가게 되고 한 사람은 남게 된다(40-41절). 대 환난 때 구원을 받으려면 기본적으로 적그리스도에게 표를 받지 말아야 한다. 하지만 그것만으로 구원 받을 수 없다. 그리스도를 믿어야 하며 그분의 계명을 지켜야 한다(계14:12). 예수님께서는 계속해서 깨어 있으라고 하셨다. 어떤 시간에 주님께서 오실지 알지 못하기 때문이다(42절). 대 환난 때는 예수님의 지상 재림이 임박했다는 것은 알지만 정확한 시간은 모른다. 예수님께서는 만일 그 집주인이 도둑이 어느 시간에 올 것인지 알았더라면 그가 깨어 있어 자기 집을 뚫는 것을 허락하지 않을 것이라고 하셨다(43절). 여기서 집주인은 마귀를 가리킨다. 마귀는 이 세상의 신으로 불리기 때문이다(고후4:4). 도둑은 예수님이다. 데살로니가전서 5장 2절에서 주의 날이 도적 같이 이른다고 기록되어 있다. 예수님의 지상 재림은 마귀도 모른다는 것이다. 마귀가 미리 안다면 자기 종들을 뺏기지 않으려고 안간힘을 쓸 것이다.

예수님께서는 주인과 종의 비유를 통해 대 환난 때 신실하고 현명한 종은 주인의 모든 재산을 다스리는 자로 세울 것이며 악한 종은 외식하는 자(위선자)가 받는 벌에 처할 것이라고 말씀하셨다(45-51절). 이 말씀은 마태복음 25장에서 달란트 비유를 통해 다시 언급하신다. 주인은 하나님이시며 종은 이스라엘을 가리킨다. 신실하고 현명한 종은 왕국의 통치권을 약속 받지만 악하고 불순종한 종은 지옥으로 가게 된다. 이 역시 대 환난 때 해당하는 말씀이다.

마태복음 25장은 24장과 연결된다. 열 처녀의 비유, 달란트의 비유, 양과 염소의 비유는 모두 대 환난과 관련있는 비유다.

가장 먼저 신랑을 맞으러 나간 열 명의 처녀들에 관한 비유가 나온다. 예수님께서는 천국은 등불을 들고 신랑을 맞으러 나간 열 명의 처녀들과 같은데 그들 중 다섯은 현명하고 다섯은 어리석다고 말씀하셨다(1-2절). 신랑을 맞으러 나간 열 명의 처녀들은 그리스도인들이 아니다. 대 환난 때의 성도들이다. 교회는 처녀들로 비유되지 않는다. 교회는 신부로 비유되거나 한 처녀로 비유된다(고후 11:2). 신부는 신랑과 같이 있기 때문에 혼인 잔치를 끝내고 오는 신랑을 맞이하지 않는다. 열 명의 처녀들이 기다리는 사람은 휴거 된 그리스도인들과 혼인 잔치를 끝내고 지상 재림하실 예수님이시다. 열 명의 처녀들은 결혼식의 들러리일 뿐 신부가 아니다. 현명한 처녀들은 등과 함께 기름통에 기름을 가지고 있었지만 어리석은 처녀들은 등은 가졌으나 기름을 가지지 않았다(3-4절). 신랑이 늦어지므로 졸려서 잠이 들었는데(5절) 한밤중에 신랑이 오므로 나가서 맞으라는 소리가 났다(6절). 한밤중이라는 것은 대 환난의 중간쯤을 뜻하는데 예수님의 지상 재림이 곧 다가온다는 사실을 알려주는 것이다.

그때 처녀들이 모두 일어나 자기 등을 조절하는데 어리석은 처녀들이 현명한 처녀들에게 등불이 꺼졌으니 기름을 좀 달라고 하였다. 그러나 현명한 처녀들은 기름이 충분치 않으니 장사꾼들에게 사라고 했다(7-9절). 기름은 성령을 말한다. 교회시대에는 그리스도인에게 성령이 내주하시기 때문에 절대 나가지 않으신다. 따라서 기름을 빌리거나 살 필요가 없다. 하지만 대 환난 때는 성령께서 구약 시대처럼 사람에게 들어오기도 하시고 나가시기도 하신다. 그래서 대 환난 동안에는 항상 성령 충만한 가운데 있어야 한다. 그러기 위해서는 기도하고 계명을 지키고 전도하는 등 계속 성령 충만한 삶을 살아야 한다. 그만큼 힘든 시기이기 때문이다.

어리석은 처녀들이 기름을 사러 간 사이에 신랑이 왔으며 준비하였던 처녀들만 혼인식에 들어가고 문이 닫혔다. 어리석은 처녀들이 열어달라고 애원했으나 주님께서 그들을 모른다고 하셨다(10-12절). 어리석은 처녀들은 처음에는 성령이 있었으나 믿음을 지키지 못해 성령이 그들에게서 나가셨다. 주님께서 그들을 모른다고 하셨으므로 그들은 완전히 구원을 잃어버렸다. 교회시대 그리스도인들은 한번 구원을 얻으면 절대 잃어버리지 않는다. 대 환난 때는 구원을 잃어버릴 수 있다.

예수님께서는 그러므로 깨어 있으라고 말씀하셨다. 인자가 오실 그 날과 그 시간을 모르기 때문이다(13절). 7년 대 환난 후에 지상 재림이 있다는 사실을 환난 성도들은 알기 때문에 지상 재림이 대략 몇 월에 일어날지 짐작할 것이다. 하지만 정확한 날과 시간은 알 수가 없다.

마태복음 25장은 24장과 연결된다. 따라서 달란트 비유도 대 환난 때의 비유이다.

예수님께서는 천국은 어떤 사람이 타국에 갈 때 종들을 불러 그들에게 자기 재산을 맡기는 것과 같다고 말씀하셨다(14절). 어떤 사람은 예수님이며 타국은 먼 나라를 말한다. 종들은 유대인들을 말하는데(사45:4) 여기서 종들은 유대인뿐만 아니라 이방인도 일부 포함된 환난 성도들이다. 누가복음 19장 12절에서는 어떤 귀인이 왕위를 받아가지고 오려고 먼 나라로 갔다고 하였다. 따라서 예수님이 하나님께로부터 왕위를 받아가지고 오기 위해 승천하신 것이다.

주인은 먼 나라로 가면서 능력에 따라 세 사람에게 각각 다섯 달란트, 두 달란트, 한 달란트를 주고 여행을 떠났다. 다섯 달란트 받은 사람은 다섯 달란트를 더 벌었고 두 달란트 받은 사람도 두 달란트를 더 벌었다. 그러나 한 달란트 받은 사람은 가서 땅을 파고 돈을 숨겨 놓았다(15-18절). 능력에 따라 달란트를 나눠 줬기 때문에 달란트는 능력이나 은사를 말한다. 초림 때 예수님께서 제자들에게 많은 은사를 주셨듯이 대 환난 때도 유대인들을 중심으로 환난 성도들에게 많은 은사를 주실 것이라는 사실을 알 수 있다. 왜냐하면 적그리스도와 싸우기 위해서다. 장사를 한다는 것은 사람을 산다는 의미로 그 사람을 구원한다는 뜻이다.

한참 후에 주인이 와서 종들과 계산하였다. 다섯 달란트와 두 달란트를 더 번 종들은 착하고 신실한 종으로 여겨 많은 것들을 다스리게 하고 주인의 기쁨에 동참하도록 하였다. 한 달란트를 받은 사람은 주인이 굳은(엄격한) 분이라 심지도 않은 데서 거두고 뿌리지 않은 데서 모으는 줄로 알았기 때문에 두려워서 한 달란트를 땅에 숨겨 놓았다. 주인은 그에게 악하고 게으른 종이라고 말하면서 만약 네가 나를 그런 사람이라고 생각했다면 당연히 돈을 환전상에게 맡겨 이자라고 받았어야 했다며 그를 책망하였다.

주인은 한 달란트를 빼앗아 열 달란트 가진 사람에게 주고 그 쓸모없는 종을 흑암에 내어 던지라고 하였다(19-30절). 주인이 한참 후에 왔다는 것은 예수님이 승천하신 후부터 지상 재림 하실 때까지 이천 년 이상 걸렸다는 뜻이다. 다섯 달란트와 두 달란트를 받은 종들은 자신이 받은 능력과 은사대로 최선을 다해 믿음을 지켰고 복음을 전하는 등 신실하게 행동했다. 한 달란트를 받은 종은 예수님을 잘못 알고 있었으며 두려워하지도 않았다. 그는 고의로 불순종하였으며 그 잘못을 주인인 예수님의 탓으로 돌리고 있다. 씨 뿌리는 자의 비유에서 보았듯이 예수님은 씨를 뿌리시는 분이며 성도들의 헌신으로 100배까지 결실을 거두게 하시는 분이다. 한 달란트 받은 종은 흑암에 내어 던져졌다. 지옥에 간 것이다. 그리스도인은 은혜로 구원을 받았기 때문에 자신의 은사를 사용하지 않아도 지옥에 가지 않는다. 단지 예수님께 책망을 받고 상급을 받지 못할 뿐이다. 따라서 이 비유는 그리스도인에게 해당하는 것이 아니라 대 환난 때 남겨진 성도들에게 해당하며 예수님이 지상 재림하시어 남아 있는 자들을 심판하시는 내용이다.

마태복음 25장에서 양과 염소를 분류하여 심판하는 내용이 나온다. 이는 대 환난이 끝나고 예수님이 지상 재림하셔서 살아남은 자들을 심판하시는 것이다.

인자(예수님)가 모든 거룩한 천사들과 함께 와서 그의 영광의 보좌(지상에 예루살렘에 있는 실제 보좌)에 앉으신다(31절). 그리고 모든 민족들을 모아 놓고 양들을 염소들과 갈라놓으신다(32절). 양의 민족과 염소 민족으로 갈라놓으시는 것이 아니고 모든 민족들을 모은 후 개인별로 양과 염소로 분류하시는 것이다. 모든 민족들은 대 환난 후 살아남은 자들을 말한다. 여기서 죽은 자들이 살아났다는 말이 없으므로 이 심판은 죽은 자들을 불러내서 천국 갈 사람과 지옥 갈 사람으로 나누는 심판이 아니다. 대 환난에서 살아남은 사람들 중 예수님이 다스리는 왕국에 들어갈 자들과 지옥으로 바로 들어갈 자를 구분하는 심판이다.

예수님께서는 양들을 그의 오른편에, 염소들을 그의 왼편에 세워 두신다. 예수님은 오른편에 있는 사람들에게 내가 어려움을 당했을 때 도와주었기 때문에 너희를 위해 준비한 나라를 이어받으라고 말씀하신다. 그러자 그들이 그런 일을 한 적이 없다고 고백한다. 예수님은 내 형제들 가운데 가장 작은 자 하나에게 한 것이 나에게 한 것이라고 말씀하신다(33-40절). 예수님이 말씀하신 형제들이란 예수님의 육신적인 형제들인 유대인들을 말한다. 대 환난 때에는 적그리스도에 의해 유대인들이 극심한 핍박을 당한다. 적그리스도에게 표를 받지 않고 유대인들을 도와준 사람들이 양들로 분류되는 것이다. 유대인들이 여리고성을 정복할 때에 기생 라합이 그들을 도와주고 구원 받았듯이 양들도 유대인들을 도와주어 예수님이 다스리시는 왕국에 들어가게 된다. 34절에 예비된 나라는 예수님이 다스리시는 왕국을 말한다.

반면에 예수님께서는 짐승의 표를 받았을 뿐만 아니라 유대인들도 도와주지 않은 염소들에게는 마귀와 그의 사자들(타락한 천사들)을 위하여 준비한 영원한 불 속으로 들어가라고 말씀하신다(41-45절).

그리스도인들과 대 환난 때 짐승의 표를 받지 않고 믿음을 지키기 위해 순교했던 환난 성도들은 예수님이 다스릴 천년 왕국의 통치자가 된다. 짐승의 표를 받지 않고 유대인들을 도와준 환난 성도들(그들은 그리스도인이 아니며 대 환난 때 순교하지 않은 사람들이다)은 천년 왕국의 백성이 된다(계20:4). 교회 시대에 예수 그리스도를 영접하지 않고 죽은 자들과 대 환난 때 짐승의 표를 받고 죽은 자들은 천 년이 끝날 때까지 다시 살지 못한다(계20:5). 이들은 천년 왕국이 끝난 후에 백 보좌 심판을 통해 영원한 불 못에 던져진다(계20:11-15).

누가복음 18장:1-8절까지 불의한 재판관의 비유가 나온다.

예수님께서 이 비유를 말씀하신 목적은 사람들이 항상 기도하고 낙심하지 말 것을 당부하기 위해서다. 낙심은 포기와 유사한 단어다. 포기하지 말고 끈질기게 기도하라는 뜻이다. 그러나 어떤 기도든지 포기하지 말고 끈질기게 하라는 뜻은 아니다.

비유의 내용은 이렇다. 어떤 성읍에 하나님을 두려워하지도 않고 사람도 무시하는 한 재판관이 있었다. 그 성읍에 한 과부가 있었는데 그 여인이 재판관을 찾아와서 자기 원수에게 원한을 갚아 달라고 했다. 그 재판관은 얼마 동안 그녀의 말을 듣지 않았지만 과부가 계속 와서 자기를 귀찮게 하므로 그녀의 원한을 갚아주겠다고 생각하였다(2-5절).

예수님께서는 불의한 재판관이 말하는 것을 들으라고 하시면서 하나님께서 자신이 선택하신 사람들의 원한을 갚아 주시지 않고 오래 참고만 있으시겠냐고 하셨다. 하나님께서는 그들의 원한을 속히 갚아 주실 것이라고 말씀하셨다(6-8절).

재판관과 과부는 어떤 특정인을 비유한 것이 아니다. 단순히 비유 속의 인물일 뿐이다. 재판관은 하나님을 두려워하지도 않고 사람도 무시하는 걸로 봐서 자만심이 강하고 독단적이며 고집이 셀 것 같은 인물이다. 그가 한낱 과부의 부탁을 들어준 이유는 과부가 계속해서 찾아와 자기를 귀찮게 했기 때문이다. 예수님은 하나님께서도 선택하신 사람들이 밤낮 부르짖으면 그들의 원한을 갚아주실 것이라고 말씀하셨다.

여기서 선택받은 사람은 그리스도인이 아니다. 예수님이 이 비유를 말씀하신 당시에 제자들은 그리스도인이라는 존재 자체를 몰랐다. 이 비유에서 선택받은 사람은 유대인이다. 성경에서 하나님께서는 이스라엘을 택했다고 말씀하셨다(사45:4). 하나님께서는 밤낮 부르짖는다고 아무 기도나 들어주시지 않는다. 단지 원한을 갚아주실 것이라고만 말씀하신 것이다. 유대인들이 밤낮 부르짖는 원한은 대 환난 때 발생한다. 누가복음 18장은 17장과 연결되어 있다. 18장 1절은 '그때'라는 말로 시작하는데 그때는 누가복음 17장의 대 환난을 의미한다. 대 환난 때 적그리스도에게 짐승의 표를 받지 않고 예수님이 그리스도라는 사실을 전한 유대인들이 참수형을 당하고 순교한다. 그들이 원한을 갚아달라고 하나님께 기도를 드린다(계6:9-10). 예수님께서는 하나님께서 대 환난 때 유대인들의 원한을 꼭 갚아주실 것이라고 말씀하셨다. 하나님께서는 신명기에서도 그 종들의 피를 갚으시며 그 대적들에게 복수하시고 자기 땅과 자기 백성을 위하여 속죄하실 것이라고 말씀하셨다(신32:43). 그러나 예수님께서는 인자(예수님)가 올 때 세상에서 믿음을 찾아볼 수 있겠느냐고 말씀하셨다(8절). 그리스도인은 대 환난 전에 이미 휴거된다. 그래서 대 환난 때는 믿음이 좋은 사람을 찾기 힘든 것이다.

363. 혼인 잔치의 비유

혼인 잔치의 비유는 큰 잔치의 비유(눅14:15-24)와 유사한 것 같지만 다른 비유이다. 예수님께서는 천국은 마치 자기 아들을 혼인시킨 어떤 왕과 같다고 말씀하셨다. 왕이 혼인 잔치에 초대받은 사람들을 불러오라고 종들을 보냈으나 그 사람들은 오려고 하지 않고 오히려 그 종들을 붙잡아 모욕을 주고 죽이기까지 하였다. 왕이 이 소식을 듣고 분노하여 군대를 보내 살인자들을 죽이고 그들의 성읍을 불살라 버렸다. 그러고 나서 자기 종들에게 초대받은 사람들이 합당치 않으니 대로로 나가 사람들을 만나는 대로 혼인식에 청해 데리고 오라고 명령하였다. 그러자 혼인 잔치에 손님들로 가득 찼다. 왕이 손님들 중 예복을 입지 않은 한 사람을 보고 종들에게 그 사람을 데리고 나가 바깥 흑암에 내어 던지라고 하면서 부름을 받은 사람들은 많아도 택함을 받은 사람들은 적다고 말하였다(마 22:1-14).

혼인 잔치의 비유는 난해한 비유로서 요한계시록을 이해해야만 알 수 있다. 혼인 잔치는 어린양의 혼인 잔치를 말한다(계19:7-10). 왕은 성부하나님이시며 신랑은 예수님이시다. 신부는 이미 예비 되어 있는데 바로 그리스도인들이다(계19:7). 어린양의 혼인잔치에 초대된 사람들은 신부가 아니다. 즉 그리스도인이 아니다. 그러나 초대받은 사람들은 복을 받은 사람들이다(계19:9). 큰 잔치는 신부를 선택하기 위한 잔치이지만 혼인 잔치는 손님들을 초대하는 잔치이다. 예수님의 신부인 그리스도인은 이미 휴거되어 어린양의 혼인 잔치에 주인공으로 참석한 상태다. 따라서 혼인 잔치의 손님은 그리스도인이 아니라 대 환난 때 예수님을 영접하고 짐승의 표를 받지 않으며 끝까지 믿음을 지킨 사람들이다. 이들이 대 환난 때 믿음을 지켰다고 해서 신부가 되는 것은 아니다. 신부는 휴거가 일어나면서 모두 정해졌기 때문이다.

하나님께서 보낸 종들은 십사만 사천 명과 두 증인이다. 적그리스도와 그 추종자들은 하나님의 종들을 핍박하고 죽인다. 하나님께서는 그들에게 엄청난 재앙을 내리시고 완전히 멸망시키신다. 대 환난 때 구원 받은 사람들은 어린양의 혼인잔치에 초대된다. 그러나 그들이 혼인잔치에 들어오려면 예복을 입어야 한다. 그 예복은 정결하고 흰 세마포인데 성도들의 의를 상징한다(계19:8). 하나님께서는 대 환난 때 성도들 각자에게 긴 흰 옷을 주신다(계6:11). 이 흰 옷을 받으려면 자기들의 옷을 끝까지 더럽히지 않도록 해야 한다(계3:4). 결국 환난 성도들은 짐승의 표를 받지 않고 끝까지 믿음을 지켜야 흰 옷을 받게 되며 그 흰 옷이 있어야 어린양의 혼인잔치에 손님으로 참여할 수 있는 것이다. 그들은 천년왕국에 들어갈 수 있다. 그러나 천년왕국이 끝난 후에 새 예루살렘에 거주하지 못한다. 새 예루살렘은 그리스도인들만이 살 수 있기 때문이다. 그들은 새 하늘과 새 땅에 살면서 새 예루살렘을 방문할 수는 있다.

1. **천지 창조:** 하나님은 모든 만물을 권능의 말씀만으로 창조하셨다. 하나님께서 만드신 것은 모든 것이 완벽하다. 인간은 누구나 하나님께서 창조하신 것을 보고 하나님의 영원한 능력과 신격까지 알 수 있기 때문에 하나님이 계시지 않는다고 변명할 수 없다(롬1:20).

2. **인간의 창조:** 하나님께서는 하나님의 형상대로 인간을 창조하시고 모든 동물을 다스리도록 하셨다(창1:26-27). 하나님께서 인간을 만드신 목적은 인간이 하나님의 마음과 성품으로 살아가면서 하나님께 찬양과 영광을 드리기를 원하셨기 때문이다(사43:21).

3. **인간의 타락:** 하나님께서는 아담에게 모든 것은 마음대로 먹을 수 있으나 선과 악을 알게 하는 나무에서 나는 것은 먹지 말라고 하셨다(창2:15-17). 이것은 하나님과 인간이 맺은 첫 번째 언약이다. 그러나 아담은 하나님처럼 되고 싶은 마음 때문에 하나님과의 언약을 어겼다. 아담은 인류를 대표한다. 아담에 의해서 죄가 세상에 들어오고 그 죄 때문에 사망이 모든 사람에게 다가왔다(롬5:12). 전 속성이 부패한 인간의 능력으로는 죄의 문제를 해결할 수가 없다. 하나님께서 직접 인간의 몸으로 오셔서 죗값을 지불하셔야만 해결할 수 있다.

4. **이스라엘의 선택:** 하나님께서 이스라엘을 선택하시고 이집트 땅에서 데리고 나오신 까닭은 이스라엘의 하나님이 되시고 이스라엘 자손을 거룩하게 하기 위해서다(레22:31-33). 하나님께서 이스라엘에게 율법을 주신 목적은 그들을 속박하려는 것이 아니라 자기 백성으로 삼아 거룩하게 하여 복을 주시기 위해서다. 많은 민족이 이스라엘을 보고 하나님께서 계시다는 것을 알고 하나님만 섬기기를 바라셨다. 하나님께서는 이스라엘을 통해 모든 사람에게 자신을 드러내시고 영광을 받으시길 원하셨다.

5. **이스라엘의 타락:** 이스라엘은 하나님과의 언약을 깨고 우상숭배를 하였으며 하나님의 계명을 지키지 않았다. 결국에는 하나님께서 보내주신 메시아를 십자가에 못 박아 죽이기까지 하였다. 이로써 복음이 이방인에게 전해지고 이방인도 하나님의 자녀가 되었다. 그러나 하나님께서는 이스라엘을 완전히 버리지 않으셨다.

6. **그리스도의 구속:** 하나님께서 모든 사람을 위하여 구속자를 보내 주셨으니 곧 하나님의 영원한 아들이신 예수 그리스도시다. 예수 그리스도는 모든 사람을 위하여 자신을 희생물로 내어 주셨으므로 그분만이 하나님과 사람 사이에 유일한 중보자가 될 수 있다(딤전2:5-6).

7. **구원:** 구원을 받으려면 먼저 자기 죄에 대해 참으로 인식한 후 죄에 대해 탄식하며 죄로부터 돌아서서 하나님께로 향해야 한다. 자기의 죄와 비참함을 인식하고 자기 스스로는 죄의 문제를 해결할 수 없음을 깨달아야 한다. 죄 사함과 구원을 받는 유일한 길은 예수 그리스도임을 알고 그분을 마음으로 영접해야 한다. 그러면 하나님께서 우리의 모든 죄를 용서하시고 우리를 의롭다고 여겨 주시며 우리를 양자 삼아 주신다.

8. **휴거:** 예수님이 공중에 재림하실 때 그리스도인은 하늘로 들려 올라간다.

9. **대 환난:** 그리스도인이 휴거되면 지상에는 7년 동안 대 환난이 발생한다.

10. **이스라엘의 회복:** 대 환난 중에 이스라엘이 회복된다. 하나님께서는 유대인들에게 한마음을 주실 것이며 새 영을 넣어 주신다. 유대인들의 돌 같은 마음이 살 같은 마음이 되어 다시 하나님의 백성이 된다(겔11:18-20). 하나님께서 이스라엘을 회복시키시는 까닭은 그들로 인해 더럽혀진 하나님의 이름을 거룩하게 하기 위해서다(겔36:21-24).

11. **천년왕국:** 대 환난이 끝나면 예수님이 실제로 이 땅에 재림하시어 천년 동안 다스리시는 천년왕국이 시작된다. 하나님께서는 인간이 구원을 받아 아담과 하와가 에덴동산에서 누렸던 모든 것을 누리며 하나님께 영광을 돌리기를 원하신다. 그래서 첫 아담이 실패하여 마귀(뱀)에게 빼앗긴 에덴동산을 둘째 아담이신 예수님께서 마귀를 이기시고 지상 재림하셔서 천년왕국 때 회복시키신다.

12. **백 보좌 심판:** 천년왕국이 끝나면 하나님께서 백 보좌 심판을 하신다. 누구든지 생명의 책에 기록되지 못한 자는 불 못에 던져지고(계20:15) 죽은 자들은 자기들의 행위에 따라 그 책들에 기록된 대로 심판을 받는다(계20:12).

13. **새 예루살렘:** 천년왕국과 백 보좌 심판이 끝나면 하나님께서 창조하신 처음 하늘과 처음 땅과 바다는 모두 사라지고(계21:1) 거룩한 도성 새 예루살렘이 하나님께로부터 내려온다(계21:2). 영원한 새 예루살렘의 거주자는 예수님의 신부인 그리스도인이다(계21:9). 새 예루살렘에는 하나님의 영광이 있어 도성의 광채가 가장 귀한 보석 같다(계21:11). 이전 것들이 다 사라져 버렸기 때문에 그곳에는 사망이나 슬픔, 울부짖음, 고통이 없다(계21:4).

　구원 받으면 하나님께 복을 받아 부유해지고 모든 일이 잘 될 것이라고 착각해서는 안 된다. 예수님은 우리에게 하나님을 사랑한다면 십자가를 지고 나를 따라 오라고 하셨다. 성화의 삶이 십자가다. 성화의 삶이란 거룩한 삶을 사는 것이고 궁극적으로는 예수님과 일치가 되는 삶이다. 성화의 삶은 무척 어려운 일이다. 그래서 성령님의 인도가 필요하다. 하나님의 본성에 참여하고 그리스도와 공동 상속자가 되는 영화의 단계에 이를 때까지 우리는 성화의 삶을 살아야 한다. 그 과정에서 우리에게 닥치는 고난과 불행도 하나님의 섭리 가운데 일어난다는 사실을 깨닫고 하나님을 끝까지 신뢰해야 한다. 구원을 받았는데도 이 세상의 권력과 재물과 정욕만 쫓다가 곧 다가올 영원한 세상에서 상급을 하나도 받지 못하는 어리석은 자가 되지 말아야 한다. 예수님께서는 반드시 내가 속히 오리라고 말씀하셨다. 성화의 삶을 살아가는 자들만이 이렇게 말할 수 있다. "아멘 주 예수여, 오시옵소서."(계22:20).